本书1997年荣获"首届胡绳青年学术奖"和
"第二届全国青年优秀社会科学成果奖"

当代中国学者代表作文库

王震中 著

中国文明起源的比较研究

（增订本）

中国社会科学出版社

图书在版编目（CIP）数据

中国文明起源的比较研究（增订本）/王震中著．—北京：中国社会科学出版社，2013.3（2016.12 重印）

ISBN 978 - 7 - 5161 - 1721 - 7

Ⅰ.①中⋯　Ⅱ.①王⋯　Ⅲ.①文化史—对比研究—中国、世界　Ⅳ.①K203

中国版本图书馆 CIP 数据核字（2012）第 263509 号

出 版 人	赵剑英
责任编辑	黄燕生
责任校对	徐　楠
责任印制	戴　宽

出　　版	中国社会科学出版社
社　　址	北京鼓楼西大街甲 158 号
邮　　编	100720
网　　址	http：//www.csspw.cn
发 行 部	010 - 84083685
门 市 部	010 - 84029450
经　　销	新华书店及其他书店
印　　刷	北京君升印刷有限公司
装　　订	廊坊市广阳区广增装订厂
版　　次	2013 年 3 月第 1 版
印　　次	2016 年 12 月第 2 次印刷
开　　本	710×1000　1/16
印　　张	32.75
字　　数	578 千字
定　　价	79.00 元

凡购买中国社会科学出版社图书，如有质量问题请与本社营销中心联系调换
电话：010 - 84083683
版权所有　侵权必究

彩图 1　湖南道县玉蟾岩遗址外景

彩图 2　玉蟾岩遗址出土的陶罐(距今 1 万年前)

彩图 3　玉蟾岩遗址出土的水稻(距今 1 万年前)

彩图 4　江西万年仙人洞遗址出土的陶罐(距今 1 万年前)

彩图 5　浙江浦江县上山遗址 F1 房址（距今 9000 年）

彩图 6　北京门头沟区东胡林遗址出土的石磨盘、磨棒（距今 1 万年）

彩图 7　北京东胡林遗址出土的骨柄石刃刀复合工具

(1) 贾湖遗址全景（由东向西）

(2) 贾湖（由西向东）

彩图 8　贾湖和贾湖遗址全景

彩图 9　河南郏县水泉遗址出土裴李岗文化石镰

彩图 10　河南新郑裴李岗遗址出土石磨盘、磨棒

(1) 龟腹甲 (M344:18)

(2) 契刻符号 (M344:18)

(3) 龟甲 (M344:18)

彩图 11 贾湖 M344 号墓出土龟甲及刻符

彩图 12　贾湖 M363 号墓内随葬龟甲及内装石子

彩图 13　贾湖出土的骨笛

彩图 14　跨湖桥遗址独木舟遗迹

彩图 15　大地湾遗址 901 号殿堂式大房子

彩图 16　西安半坡出土人面鱼纹彩陶盆

彩图 17　陕西华县太平庄出土的仰韶文化陶鹰鼎

彩图 18　陕西宝鸡北首岭遗址出土的仰韶文化船形彩陶壶

彩图 19　甘肃秦安大地湾仰韶文化早期彩陶瓶

彩图 20　山东胶县三里河出土大汶口文化陶猪鬶

彩图 21　山东泰安大汶口遗址出土的红陶兽形器

彩图 22　河南临汝阎村出土的鹳鱼石斧图彩陶缸

彩图 23　河南灵宝西坡村 F106 大房子

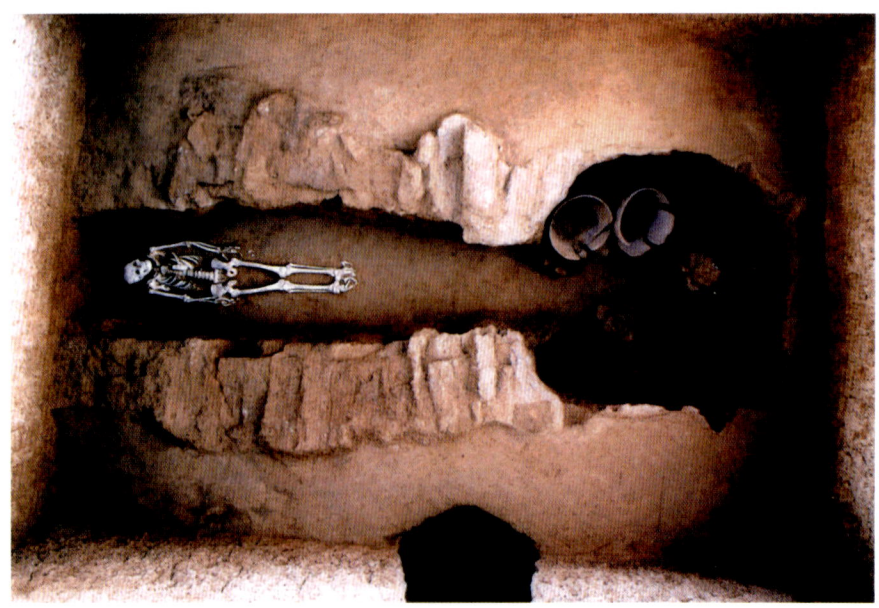

彩图 24　河南灵宝西坡遗址 27 号墓

(1) 玉龟（87M4：35、87M4：29）扣合情况

(2) 左，背甲（87M4：35）　右，腹甲（87M4：29）

彩图 25　安徽含山凌家滩 87M4 号墓出土的玉龟

彩图 26　崧泽文化张家港市东山遗址 90 号墓

彩图 27　凌家滩 87M4 出土的玉版

07M23全景（东→西）

彩图 28　凌家滩 07M23 号墓内第一层随葬品分布情况

07M23第二层随葬品分布情况（东→西）

彩图 29　凌家滩 07M23 号墓内第二层随葬品分布情况

彩图 30　凌家滩 07M23 号墓出土玉龟状扁圆形器

彩图 31　凌家滩 07M23 号墓出土
玉龟内占卜用的玉签

彩图 32　凌家滩 07M23 号墓出土玉钺

彩图33　山东泰安大汶口出土象牙梳

彩图34　山东泰安大汶口出土镶嵌绿松石骨雕筒

彩图35　辽宁建平牛河梁出土红山文化泥塑女神头像

彩图 36　辽宁喀左县东山嘴遗址出土红山文化陶塑裸体孕妇像

彩图 37　辽宁喀左县东山遗址祭天祭坛

彩图38　山东胶县三里河出土龙山文化黑陶盆、双耳杯、单耳杯

彩图39　山东泗水尹家城出土蛋壳黑陶高柄豆

彩图 40　山东临朐县朱封村出土龙山文化白陶鬶

玉玦（M135：1、2）

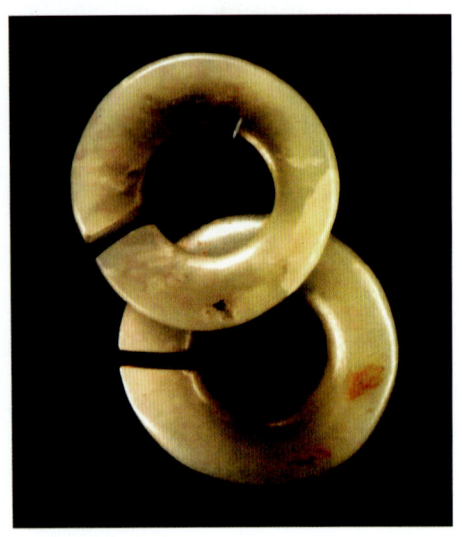
玉玦（M117：1、2）

彩图 41　中国最早的玉器——内蒙古敖汉旗兴隆洼出土玉玦

彩图42　内蒙古翁牛特旗三星他拉出土红山文化玉龙

彩图43　大汶口遗址出土玉钺

彩图44　山东临朐朱封
遗址出土玉冠饰

彩图 45　浙江余杭反山 12 号墓出土良渚文化大玉琮和玉琮上的刻纹

彩图 46　余杭反山 12 号墓出土刻有神徽的玉钺及钺柄顶端和末端的装饰附件

彩图 47　余杭瑶山 7 号墓出土玉冠状器

彩图 48　山西襄汾陶寺出土的铜铃

彩图 49　陶寺出土齿轮形铜器

彩图 50　姜寨出土的彩陶钵与符号

彩图 51　山东莒县陵阳河遗址出土刻符陶尊

彩图 52　山东莒县陵阳河遗址出土刻符陶尊

彩图 53 安徽蒙城尉迟寺遗址出土刻符陶尊

彩图 54 安徽蒙城尉迟寺遗址出土刻符陶尊

彩图 55　吴县澄湖遗址出土的黑陶罐及四字陶文

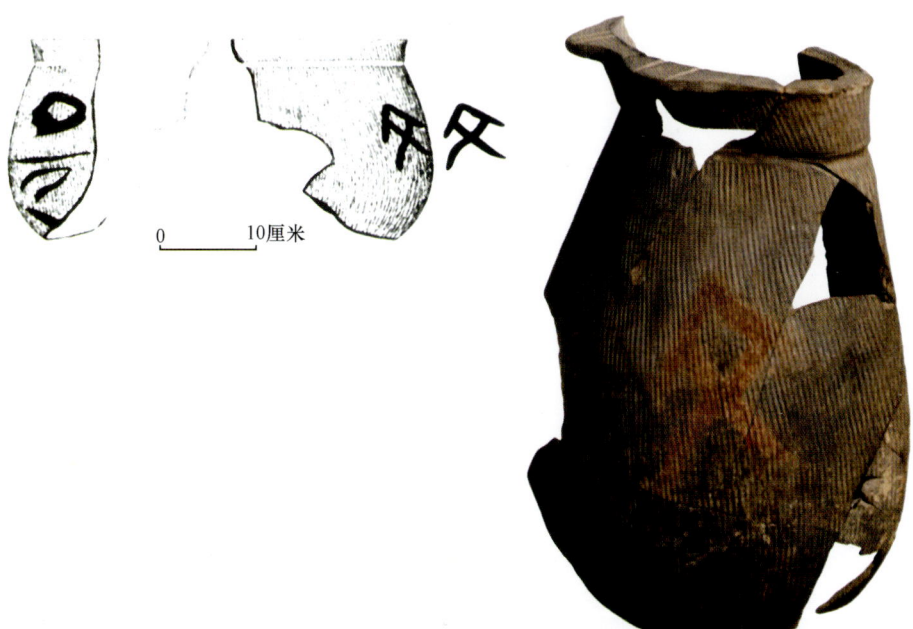

彩图 56　山西襄汾陶寺出土文字扁壶

彩图 57　山东邹平丁公陶文

彩图 58　江苏高邮龙虬庄陶器符号

彩图 59　陶寺城址东北城墙断面

彩图 60　陶寺遗址宫殿基址 IFJT3 主殿

彩图 61　陶寺大墓(M3072)出土的彩绘蟠龙纹陶盘

彩图 62　陶寺大墓(M3012)出土的彩绘蟠龙纹陶盘

彩图 63　陶寺大墓(M22)出土彩绘陶簋(礼器)

玉琮（JS62M3168：7）

玉璧（MDC：9）

玉圭（81JS62M1700：3）

彩绘陶壶（80JS62M3015：42）

彩图 64　陶寺出土玉礼器和彩绘陶礼器

彩图 65　河南新密古城寨城址版筑夯土城墙剖面

彩图 66　浙江杭州余杭莫角山良渚文化古城城墙以石块铺垫的墙基

彩图 67 中美洲墨西哥特奥蒂瓦坎文明太阳金字塔和黄泉大道

彩图 68 中美洲玛雅文明蒂卡尔"北卫城"

彩图 69　辽宁建平牛河梁遗址出土红山文化积石冢

《当代中国学者代表作文库》
编委会

主　任：李　扬

副主任：孟昭宇　赵剑英

委　员：(按姓氏笔画排序)

丁伟志　于　沛　王　浩　冯天瑜
刘跃进　汝　信　李　林　李　扬
李景源　张卓元　张海鹏　杨　义
陈　来　陈众议　陈先达　陈祖武
孟昭宇　卓新平　周　泓　赵剑英
郝时远　袁行霈　黄　平

总策划：赵剑英

《当代中国学者代表作文库》
出版说明

中华人民共和国的成立开启了当代中国历史发展的新进程。伴随社会主义革命、建设和发展的历史，特别是改革开放以来中国特色社会主义道路的探索、开辟和中国特色社会主义理论体系的形成，全球化的深入发展以及中西文化的碰撞交汇，中国的哲学社会科学研究事业得到了显著的发展，涌现了一大批优秀的人文哲学社会科学学者及著作。这些著作体现了时代特色、民族特色和实践特色的统一，在其相应学科中具有开创性、奠基性和代表性。正是这些具有中国特色、中国气派、中国风格的作用，铸就了当代中国哲学社会科学发展的辉煌成就，形成了中国哲学社会科学理论和方法的创新体系。

作为中国社会科学院直属的专门致力于推出哲学社会科学学术成果的学术出版社，我社30多年来，一直秉持传播学术经典的出版理念，把追求高质量、高品位的哲学社会科学学术著作作为自己的主要出版任务。为展示当代中国哲学社会科学研究的巨大成就，积极推动中国哲学社会科学优秀人才和优秀成果走向世界，提高中华文化的软实力，扩大中国哲学社会科学的国际话语权，增强在全球化、信息化背景下中国和平崛起所必需的文化自觉和文化自信，我社决定编辑出版《当代中国学者代表作文库》。

《当代中国学者代表作文库》收录新中国建立以来我国哲学社会科学各学科的优秀代表作，即在当代中国哲学社会科学学科体系中具有开创性、奠基性和代表性意义的著作。入选这一文库的著作应当是当代中国哲学社会科学的精品和珍品。因此，这一文库也应当代表当代中国哲学社会科学的最高学术水平。

编辑出版《当代中国学者代表作文库》是一项具有重大战略意义的国家学术文化工程。对构建中国特色社会主义核心价值观，推动中国当代学术的创新发展，加强中外学术文化交流，让世界从更深层次了解中国文化，扩大中国文化的国际影响力，必将产生十分重要和深远的影响。我们愿与学者一道，合心戮力，共襄这一学术盛举。

中国社会科学出版社
2010 年 8 月

目 录

增订版序言 …………………………………………………… (1)
序：一部文明起源的真实画卷 ………………………… 石兴邦(1)
绪论：理论与方法 …………………………………………… (1)

第一章 农耕的起源与社会组织的变化 ……………………… (10)
  一 农耕起源的共同性与多样性 ………………………… (11)
  二 中国农业起源的多中心与农耕聚落的出现 ………… (23)

第二章 农耕聚落的扩大 ……………………………………… (55)

第三章 聚落的平等与内聚 …………………………………… (71)
  一 聚落的分布、选址与规划 ……………………………… (71)
  二 房屋的组合及其社会结构 …………………………… (75)
  三 聚落的内聚与向心布局 ……………………………… (84)
  四 聚落的生产、分配、消费和对外交往 ………………… (88)
  五 社会性质与权力结构 ………………………………… (95)

第四章 中心聚落（原始宗邑）与神庙文化 ………………… (113)
  一 由平等聚落向原始宗邑的过渡 ……………………… (113)
  二 原始宗邑与村邑形态的出现 ………………………… (132)
  三 神庙与宗教中心 ……………………………………… (159)
  四 关于酋邦的问题 ……………………………………… (172)

第五章　龙山时代的聚落与生产 ·················· (185)
　　一　龙山时代的聚落形态 ·················· (185)
　　二　龙山时代的农牧业生产 ·················· (193)
　　三　龙山时代的手工业 ·················· (203)

第六章　早期铜器的冶炼 ·················· (210)
　　一　仰韶时期属于铜石并用时期 ·················· (211)
　　二　龙山时期属于早期铜器时代 ·················· (213)

第七章　从符号到文字 ·················· (223)
　　一　仰韶文化中的陶器符号 ·················· (223)
　　二　贾湖、双墩、大溪等文化中刻划符号 ·················· (231)
　　三　大汶口文化的陶文 ·················· (240)
　　四　良渚及龙山时代的刻写文字 ·················· (255)
　　五　结语 ·················· (270)

第八章　阶级的产生与财富的积累 ·················· (273)
　　一　父权家族与阶级分化 ·················· (273)
　　二　财富积累与集中的程序 ·················· (292)

第九章　都邑文明的形成 ·················· (297)
　　一　都邑的分散与文明的多中心 ·················· (298)
　　二　龙山时期城邑的建制及其在聚落群中的都邑性质 ·················· (307)
　　三　虞夏商周四代的政教合一 ·················· (351)
　　四　西亚、中美洲的都邑与神权政治中心 ·················· (370)
　　五　环境·资源与对外贸易 ·················· (387)
　　六　决定都邑规模的诸因素 ·················· (397)
　　七　都邑的形成机制 ·················· (408)

第十章　祭祀·战争与国家 ·················· (412)
　　一　国家产生的几种可能途径 ·················· (412)
　　二　祭祀与管理和统治 ·················· (416)

三　战争在国家形成中的作用 ……………………………………（425）
　四　王权的三个来源与组成 …………………………………………（429）
　五　余论 ……………………………………………………………………（434）

第十一章　文明的道路与区域特征 ……………………………………（436）
　一　美索不达米亚的城市文明 ………………………………………（437）
　二　埃及的早期诺姆文明 ……………………………………………（445）
　三　中美洲文明的道路与特点 ………………………………………（459）
　四　中国文明形成过程中的几个特点 ………………………………（472）

附录　参考文献与征引书目 ……………………………………………（485）

跋 …………………………………………………………［日］伊藤道治（492）

增订版后记 ………………………………………………………………（493）

插图目录

图Ⅰ—1　纳吐夫文化中的镰刀及复原 …………………………… (13)
图Ⅰ—2　浙江浦江上山遗址出土的陶器 ………………………… (47)
图Ⅱ—1　裴李岗文化莪沟北岗遗址出土的石器 ………………… (58)
图Ⅱ—2　河姆渡文化中的骨耜、木耜 …………………………… (59)
图Ⅲ—1　渭河谷地地质剖面示意图 ……………………………… (72)
图Ⅲ—2　陕西关中地区仰韶文化遗址分布略图 ………………… (73)
图Ⅲ—3　姜寨聚落布局示意图 …………………………………… (76)
图Ⅲ—4　姜寨遗址小型房屋(F41) ……………………………… (77)
图Ⅲ—5　姜寨遗址中型房屋(F36)平、剖面及复原图 ………… (79)
图Ⅲ—6　姜寨遗址大型房屋(F1)平、剖面图 ………………… (80)
图Ⅲ—7　大地湾第二期Ⅰ段聚落遗址 …………………………… (86)
图Ⅲ—8　乌克兰科罗米辛那村落遗址复原图 …………………… (87)
图Ⅲ—9　佛罗里达的印第安村落 ………………………………… (88)
图Ⅲ—10　姜寨一期出土的农具 …………………………………… (89)
图Ⅲ—11　仰韶文化半坡类型彩陶图案 …………………………… (91)
图Ⅲ—12　陕西华阴横阵仰韶文化墓地及1、2号
　　　　　大墓坑(MⅠ、MⅡ) ………………………………… (99)
图Ⅲ—13　濮阳西水坡龙虎人组合图 ……………………………… (108)
图Ⅲ—14　临汝阎村出土的《鹳鱼石斧图》彩陶缸 ……………… (111)
图Ⅳ—1　灵宝西坡遗址105号大型房址平面图 ………………… (115)
图Ⅳ—2　灵宝西坡遗址8号墓 …………………………………… (116)
图Ⅳ—3　大汶口文化中的庙底沟式的彩陶 ……………………… (120)
图Ⅳ—4　大汶口文化与仰韶文化中的釜形鼎 …………………… (121)
图Ⅳ—5　刘林墓地第五群早期墓分布图 ………………………… (124)

图Ⅳ—6	大地湾901号殿堂平面图	(134)
图Ⅳ—7	大河村遗址四间一组房屋图	(138)
图Ⅳ—8	屈家岭文化黄楝树遗址院落图	(139)
图Ⅳ—9	安徽含山凌家滩墓地	(141)
图Ⅳ—10	凌家滩07M23大墓图（第1层）	(142)
图Ⅳ—11	凌家滩07M23大墓图（第2层）	(143)
图Ⅳ—12	凌家滩98M29号墓出土的坐立玉人	(144)
图Ⅳ—13	凌家滩98M29号墓出土的玉鹰	(144)
图Ⅳ—14	凌家滩87M1号墓出土的站立玉人	(146)
图Ⅳ—15	凌家滩87M4出土的玉龟	(152)
图Ⅳ—16	凌家滩87M4号墓葬出土的玉签	(152)
图Ⅳ—17	凌家滩07M23号墓出土的玉龟	(153)
图Ⅳ—18	凌家滩07M23号墓出土的玉龟状扁圆形器	(153)
图Ⅳ—19	凌家滩87M4号墓出土的玉版	(154)
图Ⅳ—20	星宿星象示意图与玉版九孔示意图之比较	(155)
图Ⅳ—21	大汶口宗族墓地家族墓群分布图	(158)
图Ⅳ—22	高拉第十三层宏大神庙及复原图	(160)
图Ⅳ—23	牛河梁红山文化积石冢（第五地点M1）	(162)
图Ⅳ—24	喀左县东山嘴祭坛遗址	(163)
图Ⅳ—25	东山嘴方形基址东墙壁	(164)
图Ⅳ—26	东山嘴方形基址内成组立石	(164)
图Ⅳ—27	马耳他的石造神庙	(168)
图Ⅳ—28	马耳他六对（六群）神庙和现代可耕地	(169)
图Ⅳ—29	复活节岛的"阿符"和断面图	(171)
图Ⅴ—1	龙山期的水井	(188)
图Ⅴ—2	王城岗出土的石铲及复原图	(194)
图Ⅴ—3	良渚文化石犁复原图	(195)
图Ⅴ—4	中耕农具复原图	(198)
图Ⅴ—5	良渚文化中的玉器	(209)
图Ⅵ—1	龙山时代的铜器	(217)
图Ⅶ—1	半坡遗址陶器上的符号	(224)
图Ⅶ—2	姜寨遗址陶器上的符号	(225)

图Ⅶ—3	零口、垣头、五楼、莘野、李家沟五遗址出土的陶器符号 ……	(226)
图Ⅶ—4	大地湾第二期陶器符号及出土单位 ……………………	(226)
图Ⅶ—5	姜寨出土的陶钵与符号 …………………………………	(227)
图Ⅶ—6	大地湾一期出土的陶器符号 ……………………………	(232)
图Ⅶ—7	贾湖遗址龟甲上的刻划符号 ……………………………	(233)
图Ⅶ—8	贾湖遗址出土陶罐上的刻划符号 ………………………	(234)
图Ⅶ—9	安徽蚌埠双墩遗址陶器上的符号 ………………………	(236)
图Ⅶ—10	大溪文化中的刻划符号 …………………………………	(238)
图Ⅶ—11	青海乐都柳湾遗址所出土的彩绘符号(一) ……………	(239)
图Ⅶ—12	青海乐都柳湾遗址所出土的彩绘符号(二) ……………	(240)
图Ⅶ—13	大汶口文化陶器符号 ……………………………………	(242)
图Ⅶ—14	大汶口文化陶器符号拓片(一) …………………………	(242)
图Ⅶ—15	大汶口文化陶器符号拓片(二) …………………………	(243)
图Ⅶ—16	大汶口文化陶尊及其符号 ………………………………	(243)
图Ⅶ—17	蒙城尉迟寺遗址陶尊及其刻划符号 ……………………	(244)
图Ⅶ—18	尉迟寺陶器符号拓片 ……………………………………	(245)
图Ⅶ—19	良渚文化玉器、陶器上的大汶口文化符号 ……………	(246)
图Ⅶ—20	仰韶文化庙底沟遗址出土火形纹样彩陶 ………………	(249)
图Ⅶ—21	良渚文化玉器上的符号 …………………………………	(255)
图Ⅶ—22	首都博物馆馆藏玉琮及刻符 ……………………………	(257)
图Ⅶ—23	20世纪30年代出土的良渚陶器符号 …………………	(259)
图Ⅶ—24	马桥等遗址出土陶器刻划符号 …………………………	(259)
图Ⅶ—25	吴县澄湖遗址出土四字陶文 ……………………………	(260)
图Ⅶ—26	余杭南湖遗址出土的多字陶符 …………………………	(260)
图Ⅶ—27	沙可乐博物馆所藏多字陶文 ……………………………	(261)
图Ⅶ—28	史前"巫"形符号 …………………………………………	(262)
图Ⅶ—29	余杭反山M12出土的玉钺 ………………………………	(262)
图Ⅶ—30	陶寺遗址出土朱书文字扁壶 ……………………………	(265)
图Ⅶ—31	龙山时代诸遗址出土的零星陶文 ………………………	(265)
图Ⅶ—32	丁公陶器刻划符号 ………………………………………	(266)
图Ⅶ—33	丁公陶符与纳西族文字的比较 …………………………	(269)
图Ⅶ—34	与丁公陶符相比较的甲骨文"神名表" …………………	(270)

图Ⅷ—1	青海乐都柳湾564号墓平面图	(275)
图Ⅷ—2	大汶口晚期10号大墓平面图	(277)
图Ⅷ—3	大汶口10号大墓出土器物图	(278)
图Ⅷ—4	大汶口1号墓葬平面图	(279)
图Ⅷ—5	大汶口35号墓葬平面图及器物组合图	(279)
图Ⅷ—6	花厅墓地20号墓葬人殉现象	(281)
图Ⅷ—7	朱封遗址1号墓平面图	(282)
图Ⅷ—8	陶寺大墓与小墓对比图	(285)
图Ⅷ—9	良渚文化人形兽面复合图	(288)
图Ⅸ—1	龙山时代城址分布图	(302)
图Ⅸ—2	山西襄汾陶寺遗址位置图	(308)
图Ⅸ—3	陶寺城址平面图	(309)
图Ⅸ—4	观测点夯土基础和柱缝基础局部图	(310)
图Ⅸ—5	陶寺遗址观象台复原观测系统平面示意图	(311)
图Ⅸ—6	2009—2010年陶寺遗址群调查图	(313)
图Ⅸ—7	河南新密古城寨中原龙山文化城址	(323)
图Ⅸ—8	古城寨大型宫殿、廊庑建筑基址平面图	(324)
图Ⅸ—9	古城寨聚落群分布示意图	(325)
图Ⅸ—10	平粮台城址（A城墙，B南门门卫房）平面图	(326)
图Ⅸ—11	平粮台聚落群分布示意图	(327)
图Ⅸ—12	杭州余杭莫角山良渚文化城址	(329)
图Ⅸ—13	瑶山祭坛和墓地平面图	(330)
图Ⅸ—14	良渚遗址群	(339)
图Ⅸ—15	西周周原宫殿宗庙复原图	(352)
图Ⅸ—16	安阳殷墟主要遗迹图	(357)
图Ⅸ—17	小屯北地宫室宗庙分布图	(359)
图Ⅸ—18	甲六基址及复原图	(360)
图Ⅸ—19	偃师商城布局示意图	(362)
图Ⅸ—20	偃师商城宫城第一期宫室基址平面图	(364)
图Ⅸ—21	偃师商城宫城第二期宫室基址平面图	(365)
图Ⅸ—22	偃师商城宫城第三期宫室基址平面图	(366)
图Ⅸ—23	二里头遗址一号宫殿基址平面图	(367)

图Ⅸ—24	二里头遗址二号宫殿基址平面图	(368)
图Ⅸ—25	乌鲁克城平面图	(371)
图Ⅸ—26	海法吉城复原图	(372)
图Ⅸ—27	乌尔城平面图	(372)
图Ⅸ—28	乌鲁克的白色神庙及复原图	(373)
图Ⅸ—29	埃利都乌鲁克早期神庙及复原图	(374)
图Ⅸ—30	乌尔城内塔庙两个时期的投影图	(374)
图Ⅸ—31	特奥蒂瓦坎都市中枢区平面图	(376)
图Ⅸ—32	蒂卡尔都市的中枢部	(378)
图Ⅸ—33	蒂卡尔"北卫城"平面图	(379)
图Ⅸ—34	科潘都市平面图	(381)
图Ⅸ—35	瓦夏库顿都市的天文金字塔	(383)
图Ⅸ—36	玛雅神庙宫室拱形券顶结构	(384)
图Ⅸ—37	玛雅神庙·宫室平面图	(385)
图Ⅸ—38	玛雅人向君王纳贡图	(385)
图Ⅸ—39	蒂卡尔第31号石碑展开图	(391)
图Ⅸ—40	阿兹特克的齐那帕斯田	(403)
图Ⅺ—1	美索不达米亚主要遗址图	(438)
图Ⅺ—2	梭万聚落图	(440)
图Ⅺ—3	埃利都第十六、十五层神庙	(441)
图Ⅺ—4	埃利都第七层神庙	(441)
图Ⅺ—5	古代埃及和努比亚	(446)
图Ⅺ—6	"蝎王"石制权标浮雕	(451)
图Ⅺ—7	那尔迈调色板	(454)
图Ⅺ—8	战争调色板	(454)
图Ⅺ—9	奥尔梅克文化中的石雕	(462)
图Ⅺ—10	怀抱半人半虎婴儿的石雕	(463)
图Ⅺ—11	形成期后期奎奎尔科的圆锥形金字塔复原图	(465)
图Ⅺ—12	中美洲各大文明圈分布图	(469)

彩图目录

彩图1　湖南道县玉蟾岩遗址外景
彩图2　玉蟾岩遗址出土的陶罐
彩图3　玉蟾岩遗址出土的水稻
彩图4　江西万年仙人洞遗址出土的陶罐
彩图5　浙江浦江县上山遗址 F1 房址
彩图6　北京门头沟区东胡林遗址出土的石磨盘、磨棒
彩图7　北京东胡林遗址出土的骨柄石刃刀复合工具
彩图8　贾湖和贾湖遗址全景
彩图9　河南郏县水泉遗址出土裴李岗文化石镰
彩图10　河南新郑裴李岗遗址出土石磨盘、磨棒
彩图11　贾湖 M344 号墓出土龟甲及刻符
彩图12　贾湖 M363 号墓内随葬龟甲及内装石子
彩图13　贾湖出土的骨笛
彩图14　跨湖桥遗址独木舟遗迹
彩图15　大地湾遗址 901 号殿堂式大房子
彩图16　西安半坡出土人面鱼纹彩陶盆
彩图17　陕西华县太平庄出土的仰韶文化陶鹰鼎
彩图18　陕西宝鸡北首岭遗址出土的仰韶文化船形彩陶壶
彩图19　甘肃秦安大地湾仰韶文化早期彩陶瓶
彩图20　山东胶县三里河出土大汶口文化陶猪鬶
彩图21　山东泰安大汶口遗址出土的红陶兽形器
彩图22　河南临汝阎村出土的鹳鱼石斧图彩陶缸
彩图23　河南灵宝西坡村 F106 大房子
彩图24　河南灵宝西坡遗址 27 号墓

彩图 25	安徽含山凌家滩 87M4 号墓出土的玉龟
彩图 26	崧泽文化张家港市东山遗址 90 号墓
彩图 27	凌家滩 87M4 出土的玉版
彩图 28	凌家滩 07M23 号墓内第一层随葬品分布情况
彩图 29	凌家滩 07M23 号墓内第二层随葬品分布情况
彩图 30	凌家滩 07M23 号墓出土玉龟状扁圆形器
彩图 31	凌家滩 07M23 号墓出土玉龟内占卜用的玉签
彩图 32	凌家滩 07M23 号墓出土玉钺
彩图 33	山东泰安大汶口出土象牙梳
彩图 34	山东泰安大汶口出土镶嵌绿松石骨雕筒
彩图 35	辽宁建平牛河梁出土红山文化泥塑女神头像
彩图 36	辽宁喀左县东山嘴遗址出土红山文化陶塑裸体孕妇像
彩图 37	辽宁喀左县东山遗址祭天祭坛
彩图 38	山东胶县三里河出土龙山文化黑陶盆、双耳杯、单耳杯
彩图 39	山东泗水尹家城出土蛋壳黑陶高柄豆
彩图 40	山东临朐县朱封村出土龙山文化白陶鬶
彩图 41	中国最早的玉器——内蒙古敖汉旗兴隆洼出土玉玦
彩图 42	内蒙古翁牛特旗三星他拉出土红山文化玉龙
彩图 43	大汶口遗址出土玉钺
彩图 44	山东临朐朱封遗址出土玉冠饰
彩图 45	浙江余杭反山 12 号墓出土良渚文化大玉琮和玉琮上的刻纹
彩图 46	余杭反山 12 号墓出土刻有神徽的玉钺及钺柄顶端和末端的装饰附件
彩图 47	余杭瑶山 7 号墓出土玉冠状器
彩图 48	山西襄汾陶寺出土的铜铃
彩图 49	陶寺出土齿轮形铜器
彩图 50	姜寨出土的彩陶钵与符号
彩图 51	山东莒县陵阳河遗址出土刻符陶尊
彩图 52	山东莒县陵阳河遗址出土刻符陶尊
彩图 53	安徽蒙城尉迟寺遗址出土刻符陶尊
彩图 54	安徽蒙城尉迟寺遗址出土刻符陶尊
彩图 55	吴县澄湖遗址出土的黑陶罐及四字陶文

彩图 56　山西襄汾陶寺出土文字扁壶
彩图 57　山东邹平丁公陶文
彩图 58　江苏高邮龙虬庄陶器符号
彩图 59　陶寺城址东北城墙断面
彩图 60　陶寺遗址宫殿基址 IFJT3 主殿
彩图 61　陶寺大墓（M3072）出土的彩绘蟠龙纹陶盘
彩图 62　陶寺大墓（M3012）出土的彩绘蟠龙纹陶盘
彩图 63　陶寺大墓（M22）出土彩绘陶簋（礼器）
彩图 64　陶寺出土玉礼器和彩绘陶礼器
彩图 65　河南新密古城寨城址版筑夯土城墙剖面
彩图 66　浙江杭州余杭莫角山良渚文化古城城墙以石块铺垫的墙基
彩图 67　中美洲墨西哥特奥蒂瓦坎文明太阳金字塔和黄泉大道
彩图 68　中美洲玛雅文明蒂卡尔"北卫城"
彩图 69　辽宁建平牛河梁遗址出土红山文化积石冢

增订版序言

本书初版是1994年由陕西人民出版社印行的，1998年陕西人民出版社进行了再版，两次印刷早已售尽。本书出版后，在学术界获得好评，产生了一些影响。1997年先后获得"第二届全国青年优秀社会科学成果一等奖"和"首届胡绳青年学术奖"。2007年，在中国社会科学院建院30周年庆祝之际，中国社会科学出版社第五编辑室（现任编审中心）主任黄燕生编审和我商量出新版，以此作为向建院30周年的献礼，并签署了出版合同。当我看到新版校样的一校稿时，我觉得从初版至今的十多年中，我国的考古发现增加了不少新材料，若把这些新发现、新材料整理整合到新版中，将会更加有意义。为此，我决定改出"增订版"。然而，没有想到的是，在增订版增写和改写的过程中才发现，其麻烦和费力的程度一点也不亚于新写一部书。再加上其他事务和一些临时性任务的干扰，使得增订版的写作写写停停，拖了好长时间。

现增订版的增订已完稿，为了便于读者阅读，在这里把所增订的内容向读者作一交代。在篇幅上，初版是30万字，新增加了约27万字，增订版总计近60万字。其中，第一章"农耕的起源与社会组织的变化"，新增加了湖南道县玉蟾岩、江西万年仙人洞遗址和吊桶环、河北徐水县南庄头、河北阳原县于家沟、北京门头沟区东胡林、北京怀柔县转年、浙江浦江县上山等距今12000—9000年左右的新石器早期遗址材料，对农业的起源和新石器时代早期聚落形态作了进一步的论述。第二章"农耕聚落的扩大"，依据新出版的《舞阳贾湖》发掘报告，对新石器时代中期前段、位于我国南北交界地带、鱼米之乡的贾湖遗址中由龟甲石子占卜所反映的原始宗教、由精美的五孔、六孔、七孔骨笛所表现的音乐等精神文化生活进行了新的论述；依据湖南澧县城头山遗址发现的稻田遗迹和用于稻田灌溉的水坑与水沟等资料，对新石器时代中期前段农业的发展与农耕聚落的扩大进行了补充说明；该章还综合了浙江萧山跨湖桥遗址出土的独木舟新材料以及浙江余姚河姆渡、桐乡罗家角、吴兴钱山漾和杭州水田畈等遗址出土的船桨等材料，对距今七八千年前江南水路交通及其工具的情形作了补充。第三章"聚落的平等与内聚"，新增加了《秦安大地湾——新石器时代遗址发掘报告》中有关大地湾仰韶文化分期和大地湾第二期时聚落布局的描述。第四章"中心聚落（原始宗邑）与神庙文化"，增加了近年新发现的河南灵宝西坡遗址的资料、江苏张家港市金港镇东山村遗址的资料。通过前者对黄河流域仰韶文化中期——庙底沟时期中心聚落形态的初级阶段或雏形，作了论述；通过后者对江南地区的崧泽文化早期即距今五千七八百年前中心聚落形态初级阶段的情形，进行了新的论述。初版是把仰韶文化庙底沟期作为由平等的农耕聚落形态向不平等的中心聚落形态的过渡期论述的，增订版依据新材料，将"过渡期"定位为"中心聚落形态初级阶段或雏形"，并依此而进行了新的研究。第四章还增加了安徽含山凌家滩遗址的墓葬资料。通过凌家滩的资料，对该中心聚落中家族和社会身份的划分、社会不平等、占卜、祭祀、军事、生产管理和"天圆地方"、"四极八方"的宇宙观等进行了深入具体的论述。第四章还用较大篇幅对酋邦理论的贡献与局限进行了分析，并与弗里德的"社会分层理论"和我在书中提出的"平等农耕聚落形态—不平等的中心聚落形态—都邑国家形态"进行了比较。在初版中也曾用一节篇幅论述了酋邦理论的贡献与局限，但阐述的较简单，增订版加强了这方面的论述。第五章"龙山时代的聚落与生产"，没做什么增加，只是对龙山时代之前的水井作了一点说明。第六章"早期铜器的冶炼"，重新制作了"龙山期各地出土铜器表"，补充了新发表的材料。第七章"从符号到文字"，是新增加的一章。这主要是考虑到全书的篇章结构和整体内容上的需要，在自己过去已发表的有关论述的基础上，增加了一些新资料，作了增补和改写后放在了本书中。第八章"阶级的产生与财富的积累"，在材料方面新增加了江苏新沂花厅墓葬材料；在论述方面，仅就书中所论述的从"平等"到"身份"再到"阶级"这样一个过程，与弗里德的由"平等"到"阶等"再到"分层"这样的阶段进行了对照，并指出："从阶等走向分层的机制是什么，弗里德并没有讲清楚，而笔者认为，在中国上古，其机制就在于父家长权即父权家族的出现。"第九章"都邑文明的形成"，增写的内容比较多。其一是对"中国古代有国就有城，建城乃立国的标志"，加强了论述。其二是将初版时所发现的十余座龙山时代的城址增加为70余座。其三是根据近年发表的山西襄汾陶寺、河南新密古城寨、浙江杭州余杭莫角山等城址资料和聚落群遗址新资料，在第二节"龙山期城邑的建制及其在聚落群中的都邑性质"中，增设了："1. 陶寺邦国都邑及其聚落群内等级"；"2. 古城寨、平粮台等邦国都邑与聚落群内等级"；"3. 余杭莫角山邦国都邑与良渚文明特色"三小节，以此为代表对龙山时代诸邦国文明特征进行深入的探讨。其中在对陶寺的论述中，还对它与帝尧陶唐氏的关系进行了论证。其四是在第三节"虞夏商周四代的政教合一"中，根据我在2010年出版的《商代都邑》和《商族起源与先商社会变迁》两书中的有关研究，概述了偃师商城宫城中"内朝"、"外朝"、"明堂"、"寝宫"、"宗庙"等建筑在政教合一中的作用；对夏文化分期和作为夏代晚期宫殿宗庙建筑的二里头二至三期的宫殿宗庙基址，进行了补充说明。第十章"祭祀·战争与国家"和第十一章"文明的道路与区域特征"，没有增加新内容，只对个别字句作了订正。最后，改写了"后记"，并对"附录"中"参考文献与征引书目"作了添补。

我一直认为，文明与国家起源的研究既是考古学实践问题亦是理论问题。百余年来，考古学日益发展，有着长足的进步；人类学、历史学以及其他人文社会科学的学者们在文明和国家起源研究中的理论探索，也是后浪推前浪，从未停止过自己的脚步。酋邦理论、社会分层理论、社会复杂化理论，就是20世纪60年代以来欧美学术界有影响的理论建树。对此，我们欣赏它的建树和贡献，但也发现它有局限和不足。理论贵在创新，但怎么创新？我以为，理论联系实际，理论是否符合实际，是理论创新的出发点。在理论联系实际的过程中，就会对原有理论的局限性有所认识。而发现了局限性，就要考虑如何克服这种局限性，由此一个新的学术体系也就孕育其中。本书从初版开始，发现酋邦理论的不足时，就针对酋邦理论的局限性，采用聚落考古学与社会形态学相结合的方法来研究文明与国家起源，提出中国文明与国家起源经历了"大体平等的农耕聚落形态—初步不平等的中心聚落形态—都邑国家形态"这样一个演进路径，有学者称为"中国文明起源途径的聚落'三形态演进'说"（见杨升南、马季凡：《1997年的先秦史研究》，《中国史研究动态》1998年第5期）。时过17年，"中国文明起源途径的聚落'三形态演进'说"这一理论体系的生命力依旧是旺盛不衰，我觉得主要在于它符合中国上古历史的实际，能将愈来愈多的考古发现容纳在其中。所以，增订版虽增加了不少新资料，但作为全书的学术体系和理论观点并没有什么改变。值得一提的是，在"大体平等的农耕聚落形态—初步不平等的中心聚落形态—都邑国家形态"的理论体系之外,在我后来的论文中,还提出中国在进入国家社会之后,古代国家的结构形态又经历了"邦国(单一制的都邑国家)—王国与王朝(复合制国家结构)—帝国(郡县制下的中央集权国家)"这样三个演进类型。由于无论是初版还是增订版,本书只写到都邑邦国文明的出现为止,对于从邦国到王国的发展的论述并没有展开。对于这一理论模式的系统论述,我将放在目前自己正在从事的"中国古代国家的起源与王权的形成"课题之中。

"路漫漫其修远兮,吾将上下而求索"。有关中国文明起源的考古发现日益丰富,近年来,国家也在组织"中华文明探源工程",我们对中国文明起源的研究仅仅是开了个头,未来的研究将是任重而道远,我愿以"中国古代国家的起源与王权的形成"课题亦即下一部著作的完成,为这一研究领域添砖加瓦。

王震中

2010年6月30日

序：一部文明起源的真实画卷

近多年来，王震中同志在中国史前文化与文明起源问题的研究上多有创获，发表了确有创见的一批论文。最近，他在深入探讨文明起源问题所获新成果的基础上，写成了《中国文明起源的比较研究》一书，我读了稿本后觉得颇有新意，是很值得向读者推荐的。

文明起源问题是中外学者共同关注和研究的热点课题，国内学者针对这一问题，发表了不少卓有识见的论著，读了后，获益实多。但总的感觉是大多数论者从文明形成阶段的物质形式观察讨论问题，而系统讨论其原本的专著，尚付阙如。王震中同志这本论著，可谓脱颖而出，填补了一个大的空白。作者在本书中综合现阶段有关各方面研究的优秀成果，并以自己探究所得形成了一个新的独特的文明发展体系，不论在理论的阐明或具史印证方面，都是在严密系统的思路和结构中探讨的。它是我涉猎过有关中国文明起源问题著作中，最系统、探讨问题也较深入的一部专著。它的出版，无疑会在中国文明起源问题研究领域中激起一股催进的波澜，引起学术界的重视，是值得庆幸的一件事情。

（一）

翻开本书，开宗明义第一部分的绪论中，作者概括地提示了自己对文明起源研究方面的理论和方法，提出了自己的主要论点，在论证行文过程中，作者整个贯穿了同一性与多样性相结合的历史观的理论和辩证分析的方法，并紧紧扣住中国文化发展的独特性这一特点，作了不同层次、方面和内涵宏富的探讨和论述。

作者从人类文明历史形成的过程和规律，中国文明源远流长的历史发展阶段，以恢弘的历史画面、翔实的材料、详确的论证和大跨度的时空界跃，多层次、多侧面、多角度地论证了中国文明起源的科学发展进程，既达到了宏观的理论思考与微观的具体论证相结合，又达到了历史与逻辑的统一。所谓逻辑，就是书中所主体讨论的文明起源问题及其论证过程，通过理论的阐明、历史文化范畴的演变递进，建立起逻辑和文化发展体系，以揭示历史的本质和规律。所谓历史，就是整个文明起源历史进程的描述，以揭示文化发展进程的内在联系和发展规律，逻辑反映着文明历史的客观过程，历史包含着事物的发展逻辑。逻辑与历史的统一，宏观与微观的结合，贯穿于全书史论体系的全过程；构成本书一大特色。

（二）

作者首先以"国家"为文明起源的焦点和中心环节，综合考古与历史研究成果，并就世界诸古典文明发展的历史过程，历史地、比较地阐明了中国文明起源和形成的特点、过程和规律，并论及与历史发展相关的理论问题，把中国文明起源问题的研究，推进到一个新的更高的思想理论层次。这里可得而论的是：

一、本书最大的一个特点是，在理论和方法上不局限于古典界说中那些文明形成的标志或要素（如文字、铜器和城市等）来探讨文明起源问题，而是在理论上独辟蹊径，从中国古代社会结构和社会制度的演进，探讨中国文明起源。由于作者有扎实的考古学基础和理论造诣，并抓住农业在中国文明起源中的基础地位，以农业的起源、发展和农耕聚落形态的演进为基本线索，将社会结构的变化逐渐展开。在社会形态和社会结构的变化与推动中去看人类文明社会的产生和形成，这在逻辑上是严密无误的，在实践上也是有效的。因为它以大量考古发现为依据，不但达到了逻辑与历史的统一，而且将理论思考与微观的具体论证很好地结合起来，不论在理论或方法上都是有所创新的。作者这种论点是基于古代文明产生的生态环境和社会背景不尽相同，其形成要素和表现形态也不一致，表现出各个文明社会演进格局的多样性。为统一这种多样性的社会形态，他提出了用"国家"的概念，以示文明形成的标志。因为国家的出现既能反映文明社会共同的结构特征，又能适应其不同社会形态下不同的文化传统。这里他使用了恩格斯关于"国家是文明的概括"这一命题，因为国家是史前社会的终结与文明社会的开端，既符合人类社会发展的理论，又能印证于考古学提供的实据。

二、作者充分利用中国史前文化研究的成果，对中国文明起源，作了追源求本的探索，展现出中国文明产生的源远流长的历史画廊和运动轨迹。在他对中国聚落文化研究的基础上，辩证地论述了中国文明起源的组织结构和发展演变的历史过程；从社会组织结构上，他把中国文明的源流分作三个阶段，即从平等、内聚式聚落形态，发展为初步分层与分化了的原始宗邑与村邑相结合的中心聚落，再转而变为都邑聚落，最后达到都邑国家文明的出现。特别是宗邑聚落形态的形成和发展（也即氏族—家族—宗族组织的演变和发展），是最具有中国历史特点的关键，也是作者的匠心所在。作者揭开了这一内在的规律，是一大功绩，既论证了中国文明发展过程中不同于其他文明的特点，也雄辩地说明了中国文明植根于中国大地历数千年而能持续发展下来的深邃的历史背景和根源。

三、在讨论文明社会形成过程中的起源及机制问题，作者采用多学科结合参互论证的方法，以探求历史的真谛。科学实践深化所揭示的文化丛体特点表明，人类文化的物化形态是极其复杂的，需要多方面、多途径、多学科综合研究才能圆满解决。因为考古学、历史学和人类学的不断发现和研究，所取得的一系列成果，都显示出过去对古文化的分期及其标志和要素的界说，有得有失，也不够系统，需要在新成果的基础上给以新的认识和概括，像新石器时代文化的含义，很难用传统的界说予以概括。学术的发展，要随着事物的演变而更新概念，人们应随着新事物的不断出现而充实、修正过去认识上的局限，这样才能促进学术日新又新地向前发展。多种学科的结合，并不断地更新观念，能解决许多重要的历史课题。

作者在探讨人类文明形成过程中的机制问题时，充分运用了有关学科的研究成果，包括探求人类社会组织结构、物质和精神文化的演进及其形成特点。他提出"酋邦制"和其他形式的史前分层社会应是由部落到国家之间发展的重要环节，它们是相对独立的发展阶段，有其相应的社会机构和体制特征。但作为具体的政治、经济体制，酋邦可能只是其中的一种而已。在这里作者强调了考古学人类学研究成果能够提供有价值的理论与模式。这里提出人类学理论与考古学实践相结合的问题，准确地谈到国家及其公共权力的物化形态和标志，以区别不同经济文化类型在文明形成途径中的差异和特点。两者参征，始可建立一套能反映社会形态和权力结构方面的演进模式，以达到历史与逻辑的统一。

四、作者对中国文明形成的特点和性质，作了独具慧眼的阐述。

中国文明起源的多中心，是与中国史前文化区系发展的多样性相对应的，即中国文明初期城邑方国林立的格局导源于中国史前文化体系发展的多元性和相互联系的融会性，也适应于中国生态环境对文化发展制约规律。

作者对中国文明形成过程中的东方特点及其理论意义，作了较深层次的揭示，他认为中国文明的形成和发展，是属于早期文明社会中维新式发展的国家形态，是生产技术、社会组织结构和观念形态三位一体连续发展下来的，其家族——宗族组织与政治权力同层同构、王权与神权相关联而共同邅变。这些都是世界上独具特征的最具中国特色的古代社会形态。这样的论点颇有创见，也符合中国历史实际。大体从夏王朝开始，以中原地区为中心的中国文明才导向多元一体化的格局。

书中对中国文明形成后的古典时期，即夏、商、周时代的文明体制、发展的持续性及其特征，像宗庙与宫室并重，君权和神权合一，以及西周后，礼制加强，德化兴起，神权回归王权的现象及其历史背景，都作了规律性的论述，表明作者对中国古典文明社会的研究是相当深刻的。

五、书中除对中国文明起源过程中带有特征性的运动轨迹作了研究外，也对中国早期铜器的冶炼，高级耜耕农业的特点，以及早期城邑的形成机制和历史特点，作了很有见地的阐述。书中还根据近年来在河南登封王城岗、山东邹平丁公以及良渚文化中发现的陶文，提出龙山时代大概属于中国历史上"原文字时代"，也是值得注意的。

六、作者在研究中国文明史的同时，对世界诸大文明作了横向联系和对比，确立了中国文明在世界文明中应占的地位。他对世界几个主要文明古国历史，作了相当深入的研究，并提出了自己的看法。他把世界各大区域文明的起源作了三个阶段的划分，使得比较研究对象的可比性显得更为突出，从中既可以看出各文化在起源过程中的规律性，也可以对各文明区域的特点和个性特征给予适当的关注，这种对文明起源过程和统一性与多样性的分析，是本书的又一特色，也符合人类历史在统一的历史发展规律制约下而各具特点的历史唯物主义原理。

（三）

上面是我对本书的一些看法和评论，主要是向读者说明这是值得读的一本好书，因为它是一本有科学价值的著作，而且是有开创性意义的探索成果。这里我想借此篇幅谈些有关作者的事。

我为获得博士学位而有专著问世的青年同志写序，王震中同志是第二人。第一个是周星同志的"史前史与考古学"。他们两个是尹达同志门下的同科"进士",而且都是我们陕西人:一个来自陕北高原,一个来自商洛山区,真可谓高山出英俊,他们已成长为优秀的青年学者,这种乡梓之情与同道之谊相交融的情愫使我特别感到亲切和欣慰。

提起这两位同志,勾起了我对往事的一段回忆。"文革"后的70年代中期,我从陕西回到北京考古研究所,常与尹达同志见面,并谈论学术上的一些问题。那时尹达同志有较多的时间考虑学术问题,从理论到实践,从存在的问题到如何解决问题,从史学史到考古学方面的问题,都作了深思熟虑的考虑,特别谈得多的是史前文化与史学理论的研究问题。当时他提出要急需作的三件事:一件是要编写一部中国史学史,第二是成立史前学会,第三是培养一支队伍。史学史,实际上是在马克思主义思想指导下总结中国历史研究的理论与实践问题,这在他的《尹达史学论著选集》中,有部分反映,但在他逝世前并没有完成。关于成立史前学会,其发起缘起已经拟好,并向社会科学院作了申报,主要的意旨是组织考古学、民族学和史前史方面的力量,进行深层次的理论探讨,以复原祖国的史前社会,以期能为史论研究作出贡献。当时陕西同志提出创办《史前研究》杂志,他十分高兴地为该刊写了发刊词,并想在史前学会成立后,以此作为会刊。他当时把任务交给我和周自强同志办。遗憾的是正在此期,他卧病在床,未竟其事而离开人世,这件事就一直搁置下来。在培养一支史前学研究队伍方面,他提出从招收培养研究生着手,他要自己亲自培育一批高水平的科研人才,他常讲事业发展与培训人才的重要性,既懂理论,又重实践,有抱负、有视野、能钻研、敢于开拓性的学者,是我们事业兴旺发达的希望所在。1981年秋,他开始招收第一批研究生,经初审后,录取了王震中与周星两位同志,当时他们正就学于西北大学。他让我和周自强同志一起进行复试(主要口试),复试后,他对这两位学生各方面表示满意,并叫我辅导他们史前考古方面的工作,一直到他们毕业,他们都以优异成绩通过答辩,不负导师对他们的期望。

他们在取得硕士学位后,继续攻读博士学位,并出国进修。视野开阔了,研究领域也扩大了,探索问题的层次也更深了。攻读博士学位后,王震中同志潜心于文明起源史的研究,累累硕果不断问世,取得了突出成绩,此书的出版是他个人学术生命的一个新的里程碑,他所以作出如此成果,除他个人的勤奋努力外,我个人察知还有几个必具的素质所促使:第一,有较深的理论造诣,这与学习初期、在尹达同志指导下、重视理论研究有关,史前社会研究理论性很强,理论修养有助于洞察历史过程的奥秘。第二,方法正确、驾驭运用史料自如、观察和分析问题深入，对比研究层次清晰，真伪取舍得宜。第三，占有资料详确真实，涉猎面广，累积层厚，勤于搜集，长于整理，有丰厚的原始素材和校核后的史料作基础，能充分论证问题。这三者结合起来才能得出正确的结论。

对一个有成就的学者来说，是多种因素所铸成的，既要有重才、选才与育才的外在条件，也要有奋发成才的主观因素，才能有成，王震中同志这部著作的出版，希望能引起史学界的重视。希望继他之后，对这个问题的研究，能出更多更好的著作，也希望能出更多更有水平的人才。

石兴邦

1992 年 10 月 10 日

绪论：理论与方法

"文明"，这是一个既古老又常新的概念，它可以因时代与地域或民族的差别而有所不同；亦可以因不同的人而有不同的理解。在古汉语中，"文明"一词最早见于《易·大有》卦辞："其德刚健而文明，应乎天而时行，是以元亨。"又见于《易传·文言》："见龙在田，天下文明。"《尚书·尧典》也有"睿哲文明"之语。都是指光明、有文采的意思。现代汉语中用"文明"来翻译英文中的 civilization 一词，通常是指人类社会的进步状态，与所谓的"野蛮"相对而言。此外，也有将"文明"作为"文化"使用者[①]。本书所探讨的文明是指与史前相区别的古代文明社会。由于古代文明的宏伟辉煌和时代久远，使得文明起源的问题一直是一个魅力无穷的话题。人们很想知道早期的文明社会是如何产生的，它的标志是什么，它的运动轨迹和生长机制是什么，世界各大文明的起源，其共性何在，其特殊性、多样性又何在？对于这些问题的解释，既是一个理论问题，亦是考古学和人类学的实践问题。

目前，国内外较为流行的观点是把铜器、文字、城市等作为文明的标志或要素来探讨文明的起源。这种文明观明显地存在两个方面的缺陷，其一是这类"标志物"具有很大的局限性，很难适应世界各地文明起源的多样性和区域性；其二是它将文明看成是单项因素的凑合，形成所谓"博物馆清单"式的文明观，这既难以对文明社会的出现作出结构特征性的说明，更难以对文明社会的形成过程作出应有的解释。

首先，就文明的"标志"而言，我们知道，在文明史的研究中，每当人们识别和判断古代某一区域或民族是否已进入文明社会时，确实很需要一个标志性的东西。然而，我们若从区域文明这一角度来考虑，就不得不承认古代不同类型的文明在其演进过程中所呈现的物化形式是有差别的，我们可以

---

① 童恩正：《有关文明起源的几个问题——与安志敏先生商榷》，《考古》1989 年第 1 期。

分别归纳总结出各地各民族各自的一系列物化的标志物，但很难将它作为统一性的共同标志来放之四海而皆准。例如以铜器为例，我们知道中国、西亚两河流域、埃及、南欧爱琴海域等早期文明时代也是铜器时代，然而中美洲墨西哥的特奥蒂瓦坎文明和玛雅文明都是没有铜器的文明；而西欧并非在其铜器时代而是在其铁器时代才进入文明社会的。文字也是这样，自摩尔根以来许多社会科学家都把文字作为文明的标志，然而，南美洲秘鲁的印加文明，虽已建立了强大的帝国式的国家，却没有文字的使用；包括匈奴在内的许多游牧民族，在其初期文明社会虽已建立了政权机构，却也没有文字。城市、城邑或都市，对于农业民族来说固然是其政治、经济、军事、文化、宗教的中心，是社会结构的物化形式之一，而对游牧民族来说则不成为绝对性的东西。与此同时，即使在农业民族中，古埃及人所创造的文明社会，无论是前王朝时期的诺姆文明还是早王朝时期的文明，都是很难列入城市或城邑文明范畴的，有人为了凸显埃及文明的这种个性，称之为"没有城市的文明"[1]。

　　上述所谓文明的标志或要素，只是说明文明社会到来的一些社会现象。由于各古代文明所处的生态地理环境和社会环境的不同，其文明到来时的现象即文明的要素及其表现形态自然也就不尽一致，它体现了各地文明社会演进格局的多样性。既然用具体的文化形式难以对各地文明社会作出共同标志的概括，那么能否在这些具体文化形式之外的抽象层次上确立一个既能反映文明社会结构特征的共同标志，而又允许这种统一的共同标志在不同的生态地理和社会环境中有着不尽相同的文化表现或物化形式？笔者的回答是肯定的。全面考察史前与文明社会的形态区别，笔者以为能担当此任者只能是"国家"。

　　恩格斯曾有过"国家是文明社会的概括"的合理命题，国家的出现，就是史前社会的彻底终结与文明社会的开端。但值得指出的是，恩格斯在《家庭、私有制和国家的起源》中所提出的国家形成的两个标志——按地区来划分它的国民及凌驾于社会之上的公共权力的设立，其中，按地区来划分它的国民，对于古希腊罗马来说也许是适用的，而对于其他更为古老的许多文明民族则有一定的局限性。笔者认为，国家形成的标志应修正为：一是阶级或

---

[1] J. Wilson, *Egypt through the New Kingdom*: *Civilization without Cities*, *City invincible*, edited by E. Kraeling and R. McC. Adams, University of Chicago Press, Chicago, 1960.

阶层的存在；二是强制性的权力系统的设立①。阶级、阶层或等级之类的出现是国家得以建立的社会基础，凌驾于全社会之上的强制性的公共权力系统的设立则是国家的社会职能，是国家机器的本质特征。尽管在国家形成途径的解释上有管理论、内部冲突论、外部冲突论、融合论等诸多理论观点的不同，但作为国家形成的标志，都有阶级或阶层、等级之类社会分化的存在，都有某种形式的强制性的权力系统的设立，则是确凿无疑的。所以，各古文明国家中阶级阶层和强制性权力系统形成途径和存在形式的差异并不影响将国家的出现作为进入文明社会的标志。

值得指出的是，我们把国家的出现作为文明社会到来的标志，并非说"文明"就等同于"国家"。文明与国家是两个不同的概念，但二者又有交叉和部分的重叠。文明包含有文化意义上的文明和社会意义上的文明两个方面，国家属于社会意义上的文明，国家是文明的政治表现，是文明中的组织结构、社会制度等社会属性方面的东西。由于国家是被包含在文明之中的，所以我们才把它的出现作为文明社会到来的标志。

将国家的出现作为文明社会到来的标志，也只是一种理论上的阐述。考古发现表明，许多鲜为人知的早期国家都是先于成系统的文字记载而出现的，因而，关于这些国家情况的唯一说明是它们的物质遗留——即古代人们的活动和环境的物质遗留物。这样，在文明国家起源研究中的关键点之一就是人类学理论与考古学实际相结合的问题，究竟哪些考古学遗迹可以视为国家及其强制性公共权力的物化形式或标志物呢？

正像各古文明社会中的所谓文明要素及其表现形式互有差异一样，作为国家及其强制性权力系统，一方面其本身的形态或类型可以因地区和民族的不同而有所区别；另一方面它们在考古学上的表现形式即物化形式，亦将会因生态环境和经济类型等因素而呈现出各地区的差异性。首先，游牧民族与农业民族就有一定的差别；其次，在农业民族和地区，虽说其多数可用城邑都市作为国家及其权力结构的物化形式，但这一物化形式在各地尚有"城市"、"城邑"、"都市"诸形态类型的区别，如两河流域的苏美尔文明可以说是典型的城市国家文明，在这里，有用城墙围起来的城邑，除了人口集中之外，既是政治、宗教、文化和权力的中心，也发挥着商品集散地功能，称为"城市"是当之无愧的；相比之下，中国等地的早期城邑，作为政治、

---

① 王震中：《文明与国家——东夷民族的文明起源》，《中国史研究》1990年第3期。

宗教、文化和权力的中心是十分显著的，而商品集散地的功能并不突出，为此可称为城邑或都邑国家文明；中美洲特奥蒂瓦坎、玛雅等文明圈中的统治与祭祀的中心遗址，人口集中，对外贸易也占有一定的地位，但它们并未用城垣圈起来，可称为都市国家文明。至于古埃及的早期文明不是以城市而是以灌溉区的修建和划定来表现它的诺姆文明，更说明了早期国家形态及其物化形式的多样性。这就需要我们既要有抽象性的概括，又要有具体性的区别对待，并能将这种抽象性寓于具体性之中，将共性寓于个性之中加以研究。也就是说，我们在较为抽象的社会结构这一层次上，将国家的出现作为进入文明社会的共同标志，而同时又允许这种统一的共同标志在不同的生态地理环境和社会环境中有不尽相同的文化表现和物化形式。这也意味着各古文明的形成途径是有差异的，适合于各地特点的具体的标志物也应该进行具体的分析。在这里，笔者之所以将中国、美索不达米亚、中美洲等古典文明中的城邑都市之类作为国家出现的标志物或物化形式，这是因为所谓古代国家可以定义为：在一定的领土和主权的范围内，具有实行权力集中的含有管理与统治机构即政府的社会，而当时在阶级或阶层分化的基础上，工程庞大的城墙及城内的庙宇宫室的建筑，充分显示了人力、物力、资源的集中，显示了行政控制与组织管理的复杂，所以，和阶级阶层分化一同出现的城邑都市，虽不能说是国家构成的必要条件，但却是充分条件，可以视为上述地区都邑国家形成的标志。

讨论了文明社会到来的标志后，接踵而来的便是文明社会的形成过程及其起源机制方面的课题。目前，国内在这方面的研究尚感薄弱，因而这也就成了本书的重点所在。

毋庸讳言，人类由史前向文明社会的演进是全方位的演进，它包括人自身素质的进化（人的智力、思维能力、思维方式及世界观等）、人所创造的物质文化与精神文化的演进（语言、文字、生产工具、武器、衣、食、住、行等）、人所创造的社会组织及管理机构的演进，等等。在这一系列的演进中，社会组织结构方面的变化使得人类文明社会的产生和形成表现为社会形态上的运动和推移。然而，对于社会形态方面的这一演进过程，通常在人们的头脑中有两个极端的社会组织结构，即新石器时代的"平等主义"的部落社会和文明时代的国家。特别是国内的学者，长期以来恪守着摩尔根和恩格斯提出的"部落联盟"及"军事民主制"这一类概念，对人类社会究竟如何由史前走向文明的，一直缺乏社会形态和结构特征方面的说明。但是，无论是人类学的研究还是考古学的发现都一再表明,史前社会发展到一定阶段,普遍存在着一种含有初步不平等的、比一般的部落组织或普通的农耕村落更复杂、高度地被组织化了的、但又未进入文明时代、未达到国家水平的社会。对于这样的社会,自20世纪60年代以来,塞维斯(Elman R. Service)等人类学家们提出了"酋邦"(chiefdom)社会这样的结构类型,并按照社会进化的观点把民族学上的各种社会加以分类,构想其演进程序为:游团(bands,地域性的狩猎采集集团)—部落(tribes,一般与农业经济相结合)—酋邦(chiefdoms,具有初步不平等的史前复杂社会)—国家(States,阶级社会)[①]。到60年代末和70年代初,桑德斯(William T. Sanders)与普莱斯(Barbara J. Price)以及科林·伦弗鲁(Colin Renfrew)等学者又将酋邦制模式引入了考古学领域,以此探讨文明和国家的起源。

与"部落联盟"或"军事民主制"等概念相比,酋邦制概念的提出和对其特征的归纳,显然是人类学和民族学研究中的一项重要成就,它通过人类学中具体的民族实例,给我们展现了阶级社会之前的分层社会的一种具体情景,建立了由部落到国家之间的发展链环。然而,不可否认的是,由于酋邦制只是通过对一些特定的民族和地区考察研究后归纳提出的,有其特定而具体的组织结构、血缘关系和经济政治体制,它难以同考古学遗存坐实,无法对号入座。同时,从理论上讲,古代世界各地的地理生态环境和社会环境千差万别,阶级社会之前的社会不平等的表现形式亦应当是多种多样,现被统称为"酋邦"的社会组织类型也是形形色色的,从多线进化的观点来看,很难认为古代诸文明古国都是通过塞维斯所定义的那种酋邦形式,由史前走向文明。酋邦制这一模式只是启示我们,由部落到国家还应有一个相对独立的发展阶段,有相应的社会结构和体制特征,这一发展阶段是文明和国家起源研究中关键点之一。

人类学中"游团—部落—酋邦—国家"这样的社会演进模式,是按照社会进化观点将民族学上可以观察到的各种类型的社会加以分类排列而成的,因而其逻辑色彩很强。对于史前社会的研究,若想达到逻辑与历史的统一,除了人类学或民族学之外,还必须借助于考古学,因为考古学可以依据遗迹

[①] Elman R. Service, *Primitive Social Organization: An Evolutionary Perspective*, New York: Random House, 1962.

E. R. Service, *Origins of the State and Civilization: The Process of Cultural Evolution*, New York: W. W. Norton, 1975.

的地层叠压关系确定其时代的早晚和先后顺序，从而观察到社会的发展和变化。从这个意义上讲，考古学与文化人类学这两个学科可以相互补充而互益，但这种补充和互益绝不是一个学科为另一个学科的简单重复或注释。文化人类学的研究可以为人们提供一些理论和模式，但这些理论和模式是否符合古代历史的实际，还需接受考古学材料的严格检验。人类学的理论和模式有借鉴作用，但在借鉴或拿来使用时还应当有变通。考古学根据考古发现而研究数千年数万年前的历史过程和文化面貌，同文化人类学中现存的活材料，在生态环境、社会、历史背景方面毕竟是有差异的。因而，考古学完全可以在借鉴和参考人类学的理论和模式的基础上，以考古学材料为素材和骨架建立一套能反映社会形态和结构方面的演进模式，而且，只有在这个意义上，将考古学与文化人类学相结合，才能达到历史与逻辑的统一。

若从考古学着眼，在各种考古遗迹中，聚落遗址所能提供的有关社会形态的信息量是最大最复杂的。在聚落遗址中，我们不但可以看到人与自然的关系，而且还可以看到聚落的社会组织结构、生产、分配、消费、对外交往，以及权力关系等方面情况。考古发现表明，不同时期的聚落有不同的形态特征，这种聚落形态的演进，直接体现了社会生产、社会结构、社会形态的推移和发展，因而，可以通过对聚落形态演进阶段的划分来建立社会形态的演进模式或阶段。据此，本书依据世界各地的考古发现，将世界第一批原生形态的文明起源划分为三大阶段，即由大体平等的农耕聚落形态发展为含有初步分化和不平等的中心聚落形态，再发展为都邑国家形态。其中第一阶段即农耕聚落期，在西亚有耶利哥之类的初期定居农耕聚落（公元前8000—前6000年）和它之后的哈苏纳·沙马拉文化期的聚落（公元前6000—前4900年）；在上下埃及有塔萨·巴达里文化和法尤姆文化A时期的农耕聚落遗迹（公元前5000—前4000年）；在中美洲为形成期前期即第一批定居的农耕聚落（公元前2000—前1000年）；在中国则有公元前10000—前7000年属于农业起源阶段的湖南道县玉蟾岩、江西万年仙人洞、河北徐水南庄头、北京门头沟区东胡林遗址，以及公元前7000—前5000年的彭头山、磁山、裴李岗、老官台、河姆渡等文化的农耕聚落和公元前5000—前4000年的半坡、姜寨之类的聚落遗址。第二阶段即中心聚落期，在西亚为埃利都·欧贝德文化期（公元前4900—前3500年）；在埃及为阿姆拉文化或称涅伽达文化I期（公元前4000—前3500年）；在中美洲为形成期中、后期（公元前1000—前100年）；在中国则为公元前4000—前3000年间的仰韶中期和晚期、红山后期、大汶口中期和晚期、屈家岭文化、崧泽文化和良渚早期等。第三阶段即早期国家文明形成和确立期，在西亚为乌鲁克和原始文字时期，时间大约从公元前3500年开始；在埃及为公元前3500—前3100年的前王朝的诺姆文明时期；在中美洲为公元前100—公元300年的"原始古典期"；在中国为公元前3000—前2000年的夏王朝之前的前王朝时期，大体相当于考古学习惯上所称的龙山时代和古史传说中的颛顼、尧、舜、禹时代。

由村落到国家，大体可作如上三个阶段的划分。这一划分是有意义的，它不但使我们看到了社会形态与结构演进中的连续性与阶段性，而且将这一演进框架建立在考古学的基础之上了，可以达到历史与逻辑的统一。尚需指出的是由于各文明毕竟是在不相同的生态环境和区域内成长起来的，必然带有各自的个性特征和区域文明的特点，例如在中心聚落期，两河流域表现出神庙聚落文化的特点；中美洲表现出祭祀中心的特色；而埃及则看不到神庙之类的建筑，但却有权力中心的存在，当然这种权力是世俗权力和宗教之权合而为一的；中国由于宗族组织结构的出现，这一时期的中心聚落也是宗族长和宗庙的所在地，可以视为原始宗邑。这样，依据笔者的研究，中国文明起源的具体历程可以描述为：社会尚未分层的农耕聚落形态——出现不平等和社会分层了的原始宗邑聚落形态——已形成文明的城邑或都邑国家形态。

古代文明的基础是农业，农耕聚落的产生和发展与农业的发生与发展息息相关，因而，以聚落形态为主线来探讨文明的起源，不得不对农业的起源与发展一并加以研究，这是探究文明起源及其过程的又一基本线索。

农业的起源问题是近年来的热门话题，也是20世纪50年代以来的世界考古学研究中取得了重大突破的课题。总结目前的研究成果可以得知，第一，世界各地农耕畜牧起源的早晚和途径的差别，不仅仅是各地农业本身发展的问题，而且它还制约着各地的文化的发展变化，世界各地第一批原生形态文明诞生的先与后与其定居农业出现的早与晚有着密切的关系；第二，虽说在西亚两河流域、埃及等地，农耕的起源、发展与灌溉文明的兴起并不是在同一地区内完成的，但无论是中国、两河流域、埃及还是中美洲等地，在由史前迈向文明时都有一个由原始粗放农业走向相对集约农业的历程，只是各地集约农业的生产方式和表现形态，因生态地理环境的不同而表现出很大的差异性。在这里，我们应当打破那种只认为大河灌溉和犁耕才是集约农业的观念，而应看到农业的特点就是因地制宜，农业的生产方式和效果是与土壤的结构以及水土的特性直接相关联的。在中国北方，高水平的粗耕农业和江南水田中的犁耕农业一样，都是集约性的农业。当然，集约的程度在世界各文明古国之间也是互有差别的。笔者以为，无论是对各古文明中集约农业的生态地理环境、生产方式的考察，还是对其集约程度的分析，都有助于探讨世界各区域文明的特点和类型，有助于对文明起源进行统一性与多样性的分析。

在文明起源的研究中，另一个薄弱环节是强制性公共权力机构、王权如何产生和形成的问题。在国内传统性的看法认为，国家及其强制性的权力机构是阶级矛盾不可调和的产物，最初的统治与管理机构，是为了解决经济上的冲突而发展起来的，是统治阶级压制被统治阶级的机器。这是对的，但并不全面。我们知道，国家中处于统治和管理阶层的人们确亦是在阶级分化和等级结构中位于最上层的人物，作为国家的管理与统治机构亦确实对内发挥着保护等级、阶级秩序与统治阶级的既得利益的作用，但是，早期国家中凌驾于全社会之上的公共权力，除了以阶层和阶级分化为前提外，它同时还是借助于一系列社会公众性极强的事务发展起来的，这些事务包括兴建种种公共工程、举行全社会范围的庞大的祭祀活动和宗教礼仪、进行战争防御和扩张，等等。这就是中国古人所说的"国之大事，在祀与戎"。所以，尽管强制性公共权力的产生以社会的不平等为前提，但它依然是一个合理的运动过程，是应社会发展的需求而问世的。中国的古代国家经历了"邦国—王国—帝国"这样的阶段和类型，中国最早的城邑或都邑国家都属于邦国。在由邦国向王国的发展过程中，作为此时国家统治之权的集中体现者——王权，笔者以为，它有三个基本的来源和组成：其一是王权的神圣性和宗教性，即王权有源于宗教祭祀的一面；其二是王权的军事权威性，即王权是在战争中发展和巩固起来的，王权有源于军事指挥权的一面；其三是王权来源于族权，来源于族的社会组织结构。族内的尊卑等级、全社会中阶层和阶级的出现，为王权提供了第三个合法的外衣。

在国家管理与统治之权的起源问题上，如果我们在考虑到不平等之类因素的同时，也将社会公众性因素考虑了进去，那么，对于在各古文明兴起过程中所出现的水利工程、规模宏大的宗教建筑物、坚固的城墙等现象，就能给予合理的解释；亦能对这些重大的考古发现作出恰如其分的分析，恢复其原有的历史地位。

作为政治权力不能不带有社会性和公共性，但在研究权力系统时往往容易被忽视的却是权力结构与社会组织结构的关系问题。殊不知，这正是讲清权力系统与结构所不可缺少的。在这里，问题的难点是由于我们对某一社会的组织结构本身尚不清楚，因而对于二者的关系无法说明。依据一部分人类学、民族学材料，政治权力结构与社会组织结构在早期可以是同层同构的，中国春秋时期的历史因材料较丰富也能说明这一点。本书在论述中国文明的形成与发展的个性特征时指出，中国早期城邑国家文明属于维新式起源的，是生产技术、社会组织结构和观念形态三位一体连续发展下来的，是家族—宗族组织与政治权力同层同构的。在这里，宗族组织结构中的主支与分支的亲族关系与政治权力上的隶属关系是一致的。这种宗族结构中的主支与分支关系，到了周代被固定化为大宗与小宗式的关系，它在周人权力结构最高层的表现形式为"君之宗之"，是君权与宗权的合一。

  以上是笔者研究文明起源这一课题中的一些思考。从比较的角度来研究文明的发生与发展，在国内还比较薄弱。本书名曰《中国文明起源的比较研究》，其意图是想从中国看世界，从世界看中国，而其重点还在于解释中国文明形成过程，因而，本书在重视通常人们所说的文明要素或标志的同时，更主要的是以农业的起源、发展以及聚落形态的演进为基本线索，将社会结构的变化逐层展开，在社会形态和社会结构的运动与推移中去看人类文明社会的产生和形成。书中回答了作为本土的原生形态的中国文明的起源，究竟是单中心的，还是多中心的？中国文明究竟是怎样形成的？为什么会这样形成？中国文明起源的机制和运动轨迹是什么？在中国文明的形成过程中，究竟有哪些特征性的东西？中国文明起源和发展的连续性、中国文明连绵不断地长期发展的原因究竟何在？等等。或许这些只是笔者的一孔之见、一家之言，但若能起到抛砖引玉的作用，亦即足矣。

第一章　农耕的起源与社会组织的变化

20世纪50年代以来，近东、中美洲、中国等地一系列考古学的重大发现，已使得我们在讨论人类的文明史，尤其是在论述其起源和发生时，再也不能避开农耕起源的问题了。农耕畜牧的出现，改变了人类的文化和社会制度；世界各地最早的文明社会皆立足于农耕系统而形成的事实，足以说明农耕的起源是文明的起点和基础。

谈到农耕与文明的密切关系，有两个重要现象需特别注意，其一是世界各地第一批原生形态文明诞生的先与后与其定居农业出现的早与晚有着密切的关系；其二是世界早期文明的三大系统与谷类农作物的三大系统相关联。

西亚大约在距今1万年前即已进入定居农业，西亚两河流域的城市文明也先于其他地区，而起源于公元前3500年；中国的定居农业大约起源于距今1万年到9000年前，中国的城邑即都邑文明也形成于公元前3000—前2000年间；而中美洲一直到公元前2000年左右才进入定居农业，其都邑文明也迟至公元前3世纪到公元1世纪才出现。的确，与狩猎和采集相比，进入定居的农业之后，人口将会逐渐获得较为明显的增长，较大的地域集团也将开始形成，社会生产的分工、财富的积蓄、所有意识的萌发都会得以实现，战争和贸易也将发展起来；进入定居农业之后，还会使社会性、政治性组织变得愈来愈复杂，社会的不平等、阶层和阶级，以及强制性的权力机构都会逐渐产生，农耕礼仪、宗教祭祀等观念形态也能得到充分发展。世界各地的第一批文明都是农业民族创造的文明，其根源即在这里。

对世界早期文明的类型与系统的划分，可以从各个角度进行，若以主要粮食为根据，古代世界的早期文明可以划分为三大系统，即美洲吃玉蜀黍者的中美、南美文明，旧大陆东亚、南亚吃小米、大米者的东方文明，以及西亚、北非、欧洲吃小麦、大麦的西方文明①。这三大系统文明的划分恰巧同美国的植物学家哈兰（J. R. Harlan）利用考古学、古生物学、古生态学、花粉学、碳14同位素年代测定等资料，将世界主要的农耕发源地划定为三个中心地和三个拟中心地（即A1：近东亚洲中心地，A2：非洲拟中心地；B1：北中国中心地，B2：南亚及南太平洋拟中心地；C1：中美洲中心地，C2：南美洲拟中心地）②相一致。这是耐人寻味的。当然，随着考古学的不断发现，这些中心地和拟中心地还会作不断的修改，例如中国北方的旱作农业与南方的水田稻作农业就分别是两个不同的中心地；20世纪70年代以来，有关埃及农业起源资料的发现与发表，使得埃及是否也应作为农耕起源的中心地问题，已在讨论之中。在上述三大系统中，西亚的美索不达米亚、中美洲的特奥蒂瓦坎和玛雅、东亚的中国又构成三大文明系统中的三个核心地区，也是三大文明的源头和龙头，有关它们的农耕及其定居村落的起源问题，也就不能不为学人们所瞩目。

一　农耕起源的共同性与多样性

在人类历史中，各地由狩猎采集经济向农耕畜牧经济的转变，不但时间上有先后早晚的不同，而且其形态上也既有共同性的东西又有种种差异。目前在世界农耕起源上，西亚、中美洲的考古学材料最丰富，其线索和环节也最清楚。通过对西亚、中美洲农耕起源过程的考察，有助于中国农耕起源问题的理解和认识。

在西亚，由于既是当今世界主要农作物之一——以小麦为首的麦类作物的野生祖本的发源地和山羊、绵羊、牛等野生种的分布地带，又发现有公元前8000—前6500年食麦居民所建立的初期农耕聚落遗址，因而，西亚是一个独立自发的农耕起源地已成为当今学术界的共识。

西亚农耕起源的模式是耐人寻味的。这里在进入了农耕的前陶新石器文化之前，存在一种被称为"中石器文化"的遗存，其著名的遗址有巴勒斯坦苏克巴洞穴发现的瓦得埃、纳吐夫（the Wadien-Natuf）、甲穆（el-Khiam）、贝哈底层（Wadi el-Beidha）、耶利哥底层（Jericho site）、以色列的爱恩·马

---

① 《世界上古史纲》编写组：《世界上古史纲》（下册），第94—108页，人民出版社1981年版。
② 森本和男：《农业起源论谱系》，《农业考古》1989年第2期。

拉哈（Ain Mallaha）、纳哈·俄瑞（Nahal Oren）、叙利亚的穆勒贝特 I（Tell Mureybet）、伊拉克北部的沙尼达山洞 B2 层（Shanidar）、伊朗黑海南岸的带洞（Belt Care）、霍图洞（Ghar-i-Hutu）等遗址[①]。这些遗址的年代大体距今 12000—10000 年，其文化特征可分两类，即面对地中海的巴勒斯坦、叙利亚、安那托利亚一带的被称为"纳吐夫文化"的遗址中，收割野生谷类植物的经济十分显著，而伊朗一带的遗址，虽说也收割野生的大麦小麦，但狩猎经济占有十分突出的地位。这一区别主要是因两地小生态环境的差异造成的，这些区别和差异最终导致了这一地区农耕畜牧起源的两种模式。

叙利亚、巴勒斯坦一带的纳吐夫文化，一般分为四期或早中晚三期，在 1—4 期中，都出土有在骨柄上安装石刃的镰刀、小石杵、磨石、磨棒和燧石箭头等。作为镰刀使用的刃片是一种去掉两端而呈长条矩形、一侧有斜刃的石片（图Ⅰ—1：1—5）。它是一种复合工具，安装在骨制的镰柄上。在卡麦尔山曾出土过骨制的镰柄，其断面呈偏圆形，通体较端直，刻有安装镰刃的沟槽，把手部分稍微变粗，在把手的末端雕刻成了兽首的形状（图Ⅰ—1：6）[②]。这些镰刀刃片，由于经常接触植物茎秆而带有硅光，碾磨种子用的磨石和磨棒以及杵臼，也有长期使用过的痕迹。他们收割和加工的主要是野生的大麦和二粒小麦、一粒小麦，同时也猎取羚羊和山羊等动物。

值得强调的是，纳吐夫文化的居民，有不少已过着定居生活。公元前 9000 年前的耶利哥的纳吐夫文化地层，发现有黏土建造的土台，面积为 20 平方米，作长方形，周围是石头墙。叙利亚的穆勒贝特遗址，坐落在幼发拉底河左岸的台地上，占地约 5 英亩，共分 17 个居住层，其中第 1—8 层属于纳吐夫文化，被称为穆勒贝特Ⅰ，其后的居住层被称为穆勒贝特Ⅱ和Ⅲ，相当于耶利哥前陶新石器 A 时期（PPNA）。在穆勒贝特的纳吐夫文化的第三、第五、第七、第八居住层，都发现有建筑物，属于圆形房屋。房屋中有的用大块石灰石铺成地板，有的用大石板铺作地板，并有火塘，出土的石器有石叶、石片、石锛、石凿、石镰刀片和研磨谷物的磨石等。碳 14 年代测定，这些纳吐夫文化的居民，也生活在公元前 9000 年左右。在耶路撒冷以西的

---

① 《世界考古学大系》第 10 卷，[日本]平凡社昭和 34 年；北京大学、东北师范大学历史系世界古代史教研室编：《世界古代史论丛》（第一集），生活·读书·新知三联书店 1982 年版；斯秋阿特·亨利主编：《世界的农耕起源》，[日本]雄山阁出版社 1986 年版。

② 《世界考古学大系》(10)，第 53 页。

阿布·哥什（Abu Gosh）的纳吐夫文化遗址中，发现有方形房子、石墙和用石头铺成的地板，出土了燧石箭头、镰刀刃片、杵臼、石斧、石凿以及许多羚羊、野猪骨头等。公元前9000年到前8000年的以色列的爱恩·马拉哈遗址，也属于纳吐夫文化中较为典型的聚落，整个村落大约由50间半地穴式圆形房屋组成。每座房屋的直径为2.5—9米，若干座房屋构成一个屋群，每个屋群拥有许多储藏用的窖穴。

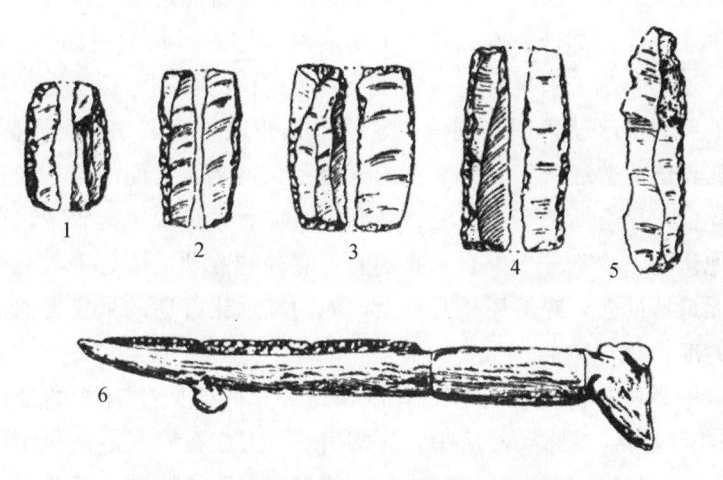

图 I—1 纳吐夫文化中的镰刀及复原
1—5. 西亚埃尔·瓦德洞穴出土　6. 卡麦尔山出土

上述爱恩·马拉哈、纳哈·俄瑞（法拉赫）、贝哈、阿布·哥什、穆勒贝特之类的纳吐夫文化的遗址，显然已进入了定居阶段。在这些遗址中，一方面出土有许多箭头和众多的羚羊、山羊、野猪的骨头，说明其狩猎生活的重要性；另一方面又出土了许多与收割和加工谷物有关的镰刀、杵臼、磨石、磨棒等工具，这就告诉我们这里的居民已向农业经济形态转变。

我们知道，狩猎者从来不花大量的人力和物力去建造永久性的住房和圈养动物的栅栏以及贮藏谷物的设施。这些建筑设施本质上都是与农耕文化相联系的产物。然而西亚地中海东部地区的纳吐夫文化的人群，却在中石器时代以及由中石器向新石器过渡的时期，建造了永久性的住房和贮藏用的窖穴。对此，可作两种解释：一是将定居、窖穴贮藏、精良的石镰、磨石、磨棒、杵臼等收获加工工具与农业生产活动相联系；另一是将这些与大量收割、贮藏、加工野生谷物经济相联系。由于至今在这一时期的文化遗存中尚未获得有关农作物栽培种的证据，而石镰刃片上的硅光也不能确定究竟是野生还是家培植物茎秆留下的痕迹，所以我们可以将此判断为农业经济的前身——高级采集经济形态，即有计划地大量收割野生谷物的经济形态。事实上，有人曾用当时使用的石镰去收割野生麦，一小时竟收割了一公里。据说，那些适应采集生活的人们，若举家动员，用三个星期左右的收割劳动就可以确保一年的谷粒①。

里普斯（Lips）曾描述过在经济上依赖有计划地采集一种以至多种野生植物的民族，他们都是去收割野生植物，而被称为"收割民族"（或"收集民族"）。这类收割—采集野生植物的人们所进行的收割地区就是他们生产的中心，他们的聚落就集中在周围，这已不是普通的狩猎—采集人群的特点。收割者的聚落比普通狩猎—采集者的聚落要大得多，它们的结构类似于早期的农业社会。里普斯把有规律地收割野生植物看做是采集与农业之间的中间阶段。他认为，收割—采集者只收割而不播种的劳动，接近于农业生产者的活动，无论从社会、经济还是心理上，他们都远比普通的采集者对农业更具有接受的准备②。

在这里，我们将这种有计划有规律地大量收割野生谷物的经济，称为"高级采集经济"。在这类经济中，收割用的石刀或石镰（最初是镶嵌在骨柄中作为复合工具出现的）和碾磨，是它的技术基础和标志。而此时的狩猎也每每是有计划的季节性的活动，所以这类经济又可称为"高级采集—狩猎经济"。在长期的收割活动中，当然会逐渐发展出对野生谷物的保护、照料和管理；而有计划的高级狩猎活动也会产生对某些动物加以周密有效的保护控制乃至驯养方面的实践。其中若收割和采集远远地大于狩猎，将会直接导致农耕的起源；若在高级采集的同时就已实现了家畜驯养，则会沿着两个方面发展：一是在家畜驯养和高级采集的基础上转向农耕畜牧，另一是进入草原转向游牧。

西亚地中海东部地区继纳吐夫文化而来的前陶新石器文化中的农耕起源，就是由收割和采集远远大于狩猎的"高级采集—狩猎"经济直接导致的。例如位于约旦河谷、肥沃绿洲之中的耶利哥，于公元前 8000 年也即被

---

① 寺田和夫：《人类的创世记》，第 236 页，[日本] 讲谈社学术文库 1986 年。
② [苏] 弗拉基米尔·卡博：《食物生产经济的起源》，《农业考古》1988 年第 1 期。

称为"前陶新石器文化A时期"开始出现家培的大麦和小麦[1]。收割这些麦类谷物的生产工具，依旧是以前使用的石镰，碾磨加工谷物的工具也是传统的磨石和磨盘。这一时期由于尚无陶器，人们使用石碗之类的炊饮食具。与之同时，在耶利哥前陶新石器A阶段出现的带有城墙、壕沟和高塔的防御系统以及约拥有2000人口的聚落规模，都说明这里的定居生活较它的纳吐夫文化时期又有进一步的发展。再如，在穆勒贝特的17个地层中，前7层属于纳吐夫文化，后10层相当于耶利哥原始新石器和前陶新石器A时期（PP-NA）。在纳吐夫文化时期，这里发现的植物主要有野生小麦、野生大麦、野生豆类和阿月浑子等。除此之外，还有许多种类的植物。可能穆勒贝特居民收集谷物，不以当地为限，还远在邻近山地山麓进行收割劳动。到了前陶新石器时期，发现有栽培种小麦，年代为公元前8000年[2]。

耶利哥的地层和穆勒贝特17个居住层中，前后连续有序的文化承袭关系告诉我们，这里的前陶新石器文化是由当地的纳吐夫文化直接发展而来的；同时还告诉我们，这里在纳吐夫时期即已过着定居生活，所从事的却是高级采集—狩猎经济，到了前陶石器时期这里的居民在收割野生谷物的同时，也开始种植小麦。也就是说，这里先有定居，后有农业生产；农耕是在定居生活的基础上由高级采集经济转变而来的。

由西亚面向地中海一带的遗址我们得到了一个与传统截然不同的模式：高级采集—狩猎经济也可以实现定居生活，并由此而走向农业生产。人类社会发展的多种类型与多种途径，在这里又一次得到了充分的体现。

除上述之外，西亚伊拉克北部和伊朗西北部山地即扎格罗斯山脉地区，则展现了农耕起源的另一模式。北伊拉克的萨威克米·沙尼达（Zawi Chemi Shanidar）即属于这一类型中较为典型的遗址。

沙尼达是一个山洞，海拔765米，自旧石器中期起就有人居住。自上而下，文化层分为A、B、C、D，其中B_2为中石器时代文化，B_1为原始新石器文化，A则为新石器文化至后来历史时期文化之混合。

萨威克米是个村落，在沙尼达东南约4公里，位于大扎卜河左岸的开阔地，海拔425米，遗物分布于5万多平方米的范围之中。遗址分两层，上面

---

[1] 北京大学、东北师范大学历史系世界古代史教研室编：《世界古代史论丛》（第一集），第52页；黄其煦：《裴李岗·耶利哥与特瓦坎》，《农业考古》1983年第1期。

[2] 北京大学、东北师范大学历史系世界古代史教研室编：《世界古代史论丛》（第一集），第52—60页。

A层是后来铁器时代,下面 B 层是原始新石器居址。萨威克米的原始新石器文化与沙尼达 B_1 文化是一致的。碳 14 年代测定前者为公元前 8600 年,后者为公元前 8900 年。由于二者相距甚近,出土遗物又颇为类似,学术界认为沙尼达山洞和萨威克米村落是同一集团在不同的季节(春夏在萨威克米,冬季在沙尼达山洞)居住利用的遗址。

萨威克米·沙尼达是一个半定居的聚落遗址,出土了相当多加工谷物的磨石、成百的研磨器、杵、手磨、石凿,以及用黑曜石和燧石制的镰刀,并残留着装柄用的沥青痕迹。这些生产工具说明他们的经济相当重要方面是依靠植物粮食。与此同时,出土了许多山羊、绵羊和赤鹿等兽骨和贝壳。其中山羊、绵羊占全部兽骨的 90%。兽骨中幼兽的比例甚高(下层为 44.3%,上层为 54.2%),经偏光显微镜的观察,发现绵羊骨片中的无机物向表层集中,彭肯斯(Perkius)认为这是为了补偿因家畜化而带来的骨组织空洞增加、结构软化的结果[1],从而得出公元前 8600 年这里就有了绵羊作为家畜的结论。

伊拉克北部另一重要的前陶新石器遗址是卡里木·沙希尔(Karim Shahir Site)。它位于库尔德斯坦山间溪谷盆地的旱谷崖岸之上,海拔 850 米,以遗物的分布可以推定遗址的范围约 0.4 公顷。这里未发现正规的住房建筑,只发现了一些用河滩石头敷设的遗迹和用石头围成的坑。在这些坑中明显地发现有使用火的痕迹。文化堆积也较薄。发掘者布雷伍德认为这是一处季节性的野营地。碳 14 测定的年代为公元前 9000—前 8000 年[2]。

磨石、臼、镰刀等工具的出土,说明这里有收割和加工谷物的生产活动;兽骨发现很多,其中大半是绵羊、山羊,虽说尚未发现被驯化的明确证据,但这种对绵羊、山羊的集中利用,必将导致饲养的出现。

地处扎格罗斯山脉的萨威克米·沙尼达和卡里木·沙希尔遗址的年代与地中海东部地区的穆勒贝特、耶利哥、贝哈、纳哈·俄瑞等遗址中的原始新石器遗存的年代相同,但前者充其量是从游动迁徙向定居过渡的半定居状态,后者早在原始新石器文化之前的中石器时代即已过着定居的生活。这种生活方式的差别是由它们的小生态环境及生产方式的差异决定的。

扎格罗斯山地区,海拔高差多变化,地形复杂。其结果,野生状态的山

---

[1] 浅野一郎:《西亚的农耕起源》,载于《世界的农耕起源》第 86 页注〔5〕。
[2] 同上。

羊、绵羊等畜群移动范围和人们追踪这些畜群的迁徙都较广,因而,扎格罗斯山地区的人类集团在迈向定居生活的过程中,家畜饲养所发挥的作用是不可轻视的。在扎格罗斯山地的这些前陶新石器遗址中,虽说他们的经济来源已经有相当重要的方面依靠野生的麦类谷物,但他们的狩猎经济也占有十分突出的地位。也正因为这一缘故,萨威克米·沙尼达之类的居民在公元前8600年就先于农耕而驯养了绵羊。

再以伊朗的甘尼·达勒(Ganji Dareh Tepe)为例,这里在公元前7300年就驯养了山羊。而甘尼·达勒遗址也是位于扎格罗斯山脉,是由山岳和溪谷所组成的一种地域。由于遗址处于海拔1400米的高处,冬季十分寒冷,经常降雪下霜,夏季炎热干燥,属于典型的地中海气候,构成小麦、大麦等谷物栽培的良好条件。甘尼·达勒所在的山谷,四面被山所包围,因而甘尼·达勒附近的谷底,寒风无论从何方吹来,都可以找到避风处。而山羊,一般分为两个畜群生活,一是由成年公兽组成的畜群,一是由母兽及幼兽组成的兽群,后一畜群平常每每避开凶险的山顶附近和多险的谷底,但到了冬季,为了避开寒风,就得降到离甘尼·达勒甚近的谷底。这就是解开为何能在甘尼·达勒开始驯养和饲养山羊之谜的关键[①]。西亚最早可以确定的主要畜养动物(绵羊和山羊)都出现在扎格罗斯山区遗址,绝不是偶然的,显然是这里的生态环境和经济传统所使然。

对于追踪山羊、绵羊而游动迁徙的人们来说,绵羊、山羊的驯养显然有助于增强生活的定居性。与之同时,假若收割野生谷物的高级采集经济也进一步强化,多方面综合因素必将导致由半定居走向定居。与人们的居住形态同步发展的同时,由于人口的膨胀和资源的减少,人与旧环境平衡的破坏,那些以山羊、绵羊及麦类谷物为主要生活资源的集团,必将会进一步去控制、管理、饲养和栽培这些动植物,用农耕和畜牧代替原有的狩猎和高级采集经济。这样,从农耕起源的角度讲,扎格罗斯山地为我们提供了另一模式:在高级采集的同时,首先实现了家畜驯养,然后转向农耕畜牧,定居是随着农耕的出现而出现的。若从游牧起源的角度而论,高级狩猎·驯化—采集经济,随着人们走向草原地区也可以直接转向游牧,只是游牧民族的出现要比农业民族晚许多。

[①] 菲利浦·史密斯(Philip E. L. Smith):《旧大陆的农耕畜牧的起源》,载于《世界的农耕起源》。

在东、西两半球中，中美洲是农耕起源的又一中心地，也是文明起源的一个核心区。中美洲有高山、盆地、热海岸的密林地带，以及沙漠等。地形复杂，气温降雨量也颇有差别。这种多样的自然环境使得野生植物的种类异常丰富。与西亚的情形相类似，中美洲的农耕起源地也集中在半干燥高原的谷地，在这里，诸如热带雨林中的昆虫、杂草、霉之类的自然灾害不构成麻烦的问题。而600毫米的年降雨量已可满足谷物的生长，土地易于耕作，又不缺乏燃烧后变为肥料的灌木和树林。自20世纪40年代以来，考古学家们在这一带陆续发现许多初期农耕遗址，并建立了公元前1万年至公元前1520年的考古学文化编年体系。

与西亚相比，中美洲也是在高级采集经济的基础上开始向农耕过渡的，只是这里的定居农业出现的特别迟，并成为中美洲农耕起源的一个显著的特点。

能证明美洲大陆农耕起源之古老及遗址之丰富的最重要资料，大概首推中美洲的特瓦坎谷地（Tehuacan）的遗址群了。特瓦坎谷地位于墨西哥市南230公里，跨越普韦布拉州和其南的瓦哈卡州，海拔为1500米，南部和东部被东马德雷山脉、西部被米修特卡丘陵所堵塞。因为是一个被山遮挡的高原盆地，酷热而干燥，年降雨量为600毫米，而且雨水几乎集中在雨季的两个月内，属于高原半干燥地区。在特瓦坎谷地一共发现400余处遗址，在主要发掘的12处遗址中，有5个野营地遗址、7个洞穴和岩荫遗址。根据地层和碳14测定的情况，特瓦坎谷地的遗址被分成九期，代表着公元前10000—前1500年九个发展阶段。其最早的阶段即第一期（阿霍列阿多期）时代约公元前10000—前7200年。这一时期，由于没有特定的采集对象，没有一定的采集狩猎计划，也未发现与高级采集经济形态相关联的以杵臼、磨石、磨棒为代表的碾磨技术的存在，所以，这一时期还属于任意游动的普通采集狩猎时期而未进入高级采集阶段。

特瓦坎的高级采集经济阶段是从第二期即埃尔·里戈期（EL Riego Phase）开始的，时间大约为公元前7200—前5200年。这一时期最重要的变化是生产工具中出现了杵臼、磨石和磨棒之类的磨制石器工具，还出现编织的篮子、笼和打结的网。这些都是高级采集经济形态中带有特征的器物。臼、杵可以敲碎栗子、橡子之类的坚果；磨石、磨棒可以研磨种子植物，从而可以制作出面包、粥之类的食品。篮子、笼、袋子是重要的采集、搬运和保存方面的器具。这些工具的出现有力地表明人们对植物性食品的依赖性大大增强了。据估计人们食物来源的比例：动物的肉类占百分之五十四，采集植物占百分之四十多①。这一时期的人口较前增加了四倍，出现了季节性的居住地。

中美洲高原的季节可区分为从10月到5月的旱季和从6月到9月的雨季。在旱季中，虽说有秋天和冬天结实的果树（诸如橡树、面包树等），但一般地讲，这是植物性食物较少的时期，所以龙舌兰虽不太美味，但它是旱季重要的食物，此外，也采集食用仙人掌。这些都是所谓的"备荒食"。这一季节，白尾鹿的狩猎具有高度的重要性。在这一季节的野营遗址中，若考察人们吃剩的残渣物，将会发现除了龙舌兰芯的纤维和白尾鹿的骨头以外，几乎不见其他东西。与之相反，在6月到9月的雨季，植物性食物异常丰富。有很多的豆、苋菜和其他可食植物。动物，特别是小动物在这一季节也得到增殖。诸如白尾兔、树獭、臭鼬鼠、熊、鼩鼱等兽骨，在野营遗址中也大量出现。而所谓的"备荒食"则几乎不见。对美洲农业起源研究卓有贡献的R. S. 马克尼什（Richard S. MacNeish）等考古学家们，根据各遗址中发现的植物分析认为，这一时期人们随季节的变化，按照一定的路线迁移居地，雨季食物充分，人们聚集在冲积坡森林茂密的地方和河流附近，组成较大的集团共同体，旱季一到，便分散成几个小组去打猎，去收集植物的果实，过着游动性的生活。

与西亚相比，中美洲高原的高级采集—狩猎经济形态，既不同于地中海东部地区类型，也不同于扎格罗斯山脉地区类型。地中海东部地区在中石器时代属于定居的高级采集—狩猎经济，它与美洲高原的游动性存在着的显著区别，毋庸赘述。扎格罗斯山脉地区的高级采集—狩猎经济中，在收割的植物中，麦类可储藏的谷物占有重要的地位；被狩猎的动物方面，主要是后来成为家畜的山羊和绵羊。山羊、绵羊的驯养和麦类谷物的收割，使扎格罗斯山区的人们逐渐走向了定居和农耕畜牧。而中美洲高原地区被狩猎的主要是白尾鹿、白尾兔和鼠类小动物，这些动物的习性使得人们难以由狩猎走向家畜饲养。在植物性食物中，作为备荒食的龙舌兰和仙人掌是不能支持人们去过定居生活的。所以，西亚和中美洲高原的自然环境和资源的差异性，决定了两地高级采集—狩猎经济形态具有不同的特点，这是应当引起我们的注意的。

---

① 黄其煦：《美洲中部原始农业的起源》，《农业考古》1981年第2期。

农耕文化形态就分类而言，一般分为谷物栽培农耕与根茎、果实类栽培农耕，前者又称为种子作物栽培农耕，后者称为营养繁殖作物栽培农耕。实际上这两类往往是根据各个地区的不同情况进行搭配种植栽培的。中美洲农耕的起源，就属于这种情况。

在中美洲高原，从特瓦坎第三期即考克斯卡特兰期（Coxcatlan Phase，公元前 5200—前 3400 年）开始，已栽培种植南瓜、辣椒、苋菜、尖叶菜豆、鳄梨等营养性植物。此时，也发现有玉米芯，其中有一些据认为已是栽培品种，可是只有 2.4 厘米长，还不足以填饱肚子。此时的生产工具与前一期没有多大的不同，只是增加了在今天的中美洲还在使用的磨制玉米粉和粥的磨盘和磨棒。这时的食物比例较前有了一些变化，栽培植物占 14%，野生植物占 52%，狩猎动物占 34%，但人们活动的规律与前一时期没有什么不同。人们以某一野营地为根据地，度过了春季的采集生活而使当地的食物用尽之后，就移向下一个地方，去寻找新的食物。可以设想，此时人们在出发之前大概要撒下种子，这样，当人们按一定的路线移居，在各地采集完野生食物之后返回到原来的野营地时，出发前播下的种子现今已成长结出了果实。在这种半定居半迁移的生活中，随着植物性食物的增加，人口也增加了十倍。一个相当的人口集团，逐渐地较长时间地居住在某一根据地，但旱季一到，由于食物的缺乏，人们又得分散成以团体或家族为单位去狩猎和收集植物果实。

上述以野生植物为主，以栽培作物为辅，并随季节的变化而进行迁移游动的生活，在中美洲一直持续到公元前 2000 年左右，也有人认为一直持续到公元前 1500 年①。起初大约是到了特瓦坎第四期（又称阿贝哈斯期 Abejas Phase，公元前 3400—前 2300 年），随着栽培植物比例的增大，人们开始向定居生活过渡。这时的栽培植物占食物的 25%—30%，与肉类的比例一样。采集约占食物的 50%。栽培植物中有西葫芦、南瓜、矮刀豆、菜豆、苋菜、辣椒、鳄梨及人心果。发现的玉米芯约有一半为栽培种。并出现半地穴式房屋。只有到了特瓦坎第五期即普隆期（Purron Phase，公元前 2300—前 1500 年），因春夏的种植量更大了一些，秋冬两季食物有了一定的保证，才使定居生活得以巩固。此时出现的陶器也说明定居生活是相对稳定的。

上述农耕起源的途径和特点，是中美洲主要的和最为普遍的农耕起源的模式，可以称为"特瓦坎模式"。采用这一模式的地区除了特瓦坎河谷外，

---

① 寺田和夫：《人类的创世记》，第 280—281 页，[日本] 讲谈社学术文库 1986 年。

还有坦马利帕斯（Tamaulipas）和瓦哈卡河谷（Oaxaca Valley）等。这是一个平均海拔高度在 900—1900 米之间，年降雨量为五六百毫米的半干燥地区。这一模式的显著特点是定居生活姗姗来迟。

我们知道，定居生活的前提是居住地周围的自然环境（或经人工生产），能给人们提供足够全年生活所需的食物。其中，人们只依靠攫取周围自然环境的食物资源而不从事农业生产即已实现定居生活，当属于前农耕时期的定居经济形态。在这种定居的经济形态中，又可分为两种类型，一是狩猎—高级采集经济中的谷物储存已解决了在非收获季节仍能维持最低限度的食物供应问题；另一类是在渔猎—采集经济中的渔业解决了非收获季节中的食物供应问题。前者可举西亚中石器时代的纳吐夫文化的居民为例；后者则以史前贝丘遗址以及日本绳纹文化最为典型。

农耕的起源本质上是人们为了解决或加强食物供应而对当地自然环境的一种适应。在这种生态适应中，最初的农耕所生产的食物往往只起辅助的作用，此时人们的饮食结构与前一时期没有什么大的不同。在这一点上，西亚和中美洲都是如此。但是，西亚地中海东部地区的麦类收获在高级采集经济阶段即已成为食物的骨干，而禾本作物的可储藏性自然决定了人们生活方式的定居性质。相比之下，中美洲的玉米一直到公元前 1000 年左右才上升为食物骨干的位置，这也是由于在这之前的玉米品种反反复复经历了人为的和天然的交配、变异之后才终于形成颗粒多、玉米芯粗而长的品种的结果。这种改良型的玉米被栽培后，其收获量和储藏性都是显而易见的。自此以后，玉米也就成为古代美洲文明赖以建立的经济基础。然而在这之前，虽然中美洲的农耕发展了三四千年之久，但由于农耕所生产的主要是南瓜、西葫芦等营养繁殖性的植物，这些作物难以长期储藏的特性，使人们的定居生活得不到食物的保证。雨季食物虽然丰富，但不能大量收割、储存禾本作物，难以供旱季食物短缺时食用，这样的自然条件，决定了中美洲多数地区的定居生活迟迟难以实现。而这一现象恰恰正反映了中美洲农耕与西亚有着不同的起源，从而使两地文明社会诞生明显地有着早晚先后的不同。

中美洲在"特瓦坎模式"之外，或许有人会举出墨西哥盆地南部查尔科湖地区佐哈庇尔科（Zahapilco）遗址的例子[①]，提出在中美洲的湖泊地区也

---

① C. 尼德伯格（Niederberger）：*Zohapilco Cinomilenios de Ocupacion humand en un silio lacustre de la cuenca de Me'xico*，I. N. A. H. Mexico 1976 年。

存在着定居先于农耕的农耕起源的模式。其实，佐哈庇尔科先于农耕的定居生活即普拉耶期的定居生活（公元前6000—前4500年），并不建立在种植或采集苋菜、南瓜、酸浆果、野玉米的基础上，而是建立在渔猎的基础上的，是一种典型的渔猎—采集经济。这一遗址的自然环境十分优越，既有湖泊、森林，又有沼泽、草原和高山，捕捞、狩猎和采集所构成的多种经济成分，保证了这里的人们全年的食物供应，从而实现了前农业的定居生活。这里出现农耕的时期即佐哈庇尔科期（公元前3000—前2200年），已与它的渔猎—采集期相距有1500年，二者年代不相连续，出现文化断层是因湖侵和火山喷发的缘故。这样，若佐哈庇尔科遗址在公元前3000—前2000年的农耕是自发地产生的，则需要解释由渔猎—采集经济向农耕—渔猎经济转化的机制是什么？笔者以为其契机是当地的渔猎资源发生危机，人们不得不用种植谷物来弥补。至于非自发地产生，例如随着公元前3000年时这些居民的到来而从他乡带来农耕的经验和技术，或因文化传播所致，则不在"农耕起源模式"的范畴之内。总之，这里存在着很大的假设成分是显而易见的，同时，这一模式在中美洲地区不占主体地位。

通过上述比较，可以看出农耕的起源是和各地由旧石器向新石器转变一同发生的一种区域文化现象，它因各地自然环境的不同而呈现出丰富的多样性。在这些丰富的多样性中也包含着一些共同的、本质性的东西。概括地讲，第一，各地的农耕不可能起源于依赖大河灌溉的地区，而只能起源于靠天水农业的地区，这些地区，既可以是山间丘陵地，也可以是沙漠绿洲或山前小河谷地。第二，各地农耕起源的起点是高级采集—狩猎经济，这一经济的技术基础和标志是，它的收割和碾磨技术。第三，由高级采集可以导向农耕，由高级狩猎可以导向驯养、畜牧和游牧。畜牧即家畜饲养可以包含在农业之中，作为农业的副业而存在；游牧经济则与之不同，它需要走向草原。游牧民族出现得较晚，生产的发展相当迟缓，因为它不得不等候马和骆驼或牛的驯化，以提供在这广阔草原上的运输、交通等需要。这样由游牧经济发展出文明社会形态也是比较晚的事情。第四，新旧大陆农耕起源的不同模式及其定居农业出现的早晚，直接关系着两半球文明社会到来的迟早和先后，这是非常耐人寻味的。

有了以上的比较和分析后，再回过头来看中国的农耕起源及其社会组织的变化，问题将会较清晰一些。

二 中国农业起源的多中心与农耕聚落的出现

古代的中国是东亚文明圈中的核心国,也是世界农耕的主要起源地之一。然而,在20世纪40年代以前,由于受中国文化外来说的影响,在农耕起源上也曾流行过从西亚传至黄河流域的旱作农业西来说和从南亚、东亚经印度传至中国南方的稻作农业南来说。20世纪50年代以来,由于考古事业的发展,中国已发现和发掘的新石器时代遗址有六七千处之多,发现了大量农业遗迹,特别是70年代以来,在黄河、长江两大流域距今七八千年乃至八九千年的遗址中,发现了丰富的稻谷和粟黍遗存,已使学术界不得不重新认识和讨论中国农耕起源的问题,并由此而产生了一批颇有见地、论述精辟的论文[①]。

幅员辽阔的中国,按其地形、土壤和气候,大体分为南北两大类。不少学者认为北方为粟和黍等旱作农业的起源地,南方为稻作农业的起源地。这只是问题的一个方面,问题的另一方面是作为旱作农业的粟及黍是否仅仅起源于西北黄土高原[②]?而作为稻作农业也是否仅仅起源于南方中国的某一地?换言之,中国的旱作农业和稻作农业的起源地,分别是一个中心,还是多个中心?这是需要进一步研究的问题。

1. 多元分散起源论

根据古地理研究,我国远古的地理景观,大体上可描绘为5个大区:秦岭、淮河一线以北,自山海关起,从东北走向西南,达甘肃省南部以南,为森林草原区;秦岭、淮河一线以南的广大丘陵地带,为森林沼泽区;东北大、小兴安岭和长白山一带为森林区;山海关至甘肃南部以北和以西、昆仑山、祁连山以北为草原区;青藏高原为高寒草原和丛林灌木区。[③] 在这五大区的各区中,地形也是极其复杂多变的。例如,北方的黄河流域,西部为黄土高原区,它包括秦岭以北、长城以南、太行山以西、青海日月山以东的地区;东部为华北平原区和山东丘陵区。在黄土高原区中,既有地势高亢而上

[①] 参见近十多年来《农业考古》所载的许多优秀论文。
[②] 《中华文明史》第1卷,第101页,河北教育出版社1989年版。
[③] 中国科学院地理研究所经济地理研究室:《中国农业地理总论》,第52页,科学出版社1980年版。

面较为平坦被称为"塬"的特殊地形，也有晋陕中部的山间盆地及河谷平原。南方的长江中下游地区也是亚热带平原、丘陵及低中山相交错的地区。西南地区，地形更是复杂，在占绝对优势的丘陵山地中也含有局部河谷平原和山间盆地（坝子）。西南地区由于位于亚热带范围，除自然环境中地区性差异大之外，植被垂直分异也颇为显著。东南沿海属山岭丘陵地区，但河谷盆地也穿插其间。整个江南丘陵地区中由石灰岩发育成的喀斯特地形及其石灰岩洞穴也颇具一格。

活动在如此复杂多变的地理及生态环境中的中华远古先民，在进入全新世后所创造的新石器文化也是千姿百态、谱系复杂，各具其传统和特色的。仅以黄河流域及长江中下游地区为例，前者自西而东，至少存在着三个考古文化系列群，即（1）西起甘青，东至洛阳左近，北起河套，南越秦岭至汉水上游，而以渭水为中心的大地湾·老官台—仰韶文化系列群；（2）太行山东侧、华北中部的磁山·裴李岗—后岗—大司空仰韶文化系列群；（3）以泰沂为中心的北辛—大汶口文化系列群。后者由西向东，也存在着两个独立的文化系列群：一是长江中游的彭头山—皂市下层—大溪—屈家岭文化系列群；另一是长江下游的上山—河姆渡·罗家角—马家浜—崧泽文化系列群。这五个平行发展的考古文化系列群，在目前已能确认的距今八九千年的源头中，都发现有农作物，除上山文化和彭头山文化因其年代更早的缘故外，其余的大地湾·老官台文化、磁山·裴李岗文化、北辛文化、河姆渡文化都具有相当水平的种植农耕技术。这就使得黄河流域和长江中下游地区的农耕起源如同这里的新石器文化的出现一样，是依赖自然生态条件而广泛发生的一种区域现象。如果再将华南、西南和东北地区的情况考虑在内，那么将中国农耕的起源称为多元分散式的起源似乎更合乎实际。

中国北方是以种植粟黍为特征的旱作农耕文化区。粟的野生祖本是狗尾草，它分布十分广泛。黍的野生祖本说法不一，我国植物学家李璠先生认为就是我国现南北都有分布的野生黍[①]。1950年9月，中央文化部文物局东北考古发掘团，在吉林市郊西团山原始社会的墓群中第6号和第7号墓内随葬的陶碗里，发现剩置已经碳化的植物种子颗粒和粒壳。经中国科学院植物研究所鉴定：一为野黍一为金色狗尾草。1958年，吉林大学历史系在该地区发

---

① 李璠等编著：《生物史》（第五分册），第30—31页，科学出版社1979年版。

掘的一区第 10 号、14 号墓葬中，也发现大抵属于野黍一类的籽实遗存[1]。所以，就粟和黍的野生祖本的分布而言，是不能把对它的驯化局限在黄河流域某一地区的。再以目前可以确认的较早的新石器遗址来讲，粟和黍的种植遗存遍布黄河流域并达辽河地区。例如在甘肃秦安大地湾遗址的一座窖穴中发现有黍的遗存。它处于大地湾遗址的第一期，距今七八千年[2]，是甘青地区目前发现的最早的新石器文化遗存。还有在磁山·裴李岗文化中的河北武安磁山[3]和河南新郑沙窝李遗址[4]中都有粟的出土。其中磁山遗址中储藏粟的窖穴达 88 个之多，其总储量两期约有 10 万余斤[5]。这是中原地区发现的新石器时代中期的文化遗存，距今有七八千年的历史。在山东藤县的北辛遗址一窖穴中也发现有碳化粟标本[6]。北辛遗址碳 14 测定为距今 7300—6300 年，"而距今 7300 年并非北辛文化最早的年代，其早期的年代，还应更早"。[7] 总之，距今七八千年的北辛文化是目前山东地区较早的新石器文化遗存。此外，在东北辽河流域的沈阳新乐下层遗址中也发现有碳化黍粒，时代为距今 7000 年[8]。新乐文化是北方地区与黄河流域七八千年前的诸系列文化群相平行发展的又一较早的地方性新石器文化。

在上述距今七八千年新石器时代中期的诸文化中除都含有粟或黍类谷物一项外，还另有一些共性存在于其中。首先，这类文化都分布在各地区的山丘和平原的过渡地带，依山傍水，既有利于农业生产，也是渔捞、狩猎和采集的良好场所。其次，这类文化都有一套完整的农业生产和粮食加工的工具，其中有砍伐树木用的石斧，有翻土用的石铲，有收割用的石镰、蚌镰或石刀，有加工粮食用的石磨盘和磨棒等。这些工具的器形在各文化之间虽有一定的差异，但其性质和功能是一致的。这种一致性是由其时代性、生产发

---

[1] 张绍维：《吉林原始农业的作物及其生产工具》，《农业考古》1983 年第 2 期。
[2] 碳 14 测定的年代为公元前 5200 年，经树轮校正为距今 7370—8170 年。（见蔡莲珍《碳十四年代的树轮校正》，载《考古》1985 年第 3 期。）
[3] 河北省文物管理处等：《河北武安磁山遗址》，《考古学报》1981 年第 3 期。
[4] 王吉怀：《新郑沙窝李遗址发现碳化粟粒》，《农业考古》1984 年第 2 期。
[5] 佟伟华：《磁山遗址的原始农业遗存及其相关问题》，《农业考古》1984 年第 1 期。
[6] 吴诗池：《山东新石器时代农业考古概述》，《农业考古》1982 年第 2 期。
[7] 吴汝祚：《海岱文化区的史前农业》，《农业考古》1985 年第 1 期；又《北辛文化的几个问题》，载《庆祝苏秉琦考古五十五年论文集》，文物出版社 1989 年版。
[8] 沈阳市文物管理办公室：《沈阳新乐遗址试掘报告》，《考古学报》1978 年第 4 期（校正后的年代为 6800±145 年）；王富德、潘世泉：《关于新乐出土碳化谷物形态鉴定初步结果》，《新乐遗址学术讨论会文集》，第 35 页；李宇峰：《西辽河流域原始农业考古概述》，《农业考古》1986 年第 1 期。

展阶段和经济形态决定的，是锄耕即原始耜耕农业的反映①。第三，这类文化都是农业已发展到一定水平后的遗存，它们距农业的产生，还有漫长的岁月。若由已知寻求未知，它们都可以作为探寻农耕起源的新的出发点。

既然粟和黍的野生祖本在我国东西南北有着广泛的分布，而目前在整个黄河流域和辽河地区发现的距今七八千年的新石器时代诸文化都是种植粟或黍的考古学文化，并都已进入初期锄耕阶段，那么，主张以粟和黍为大宗的中国旱作农业起源于某一中心地的说法显然是片面的，难以成立的。

实际上，探寻北方旱作农耕的起源问题也就是寻找上述诸系列文化的渊源问题，也是中国北方地区的新石器文化如何形成的问题。如果说20世纪90年代以前，中国北方地区从旧石器晚期到新石器中期偏前一段（即距今七八千年）之间的缺环甚为明显的话，那么近年来，河北徐水县南庄头②、河北阳原县于家沟③、北京门头沟区东胡林④、北京怀柔县转年⑤等距今9000—1100年间的新石器时代早期遗址的发现，使得北方旱作农耕起源的研究，已有所推进。根据以上的论述和以下几个方面的理由，笔者以为中国北方的旱作农业只能是多元分散式的起源，而绝非起源于某一中心地然后向外扩散传播。

第一，在属于新石器时代早期的徐水南庄头、阳原于家沟、北京东胡林、转年诸遗址中，目前虽然尚没有发现农作物，但都发现有谷物加工工具，有的还有明显的已定居生活的证据。例如，南庄头遗址发现有打制石器、谷物加工工具及早期陶器，于家沟及转年遗址发现有打制石器、细石器、谷物加工工具及早期陶器，东胡林遗址发现有打制石器、细石器、磨制石器、谷物加工工具、早期陶器以及火塘、墓葬等。而在地域分布上，这些新石器时代早期遗址，分布于北方的河北和北京各地，并非局限于某一地域，由此我们完全看不到中国北方早期新石器文化是起源于某一地然后扩散

---

① 黄河流域的大地湾、老官台文化、磁山、裴李岗文化都已进入锄耕即原始耜耕阶段自不待言。辽河流域的新乐下层文化虽然有细石器出现，但在农业生产工具中磨制的石斧、石凿、石磨盘和磨棒以及打制的有扁石铲（或称石锄），这些都属于锄耕农业阶段的生产工具。生产工具中多种经济成分的并存，并不影响锄耕农业技术的成长。
② 保定地区文管所等：《河北徐水县南庄头遗址试掘简报》，《考古》1992年第11期。
③ 泥河湾联合考古队：《泥河湾盆地考古发掘获重大成果》，《中国文物报》1998年11月15日。
④ 北京大学考古文博学院等：《北京市门头沟区东胡林史前遗址》，《考古》2006年第7期。
⑤ 郁金城等：《北京转年新石器时代早期遗址的发现》，《北京文博》1998年第3期。

到各地的情形。

第二，在大量发现农业遗迹的大地湾、老官台文化、磁山、裴李岗文化、北辛文化、新乐下层文化在相互比邻诸群体之间，虽可以看到一些互有影响的情形，但这只是区域文化间横向联系、平行发展的关系，而非承袭渊源关系。这些七八千年前的诸考古学文化在本质上都是相互独立的文化实体，不存在由某一文化扩展为另一文化的问题。

第三，虽说大地湾、老官台、磁山、裴李岗、北辛、新乐下层诸文化的渊源与形成过程目前虽说还是一个谜，但可以肯定它们绝非共同起源于某一地区或某一旧石器、中石器、新石器早期文化。在上述诸文化分布区域，都有旧石器晚期文化乃至含有细石器的文化的存在。例如，在北辛文化所占据的泰沂山区，根据目前的考古发现，这里人类文化史至少可以上溯到四五十万年之前。早在旧石器时代早期，泰沂山系与日照沿海山区已有人类生息活动，到旧石器时代晚期，人类的生存斗争进一步扩展到了胶东的蓬莱长岛之地。此时，由鲁中山区到鲁东南沿海，再到胶东半岛，全留下了人们的生存活动的足迹[1]。更值得一提的是，1982年在临沂山的凤凰岭发现了细石器的遗址，其时代属于更新世晚期向全新世早期过渡阶段，距今约1万至2万年[2]。凤凰岭细石器遗址，位于沂、沭两河间的一个土岭上，土岭向南延伸，经临沭、郯城而到江苏的新沂县等地。据调查这一带均有细石器遗址分布，有时地区还相当密集，如凤凰岭向南约10多公里，就有青峰岭和郑家田庄两处遗址[3]。再例如新乐下层一类文化所在的东北地区，除发现有旧石器早期和中期的文化遗存外，在辽宁营口金牛山上层、锦县沈家台、凌源西八间房、建平、吉林榆树周家油坊等地都发现有旧石器晚期人类化石和文化遗存[4]。其中凌源县西八间房遗址发现一批具有细石器文化特征的石器，贾兰坡先生曾认为这是目前我国发现的唯一有明确地层关系而又有相当数量古生物作为依据的、旧石器向细石器过渡的一个文化遗址。还有磁山、裴李岗文化所分布的冀南豫中一带，就有著名的河南安阳小南海旧石器晚期的洞穴遗

---

[1] 王震中：《史前东夷族的历史地位》，《中国社会科学院研究生院学报》1988年第6期。
[2] 临沂地区文物管理委员会：《山东临沂县凤凰岭发现细石器》，《考古》1983年第5期。
[3] 吴汝祚：《海岱文化区的史前农业》，《农业考古》1985年第1期；又《北辛文化的几个问题》，载《庆祝苏秉琦考古五十五年论文集》，文物出版社1989年版。
[4] 中国社会科学院考古研究所编：《新中国的考古发现和研究》，第27页，文物出版社1984年版。

址①，以及被称为中石器时代的河南许昌市灵井遗址②。大地湾、老官台文化所分布的渭水流域及黄土高原地带，在甘肃的环县刘家岔、庆阳巨家塬、镇原黑土梁等地都发现有旧石器晚期的遗存③，在陕西大荔沙苑也发现有被称为中石器时代的文化遗存④。这一系列旧石器晚期和中石器文化的发现，充分说明在更新世末期和由更新世向全新世的过渡时期，我国北方和东北地区广泛的山前台地、丘陵山麓以及平原中的低山丘陵的坡麓地带都留有人类生息活动的足迹，同时，也说明我国新石器文化的起源有着广阔的背景，而无法将此局限于某一、二个地区或系统。

第四，黄河流域的黄土高原年降水量大部分为400—600毫米，并不太少，只是由于降水变率大，春季严重干旱缺水，夏雨集中且多属暴雨型，雨水不易停蓄。在这种半干旱气候下，一方面由于黄土本身的特性具有良好的保水和供水性能，另一方面粟和黍又是一种特别耐旱的作物，使得黄土高原的农作物中以粟和黍为其大宗。然而这只能解释黄土高原的主要农作物为何是粟和黍而不是其他，但绝不能说成粟和黍的驯化栽培只能起源于黄土高原。因为粟和黍的野生祖本在黄土高原之外也有着广泛的分布。就其种植条件而言，山东辽东丘陵地带及辽河地区，自然条件较好，气候受海洋的影响较为显著，降雨和相对湿度较黄土高原为大。粟类作为耐旱作物在半干旱的黄土高原固然能生长，然而在雨水充足的自然环境中将会生长得更好，也更有利于驯化和栽培。

基于以上的考虑，笔者认为在距今1万年左右，随着最后一次冰期消退、全球性气候逐渐回暖，中国北方各地的低山丘陵区，亦即山麓或山前地带，在狩猎—高级采集基础上，开始了由谷物收割经济向谷物种植经济的转变，同时也实现了由旧石器文化向新石器的过渡。这种转变和过渡是人类在不同的自然环境中，广泛发生的一种区域现象。这也是后来各地诸考古学文化系列群得以形成的根本所在。

说到旱作农耕，我国北方的黄河流域及东北地区固然属于旱作农耕文化

---

① 安志敏：《河南安阳小南海的旧石器时代洞穴堆积的试掘》，《考古学报》1965年第1期。
② 周国兴：《河南许昌灵井的石器时代遗存》，《考古》1974年第2期；《河南许昌灵井地区发现细石器材料》，《古脊椎与古人类》第20卷第1期。
③ 甘肃省博物馆：《甘肃省文物考古工作三十年》，《文物考古工作三十年》，文物出版社1979年版。
④ 安志敏、吴汝祚：《陕西朝邑大荔沙苑地区的石器时代遗存》，《考古学报》1957年第3期。

区，但旱作农耕又不仅仅限于北方。北方之外，在西南和台湾一带的高地上也都有粟的发现。粟之外，我国西南和南方山地和少数民族中种植最广泛的是旱稻和玉米（玉蜀黍）。旱稻的栽培，起源于当地，自不待言。关于玉米种植的起源，一般都认为起源于美洲。我国的玉米种植一般认为自明代始，为输入品。明代李时珍《本草纲目》对玉蜀黍已有记载，并言"玉蜀黍种出西土，种者亦罕"。然而在河南新乡市博物馆仓库中的一个应该是汉代的"人头陶鸟"内壁上留下了清晰的玉米芯印痕纵行18行。这是该陶鸟在烧制过程中，采用了用玉米芯作鸟体内范的方法，故烧成后在体内玉米芯化为灰烬而形成圆空腹体，在体内壁上留下了清晰的玉米芯印痕[①]。如果这一陶鸟的年代不误，那么无疑可以证明我国是玉米的又一原产地。其实，我国的植物学家李璠先生一直认为我国西南高原也是玉蜀黍原产地之一。他指出："由于在历史的早期我国黄河流域不栽培玉蜀黍，而对于我国少数民族在西南高原地区种植玉蜀黍的情况过去又很少了解和缺乏记载，所以见于文献记录不多……国外学者也公认糯玉蜀黍起源于中国，但是在那时，他们还不知道中国也有原生的有稃种和爆粒种的情况。不仅如此，现在知道我国还有类玉蜀黍（Teosinte）薏苡（野生和栽培）、高粱（野生和栽培）的分布。这些植物与栽培型玉蜀黍有着不同程度的亲缘关系。较多数人的意见认为有稃玉蜀黍是栽培型玉蜀黍的直系祖型，而类玉蜀黍则是栽培型玉蜀黍的野生种。既然在我国广大的西南高原和华南地区自古就分布有较原始的玉蜀黍和野生种，而且种类不少，当地少数民族又有较久远的栽培历史，而由此构成小包谷的生态型也是比较特殊的，不可能来自外地。因此我们有理由相信，西南地区的小包谷是当地的原生植物，西南高原也是玉蜀黍原产地之一。"[②]

在我国西南高原和华南地区少数民族"砍倒烧光"的原始农业中，与苞谷（玉米）、旱稻、粟等旱作农业一起栽培的还有无性繁殖的根茎类植物，其品种有芋头、山药、苋菜等。据研究在这些少数民族中，块茎、根茎作物的栽培早于禾本农作物[③]。这一现象同我国台湾高山族以及中美洲情形相仿。台湾的高山族在清代称为番族，又分为野番、生番和熟番。野番最原始，生

[①] 张鸣琦：《我国玉米的种植是明代从外国引进的吗？》，《农业考古》1983年第2期及该期封底照片。

[②] 李璠等：《生物史》（第五分册），第35—36页，科学出版社1979年版。

[③] 李根蟠、卢勋：《怒族解放前农业生产中的几个问题》，《农业考古》1983年第1期；又《从景颇族看原始农业的起源与发展》，《农业考古》1982年第1期。

番和熟番的区别以是否已服教化为依据。野番多过着"巢居穴处，血饮毛茹"的生活，但也已会农耕。生番主要从事狩猎和渔捞，也辅以农耕。在农耕中，还不会种谷物，只会种植芋薯等块茎植物，如瑯峤各社"傍岩而居，或丛处内山，五谷绝少，斫树燔根以种芋，魁大者七八斤，贮以为粮"（黄叔璥：《台湾使槎录》卷七）。他们一年中的食物主要靠打猎的兽肉和捕捞的鱼虾蟹等，所种芋薯等球类植物只是作为辅助食物。他们常把薯芋烘干，供一年食用，外出常携带作为干粮①。根据怒族的情形，这些块根作物的起源机制是，原来遍地都有的块根，由于采集过多，逐步减少，于是有些人为了预防饥荒，事先把它栽上了②。

我国西南高原和华南山地旱作农耕文化的分布及其独具一格的起源方式，又一次说明农耕是多元分散的起源的，它因自然、气候等条件的不同而呈现出自己的特点。

中国南方除山区分布着旱作农耕外，更主要、更具有特色的是水稻的栽培。在中国水稻起源问题上，有起源于长江下游说、起源于华南说、起源于云贵高原说，以及多中心独自起源说，等等。

1973—1974年，浙江余姚河姆渡遗址的发掘③，掀起了探讨中国稻作农耕起源的高潮。严文明先生在《中国稻作农业的起源》一文中，收罗了大量资料，他认为："把迄今获得的考古资料按照时间先后来进行排比，最早的水稻仅限于杭州湾和长江三角洲近海一侧，然后像波浪一样，逐级地扩展到长江中游、江淮平原、珠江流域、长江上游和黄河中下游，最后完成了今天水稻分布的格局。这就清楚地说明了长江下游及其附近地区是我国栽培稻起源的一个重要中心。"作者还认为："既然适合于栽培的野生稻在中国、印度和东南亚等许多地方都有分布，那么，栽培稻也就有可能不是只起源于一个地方，中国也未必只有一个栽培稻起源的中心"④。

1988年秋，湖南省的考古工作者在长江中游的澧县彭头山距今9000—8000年的遗址中，发现了水稻遗存。它不仅是中国稻作农业的更早证据，也

---

① 陈国强：《台湾高山族原始农业的起源和发展》，《农业考古》1982年第1期。
② 李根蟠、卢勋：《怒族解放前农业生产中的几个问题》，《农业考古》1983年第1期；又《从景颇族看原始农业的起源与发展》，《农业考古》1982年第1期。
③ 浙江省文物管理委员会等：《河姆渡遗址第一期发掘报告》，《考古学报》1978年第1期。
④ 《农业考古》1982年第1—2期。

是现阶段世界上较早的稻作资料之一①。20世纪90年代之前，长江中游距今8000年前的水稻遗存的发现，无疑从考古资料本身即已说明中国南方栽培水稻的起源是不能局限于一个地区的。

就长江中、下游而言，两地的地理环境和气候条件都是相同的。据研究，彭头山文化集中分布在洞庭湖西北与鄂西长江干流沿岸。这里原先的自然地貌是山区与湖沼盆地间的低山丘陵区，属于典型的山前地带。由于泥沙淤积，湖沼平原扩大，遗址现代位置已是平原中的小土岗丘，周围地形平坦开阔②。河姆渡遗址现位于杭州湾南岸、四明山和慈溪南部山地之间的一条狭长的河谷平原上，在距今7000年前，遗址恰在丘陵和平原的过渡地段，大体上也属于"山前遗址"的范围。一般说来，这是人类由狩猎采集经济转向农耕经济之后，最适合于定居的一种区域。古气候的研究表明，距今7500—6000年的长江中下游地区属于亚热带南部气候，年平均温度比今日高3—4℃，年平均雨量比今日多800毫米。当时这一带的古气候相当今日我国海南岛以及越南、老挝河谷平原的气候③。在这样的气候和自然环境下，长江下游河姆渡文化的人们创造了相当水平的稻谷农耕文化。在这里，有多得惊人的稻谷遗存，并有一套专用的稻作农具都证明当时这里的稻作农业已远非处在草创时期，它暗示着在河姆渡文化之前，我国稻作农耕已经历了较长的历史过程。由河姆渡再向前推进一两千年，长江中游的彭头山文化所反映的稻作农耕正是草创时期的农耕文化。根据出土的石器、稻作遗存以及可能为家畜饲养的遗存，湖南的考古工作者认为："彭头山文化的经济生活以采集、渔猎为主，兼有水稻种植与家畜饲养，但规模有限。"④

彭头山文化早于河姆渡文化1000年以上，那么，是否可以认为河姆渡文化中的稻作农耕起源于彭头山文化，长江中游才是稻作农耕起源的中心？笔者的回答也是否定的。我们且不说进入2000年以后在浙江浦江县上山遗

---

① a. 裴安平：《彭头山文化的稻作遗存与中国史前稻作农业》，《农业考古》1989年第2期。
  b. 湖南省文物考古研究所等：《湖南澧县彭头山新石器时代早期遗址发掘简报》，《文物》1990年第8期。
② 同上。
③ 林承坤：《长江、钱塘江中下游地区新石器时代古地理与稻作的起源和分布》，《农业考古》1987年第1期。
④ a. 裴安平：《彭头山文化的稻作遗存与中国史前稻作农业》，《农业考古》1989年第2期。
  b. 湖南省文物考古研究所等：《湖南澧县彭头山新石器时代早期遗址发掘简报》，《文物》1990年第8期。

址已发现距今9000年前的遗存，即使从文化圈的角度，如前所述，彭头山文化与河姆渡文化是不同系列群的两个文化，它们都有各自的起源和发展过程。其次，长江中游下游两地相同的气候和相似的地理环境决定了长江下游也可以有距今八九千年的早期稻作遗存。我们不能每发现一处较早的农耕遗址就立即将它视为农耕起源的唯一中心，而不去综合考虑其他方面的条件。

事实上，在彭头山和河姆渡之外，从20世纪90年代到21世纪，考古学者先后在湖南省道县寿雁镇白石寨村玉蟾岩遗址、江西万年仙人洞和吊桶环遗址以及浙江省浦江县黄宅镇上山遗址等地都发现距今1万年前的稻谷遗存。这些发现，在时间上都甚早，属于稻作农业的起源时间；在地点上分布于完全不同的地域，所以，无论是时间还是空间都说明中国南方的稻作农耕的起源是多元分散式的。

湖南道县玉蟾岩遗址是约100平方米的洞穴（彩图1）①，湖南省文物考古研究所1993年和1995年先后进行过两次发掘，发现了由旧石器时代向新石器时代过渡时期的文化，出土有石器、陶器（彩图2）、骨器、蚌器、动植物化石和稻谷，年代距今1万年以上。玉蟾岩遗址出土的稻谷，一是1993年在漂洗遗址近底部的文化层土样中，发现两枚稻壳，颜色呈黑色。另一是1995年在层位稍上的文化胶结堆积的层面中又发现了两枚水稻，颜色呈灰黄色（彩图3）。同时在文化层堆积土样中发现具有双峰乳突形态特征的稻属植硅体。1995年发掘的土样中还发现有扇形、哑铃形的植硅体，暂定为稻亚科。稻属硅酸体的存在进一步验证了玉蟾岩遗址存在水稻的事实。中国农业大学张文绪教授对两次发现的稻谷进行了电子显微镜分析鉴定，其结论是玉蟾岩出土稻是一种兼有野生稻、籼稻、粳稻综合特征的由普通野生稻向栽培稻初期演化的最原始的古栽培稻类型，名为"玉蟾岩古栽培稻"。玉蟾岩古栽培稻是目前世界上发现的年代最早的人工栽培稻标本，其形态处于水稻农业的最初萌芽阶段，是探索稻作农业起源和水稻演化历史的难得实物资料。

在湖南邻省的江西，万年仙人洞遗址和吊桶环遗址也是著名的新石器时

---

① 袁家荣：《玉蟾岩遗址》，载于《中华人民共和国重大考古发现》，文物出版社1999年版；湖南省文物考古研究所：《湖南省考古工作五十年》，载于《新中国考古五十年》，文物出版社1999年版；袁家荣：《玉蟾岩获水稻起源重要物证》，《中国文物报》1996年3月3日；袁家荣：《湖南道县玉蟾岩1万年以前的稻谷和陶器》，载于《稻作、陶器和都市的起源》，文物出版社2000年版；张文绪、袁家荣：《湖南道县玉蟾岩古栽培稻的初步研究》，《作物学报》第24卷第4期（1998年7月）。

代早期遗址（彩图 4）①。仙人洞和吊桶环遗址地处赣东北丘陵地区一个山间小盆地内，仙人洞位于盆地北部小河山的山脚下，是一处洞穴遗址；吊桶环则位于盆地西部一座高约 60 米的小山顶上，是一处岩棚遗址，二者之间的直线距离约 800 米。两遗址都分上下文化层，出土的局部磨制的石器、骨器、穿孔蚌器和夹粗砂陶片也都一致，两地遗址上下层年代一致，即上层距今约 0.9 万年至 1.4 万年，下层距今约 1.5 万年至 2 万年，故而考古学家们从两遗址所处位置、地形地貌和出土遗物分析，认为仙人洞遗址与吊桶环遗址有密不可分的内在联系，主张吊桶环岩棚遗址应是栖息于仙人洞的居民劳作后的临时宿营地。考古学者在吊桶环和仙人洞遗址中近 40 个用于植硅石分析的样本，在这些样品中找到了 1600 余个各种植物的硅酸体，其中包括 600 余个稻属植硅石的个体，鉴别出一定数量的野生稻和栽培稻的植硅石，并且发现二者在不同时期的地层样品中分布是不同的。在中石器时代的吊桶环中层内 G 层，骤然出土大量野生植硅石，与之同时的仙人洞下层也发现有野生植硅石，说明这时人们大量采集野生稻成为其食物来源的主要部分；到新石器时代早期，仙人洞上层出土有近似栽培稻的植硅石，特别是吊桶环上层内自下而上各小层野生稻栽培稻植硅石的比例变化更能说明问题，由下部 E、D 层稻属植硅石野生稻、栽培稻大约各半，至中部 C 层的栽培稻植硅石比野生稻的多得多，上部 B 层出土大量稻属植硅石可能都属栽培稻②。各层的稻属植硅石比例变化的分析研究，揭示了仙人洞和吊桶环遗址的居民以采集野生稻为主，逐渐向依赖于栽培稻这一生存方式的转化过程，也昭示了赣鄱地区是稻作的又一起源地。

浙江浦江县上山遗址发现于 2000 年秋冬之际，2001 年、2004 年、2005—2006 年，浙江省文物考古研究所和浦江博物馆联合对遗址进行了三次发掘，出土有石器、陶器和大量的陶器掺和料即夹炭陶片中掺和进去的稻壳、稻叶遗存以及房址、灰坑等遗迹。上山遗址下层的年代为距今 10000—8500 年间。上山遗址出土的陶器掺和料中稻作遗存都是稻壳和稻叶，没有发现完整

---

① 江西省文管会等：《江西万年大源仙人洞洞穴遗址试掘》，《考古学报》1963 年第 1 期；江西省博物馆：《江西万年大源仙人洞洞穴遗址第二次发掘报告》，《文物》1976 年第 12 期；严文明等：《仙人洞与吊桶环——华南史前考古的重大突破》，《中国文物报》2000 年 7 月 5 日；张弛、刘诗中：《江西万年仙人洞与吊桶环遗址》，《历史学刊》（台北）1996 年 6 月；张弛：《江西万年早期陶器和稻属植硅石遗存》，载于《稻作、陶器和都市的起源》，文物出版社 2000 年版。

② 赵志军：《吊桶环遗址稻属植硅石研究》，《农业考古》2000 年第 3 期。

的稻谷（米）颗粒，为此有关专家通过对稻的颖壳形态、小穗轴以及稻的运动细胞硅酸体形状的观察测量，其结论是：上山遗址出土的古稻既有近似野生稻的类型，也有近似现代栽培粳稻的类型，可能是带有热带粳稻一些特点的原始栽培稻[①]。上山遗址中稻作遗存的发现，再一次说明长江下游地区是稻作起源和水稻驯化的重要地区之一。

在浙江，年代略晚于上山遗址、早于跨湖桥和河姆渡遗址的是2005年发现的嵊州小黄山遗址[②]，上山与小黄山两处遗址都位于向杭州湾汇聚的两条河流的上游河谷地带，是浙西南山区向浙东平原地区过渡地带，前者是原始农业已萌芽的新石器时代早期文化遗存，后者是介于新石器时代早期与中期之间或中期之前段的文化遗存。

上述诸地我们大体可以归纳为三大区域：（1）距今1万多年前的江西万年仙人洞和吊桶环遗址以及距今9000—8000年前的湖南澧县彭头山遗址所代表的长江中游地区稻作起源地；（2）距今1万多年前的湖南道县玉蟾岩遗址所代表的距华中地区不远的华南地区稻作起源地；（3）距今1万年至9000年左右的浙江浦江上山遗址、距今9000—8000年前的浙江嵊州小黄山遗址和距今8000—7000年的浙江萧山跨湖桥遗址以及距今7000年的浙江余姚河姆渡遗址所代表的长江下游地区稻作起源地。这三大地区都发现有1万年前的稻作起源的直接证据，足以说明中国南方的稻作起源和水稻驯化是在一个广大范围内进行的，是多元分散式的起源。

稻谷是对温度和日照较为敏感的一种作物。根据沪杭地区孢粉组合分析，全新世早期，长江中下游地区在距今10300—9500年时，气候冷凉干燥；到距今9500—7500年，气候温凉略干，平均温度比目前约低1—2℃或与现在相同；到距今7500—5000年气候温暖潮湿，年平均温度比目前高2—3℃，降水量比目前多500—600毫米[③]（另据林承坤的研究，距今7500—6000年年平均气温比今日高3—4℃，降雨量比今日多800毫米[④]）。这些古

---

① a. 浙江省文物考古研究所等：《浙江浦江县上山遗址发掘简报》，《考古》2007年第9期。
　b. 郑云飞、蒋乐平：《上山遗址出土的古稻遗存及其意义》，《考古》2007年第9期。
② 张恒、王海明、杨卫：《浙江嵊州小黄山遗址发现新石器时代早期遗存》，《中国文物报》2005年9月30日第1版。
③ 王开发、张玉兰：《根据孢粉分析推论沪杭地区一万多年来的气候变迁》，《历史地理》创刊号，1981年。
④ 林承坤：《长江、钱塘江中下游地区新石器时代古地理与稻作的起源和分布》，《农业考古》1987年第1期。

气候表明，长江中下游地区在距今 10000—6000 年，气温由温凉干燥逐渐走向温暖潮湿，因而距今 1 万年前稻作在长江的中游和下游地区以及华南的部分地区起源后，是随着气候逐渐走向温暖而得到发展和繁荣的，特别是距今 7500—6000 年年平均气温比今日高 3—4℃，降雨量比今日多 800 毫米，因而长江中游地区的湖南澧县城头山遗址发现有距今 6500 年前的稻田遗迹，发掘出了稻田和田埂，还有与水稻田配套的原始灌溉系统即高出稻田的用于灌溉的水坑和水沟，并从稻田的土样中选出有稻梗和根须以及炭化稻谷、竹叶、田螺等动植物的标本[①]；而长江下游地区距今 7000 年前的河姆渡遗址不但发现大量的稻作生产工具骨耜，其在 400 多平方米范围内普遍发现由稻谷、稻秆、稻叶混在一起的堆积物，如换算成新鲜稻谷，竟在 10 万公斤以上[②]。河姆渡遗址的水稻遗存，无论是数量上，还是保存的完整程度上，在新石器时代遗址中都是罕见的。所以综合考古发现和古气候的研究可以看出，长江中游和下游地区稻作农耕的起源时间可确定在距今 1 万年左右，而其第一个大发展期即第一个繁盛期是在距今 7000 年前。

　　华南处于低纬度地带，属热带、亚热带湿润季风气候，全年无冬，降水量约在 1500 毫米以上，植物生长茂盛，普通野生稻的生长繁殖不会受更新世末期和全新世初期气候的影响，稻作农耕的起源也可以发生得更早。然而，诚为严文明先生指出，"长年炎热多雨的热带地区植物终年都能生长，人们随时都可以直接从自然界获取食物，没有培植谷物的迫切需要，所以谷物农业在那些地方反而发展得较晚较慢"[③]。理论上讲，只有当这种攫取经济产生危机时，才会促使人们走向生产经济。近年来发表的考古资料表明，距今 1 万至 7500 年左右，在华南地区既发现有出土稻谷的湖南道县玉蟾岩遗址，也在华南的一些河旁阶地发现有露天的新石器时代早期遗址，面积达 1 万平方米以上，文化遗物以打制石器为主，与少量磨制石器和夹砂陶片共存[④]。这类露天遗址的性质同长江中游地区彭头山文化的遗址相似，只是还没有发现稻谷遗存而已，而谷物的发现，除一定的偶然性之外，还与考古学的发掘技术有关。由于 20 世纪 90 年代以前在我国考古发掘中采用"漂浮

---

① 湖南省文物考古研究所：《澧县城头山遗址 1997—1998 年度发掘简报》，《文物》1999 年第 6 期。
② 严文明：《中国稻作农业的起源》，《农业考古》1982 年第 1 期。
③ 严文明：《再论中国稻作农业的起源》，《农业考古》1989 年第 2 期。
④ 何乃汉、陈小波：《广西桂平县石器时代文化遗存》，《考古》1987 年第 11 期。

法"之类技术甚少，因而，早期谷物遗存发现的概率也很低。当然，大塘城遗址还未经正式的发掘，或许在今后的发掘中能有一些新的发现。总之，华南地区这种类似新石器早期的露天遗址和玉蟾岩洞穴遗址的发现，迫使我们不得不去思考这里的稻作农耕起源的问题：既然在玉蟾岩洞穴中已有栽培稻谷的发现，而且华南属于中国普通野生稻生长茂盛的地区，这些露天遗址所在的河谷盆地中都有不少的低洼地或沼泽，适合于水稻种植，那么居住在这里的人们是否在采集渔猎的同时，已开始管理和种植一部分稻谷，以此作为食物来源的辅助，随着时间的推移，食物结构中稻作物的比例逐渐上升，这种稻作农耕也得到了一定的发展？诚然，由于至今尚无栽培种稻谷遗存本身在这些露天遗址中被发现，七八千年前这里的稻作农耕究竟发展到了什么样的状态还不得而知，所以这种推论还只能处于假说的阶段。

华南地区的气候生态条件还决定了芋头、薯之类的无性繁殖的根茎类植物，在稻作农耕产生之前，一直是人们的重要食物来源，随着对它的长期的采集，必然产生人工培植的可能性。所以，华南地区农耕的第一步很可能是对无性繁殖的根茎类植物的管理、照料和栽培，即在稻作农耕之前将有一个芋薯类植物的培植阶段[①]。

在华南新石器时代，除露天遗址外，还发现有贝丘遗址和洞穴遗址。贝丘遗址每每位于大河的拐弯处，或大小河流汇合的三角嘴上，一般前临江，后靠山，附近有较开阔的平地。这些河旁的贝丘文化堆积一般较厚，近河一面往往被涨水冲刷而露出断面。堆积物中除含有大量软体动物硬壳外，也夹杂有兽骨、石器、骨蚌器和陶片，洞穴遗址自然环境因地而异，情况较为复杂，其中的一部分也不能排除有独自发展为农耕文化的可能性。而贝丘遗址则不然，在贝丘遗址所处的自然环境中，除了华南本身植物资源丰富外，又增添了更为丰富的水陆资源，因而使这里的捕捞狩猎采集经济生活异常稳定，很难自发的产生谷物种植经济。这就是众多的早期贝丘遗址至今没有发现稻谷遗迹的缘故。

华南地区独特的自然环境使得这一地区既可以独自而分散地出现水稻栽培经济，又由于植物资源的丰富，特别是水生动物的易得而使捕捞或狩猎采

[①] a. 安志敏：《关于华南早期新石器的几个问题》，《文物集刊》(3)，第101页，文物出版社1981年版。
b. 童恩正：《中国南方农业起源及其特征》，《农业考古》1989年第2期。

集经济较易维持，从而使华南在较长时期内几种不同经济类型的社会得以并存。同时对于这里的农业部落而言，农业生产的不足也很容易从其他方面得到补充，从而感受不到改进生产的压力，使华南农业长期裹足不前①。

总而言之，与世界其他地区相比较，我国长江中、下游和华南地区稻作农耕起源的途径，大致同美洲的"佐哈庇尔科"情形相似，即由湖泊、森林、沼泽、低山丘陵等组成的自然生态环境，既可以给人们提供陆生的动植物，更可以提供丰富的水生动植物，保证了全年都有最低限度的食物的供应，从而在农耕出现之前即可过着定居生活。我国北方地区旱作农耕的起源，则很可能类似于西亚的情形。不过，在家畜的驯养上，我国早期驯养的主要是猪，与西亚最早驯养的绵羊和山羊相区别。

面对幅员辽阔、地形复杂、气候各异、生态悬殊的中华大地，提出并强调多元分散式的农耕起源论是有现实意义的。在某种意义上讲，农耕的起源与新石器文化的兴起是同一问题的两个侧面。农耕的起源也是人与外界环境关系的一种转换，在这里既有人作用于环境的一面，诸如人对环境的开发，把人的因素带进了整个自然界生态平衡之中，等等，同时也有环境作用于人的一面，这也是人类能动地去适应当地自然环境的一种方式。因而，自然环境的不同决定了农耕起源模式的不同，所形成的新石器文化也不同。多元分散的起源论，有助于加深对环境作用于人的理解，有助于对我国新石器时代所呈现出的千姿百态，谱系复杂的诸文化系列群背景和来源的理解，当然还有助于对中国史前文化的多中心和文明起源的多元性的理解。也有助于去发现和寻找这些文化的源头，而对这些文化源头的寻找也就是对农耕起源研究的推进。

2. 高级采集—狩猎群落的出现

正如在本章第一节我们考察西亚和中美洲的农耕起源时所论述的那样，探索农耕的起源，一方面需对新石器时代早期含有农作物的遗址进行分析和研究，另一方面则需着眼于旧石器时代晚期出现的高级采集—狩猎经济，因为西亚和中美洲的农耕起源就是以高级采集—狩猎经济为出发点的，就某种意义而言，可以说农耕起源于高级采集经济。我国近年来的考古发现和研究也表明，我国的南北都曾出现过高级采集—狩猎经济形态的文化，它为探寻

---

① 童恩正：《中国南方农业起源及其特征》，《农业考古》1989 年第 2 期。

我国农耕起源提供了新的线索。

　　1970年发现、1971年开始发掘的山西沁水县下川遗址①，是中国旧石器时代晚期北方地区高级采集—狩猎经济文化中最有代表性的一种文化遗存②。下川文化分早晚两期，呈现出高级采集—狩猎经济形态的主要是晚期遗存。

　　碾磨和收割是高级采集经济的两项技术基础。在下川晚期出土的研磨器，磨盘23件，磨锤5件。根据迹象，下川磨具的用途之一是磨研料，发现有赭石；其二是磨采集的块根和植物种子③。参照西亚情况，一些长条矩形，一侧有斜刃的石片、石叶是安装在骨制的镰柄上使用的。下川晚期的细石器中，也有这样的刃片，特别是下川文化特有的琢背刀，就是镶嵌刀具的刃片。在下川还有锯齿镰。这是有规律的收割野生植物所需要的工具。过去，我国许多学者认为细石器中的石叶、石片是安装在骨柄上作为复合石刀使用的，而且认为这些复合石刀多使用在与狩猎有关的生产活动中。在这里需要说明的是，第一，用石片或石叶组装镶嵌而成的复合工具，既可以制成凸刃的刀，也可以制成直刃乃至凹刃的镰。第二，在旧石器时代，往往一种工具多种用途，即使是作为复合工具的石刀，既可以用在与渔猎经济有关的切割活动中，也可以用在收割野生植物等采集活动中。至于镰刀刃片，主要作为收割工具更是不言而喻的。在河南安阳小南海遗址出土的石片中、山西峙峪遗址出土的刮削器中、黑龙江海拉尔遗址出土的长条形石片石器和长刮削器中，有很多外形与石镰相似的打制石器，山东临沂县凤凰岭细石器遗址中发现有磨制的石镰，在其他一些旧石器和细石器遗址中，也有较多的类似镰和刀的器形；对此有人称之为"石镰的形成期"，参照磁山、裴李岗文化中，粮食大量储存和石镰、石铲、石斧等广泛配套使用的现象，石镰所发挥的收割作用是不可低估的。

　　下川晚期的年代大致为距今20000年至15000年。据研究，我国北方地区从旧石器时代末期到新石器时代初期，与下川文化类似的文化共同体有以下文化群落：1. 峙峪文化群落；2. 萨拉乌苏—水洞沟文化群落；3. 小南海文化群落；4. 虎头梁文化群落；5. 丁村（后期）及晋南一带文化群落；6. 下川文化群落；7. 凤凰山—马陵山文化群落；8. 龙门洞穴文化群落；9. 灵

---

① 王建等：《下川文化——山西下川遗址调查报告》，《考古学报》1978年第3期。
② 石兴邦：《下川文化研究》，《庆祝苏秉琦考古五十五年论文集》，文物出版社1989年版。
③ 同上。

井文化群落（中原低地）；10. 沙苑文化群落（内地沙漠）；11. 海拉尔文化群落（东北草原）①。在这些文化群落中，有一系列共有的器物品类，诸如圆头刮削器、侧刮器、尖状器、雕刻器、砍砸器，特别是石刃片和石叶非常相似。值得指出的是这种石刃片和石叶的酷似，表明其装嵌工具的形状和方法是相同的，从而说明复合工具的用途和生产方式也是相同的。这种可用作收割野生谷物的复合石刀、石镰的广泛存在，说明在我国农耕出现之前，北方地区曾普遍存在过高级采集—狩猎经济文化。从而也可证明我国农耕起源的多元性。

在我国的南方，也发现有高级采集—狩猎经济文化的存在。如 1935 年裴文中先生在广西武鸣县发现的苞桥 A 洞、芭勋 B 洞、腾翔 C 洞和在桂林市发现的 D 洞等四处洞穴遗址中②，就曾发现有石磨盘、石磨棒以及石核、石片和利用砾石制作的刮削器、敲砸器等。当时裴文中先生认为它们可能属于中石器时代。广西的考古学工作者将这类遗址与岭南旧石器时代晚期文化遗存及新石器时代早期遗址作了对比之后得出：在地层上，属于灰黄色或灰褐色的"含介壳的文化堆积"；在动物群的性质上均为现生种类，但也不排除有一二种绝灭种共存的可能性；在文化遗物的性质上，以打制石器为主，也有少量诸如石磨盘、石磨棒之类的局部磨光的石器或穿孔砾石，但也有陶片和通体磨光石器共存，在碳 14 年代上，大致在距今 1 万年左右，在地质年代上，属全新世早期，在经济生活上，人们进行渔猎和采集。因此被定为中石器时代。武鸣和桂林发现的这四处洞穴遗存，既表现出渔猎—高级采集经济形态，又具有明显的由旧石器时代晚期向新石器时代早期过渡的性质，如果再考察到其石器工具的特点不太具备欧洲典型意义上的中石器特点，那么与其称为中石器时代不如称为"后旧石器时代"或"外旧石器时代"的遗存。

由北方旧石器时代晚期的下川文化和南方广西武鸣、桂林发现的含有石磨盘石磨棒的"后旧石器时代"的文化遗存，可以得知在中国境内农业出现之前，确曾存在过狩猎—高级采集文化群落，我国北方地区的旱作农业文化就是从山林地区的高级采集经济文化发展来的。

---

① 石兴邦：《下川文化研究》，《庆祝苏秉琦考古五十五年论文集》，文物出版社 1989 年版。
② 安志敏：《广西洞穴中打击石器的时代》，《古脊椎动物与古人类》(1962) 第 6 卷第 4 期。

3. 中国的前陶新石器的问题

西亚大体上是随着农耕的出现而进入新石器时代的，但这里的新石器时代的早期遗存与传统意义上的新石器时代的特点有所不同，是没有陶器的新石器文化，现被称为前陶或无陶新石器文化。中国是否也存在一个前陶新石器文化的阶段呢？这是一个至今尚无人涉及的问题。如果说20世纪90年代之前要回答这一问题，一是需要检索中国南方距今1万年左右的新石器时代早期遗存中有无陶器存在，另一是需分析研究中国北方距今七八千年前的新石器中期文化中其陶器所处的发展阶段，那么，到本书再版的21世纪的今天，由于中国的北方和南方都发现有距今1万年左右的新石器时代早期遗址，这一问题的回答就变得容易而直接得多了。

在华南地区的新石器时代早期遗址中，学者们谈论较早的有广西柳州市大龙潭第一期①和广东英德县（原翁源县）青塘圩②等处。两处均以打制石器为主，仅有个别刃部磨光和个别穿孔者；有少量的陶片出土，火候低，饰绳纹。大龙潭第一期的人骨经碳14年代测定，分别为9500±150BC和8560±150BC。这样的年代已超过目前树轮校正年代的范围，严文明先生估计其真实年代为公元前1万年至前9000年左右③。青塘圩的几处洞穴遗址因发掘于60年代初，未作碳14年代测定，但根据"埋葬的动物骨骼及人骨已有一定程度的石化，且地层甚坚硬，表面并有一层厚约0.1米的石笋覆盖，这都是非短时期所能形成的。此外，不仅打制的石器非常简单，而且仅有的2件磨制石器的制作技术亦很粗糙。陶器也是比较原始的。夹砂粗陶均出自可靠的地层中"④。所以其时代也应为1万年左右。当时曾复查过这些洞穴遗址的贾兰坡先生等人也确认青塘圩属于新石器时代早期。此外，湖南道县玉蟾岩、江西万年仙人洞下层⑤、广西桂林甑皮岩⑥、广东潮安的石尾山、陈桥村等都属于新石器时代早期遗址，年代大体在距今12000—9000年间，也都

---

① 柳州市博物馆等：《柳州市大龙潭鲤鱼嘴新石器时代贝丘遗址》，《考古》1983年第9期。
② 广东省博物馆：《广东翁源县青塘新石器时代遗址》，《考古》1961年第11期。
③ 严文明：《再论中国稻作农业的起源》，《农业考古》1989年第2期。
④ 广东省博物馆：《广东翁源县青塘新石器时代遗址》，《考古》1961年第11期。
⑤ a. 江西省文管会等：《江西万年大源仙人洞洞穴遗址试掘》，《考古学报》1963年第1期。
　b. 江西省博物馆等：《江西万年大源仙人洞洞穴第2次发掘报告》，《文物》1976年第12期。
⑥ 广西壮族自治区文物工作队等：《广西桂林甑皮岩洞穴遗址的试掘》，《考古》1976年第3期。

伴随有陶器的出土。

在长江下游地区，新发现的浙江浦江县上山遗址属于新石器时代早期遗存。上山遗址碳14测定的年代确定为距今10000—8500年间，出土的石器以打制的为主，也有磨制的石器，出土的陶器在陶系上有夹炭陶和夹砂陶两类，陶器的胎质较疏松，由于烧制火候不均，陶器胎体呈淡黄色，多厚胎，部分超过2厘米，器表施有红衣，多脱落。据检测，烧制温度约800度。器形有盆、罐、钵、盘、杯等，制陶工艺有泥片贴筑、泥条拼接等，并在陶器的掺和料中发现许多稻壳、稻叶、稻秆。年代略晚于上山遗址的浙江嵊州小黄山遗址，暂可定为新石器时代早期晚段，该遗址第一阶段出现的陶器器形有盆、盘、钵、罐、釜等；第二第三阶段增加了双腹豆、甑等新器形，并出现镂孔和红底白彩装饰，显示出陶器在该遗址的前后发展变化。浙江萧山跨湖桥遗址，年代为距今8000—7000年，是新石器时代中期前段的遗址，出土有大量的陶器、骨器、木器、石器以及人工栽培水稻等。

在长江中游地区，澧县彭头山遗址属于新石器中期偏早遗存，碳14测定年代为距今9000—8000年。在这里，石器以打制为主，也伴有陶器，并发现了稻谷遗存。长江下游和中游这些重要遗址的发掘使长江流域和华南地区有了可资比较的材料，并对我们探索这一带的新石器文化的起源提供了初步的依据。

从以上长江流域和华南地区距今1万多年到8000年前的新石器时代遗址中都出土有陶器这一事实，无疑可以得出：中国的南方不存在"前陶新石器文化"的发展阶段。那么，中国北方的情况又将是怎样的呢？

中国的北方由于20世纪90年代之前被发现最早的新石器时代文化，已属距今8000—7000年的新石器时代中期前段的文化，这些考古学文化上距农耕的起源和新石器时代的起始年代大约有2000年的时间，所以受当时资料的限制，探寻新石器文化的起源与陶器的关系时，每每都是首先着眼于这些距今七八千年前的新石器中期文化的。考察这些文化中的陶器我们将会发现，它们是陶器发展到一定阶段的产物而绝非原始阶段的陶器。例如大地湾·老官台文化中的陕西临潼白家村等遗址出土的陶器，有些加砂红陶火候较高，陶色也比较纯正。陶器成型后经过拍打、刮磨，有一部分还上了彩。器表大都拍印绳纹，绳纹排列方式分垂直绳纹、斜绳纹和交错绳纹三种。彩绘以宽带纹为特征，皆装饰在一部分圆底钵和三足钵的口沿部位。器物的造型已有圆底钵、圈足碗、三足钵、三足筒形罐和小口鼓腹罐等多种。在其使用功能上，既有饮食器，也有炊器和储藏器、容器。磁山、裴李岗文化中既有夹砂陶也有泥制陶，其烧成温度，裴李岗出土的陶器测定为900—960℃；磁山的细泥陶为930℃，夹砂陶为880℃。器形有碗、盘、钵、三足钵、双耳壶、双耳罐、圈足壶、深腹罐以及鼎和陶支座等。纹饰有篦点纹、乳钉纹、绳纹、编织纹和方格纹等。北辛文化中的红顶碗，火候高，质地硬。器形中有很规格且实用的陶鼎、陶釜及与之相配套使用的陶支座，罐、钵、碗、盆、壶、盘等各个方面的专门器物的出现，也表明陶器的使用分类是很细的。

这些距今七八千年前的陶器，无论从其制作工艺（泥条盘筑、拍打、刮磨），还是从其造型功用以及附有纹饰和彩绘来考虑，都属于制陶技术发展到一定阶段后的产品。所以，就像这些陶器所在的文化已不属新石器时代早期文化一样，这些陶器也不属早期的陶器。可喜的是，到90年代之后，截至本书再版之际，中国北方发现的几处距今1万年左右的新石器时代早期遗址的考古发掘简报，陆续发表，使得我们对中国北方是否存在"前陶新石器文化"问题的探讨，并非仅仅依赖那些距今七八千年前的遗址做一些推论，而可以通过直接考察新石器时代早期遗址得出结论。

属于中国北方新石器时代早期文化的遗址，最早被发现的就是河北省徐水县南庄头遗址[①]。南庄头遗址发掘出土有打制石器、骨器、角器、加工谷物的石磨盘和石磨棒，也出土有陶器。北京大学碳14实验室对南庄头遗址的诸多标本进行了测定，所测年代在距今10500—9700年之间，属于新石器时代之初的遗址。南庄头遗址出土的陶片，胎壁厚约1厘米，火候低，质地疏松，与南方新石器时代之初的洞穴遗址出土的陶片差不多。南庄头之外，属于新石器时代早期的河北阳原于家沟遗址和北京怀柔县转年遗址[②]，也发现有打制石器、细石器、谷物加工工具和陶器等。北京门头沟区东胡林遗址[③]，经2001年、2003年、2005年三次发掘，出土有打制石器、细石器、小型石斧和石锛之类的磨制石器、加工谷物的石磨盘、石磨棒，还出土60余件陶器以及墓葬、火塘、灰坑等。东胡林遗址测定的年代在距今11000—9000年间，属于新石器时代早期。东胡林遗址出土的陶器均为夹砂陶，有夹

---

① 保定地区文管所等：《河北徐水县南庄头遗址试掘简报》，《考古》1992年第11期。
② 郁金城等：《北京转年新石器时代早期遗址的发现》，《北京文博》1998年第3期。
③ 北京大学考古文博学院等：《北京市门头沟区东胡林史前遗址》，《考古》2006年第7期。

粗砂和夹细砂之分，陶片表面一般为红褐色或灰褐色，因烧制火候不高，大多数颜色斑驳，质地也比较松软。陶片大多为素面，少数饰有附加堆纹、压印纹。从断面观察，有的陶片采用了泥条筑成法，有的可能是泥片贴筑，表现出较原始的制作工艺。

上述中国北方距今 1 万年到 9000 年前的新石器时代早期的遗址都有陶器出土，这足以说明中国北方也不存在"前陶新石器文化"，因而笔者认为，中国的长江流域、华南地区、黄河流域、华北地区等中国的南方和北方都不存在"前陶新石器文化"的发展阶段。

陶器的有无并不与农耕的起源有必然的联系。西亚和中美洲都是远在陶器产生之前即已出现农耕，而日本则在有了陶器的近 1 万年的时间内一直没有出现农耕。那么，陶器是因何产生的呢？笔者认为可以从陶器的功能去探索它的起源。陶器的功能不外乎：一是作炊煮用，二是作饮食器用，三是作储存器用。在这三大功用中炊煮又是最重要的，而最初用陶器炊煮的当然不是兽肉，主要是炊煮乌螂、田螺、蚌、文蛤、牡蛎等水陆生的软体动物和块根类的植物。这样，这类食物资源异常丰富的江南地区和日本列岛，由于炊煮食用的需要，很早就产生了陶器。中国南方和北方的陶器可以上升到 1 万年前，而日本的陶器则可以追溯到 1 万 2 千年前。但它同时也告诉我们，无法用陶器的出现来证明农耕的起源，陶器可以在不与农耕发生任何关系的条件下，独自起源。陶器的出现是生活稳定、生活方式发生变化的结果。

4. 新石器时代早期的聚落

中国新石器时代的早期、中期、晚期的绝对年代的划分，是随着考古新发现及其研究的深入而先后有所变动和调整的。以前由于受考古发现的局限，最初是将仰韶文化以前（约距今 7000 年）至地质年代上的全新世的开始作为中国新石器时代的早期。在 20 世纪 80 年代末，严文明先生曾提出距今 9500—8000 年左右为新石器时代早期，距今 8000—7000 年左右为新石器时代中期，距今 7000—5500 年左右为新石器时代晚期，距今 5500—4600 年左右为铜石并用时代早期，距今 4600—4000 年前为铜石并用时代晚期[①]。近十多年发现和研究表明，距今 12000—9000 年间，在中国的南方和北方都有

---

① 严文明：《中国新石器时代聚落形态的考察》，《庆祝苏秉琦考古五十五年论文集》，文物出版社 1989 年版。

属于新石器时代早期遗址的发现，而距今 9000—7000 年则是我国原始农业文化发展的重要时期。为此，我国考古学界的许多学者开始主张距今 9000 年左右可作为中国新石器时代早期和中期的划界。也有的以距今 9500 年左右作为中国新石器时代早期与中期的划界，把距今 9500—7000 年左右的阶段"划为新石器时代中期"①。在这里，笔者以为把距今 12000—9000 年左右的阶段划为新石器时代早期，把距今 9000—7000 年左右（即前仰韶时代）的阶段划为新石器时代中期，把距今 7000—5000 年左右（即仰韶时代）的阶段划为新石器时代晚期，把距今 5000—4000 年左右（龙山时代）的阶段划为早期铜器时代（或称"铜石并用时代"），似乎更合理一些。

就一般而言，农业的起源、农耕聚落的出现同新石器文化的兴起，应该是一个问题的两个方面，以农耕畜牧为基础的定居聚落的出现，标志着一个崭新的历史阶段的开始。但历史的发展从来都不是一蹴而就的，而是有一个缓慢的发展过程，并且还表现出一些不平衡性和多样性。截至今日的考古发现，大约距今 12000—9000 年左右即属于中国新石器时代早期的范畴，在中国的南方和北方存在着五类遗址：一是洞穴遗址，二是贝丘遗址，三是盆地中平坦开阔的聚落遗址，四是丘陵地带或山区河谷阶地的聚落遗址，五是平原上的聚落遗址。这五类遗址又可归纳为三大类，即洞穴类遗址、贝丘类遗址，以及或盆地或坡地或平原上的聚落遗址。

（1）洞穴遗址　洞穴遗址中比较重要的有江西万年仙人洞、湖南道县玉蟾岩、广西柳州白莲洞②、桂林甑皮岩③、广东英德青塘洞穴群等④。洞穴遗址就其居住形态而言，它是承接旧石器文化而来，显得较为原始，但如前所述，由于其时代多为 1 万年前，而且在玉蟾岩、吊桶环等遗址中发现有稻作遗存的存在，因而它又预示着新石器时代之初江南经济类型的发展方向。当然，在农业起源之初，作为食物的来源，主要还不是依靠栽培的农作物，农作物所占食物的比例是较小的。以玉蟾岩遗址为例，尽管当时已培育出一种兼有野生稻、籼稻、粳稻综合特征的栽培稻，但从出土的生产工具和大量的

---

① 任式楠：《中国新石器文化总考察和文明起源探讨》，《任式楠文集》（中国社会科学院学术委员文库），世纪出版集团、上海辞书出版社 2005 年版。
② 柳州白莲洞洞穴科学博物馆等：《广西柳州白莲洞石器时代洞穴遗址发掘报告》，《南方民族考古》第一辑，四川大学出版社 1987 年版。
③ 广西壮族自治区文物工作队等：《广西桂林甑皮岩洞穴遗址的试掘》，《考古》1976 年第 3 期。
④ 广东省博物馆：《广东翁源县青塘新石器时代遗址》，《考古》1961 年第 11 期。

动植物化石来看，当时的经济类型还主要是广谱的取食经济。例如，玉蟾岩遗址出土的石制品近千件，全部为打制石器，主要是刮削器、砍砸器、锄形器、石锤、尖头器、亚腰斧形器。骨器和角器有骨铲和骨锥等。洞穴中伴出的动物化石有哺乳动物和鸟禽类、鱼类、龟鳖类、螺蚌、昆虫等。哺乳动物有熊、貉、灵猫、鹿、猪等28个种属，绝大部分与人类狩猎经济相关，玉蟾岩人主要狩猎较大型的食草动物和小型的食肉动物；鸟禽类有雁、鸭、鹤、天鹅等27种，其中与水泊环境相关的水栖种类18种，说明当时玉蟾岩附近有宽阔的湖泊；鱼类有鲤鱼、草鱼、青鱼等5种；龟鳖类鳖、隐颈龟；螺蚌极其丰富，经鉴定螺壳种类达26种以上，蚌类7种，显然与人们捕捞食用有关，构成了洞穴堆积的时代特征。洞穴中的植物种属可肯定的有17种，其中可食用的有中华猕猴桃、野葡萄、梅等4种；朴树籽在遗址中甚为丰富，也应与居民的食用有关。总之，洞穴中出土了这么多的动植物化石，再加上当时已发明了陶器，由此我们完全可以判断出，1万余年前的这些洞穴居民，在采集、捕鱼、狩猎和种植稻谷作物的多种经济共同作用下，已过着定居的生活。

在这些洞穴遗址的洞穴中往往发现有多处火塘，有的是由石头砌成，有的则挖成小坑，如仙人洞中先后发现过22处火塘或烧火堆，甑皮岩也曾发现多处类似的遗迹。这说明洞穴中的居民存在着较小的组织，他们各有自己的火塘而不与别人共用火塘。有学者认为这种较小的组织应是某种家庭性质的结合，而整个洞穴聚落居民的社会组织可能是以氏族为基础的小型公社[①]。

(2) 贝丘遗址　贝丘遗址广泛分布于广东、广西、江西等地的沿海和河流转弯或大河与小河交汇处。这些居民，以采集贝类为主要食物来源，还兼有狩猎和捕鱼。这些贝丘遗址，文化堆积厚，但占地面积小，有的仅数百平方米，最大者约1—2万平方米不等。

贝丘遗址所处的地理环境，也可以使这里的居民过着定居的生活，但同时也正是这样的地理环境及由此而形成的经济类型，决定了这些遗址的人口规模和洞穴遗址一样，都比较小，社会组织也比较简单。洞穴遗址的居民经历了最初的发展以后若还不走出洞穴，那么与同时代的或稍晚于其的山前低

[①] 严文明：《中国新石器时代聚落形态的考察》，《庆祝苏秉琦考古五十五年论文集》，文物出版社1989年版。

岗或河旁阶地的稻作农耕遗址相比较，这些洞穴贝丘遗址的发展是相当缓慢的，它反映了中国各地自然生态环境复杂多变，文化发展多种多样，极不平衡。

诚然，我国新石器时代南方的洞穴遗址和贝丘遗址，就其范畴而论，也属于一种聚落遗址，但其形态与定居的农耕聚落是不同的。一直到距今8000多年时尚存在的那些洞穴贝丘遗址与农耕聚落在同一地区内，因分别占据并开发不同资源而形成"共生关系"，而从文化与社会进化的立场来看，它们与农耕聚落分别代表着聚落形态的不同演进阶段。在通往文明社会的道路上，洞穴贝丘之类的聚落形态已成了时代的落伍者，不代表时代发展的潮流。

(3) 平原、盆地或坡地的聚落遗址　新石器时代早期，作为盆地中河谷地带比较开阔平坦的农耕聚落遗址，近年发现的上山遗址是著名的[①]。上山遗址位于浙江浦江县黄宅镇渠南村、渠北村和三友村之间，处于钱塘江的一条一级支流——浦阳江上游的河谷地带。浦阳江发源于龙门山与会稽山脉之间，上游形成一个南北短径不足10公里的椭圆形盆地，遗址即处在这个盆地的中心位置。遗址周围地势相对平坦，海拔约50米，间布一些或连或断、多平整为耕地的小山丘，上山遗址即坐落在一南一北两个相毗邻、相对高度约为3—5米的小山丘上，南丘俗称上山，因此命名为上山遗址。遗址南边2公里处有浦阳江从北向南流过，东边约100米处有一条从北向南流的浦阳江支流——蜈蚣溪。在遗址周围今日的水稻田下都有深厚的沙石分布，是古代水流泛滥形成的沉积物。上山遗址旷野性的环境条件，显然不同于同时代的华南的洞穴遗址。

上山遗址的面积约2万多平方米，在南区和北区已发掘的1800平方米的范围内，出土的遗迹有"灰坑"，有房址。所谓灰坑，从其形状和包含物来看，有的可能与祭祀等原始宗教行为或墓葬有关，有的则属于储藏坑。在南区第四层下发现的南北三列的一组柱洞，编号为F1（彩图5），从其结构和建筑布局看，属于干栏式建筑物，长约14米，宽约6米，面积为84平方米。出土的遗物有石器和陶器。石器以打制石器为主，也发现极少量的锛、凿之类的通体磨光的磨制石器。也出土有石磨盘和石磨棒之类的谷物脱壳加工工具。出土的陶器有盆、罐、钵、盘、杯等（图Ⅰ-2），器体上有的附有

[①] 浙江省文物考古研究所等：《浙江浦江县上山遗址发掘简报》，《考古》2007年第9期。

耳（把手）、有的有圈足、有的有镂孔，年代虽为新石器时代早期，但不属于最原始的陶器。上山遗址的夹炭陶片中普遍发现有意识地掺和进去的稻壳、稻叶等，联系该遗址出土的有石磨盘和石磨棒之类的谷物加工工具，应该说它所加工脱壳的当是稻谷。经对掺和到陶片内稻的颖壳形态、小穗轴的特征的观察鉴定以及对陶片进行植物硅酸体分析，研究者认为上山遗址出土的古稻可能是处于驯化初级阶段的原始栽培稻，并指出当时上山遗址周围的池塘、低洼地以及河流沿岸很可能分布着野生稻群体，居民们采集野生稻作为部分食物的来源，随着人们对食物需求量的增加，以及对稻米食性、储藏、加工等方面认识的加深，上山遗址的居民开始尝试人工栽培[①]。

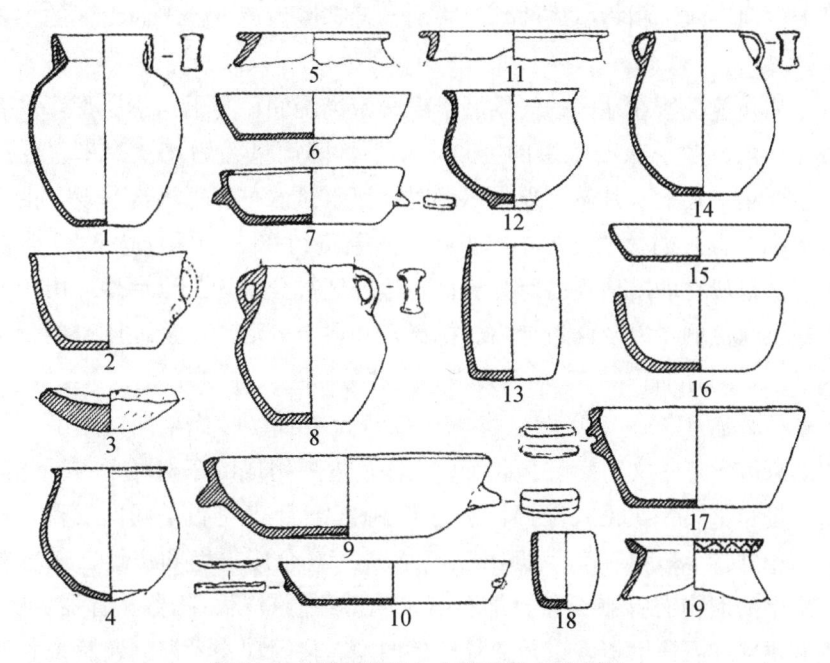

图Ⅰ—2　浙江浦江上山遗址出土的陶器

上山遗址的年代，碳14测定的6个标本经树轮校正后，年代在距今11400—8600年间，6个数据的年代跨度过大，发掘者排除BA02236（树轮校正后的年代为11000多年）这个最早并且偏离数据群体的测年标本，将上

---

① 浙江省文物考古研究所等：《浙江浦江县上山遗址发掘简报》，《考古》2007年第9期。

山遗址下层的年代确定为距今 10000—8500 年间[①],也就是说,上山遗址是距今 9000 多年前的新石器时代早期聚落遗址,它代表了由浙西南山区向浙东平原地区过渡的盆地内开阔平坦的河谷地带的聚落形态。

作为丘陵或山区河谷阶地的新石器时代早期聚落遗址,近年发现的东胡林遗址为我们提供了一个实例[②]。东胡林遗址位于北京市门头沟区东胡林村西侧的清水河北岸三级阶地上,距北京城区约 78 公里。遗址区海拔高度为 390—400 米,高出现在的河床 25 米以上。遗址所在地区属于北京西山褶皱断块山地的一部分,处在黄土高原和华北平原的过渡地带。清水河是永定河峡区内最大的支流,河谷较窄,两侧分布着河漫滩和阶地,第三级阶地分布于清水河主谷中,底层为砾石层,上部覆盖着全新世黄土,是由砾石层和覆于其上的河漫滩沉积物组成的基座阶地,且基座为黄土,现为山区的主要农耕区。

东胡林遗址所在地区的气候属于温暖带半湿润、半干旱季风型,具有夏季炎热多雨、冬季寒冷干燥的特点,年平均降雨量约为 470 毫米,分布不均,主要集中在七八月份。夏季汛期时,河水猛涨,每每洪水暴发。由于受洪水冲刷,在东胡林遗址的中部形成了一条宽约 20、最深处达 6—7 米的大冲沟。遗址所在的阶地现已辟为梯田,遗址区被分割为三个台地,由于长期以来被洪水冲刷,以及修筑梯田、挖窖穴和取土等活动,遗址已遭到一定程度的破坏,现存面积约 3000 平方米,主要分布在大冲沟两侧。

东胡林遗址,1966 年即已发现被推断为新石器时代早期的墓葬,2001 年由北京大学考古文博学院和北京市文物研究所组成的东胡林考古工作队对该遗址进行了第一次正式发掘,2003 年和 2005 年又进行了两次发掘,三次发掘面积共计 280 余米,发掘出三座墓葬、10 余座火塘和房址、灰坑等遗迹,出土的遗物有打制石器、细石器、小型磨制石器、陶器、骨器、蚌器、赤铁矿颜料和石研磨器,以及数量较多的鹿、猪等动物骨骼(包括烧骨)和大型蚌壳等。打制石器包括砍砸器、刮削器、尖状器等,细石器有石核、石片、石叶等,磨制石器有小型斧、锛等,出土多件琢磨而成的石磨盘和石磨棒(彩图 6),还出土骨柄上安装石刃片的复合制成的骨柄石刃刀(彩图 7)。墓葬均为土坑竖穴墓,葬式分仰身直肢和仰身屈肢两种。2005 年发掘的 M2

---

① 浙江省文物考古研究所等:《浙江浦江县上山遗址发掘简报》,《考古》2007 年第 9 期。
② 北京大学考古文博学院等:《北京市门头沟区东胡林史前遗址》,《考古》2006 年第 7 期。

即为屈肢葬,在身体附近发现随葬的磨光小石斧,胸、腹部散落有多枚穿孔螺壳,应为死者生前佩戴的饰物。

东胡林遗址的年代,有多个标本进行了碳 14 测定,经树轮校正后的年代为距今 11000—9000 年前,属于新石器时代早期。这个时期由于冰期气候的逝去,全球气候显著变暖,环境的变化,促使人类的经济方式由完全以采集、狩猎为主转变为开始经营农业并饲养家畜,笔者也正是在这个意义上主张中国的农耕是多元分散式起源的。东胡林遗址虽然尚未发现栽培的谷物,发掘出土的猪骨也不知究竟是家猪还是野猪,但东胡林遗址出土有给谷物脱壳的石磨盘和石磨棒,还出土了作为收割谷物的骨柄石刃刀这样的收割工具,并有陶器、墓葬、火塘等发现,过着定居的生活,因而我们有理由推测,东胡林遗址的居民当时收割、加工的谷物,有可能是以野生的为主,也应出现少量人工栽培的谷物,东胡林人的狩猎经济依旧占有重要的地位,但其也有可能进行着猪的驯化,家畜饲养经济也许已萌芽。

新石器时代早期,属于平原上的聚落遗址,在北方发现有距今 1 万年前的河北徐水南庄头遗址。在南方发现距今八千多年前的湖南澧县彭头山遗址则属于新石器时代早期与中期之间的遗址。

南庄头遗址位于河北省徐水县高林乡南庄头村东北 2 公里处①,地处太行山东麓前沿,华北冲击大平原的西部边缘,坐落于萍河和鸡爪河之间,海拔 21.4 米。1986 年发现该遗址并进行了试掘,1987 年又进行了一次试掘,出土有少量的陶片、石器、骨器、角器,以及大量的兽骨、禽骨、畜骨等动物骨头和螺、蚌壳,并获得了大量的植物孢粉标本。动物骨骸经鉴定,有鸡、鹤、狼、狗、家猪、麝、马鹿、麋鹿、斑鹿、狍、鳖等 10 余种动物,除狗和猪有可能为家畜,其余均为野生动物,多数属于鹿科动物。北京大学碳 14 实验室对南庄头遗址诸多标本进行了测定,所测年代在距今 10510—9700 年之间,所以南庄头遗址是距今 1 万年左右的新石器时代早期的平原遗址。南庄头遗址出土的陶片,如前所述,属于较原始的陶器。南庄头遗址虽然目前尚未有驯化谷物出现的鉴定报告,但南庄头遗址还是有一些农业出现的迹象,如据孢粉分析,禾本科花粉较多,遗址出土有作为谷物脱壳加工工具的石磨盘和石磨棒。

南庄头遗址的年代与东胡林遗址的年代相近,又都位于北方,气候条件

---

① 保定地区文管所等:《河北徐水县南庄头遗址试掘简报》,《考古》1992 年第 11 期。

是相同的。据南庄头遗址的孢粉分析，与旧石器时代末期相比，当时的气候已逐渐好转，特别是在第 5 至第 6 文化堆积层，亦即南庄头遗址中期，针叶树与阔叶树乔木花粉形成小的峰值，气候环境相对更好一些，从耐旱的半灌木麻黄、菊科、蒿属、禾本科花粉同时出现较多看，距今 1 万年左右的南庄头一带气候总体上较凉并且偏干燥，这有利于原始人摆脱对阴冷潮湿的洞穴的依赖，走出山洞，定居于平原，建造房屋、培育谷物、饲养家畜、烧陶纺织，由纯粹的攫取经济开始转向从事某种程度的生产经济，开始早期新石器文化的生活[①]。

由于我们在这里将新石器时代早期的年代划定在距今 12000—9000 年左右，故而位于长江中游的彭头山文化的早期遗址——澧县彭头山遗址、地处黄淮海大平原的西南部边缘的河南舞阳县贾湖遗址的早期遗存、位于长江下游的浙江嵊州小黄山遗址的年代就有可能属于新石器时代早期与中期之间这一阶段的遗存。

彭头山遗址的年代约在距今 9000—8000 多年前，而且出土的陶器也比较原始。在初步发掘的 400 平方米内，发现有房屋、墓葬、灰坑、陶器、石器以及陶片中夹有大量稻壳和稻谷。发掘出的房屋 F1 平面为方形，东西长约 6 米，南北宽约 5.6 米。墓葬 18 座，多数属于二次葬，墓坑小而浅，随葬品较少，只有 1—4 件不等[②]。出土的陶器制作工艺较原始粗糙，其双耳高领罐的器形与舞阳贾湖遗址的出土物相似，表明二者似有交流和往来。根据文物普查和重点发掘，同类遗址还有八十垱、李家岗、刘家湾、肖家岗、黄麻岗、胡家坟、曹家湾等十余处[③]。它们都位于澧阳平原内，多处于海拔约 50 米的低岗上，少数处于澧水沿岸的二级阶地。只是这些遗址中有的属于彭头山文化早期，笔者将其视为介于新石器时代早期与中期之间；而有的则属于彭头山文化中期和晚期，年代约为距今 8000 年，已到中国新石器时代中期。

[①] 保定地区文管所等：《河北徐水县南庄头遗址试掘简报》附录 2《南庄头遗址碳十四年代测定与文化层孢粉分析》，《考古》1992 年第 11 期。中国国家博物馆编：《文物中国 1——史前时代》，第 76—77 页，山西教育出版社 2003 年版。

[②] 湖南省文物考古研究所等：《湖南澧县彭头山新石器时代早期遗址发掘简报》，《文物》1990 年第 8 期。

[③]《湖南对彭头山遗址进行正式发掘》，《中国文物报》1989 年 2 月 24 日。裴安平：《澧阳平原史前聚落形态的特点与演变》，《考古》2004 年第 11 期。湖南省文物考古研究所：《湖南澧县梦溪八十垱新石器时代早期遗址发掘简报》，《文物》1996 年第 12 期。

河南舞阳贾湖遗址依据正式的发掘报告[①]，被划分为三期，贾湖第一期树轮校正后的年代为距今 9000—8600 年，其中属于木炭的 3 个标本测定的年代都是距今 9000 年前，发掘报告的编写者分析指出这个年代才是贾湖遗址第一期的真实年代；贾湖第二期树轮校正后的年代为距今 8600—6200 年；贾湖第三期树轮校正后的年代为距今 8200—7800 年，这样贾湖遗址第一期的年代属于我们所论定的新石器时代早期与中期之间的遗存，与彭头山文化早期即彭头山遗址第一期的年代相近，贾湖第二期和第三期则属于中国新石器时代中期。而且从文化因素上看，贾湖遗址第一、二期之间的陶器变化要大于第二、三期之间的变化，第一、二期之间有不少器形变化似较突然，可能反映了两期之间有一定缺环，与此相比，第二、三期之间的联系则较紧密一些[②]，这也有助于说明我们将贾湖遗址第一期划在新石器时代早期与中期之间而将第二、三期划在新石器时代中期是可行的。

贾湖所在地区为现代自然区划的北亚热带向北温暖带的过渡地带，地貌形态为波状起伏的平原，海拔高度为 40—100 米，地貌类型为淮河上游支流冲积—湖积平原，地势相对低洼，与彭头山遗址所处的澧阳平原相似。贾湖遗址第一期发掘出的房址，多为椭圆形和圆形的小型房子；出土有圆形、椭圆形、鞍形、方形和不规则形等形状的灰坑 74 座；还出土 42 座墓葬，有单人一次葬、单人二次葬、多人一、二次合葬等；出土的陶器以泥片成型为主，器形有双耳罐、角把罐、敞口钵、浅腹钵、方口盆、深腹盆等；出土的石器中有属于加工谷物的石磨盘和石磨棒。贾湖遗址第一期还出土有炭化稻米和典型的水稻硅酸体，经鉴定，贾湖一期稻谷类型偏籼型的特征较多，是一种籼粳分化尚不明显的原始栽培稻。

彭头山早期、贾湖一期等遗址，都发掘出土有房子、灰坑、墓葬和稻谷遗存，说明此时的江淮地区是定居、稻作农耕和聚落三位一体，同时具备，所以，此时的聚落实可称为农耕聚落。虽说与 1 万年前新石器时代之初相比，稻作在食物中所占的比例较前有很大的提高，但是从这些遗址中其他的出土物来判断，我们只能说当时人们的生业类型是由稻作农业和狩猎业、捕捞业共同组成的。以贾湖遗址为例，从遗址中出土大量鹿科动物骨骼以及箭头等狩猎工具看，周围低缓的岗地，应是广阔的疏林草原，是人们狩猎、畜

[①] 河南省文物考古研究所：《舞阳贾湖》，科学出版社 1999 年版。
[②] 同上书，第 502 页。

牧的场所；从遗址中随处可见的大量鱼骨、蚌类、龟鳖、扬子鳄、丹顶鹤以及菱角、水蕨、莲等水生、沼生动植物群落看，遗址周围海拔高度在65米以下的那些约有100多平方公里的大片洼地，应是人们从事捕捞活动的广阔空间；而遗址东约1公里范围内，地势比较平坦，坡度较小，落差大约在0.5—1米之间，应当是贾湖先民的主要农耕区。因而，根据江淮地区的自然环境、水生物资源、出土的稻谷遗存和各类生产工具等判断，当时的生业类型，是以农耕、渔猎为主，采集为辅的广谱生业模式[①]。

上述距今12000—9000年前的新石器时代早期的聚落遗址，其规模大多比较小。洞穴和贝丘遗址的规模很小，无用赘言。作为山区河谷地带的东胡林遗址，现存面积只有3000平方米。彭头山文化聚落的平均面积为8000平方米[②]。上山遗址的面积约有2万多平方米[③]。遗址的面积小，说明其人口少。一个总的趋势是随着时间的推移，聚落的规模和人口都在缓慢地增长，特别是平原地带的聚落，更是如此。当然由于考古学界对中国新石器时代早期遗址发掘和报道的资料都很有限，目前我们还不能对这类聚落的人口规模、内部结构以及与其他聚落的交互作用等作出应有的分析判断。不过，只要属于农耕聚落的范畴，就得受农耕聚落形态发展规律的约束，呈现出一系列新的特点。

首先，定居生活促进人口的增长。我们知道，在人类历史相当长的一段时间内，人类的进化与人口的增长是成正比例向前发展的。有人估计，全球人口从100万年前的12.5万个猿人迅速增长到1万年前的532万个狩猎采集智人，增长了42倍。随着农耕畜牧业的出现并在世界范围内逐渐取得支配地位，人口数目也得到显著的增长，从10000年前到2000年前，人口又一下子从原来的532万猛增到13300万，仅8000年就增长了25倍，完全可以与旧石器时代100万年的人口增长相比较[④]。

英国学者斯塔佛里阿若斯（L. S. Stavrianos）估计，旧石器时代，即使是在肥沃的地区，每平方英里的土地上，最多只能维持一两个食物采集者的生活。而在寒冷地区，或热带丛林、沙漠地区，则每个食物采集者需要20

---

① 河南省文物考古研究所：《舞阳贾湖》，第955—956页，科学出版社1999年版。
② 裴安平：《史前聚落的群聚形态研究》，《考古》2007年第8期。
③ 浙江省文物考古研究所等：《浙江浦江县上山遗址发掘简报》，《考古》2007年第9期。
④ ［英］L. S. 斯塔佛里阿若斯：《农业的起源与传播》，《农业考古》1988年第1期。

甚至30平方英里的土地才能维持生活①。苏联著名的考古学家弗拉基米尔·卡博也认为，近东旧石器时代采集—狩猎群体有15—20人，人口密度不到每平方公里（等于0.3861平方英里）0.1人，而这里早期农人的普遍居住地有50—100人，人口密度增大了。也有人估计，各地狩猎—采集群体的世界平均规模是50—100人，而农业群体是100—150人，其上限可到350—400人②。

狩猎—采集群体的人口规模，一是受到当地动植物资源储量的限制，当某一群体的人口缓慢增长到一定程度后，即分散迁移出去，以使得人口规模和人口密度与当地动植物资源的承受能力，保持相对的平衡。二是由于在普通狩猎—采集社会中，游动群体的妇女没办法获得细嫩、易消化的食物，婴儿在两三岁内主要依靠母乳，所以即使主观上并非旨在限制人口的增长，而客观上妇女们不得不有三四年的生育间隔（往往通过延长孩子出生后的性生活禁忌、堕胎、杀婴等措施来实现），使得狩猎—采集社会中的人口增长显得十分缓慢。

定居的农耕聚落出现后，生育间隔缩短了，如游动的布须曼人（也称昆人）平均四年才生一个孩子，而定居后则平均每三年便生一个。定居生活使得携带小孩游动，行动不便的困难消失了；同时，在定居的群体中，可用细嫩的食物、谷物和从饲养的动物里获得乳汁喂养婴儿，婴儿在食物方面的变化缩短了怀孕时间的间隔，即母亲的哺乳期比以前缩短，排卵功能自然较快得以恢复，而且进入定居生活的女性身体更容易积蓄脂肪，同样会促进妇女的排卵功能。这些都使妇女的生育周期缩短。最近的研究还表明，孩童对经济的贡献越大，出生率越高。在定居的农耕畜牧经济中，孩童可以做家务及协助大人做一些维持生计的活动，这也可以导致人口的增长。

人口的增长必然促使聚落的规模逐渐增大，当然这也是一个极其缓慢的过程。农耕聚落规模的大小，虽说也受土地面积、肥力和生产技术水平等条件的限制，但它已完全不像游动狩猎采集者那样，人口繁殖到一定程度，就要发生分化，或者在食物资源丰富时集合到一起，而少时则分散开来，农耕聚落分裂的临界点远比狩猎采集阶段大得多。这种稳定的、具有一定规模的聚落共同体的出现，就会使土地的集体所有制即聚落所有制得到发展，聚落

---

① ［英］L. S. 斯塔佛里阿若斯：《农业的起源与传播》，《农业考古》1988年第1期。
② ［苏］弗·卡博：《食物生产经济的起源》，《农业考古》1988年第1期。

必然要按照当地的生态环境去统筹兼顾、合理安排和组织全聚落的农业生产，从而以聚落为单位的经济、军事、宗教礼仪和对外关系等一系列的活动开始形成，社会一反过去的分散状态，将沿着区域与集中化的方向向前发展。

总之，农业的起源，是人类历史上的巨大进步，以农耕畜牧为基础的定居聚落的出现，是人类通向文明社会的共同的起点。从此，由村落到都邑，由部落到国家，人类一步步由史前走向文明。

第二章 农耕聚落的扩大

在人类文明社会的形成过程中，聚落形态的演进直接体现了社会生产、社会结构、社会形态的推移和发展，是文明史研究中不可忽视的一根主线和一个重要的侧面。因而，对于聚落形态的研究也应该是多方面多角度的。从文化生态学看，聚落是人与自然关系的焦点；而社会人类学和文化人类学则强调从物到人的深入，注重居民的社会组织、行为方式、聚落内的经济、政治、宗教、社会生活以及同其他聚落之间的关系等方面的研究。前者可以从聚落的分布与选址上得到体现，后者可以在聚落内部的区划和结构上得到反映。

作为聚落，它是由许多物质要素构成的综合性实体，它每每包括各种类型的房屋、防卫性设施（如壕沟、哨所等）、经济性设施（如烧陶器的窑、豢养家畜的圈栏、储藏用的窖穴），以及公共墓地等。构成聚落的这些诸要素，当然是在聚落的发展过程中逐渐获得的，而且因地而异还有一些变通。但这些要素一经形成，彼此之间就存在着紧密的联系，它们各自的功能分工使其不能孤立地存在于聚落之中，而是组成一个有机的整体。

在中国，农耕聚落扩展的第一阶段发生在距今 9000—7000 年前。这是一个"前仰韶文化"的时期，其代表性的考古学文化有中原地区的磁山·裴李岗文化、关中及其西部的老官台文化、山东地区的北辛文化、辽河流域的兴隆文化、辽东半岛的小珠山下层文化、黄淮平原的舞阳贾湖遗址、长江中游的彭头山、城背溪文化和浙江北部的跨湖桥、河姆渡·罗家角文化等。严文明先生将这些文化划归为新石器时代中期[1]。我们若从这之前距今 12000—9000 年间为农耕的起源和新石器文化的早期的角度来考虑，严先生

---

[1] 严文明：《中国新石器时代聚落形态的考察》，《庆祝苏秉琦考古五十五年论文集》，文物出版社 1989 年版。

的划分显然是合理的。

这一时期，中国南北的气候，比现在温暖湿润得多。贾兰坡先生曾指出："许多资料一致证明，在全新世中期（距今 8000—2500 年）是全新世的高温时期，当时华北地区的年平均气温比现在高得多，阔叶林的植物群落，向北扩展，曾分布到了现在的蒙古高原"[1]。周本雄先生研究了河北磁山遗址出土的动物遗骸证明："在距今七千多年以前，华北这一带地区的年平均温度可能比现代的高 2—3℃或更多一些。距今八千年左右可能是全新世以后，冰后期最温暖的时期。"[2] 当时的长江中下游地区，年平均气温比今日高 3—4℃，降雨量比今日多 800 毫米[3]。中国的大江南北、长城内外已进入非常适宜农耕畜牧的时期，在中国北方和南方都出现了一批具有相当生产水平和生产规模的农耕聚落遗址。

在聚落的选址上，当时黄河和长江流域的人们大都生活活动在依山傍水、周围有大片较平坦地面的地理环境之中。如甘肃秦安大地湾、陕西临潼白家、渭南北刘、河北武安磁山、河南新郑裴李岗、密县莪沟北岗、山东藤县北辛等遗址，都具有这种自然地理环境的特点。这些遗址所依的山，也不是荒山秃山。据历史地理学和人文地理学的研究表明，我国的黄土高原直到"历史时期初期"还分布着广大的森林，森林之间，间杂着草原。应该说是属于森林草原地带。当时黄土高原的森林地区相当广大，所有的山地几乎无处没有森林。渭河中上游的森林直到隋唐时还保持着一定的规模。尤其值得称道的是现在所谓干旱地带，史前时期都长期为森林繁茂的地区[4]；七八千年前的太行山脉及其以东的山地丘陵都为森林灌丛，而且有较大的竹林；豫中和豫西一带的山地丘陵也布满了树木，当时太行山和泰山之间的华北平原是一个湖泊区域，在其上点缀着许许多多的小丘，山东河济之间《禹贡》兖州地区，因森林草木繁盛，土壤中腐殖质增多，使这里的土壤显得带有黑色。在这样的生态环境中，依山，人们可获得重要的狩猎场所；傍水，除了生活用水方便之外，还有捕鱼之利；而清除掉覆盖在周围大片较平坦的地面

---

[1] 贾兰坡、卫奇：《桑干河阳原县丁家堡水库全新世中的动物化石》，《古脊椎与古人类》1980年第 4 期。
[2] 周本雄：《河北武安磁山遗址的动物骨骸》，《考古学报》1981 年第 3 期。
[3] 林承坤：《长江、钱塘江中下游地区新石器时代古地理与稻作的起源和分布》，《农业考古》1987 年第 1 期。
[4] 史念海：《河山集》（三），第 60—61 页，人民出版社 1988 年版。

上的林木灌丛，就可以进行生产了。长江下游的余姚河姆渡和萧山跨湖桥居民也是生活在背靠丘陵，面对沼泽平原的环境里。此外，也有许多遗址位于平原地带，如河南舞阳贾湖、湖南澧县彭头山、八十垱等。贾湖遗址位于河南省中部，地处黄淮大平原的西南部边缘，为现代自然区划的北亚热带向北温暖带的过渡地带。贾湖村北、西、南三面均为一望无际的平原，仅个别地方有隆起的小土岗。遗址所在地区河流纵横，交通便利（彩图8）。澧县的彭头山、八十垱、胡家屋场等遗址位于澧阳平原，地势平坦，为避免水患，8000多年前这里的先民们大都选择平原中露出的岗地顶部作为居住地。无论是山前平地还是平原地带，这些对当时的生活和生产来说，都是最适宜的地理环境。

在上述优越的地理环境中，八千多年的农业已进入所谓"锄耕"或"初级粗耕"农业阶段。当时整个黄河流域及其东北地区，已出现了包括翻土工具在内的成套农具。从砍伐林木和加工木器用的石斧、松土或翻土用的石铲、收割用的石镰（彩图9）或石刀，到加工用的石磨盘、石磨棒（彩图10），一应俱全，而且制作精致（图Ⅱ—1）。在上述生产工具的比例中，各遗址互有差异。如磁山遗址中的石斧远远地多于石铲，前后出土有433件，而裴李岗文化各遗址中的石铲又多于石斧。北辛遗址石斧共发现100多件，完整的和比较完整的有15件，但残的却有1000多件[1]。根据当时北方地区旱作农耕的自然环境，要开拓农田、整治土地，往往需要事先砍伐林木。硕大、厚重的砍伐工具占有一定的比例，特别是像磁山遗址占很大的比例，说明当地需要大面积的砍倒烧光。河姆渡遗址也出土相当数量的长方形或梯形石斧，占石质工具的80%，但形体一般较小，可能是用以制作木质工具和用具的。河姆渡人经营的是以稻作为主的水田农业，砍伐林木不是经常的工作，而开挖排灌渠道和翻土整地则是主要农活，因此导致这里的骨耜木铲很发达，两次发掘共出土骨耜170多件，主要出于第三、第四文化层（图Ⅱ—2）[2]。

---

[1] 中国社会科学院考古研究所山东队等：《山东滕县北辛遗址发掘报告》，《考古学报》1984年第2期。

[2] 浙江省文物管理委员会等：《河姆渡遗址第一期发掘报告》，《考古学报》1978年第1期；河姆渡遗址考古队：《浙江河姆渡遗址第二期发掘的主要收获》，《文物》1980年第5期。

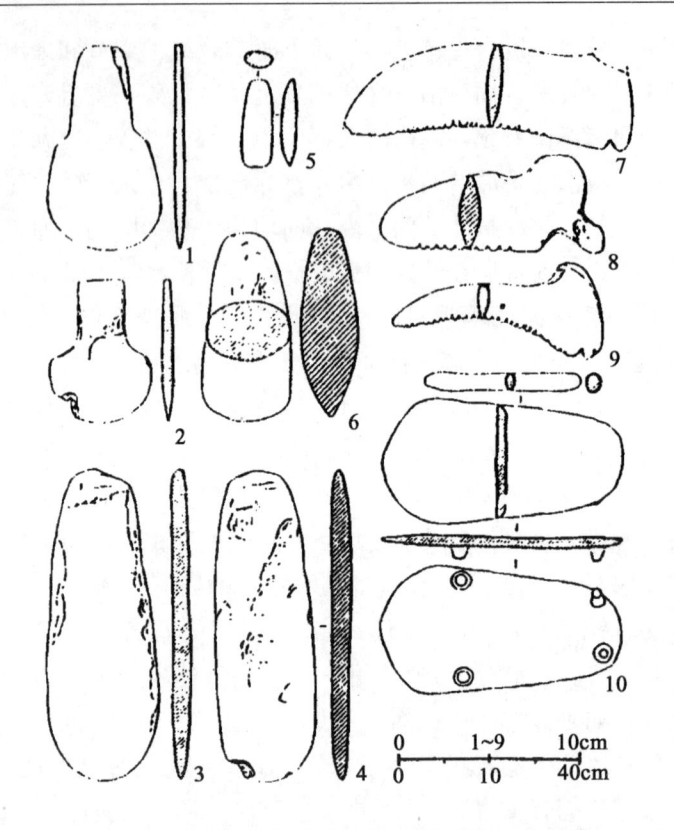

图Ⅱ—1 裴李岗文化莪沟北岗遗址出土的石器

　　石斧出土数量多反映了田野的垦辟比以前扩大了；石铲、骨木耜的出土说明当时人们在农业上已懂得并普遍实行翻土，也就是说，当时的农业已进入了初级耜耕阶段。至于这时北方的耜耕农业是否像热带森林农业那样也实行"刀耕火种"轮歇制？是值得研究的。

　　所谓"刀耕火种"，也可称之为森林旱作轮歇农业，它是将森林、灌木或茅草砍倒焚烧为灰肥，即把植被贮存的太阳能转化为土地投入。然而由于植被一经砍倒烧光，连续耕种即无后续投入，而在我国云南山高坡陡的条件下，积肥运肥又十分困难，于是抛荒旧地，砍芟新地，采取休闲与耕种相结合的方法，这就是刀耕火种赖以延续的轮歇耕作制度。这种轮歇耕作通常有两种方式：无序轮耕制和有序轮耕制。所谓无序轮耕，也称为"生荒耕作制"，即一块土地的耕种年限不定，地力衰竭即抛荒，又另行开辟茂盛的林地耕种。如果村落附近森林退化，则搬迁到较远的地方去。若干年后或再度

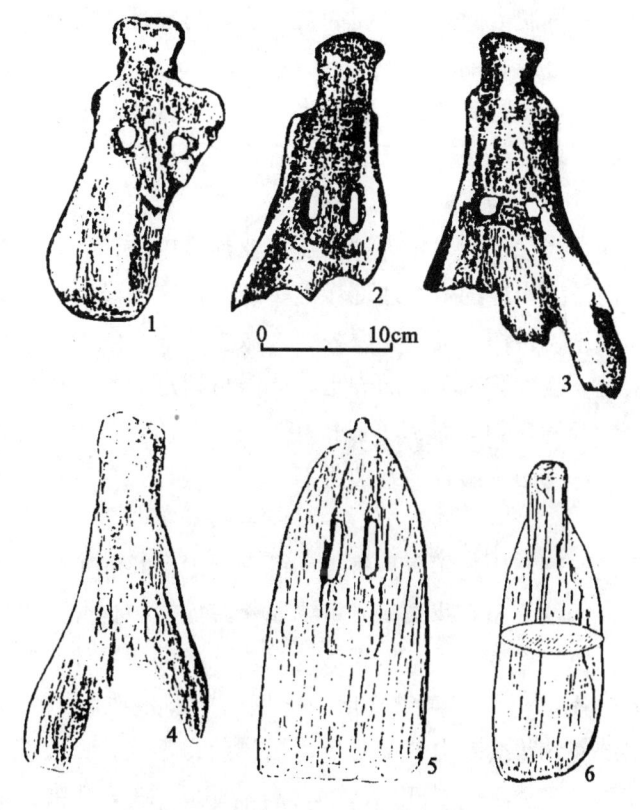

图Ⅱ—2　河姆渡文化中的骨耜、木耜

搬迁回来，或迁移到更远的地方去。从事无序轮耕的刀耕火种民具有很大的随意性，他们逐林而徙就地而居，所以被称为游耕民。有序轮歇耕作制也称为"熟荒耕作制"，它通常见于定居或不轻易迁移的刀耕火种民之中。所谓有序轮歇耕作制，就是村社根据当地树木生长规律，将林地规划为若干块数，每隔一二年砍种一块或几块，形成一个有序循环轮歇耕作的制度。根据不同的生态条件或同一生态中的不同土地类型，有序轮歇耕作制一般又有三种形式，其一是一年耕种轮歇制，即砍种一年抛荒休闲七八年或十余年，云南山地民族称其为"懒火地"耕种法。这种耕作制多见于地多人少的社区。其耕作方法简便，不锄不犁，实行点播播种。凡山地各类土地皆宜使用此制。但对于陡坡或乱石瘠地不宜犁耕或锄耕者，又为唯一耕种方法。其二是短期耕种轮歇制，即耕种二三年休闲十余年或更长的时间。其配套技术是刀耕点播和锄耕撒播顺序进行，或单一使用锄耕或犁耕。适宜此制耕作的对象，是中等坡度中等肥力的土地。此制的产生，与林地不足有关。其三是长期耕种轮歇制，即连续耕种四五年甚至八九年，休闲十七八年或更长的时间。其相应的技术可以是刀、锄、犁顺序耕种，也可以是锄耕或犁耕。适宜此制的土地，必须坡度平缓而肥沃。这一耕作制的盛行，是林地资源紧张的结果①。

由上述可知，当代实行刀耕火种的热带亚热带山地民族，并非由于不懂锄耕或犁耕，而是因当地的生态地理环境所致。在这些民族的"懒火地"中不使用铁锄和犁进行耕作，也是"因为那样做可以最大限度地保护利用经过焚烧后充满灰肥、极少害虫草籽的表土，同时可以避免伤害树根，使树木能够迅速生长"②。反过来讲，掌握了锄耕耙耕技术之后，是否实行轮歇制？实行到什么程度？这都必须结合当地的生态自然环境、土壤特点来考虑，绝不能一概而论。

我国一直延续到当代还实行刀耕火种的云南地区，除了地处热带亚热带这一条件外，在土壤方面，我国南方主要属于红壤区。这种土壤的特点是腐殖质含量很少，植物养分缺乏，呈强酸性反应，矿物质胶体吸收性差。当森林被砍倒烧光，连续耕种三四年之后，土壤中的腐殖质和肥力很快就会消失，如无肥料补充，将会变得非常贫瘠，播种后得不到什么收获，而在山高坡陡的条件下，积肥运肥十分困难，所以，就是掌握了锄耕、犁耕技术之后，也还必须实行刀耕火种、抛荒轮耕。

在我国北方的黄土地带，黄土结构疏松，具有垂直的纹理，有利于毛细现象的形成，下部的肥力和水分到地表，形成黄土的自肥特点。因为热带亚热带刀耕火种的土壤不长期休闲肥力就不足，而中国的黄土具有著名的自肥能力，再结合有关周代土地休闲、耕种的三年循环期的情形，美国芝加哥大学何炳棣教授认为仰韶时期及其之前的农业制度不是通常意义上的"刀耕火种"，它只需要很短的休闲期就可以储存土壤中的水分③。的确，在我国周代，据《周礼·大司徒》记载："不易之地家百亩，一易之地家二百亩，再易之地家三百亩。"（《周礼·遂人》也有类似的记载）郑司农注云："不易之地，岁种之，地美，故家百亩。一易之地，休一岁乃复种，地薄，故家二百

---

① 尹绍亭：《试论当代的刀耕火种》，《农业考古》1990年第1期。
② 同上。
③ 何炳棣：《中国农业的本土起源》（续），《农业考古》1985年第1期，第92—93页。

亩。再易之地，休二岁乃复种，故家三百亩。"《汉书·食货志》也说："民授田，上田，夫百亩，岁耕种者，为不易上田。中田，夫二百亩，休一岁者为壹易中田。下田，夫三百亩，休二岁者为再易下田。"江永云："田休一岁二岁不耕，所以养地力也。南方无休不耕之田，非尽由地美，亦由粪田之力勤。而粪田实劳且费，北方粪田尤艰，故有休田之法。"根据文献对历史时期休闲、耕种的三年循环期的记载、黄土自肥能力的特性以及前仰韶时期人们开垦的农田大都是比较平坦肥沃的土地，而且当时已经普遍实行翻土耕种，所以我们说七八千年北方旱作农业在开拓农田时，也采取的是砍倒烧光式的焚烧开垦的办法。在耕种上也有休闲期，但休闲期较短，大概只需三四年或四五年的时期，完全不是我国云南山地民族所经营的那种刀耕火种轮歇制。

我国长江流域平原地区的水稻农业，在距今六七千年前，其农耕发展的一个显著现象是在湖南澧县城头山遗址发现了稻田遗迹。发掘出了稻田和田埂，还有与水稻田配套的原始灌溉系统即高出稻田的用于灌溉的水坑和水沟，并从稻田的土样中选出有稻梗和根须以及炭化稻谷、竹叶、田螺等动植物的标本[①]。稻田及其配套的原始灌溉系统的发现，说明原始的稻作农业又有很大的发展。

距今七八千年前，在黄河流域、长江中下游以及华南的一些地区，农业生产在整个经济生活中的主导地位已经确立，形成了以农耕为主的综合经济。根据磁山和河姆渡遗址出土的粮食遗迹判断，这一时期的农业产量已相当可观。我们知道，考古发现往往具有很大的偶然性，因而一些重要的发现每每可以成为某一时期非常难得的参照系。磁山遗址发现有88个窖穴储存着粮食，其中长方形窖穴有86个。长方形粮食窖穴一般长1—1.5米，宽为0.5—0.8米，深为1—5米不等。各窖穴中粟的现存堆积厚度也不等，一般厚0.5—0.6米，较薄的0.2—0.3米，还有相当一部分厚度在1米以上，最多的一个窖穴堆积厚达2.9米。根据粗略的统计，堆积厚度为0.5—0.6米的有40余个，占60%；厚度在1米以上的约有20个，占25%；2米以上的约有10余个，占15%。窖穴底部的平均长度为1.2米，平均宽度为0.7米。依照这些大略估计的数字和所取的平均值计算，88个窖穴的堆积体约为109

---

① 湖南省文物考古研究所：《澧县城头山城址1997—1998年度发掘简报》，《文物》1999年第6期。

立方米，折合重量约为13.82万斤①。尚需注意的是88个储粮窖穴分属于两个时期，其中一期有68个，二期有20个，两期已发现的窖穴之比为3.4∶1（当然，二期已发现的20个储粮窖穴不可能是当时全部的储粮窖穴），两期粮食储量的发现也按3∶1计算，则一期已发现的粮食大约为9万余斤，二期已发现的粮食约为4.6万余斤。当时粟类作物的亩产量若以100斤计算②，则同一时期9万余斤粮食的年储量，说明磁山聚落的居民至少已垦辟了千亩农田。

我们再计算一下，9万余斤粮食可供养的人口。根据我国云南社会形态发展较慢的许多少数民族的情况，按当地最低生活水平，一个全劳动力每年需口粮450斤以上，其余大口小口平均每年口粮360斤③。若以一个聚落中全劳力占总人口的2/3来计算，则9万余斤粮食可供养全劳力143人，其余人口71人，共计214人。然而，我们不能忘记七八千年前，磁山聚落的经济是以农耕为主，以狩猎、采集、捕鱼和家畜饲养为辅的综合经济。经鉴定，野生动物的骨骸数量相当大，其种类也很多，包括兽类、鱼类、龟鳖类、蚌类和鸟类。联系鱼镖和网梭的发现，说明捕捞活动也很重要。猎获的动物既有大型的，也有中、小型的；既有随季节迁移的雁类和鹿类，也有常年栖息当地的动物，可说是包括各种各样的飞禽走兽。这说明狩猎活动是一种全年进行的、广谱狩猎的性质，而不是闲暇时的活动。因此，人们常常把居住地点选择在适合于达到上述目的、依山傍水离森林不远的环境里。而发现大量的朴树籽、炭化的山胡桃、榛子等，均说明采集活动在当时的经济中有一定的作用。总之，当时农业有了相当的发展，而广谱的狩猎捕鱼采集经济仍占有相当的比重，足以说明当时的食物来源绝不仅仅是粮食。所以，若一个全劳力每年只需粮食360斤，其余大小人口平均每年只需300斤，全劳力占总人口的2/3，则9万余斤粮食可供应全劳力178人，其余人口89人，合计267人。

磁山遗址面积8万平方米，容纳300左右的人同时居住和生活，其人口

---

① 佟伟华：《磁山遗址的原始农业遗存及其相关问题》，《农业考古》1984年第1期。
② 吴加安：《略论黄河流域前仰韶文化时期的农业》，《农业考古》1989年第2期，第124页。
③ 见《怒族社会历史调查》，第25页，云南人民出版社1981年版；《拉祜族社会历史调查》（一），第85页，云南人民出版社1982年版；《布朗族社会历史调查》（一），第35页，云南人民出版社1981年版。

分布并不密（仰韶时期约33600平方米的姜寨，人口总数可达400—500人）。① 由磁山遗址一期出土9万余斤储粮和8万平方米的聚落面积，笔者认为磁山聚落的人口当在250—300人左右。一个占地面积达8万平方米，含有300多人的聚落，出现在距今七八千年前，其规模是相当可观的。聚落中出土的成套的锄耕阶段的农业生产工具和9万余斤的粮食遗迹表明，这一时期聚落的扩大与发展显然是建立在农业发展的基础上的。

黄河流域较大的聚落遗址，除河北武安磁山外，还有陕西临潼白家村②、河南漯河翟庄、舞阳贾湖村、鄢陵刘庄、古城、长葛石固、许昌丁集、中牟业王和冯庄以及郑州南阳寨等。临潼白家村遗址，位于渭河北岸海拔较低的台地上，距山地较远，周围是平坦的沃野，遗址面积竟达12万平方米，包含有房屋、窖穴和墓葬③。贾湖村遗址也有55000多平方米，发掘表明，这个遗址的居住区和公共墓地是相联系的。居住区多小型半地穴式圆房，有的房屋似经几次扩大，居住区旁有许多窖穴和陶窑④。

河南新郑裴李岗遗址，属于中原地区中等规模的聚落遗址。原报告估计其面积约为2万平方米。但由于兴修水利和平整土地，原来的文化层已被挖掉很多。所以原来的面积还应更大一些。据1987年的钻探和后来发掘的结果表明，遗址的西面是墓葬区，东部是居住区。从1977年到1979年三次发掘共获墓葬114座，从随葬品来看他们都属于成人墓葬。114座墓葬可分为两层，下层有43座，上层有71座⑤。上层墓葬远多于下层的这一情况，间接地反映出裴李岗聚落的规模和人口数量前后经历了一个发展扩大的过程。裴李岗大致可以视为这一时期中等规模聚落的代表。

在中原地区还发现一些较小的遗址，如新郑西土桥为1万平方米，密县关东为8千平方米、莪沟8千平方米、新郑唐户4千平方米，等等。在这些遗址中，有的显然因后世的破坏等原因，使遗址的面积所剩无几，有的则属于聚落规模较小、人口较少的缘故。这些小型聚落有的很可能是刚刚从"母亲"聚落分离出来不久的"女儿"聚落。

---

① 西安半坡博物馆等：《姜寨》（上），第355页，文物出版社1988年版。
② 中国社会科学院陕西队：《陕西临潼白家村新石器时代遗址发掘简报》，《考古》1984年第11期。
③ 赵世纲：《关于裴李岗文化若干问题的探讨》，《华夏考古》1987年第2期。
④ 河南省文物考古研究所：《舞阳贾湖》，科学出版社1999年版。
⑤ 中国社会科学院考古研究所河南一队：《1979年裴李岗遗址发掘报告》，《考古学报》1984年第1期；朱延平：《裴李岗文化墓地初探》，《华夏考古》1987年第2期。

聚落的面积和人口规模固然是聚落的重要要素，但通过聚落的布局所呈现出的聚落内部的结构和社会组织关系，将是聚落形态研究中更为重要的方面。如果说中原地区的聚落遗址因发掘面积所限，尚不明了其整体布局，那么，位于内蒙古东部敖汉旗的兴隆洼便可看到一个相当完整的聚落形态[①]。

这个聚落碳14测定的年代为距今7500—7000年，是一个保存比较完整的聚落遗址。在地表见到的"灰土带"呈不规则椭圆形，东北—西南长183米、东南—西北宽166米，发掘证明其为聚落的围沟。壕沟宽1.5—2米，深0.55—1米。在壕沟内所环绕的范围内，地表暴露出的约100余处"灰土圈"，发掘证明这种"灰土圈"是半地穴房址被耕土扰乱部分，大体呈东南—西北方向排列，约计十一二排，每排约十个。这些房屋排列整齐，井然有序，显然是经过周密规划、精心设计、统一营建的聚落。1983年发掘7间房址，皆半地穴式，平面近圆角方形，有的略作长方形，多数约为30平方米，最大的近60平方米，最小则不足20平方米。在1992年第五次发掘中，清理房址66间，窖穴173个，墓葬11座。其中，有5排与以前发掘的房址相连，贯通整个聚落，数量为3—7间不等，每间约50—80平方米。房子大小虽有不同，但结构和室内布置都没有什么差别，一般中间有一圆坑形火塘，周围放置有石锄、石铲、骨锥、骨鱼镖等生产工具，陶钵、陶罐等生活用具，有的还有一些兽骨，当是食肉的遗存。特别需要指出的是小型房屋中既有生活用具，又有生产工具，并都配有火塘，说明生活在其中的应是一个小家庭，它构成了聚落里基本的生活和消费单位，同时也从事着生产劳动，是一种相对稳定的家庭结构。其人数依据房屋的大小不同，可能有3—5人不等。而房屋的分排则应与家族组织有关。整个聚落可能是一个或几个氏族集团，其总人数在300人以上。

兴隆洼聚落内有许多房间的面积都比较大（50—80平方米），很可能是因为这里的墓葬多位于房屋内的缘故。至于位于聚落中心部位的那两间100多平方米的大房子，诚如发掘者所言，有其特殊的使用功能，应是当时集会、议事、举行某些仪式的公共场所。两间大房子，似乎表明当时聚落是由两个大的共同体组成。

[①] 中国社会科学院考古研究所内蒙古工作队：《内蒙古敖汉旗兴隆洼遗址发掘简报》，《考古》1985年第10期；李宇峰：《东北地区新石器时代原始农业初探》，《中国考古学会第六次年会论文集》(1987年)，第74页，文物出版社1990年版。

这样，兴隆洼聚落所呈现的社会组织结构是：若干个核心家庭组成一个家族（即一排房屋），再由若干家族（若干排房屋）组成一个氏族，最后由一两个氏族构成聚落共同体。这样的结构，应当是这一时期较为普遍的社会结构。

在聚落的精神文化生活方面，舞阳贾湖遗址发掘出土的随葬用龟所反映出的卜筮现象和骨笛、龟甲上的契刻符号等资料，都是很有代表性的[1]。在贾湖遗址发掘出土的349座墓葬中，共有23座墓随葬龟甲，占总墓数的6.6%。墓中多数完整龟甲和部分龟甲碎片均伴出有石子，被称为"龟腹石子"（彩图11）。这种"龟腹石子"与卜筮是有关系的。在古人看来，龟是人与天地鬼神相通的灵物，《易·系辞上》说："以定天下之吉凶，成天下亹亹者，莫大乎蓍龟，是故天生神物，圣人则之。"贾湖人把若干石子装入龟甲之中，也许是通过手握龟甲加以反复摇动，利用晃动之力，振出若干石子，然后查验振出石子（或留于龟壳内的石子）数目，据其奇偶数目以断吉凶。在民族学资料中，台湾流行一种"文王龟卜法"，用铜钱三枚放于龟壳之中，摇振一番后振出，按其振出的先后次序，由下而上排于桌上，铜钱正面表阳，背面表阴，排列六次后，可得一个六爻卦，以断吉凶[2]。据传说这种方法始自伏羲，或许有其久远的传统，它为贾湖人利用龟甲中的石子来占卜提供了佐证[3]。贾湖遗址的"龟腹石子"应是一种占卜的道具，"龟腹石子"的这种占卜传统，后来被江苏邳县刘林、大墩子、山东邹县野店、大汶口墓地等大汶口文化遗址的人们所继承[4]，另在兖州西吴寺龙山文化遗址出土龟甲中也装有石子，安徽含山县凌家滩遗址出土一副玉龟中装有一个长方形玉版，玉版上刻有八角星等方位符号，周边穿23个圆孔[5]。放在玉龟中的玉版也当是替代石子用来进行占卜的，甚至还可以视为占卜用的式图式盘的起源[6]。总之，贾湖遗址23座墓葬中随葬众多的龟甲以及在龟腹中放置石子的现象，说明中国古老的卜筮起源可以追溯到距今8000多年前，它是当时原

---

[1] 河南省文物考古研究所：《舞阳贾湖》（下卷），第966—991页，科学出版社1999年版。

[2] 凌纯声：《中国与海洋洲的龟祭文化》，《中央研究院民族学研究所专刊》之二十，1972年，台湾南港。

[3] 河南省文物考古研究所：《舞阳贾湖》（下卷），第979页，科学出版社1999年版。

[4] 高广仁、邵望平：《中国史前时代的龟灵与犬牲》，《中国考古学》，文物出版社1986年版。

[5] 安徽省文物考古研究所：《安徽含山凌家滩新石器时代墓地发掘简报》，《文物》1989年第4期。陈久金、张敬国：《含山出土玉片图形试考》，《文物》1989年第4期。

[6] 李零：《"式"与中国古代的宇宙模式》，《中国文化》1991年第4期。

始宗教及其精神生活的一种表现。

在贾湖遗址出土的龟甲、骨笛、陶器等物件上还发现刻有"目"（彩图12）、"曰"、"一"、"二"、"八"，以及写实的太阳纹等16种契刻符号，特别是龟甲上所刻的"目"这个符号与甲骨文中的"目"字颇为相似，引起学界的高度关注。发掘者认为这些契刻符号的基本结构与汉字的基本结构是一致的，具有原始文字的性质，与汉字的起源有着较为密切的关系[①]。贾湖的龟甲刻符，其时代明显地早于仰韶文化半坡类型的陶器刻符，而其符号的形状结构与半坡陶器刻符相比，更接近于殷商时代的甲骨文，这看似矛盾的现象，其实若考虑到这是一些被刻在龟甲之上的符号，也就不难理解了。如前所述，龟甲是当时巫师即智者和圣者用来沟通天地、人神之间的媒介和手段，具有相当的神秘性和神圣性，故刻在龟甲上的符号当然不能随意，要求工整。大汶口文化晚期的陶文也有类似的情况。根据已有的报道，大汶口文化的陶文都是刻在硕大无朋的陶尊之上，属于礼器的范畴，随葬这些陶尊的墓葬都属于中上阶层乃至上层贵族，在陶尊上刻写的陶文每每涂有朱红的颜色，颇带有神秘的色彩，而陶文的内容也是与天象、兵器、礼制有关系的文字[②]，故大汶口文化的陶文也刻写得非常工整，显得郑重其事，字形结构也接近于殷墟甲骨文。由此我们可以得到这样一个启示，即早在八千多年前，贾湖先民已能用符号或简单的文字表达一定的概念，其中若用于较为严肃、郑重或与宗教有关的场合时，则刻写得较为工整。由于这些符号或文字所表达的概念在当时就具有一定的社会性，而且在很大程度上被后世所继承，因而距今八千年前的贾湖龟甲刻符竟然能与晚于它六七千年的晚商甲骨文的字形及其构字手法相联系。

贾湖遗址出土的骨笛是颇有名的（彩图13）。在贾湖遗址的多次发掘中，共出土25支骨笛。这些骨笛从形制上可分为三种类型，恰与贾湖遗址三个大的发展阶段相对应。第一类型即贾湖早期（距今9000—8600年左右）的骨笛，是笛上开有五孔、六孔，能奏出四声音阶和完备的五声音阶的骨笛。第二类型即贾湖中期（距今8600—8200年左右）的骨笛，笛上开有七孔，能奏出六声和七声音阶。第三类型即贾湖晚期（距今8200—7800年左右）

[①] 河南省文物考古研究所：《舞阳贾湖》（下卷），第988页，科学出版社1999年版。

[②] 王震中：《从符号到文字——关于中国文字起源的探讨》，原载于《考古文物研究》，三秦出版社1996年版，后收入王震中《中国古代文明的探索》，云南人民出版社2005年版。

的骨笛，能奏出完整的七声音阶以及七声音阶以外的一些变化音。贾湖骨笛在距今9000年前已经产生，延续存在了一千多年。经鉴定，这些骨笛均是用丹顶鹤的腿骨所制。骨笛制成之后，如果某一孔的发音偏高或偏低而不成音列，就需要在某个不准的音孔旁边钻一个小孔来进行调音。从出土情况看，骨笛在贾湖人心目中的地位颇不寻常，为防止骨笛破损，常常在两音孔之间缠裹某种物质进行加固，一旦骨笛断裂，常见采用打缀合孔的方式来缀合残器，再在笛身缠裹某些物质加固，使其继续使用。可见贾湖人制作一件骨笛并不容易，当然也不是人人都拥有吹奏骨笛的艺技。但骨笛的音阶已有四声、五声、六声及七声多种类型，拥有骨笛的人用它能演奏出完备的五声音阶、六声音阶和七声音阶，其准确度令今人叹服。这些珍贵的骨笛，是目前世界上发现的年代最早、出土数量最多、保存最为完整，而且现在还能演奏的乐器，是20世纪音乐史上最大的考古发现之一[1]。贾湖遗址骨笛的发现，从另一侧面向我们展现了贾湖人丰富的精神生活。

贾湖聚落丰富的精神文化生活，是有其物质基础的。在贾湖遗址除发掘出分属于早期、中期和晚期三个时期的45座房子、370座窖穴灰坑、9座陶窑、349座墓葬，以及大量的陶器、石器、骨器外，贾湖遗址还发现大量的水稻遗迹。这些水稻遗迹除见于房基或窖穴中出土的烧土碎块内的稻壳印痕外，还有许多是由水洗法从灰坑和窖穴填土中筛选出来的炭化稻米。经鉴定，贾湖先民种植的稻种是一种尚处于籼、粳分化过程中的、以粳稻型特征为主的栽培稻。贾湖发现的炭化稻米的米粒是经过人工加工过的精米，而遗址中出土的石磨盘和石磨棒正是加工脱壳的工具。笛声悠扬稻米香，贾湖先民凭借优越的自然环境和天然资源，以经营稻作农耕为主，同时兼营狩猎、捕鱼和采集，创造出了光辉灿烂的物质文化和丰富多彩的精神生活。

中国南方的聚落建筑可分为两种：一种是直接建在地面上的木骨泥墙建筑，它既见于新石器时代中期湖南澧县彭头山、八十垱等遗址，也见于早期铜器时代的江苏吴江梅堰龙南遗址；另一种是以著名的浙江余姚县河姆渡遗址为代表的干栏式建筑[2]。

河姆渡的房屋遗址属于第4文化层，碳14测定的年代约为距今7000—

---

[1] 考古杂志社编著：《二十世纪中国百项考古大发现》，中国社会科学出版社2002年版。
[2] 浙江省文管会等：《河姆渡遗址第一期发掘报告》，《考古学报》1978年第1期。河姆渡遗址考古队：《浙江河姆渡遗址第二期发掘的主要收获》，《文物》1980年第5期。

6500年。它是先在泥地打桩，上置地板，板上立柱安梁，芦席遮顶，装有板壁和门窗。根据残存的遗迹，这一遗址是由数栋长屋组成的聚落。长屋的残存长度达23米，宽约3.2米。其布局和建筑风格，与今日西南诸省少数民族以及东南亚的一些落后民族居住的干栏式长屋完全一样；其社会组织结构大概也类似于我国西南地区的少数民族中较为原始时期的状况，即每栋长屋为一个家族，其中的许多小房间为家族内的小家庭，而由许多长屋构成的整个聚落则有可能是一两个氏族集团。

河姆渡聚落的居民以稻作农业为主，兼营家畜饲养、狩猎、捕鱼和采集等生产活动。在400多平方米范围内，普遍发现由稻谷、稻秆、稻叶混在一起的堆积物，其厚度从10—20厘米到30—40厘米不等，最厚处达70—80厘米。这是谷物腐朽后长期自然下沉的结果，原先的厚度当在1米以上。由于稻谷堆积物是同大批木构建筑同时发现的，说明当时可能是用仓库储存稻谷的。现已发现的稻谷、稻壳等遗存，如换算成新鲜稻谷，当在10万公斤以上[①]。这说明河姆渡聚落的人口规模绝不亚于兴隆洼，是当时较大的农耕聚落。

在江南鱼米之乡，水路交通是必要的。作为水路交通工具的舟船、木桨之类，余姚河姆渡出土了六支船桨[②]，桐乡罗家角遗址出土过如同船底形的木质"拖泥板"[③]，吴兴钱山漾遗址和杭州水田畈遗址都出土过木桨[④]，而最引人注目的当属萧山跨湖桥遗址出土的独木舟（彩图14）[⑤]。跨湖桥遗址的独木舟停放于近岸水域的水港边，遗址中还出土有划船用的木桨等。跨湖桥等遗址出土的独木舟、木桨等遗物，说明吴越之地的先民早在距今七八千年前就已造舟行船，我国东南沿海地区是发明、行驶独木舟最早的地区之一。

距今七八千年前，与农业获得显著发展的同时，先民们已具备一些草药方面的知识。在跨湖桥遗址出土的一件陶釜，内盛有一捆被煎煮后的植物茎

---

① 严文明：《中国稻作农业的起源》，《农业考古》1982年第1期。

② 浙江省文物考古研究所：《河姆渡——新石器时代遗址考古发掘报告》，文物出版社2003年版。

③ 罗家角考古队：《桐乡县罗家角遗址发掘报告》，《浙江省文物考古学刊》，文物出版社1981年版。

④ 浙江省文管会：《吴兴钱山漾遗址第一、二次发掘报告》，《考古学报》1960年第2期；浙江省文管会：《杭州水田畈遗址发掘报告》，《考古学报》1960年第2期。

⑤ 浙江省文物考古研究所、萧山博物馆：《跨湖桥》，第40—52页，彩版九至十七，文物出版社2004年版。

枝，陶釜外壁有烟熏火燎痕迹，可证这些植物茎枝确实是放在釜内经过火炊。考虑到这些茎枝不可能被直接食用，这捆茎枝当属于煎药的遗留[①]。相传"神农尝百草"，史前时期人们早已认识到植物的药用价值，跨湖桥遗址的陶釜"药罐"的发现对研究我国中草药的起源尤其是煎药的起源，提供了重要的线索[②]。

以上我们将所能捕捉到的我国9000—7000年前的农耕聚落面貌的基本信息做了必要的交代。我们知道，聚落是人与自然关系的焦点。聚落所在的地形地貌以及聚落周围一定范围内居民从事农耕、狩猎采集和渔捞等生产活动的场所，是聚落得以维系和发展的生存空间，是向聚落居民提供各种必需的物质生活资料的来源地，因此居址的选择说明对自然资源利用的程度和层次。七八千年前乃至近九千年前的这些农耕聚落，选择在依山傍水、周围又有大片较为平坦地面的环境中，正说明它不是农耕起源阶段所要求的环境条件，而是以农业生产技术水平有了一定的发展为背景的，并与这一时期的人口发展相适应。陕西临潼白家村、河南漯河翟庄、舞阳贾湖村等聚落遗址都表明，凡是周围有大片平坦沃野的聚落，其占地面积也大、人口也多。

在聚落的区划与功能上，我们看到当时氏族公共墓地已形成，生前人们聚族而居，死后也聚集而葬；聚落内家族的划分以及家族内小家庭的存在，既告诉我们家族和家庭的历史之久远，也说明聚落组织内部的多层次，从而也就具备了其后发展的多样性；无论是北方的磁山还是南方的河姆渡，都呈现出储藏设施相对独立，成区或成群的存在，而不归属于单个的住宅，说明消费领域中实行的是平均和共产的原则。至于这种原则主要是体现在各家族内部，还是体现于整个聚落之中，因各遗址发掘范围所限，目前尚不得而知。而兴隆洼发现的环绕聚落的壕沟既是当时的一种设防措施，也是聚落共同体外在的表现形式之一。在这一聚落共同体中，诸如聚落中心大房子之类公共建筑的设立，则表明此时的聚落中已存在一个聚落成员所认可的、具有一定权威意义的文化中心，它是聚落内婚姻嫁娶、生产生活、农耕巫术礼仪

[①] 浙江省文物考古研究所、萧山博物馆：《跨湖桥》，第152页，彩版三十二，文物出版社2004年版。

[②] 也有人认为这是一种原始的煮茶遗迹，参见陈珲《跨湖桥出土的"中药罐"应是"茶釜"辨》，《中国文物报》2002年2月1日。由于煎煮物质无法进行植物鉴定，所以究竟是"中药罐"还是"茶釜"，现没有条件做出绝对的结论。

等大小事务的管理与协商的中心，是聚落内一个个核心家庭和家族等个体单元和个体行为内聚与辐辏的标志性建筑物。总之，中国七八千年前的聚落是农耕确立后已经历了一定发展的内聚式的聚落，它固然有若干原始性，但它所具备的种种设施、区划与功能，已为它之后的仰韶时代的聚落形态开拓了先河。

第三章 聚落的平等与内聚

中国的史前史，继9000—7000年前的农耕聚落而来的，是聚落的进一步扩展、完善与内聚。这一时期的聚落遗址几乎遍及全国，其中在黄河流域者主要属仰韶文化的半坡期和大汶口文化早期即王因期，在长江流域者主要属大溪文化前期和马家浜文化，在辽河流域主要属红山文化前期等。这些文化的年代大约为距今7000—6000年。依据新的考古学划分，这一时期属于新石器时代晚期的前段。这一时期中国考古发现与研究所取得的成就是多方面的，而其中仰韶文化半坡类型中一系列完整且典型的聚落形态的揭露，对于社会形态演进史的研究更具有重要的学术价值，通过对它的剖析，可以在相当典型意义上获得一幅清晰的社会发展的横断面。

综观距今7000—6000年前的保存较好并经过大规模发掘的陕西西安半坡[1]、临潼姜寨[2]、宝鸡北首岭[3]、甘肃秦安大地湾第二期遗存[4]等遗址，我们将会发现它们有许多相同的结构与功能。

一　聚落的分布、选址与规划

1. 分布与选址

在距今7000—6000年前，以锄耕农业为基础的聚落遗址，遍布全国各地。这些遗址多位于河流两岸的台地上，许多是在河流的汇合处。特别是在中国的北半部，这一分布特点甚为显著。已发现有400多处仰韶文化遗址的陕西关中地区，就可以作为一个很好的例子加以剖析。

---

[1] 中国科学院考古研究所等：《西安半坡》，文物出版社1963年版。
[2] 西安半坡博物馆等：《姜寨》，文物出版社1988年版。
[3] 中国社会科学院考古研究所：《宝鸡北首岭》，文物出版社1983年版。
[4] 甘肃省文物考古研究所：《秦安大地湾——新石器时代遗址发掘报告》，文物出版社2006年版。

渭河流域的关中地区，是一个东西狭长的盆地，东边宽，西边窄，全长约300多公里，面积在2万1千多平方公里左右。从地质构造上讲，关中盆地是属于鄂尔多斯台地南缘的下沉地带。南边是秦岭山脉，北边是北山山系，中间是广阔的平野，地面上覆盖着很厚的黄土。

渭河是横贯关中盆地的主要河流。源出南北两山的数十条小河川，穿过盆地，注入渭河，使渭河构成一个羽状水系。在盆地南缘和河流两岸的阶地上，由于河流长期的侵蚀和冲刷，被切割成了宽度不等、深度不同的峡谷。如果我们把关中盆地南北切开，可以看出渭河两岸阶地的发育状况：在现在冲刷层上是三道塬，再上是二道塬，最高是头道塬，高度由数米、数十米到数百米（图Ⅲ—1）。

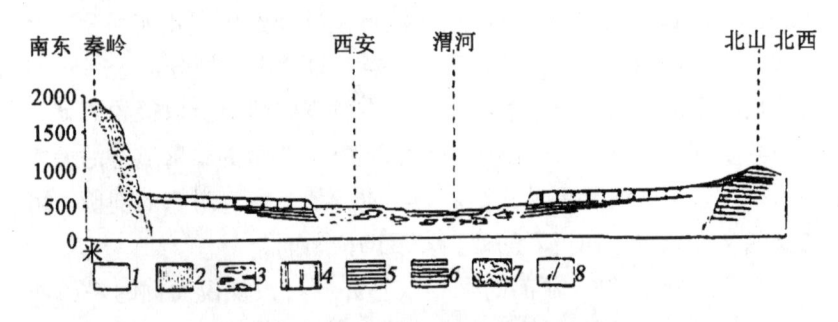

图Ⅲ—1　渭河谷地地质剖面示意图
1. 全新世冲积物　2. 上更新世坡积物　3. 上更新世冲积物
4. 中更新世黄土　5. 下更新世洪积—湖积物　6. 古生代石灰岩及砂页岩
7. 前震旦纪变质岩　8. 断层（水平比例尺比垂直比例尺小十倍）

仰韶时期的人们，大多分布在渭河流域各支流的两岸，例如西安附近的沣河，全长约40公里，在其约10公里的一段距离内就发现了13处遗址；再如，在40公里长的灞河沿岸，也发现了10余处遗址，而且大部分分布在支流和主流汇合之处。其次就是分布在塬上，一般高出河床20—50米，如金陵河沿岸的北首岭、店子上和沪河沿岸的米家崖等。这些川地和较低的塬面，土壤肥沃，雨量也比较丰富（年降雨量500—600毫米），很有利于旱作农业的发展，而且在用水、交通、捕鱼等方面也都很方便，自然成为当时人们理想的聚落选址（图Ⅲ—2）。

第三章 聚落的平等与内聚 73

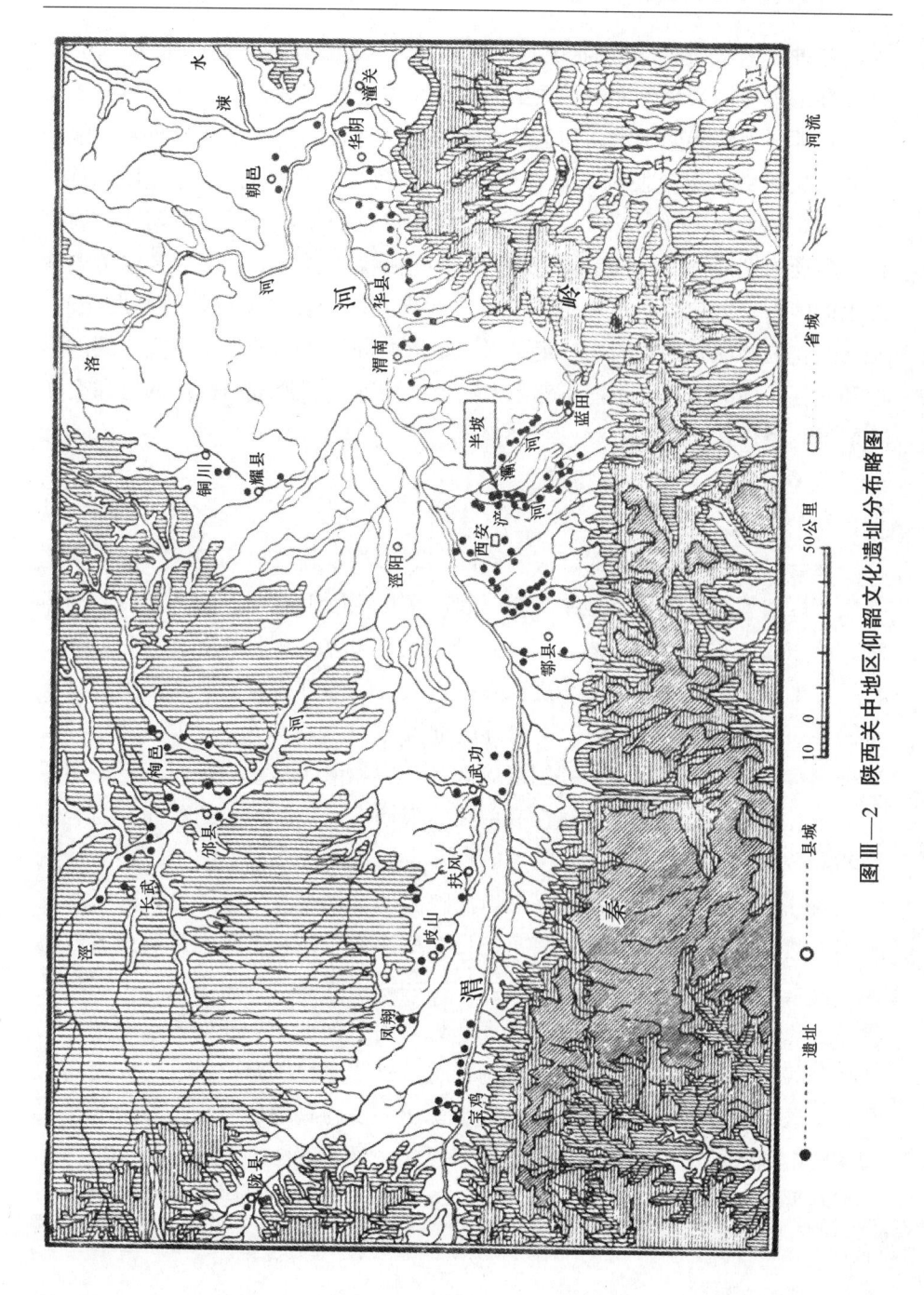

图Ⅲ—2 陕西关中地区仰韶文化遗址分布略图

这种"缘水而居"①的状况，固然是当时人们出于对农业、用水、捕鱼、狩猎和采集等因素综合考虑后做出的选择，但它在客观上还起到了另一重要作用，即诸河流的网状水系和上下贯通的河谷地带，为聚落间的频繁接触和文化交流提供了十分便利的条件②。关中与陇东、豫西地区，在仰韶前期，考古学文化呈现出极强的一致性和演变节奏（都由半坡类型半坡期变为庙底沟类型庙沟期）。固然不能排除这一部落群在族共同体上、在其文化历史渊源上的因素，但这种联系是由各聚落之间现实的交往才得以保持和发展的。史前文化之间联系的背后，一定是不同聚落共同体人们的交往。文化圈的形成和交互作用的出现，不能不考虑人们因沿河而居所形成的交通网络和交往上的便利条件。

2. 规划观念的增强

这一时期聚落在修建时已有明确的规划布局，其特点是把居住区、手工业生产区和墓葬区既紧密地结合在一起，又在范围上有明确的区划。例如半坡聚落东西最宽处近 200 米，南北最长处为 300 米。经勘探，居住区约占 3 万平方米。北部约 1/5 的面积已经发掘。从发掘部分来看，居住区周围设有宽深各 5—6 米的壕沟围护。壕沟外的北面是墓葬区，东北为陶窑生产区。姜寨聚落也是居住区居中，并围以壕沟，东边和南边是墓地，西南是烧陶器的窑场。其余几处聚落遗址虽没有单独的窑场，但仍有单独的墓葬区与居住区相隔开。

居住、墓葬、生产用地相区分所反映出的规划观念，显然是聚落形态发展到成熟、完善阶段的产物。将窑场设在壕沟的外面，大概也有防火上的考虑。而墓葬区与居住区以壕沟隔开，但又相距不远，表现出生与死，现实世界与鬼魂世界既区别又有联系。从姜寨聚落的平面图上，我们可以看到，在通往公共墓地的道路上，聚落的壕沟特意留出了通口和寨门，这一方面固然是为了送葬埋葬时的方便，另一方面也说明人们与墓地的来往是经常的、亲切的。中国人的祖先崇拜和鬼魂崇拜的观念，源远流长，于此可见一斑。

在聚落的统一规划和精心设计上，姜寨聚落可以说是一个典型。诚如严

---

① 《列子·汤问》。

② 周星：《黄河中上游新石器时代的住宅形式与聚落形态》，《中国考古学研究论集——纪念夏鼐先生考古五十周年》，三秦出版社 1987 年版。

文明先生所指出，姜寨聚落的防卫设施显然也是根据整个集体的安全利益而统一布设的。它用壕沟把整个居住区围护起来。据分析，壕沟内侧还应有篱笆或栅栏。寨门也是精心设置的，有的寨门让壕沟的一侧伸出，形成一个缓冲地带以利于防守。寨门内都设有哨所，没有寨门的北边也设有哨所。在那个地方，壕沟拐了一个凸形弯，以便于扩大从哨所瞭望的视野。这显然是有意安排的，并且是在挖壕沟时就规划好了的，否则不会让壕沟特别在这里拐一个弯。总之，从姜寨早期聚落的房屋布局，乃至窖穴、圈栏、陶窑、防御工事和墓地的安排来看，应当是在统一规划和全面动员的情况下，在短期内即基本建成的。这样有计划有组织的活动，只有群体意识极强、组织相当严密的集体才能完成[①]。

规划观念的增强，既体现了史前先民生产和生活实践知识的提高，也展现了大脑思维能力的发展，所以它是人类自身素质的一种进化。

二　房屋的组合及其社会结构

如果说在聚落的选址上，主要体现了人与自然的关系，那么，聚落内各类房屋的分布、排列与组合，往往是跟着人与人之间的社会关系走的。因此，聚落内房屋的组合与结构也就成了研究史前社会组织关系的重要线索。在这方面，姜寨聚落遗址为我们提供了最为典型的实例。

姜寨一期遗存，在用大壕沟围起来的居住区内，同时存在的大约100座左右的房屋被分成五个大的群落，由这五个群落的房屋围出一个约1400多平方米的广场，各群房屋的门均朝向中央广场，形成五组向心的有分有合的整体（图Ⅲ—3）。

五大群落的住宅中都可以分出小型、中型和大型三类房屋，并按一定规律排列组合着。其中，第一类小型房屋，数量最多，有圆形和方形两种，多为半地穴式，少数为平地起建。室内面积一般为15平方米左右，大的有20多平方米，小的仅8—9平方米。门内正中有一灶坑，兼作炊事和取暖之用。房屋大多数因为是人为废弃的，室内空无一物，少数则因被火烧毁，室内器物来不及搬走，基本上按原来器物放置的位置保存下来，使我们可以了解当

[①] 严文明：《仰韶房屋和聚落形态研究》，严文明著《仰韶文化研究》，第227页，文物出版社1989年版。

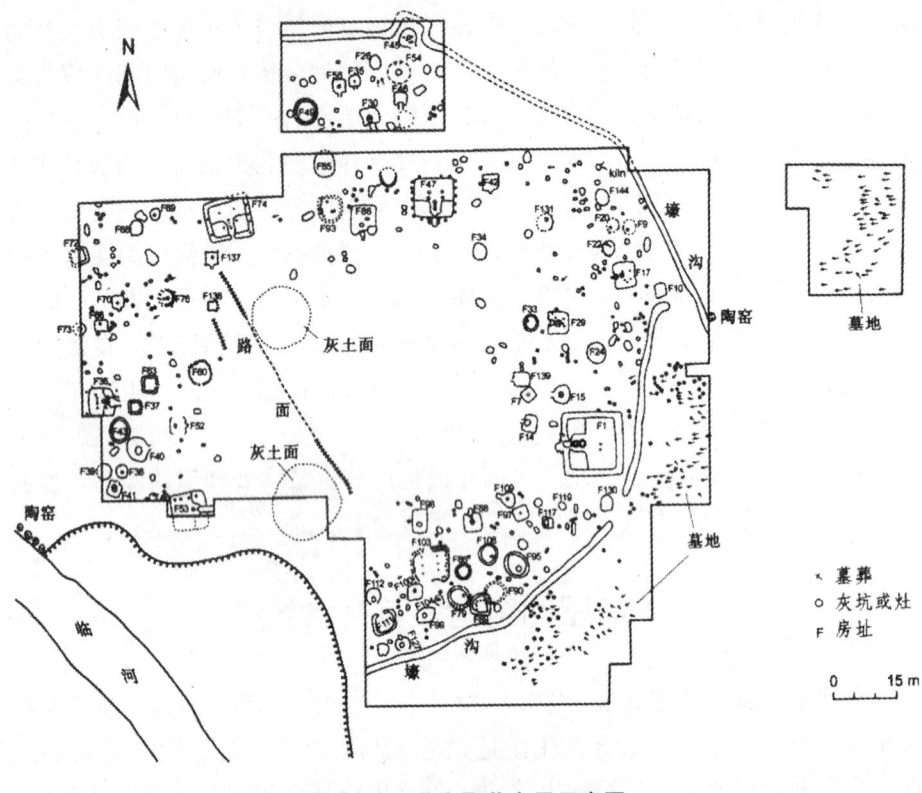

图Ⅲ—3 姜寨聚落布局示意图

时的生活情况、人数的多少以及人们的相互关系和家庭结构。

例如14号房，位于村落东部1号大房子的右前方，方形，半地穴式，面积为14.9平方米。门向西略偏北。进门正中有带灶圈的灶坑一个。诚如严文明先生所指出，这座房子失火后，房顶的草泥被烧成红烧土而塌落下来，正好将室内器物掩埋起来。揭去房顶堆积，原先室内布置的情形便生动地呈现在人们的眼前。房内南边的前半部基本上摆满了各种生活用品和生产工具，计有陶盆2件、陶钵3件、陶罐5件、陶甑1件；石斧1件、石铲2件、石磨棒2件、石球1个；骨鱼叉2件、骨镞、骨笄各1件，还有装饰品。在一件弦纹罐中还藏着已经朽坏的粮食。房子的北边被12号房打破，仅在灶坑旁发现1件陶器。这样室内剩下的较大空地就只有北边宽1.5米左右的一块地方了，包括小孩在内，大概能睡下三四人。

14号房的居住面积在小型房子中属于中等规模，房屋中出土的东西也比较齐全。可以视为姜寨聚落内小型房子的典型代表。同样的情况还见于41

号房等房屋（图Ⅲ—4）。至于一些虽因烧毁但屋内生产工具不齐全，甚至没有生产工具者，不能认为其生产工具一定是与中型房屋中的生产工具配套使用的。因为，第一，中型房屋中并没有发现那么多的生产工具，来供各个小型房屋的主人们使用，如第17号、29号、86号三座中型房屋中的生产工具在数量上比14号房少，在种类上也不如14号房齐全。第二，中型房屋可住的人较多，生产工具本应比小型房屋多才是合理的。所以，无论是中型还是小型房屋内生产工具不齐全或者没有者，是因为房屋烧毁时这些工具已不在房内（或因带出房外在使用，或因及时抢救，救出一部分）。

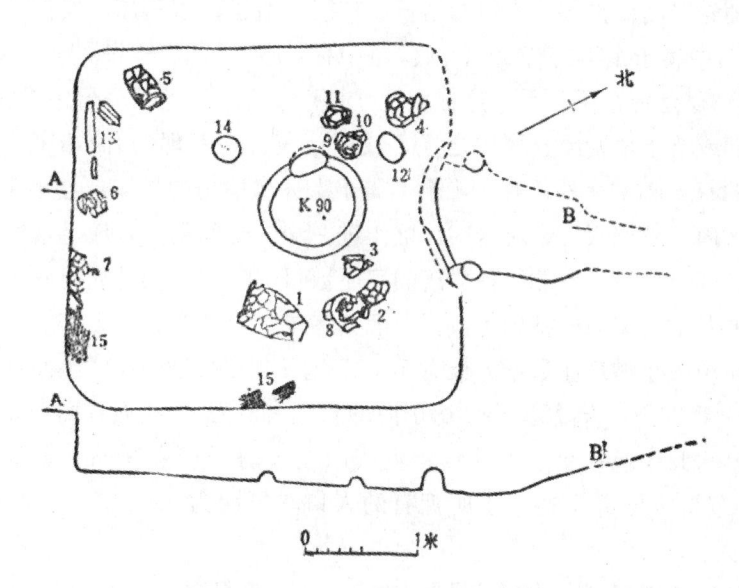

图Ⅲ—4 姜寨遗址小型房屋（F41）
1—4. 陶瓮 5—8. 陶罐 9—11. 陶钵 12. 石礅
13. 屋脊残块 14. 柱洞 15. 木炭

从小型房屋内设有灶坑、陶罐中备有少量的粮食，生活用品齐全等情况看，这种三四人口之家，是一个实实在在的基本的消费单位。再从屋内放置着全套的农业生产工具（从砍伐树木的石斧、翻地用的石铲，到加工粮食的石磨棒）以及狩猎和捕鱼工具来考虑，住在屋里的男女都是参加生产的。所以，可以认为这种三四口人的小家庭，既是一个生活单位，也是一个生产单位。至于这种生活特别是生产完全是独立进行的，还是被容纳组合到一个更大的单元进行的？光靠单个小型房屋的材料还不足以说明，还必须联系其他现象，把它放入更大的系统中予以解释。

在同一时期内各群落究竟有多少座小型房屋，这直接关系着各群落的人口规模。考察姜寨第一期发掘出土的遗迹分布，可以看到保存较好、发掘最完整的是东部那一组群落，所以对东组的分析可以作为其他各组的代表。依据正式的发掘报告，姜寨第一期全聚落的房屋在基本属于同一时期的同时，尚有建造早晚先后的差别，大致分为三批。第一批属防御壕沟挖掘前所建，有的因布局不合理而被壕沟打破或被隔在壕沟之外。第一批房屋共发现 34 座，其中属于东组群落者有 9 座。第二批房屋建于防御壕沟挖掘中或挖成后，即随着时间的推移，人口的增长，陆续建造了许多房屋，发掘出来的有 60 座。其中属于东组的有 20 座，20 座中有 4 座分两组（F116 与 F117；F97 与 F106）存在着叠压关系，这样实为 18 座房屋。第三批房子建造得较晚，因为它们或筑于早期废弃房屋之上，或层位较高，发现的有 18 座。其中属于东组的有 6 座。另外还有 181 个不属于上述房屋内的灶坑，分布在各群落的居住区内，发掘报告未对这些灶坑作进一步的时间划分，而且这些灶坑之间也互有叠压关系，不能给各群落的房屋数目提供明确的补充材料。这样在已确认的各批房屋数的基础上，再考虑到零星灶坑的存在，姜寨第一期中的早期，东组的小型房屋数量大概有 10—15 座；中期大概有 20 座左右；晚期也应不少于 20 座。若每座小型房子内的家庭人口为 3—4 人（即夫妻及其一两个子女，其中包括在家内饮食、生产而在大房子里夜宿的未婚青年。详后），则东组房屋群小型房子所拥有的人口，早期为 30—40 人；中晚期为 60—80 人。

姜寨第二类房屋为中型房子（图Ⅲ—5），面积约 30—40 平方米，一般为方形，半地穴式。同样有灶坑，屋内放有许多器物，既有生活用具，也有生产工具，所以也是一种既住宿又做饭的生活住房。中型房屋和小型房屋的主要区别就是房子面积较大，大概是为了适应家内较多的人口生活而建的，有的在一进门、火塘的两旁或一旁的角隅处有高约 10 厘米，面积约四五平方米的平台。关于中型房子的数量，东组一群属于早期即第一批建造的只发现有 1 座（F29），面积为 23.5 平方米，勉强可算作中型房屋。属于中期即第二批建的也只发现 1 座（F17），面积为 30.68 平方米。属于晚期即第三批建造的尚未发现，这或许是可以沿用中期房屋的缘故，或许是因这一时期的房屋毁损较严重而无法辨认，因为这一时期发现的整个房屋数量都很少。考察其他各组，西组和北组各发现一座中型房（F36 和 F86），时间均为第二批所建，面积都接近 40 平方米。在南组和西北组中，都未发现中型房子，这大概是因遗址遭受破坏（如西南部）或被压在现代村落之下而未作发掘（西北组）的缘故。

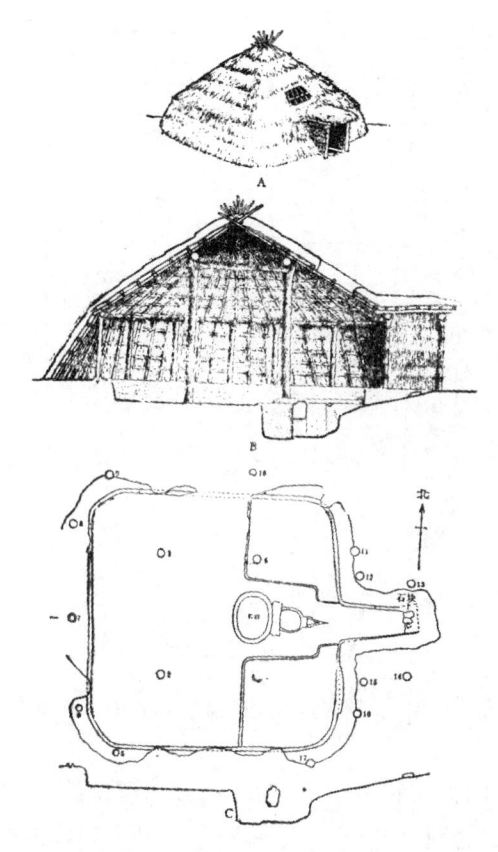

图Ⅲ—5 姜寨遗址中型房屋（F36）平、剖面及复原图

姜寨各群落中的中型房子，似乎是家族长及其所在家庭的住宅，但由于各群落中同一时期的中型房屋只有一座，这样姜寨各组房屋群落也就只能是一个大家族。

姜寨第三类房子为大型房子（图Ⅲ—6），室内面积为 53—128 平方米，整个聚落同时存在的只有 5 座，分别存在东组、北组、西北组、西组、南组五个房屋群内。大型房屋的平面均呈方形，有门道、灶坑和灶台。灶坑都是大型连通灶。灶坑两旁都有低平而对称的土床，土床面积因房屋的大小而异，约 10—18 平方米不等，可住二三十人。床位后面有很大的一片空地，可以容纳较多的人举行集会议事等集体活动。房内未发现或罕见生产工具和生活用具。

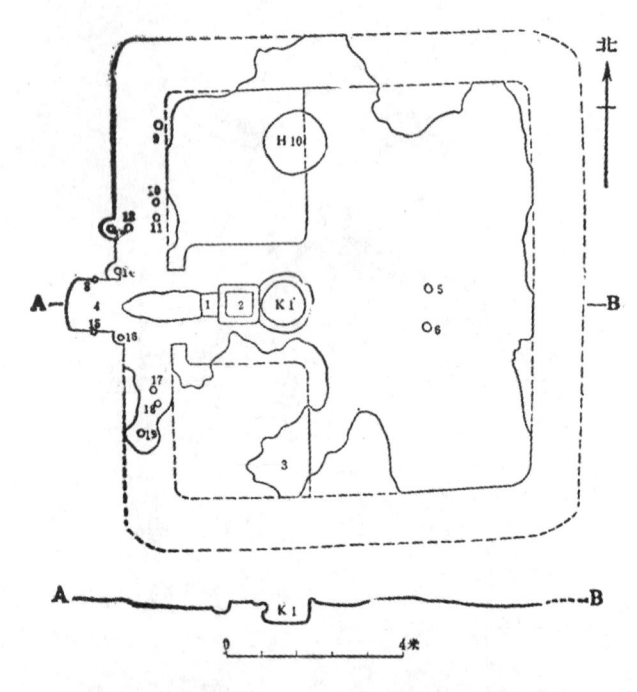

图Ⅲ—6　姜寨遗址大型房屋（F1）平、剖面图

关于大型房子的性质和用途，一般多认为是氏族举行集会议事等集体活动的公房或兼作氏族酋长的住宅，笔者以为它是大家族的公房。那些将姜寨的大型房子视为氏族公房，将姜寨的中型房子视为家族长的住房者，其设想是：若干小型房子结合一座中型房子组成一个家族，若干这样的家族围绕着一座大型房子构成一个氏族，五个这样的氏族构成聚落整体（或为胞族①或为部落②）。问题是，姜寨聚落五组房屋群落中每一组同时存在的只有一座中型房子，我们总不能认为一个家族即可构成一个氏族。若是这样，其"氏族"亦即家族。《姜寨》报告的编写者为了弥补这一缺陷，提出假如大房子

---

① 巩启明、严文明：《从姜寨早期村落布局探讨其居民的社会组织结构》，《考古与文物》1981年第1期。

② 西安半坡博物馆等：《姜寨》，第357页，文物出版社1988年版。

也住一个家族,这样,每个群落都可以有两个家族①。这里又涉及姜寨的大房子究竟是干什么用的这一问题。

如前所述,中小型房子里都发现有生产工具和生活用具,都是基本的消费单位和生产、生活单位,中型房子只是比小型房子住得人更多、家庭的规模较大而已。然而,在大型房子里却既无生产工具也没有生活用具,这说明大房子不是作为家族长及其所在的家庭的生活和消费单位的。大房子里都有大型连通灶,说明在举行集体活动时也进行共食共餐,这大概是某种程度的集体经济的一个组成部分,但从小型和中型房子已是基本的消费单位来看,这种共食活动只能是临时性的。连通灶之大说明一时可容纳的共食者很多,这种灶显然不适合家族长所在的家庭来使用。大型房子中在进门灶坑的两旁有低平而对称的10—18平方米不等的土床,这大概是为未婚的青年男女提供的谈情说爱和夜宿的固定地方。我国傈僳族的许多家族,在过去就有家族公房。习惯上规定,子女满10岁后,便不能在家与父母共宿,而是到专供青年男女夜宿的公房中去住②。所以笔者认为姜寨的大型房子可以解释为专供大家族集体活动、大家族内未婚青年谈情说爱和夜宿的家族公房。在公房里经常定期(如节庆日和祭日等)或不定期地举行集体共食,这既是大家族内集体活动的内容之一,也是大家族经济的组成部分。

如果上述分析大致不误的话,那么姜寨五组房屋群实为五个大家族,由五个大家族而合成一个氏族,姜寨的聚落共同体也就是一氏族公社。这样姜寨聚落的社会组织结构为:小家庭——大家族——氏族(即聚落共同体)。其中五个大家族的家族长及其所在的较大的家庭住在五个中型房子里;而五个大型房子只是供五个大家族集会议事、未婚青年男女夜宿的家族公房。假若每座中型房子里饮食生活的家庭成员为10人,再结合前述有关小型房屋可拥有的总人数,则姜寨聚落里每个大家族在早期约有40—50人,中晚期约有70—90人。合五个大家族之人口,姜寨一期中聚落的人口规模,早期为200—250人,中晚期为350—450人,不超过500人。

这里或许有人要问:姜寨一期聚落里各个大家族的人口,其早期40—50人,中晚期70—90人,在民族学中一个家族的人口有这么多吗?

关于一个大家族究竟有多少人口,这显然是因时因地而异的问题。一般

---

① 西安半坡博物馆等:《姜寨》,第355页,文物出版社1988年版。
② 《傈僳族社会历史调查》,第53、54、20页,云南人民出版社1981年版。

来说，发展到近现代，家族普遍趋于小型化乃至走向解体。永宁纳西族人口较多的母系家族可达二三十人，较少的有十几人①。北美印第安人住在"长屋"中的家族，平均约三十人住一所长屋②，但也有一些较大的家族，人口是相当可观的。如易洛魁人的母系大家族"奥华契拉"居住在一所或几所长屋内，由同一母系血统的三四代人组成，人数在 50—150 个左右，其中包括若干个对偶家庭（夫妻及其子女），一般为 20 个左右。我国云南澜沧县糯福地区的拉祜族，直到 50 年代初婚姻仍然以从妻居为主（母系），也有从妻居与从夫居共存者。其家族人数，有二三十人者，四五十人者，也有 100 多人者。如巴卡乃寨的那期家族，其成员 101 人，以女主人那期和丈夫协卡为中心，包括他们已婚的女儿、儿子及其子女所组成。全家族共居一个干栏式长屋，上下两层，长 23 米，宽 10 米，房内分 9 格，即 9 间，在房中置 9 个火炉，分为 18 个生产、生活单位。同寨的那列家族有 56 人；那木家族有 46 人；七妹家族有 45 人；那努家族有 42 人。另外还有些二三十人的家族。芒糯寨的那阿家族，其成员也有 112 人。同寨还有一些三五十人的其他家族③。基诺族的家族，在以前，通常占住一所大房子，大房子里一般住七八户至十多户，包含四五十至六七十人。1942 年以前，龙帕寨有大房子长 50 米，宽 20 米，内住 30 多户，200 多人④。

由于家族内的人数不定，所以氏族的人数也因情况而异。易洛魁人的塞纳卡部落 3000 人平均分属 8 个氏族，每个氏族约合 375 人。鄂吉布瓦部 1 万 5 千人平均分属 23 个氏族，每一个氏族约合 650 人。切罗基部每一个氏族的人数平均在 1000 人以上。摩尔根说，就主要的印第安部落的现状而言，每一个氏族的人数大约在 100—1000 人之间⑤。

以上述民族学材料为参照系，姜寨聚落中其大家族的人数由四五十人发展到八九十人；其氏族的人数由二三百人发展到四五百人，都是很正常的。姜寨的人口规模，大概是当时一般的大家族和氏族的人口规模。

姜寨之外，西安半坡和宝鸡北首岭等聚落中，小型—中型—大型房屋三

---

① 严汝娴、宋兆麟：《永宁纳西族的母系制》，第 156 页，云南人民出版社 1981 年版。
② [美] 路易斯·亨利·摩尔根：《美洲土著的房屋和家庭生活》（李培茱译），第 74、127 页，中国社会科学出版社 1985 年版。
③ 《拉祜族社会历史调查》（二），第 2—15 页，云南人民出版社 1981 年版。
④ 程德祺：《原始社会初探》，第 181 页，中央民族学院出版社 1988 年版。
⑤ [美] 摩尔根：《古代社会》（上册），第 83 页，商务印书馆 1977 年版。

级结构的组合并不明显，亦即在这些聚落中形成对照的是大型房子与中小型房子的对比。半坡已发掘的北部40余座住房，其门向基本都朝南，南部未作发掘，估计南部住房的门应朝向北面。北部居住区发掘出的46座房子，根据上下叠压等地层关系，在建造上也有先后早晚的不同，发掘者将它们分为早晚两期四段。早期同时存在的房屋大约有15座，晚期大约有20座，而且房间的面积也普遍增大，可见随着时间的推移，其人口有明显的增加。半坡居住区的发掘是有限的，根据北部居住区内又由小沟而划分为两部分的情况来看，沟南沟北可以各视为一个大家族，而整个半坡聚落就是由若干大家族构成的氏族共同体。至于半坡的大房子，因它位于聚落中心，可视为整个氏族举行集体议事、宗教仪式等集体活动的公房而不必归于某一大家族所独有。

北首岭的居住区的房屋明显地分为三组，北边一组22座房屋，绝大多数门向朝南，个别的为南偏东或南偏西；南边的一组有17座房屋，门向多朝西北；西北一组有10座房屋，门都朝东。从平面图上看，每组房屋都没有完全揭露出来，同时，每组房屋都有较多的叠压和打破关系，使得原有同时存在的房屋数目很难作出明确的估计。但是围绕着中心广场，被分为北、西、南三片三组（东临金陵河）是明确的。在南组房屋中有一座大房子即F14，面积达85.5平方米。西组房屋中也有一座大房子即77F3，面积为88.26平方米。北组房屋中没有见到大房子，可能是发掘面积有限，它的东北部显然还应有房屋遗迹而未发掘。所以，北首岭也和姜寨一样，每组房屋中都有一座大房子。在这里也看不到若干小型房子围绕一座中型房子的组合情况。除了大型房子外，房子较大与较小主要是为了适应家内人口稍多与稍少而建的，所体现的是小家庭人口的自然状况而与社会组织结构无关。同姜寨聚落一样，由三座大房子率领的三片房屋群是北首岭的三个大家族族居屋群，这三个大家族构成一个氏族——聚落共同体。

姜寨、半坡、北首岭诸聚落遗址，都是由若干大家族组成的氏族居住地。据调查，仰韶时期分布在河流两岸的遗址，往往是对称的[①]。这一现象大概不能用因刀耕火种、地力用尽，是故从河的一岸迁到对岸来解释。因为，根据在云南西南部山地的调查，如果人均占有林地达不到30亩（最低

[①] 中国科学院考古研究所等：《西安半坡》，第4页，文物出版社1963年版。

限度若低于 21 亩），那么是无法实行正常的有序轮歇即所谓的熟荒轮作制的①。至于生荒轮作制，则对人均占有林地的要求更多。当时半坡、姜寨的人口均为 400—500 人，以每人需人均占有林地 30 亩计，一个聚落需 1 万 5 千亩林地，才能实行热带亚热带地区的熟荒轮作制。这样大的一个亩数，没有方圆二三十平方公里的山林土地是难以想象的。所以若当时实行的是热带亚热带刀耕火种民族那种意义上的轮作制，小河对岸的土地早就被包括在本聚落的轮歇耕地的范围内了，地力用尽时，无法从河的一岸迁徙到对岸，而只能迁徙到更远的地方去。所以笔者认为，这一时期的仰韶居民，既非实行的是热带刀耕火种民族那种意义上的轮作制，也不能因刀耕火种、地力用尽而从小河的一岸迁徙到对岸。河流两岸每每对称的分布有聚落遗址的特点，可以解释为同一部落中的两个不同的氏族因联姻而毗邻相居，这时实行的是氏族外婚制。这种氏族外婚制同先秦时期同姓不婚的文化传统是有渊源关系的。

三　聚落的内聚与向心布局

明确了聚落内房屋群的组合结构及其所反映的社会组织关系后，对聚落整体布局所体现的精神原则，将会有更清晰的认识。以房屋为主体的居住区是聚落最核心的部分，这一时期普遍在房屋外围挖壕沟，把整个村子包围起来，这既是一种防卫的需要，也使整个聚落构成一个整体，形成了聚落共同体，而壕沟内的房屋的排列多呈圆形向心分布，更显示出这一时期聚落的本质结构与功能，它是聚落内的团结和内聚力极强的标志。

以姜寨一期遗存为代表，如前所述，同时存在的大约 100 座的房屋被分成五个大的群落，由这五个群落的房屋围出一个约 1400 多平方米的广场，构成一个共同活动的神圣的空间，各群房屋的门均朝向中央广场，形成一个典型的圆形向心布局。由于五组房屋群代表了五个大家族，整个聚落由五个大家族构成一个氏族，因而圆形向心布局所体现出来的团结、内聚是同一氏族内大家族之间的团结，是聚落层次上的内聚。强调这一点是有意义的。与此之前的七八千年前的聚落形态相比，它代表了聚落的发展和完善，氏族内大家族的扩展是氏族的"内发展"（与向外分化出"女儿"氏族的"外发展"

---

① 尹绍亭:《试论当代的刀耕火种》,《农业考古》1990 年第 1 期。

相区别）的结果；同这之后出现的中心聚落（即原始宗邑宗庙所在地）与半从属聚落（即普通邑落）形态相比，它又代表了史前聚落的典型形态。这种向心内聚式的聚落形态，是社会形态演进史中内外基本平等阶段的产物。所谓"内"是指聚落内部，所谓"外"是指对外与别的聚落的关系。促使几个近亲家族共居于同一聚落之中，既有军事防御上的需要，更主要的是此时氏族血缘纽带还有很强的作用。家族被包含在氏族居地之内而未散处各地，这是家族的早期形态，也是氏族制尚起作用时的形态。就军事防御而言，壕沟之类的防卫设施的普遍存在，以及有的聚落还发现设有哨所的情况，都反映出当时不同聚落之间的战斗时有发生。氏族内各家族不分散，在防卫上显然是行之有效的。而能支持四五百人共居于一地，又是以当时的农业和畜牧业以及渔捞业的发展为前提条件的。

　　姜寨之外，北首岭和大地湾提供的也是向心内聚式的聚落形态。北首岭聚落东临金陵河，以东边的金陵河为一方，北边、西边、南边的房屋群各为一方，三组房屋群围起来的中间部分构成了一个南北长 100 米，东西宽 60 米左右的公共广场。广场北边屋群的门绝大部分朝南，广场之东屋群的门都朝西，广场之东南屋群的门，都朝向北和西北，形成一个向心的椭圆形的布局。

　　北首岭中心广场的最上面的路土是经过加工的，其中羼垫有料礓石、红烧土碎块，路面有的地方被烧红，并发现有大量的被火烧烤过的动物骨骼，又发现有不规则的 20 多个柱子洞，因此，这里可能栽有木桩，发掘者认为是举行剽牲一类祭祀活动的场所。场地之东，发现有残破的房屋一座，其门向当是朝西，也是对着广场的。总之，中心广场作为神圣的空间，是全氏族举行大型的宗教仪式和其他政治活动的场所。

　　大地湾仰韶文化遗址分为四个时期，整个遗址分为山地和河边阶地两部分。大地湾一期遗存与宝鸡北首岭下层、华县老官台等遗址同时，属于老官台文化，聚落建于较低的河旁Ⅱ级阶地，文化遗存远不如二期丰富。大地湾二期遗存属于仰韶文化早期，与半坡类型（半坡期）同时。大地湾二期时的聚落已由河边Ⅱ级阶地扩展到Ⅲ级阶地，整个聚落由壕沟围成椭圆形。大地湾三期遗存属于仰韶文化中期，与庙底沟类型（庙底沟期）同时，聚落位于河边Ⅱ、Ⅲ阶地，但已扩展到台地后缘以及山脚下。大地湾四期属于仰韶文化晚期，这一时期的遗存最为丰富，覆盖面积最广，聚落主体坐落在背山面河的山坡上，两侧以沟壑为天然屏障，山坡中部为大型原始殿堂式建筑作为公共活动中心（彩图15），周围分布着数个房屋密集的居住区，形成众星捧月的格局。

　　大地湾第二期时，在由壕沟围起来的椭圆形聚落中，中心是广场和公共墓地，房址以广场为中心形成向心式分布（图Ⅲ—7）。聚落内发现156座房屋、15座成人墓、6座儿童瓮棺葬、14座烧制陶器的陶窑、72个灰坑和窖穴。大地湾第二期又被分为三个时段，其Ⅰ段时的房屋，向心性最强。100多座房子均背向壕沟，面朝中心而围出一个广场，其格局与姜寨的布局十分接近。Ⅱ、Ⅲ段时，聚落规模逐渐有所扩大，聚落内的中心也由一个中心变为多个中心。

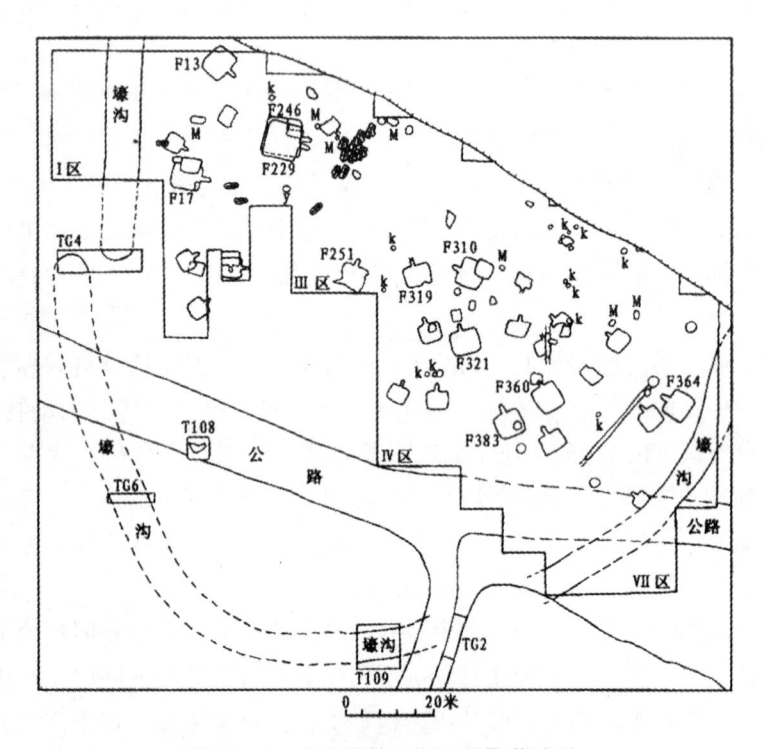

图Ⅲ—7　大地湾第二期Ⅰ段聚落遗址

　　总之，内聚式的环形布局为史前聚落形态发展到一定阶段的典型规划。苏联乌克兰的科罗米辛那（Ko Lomishchina）新石器时代特里波列文化的聚落遗址，39栋大大小小的长方形住房也是内外两层的环形布局，内层径长为60—70米，外层为180米。为了将各房屋的门朝向中心广场，住宅的门都开在了房屋的山墙上。中央广场设有"大房子"①（图Ⅲ—8）。

图Ⅲ—8　乌克兰科罗米辛那村落遗址复原图

　　非洲扎伊尔共和国基乌（Kivu）湖畔的一个渔村，其圆形住房也是围绕中央广场布置的，房屋的门朝向湖面，聚落的整体略呈马蹄形。保持着氏族制的新几内亚和美拉尼西亚其他岛屿上的土著居民巴布亚人，其聚落由若干群茅屋组成，茅屋多半盖在圆形或马蹄形广场的周围②。特奥德莱·德·布里在1590年制作的铜版画上曾描绘了一座佛罗里达的印第安村落，它由木桩围成圆形的寨子，村寨内的住房也是围绕中央广场和广场中心的大房子布置的（图Ⅲ—9）。

　　住房呈环形布置，全部面向广场开门，使得约有半数住房的日照、通风条件较差。诚如学者们一再指出："这种优先保证整体的布置，首先是以共产制经济为基础的集体生活所决定的。"③它使每个小家庭和各个家族群的住房都与社会活动的中心——广场有着极强的象征上的、精神上的和实际的直接联系。这种联系就是氏族的血缘纽带的联系，也是氏族内观念系统上的联系。因此，无论是像姜寨等聚落那样，通过圆形向心的布局来体现的团结、凝聚；还是因地形等条件虽在布局上有些变通，但仍然显示出的团结、凝

---

　　①《世界考古学大系》（12），第83页，[日本]平凡社昭和36年。
　　②《巴布亚人》，《民族问题译丛》1957年第2期。
　　③ 杨鸿勋：《半坡氏族的聚落和建筑》，载《半坡仰韶文化纵横谈》，第47页，文物出版社1988年版。

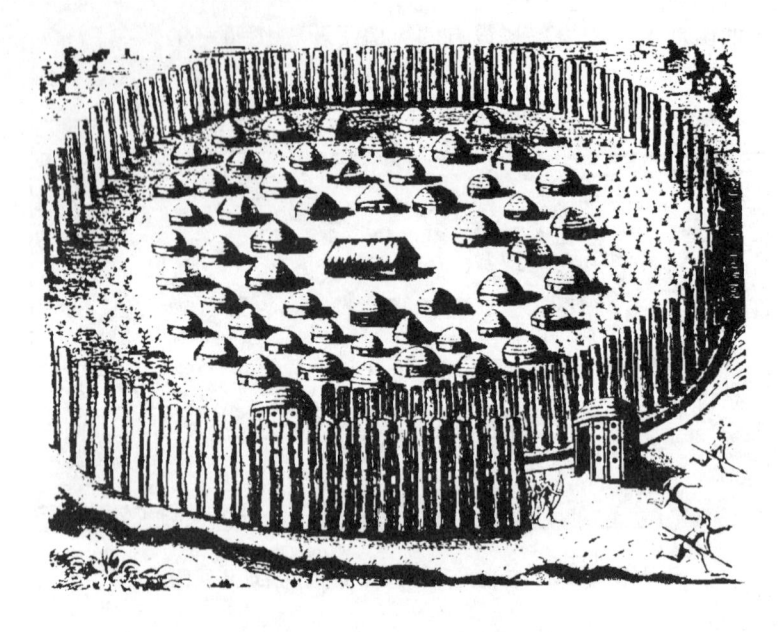

图Ⅲ—9 佛罗里达的印第安村落

聚，其组织原则和凝聚力，在聚落层次上讲，是氏族内聚；在聚落中的各个局部讲，是大家族生活的展现。

四 聚落的生产、分配、消费和对外交往

我国距今六七千年前的聚落，就一般而言，其社会结构为家庭—家族—氏族。那么，聚落内的这三级组织之间是如何生产、分配和消费的呢？本节试图对此作一简单的考察。

这一时期每个聚落的生产主要包括农业、畜牧业（家畜饲养）、渔猎、采集和手工业，而其中的农业、畜牧业和手工业三大类生产，又是最主要的。这里所说的生产，又分为两个方面，一是生产的技术水平，另一是生产的管理组织形式。

首先就当时生产的技术水平而论，在农业方面，出土的生产工具不仅数量多，而且种类齐全，有斧、铲、锄、镰、石刀、陶刀、磨盘、磨棒等。表明从开辟耕地、疏松土壤到播种、收割、加工，已形成一整套的生产程序（图Ⅲ—10）。其中姜寨一期出土石斧150件、石铲127件、骨铲122件。石

斧的数量较多，体形厚重，虽未通体磨光，但刃部磨制锋利，是砍伐树木、开拓耕地的必备之器。石铲制作精细，通体磨光，刃部锋利，装柄后使用相当方便，为当时农业翻地松土之利器。半坡和姜寨都有相当数量的石刀、陶刀、磨盘和磨棒出土，这些收割和加工粮食的工具，在半坡占到 38%，表明当时粮食的收获量已达到相当水平。从各地出土的农作物标本看，当时北方种植的主要是粟和黍，南方主要是稻。农业是当时经济中最主要的产业，而畜牧业即饲养只是农业的副业。

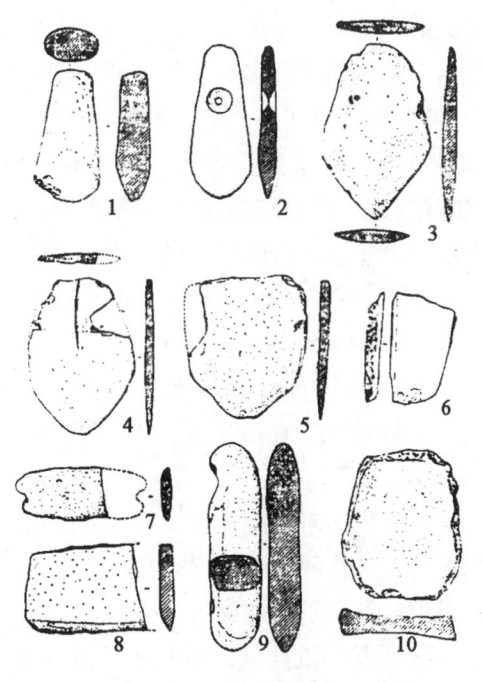

图Ⅲ—10 姜寨一期出土的农具

在姜寨聚落居住区的大房子 F47 附近发现两个饲养家畜的圈栏，在大房子 F74 和 F53 的门前发现两处牲畜夜宿场。在半坡也发现两个牲畜圈栏。从姜寨牲畜夜宿场地的面积看，一处可同时集中数百只畜类，其放牧规模是相当可观的。根据动物的骨骼鉴定情况来看，在姜寨，猪骨和鹿骨占有很大的比重，狗、羊也有一定的数量；在半坡、宝鸡北首岭，以及大汶口文化、马家浜文化、大溪文化、屈家岭文化等遗址中，也都是以猪骨为主。所以家畜饲养中以猪为大宗是当时南北方各聚落的共同特点。半坡、姜寨等遗址，都出土相当数量的捕鱼和狩猎工具，并发现有采集而来的野果，在兽骨中有较多的鹿骨等，都说明当时的捕鱼和狩猎也是重要的产业，采集是经济生活的补充。

当时的手工业可分为制陶、纺织、皮革、石器制造等。其中纺织、制革之类应属家庭手工业，制陶等则属集体手工业。相当于仰韶文化的时期，我国南北方原始制陶业臻于成熟，不但烧制技术有长足的进步，经济上的重要性亦日益加强。在陶器的烧制上，普遍采用陶窑烧制陶器，并已懂得按陶器的不同用途来选取和处理陶土，陶质已有粗砂陶、细泥陶和细砂硬陶三种。粗砂陶用作炊器和储藏器，细泥陶一般用作食器和水器，细砂硬陶用以制作大缸、大瓮和大尖底瓶等。陶器纹饰多种多样，并出现彩绘。仰韶文化的彩陶纹饰以人面（彩图16）和动物（鱼、蛙、鹿等）、植物花卉形象为多，也有各种几何图案纹饰，共计30余种图案，构图生动，色彩艳丽（图Ⅲ—11）。此外，仰韶文化陶器的一些特殊造型，如陕西华县太平庄出土的陶鹰鼎（彩图17），宝鸡北首岭出土的船形彩陶壶（彩图18），甘肃秦安大地湾仰韶文化早期的人形彩陶瓶（彩图19），都属史前陶器中难得的珍品。大汶口文化中的陶器，除有自己的彩绘风格和彩陶器外，史前海岱地区的人们，似乎更喜欢用陶器的造型来表达自己美的情趣和崇拜习俗，使得这里的陶器，型与式数量繁多，别具特色，在后来还出现了诸如猪鬶（彩图20）、狗鬶、龟鬶等兽形陶器（彩图21）。总之，陶器的发达既是制陶业成熟和发展的标志，又反映了定居农业生活对制陶业发展的巨大推动作用。

关于生产的组织与管理，从政治经济学的角度着眼，自然是由生产决定分配、消费和流通。但史前考古学所能提供的多半为储藏设施和其他经济性设施的归属和所有的一些情况。这样就只好用逆定理来表达这种逻辑关系，即产品储藏设施的性质取决于分配制度，而分配制度乃取决于生产关系中劳动的方式和性质。

在半坡类型时期，各聚落中作为储藏设施的窖穴，一是成组成群地穿插在诸房屋之间，无法将它们与单个的住宅一一对应起来；二是也有许多窖穴单个地分布在各个房屋的附近。这一现象在半坡聚落中就存在，通过对姜寨聚落遗址的大面积发掘，使我们对这一问题有了更清楚的认识。在姜寨聚落的居住区内，聚落的西北隅、东北隅、东边、东南隅都有大量窖穴密集地分布在一起，如西北隅从H37到H302有13座；东北隅从H99到H159有17座；东边靠近壕沟有11座；东南隅有6座。西南隅因遗址遭受破坏，西边

第三章 聚落的平等与内聚 91

图Ⅲ—11 仰韶文化半坡类型彩陶图案

被现代村落所压，没有发掘。估计这两处在靠近壕沟的地方也应有成群的窖穴分布着。这些窖穴显然不属于各房屋群落中的某一特定的住宅，而应归为各大家族集体所有。可以体现出大家族集体所有的另一点是在大房子的前后左右分布有较多的窖穴。如在东组大房子F47的前后左右分布有6座窖穴；在西组大房子F53已发掘的周围分布有3座窖穴；在东组大房子F1的前后左右、北边和南边分布有大量的窖穴。此外，值得注意的是，在大家族所有之外，也存在着家庭所有，其中又分两类，一是家族长所在的大家庭所有，例如在北组的中型房子F86、东组的中型房子F17的门前方都有三四座窖穴；另一种是一般的小家庭所有，它以单个或一两座的形式分布在各小型房屋的附近，而且这一现象是普遍存在的。

考古发掘表明，这些窖穴最初主要是用来储藏粮食和其他食物的，形制也比较规整，后因窖穴口和窖壁坍塌，才被用作垃圾坑。这些储藏粮食用的窖穴既然分属两级所有，说明当时在农业的生产、分配和消费方面都是分两个层次进行的。大概在土地的开垦、春耕翻地这一类生产环节上是以大家族集体的形式进行的，而在播种、田间管理、收割方面主要是以家庭为单位进行的。在农产品的分配和储存上，一部分作为家族公有而集中储存，一部分分散到各个小家庭，由各个家庭自己储存和支配。这样，在消费方面，主要是以各个小家庭为单位进行，但也存在集体消费，如在大房子里以共食的形式举行的节日宴会和其他的集体开支。同时，集体储存的粮食还可以为那些消费不足的家庭提供必要的补充和援助。

在家畜饲养方面，半坡曾发现两个豢养牲畜的圈栏，分属于两个大家族的房屋群之中，说明对于牲畜的饲养、管理和分配，是属于整个大家族的，并未分散到各个家庭中去。姜寨有两个牲畜圈栏和两处牲畜夜宿场。两个圈栏均位于北组房子的分布区，在大型房子F74的西北边，略呈圆形，直径约为4米，周围有很多柱洞，原先当是用木栏围起来的。栏内有厚约3—27厘米的畜粪堆积。牲畜夜宿场分别位于西北组大房子F74和西组大房子F53的门前，面积约100平方米。似有厚约20厘米的畜粪堆积，但未见栅栏的遗迹。由于牲畜圈栏和夜宿场都分别安排在各组大房子的附近，可推知姜寨家畜的饲养也是各家族集体的事业，既不归小家庭所有，也不是全聚落人所共有。

在烧陶手工业方面，半坡的陶窑集中分布在居住区的东北，其间隔着一条围沟。对此可以有两种解释：一是出于防火的考虑，各个大家族的陶窑被集中安排在壕沟之外的东北部；另一种解释是这些陶窑属于全聚落所有，陶器的烧制是全氏族的公共事业。联系姜寨和北首岭的情况，似乎前一种解释较为合乎实际。姜寨的陶窑比较分散，有两座在居住区内，其中一座（Y2）在东组房屋群的东北角，一座（Y3）在西组房屋的北边。有些陶窑可能考虑到防火的需要，而设在居住区外，其中一座（Y1）设在东北寨门外不远的地方，另有几座设在村落西头的临河岸边。北首岭共发现陶窑4座，其中Y1属于前仰韶文化时期，其余在西组房屋中1座、南组房屋中1座、墓区1座。姜寨和北首岭的陶窑都比较分散，其中有的设置在大家族房屋群中，有的设置在村外，可知陶器是分家族进行烧制的。

由上述我们看到，这一时期生产的组织管理及分配关系方面至少存在两个层次，即以大家族为单位的生产与分配和以家庭为单位的生产与分配。前者在农业、家畜饲养业、制陶手工业各方面都有体现，后者主要指农业生产的部分环节和农产物的分配与消费。由于农业是当时经济的基础，所以在农业中首先出现生产、分配和储藏方面，家族与家庭并举的格局，将会带动整个社会脱离氏族的束缚和限制，走向家庭—家族经济和家庭—家族—宗族经济结构。

家畜饲养业在当时无疑也是重要的，它是给人们提供动物蛋白和营养所必需的氨基酸的有效的来源，但与农业能使定居生活得到最基本的保证相比，确已处于从属的第二位的地位，是农业的副业。同时，也由于饲养空间和其他条件的限制，它仍然保持着大家族饲养和全家族平均分配的传统。如果我们将当时饲养的猪羊等家畜家禽作为动产的话，那么这一财产在这一时期尚处于家族所共有的发展阶段，而与仰韶时代后期、大汶口等文化中普遍出现随葬猪下颌骨之类的私有现象，形成了鲜明的对比。

当时在纺织、石器、陶器等众多手工业生产活动中，只有陶器一项尚有迹象表明它是分家族烧制、按需分配的。而当时的纺织很可能是以家庭为单位进行生产和使用的。

这一时期的消费显然是以小家庭为单位进行的。一个个小型房屋内既有火塘、又有生活用具和生产工具，还有少量口粮储放在陶罐内，就是极生动的写照。但这种消费又是同更大一级的组织——大家族结合在一起进行的。至于这种包含着一个个小家庭在内的，实行着平均分配原则的大家族，究竟是母系的，还是父系的乃至双系的？在下一节中将作具体的分析说明。

这种小家庭在国外人类学术语中也称为"核心家庭"，它包括夫妻和子女。根据乔治·彼得·默多克的定义，它是"一种社会集团，它以共同的住处、经济合作及繁殖后代为其特征"①。因而它在性、生育、教育、生活等方面起着其他集团不能起的极为重要的作用。国外的考古学资料提供了旧石器时代晚期小家庭住宅似乎就已存在的一些实例②。我国内蒙敖汉旗兴隆洼 A 区遗址提供了距今七八千年前小家庭住宅即已存在的考古学依据③。从理论上讲，由于孕期和哺乳期很长，妇女在此过程中获取生活资料和防御的能力都很低，天然地需要男性的照顾和进行必要的劳动分工（裴李岗文化的墓葬中，凡是男子即随葬石铲、石镰、石斧之类的生产工具，凡女子即随葬磨盘、磨棒之类的加工工具，就是极好的说明④）。所以，当代很多人类学家都推测，从人类社会形成之初开始，最基层的生产和生活的单位很可能就是由一对临时或长期结合的男女及其后代组成的家庭，而不问其是属于母系继嗣或父系继嗣。无论从理论还是从实践来看，这种相对稳定的小单位与家族和氏族组织是可以并存而向前发展的。

关于劳动产品的对外交换与流通方面，没有什么资料可供叙述，综合考察当时的农业、家畜饲养业、捕鱼业、纺织、陶器制造等手工业诸方面的情况，明显地可以看到一幅自给自足的生活画面。换言之，交换与流通的不发达正是自给自足造成的。自给自足固然会给生产和社会生活带来一定的闭塞性，但是这一时期在同一地带的广大地区内，至少在同一类型的文化中，无论是在农业、渔猎等生产工具的性能和样式上，还是在陶器的类、型、式以及彩绘图案和风格上，都表现出极大的同一性，例如在西安半坡遗址中出土有著名的写实的鱼纹和人面鱼纹⑤，在与半坡相距 150 多公里的宝鸡北首岭遗址也发现有一模一样的鱼纹和人面鱼纹⑥，在临潼姜寨也出土了写实的鱼

---

① Murdock, G. P. 1949：Social Struture, P. I. 乔治・彼得・默多克：《社会结构》，纽约，麦克米伦出版社 1949 年版。

② 如苏联考古学家 Г. 格里戈里耶夫的一些著作中所论述的旧石器时代晚期一再被发现的居住面积不大（直径为 4—6 米）、中央有一个火塘的圆形住所。转引自［苏］谢苗诺夫《婚姻和家庭的起源》，第 223—225 页，中国社会科学出版社 1983 年版。当然，在苏联学术界，对这一考古现象的解释还有争论。

③ 参见第二章"农耕聚落的扩大"。

④ 在裴李岗文化中的新郑裴李岗、密县莪沟北岗和新郑沙窝李三处遗址二百多座墓葬中，随葬品的特点是：凡墓内随葬石铲、石镰、石斧的墓主人为男性；随葬磨盘、磨棒的为女性。裴李岗第 38 号墓是合葬墓，既随葬磨盘、磨棒，也随葬石铲、石镰和石斧。而且这两类工具是分开放在二人的身旁的。这大概是一座男女两性合葬墓。（以上资料见《考古学报》1984 年第 1 期；《考古》1978 年第 2 期；《考古》1979 年第 3 期；《考古学集刊》第一集，《考古》1983 年第 12 期。）

⑤ 中国科学院考古研究所等：《西安半坡》，第 166、180 页。

⑥ 中国社会科学院考古研究所：《宝鸡北首岭》，第 44 页，图四四：1 以及第 49 页图四七：7。

纹和人面鱼纹[①]。这就告诉我们，这些自给自足的农耕聚落之间，并非处于"鸡犬之声相闻，民至老死不相往来"的隔绝闭塞状态，而有着广泛的技术和文化上的往来与交流。根据我们的分析，这种写实和几何化的鱼形纹样，特别是人面鱼身纹样，是原始巫术的表现方式之一，其原始崇拜的气息是很突出的[②]。由这种彩陶图案的同一性反映出当时从甘肃的陇东经陕西的关中到豫西地区，诸聚落之间存在着原始崇拜和巫术的统一性。而这种统一性说明，当时散布在这一广大地区的部落群内相互联系的纽带，除了在其早先的历史上具有一定的亲缘关系外，还有着现实中的宗教崇拜上的联系。原始崇拜的作用和力量之强大，由此可见一斑。

五 社会性质与权力结构

在以往的研究中，仰韶文化半坡类型时期属于母系氏族社会似乎已成定论。这一结论的得出大致有三个方面：一是认为仰韶文化以锄耕农业为基础，农业生产劳动主要由妇女承担，她们在经济上起着主导作用；二是认为仰韶文化墓葬材料中偶尔见到的男女分别合葬、子女随母亲埋葬、横阵那种二次集体埋葬以及对幼女的厚葬都明显地体现了母系氏族社会的特点；三是认为像半坡、姜寨的那种村落布局，特别是姜寨聚落大中小型三类房屋的组合结构体现了母系氏族社会的社会结构。

关于仰韶文化前期男女社会劳动分工的问题，到目前仍难以作出准确的回答。这是因为在史前考古领域，直接反映男女劳动分工的往往只有墓葬中的随葬品，而埋葬制度和习俗，不但受制于现实生活，同时受制于文化传统和宗教信仰，具有极大的局限性。例如早于仰韶文化的裴李岗文化，男子每每随葬石斧、石铲、石镰，女子随葬磨盘和磨棒，从中可以看到农业生产劳动中的两性的分工。而仰韶文化以随葬陶器一类的生活用具为主，虽说少数墓葬中也有零星的生产工具随葬，但多为手工工具，并且很难以性别作出工具类别特征的划分。提供的信息非常有限，自然难以作出较全面的判断。以姜寨、北首岭、何家湾三地经过性别年龄鉴定、年龄在12岁以上而又随葬生产工具的单人葬和同性合葬墓，分男女列表如下，以供进一步讨论。其所

---

① 西安半坡博物馆等：《姜寨》第138页图一〇六：2；第112页图九〇：4—5。
② 王震中：《图腾与龙》，《民族与文化》（第二十章），第587—589页，广西人民出版社1990年版。

以有这样的限制，是因为 12 岁以下的儿童尚未完全参加生产劳动，谈不上生产劳动中的性别分工；而只有单人葬和同性合葬墓才能准确地判断工具属男还是属女，才有可能讨论性别分工问题①。

表 3—1　　　　　　　　　　男性墓随葬工具统计

墓地	墓号	年龄	石器 铲	斧	锛	凿	刮器	研磨器	砺石	镞	石球	骨器 锥	镞	陶器 锉	纺轮	刮器
姜寨	2	55+	1													
	8	23±								1						1
	12	中壮年														1
	14	40—45														1
	15	40±										2				1
	19	40±						1								2
	24	30—45	1													
	25	50±														2
	32	60+												1	1	
	90	40—50														2
	149	40—50										1				
北首岭	77—1	25—30										7				
	77—4	40±	1				1					86				
	77—6甲	50+										17				
	77—8	25±										42				
	77—11	25±	1									28				
	77—16	30±										4				
	77—17	成年					1	2								
	77—20	40—45										80				
何家湾	3	40+										1				
	6	20+			1		1									
	8	30+	1		1	1	2					1				
	9	40+			1							1				
	11	40+					1			4		6				
	13	30+					2									
	14	40+	1									1	1			

---

① 这一统计方法得自严文明先生。表中以严文明先生对北首岭和何家湾的统计材料为基础，又补充了姜寨的材料。参见严文明《仰韶文化研究》，第 288—289 页，文物出版社 1989 年版。

表 3—2　　　　　　　　　　女性墓随葬工具统计

墓地	墓号	年龄	石器 铲	斧	锛	凿	刮器	研磨器	砺石	镞	石球	骨器 锥	镞	陶器 锉	纺轮	刮器
姜寨	7	16—17					1				3	1				
	9	40±				1										
	23	50±											1			
	33	22—25														3
	52	中年	1									1	1			
	54	15									4					
	88	青年														1
	95	40+									1					
	182	40—45									1					
	183	40					1									
北首岭	162	36						1								
	77—2	25—30											1			
何家湾	12	30+	1						3			1				
	20				1							1				

根据统计表中所列材料，可以看到：

1. 石铲可以认为是农业生产工具，但仅有二件，分别出在成年男女墓中。石斧可以在开荒、修盖房屋时砍伐树木使用，也可以作为武器用，这里男性 26 座墓中有 8 座，女性 14 座墓中有 2 座随葬，几率男性为 1/3，女性为 1/7。从中可以看到，开荒砍树的农垦劳动以男性为主，也不排除妇女的加入；翻土耕种的农活男女都参加，看不出妇女是农业生产的主要担当者。

2. 男女随葬的工具门类中都以手工工具为主，似乎表明男女都参加较多的手工劳动，包括纺纱在内。

3. 骨镞和石镞基本上都出现在男性墓中，女性墓仅见 2 件骨镞，特别是北首岭，男性墓以随葬骨镞为特征。箭镞既用于狩猎，同时也是作战的有效武器。这似乎说明狩猎和作战是男子的专业，妇女基本上不参加这些活动。而北首岭除上述 5 座男性墓骨镞特别集中外，在 1977 年和 1978 年的发掘中，还有 7 座性别不明，但随葬骨镞也特别集中。考虑到北首岭经过性别鉴定的女性墓没有一座随葬箭镞的通例，将这 7 座墓的主人视为男性大致不会有什么问题。这样，在北首岭 1977 年和 1978 年二次发掘的 42 座墓葬中就有12座墓随葬骨镞特别集中，接近1/3。这些人大概既是射猎能手，也是对外作战的英勇之士。

上述随葬工具的统计，只给我们提供了一些残缺不全的、非常零散的信息，用这种局限性很大的资料，固然难以全面论证当时男女的分工和其社会地位的差异，但也说明那种认为当时的农业生产劳动主要是由妇女承担，她们在经济上起着主导作用的推测是没有根据的。而更大的可能性是当时的农业和手工业的生产是由男女共同承担的[①]。

用墓葬材料和埋葬制度探讨史前的社会组织及其属性，既有一定的必要性，也同样有一定的局限性。例如，对照多数聚落中由若干个单个住宅结合一座大型房子而组成一个大家族房屋群，又由若干这样的群落构成一个氏族聚落的共同体；在姜寨一期、半坡、北首岭等墓地也存在由若干座以单人葬为主的墓葬组成一片大家族的墓地，又由若干片这样的墓地构成氏族即聚落的公共墓区。这种埋葬制度显然反映出一定的社会组织结构，但它并未直接告诉我们这里的家族和氏族是母系还是父系。

在仰韶文化半坡类型的部分地区曾一度流行过一种二次集体合葬的习俗，流行的时间为半坡类型的后期即大约是从公元前5000年中期到公元前4000年，流行的地区主要是渭河下游地区。这些二次合葬墓又因地而异，从而在具体解释上也有相应的区别。例如陕西华阴横阵呈现出大坑套小坑的特点（图Ⅲ—12），每个小坑中二次合葬着4—12具人骨架，男女老少都有，若干个小坑南北排列为一排，被套在一个更大的坑内，大坑内各小坑的人骨数相加达40余具，研究者认为小坑是家族合葬，由5—7个小坑组成的大坑是氏族合葬。横阵共有三个这种大集体埋葬坑，经研究是在半坡类型后期中先后不同时间内埋葬的；因而是同一氏族不同时间内的大合葬坑[②]。此外，陕西渭南史家和临潼姜寨二期等地二次合葬，没有大坑套小坑的现象，这些二次合葬坑与少量的单人一次葬一起集中在公共墓地之中，其中又分为二人二次合葬和多人二次合葬。多人二次合葬的人骨架数量由4—84具不等，其中20具左右者虽占有一定比例，但很难看出数量结构性的规律。对此，研究者认为那些少于十人的合葬墓可能是依家族安葬，而那些高达数

---

① 严文明：《仰韶文化研究》，文物出版社1989年版。
② 严文明：《横阵墓地试析》，载《文物与考古论集》，文物出版社1986年版。

十人的合葬墓可能是一个氏族乃至胞族在一定时间内的集体合葬[1]。应该看到，诸如史家、姜寨二期的多人合葬墓，由于从几人到十几人、二十几人、三十几人、四十几人、五十几人、六十几人、七十几人，乃至八十几人等各个数量级都存在，毫无结构规律可言，所以，很难看出它们与家族、氏族、胞族、部落之类的社会组织的对应关系。

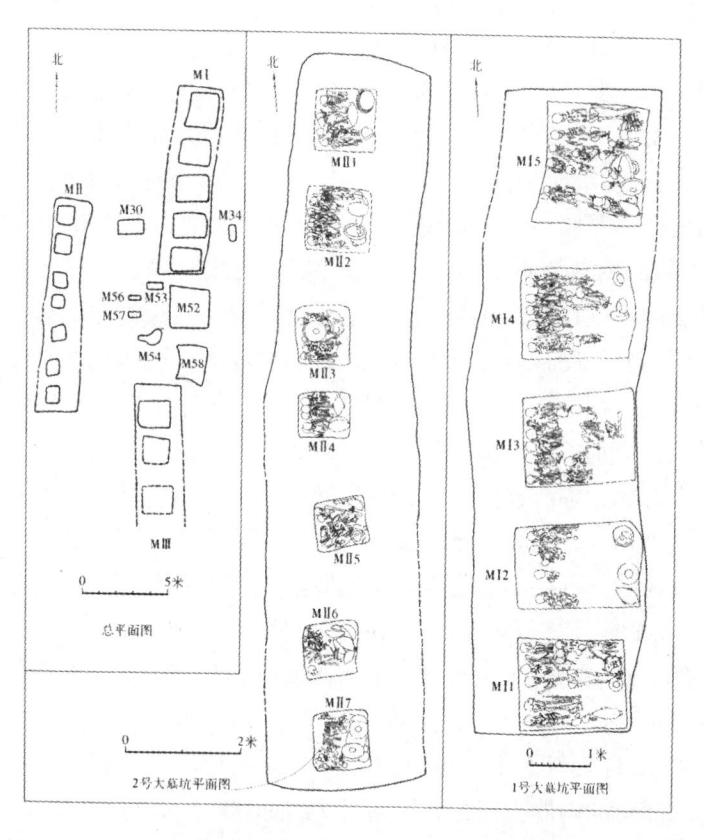

图Ⅲ—12 陕西华阴横阵仰韶文化墓地及1、2号大墓坑（MⅠ、MⅡ）

也有学者从根本上否定多人二次合葬墓是母系家族（或其他亲属集团）的合葬，并指出世界各地许多原始民族都曾流行过二次集体合葬，但埋葬在一起的人的关系是很复杂的，这其中有地域村社集团，有亲属集团；即使是

---

[1] 严文明：《仰韶文化研究》，第273、275页，文物出版社1989年版。

亲属集团，其种类也各不相同，并不一定是母系家族和母系氏族①。

总之，由埋葬方式及其排列组合规律，我们没有办法断定，仰韶文化前期由单人墓葬组成的家族墓群和多人二次合葬墓，究竟是母系还是父系或双系。至于人们常举元君庙为例，说那里的合葬墓存在着某一女性为一次葬，其他人为二次葬，表明在那里女子处于本位或中心的地位的说法，也是不符合事实的。严文明先生曾经详细地研究了这些墓葬，实际的情况是在七座含有一次葬的多人合葬墓中，一次葬者或一人或二人，有女性也有男性，有小孩，也有一男一女一次葬他人二次葬的情况，所以根本不存在任何中心，也看不出与男女的地位有什么关系。如果一个村寨或亲属集团举行集体二次葬仪时期有人新死，合葬墓中就会出现一次葬和二次葬同穴的情况。不过能碰上这样的机会总是少的，所以绝大部分合葬墓中全为二次葬而没有一次葬者②。而民族志材料表明，实行二次葬习俗的民族都视二次葬为最后的对死者更为重要的葬仪，所以二次葬仪比第一次埋葬要隆重得多，被认为是死者的一种荣耀。一个民族若实行几种葬式，二次葬者社会地位总是高于采取其他葬式的人③。在横阵、史家、元君庙、姜寨二期等盛行二次葬的公共墓地中，虽说也有个别的死者实行单人一次葬，但绝大部分人实行的是不分男女老幼的多人二次合葬，合葬坑中随葬品摆放也分不出合葬者之间有贵贱尊卑贫富之类的差别。合葬墓与合葬墓之间，随葬品的数量有多寡不一的情况，有的甚至毫无随葬品，例如姜寨二期随葬品较多的 M84 为 32 人合葬，随葬 32 件陶器；M254 是 9 人合葬，随葬品 18 件；而 M170 为 14 人合葬，只有随葬品 1 件；M207 是 27 人合葬，却无随葬品。然而若进一步分析则可以看到，随葬品最多的 M84 是 32 人随葬 32 件陶器，每人平均只有 1 件，M25 为 9 人随葬 18 件，每人平均也只有 2 件。也就是说，随葬品较多的合葬墓中每人平均随葬的陶器少于他们实际生活中正常状态下使用的陶器，所以，只能认为是一种象征性的随葬，而无法与后来的个人厚葬相比拟。

在这一时期也有少数小孩或少年厚葬的现象。以往的讨论中常常举出西安半坡 M252、华县元君庙 M429、临潼姜寨 M7 三座女孩或少女墓的厚葬现

---

① 汪宁生：《仰韶文化葬俗和社会组织的研究——对仰韶母系社会说及其方法论的商榷》，《文物》1987 年第 4 期。
② 严文明：《仰韶文化研究》，文物出版社 1989 年版，第 290—291 页。
③ 汪宁生：《仰韶文化葬俗和社会组织的研究——对仰韶母系社会说及其方法论的商榷》，《文物》1987 年第 4 期。

象来论证仰韶时期为母系氏族社会。其实,厚葬的小孩不全是女孩,也有男孩,而且在人数比例上还高于女孩。例如姜寨的 M7 和 M54 为 15—17 岁的少女,M7 随葬陶石器 6 件、玉耳坠 2 个、骨珠 8577 颗;M54 随葬陶石器 11 件、绿松石耳坠 2 个、骨珠 2052 颗。而姜寨的 M22、M27、M29、M159、M185,除 M185 为 17 岁的男少年外,其余的都是 5—9 岁的小男孩,也得到了厚葬。M22 随葬陶石骨蚌器共达 12 件;M27 随葬陶骨器 5 件,外加猪下颌骨一副,M29 随葬陶石骨器 11 件、骨珠 72 颗;M159 随葬陶石骨器 18 件;M185 随葬陶器 7 件。此外,姜寨也有女孩虽同样用土坑埋葬而毫无随葬品者,如 M28 和 M283。可见,这种部分小孩厚葬的现象,并非因为他(她)们的性别,而应有其特殊条件。这或者是因为他(她)们的家庭地位或出于宗教原因(如在仪式中担任重要的角色,或为某一宗教职务的法定世袭继承人),他(她)们当然不能代表整个女性或男性在社会中的地位,更谈不上和整个社会的世系继嗣有何联系。

关于男女两性的社会地位问题,在尚无其他现象和线索可供研究的情况下,若对男女两性墓葬中的随葬品数量作一普遍的考察,多少可以看出当时的一些倾向。对此,严文明先生曾经统计了元君庙、史家、姜寨、半坡、北首岭、紫荆、王家阴洼、何家湾各处墓地中,经过性别年龄鉴定的、12 岁以上的、全部的和部分的单人墓及同性合葬墓中男女随葬陶器的情况,得出的结论是:"男性平均每墓随葬陶器 2.43 件,每人 2.09 件,其中超过 5 件者 17 人,占总人数的 13.9%,一人随葬陶器最多者为 11 件;女性平均每墓随葬陶器 2.84 件,每人 2.17 件,其中超过 5 件者 16 人,占总人数的 19.8%,均略高于男性,但一人随葬陶器最多者仅 9 件,还不如个别男性那样突出。如果把随葬生产工具男性略多于女性的情况统一起来考虑,那么就应该说半坡类型男女两性的随葬品大体是相等的,看不出何者特别优厚的情况。"[①] 严文明先生的上述统计作于 1987 年,由于种种原因的限制,使得以单人葬为主的半坡墓地,在 174 座土坑墓中男女只能各统计 1 座同性合葬墓,而姜寨也只统计了当时已发表的 30 多座墓葬。为此,笔者专就姜寨一期的全部土坑墓(174 座)作了一个补充统计,统计中的性别年龄等限定条件与上述相同,其结果是:男性平均每人随葬陶器 1.38 件,其中超过 5 件者 9 人,占总人数的 13.8%,一人随葬陶器最多者为 9 件(M18),女性平均每人随葬

---

① 严文明:《仰韶文化研究》,第 295 页,文物出版社 1989 年版。

陶器2.56件，其中超过5件者12人，占总人数的23.1%，一人随葬陶器最多者为11件（M260）。如果把随葬的生产工具也统计进去（不包括装饰品等），则男性平均每人随葬1.69件，一人随葬最多者为9件；女性平均每人随葬3.12件，一人随葬最多者为13件。从姜寨的统计可以看出，女性的平均随葬品较多于男性，当然不能由此证明母权的存在，也不能证明女性的社会地位一定高于男性，但它多少表明了社会及其各家族对妇女的关心和尊重，女性在家族和社会中的地位不低于男性。男女的社会地位应当与社会的世系继嗣有一定的关联，上述的统计是可供参考的。

从聚落布局和房屋的类型结构方面探讨社会的组织结构及其属性是重要的，但也有一定的局限性。例如，在民族学实例中，既有母系制下的族居（依家族和氏族聚集而居）共财，也有父系制下的族居共财；母系氏族社会固然体现出民主、平等的原则，而父系社会的初期，也有因实行民主、平等而被称为"民主型"者①；如果一个聚落中存在着小家庭—大家族—氏族等不同层次结构的社会组织，那么，既可以实行母系制下的氏族（或聚落）和大家族两级所有、家族内平均分配、核心家庭消费这样的社会制度，也可以实行父系制下的多级所有、平均分配和个体家庭消费，只是父系社会的氏族已不起什么作用，氏族的作用与功能往往被宗族所取代。

在民族学中，关于我国永宁纳西族和美洲易洛魁人中的母系制及其分配制度和居住方式，已为学人所熟知，此外，在新中国成立前四五十年，居住在我国西南的独龙族，则实行在宗族之下的家族土地公有、集体劳动、平均分配粮食的父系家族共产制。在独龙族中，由于人口的发展，每个宗族一般占据一个自然村落，在宗族内包括两三个以父家长为主的共产制家族。这种家族一般住在一幢大的公共房屋里，将大而长的公共房屋，隔成以火塘为中心的小房间，每对夫妇及年幼的子女，占有一个独立的火塘。

独龙族实行主妇轮流煮饭分食制和主妇管仓制。每一个大家族都有几个仓房，每一种粮食放在一个仓房里，仓房有时建在离住所很远的山上隐蔽处，用以防止外人劫掠。仓房分二种：一种叫"捧千"，即大仓房，也就是公共仓房，每一个家族共同收获的粮食，都可积储在大仓房里面，共同食用；另一种叫做"捧秋"，即小仓房，也可叫私人仓房。一般说来，小仓房只是在儿子结婚后才能有的，小仓房象征着个体家庭的逐渐分离和私有制的

---

① 林耀华、庄孔韶：《父系家族公社形态研究》，第16—17页，青海人民出版社1984年版。

发展。但是，当一个家族的公有大仓房的粮食吃完之后，跟着便是轮流动用小仓房内的粮食了。大仓房必须由家族主妇管理，小仓房只能由儿媳管理。男子是从来不过问仓房及粮食的多寡等事务的，粮食吃完了，主妇告诉男人：“明天去打猎吧！”男人们便相约携带弩弓、砍刀、猎犬上山去打猎，或者在五六月间，相约集体去挖野粮，采集野菜①。

独龙族之外，我国云南景洪县的基诺族，大家族从宗姓公有地中分得自己的份地，或由大家族集体耕种，或再分配给各户（小家庭）耕种。通常一个家族也住在一所大房子里，一般包含有七八户。大房子之内的各户，是亲兄弟或堂兄弟的关系，其中有的集体生产，集体消费。如 20 世纪初曼雅老寨卓巴姓（该姓共三个大家族，占住三座大房子）白腊东（家族长名）家族，一家 68 人同耕共食，主要生产工具也是集体制造，集体使用。大房子里有四个火塘，两个做菜，两个做饭，各小家庭轮流为集体负责炊事。整个大家族有一个公共的大仓库②。

在易洛魁人的母系氏族社会中，社会的单位不是小家庭而是母系家族，家族的核心是一群成年的妇女，她们共同居住在一栋长屋里。纵贯长屋的中央有一走廊，在每隔 20 英尺处设有一个火塘，每一个小家庭即住在火塘旁边的一个隔间里。当一个男子结婚以后，就搬到妻家去住，他的妻子是长屋里的小家庭的一家之主。在家族内部，财产公有，食物虽然是在每一家的炉火上烹饪的，但却由女家族长统筹管理并分配给各个家庭。田地同样是家族的公共财产，村社也保留有一定的公有土地，以供节日宴会和其他的集体开支，家族间的贫富有所不同，但其差别非常微小而且是临时性的，因为共产制原则发挥了一种平衡和调节的作用。"整个村庄缺粮之日，才是任何一个成员挨饿之时。"③

将易洛魁人的母系家族、独龙族和基诺族的父系家族与姜寨、半坡等聚落中的社会组织及分配制度加以对比，我们将会发现，它们之间有不少共同之处，即都有小家庭—家族之类的组织结构，都实行家族土地共有共耕、平均分配、以小家庭为单位进行消费的原则，它们之间在房屋修盖形式上虽不尽相同，但房屋的组合及其结构原则仍有相同之处。然而，易洛魁实行的是

---

① 《独龙族社会历史调查》（一），第 47、61 页，云南民族出版社 1981 年版。
② 程德祺：《原始社会初探》，第 181 页，中央民族学院出版社 1988 年版。
③ ［美］乔治·彼得·穆达：《我们当代的原始民族》，第 194—195 页，童恩正译，四川省民族研究所 1980 年版。

母系制，独龙族和基诺族却实行的是父系制。为此，若以民族志为参照系，半坡、姜寨的家族、氏族组织究竟是母系的还是父系的，依然是一个悬而未决的问题。

以上多方面的讨论我们深深地体会到，从考古学上复原远古社会的亲属制度和世系继嗣是相当困难的。可以说国内外的考古学在解释史前血缘关系的形态时，基本上都没有取得过成功。到目前为止，这一领域一直是被行为方式所表现的。根据现代文化人类学的研究，在世系继嗣方面，除过父系和母系外，还有双系等形式。双系继嗣中分为双边继嗣和两可系继嗣[①]。双边继嗣，就是沿父和母双方线索通过父系和母系上溯和下溯辈分，平衡地和对称地计算亲属。而在两可系继嗣中，自我追溯的继嗣线索，可选择父方或母方的亲属群来定隶属关系，但是两方不是对称地追溯继嗣线索。和在双边继嗣中一样，两可系继嗣中的自我也是通过男方和女方追溯继嗣，但这条线迂回曲折，它包括某些女祖先或后裔，却排除另一些，它包括某些男祖先或后裔，却排除另一些。换句话说，这时自我计算继嗣并不是对称地和平等地通过母亲、父亲和双方祖父母进行的。

现代人类学的研究表明，世系继嗣与婚后从居形式有着极大的关系。双边继嗣与双边居相关联，而这一从居方式又总是反映出小家庭的流动性和适应性。从文化生态学上看，这种流动性和适应性对狩猎采集者是很有用的，而且是这些群体组织的固有特点。例如生活在南部非洲的昆人，原本是双边继嗣群，婚后主要实行双边居模式。昆人的营地以同胞兄弟姐妹为核心，加上他（她）们的配偶和孩子，还有较远的双边血亲和姻亲。每年，他们除短期相互访问外，大约有13％的人经常地从一个营地迁移到另一个营地，大约有35％的人把他们的时间平均地分在两三个营地上度过[②]。与昆人的生产和生活方式、聚落形态和社会结构相对比，姜寨、半坡等聚落里的世系继嗣，显然与双边继嗣相距甚远，因而可以将这一继嗣关系排除在外。

双系氏族中另一种继嗣是两可系继嗣，这一继嗣与两可居有关联。两可居是一种婚后从居形式，即有的夫妻同丈夫的亲属住，有的同妻子的亲属住。实行这种从居模式者不同于从事狩猎采集的双边居，因为前者不像后者

---

① ［美］马文·哈里斯：《文化人类学》，第159页，李培荣、高地译，东方出版社1988年版。
② ［美］乔治·彼得·穆达：《我们当代的原始民族》，第172页，童恩正译，四川省民族研究所1980年版。

那样在家族团体之间频繁地移动,而是夫妻婚后决定与丈夫的或妻子的家族团体比较长久地居住在一起,是一种比较安定的村居生活,也表明有较大的可能性来扩大家族内部在人和财产上的共同利益。尽管如此,这种双系继嗣群与单系(父系或母系)继嗣群相比,在内部团结、对外形成一体感等方面,还是远不如单系继嗣集团。而姜寨、半坡等聚落所表现出的内部高度团结(团结到聚落中每家的门都朝向中心广场的程度)、社会组织结构异常稳定、秩序井然的特征,当然是包括两可系在内的双系继嗣群所不能达到的。为此,笔者认为,仰韶文化前期社会的世系继嗣,属于单系继嗣的可能性最大。

国外一些文化人类学家早就发现,从事狩猎和采集的社会总是双系继嗣和(或)行双边居,因为他们的基本的生态调节需要当地的团体开放、能适应环境和不受地域限制。随着初农业文化和定居村落生活的发展,家族氏族等团体或聚落逐渐固定在一个地区,变得较为排外。他们的人口密度日渐加大,战争也更加激烈,而战争又更具有排外倾向,各个亲属群更加团结。在此情况下,由于单系继嗣群有固定的居住地,有高度的团结感,并认为唯独自己有权管理当地资源和人员,所以单系继嗣群为农业社会的主要亲属群。迈克尔·哈纳对797个农业社会做过抽样调查,他的研究表明,当人们从狩猎采集改为以农业为生时,单系继嗣群逐渐取代双系继嗣群[①]。

仰韶文化半坡类型社会的世系继嗣问题,虽说可以限定在单系继嗣的范围内加以探讨,但如前所述,依据目前的资料和研究手段,究竟是母系还是父系?依然还是一个待解之谜。不过还应看到,过去认为半坡类型属于发达的母系氏族社会的一些论据固然都不一定可靠,但是反过来,如果认为半坡、姜寨之类的聚落属于父系社会那就更是根据不足了。此外,在半坡类型时期,至今罕见成年男女二人合葬墓,而在它之后的墓葬中,如大汶口文化自刘林期(相当于仰韶文化庙底沟期)开始,一直到大汶口文化晚期,陆续发现有成年男女二人即夫妻合葬墓,在齐家文化中也有这一现象。这种埋葬制度反映的从夫居的婚姻状况,是进入父系社会才能有的现象。而在我国的古史传说中,夏商周秦各族最初的始祖全是女性,全都经历了由女始祖生出男始祖这一过程。对此,不少学者将它解释为由母系走向父系。笔者以为,

---

① [美]乔治·彼得·穆达:《我们当代的原始民族》,第175页,童恩正译,四川省民族研究所1980年版。

既然至今我们找不到任何可证明半坡时期的社会为父系社会的证据，而考古材料表明这一时期血亲组织相当牢固，家庭—家族—氏族的结构在聚落形态上表现得那么明显，氏族纽带依然发挥着自己的作用，男女地位基本平等，姜寨聚落里女性的随葬品平均较男性为多，那么，许多学者坚持将这一时期的社会性质判断为母系氏族社会是不为过分的。当然，即使将来有证据证明其为父系氏族社会，它也是民主型的、平等的、尚无父权的父系社会。此外，我们还应考虑到这一时期各地文化因素的差别及社会发展的不平衡性与多样性，因而不用母系或父系，即不用某一种世系继嗣制度来囊括黄河、长江诸流域的社会性质，似乎才更为明智。

世系继嗣的研究固属重要，但它仅仅是问题的一个方面，社会的组织结构、权力结构及其形态、社会的所有制及其生产关系都是构成社会的形态及其属性的基本因素。

通过前几节的论述我们获得，在相当于仰韶文化早期的聚落中，存在着小家庭—大家族—氏族之类的社会组织，聚落周围的土地等资源，呈现出聚落（氏族）所有，家族占有使用等特点，当时的陶器烧制和家畜饲养业也明显地表现为家族集体的公共事业，其产品自然只能在家族范围内平均分配。由于粮食采取大家族集体储存和家庭储存相结合，消费也采取大家族集体性开支和日常生活以小家庭为单位进行消费的两个层次，特别是小型房屋内既有火塘、炊器等生活用具，又有成套的农业生产工具，说明这种家庭的完整性。随着时间的推移，生产力的提高，这种小家庭就可能从经营小块园地开始，逐渐经营一部分土地，从而形成既有自己经营的土地，又有同整个家族的亲属集体耕种的土地这样一种双重局面。

家庭与家族是仰韶早期社会的最基本的二级单位。家族内的共有共耕关系和平均分配制度，是家族共产制的保证，也是这一时期各个墓葬之间看不出贫富悬殊的原因所在。但由于家庭既已成为一个生产和消费的单位，各家庭之间或因人口结构或因家庭成员所担任的社会职务及社会地位等因素，或多或少地产生一些差异也是难免的。而各家族之间也有可能因劳动人力的强弱、从聚落中分配的土地的肥瘠和经营状况等因素，逐渐出现财富占有不均的现象。这就使得我们在姜寨、北首岭等地看到，作为家庭与家庭之间，有些墓有三五件、十来件随葬品，也有少数墓完全没有随葬品。作为大家族与大家族之间，如北首岭东区的墓葬较讲究，墓坑清楚，有的有二层台，有的有板灰，有的有席痕，在35座单人葬中，平均随葬陶器5件，同时还有大量骨器和部分石器、蚌器、牙器等。其中77M4有陶器8件，骨镞86件，石斧、磨石、骨器各1件，陶罐中还放了两只鸡。77M8有陶器11件，骨镞42件，骨珠176粒，牙饰和石饰各1件。仅极个别的墓没有随葬品。南区的墓绝大多数墓圹不清楚，没有葬具痕迹，随葬品也很少，平均每人仅1.3件，其中半数以上的墓一件也没有。这些情况多少能反映家庭与家庭之间、家族与家族之间经济状况的某些差别。不过应该指出的是，即使随葬品最多的单人葬墓，也只是罗列了日常生活和生产的必需品，看不出剩余劳动的堆积，构不成贫富悬殊或分化的问题。

同一聚落内各家族之间和大家族内各家庭之间的这种经济状况的差别，虽说不甚明显，但它毕竟还是存在的，这种差别的产生，在生产关系上来源于家族所有或占有关系的出现，在生产力上来源于各家族和家庭的生产能力的差异。但在土地聚落所有、家族占有使用的多级集体所有制下，各家族间经济上的差别是不稳定的，当然也不可能是悬殊的。因为全聚落定期的土地重新分配将是消除这种差别的有力手段，从而使家族间财富占有不均的现象得到一定的调节。

关于仰韶早期的社会权力结构问题，有用的资料并不是很多。这一时期社会的权力结构首先应该与其社会的组织结构相对应，换言之，家族有其家长，氏族聚落有其首领或头人，部落有其酋长，至于各级权力系统中是单元的，还是多元的？各地的情况大概不尽相同，但至少聚落一级的权力中心应当是存在的。因为聚落中所有房屋的门都朝向中心广场即已说明这一点。这种权力中心主要是一种宗教礼仪中心，也是生产管理的中心——对聚落土地等自然资源的统筹管理和对生产季节的合理安排。根据我国云南基诺族的情况，这种宗教礼仪的主要内容是一种贯穿于全年农业生产全过程的农耕礼仪，它具有组织各重要生产环节的功能，因而聚落的宗教礼仪与生产管理和协调是合二而一的东西。

部落中的社会权力开始表现为部落首领的宗教巫术权力和军事权力，是部落权力走向集中化的起点。就这一时期部落首领的宗教巫术权力而言，河南濮阳西水坡遗址发现的三组用蚌壳摆成的人与龙虎图像，是很能说明问题的。

这三组"蚌图"所处的文化为仰韶文化后岗类型，距今约为6000多年前，是与半坡类型属于同一时期的不同地方类型的文化。三组"蚌图"的第一组也被称为45号墓，是人与蚌壳摆成的龙虎相组合图，人骨架在中，仰身直肢，头向为南偏西；在人骨的右边和左边用蚌壳摆成一龙一虎，人被龙虎相夹，龙虎的头向为北偏东（图Ⅲ—13）。第二组蚌图没有人骨架，是在龙虎的结合体上又有一小动物，有人主张是鹿，有人认为是兔，郝本性先生认为是熊。第三组是用蚌壳摆成一人骑于龙背的图像，三组蚌图的周围，仅有少数几个同期灰坑，第一组北面有一个墓葬，总之三组蚌图周围较空阔。

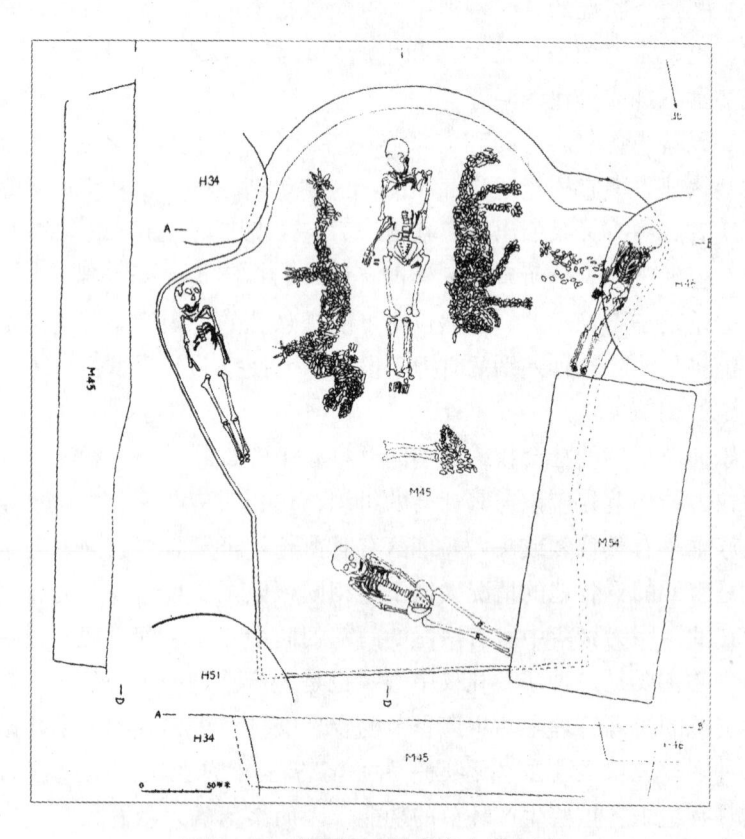

图Ⅲ—13　濮阳西水坡龙虎人组合图

　　濮阳蚌壳龙虎图的发现，引起了举世瞩目。当时的1988年，正是中国的龙年，蚌壳龙虎图中的龙，无论从其年代之早，还是从其形象之逼真，都可谓"天下第一龙"。对于这一重要发现，真可谓仁者见仁智者见智。有人从图腾角度提出了自己的看法，也有人据第一组蚌图等推论当时已进入父权社会，也有人从中国古代流行的四神（青龙、白虎、朱雀、玄武）观念作了探讨。

若将三组蚌图综合起来,并结合古代文献作系统的考虑,问题可能会清楚一些。首先要强调的是第一组蚌图即 45 号墓的墓主人身边东侧置龙,西侧置虎的现象不可能是图腾崇拜的反映。因为图腾,无论是个人图腾还是族图腾都是只取一个自然物或一种自然现象;一个族中可以有许许多多的个人图腾,但就某一个人来说只能有一个个人图腾;两个族相联盟时,可以两个图腾相并列,但两个族的图腾不能由一个人来统领,它可以并饰在同一器物上而不能集中一个人身上。至于由于族的融合和统一而发生两个或两个以上的众多图腾的糅合,糅合后的新的崇拜物确实包含有图腾的众多因素,但它是以一个新的共同体出现的,而不是原来的众多图腾的完整并列。同时,这种新的崇拜物已得到升华,脱离了原始图腾的范畴而不能再称为图腾。所以,45 号墓墓主人身边左龙右虎的现象决不是图腾崇拜现象而是我国古代最早的"左青龙右白虎"观念的展现。蚌图中的左龙右虎,同时也是东侧为龙西侧为虎。联系湖北随县曾侯乙墓漆箱上画着的东方苍龙、西方白虎,周围有二十八宿的图形,这种左青龙右白虎即东方苍龙西方白虎的摆置,绝非随意的摆放,而与当时的天象观念有关,也是巫术礼仪的一种要求,因而,45 号墓墓主人,当为身兼巫师的部落首领之类的人物。45 号墓和它以外的同一地层中另外二组蚌图是有关联的。其中的一组用蚌壳摆成龙背上骑有一人的图像,与属于战国时期的长沙子弹库帛画中死者驾龙而行寓意是一致的。可以推测,西水坡 45 号墓室内的龙虎图形同墓室外人骑在龙背上的龙虎图一样,都象征着死者的灵魂将要升天。龙因"春分而登天,秋分而潜渊",所以相传古者神人多乘龙,如《山海经》中就有祝融"乘两龙"、夏后启"乘两龙"、蓐收"乘两龙"、句芒"乘两龙"的记载。《大戴礼·五帝德》说:"颛顼乘龙而至四海","帝喾春夏乘龙"。至于龙虎并列而驾乘引导情形,古籍中也是有案可查的。《楚辞·惜誓》说:"登苍天而高举兮,历众山而日远。观江河之纡曲兮,离四海之霑濡。攀北极而一息兮,吸沆瀣以充虚。飞朱鸟使先驱兮,驾太一之象舆。苍龙蚴虬于左骖兮,白虎骋而为右騑。……"这里正是驾苍龙,骖白虎,才遨游于太空的。所以西水坡 45 号墓室内左龙右虎图和墓室外骑龙图象征着死者灵魂升天,是当时埋葬身兼巫师的部落首领时举行巫术礼仪活动的遗迹[①]。同时还应指出的是,在古人的眼里龙还为

---

① 王震中:《图腾与龙》,《民族与文化》第二十章,广西人民出版社 1990 年版。

春神、生神、农神；虎为秋神、死神、刑神①，所以，墓主人东侧置龙，是否也意味着东方苍龙所寓之春；西侧置虎，是否也意味着西方白虎所寓之秋？换言之，墓主人左龙右虎，是否同时也表示他掌握着宗教审判（即神断）、是握有生杀大权之人？据发掘简报报道，45号墓东、西、北三面的小龛内有人殉②，但不少学者对这三副人骨与45号墓是否有关系表示怀疑，有的甚至作了根本的否定③。这里暂且不管三副人骨架与45号墓是否有关系，若有关系，也不管这三副人骨架究竟是人殉，还是人祭，我们仅就墓室内墓主人左龙右虎，墓室外乘龙升天的宗教礼仪场面足可以判断，45号墓墓主人绝非一般之人，也绝不会是一个普通的巫师或萨满，其身份应当是部落首领，同时也具有巫师的职能。既然可以乘龙而升天，当然可以"沟通"人与神之间的关系，甚至可以成为神的代表。古史传说中，夏商周三代以前的部落或邦国的首领，多具有这种双重职能，而其中宗教权力表现得最突出的，首举活动在河南濮阳一带的帝颛顼。总之，濮阳西水坡遗址中以45号墓为首的三组蚌壳摆成的人与龙虎相结合的图像，生动地再现了6000多年前身兼巫师职能的部落首领死时举行的葬礼和灵魂升天等一系列巫术礼仪的场面。在这里，部落中的社会权力通过宗教巫术礼仪在部落首领身上得到了较为集中的体现。

对于农牧部落来说，社会中的公共权力，不仅通过宗教祭祀得到发展，而且也通过战争，以军事权力的形式趋于集中。有迹象表明，仰韶前期已存在固定的军事酋长。

在河南临汝阎村出土的一批仰韶文化陶器中曾有一件彩陶缸特别引人注目④。缸上画着一只白鹳衔着一条鱼，旁边竖立一把斧子。此画被命名为《鹳鱼石斧图》（图Ⅲ—14，彩图22）。陶缸个体甚大，通高47厘米、口径32.7厘米、底径19.5厘米，缸底部正中有一圆形穿孔。这种陶缸在伊洛嵩山一带仰韶文化阎村类型⑤的遗址中一再出现，由于在伊川发现得较早而且数量也比较多，所以习惯上把这种器物称为"伊川缸"。它是一种瓮棺葬具，

---

① 王震中：《图腾与龙》，《民族与文化》第二十章，广西人民出版社1990年版。
② 濮阳市文物管理委员会等：《河南濮阳西水坡遗址发掘简报》，《文物》1988年第3期。
③ 言明：《关于濮阳西水坡遗址发掘简报及其有关的两篇文章中若干问题的商榷》，《华夏考古》1988年第4期。
④ 临汝县文化馆：《临汝阎村新石器时代遗址调查》，《中原文物》1981年第1期。
⑤ 严文明：《略论仰韶文化的起源和发展阶段》，《纪念北京大学考古专家三十周年论文集》，第82页，文物出版社1990年版。

一般是用于埋葬成人，只有个别的埋葬小孩。

《鹳鱼石斧图》把鹳衔鱼和石斧这两类似乎毫不相干的事项画在一起，并且画在专为装殓成人尸骨的陶缸（棺）上，显然不能看做是一般的艺术作品，而另有其深刻的用意。对此，严文明先生曾有过精彩的解释。严先生认为，阎村遗址适当嵩山之阳，汝水之滨，地理条件相当优越。而整个伊洛—郑州类型（即阎村类型）是环绕嵩山分布的，阎村遗址正好在它的中心区域。各地发现的伊川缸都是素朴无彩的，唯独阎村有3件彩陶缸，画《鹳鱼石斧图》的一件乃是其中之一，由此可见其地位的特殊。假如仰韶文化伊洛—郑州类型代表着一个确定的人们共同体，则其规模至少够得上一个部落联盟，那么，阎村遗址就很有可能是这个联盟的中心部落的居址，而那个画《鹳鱼石斧图》的陶缸就应当是该部落的酋长——多半是对建立联盟有功的第一任酋长的葬具了。"在酋长的葬具上画一只白鹳衔一尾鱼，决不单是为了好看，也不是为着给酋长在天国玩赏，依我们看，这两种动物应该都是氏族图腾，白鹳是死者本人所属氏族的图腾，也是所属部落联盟中许多有相同名号的兄弟氏族的图腾，鲢鱼则是敌对联盟中支配氏族的图腾。这位酋长生前必定是英武善战的，他曾高举那作为权力标志的大石斧，率领白鹳氏族和本联盟的人民，同鲢鱼氏族进行殊死的战斗，取得了决定性的胜利。在他去世之后，为了纪念他的功勋，专门给他烧制了一个最大最好的陶缸，并且打破不在葬具上作画的惯例，用画笔把他的业绩记录在上面。当时的画师极尽渲染之能事，把画幅设计得尽可能的大，选用了最强的对比颜色。他把白鹳画得雄壮有力，气势高昂，用来歌颂本族人民的胜利；他把鲢鱼画得奄奄一息，俯首就擒，用来形容敌方的惨败。为了强调这场战斗的组织者和领导者的作用，他加意描绘了最能代表其身份和权威的大石斧，从而给我们留下了这样一幅具有历史意义的图画。"①

图Ⅲ—14
临汝阎村出土的《鹳鱼石斧图》彩陶缸

---

① 严文明：《鹳鱼石斧图跋》，《文物》1981年第12期。

我们知道，斧是钺的前身，《说文》就曾说："戉（钺），大斧也。"钺在中国古代是王权的象征，而王权又来源于军事酋长统帅之权的一面（详后第九章），所以《鹳鱼石斧图》中的大斧就是原始部落中军事酋长的权力标志物。图中的鹳和鱼，解释成两个敌对部落或部落群的部落神似乎更好一点。因为氏族图腾的限制太多，即使把它解释成部落联盟中许多有相同名号的兄弟氏族的图腾，也还是不能包括和代表同一联盟中以别的动植物为图腾的氏族，而部落神则不受这些限制，一个强大部落的部落神当然可以代表和统领联盟中的其他部落和部落神。人类学的研究表明，在原始民族的头脑中，部落与部落之战，实际上是部落神与部落神之战。古埃及的战争调色板的画面，也证明了这一点。因而《鹳鱼石斧图》中，在军事权力的标志物——大斧的旁边画着雄壮有力的白鹳衔着奄奄一息的鲢鱼，显然象征着白鹳部落或部落群对鲢鱼部落或部落群的战争和胜利。

画有《鹳鱼石斧图》的大缸，作为一种成人葬具，当然是用来埋葬在战胜鲢鱼部落或部落群的战争中英勇善战、立有大功的那位军事酋长的特制瓮棺。而这里的大斧，同仰韶时代后期和龙山时代在黄河、长江流域都出现的石钺、玉钺以及铜器时代的铜钺是一脉相承、连续有序的。这种军事统帅之权的标志物在仰韶时代前期的出现，说明这一时期已存在固定的军事酋帅这一职务。这一职务所具有的军事权力连同宗教上的祭祀之权，都将在下一聚落形态的社会中获得进一步的发展。

第四章 中心聚落（原始宗邑）与神庙文化

一 由平等聚落向原始宗邑的过渡

前面以仰韶文化半坡类型的材料为依据，论述了公元前4900—前4000年间氏族社会中，内外平等、内聚式的聚落形态。近几年来一系列重要的发现又给我们提供了公元前3500—前3000年间的中心聚落与半从属聚落的形态[①]。依我们的分析，这种内外都存在不平等因素的中心聚落形态实际上就是后世宗邑与村邑形态的雏形，而在成熟的中心聚落形态之前，即公元前4000—前3500年间，则是由内外平等的聚落形态向宗邑—村邑聚落形态的过渡阶段或称为中心聚落形态的初级阶段。

作为中心聚落形态的初级阶段，亦即仰韶文化的庙底沟期和大汶口文化的刘林期，它既有着生产上的发展，也有社会组织结构的转变。与前一时期相比，生产工具有所改进，石器磨制和穿孔的比例有所提高，特别是石铲的数量大增，形制规整、多样，反映了农业生产的发展。这一时期开始出现成年男女合葬墓，墓地中家族内的人数变少而家族的数量大增，呈现出从婚姻形态到社会组织结构的变化。有关这一时期的中心聚落遗址，近年来新发现的河南灵宝市西坡遗址和江苏张家港市东山村遗址，可以作为其典型代表。

西坡遗址位于河南省灵宝市阳平镇西坡村西北，坐落于自西南向东北倾斜的黄土塬上的铸鼎原南部，北距黄河约8公里，南距秦岭山脉北坡约4公里，东西有夫夫河、灵湖河蜿蜒流过，遗址现存面积约40万平方米，自

[①] 严文明：《中国新石器时代聚落形态的考察》，《庆祝苏秉琦考古五十五年论文集》，文物出版社1989年版。

2000年至2006年，中国社会科学院考古研究所、河南省文物考古研究所和三门峡市文物考古研究所等单位组成的联合考古队，对西坡遗址进行了六次发掘，发掘出仰韶文化中期即庙底沟期的特大型房址，以及大、中、小型的墓葬、灰坑、窑址等重要遗迹遗物，受到学术界的高度关注[①]。

　　西坡遗址的特大型房屋有两座，一座是F105，另一座是F106。F105（图Ⅳ—1）大致坐西朝东，平面略呈弧角正方形，以半地穴式主室为中心，四周设置回廊，东侧有一斜坡式门道。主室房基南北长19.85米，东西宽18.75米，面积约372平方米。主室室内南北长14.9米，东西宽13.7米，室内面积约204平方米。主室地面非常讲究，自上而下分为5层，最下的第5层是草拌泥层，其上的第4、第3、第2层是料礓层，最上的第1层是灰白色的细泥层。各层均非常硬密，除第2层外，每层表面均刷抹泥浆，并用辰砂涂成朱红色，似有特殊含义。室内有4个立柱分别位于西北部、东北部、西南部、东南部，起着支撑屋顶的作用。火塘位于室内东部正对门道处。主室的墙壁有一周墙壁柱洞，属于墙内柱。围绕着主室的四周有一回廊，留有一圈柱洞和柱础坑，有的柱础坑底部发现有辰砂。在F105的室内没有发现什么遗物，只是在室内柱洞D2内和填土中发现有少量的陶器残片等。F106（彩图23）也是半地穴式，室内居住面积约240平方米。居住面加工考究，有7层，最上一层为含大量料礓石的坚硬地面，表面亦涂朱。门道开设在北墙的中部，火塘正对着门道。除墙内有一周壁柱外，室内也有4个立柱，匀称地分布在室内对角线上。F105和F106的室内都没有发现用作生活和生产的工具之类，说明该房屋不是用来作为某一家庭或家族的普通生活之用，而有可能是用于集体议事的公房。

　　西坡聚落遗址中F106、F105这两座特大型房屋的发现，实际上是仰韶文化中期即庙底沟时期社会结构开始复杂化的重要证据之一。这两座特大型房屋同处遗址的中心部位，间隔约50米，两相对应，显示出该聚落有两个公共议事的公房，聚落的结构由两大单元组成。而聚落的墓葬材料又告诉我

[①] 中国社会科学院考古研究所河南一队等：《河南灵宝市西坡遗址试掘简报》，《考古》2001年第11期。《河南灵宝市西坡遗址2001年春发掘简报》，《华夏考古》2002年第2期。《河南灵宝西坡遗址105号仰韶文化房址》，《文物》2003年第8期。《河南灵宝市西坡遗址发现一座仰韶文化中期特大房址》，《考古》2005年第3期。《河南灵宝市西坡遗址2006年发现的仰韶文化中期大型墓葬》，《考古》2007年第2期。《河南灵宝市西坡遗址墓地2005年发掘简报》，《考古》2008年第1期。中国社会科学院考古研究所、河南省文物考古研究所：《灵宝西坡墓地》，文物出版社2010年版。

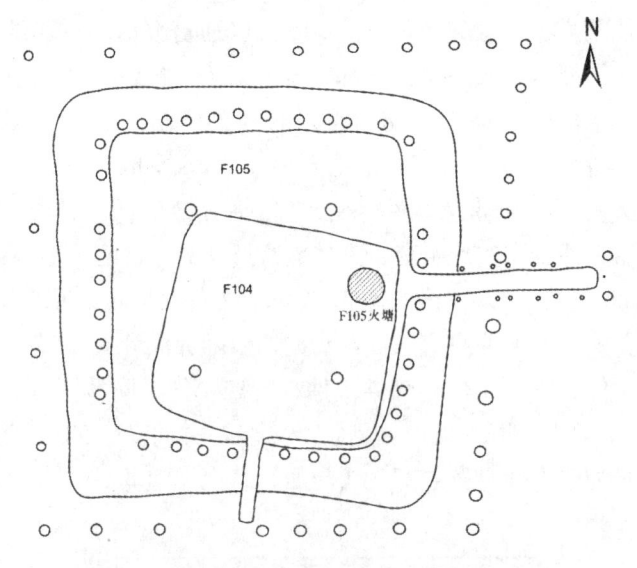

第四章　中心聚落（原始宗邑）与神庙文化　115

图Ⅳ—1　灵宝西坡遗址 105 号大型房址平面图

们，此时聚落内部已出现等级分化。

在西坡遗址的六次发掘中，2005 年的第五次发掘，揭露出庙底沟期的墓葬 22 座，2006 年的第六次发掘，揭露出庙底沟期的墓葬 12 座，合计共发掘出庙底沟时期的墓葬 34 座。已发掘出的这 34 座墓葬的墓地位于遗址南壕沟以南约 130—150 米处。发掘者根据墓穴的大小等因素，将这些墓葬分为大、中、小型三种，大型墓长 3.05—5 米、宽 2.25—3.6 米，中型墓长 2.5—2.9 米、宽 1.4—2.3 米，小型墓长 1.8—2.5 米、宽 0.6—1.2 米。一般说来，规模较大的墓葬都有随葬品，也有一些不太大的墓葬没有随葬品。较大的墓中，M8（图Ⅳ—2），墓口长 3.95 米，宽 3.09 米，墓深 2.35 米，方向 295 度。墓主为 30—35 岁的男性，葬式为单人仰身直肢葬，头向西略偏北。随葬品计有 10 件（套），包括玉钺 1 件、骨束发器 1 件、陶瓶 1 件、陶钵 2 件、陶釜灶 1 套、陶簋形器 2 件、陶大口缸 2 件。M11，墓口长 2.1 米，宽 1.87 米，墓深 0.69 米，方向 280 度。墓主性别不明，年龄大约 4 岁，葬式为单人仰身直肢葬。随葬品共计 12 件，包括玉钺 3 件、象牙镯 1 件、骨匕 4 件、骨锥 1 件、陶碗 1 件、陶钵 2 件。M27（彩图 24），墓口长约 5 米，宽约 3.4 米，方向 296 度。墓圹内用草拌泥封填，墓室和脚坑上用木板铺盖，墓室部分的木盖板上发现有覆盖类似麻布和草编物之类编织物的痕迹。墓主人为一成年男性，葬式为单人仰身直肢葬，脚坑中放置 9 件陶器，包括一对大口缸、一套釜灶及壶、钵、杯各一件。2件大口缸上腹部均有彩绘图案，是红色彩带上加一周黑点。其中1件唇部有朱砂痕迹，缸内填土中有涂抹朱砂的细麻布碎块，推测缸口原来可能用涂朱的麻布覆盖。中型墓M14，墓口长2.88米，宽2米，方向270度。墓主人为30—35岁的女性，葬式为单人仰身直肢葬，头向西。随葬品9件（套），包括骨簪1件、骨锥1件、石块1件、陶小口瓶1件、陶釜灶1套、陶带盖簋形器2套、陶钵1件、陶碗1件。中小型墓M11，墓口长2.1米，宽1.87米，方向280度。墓主为4岁小孩，性别不明，葬式为单人仰身直肢葬，头向西。随葬品计有12件，包括玉钺3件、象牙镯1件、骨匕4件、骨锥1件、陶碗1件、陶钵1件、陶曲腹钵1件。小型墓M1，墓口长2.05米，宽0.95米，方向275度。墓主为40—45岁男性，葬式为单人仰身直肢葬，头向西，墓内无随葬品。

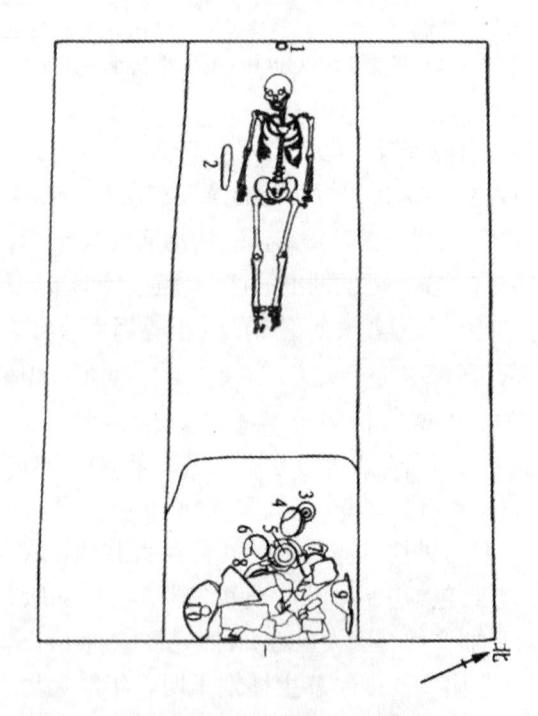

图Ⅳ—2 灵宝西坡遗址8号墓

虽然目前对于西坡遗址还未达到全面性的发掘，对于该聚落的全貌及其结构布局不是很清楚，但是从已有的发现可以看到，位于聚落中心、作为公共活动和议事场所的、两两相对的两座特大房屋，一方面似乎显示出该聚落内部是由两大单元组成，至于这两个单元究竟是氏族共同体还是家族或宗族共同体，限于目前的资料还无法进一步分析认定；另一方面这两座特大型房屋的规模之大、做工之讲究以及该聚落现存面积已达 40 万平方米，这似乎表明它是周边众多遗址的政治和文化的中心，在当时的聚落群中有其特殊地位。西坡遗址发掘出的 34 座墓葬资料，发掘者将其划分为大型墓、中型墓和小型墓三种类型，虽说这里所说的大型墓、中型墓其随葬品的数量和墓葬富裕的程度还不能与大汶口文化中晚期的同类墓葬相比拟，但它毕竟显现出聚落内部初步的不平等和差异。其中，在随葬品较丰富的墓主人中，M11 是一位年仅 4 岁的小孩，随葬有 12 件器物，包括 3 件玉钺、1 件象牙镯等，而玉钺无论是作为武器或者是作为斧类工具的象征物，都不是一个 4 岁小孩所真正能从事的工作，这似乎告诉我们这位 4 岁的小孩原本是要成为巫师的，但却不幸夭折身亡，故而其死后随葬的器物不但在数量上与那些被划分为大型墓者相比有过之而无不及，而且在种类上竟有 3 件玉钺。所以，如果说西坡遗址各类墓葬的墓坑规模大小以及随葬品的多寡，反映出的是所谓社会地位等级与初步的不平等的话，那么这种等级与不平等并非完全是由其生前的个人能力之类的因素决定的，而是由其"身份"之类的因素决定的，当然也是世袭的，因而一个 4 岁的小孩就可随葬含有 3 件玉钺在内的与大型墓一样多的随葬品。这一情形与人类学者弗里德（Morton H. Fried）所说的"等级社会"（rank society）中的"等级"（或译作"阶等"）的产生有相似之处。这样，作为仰韶文化中期亦即庙底沟时期的西坡遗址，实为该地当时聚落群中初级阶段的中心聚落形态，包括西坡遗址在内的种种迹象表明，由内外平等的聚落形态向中心聚落形态的过渡，即聚落形态的第一次演变就发生在这个时期。也就在这一时期，中国北方和南方诸多考古学文化表现出了许多新气象。

东山村遗址位于江苏张家港市金港镇东山村内。遗址北濒长江，西临香山，坐落在香山向东延伸的缓坡上。2008 年、2009 年南京博物院联合张家港市博物馆等单位对该遗址进行了两次抢救性考古发掘，主要揭露出一处崧泽文化时期的聚落，包括房址和墓地。此外，还清理了 10 座马家浜文化时期的墓葬[①]。

---

① 周润垦：《张家港市东山村遗址抢救性考古发掘取得重大收获》，《中国文物报》2010 年 1 月 29 日；周润垦：《江苏张家港市东山村新石器时代遗址》，"中国社会科学院考古学论坛——2009 年中国考古新发现"报告，2010 年 1 月 13 日。

东山村聚落遗址现存面积约 2.5 万平方米，两次发掘总面积为 2000 多平方米。位于聚落中心部位的是房屋，已发现房屋基址 5 座。遗址中的崧泽文化的墓葬分为东、西两区，分布在房屋的东、西两边。东区埋葬的均为小型墓，已发现早、中、晚三期墓葬 27 座，墓坑长约 2.2 米，宽约 0.8 米，墓内随葬品一般有 10 件左右，多的达 26 件，少的为 2—3 件。西区发现的 10 座墓葬中有 8 座是大型墓，有早期的，也有中期的。大型墓坑一般长约 3 米，宽约 1.6 米左右，随葬品多在 30 件以上，其中玉器即有 10 多件。如属于早期的 M90（彩图 25），墓坑长 3.05 米，宽 1.7—1.8 米，随葬品有 56 件，其中包括大型石钺 5 件，大型石锛 2 件，玉器 19 件，陶器 26 件；属于早期的 M92，墓坑长 3.3 米，宽 1.26 米，有 44 件随葬品，其中随葬的玉璜是崧泽文化中最长的玉璜，最大径 16.7 厘米，外围弧度长 21.5 厘米，器身上钻有五个系孔。再如属于中期的 M91，墓坑长 3.15 米，宽 1.76 米，随葬品有 38 件，其中有石钺等石器 2 件，玉钺等玉器 13 件，陶器 23 件；属于中期的 M93，其随葬品中玉器也有 15 件之多。这些墓葬都是单人一次葬，从早期的 M95 发现有棺痕来看，有的墓葬是先放置木棺，在棺外摆放器物，然后填一层细黄土，最后再填埋黄褐土，下葬和埋葬都是有讲究的。

东山村遗址发掘收获告诉我们，在江南地区的崧泽文化早期即距今五千七八百年前，这里已出现明显的社会分化，进入了中心聚落形态阶段。这与属于仰韶文化中期即仰韶文化庙底沟期的河南灵宝西坡遗址，在年代上是大体相近的，但在社会贫富分化和社会复杂化的程度上，东山村遗址显然要比灵宝西坡遗址明显得多。在这里，东区墓地属于贫穷者墓葬，西区墓地属于富贵者墓葬（发掘者称为高等级显贵墓群）。这种平民墓地与贵族墓地相分离的情形，在后来的良渚文化中有进一步的体现。这些富贵墓葬都随葬一定数量的玉器，其中有的是玉钺，也有的随葬多件石钺。而我们知道钺是军事权力的象征，后世作为王权的来源和重要组成部分的军事权力即以此为标志[①]。此外，90 号墓葬（M90）不但出土 5 件大型石钺和 19 件玉器，还出土二件大型石锛、一件石锥（质地为含铁量较高的矿石）、一件砺石、一堆石英砂等，发掘者认为这可能是一套制玉工具，表明墓主人生前握有生产玉器的大权。这说明 90 号墓主人的显贵地位有可能是由两个方面决定的，即既握有某种程度的军权亦掌握着生产玉器之权，这也是他既作战英勇又从事着

---

① 参见第九章"祭祀·战争与国家"第四节"王权的三个来源与组成"。

玉器这一特殊领域的手工业生产的一种体现。东山村遗址崧泽文化早中期显贵墓群的发现，以及与小型墓葬区域的严格分离，有力地改变了学术界以往对崧泽文化尤其是崧泽文化早中期社会文明化进程的认识，东山村遗址属于这一时期环太湖流域的一个中心聚落。

在北方的仰韶文化中期（庙底沟期）的河南灵宝西坡遗址和江南的崧泽文化早中期的江苏张家港东山村遗址出土的玉器中都有玉钺，这说明从中心聚落形态初级阶段起，无论是南方还是北方，战争和军事在社会复杂化过程中就发挥着明显的作用。这一情形一直持续到仰韶文化晚期、大汶口文化中晚期、龙山时期乃至后来的夏商时期。但在远比仰韶文化中期和崧泽文化早中期要晚得多的良渚文化中，其贵族墓葬除玉钺之外，还大量随葬玉琮和玉璧，特别是玉琮每每刻有繁缛或简化的人面兽面纹（也被称为神人兽面纹），形成独特的良渚文化玉器风格和时尚，这属于因宗教和玉礼器与礼制的繁缛而出现的文明化过程中的特化现象，对此我们在有关龙山时代的章节中将有进一步论述。其实，作为中心聚落形态，在促使社会复杂化方面，除了战争和军事的因素外，原始宗教和祭祀的相对集中和提升更发挥着巨大的作用。这一点在我们后面所论述的北方的红山文化和南方的凌家滩文化中将有更完整的说明。

灵宝西坡遗址和张家港东山村遗址告诉我们，作为聚落形态的第一次演变——由平等的农耕聚落走向不平等的中心聚落，就发生在距今6000年至5500年前这一时期。在中心聚落形态的初级阶段，除了社会复杂化和不平等外，还出现以下一系列现象：

首先，各系统文化的遗址的分布地区有显著的扩大，分布的密度有所增加，以仰韶文化为例，在这之前的半坡期，以渭河流域为中心的半坡类型。其分布范围东起潼关，西到天水，南至西乡，北及铜川，它是当时各地方类型中分布面积最大的一个。到了庙底沟期，在半坡类型基础上发展起来的以渭河流域为中心的泉护村类型，其分布范围向西推进到了兰州盆地，向北扩展到了河套地区。这些西移和北上的文化面貌都同中心区比较接近，很像是从中心区迁移过去的。在文化类型扩展的背后，一是表明人口的增长，二是人们迁徙能力的增强，三是社会经济、政治的繁荣与发展。

第二，各地区不同系统的诸文化之间有着显著的交流、影响和相互作用。呈现出同步发展的景象。在黄河中游与下游地区，仰韶文化与大汶口文化的交往较为显著的时期始于庙底沟期，亦即大汶口文化的刘林期。这一时期庙底沟类型的彩陶，对大汶口文化明显有影响，已为考古学界所熟知。诸如江苏邳县大墩子1963年发掘的两件Ⅰ式彩陶钵（图Ⅳ—3：1—2）和1966年第二次发掘的五件Ⅰ式彩陶钵（图Ⅳ—3：3），以及邳县刘林遗址出土的三件Ⅰ式彩陶钵，无论造型，还是彩绘图案都酷似于庙底沟期的同类器物，使人一看，简直会以为二者同出一人之手。

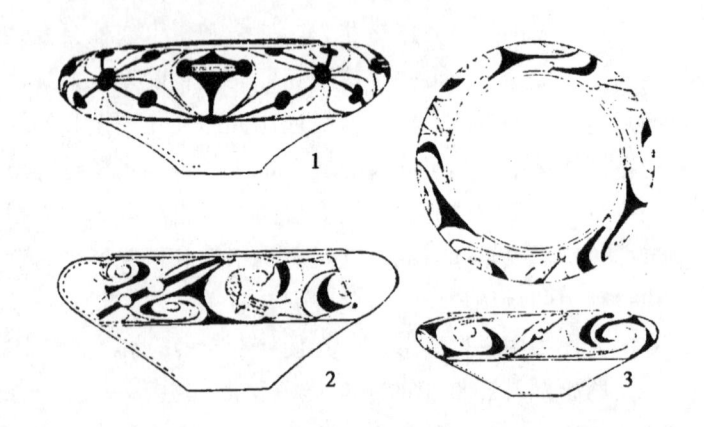

图Ⅳ—3　大汶口文化中的庙底沟式的彩陶

庙底沟类型的典型彩陶在大汶口文化刘林期遗址中一再出现，表明了仰韶文化庙底沟类型对大汶口文化的影响；反之，这一时期的大汶口文化对同时期的仰韶文化也有影响。我们知道，关中至豫西、晋南的仰韶文化，先后经历了半坡期、庙底沟期及西王村期三个阶段。在半坡期，炊器为夹砂罐，不见釜鼎等。到了庙底沟期，开始出现颇具特色的折腹釜及釜形鼎。这种折腹釜及釜形鼎既然在半坡型中找不到祖源，那么，它是否与别的文化传入、影响有关呢？考察早于庙底沟期和与之同时的文化类型——后岗、刘林，我们发现仰韶文化后岗类型虽说也有被称为釜的炊器，但其造型为圆罐形，与庙底沟类型迥然有别；后岗类型虽也有鼎，但亦为罐形鼎。而早中期的大汶口文化，无论北部兖州王因，还是南边的邳县刘林，都流行折腹的釜形鼎（图Ⅳ—4：1—3）。鼎的大量使用是大汶口文化一个非常显著的特点，这一文化传统一直持续到山东龙山文化时期，构成东方文化的传统因素之一[①]。

[①] 王震中：《夏商周文化中的东方渊源》，《华夏文明》第二集，北京大学出版社1990年版。

而且，大汶口文化早期流行的鼎又恰为釜形鼎，甚似于庙底沟类型（图Ⅳ—4：4—5）。更为可喜的是，在大汶口文化前身——接近北辛文化的遗存中，也发现有釜形鼎的前身——折腹釜的存在①，其时代早于王因早期，也大大地早于仰韶文化庙底沟类型。而且，鼎、釜及支座，在北辛文化中所占比例又最大②。为此，我们说，东方由釜加三足发展成釜形鼎，其后又发展出罐形、钵形、盆形鼎，形成了由北辛文化发展而来的大汶口文化的传统；而西方由夹砂罐变为折腹釜，再发展到釜形鼎，表现出庙底沟期关中至豫中的仰韶文化对传统炊器的改进，这一变革是东方大汶口文化对其影响的结果。

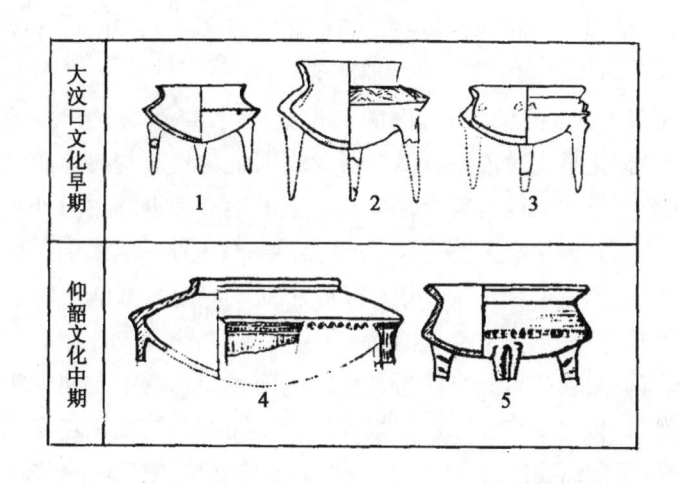

图Ⅳ—4 大汶口文化与仰韶文化中的釜形鼎

在黄河中游地区与长江中游地区之间，仰韶文化南下的影响，亦以庙底沟期最为强烈。诚如任式楠先生所指出，这种影响深入大溪文化中心区。另在鄂东长江之滨的黄冈螺蛳山墓中，也出土有庙底沟式纹饰的完整彩陶罐。在关庙山遗址大溪文化中期，发现有直领扁腹罐、敛口瓮、碗形豆、筒形瓶等，系在泥质红陶上，施红衣或白衣，主要使用黑彩，也有红彩、棕彩，绘平行条纹、圆点纹、弧线三角纹、花瓣纹等。彩陶纹饰风格与庙底沟式的很相近，但又有变动，而陶器形制则多属大溪文化自身的典型器物。还有，在

---

① 中国科学院考古研究所山东工作队：《山东泗水、兖州考古调查简报》，《考古》1965年第1期，第7页，图二：6。
② 中国社会科学院考古研究所等：《山东滕县北辛遗址发掘报告》，《考古学报》1984年第2期。

关庙山、宜都红花套也都发现与庙底沟类型相似的一些彩陶罐、彩陶筒形瓶和敛口钵，同样是仰韶因素的表现。此外，在关庙山出土的彩陶片图案，竟与甘肃甘谷灰地出土的仰韶中晚期的彩陶壶腹部一组图案相近。这种被称作鸟纹、变体鸟纹的彩陶器在甘肃东部数处地点都有发现。这说明，从黄河流域新石器文化给予大溪文化影响的地区和路线，可能并不限于一处[①]。

反过来，长江中游的大溪文化对庙底沟期的仰韶文化也有影响，只是这种影响局限于河南淅川一带，不像仰韶文化因素南下的那样深入，也不像后来的屈家岭文化的北上影响那样广泛和深入。在淅川下王岗仰韶二期遗存中[②]，含有中期大溪文化的因素或类似的器形，如敞口折腹圈足碗（M17：1）、折敛口圈足碗、曲腹杯、斜壁粗筒形瓶（或称杯，M7：54）、折棱皿形钮器盖（T4：320）、凹腰筒状彩陶器座等[③]。

黄河下游与长江下游地区之间的文化交流与影响也是历时相当长久的，其中在大汶口文化早期阶段，以淮安青莲岗遗址为代表的文化遗存，就是介于二者之间，是明显地含有南北文化因素的地方性遗存。另外，在安徽肥西古埂早期[④]、江苏海安青墩下层[⑤]、吴县草鞋山第6层[⑥]、崧泽（61T3：10）[⑦] 都有类似于仰韶文化庙底沟式彩陶片发现，这大概也主要是通过大汶口文化的媒介之后逐步南下渗透的。

我们知道，文化的对外交往与文化的内部发展和变革是相辅相成、互为因果的。通过文化间的交互作用，很容易使不同类型的文化之间走向同步发展的道路。根据前面我们对河南临汝阎村出土的绘有《鹳鱼石斧图》彩陶缸的分析，在这一时期各文化类型之间的交流和交互作用中，还伴有战争的因素。

第三，这一时期各地遗址不但面积大小和聚落规模的差别已逐渐明显，而且聚落内、外的不平等已显现了出来。例如河南灵宝市西坡遗址面积达40万平方米，河南陕县庙底沟有24万平方米。陕西华县泉护村约60万平方米，岐山王家咀也有20万平方米。这些遗址的面积远远地超过其他属于普通聚落的遗址。诚如严文明先生所指出，这些遗址中虽不全是这一时期的遗

---

① 任式楠：《长江黄河中下游新石器文化的交流》，《庆祝苏秉琦考古五十五年论文集》。
② 河南省文物考古研究所等：《淅川下王岗》，第334页，文物出版社1989年版。
③ 王震中：《夏商周文化中的东方渊源》，《华夏文明》第二集，北京大学出版社1990年版。
④ 安徽省文物考古研究所：《安徽肥西古埂新石器时代遗址》，《考古》1985年第7期。
⑤ 南京博物院：《江苏海安青墩遗址》，《考古学报》1983年第2期。
⑥ 南京博物院：《江苏吴县草鞋山遗址》，《文物资料丛刊》（3），1980年。
⑦ 上海市文物保管委员会：《崧泽》，文物出版社1987年版。

存,但这一时期毕竟占主要成分。

这种遗址面积大小的差别,除了体现出聚落人口规模、经济、军事实力的差别外,也应和各亲属部落群内逐渐形成宗邑性的中心聚落与普通聚落的等次有关。其中,诸如河南临汝阎村、灵宝西坡、陕县庙底沟、陕西华县泉护村等聚落就可以视作仰韶文化庙底沟期的阎村类型,庙底沟类型、泉护村类型中的宗邑性的中心聚落居址。

第四,从这一时期大汶口文化刘林类型和崧泽文化的墓葬来看,此时在一些地区已形成了父系的家族——宗族结构。

江苏邳县刘林遗址前后经过二次发掘共获得 167 座大汶口文化刘林期(或称刘林类型)的墓葬①。根据墓葬分布的疏密和墓地间的空隙,在有限的发掘内大体可分为五个墓群,每一墓群内的墓葬大多可分出横排的行列,有的相当整齐,显系当时人们有意的安排。发掘者认为,这种分群埋葬和分行排列,在一定程度上反映了当时的社会组织形式及死者之间的血缘亲属关系。那么,它们究竟反映了什么样的社会组织形式、什么样的血缘亲属关系呢?这是需要进一步探讨的。

刘林墓地所代表的遗存虽在大汶口文化中可以统称为刘林期和刘林类型,但是墓地本身又可分出早晚两个阶段即早期和晚期。在同期的各墓群内一般由南到北分为三四排也有分为六七排者(如探方 T403—406 和 T503—504 内的一群墓即第一墓群,被分为三组七排)。每排的死者,以第五群内由西到东横向发掘较充分的二排为例(图Ⅳ—5),同属早期的死者,从 M220—M98 一排有 12 人,从 M218—M86 一排有 10 人。各墓群中的死者人数,以发掘较充分(只是相对而言)的第一、第三、第五群为例,第一墓群前后两次发掘所得共 28 座,南北分为三组,全是早期墓,第三墓群两次发掘获得晚期墓 41 座;第五墓群中的早期墓约 30 座。这样,估计每个墓群的死者人数约在 30—40 人之间。死者的年龄除少数为少年和儿童外,90%以上都是 16—60 岁的成人,其中 50—60 岁的老年人占有一定的比例,如第五墓群 M220—M98 一排 15 人的墓葬中,有 55—60 岁的老年女性 3 人,老年男性 1 人。第一墓群靠北的那组中,有 60 岁左右的老年男女各 2 人。其他各排或各组也都有一两位老年人。

---

① 江苏省文物工作队:《江苏邳县刘林新石器时代遗址第一次发掘》,《考古学报》1962 年第 1 期;南京博物院:《江苏邳县刘林新石器时代遗址第二次发掘》,《考古学报》1965 年第 2 期。

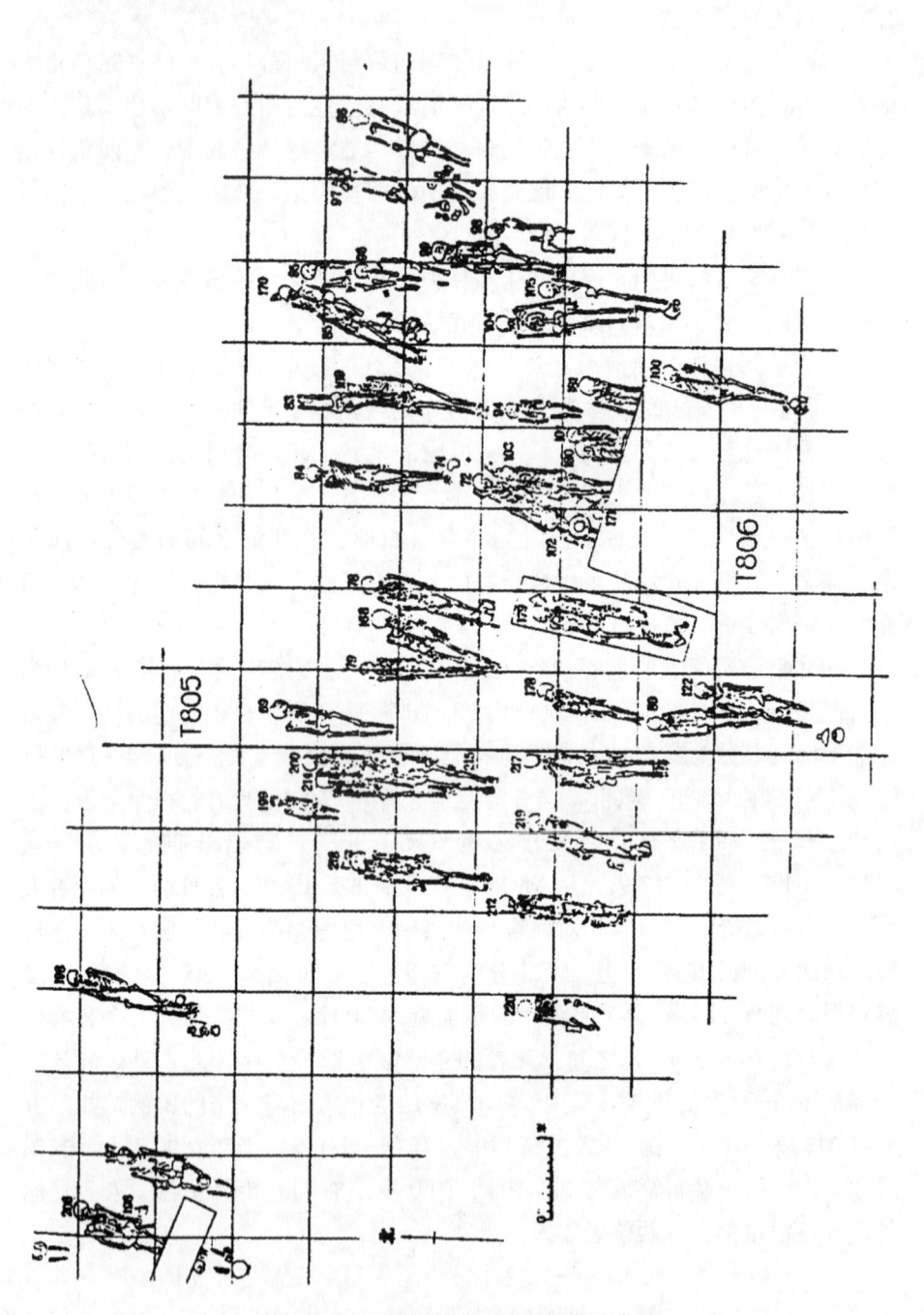

图Ⅳ—5　刘林墓地第五群早期墓分布图

根据以上现象可以看出，各个墓群中的每一排或每一组似乎代表了一个家族，由三四个这样的近亲家族组成一个墓群代表了一个近亲家族联合体，根据后面的分析我们将会知道，这种近亲家族联合体就是宗族组织，而刘林的整个墓葬区则是由若干这样的墓群即若干宗族茔地所构成。这样，刘林聚落内的社会组织形式应当是由若干小家庭组成一个家族，又由若干近亲家族组成一个宗族，再由若干宗族构成一个聚落共同体。

与刘林年代相近的长江下游地区的崧泽文化似乎也存在着家族—宗族结构。以上海青浦崧泽为例，在崧泽中层即崧泽文化层中曾发现有100座崧泽文化的墓葬，发掘者依据地层上的差异又将之分为第一期、第二期、第三期三个阶段。崧泽第一期为个体掩埋，墓葬比较分散。崧泽第二期和第三期虽仍为个体掩埋，但常常数具骨架排列在一起，并进而形成一个个墓群。如第三期共发现57座墓，主要集中为三个墓群，一群在土墩北部的探方下内，有10座墓排列在一起；另一群在土墩东北部的探方T4内，有17座墓排列在一起；还有一群在土墩南部探方60T6—61T16内，有20座集中在一起。每一群集中排列在一起的墓显然是一个家族，因家族人口规模有大有小，所以墓群中的墓数也有多有少。合这三个家族墓群可以构成一个近亲家族群。从发掘的情况看，在上述三群之外，在土墩的西部和西南部一带还发现有第二、三期的墓葬，可构成另一片墓区，其中又可分为南北不同的墓群。这样，崧泽墓地至少存在两个近亲家族群。由于作为墓地的土墩，长年遭受当地砖瓦厂的大量取土，破坏较多，所以土墩原来有几片墓葬，分属几个近亲家族群，现已很难估计了[①]。这种由若干家族组成的近亲家族群可以理解为宗族一级的亲族组织。这样，崧泽墓地所反映的社会组织结构也将是：个体家庭—家族—宗族—聚落共同体。

所谓宗族，就是由同一祖宗发展而来的若干近亲家族的联合结构，其中每个家族既是独立的，相互之间又是联合一致的。例如《左传》昭公三年说："晋之公族尽矣。肸闻之，公室将卑，其宗族枝叶先落，则公室从之。肸之宗十一族，唯羊舌氏在而已。肸又无子，公室无度，幸而得死，岂其获祀！"昭公五年说："羊舌四族，皆强家也。"晋之公族是以周王为代表的姬姓氏族（clan）中的一个宗族，"肸之宗"本是其中的一个家族，后来本身发展成为包含多个家族的宗族，而其中的羊舌家族后来又发展成为包含四个家

[①] 上海市文物保管委员会：《崧泽》，文物出版社1987年版。

族的宗族。由于宗族是由家族发展而来的，血缘亲族关系较氏族更密切，因而其特征是有明确而实际存在的共同始祖和宗氏谱系，在我国古代，还有其特定的祭祀和宗庙。宗族结构的长期发展，将会导致"主支"与"分支"、上级宗族与下级宗族之类的等级结构的形成，并出现上级宗族的祖庙同时就是下级宗族的远祖庙的格局。祖庙的所在地在周代被称为"宗邑"，又名"都"，是宗教统治的中心。如《左传》襄公十二年说："同姓于宗庙，同宗于祖庙，同族于祢庙。"庄公二十八年讲到卿大夫普通的邑与都的区别时曾明确地说："凡邑有先君宗庙之主曰都，无曰邑。邑曰筑，都曰城。"又如襄公二十七年："崔，宗邑也，必在宗主。"杜注："宗邑，宗庙所在。宗主谓崔明。"宗族成员，生时聚族而居，死后也聚族而葬。《周礼·司徒》就提到："以本俗六安万民，一曰微宫室，二曰族坟墓……"《逸周书·武纪》也有"挤社稷，先宗庙，离坟墓，困鬼神，残宗族，无为爱死矣"的记录。宗族各有自己的族长，在周代称之为"宗主"。宗主的妻子特称"宗妇"。此外，宗族有其公共族产，同宗共财。也组织自己的武装，形成族军。总之，家族与宗族是我国古代社会中重要的组织结构，是中国古代社会形态中带有特征性的东西。对此，前辈学者在20多年前就作过多方面的研究[①]。

商周时期的宗族组织及其相关的宗族制度是相当发达的。这不但有文字记载[②]，而且也被考古学的墓葬材料所印证[③]。那么，在商周之前，特别是在史前社会，有无宗族一类的组织呢？回答是肯定的。我们知道，既然宗族是由近亲家族群所组成，一个家族发展大了就要分立新家，像氏族大了就分出新氏族一样。这样发展下去，当然要形成一个又一个有明确而实际存在的共同祖宗的近亲家族群，每一个家族群就构成为一个宗族。也就是说，从人类学角度看，宗族只是若干近亲家族的联合体，并不以国家组织发展到何种

[①] 田昌五：《古代社会形态研究》，第200—235页，天津人民出版社1980年版；又《古代社会断代新论》，第88—100页，人民出版社1982年版。童书业：《论宗法制与封建制的关系》，《历史研究》1957年第8期。

[②] 由甲骨文反映的商代宗族组织和大小宗的宗法制度，可参见王贵民《商周制度考信》，第41—47页，台北明文书局1989年版。

[③] 参见中国社会科学院考古研究所安阳工作队：《1969—1977年殷墟西区墓葬发掘报告》，《考古学报》1979年第1期；杨锡璋：《商代的墓地制度》，《考古》1983年第10期。实际上，在作为晚商王都的殷墟，只有王族和那些强宗大族的宗族组织结构是紧密的。而对于那些外来者，如附属于商王的其他部族或族邦在朝为官者，他们在殷墟最初大多是以家族形式出现的，所以，殷墟最普通、最普遍、最基本的是家族组织。参见王震中《商代都邑》第五章第二节"殷墟布局的族居特点"中的"殷都的族氏结构"，中国社会科学出版社2010年版。

程度为前提。以周族为例，周人的宗族组织和宗族制度，并非是灭商以后才突然出现的或从商朝继承而来的，而是在灭商之前，在周人的早期历史中即已存在，是周人内部家族组织自身发展的结果。《大雅·公刘》有"君之宗之"的诗句，毛传曰："为之君，为之大宗也。"据周王族的宗氏谱系，公刘距周族的男性始祖后稷仅三代，《大雅·公刘》叙述的是周人早期历史的史事，在公刘时代，周人就出现了最高酋长与大宗宗子合一的组织结构，这足以说明周人的宗族是其家族组织自身发展的结果，它在周人的史前时期即已存在。周人之外，夏商及其之前的宗族组织的起源和发展，也应作如是观。

在史前即存在宗族组织是有民族学人类学证据的。英文中的 lineage、我国云南独龙族中的"克恩"、东北鄂伦春、达斡尔等族的"莫昆"，都属于宗族一级亲族组织。在宗族之上，毛利人的"伊威"，独龙族的"尼勒"，我国东北、内蒙古的满、赫哲、鄂伦春、鄂温克、达斡尔等民族的"哈拉"，都属氏族；在宗族之下，毛利人的"瓦瑙"，独龙族的"综"，东北鄂伦春、达斡尔等族的"莫音"，均为家族[1]。

在居住上，毛利人通常是同一"哈普"（宗族）的成员住在一起。组成一个村落。云南独龙族的"克恩"包含两三个或三四个父系大家族。每个家族约有二三十个成员，在一所干栏式的长屋里，以夫妻为单位，按火塘分单个隔间居住。而由若干家族组成的"克恩"，有的一个"克恩"就是一个单独的自然村，也有三四个"克恩"形成的一个自然村[2]。怒族的"提康"或称"的康"（宗族）是由大家族"提拉"发展而来的，它通常包括三四个提拉、少者八九户，多者三十户，已单独形成一村。例如福贡县木吉甲村73户怒族中分为三个"提康"，这三个"提康"是由十一代祖的兄弟三人繁衍下来的子孙组成；每个"提康"基本是居住在一个小村，有自己公有的山林，其下的各个"提拉"又有自己的山林和火山地[3]。基诺族的村寨一般由若干宗族组成，其中同一宗姓的各家族的住宅——竹楼，一般互相靠近（一个父系大家族占住一所大竹楼，大竹楼通道两边隔着一个个单间，供各小家庭居住），在更早的时期，也有一个宗姓住在一所大竹楼里的。据说，19世

---

[1] 程德琪：《原始社会初探》，第154—177页，中央民族学院出版社1988年版。
[2] 《独龙族社会历史调查》（一），第110—111页，云南人民出版社1981年版。
[3] 《怒族社会历史调查》，第68页，云南人民出版社1981年版。

纪末，龙帕老寨有一所大竹楼，内隔 150 个房间，估计住有 750 人[①]。

大量的民族学资料不但证明史前父系社会中宗族的普遍存在，而且普遍反映出在父系社会里，氏族血缘纽带的作用是微乎其微的，有的甚至很难寻找到其踪迹。代之而起的是宗族与家族结构。宗族一级的亲族组织在史前社会后期的出现，是十分自然的，而且是必然的。在我国上古时期，由于受强烈的祖先崇拜的作用和农业生产的稳定使得家族—宗族结构和组织更为发达，在社会生活中发挥着强有力的作用，成为财富积累、阶级分化、权力集中的重要基础。

通过对墓地中墓葬的排列、组合、分布规律的分析来窥视当时社会的亲族组织结构应该说是有依据的。我们知道，古代中国，族葬是一种文化传统。《周礼》宗伯属下有"墓大夫"一官，其职责是：

> 掌凡邦墓之地域，为之图，令国民族葬而掌其禁令，正其位，掌其度数，使皆有私地域。凡争墓地者，听其狱讼。

孙诒让《正义》说："令国民族葬者，谓于邦墓之中分地，令民各以族相从而葬。《大司徒》'本俗六安万民'二曰'族坟墓'，《周书·大聚》篇云：'坟墓相连，民乃有亲'，即族葬之法也。"孙诒让的解释是对的。族葬是宗族法则中的重要特点，它体现了生相近，死相聚的亲族原则。对此，郑玄在《周礼·大司徒》"以本俗六安万民，一曰媺（美）宫室，二曰族坟墓"的注中说："族，犹类也；同宗者，生相近，死相迫。"《白虎通·宗族》篇也说："族者，凑也，聚也，谓恩爱相流凑也。上奏高祖下至玄孙，一家有吉，百家聚之，合而为亲。生相亲爱，死相哀痛，有会聚之道，故谓之族。"在这里，"坟墓相连，民乃有亲"的组合方式应当是：在聚落或邦国的公共墓地中，首先同一家族的死者最紧密地相从而葬，其次同一宗族中的各个近亲家族相连会聚在一起。换言之，一个聚落若是由若干个宗族组成的话，那么聚落的公共墓地内可以划分出各宗族的茔地，此为"私地域"；在各宗族的茔地内，各个家族又以分排埋葬或其他形式更紧密地聚凑在一起。墓葬排列、组合的方式及其疏密程度是其亲戚关系的远近、亲疏的体现，这就是

[①] 1982 年冬，笔者曾同中国社会科学院历史所先秦史研究室主任周自强先生等一行四人，一起前往云南基诺族、四川凉山彝族等地作过两个月的民族学调查。

"生相亲爱，死相哀痛"的"会聚之道"，也是宗族法则之一。从刘林墓地中分排分群埋葬，到大汶口墓地分群分片埋葬①，再到山西襄汾陶寺龙山时期墓地分片分区埋葬②，最后到殷墟西区1500座中小型墓葬中也分片分区埋葬（各墓区内又可分成许多小区即片，各小区的墓葬聚在一起，从十多座到三四十座不等。详下一章）③，可以看到家族—宗族组织和结构在墓葬制度上的连续性。这种连续性是中国古代社会发展和文明起源与发展中连续性的极好体现。而从大汶口文化刘林期（大汶口文化中期）亦即仰韶文化庙底沟期（仰韶文化中期）开始，中国的许多地区已处在由姜寨、半坡式的大家族—氏族结构向刘林式的家族—宗族结构的转变时期。

将刘林等墓葬材料所反映的家族—宗族组织形式与这一时期各地遗址的面积大小以及房屋规格分等和贫富开始分化的现象相联系，似乎可以作出这样的解释：由于家族—宗族结构的形成，氏族对人们的束缚就不那么严厉了，人们可以改变过去那种一个氏族的成员共居一邑即一个聚落的状况，聚落的建立既可以是一宗一邑式的，也可以是若干宗族共处的。当然若干宗族共居于一邑，最初主要是同姓的近亲宗族，聚族而居，后来也就不那么严格了。这种若干宗族特别是若干大宗族联合体的居住地显然较那些一宗一邑或若干弱小宗族联合体的居住地，其规模自然要大得多。随着宗族结构和社会不平等的发展，强宗将演变为宗法体系中的主支即后来的"大宗"，弱宗将变成分支即后来的"小宗"，并形式在下一节中我们将要叙述的那种"宗邑与村邑"相结合的聚落形态。

大汶口文化刘林、花厅类型（二者为大汶口文化早期末和中期）的墓葬材料，不但为我们提供了当时的家族—宗族组织形式，而且还可以窥视出当时的血缘继嗣关系和社会中已出现初步不平等的情形。

我们知道，在埋葬制度中，人们对成年男女二人合葬墓是很敏感的。一般来说，这种合葬墓每每是夫妻合葬墓，它是一夫一妻制婚姻形态的写照。

---

① 山东省文物管理处等：《大汶口》，第4页，文物出版社1974年版。
② 可参见第五章"龙山时代的聚落与生产"。
③ 参见中国社会科学院考古研究所安阳工作队：《1969—1977年殷墟西区墓葬发掘报告》，《考古学报》1979年第1期；杨锡璋：《商代的墓地制度》，《考古》1983年第10期。实际上，在作为晚商王都的殷墟，只有王族和那些强宗大族的宗族组织结构是紧密的。而对于那些外来者，如附属于商王的其他部族或族邦在朝为官者，他们在殷墟最初大多是以家族形式出现的，所以，殷墟最普通、最普遍、最基本的是家族组织。参见王震中《商代都邑》第五章第二节"殷墟布局的族居特点"中的"殷都的族氏结构"，中国社会科学出版社2010年版。

而一夫一妻制的婚姻形态是父系社会的产物。在刘林先后发现过三四座年龄相当的二人合葬墓，其中能做出性别鉴定的 102 号墓是一座两位 55 岁以上的老年男女合葬墓。从两人上身相靠，下身分开，男性人的左臂压在女性人架的右臂上的情形看，二者属于同时死亡，一次合葬。在大墩子刘林花厅期也发现过四座年龄相当的男女二人合葬墓和一座男性大人带小孩的合葬墓。其葬式也是仰身直卧、并排紧靠，所以也多为同时死亡，一次合葬。我们知道，在一个社会中夫妻同时死亡者毕竟属于个别情况，所以不但在刘林及其之后的铜石并用时代的墓葬中，就是在商周时期的墓葬中，夫妻合葬墓总是极少数。这种少数的颇为珍贵的夫妻合葬墓透露出当时的婚姻形态已属一夫一妻制，再考虑到还存在男性大人带小孩合葬的情形，可以认为这时的社会是父系社会，其家族—宗族结构和谱系是按父系计算的。

　　刘林的墓葬材料还可以分出早期和晚期，从刘林早期墓看，在最初的父系家族中，男女地位尚属平等，各家族间和宗族间的财富占有不均的现象并不明显。但到了刘林晚期墓，无论是大墩子还是刘林遗址，随葬品丰厚者多为男性墓①，同时也出现家族间和宗族间的财富占有不均的现象，当然还只是初步的。如，刘林遗址第三墓群中各墓的平均随葬品就多于其他墓群。这种趋势进一步发展，在花厅期表现得更为显著，到了大汶口文化晚期，就形成了贵族宗族与平民宗族的差别。

　　在大汶口文化刘林、花厅期即大汶口文化早期末到中期，除了财富占有不均现象逐渐显现外②，还可以看到专业工匠和巫师人员的存在。如大墩子 38 号墓的死者是位 40 多岁的男性，在随葬的 55 件器物中，仅骨牙和牙料一项就达 37 件，并与 4 条砺石并出，显然是一个制骨的工匠。而大墩子 102 号墓的死者，由其随葬 5 块与彩陶上的彩绘颜色相一致的颜料石来看，他似乎是一位制陶业中绘图上彩的专家③，只不过又由其还同时随葬龟甲、6 枚

---

　　① 在刘林随葬品最多的 182 号墓是一位 15 岁左右的男性，随葬器物达 32 件，还有两副龟甲。看来他是一位早逝的男巫。其次 185 号墓随葬品达 25 件，是一位 25 岁左右的男性。大墩子刘林期，随葬品最多的是 44 号墓，死者是一个 30 多岁的男性，随葬品达 53 件。其次 53 号墓，随葬品有 35 件，是一个中年男性。总之，随葬品在 25 件以上者，均为男性。

　　② 在刘林第二次发掘的 145 座墓中，有 18 座没有随葬品；随葬 1—8 件的有 100 座；随葬 9—15 件的有 19 座；随葬 19—32 件的有 8 座。在大墩子 342 座墓葬中，随葬品最多的达 60 件以上（M32），而有 28 座墓却空无一物。

　　③ 发掘报告说，五块颜料石是绘制彩陶的颜料石。如果用水蘸湿石块，在粗面上研磨，即得赭红色粉末，与彩陶的红色完全一致。（见《考古学集刊》第一集）

骨针等考虑，这位50多岁的老年男性，也是一位巫师。此墓随葬品达26件，其中陶鼎就有10件，还有石斧、石铲、石锛、两块猪下颌骨等，既表明他有相当的身份地位，也说明他同时参与农业生产活动。

在刘林和大墩子两地的墓葬中，都可以见到几座随葬龟甲的墓葬。有的只随葬一两副龟甲而别无他物，如刘林158号墓和大墩子21号墓等。这大概是身份较低的巫职人员。有的在随葬龟甲的同时，还随葬相当多的其他器物，与同期的其他墓葬相比，随葬品明显地丰厚。如刘林随葬品最多的182号墓，在32件随葬品中就有3副龟甲，龟甲内有十余粒小石子。大墩子44号墓随葬的器物大小共53件，也随葬有2副龟甲，1副内装6枚骨针。大墩子53号墓，随葬品达35件，也有1副龟甲。这些龟甲出土时都位于死者的左腹部或腰侧，在背腹甲的一端或两端穿有若干小圆孔，似乎是挂在腰部或腹侧随身携带的。发掘时在龟甲内往往发现盛有若干小石子或骨针之类的东西，好像是通过摇动进行占卜。综观史前社会，一部分死者在腰侧随葬龟甲的习俗在大汶口文化晚期的墓葬中也有发现，如在大汶口墓地133座墓葬中，发现龟甲20件，出土于11座墓中。一般在背腹甲上也穿有小孔，有的孔显然是为了携带用的。在甲壳内也每每发现盛有若干小石头子之类。如前所述，在河南舞阳贾湖遗址距今8000多年前的裴李岗文化墓葬中出土的龟甲里，也装有小石子，尾部也钻了小圆孔，龟甲上面还刻有一个"目"字。联系商周时期用龟甲占卜的习俗以及我国古代对龟崇拜的传统，可以肯定凡随葬龟甲者都是巫职人员，根据刘林期墓葬性别鉴定的情况看，他们当中有男有女，身份地位也有高有低，其中一部分可以列入当时最富有者的行列之中。不过，即使是这些最富有者也随葬农业生产工具，说明他们尚未脱离农业生活劳动。

总之，种种迹象表明，在中国，相当于大汶口文化刘林期，即仰韶文化庙底沟期，是社会由大体平等到初步不平等的转变期，而这种转变，我们无论是从姜寨、半坡等聚落中大家族的发展趋势看，还是就刘林墓地中家族—宗族结构而论，都是通过家族组织进行的，是在家族内完成的[1]，在转变后的父系社会中，家族与宗族日益发挥着各自的功能作用，而氏族纽带的束缚

---

[1] 田昌五：《古代社会形态研究》，第200—235页，天津人民出版社1980年版；又《古代社会断代新论》，第88—100页，人民出版社1982年版。童书业：《论宗法制与封建制的关系》，《历史研究》1957年第8期。

则日趋衰减。所以，这一时期诸如河南灵宝西坡遗址、江苏张家港东山村遗址所代表的作为初级中心聚落，其聚落内的不平等也应纳入史前家族—宗族结构的不平等之中。

二　原始宗邑与村邑形态的出现

愈益增加的考古发现表明，至少在中国新石器时代晚期以后，即相当于仰韶文化后期的阶段，已经开始懂得冶炼和制造铜器，例如在甘肃东乡林家马家窑类型的地层中发现有用单范铸成的青铜刀及其他铜器碎块[①]，在山西榆次源涡镇仰韶文化晚期的陶片上附有铜渣[②]，在河北武安赵窑仰韶文化中发现将军盔残片和铜炼渣[③]，在山东泰安大汶口文化晚期一号墓随葬的一件小骨凿上附着铜绿，含铜率为 9.9%，也许是铜器加工的遗迹[④]，最近又在红山文化的宗教圣地牛河梁发现两处坩埚炼铜遗址，因被汉代的烽火台遗址破坏，与汉代的陶片混在一起，给清理、研究和年代的确定带来了困难，不过，在四号积石冢里发现的铜环则属于墓葬出土[⑤]。

从冶金史的角度着眼，上述诸遗址出土的铜器已不属于使用自然铜，而进入了冶炼铜器的技术水平。我们知道，在冶金史上，铜矿的冶炼是铜器时代开始的唯一标志[⑥]，但在考古学的习惯中，人们往往将刚刚开始的铜器冶炼时期称为铜石并用时期，将此视为由石器时代向铜器时代的过渡阶段。因约定俗成的缘故，在这里，我们将相当于仰韶文化后期的这一阶段称为"铜石并用时期"，而将其后的龙山时代称为"早期铜器时代"。

在中国的铜石并用时期即公元前 3500—前 3000 年左右，聚落形态的演变进入了一个新的阶段，各地明显地出现了中心性的聚落和神庙文化的特色。属于这个时期的考古学文化，除了中原及关中地区为仰韶后期外，在甘肃、青海为马家窑文化，在内蒙古东南部和辽宁西部为红山文化后期，在山

---

① 北京钢铁学院冶金史组：《中国早期铜器的初步研究》，《考古学报》1981 年第 3 期。
② 严文明：《论中国的铜石并用时代》，《史前研究》1984 年第 1 期。
③ 唐云明、孟繁峰：《河北仰韶文化的发现和研究》，《论仰韶文化》（《中原文物》1986 年特刊），第 125 页。
④ 山东省文物管理处等：《大汶口》，第 124 页。
⑤ 孙守道：《牛河梁的发现与红山文化的再认识》，见于 1991 年 11 月 28 日中国社会科学院考古研究所"考古报告会"上孙守道先生的发言报告。
⑥ 华觉明等编译：《世界冶金发展史》，第 11 页，科学技术文献出版社 1985 年版。

东和江苏北部为大汶口文化后期,在长江中游为大溪文化后期和屈家岭文化,在长江下游有薛家岗文化、崧泽文化和良渚文化早期等。

聚落形态的发展体现了社会形态的演进,与前一时期即仰韶文化半坡期时内外平等、自主、内聚式的聚落形态相比,这一时期的聚落已明显地出现了分化。这种分化,表现在聚落之间,是聚落的大小和功能上的显著变化,出现了中心聚落与半从属聚落这样不同的等级。中心聚落在含有亲属关系的聚落群中具有政治、军事、文化和宗教等中心的地位和作用,同时也是贵族的聚集地;半从属聚落,多为一般的居民点,也有一些为聚落群中的经济专业点。分化的另一种表现,是聚落内部布局的改变和父系家族相对独立性的增长。

这一时期的聚落文化,类似于西亚、中美洲的神庙文化或被称为形成期的文化,与人类学中酋邦制发展阶段、特别是"复杂酋邦"的发展阶段相平行。这是一个由原始社会向文明社会的重要转变时期。

在我国,这时期较著名的大型聚落有甘肃秦安大地湾遗址第四期[1]、河南郑州大河村[2]、山东泰安大汶口、莒县陵阳河、大朱村、湖北京山屈家岭[3]和安徽含山凌家滩[4]等处。其中大河村近40多万平方米、大地湾约50万平方米、大汶口80多万平方米、凌家滩160万平方米,而同期一般性遗址仅有几万乃至几千平方米[5]。单就聚落面积所反映的人口集结的规模来说,中心聚落与普通聚落的差别就很显著。这些大型聚落遗址,因发掘所获得的内容各有特点,集每一聚落所得的考古发现,可以描述出这时期中心聚落形态的各个侧面。

大地湾遗址第四期聚落坐落在半山腰上,随地形变化而分为若干小区。每一小区中都有面积颇大、建筑技术甚高的大型房屋,从而构成一区即为一

---

[1] 甘肃省博物馆文物工作队:《甘肃秦安大地湾第九区发掘简报》,《文物》1983年第11期;甘肃省博物馆文物工作队:《秦安大地湾405号新石器房屋遗址》,《文物》1983年第11期;甘肃省文物工作队:《甘肃秦安大地湾901号房址发掘简报》,《文物》1986年第2期;甘肃省文物考古研究所:《秦安大地湾》,文物出版社2006年版。

[2] 郑州市博物馆:《郑州大河村遗址发掘报告》,《考古学报》1979年第3期;郑州市文物考古研究所:《郑州大河村》。

[3] 中国科学院考古研究所:《京山屈家岭》,文物出版社1965年版。

[4] 安徽省文物考古研究所:《凌家滩——田野考古发掘报告之一》,文物出版社2006年版。

[5] 严文明:《中国新石器时代聚落形态的考察》,《庆祝苏秉琦考古五十五年论文集》,文物出版社1989年版。

单位的格局，而位于中心区的 901 号特大房子，无论从其所处的位置，还是从其建筑规模以及附属的建筑和广场，都说明它具有特殊而重要的地位和功用。它一方面直接指示出此时的大地湾遗址内部中心区的主从关系，另一方面也是大地湾遗址作为这一区域内中心聚落的重要标志物。

901 号大房子（图Ⅳ—6）是多间式的，前有辉煌的殿堂，后有居室，左右各有厢房。前堂有左右对称的两个直径的 90 厘米的大圆柱，即顶梁柱，有直径 2.5 米以上的火塘，前堂有正门 3 个，还有与左右厢房连通的两个侧门。由于对前堂的重视，其地面经过多层特别处理；最后用类似水泥的东西掺陶质轻骨料铺垫，表面用类似现代水泥的胶结材料打磨光滑，使之坚硬平整，色泽光亮，裂纹极少，其硬度至今不低于 100 号水泥。这座房子本身有 290 平方米，在这座房子近千平方米的范围内，没有同期房址，从而形成一个以这座房子为中心的广场。在前堂前面的广场上，距前堂 4 米左右，立有两排柱子，柱子前面有一排青石板。一个 290 平方米的殿堂式的房子，再加上广阔的广场，是迄今所见这一时期规模甚大，规格最高，结构最为复杂的建筑。它显然是一种特殊的公用建筑。

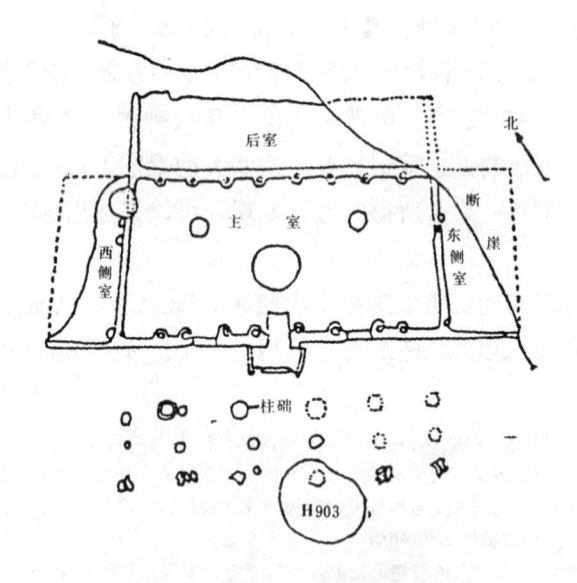

图Ⅳ—6　大地湾 901 号殿堂平面图

王国维曾推测中国宫室建筑格局发展的大致趋势是，从简单之室扩其外而为堂，于是有前后之分；扩其旁为房或更扩堂之左右而为厢，于是有左右之别①。从结构上看，901号大房子前有殿堂后有居室，左右有厢房，显然是后世前堂后室、前朝后寝、左右有房之类庙堂宫室建筑的滥觞。再从其规模、尊卑等级、宗教色彩上看，它和后世作为国家祭祀、议政、册命、筹谋即祭政合一的"大室""明堂"的作用是一样的。戴震《明堂考》说："王者而后有明堂，其制盖起于古远。夏曰世室，殷曰重屋，周曰明堂。三代相因，异名同实。"《周礼·考工记》："夏后氏世室。"《竹书纪年》："帝命夏后有事于太室。"《穀梁传》文公十三年："大室屋坏……大室犹世室也。"《左传》亦作"大室"，而《公羊传》作"世室屋坏"。所以"世室"即"大室"。《尚书·洛诰》记载周成王在新都洛邑建成后，"王入太室裸"，是一种以酒灌地而求降神之祭礼。《礼记月令》也说："天子居大庙大室，"又曰："天子居明堂大庙。"顾颉刚解释说："此类屋宇以容积言，谓之'大室'，以方向言，又可谓'明堂'。"②《孟子·梁惠王下》："夫明堂者，王者之堂也。王欲行王政则勿毁之矣。"《淮南子·本经训》："堂大足以周旋理文，静洁足以享上帝，礼鬼神。"高诱注："明堂，王者布政之宫。"《礼记·明堂位》："朝诸侯于明堂。"

　　大地湾901号大房子中位于中央的前堂，其面积达130平方米，以其面积而言，显然可谓之为"大室"；以其后有居室而且坐南朝北，含有3个正门而言，又可谓之"明堂"。其地面经过多层特殊处理，坚硬光亮，做工考究，自然也合乎"静洁足以享上帝，礼鬼神"的特殊要求。因而，从行政角度讲，它是当时酋长首领们集会议事、布政之宫；从宗教祭祀角度论，它又是人们举行宗教活动的中心庙堂。房前的两排柱子，有可能是代表各氏族部落的图腾柱，也有可能是挂设各宗系旌旗的立柱，而两排子柱子前面的那排青石，则可能是贡献牺牲的祭台。至于以901号庙堂大室为中心而形成的广场，当然也是举行重大的集体活动时使用的神圣的空间。

　　大地湾第四期遗址中各小区都有面积颇大、建筑技术甚高的大型房屋，例如位于阎家沟小溪和五营河交汇处的半山腰的405号房子，面积即为150平方米。依据前面的分析，这种大房子在距今六七千年前的姜寨是大家族的公房，在半坡则是全聚落亦即全氏族共有的公房，而到了仰韶后期、在父系社会的大地湾第四期遗址，则似乎是宗族的公房即后世宗族祠堂的滥觞。而

---

① 王国维：《明堂庙寝通考》，《观堂集林》卷三。
② 顾颉刚：《史林杂识》（初编），第148页，中华书局1977年版。

整个大地湾则可构成一个以某一强大的宗族为中心的众多同姓和同盟宗族相聚的宗邑所在地。这样，位于中心区 901 号庙堂式的大房子（太室），首先是一个强大宗族的中心，同时也是具有亲属关系共居于一地的宗族同盟的中心，最后还是以这些宗族同盟为首的一个部落或部落群的中心。这是因为，在由史前向文明的转变中，不但出现个人间的尊卑等级，而且在具有亲属关系的氏族部落内也萌发类似于后世的大小宗的差别，最初的强宗即宗族结构中的主支，它以其强大的军事和经济的实力为后盾，以部落神的直系后裔为依据，掌握了整个部落的军事指挥权、宗教祭祀权和"族权"，从而它的所在地即成为这一部落的政治、军事、经济、宗教和文化的中心，这种政治、经济中心和宗庙的所在地，在周代的文献中称为"宗邑"。

这一时期普通的聚落不见壕沟之类的防御设施，并不是说战争大大减弱或已消失，而是由于战争的形式和组织结构有所变化，这时的战争可能主要表现为地区与地区即部落群与部落群之间的战争，在同一地区内同一类型文化的诸聚落之间，战争的色彩较淡。由于战争的规模和形式的变化，单一的聚落，依靠壕沟和本聚落的力量，已不足以对付敌对部落群即"外族"的进攻，而需联合本部落群即"本族"的力量共同对敌，从而本族内强有力的部落的强大宗族就会逐渐演变为统帅性的宗族，成为本族的强宗即后世的大宗，在一个聚落群内带有宗邑性质的中心聚落亦即应运而生，后来的城邑即都邑也是在这一基础上形成的。

与上述分析相类似，秘鲁沿海的谷地，在史前随着居住在谷地里的人口的第一次迅速增长，也有频繁的战争相伴随的迹象，但这些迹象都显示出谷地之间的战争，而不是谷地内部的战争。在这里"单独的村落是不设防的，但在谷地边缘就有公共防御设施。在这谷底的另一部分，有成串的村落，它们之间没有任何内部冲突的迹象。后来的设防也只是在谷地边缘地带或谷口，有些设施甚至完全与当时的村落无关"[①]。这种地区内的联合和地区与地区之间的战争，并由此而形成各地区各有统一的政治中心的情形，与我国仰韶时代后期乃至龙山时代的状况是很相近的。

由于中心聚落即原始宗邑的出现，使得普通聚落即一般的村邑改变了向心封闭式的布局，以前在单个聚落内所设立的中心广场的功能和作用已被中心聚落内的大室庙堂及其广场所取代。因各类型文化即各地区所处的

---

① ［美］乔纳森·哈斯著，罗林平等译：《史前国家的演进》，第 119 页，求实出版社 1988 年版。

地形不同，以及文化传统和生活习惯的差异，使得聚落内部的布局呈现出多样化发展的态势，其中，大河村聚落中双间和多间房子的组合结构、安徽蒙城尉迟寺遗址中大汶口文化晚期排房的发现以及淅川黄楝树聚落中用排房组成院落的方式，为我们展现了当时父系大家庭、家族，乃至宗族的生活状况。

　　大河村聚落的房屋呈东西成排的排列，每排房子中有单间，也有双间的，还发现有四间的。双间房和多间房的出现，显然是建筑技术的一种进步，但同时也是家庭形态的发展对住房结构和格局的一种实际要求，也就是说，在建筑技术进步的支持下，人们已有能力根据大家族内若干大家庭的组合情况，在食宿方面作出相应的规划和安排。分析那四间一套的房子的修建过程，有助于理解这一时期的家庭结构。这四间一套的房子（图Ⅳ—7）并不是一次建成的，最初建的是1号房和2号房，并在1号房内隔出了一个套间。后来随着过婚姻生活的人的增加，才利用1号房的东墙增建了3号房，同时1号房的东门即被封堵而废弃，并利用3号房的东墙修盖了作为库房的4号房。虽说在1号房、2号房、3号房和1号房内的套间中都发现有火塘，但3号房和1号房的套间内不见有炊煮饮食等生活用具，炊煮器和饮食器都集中在1号房的外间和2号房内，在1号房外间出土的鼎、壶、钵、瓮、罐、豆、瓶等陶器达20多件，2号房出土有四五件，在2号房东北角的火塘旁边还有一罐炭化的粮食。由上述我们可以得出这样一个结论：这一父系大家庭最初只建了两个房间，同时也在两个房间的火塘分开煮饭用餐，其中1号房间的面积比2号房间大（1号房间为20.8平方米，2号房间14.2平方米），1号房间的炊煮饮食器也远远地多于2号房间，1号房间内还设有套间，所以，1号房间及其套间是家长和他们的未成年以及已成年尚未娶妻的孩子们的住宅，2号房是已娶妻的儿子的住宅和煮饭用餐之地。后来随着时间的推移，又有一个子女长大成人，娶妻或招婿，另建一小屋即第3号房间居住。或许是因父母的偏爱，或许是因独立生活能力所限，这对年轻的夫妇，与他（她）们的兄嫂不同，在经济上还未形成一个单位，他（她）们收成的粮食，要加入父母即家长的火塘，并同父母一起用餐。4号房是一个库房，它的门与紧靠它的3号房及1号房一样，都开在北墙上，构成一排3个房门的格局，而与2号房门开在南墙上形成显明的对照，所以有理由认为这个库房是属于1号房和3号房所有的。

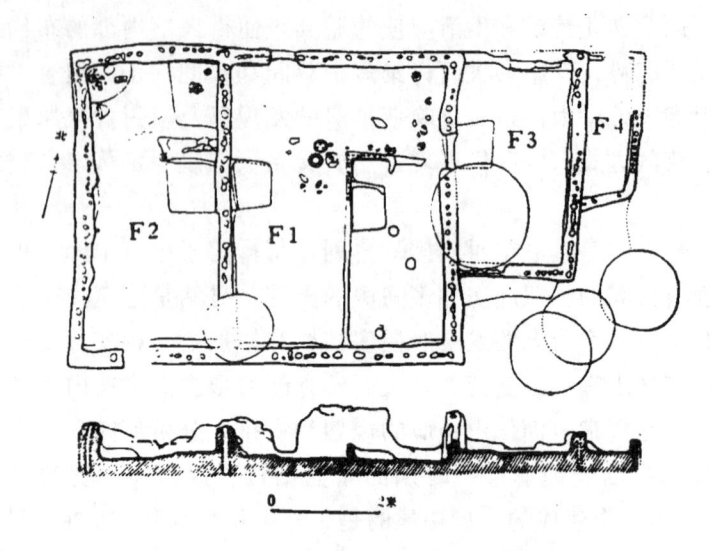

图Ⅳ—7　大河村遗址四间一组房屋图

　　大河村聚落中的房屋结构都可作类似的解释，即每一大排房屋群，可视为一个大家族，每一大家族中又分为若干大家庭，每一大家庭居住在两三间连在一起的小排房和邻近的单间房内。在这里，单间房的存在，表明在大家庭内，一部分已婚的子女有进一步独立的趋势。

　　大河村之外，淅川黄楝树聚落又提供了用排房组成院落的住宅形式。院落位于遗址东南部的台地上，庭院的西北部已被雨水冲毁，东南部保存尚好。东部长21.5米，残宽15.75米，残存的房屋有25座，其中28号房子孤立地建于院中，18号和31号房子构成庭院的西南部的两个拐角，其余的22座房子分别组成庭院的北和东的两排房。北排房为西北东南向，有房基5座，东排房为东北西南向，有房基17座（图Ⅳ—8）。这些房屋分单间和双间两种，单间面积多为12.3—13.5平方米，个别小的仅6.36平方米，大的16.8平方米。一般是一室一火塘，但也有设置三个火塘的，如8号房的西室①。

　　黄楝树聚落内的庭院，因其西北部已被冲毁，房屋的总数不可确知，假若庭院四边或三边都建有排房，则其原有房屋的总数将在40座以上。若院

---

　　① 长江流域规划办公室考古队河南分队：《河南淅川黄楝树遗址发掘报告》，《华夏考古》1990年第3期。

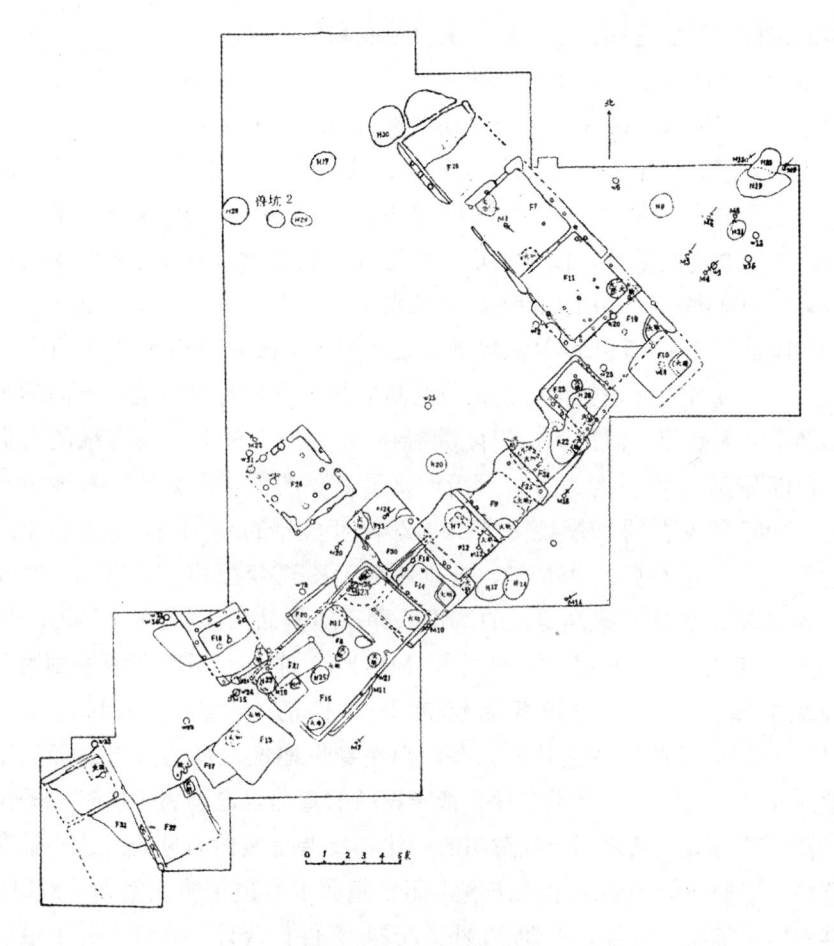

图Ⅳ—8 屈家岭文化黄楝树遗址院落图

落四边每个排房为一个家族，那么由40座房屋组成的院落就应为一个宗族，其人口至少在百人以上。这样，虽说由于地域文化传统的不同，使得房屋的组合形式有排房和用排房构成院落等形式上的差异，呈现出多样化的色彩，但无论是在大河村还是在黄楝树，我们看到的都是个体家庭—大家庭—父系家族—宗族式的结构。黄楝树院落中央的那座房子，可以视为宗族长的住宅。若联系淅川下王岗仰韶文化三期中由单间和双间组成的达32室的长屋排房的布局情形[①]，则可以看出，属于屈家岭文化的黄楝树，其用排房构成

---

① 河南省文物考古研究所等：《淅川下王岗》，文物出版社1989年版。

院落的结构，显然是渊源于当地的文化传统和住宅习惯。

作为史前的中心聚落形态，其重要的特征之一就是社会不平等的出现。在这方面，安徽含山凌家滩遗址的墓葬资料表现得尤为突出。

凌家滩遗址位于安徽省内长江北岸、巢湖以东约20公里，遗址的面积约160万平方米。自1987年至2007年的五次发掘中，发现了分布密集的可称为凌家滩文化的墓葬，以及祭坛、祭祀坑、积石圈、房址等重要遗迹，其中以墓葬内随葬有大量精美的玉器，特别是与占卜有关的玉龟、玉版，以及石器、陶器等器物而引起学术界的广泛关注[①]。在凌家滩聚落墓地中（图Ⅳ—9），各墓可明显地分为身份地位甚高的显贵墓葬与身份地位不高的平民墓葬乃至穷人墓葬。假如我们以随葬器物80件以上的为最高等级的富贵墓葬，以随葬50—80件者为次一等级的富贵墓葬的话，那么处于墓地南部正中央、1987年发掘的87M4、87M15、2007年发掘的07M23，以及位于墓地西南部、1998年发掘的98M29，位于西部、1987年发掘的87M9、1998年发掘的98M20就属于最高等级的富贵墓葬；随葬品为70件的87M6、64件的87M8、56件的87M17、53件的87 M14、51件的87M12等墓葬则属于次一等级的富贵墓葬。而随葬品仅为1—3件的07M12、98M26、98M3、98M4、98M6、87M3的这几座墓葬，则是身份地位很低的穷人墓葬。至于随葬几件至十几件，而且没有什么特殊物品的墓葬，也当属于次贫的平民墓葬。富人墓与穷人墓之间形成鲜明的对比和反差是显而易见的。这些最富有的墓葬，它们不但随葬品最为丰富，而且随葬玉器也很多。例如，87M4这座墓葬出土玉器103件，石器30件，陶器12件，合计145件。其中最引人注目的是出土一副玉龟（彩图26）以及在玉龟的背甲和腹甲之间夹的一块玉版（彩图27）。玉版上琢刻出表示"天圆地方"宇宙观等观念的图案，研究者多认为87M4号墓葬出土的玉龟与玉版是用于八卦占卜的法器[②]。07M23这座墓葬则属于凌家滩墓地历年发掘中随葬品最多、最精美的大墓（图Ⅳ—10、图Ⅳ—11；彩图28、彩图29）。墓内共出土器物330件，包括玉器200件、石器97件、陶器31件，另有碎骨和绿松石各1件。玉器中的1件玉

---

① 安徽省文物考古研究所：《凌家滩——田野考古发掘报告之一》，文物出版社2006年版。安徽省文物考古研究所：《安徽含山县凌家滩遗址第五次发掘的新发现》，《考古》2008年第3期。张敬国主编：《凌家滩文化研究》，文物出版社2006年版。

② 如张敬国主编《凌家滩文化研究》所收入的俞伟超、饶宗颐、李学勤、张忠培、张敬国、钱伯泉、王育成等先生的论文。

第四章　中心聚落（原始宗邑）与神庙文化　141

龟、2件玉龟状扁圆形器（彩图30）以及内置的玉签（彩图31）都是作为整套占卜工具来使用的，它与87M4号墓中随葬的玉龟具有相同的功能。该墓出土的玉钺（彩图32）也甚为精美。87M15号墓随葬玉器94件、石器17件、陶器17件，合计128件。98M29号墓随葬玉器52件、石器18件、陶器16件，合计86件。其中有3件玉人（图Ⅳ—12）、1件玉鹰（图Ⅳ—13）也很引人注目。

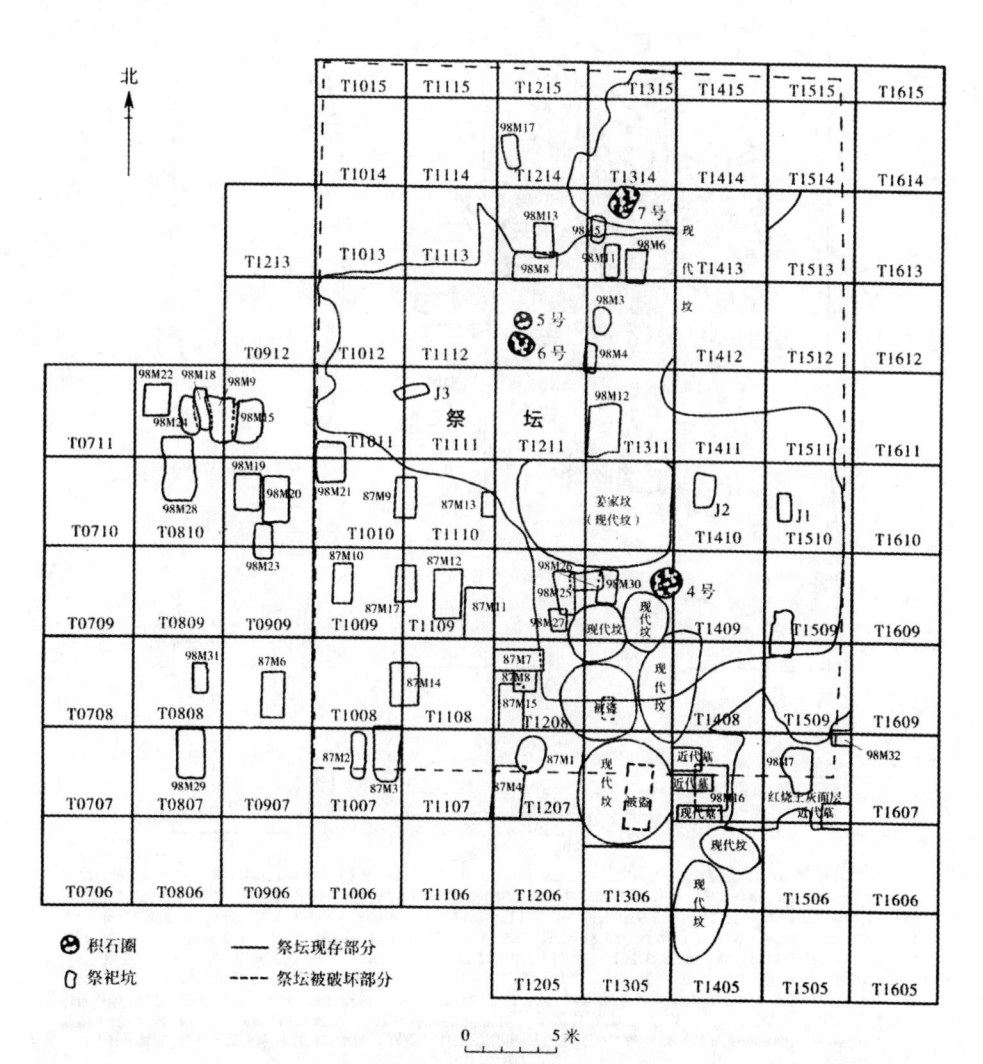

图Ⅳ—9　安徽含山凌家滩墓地

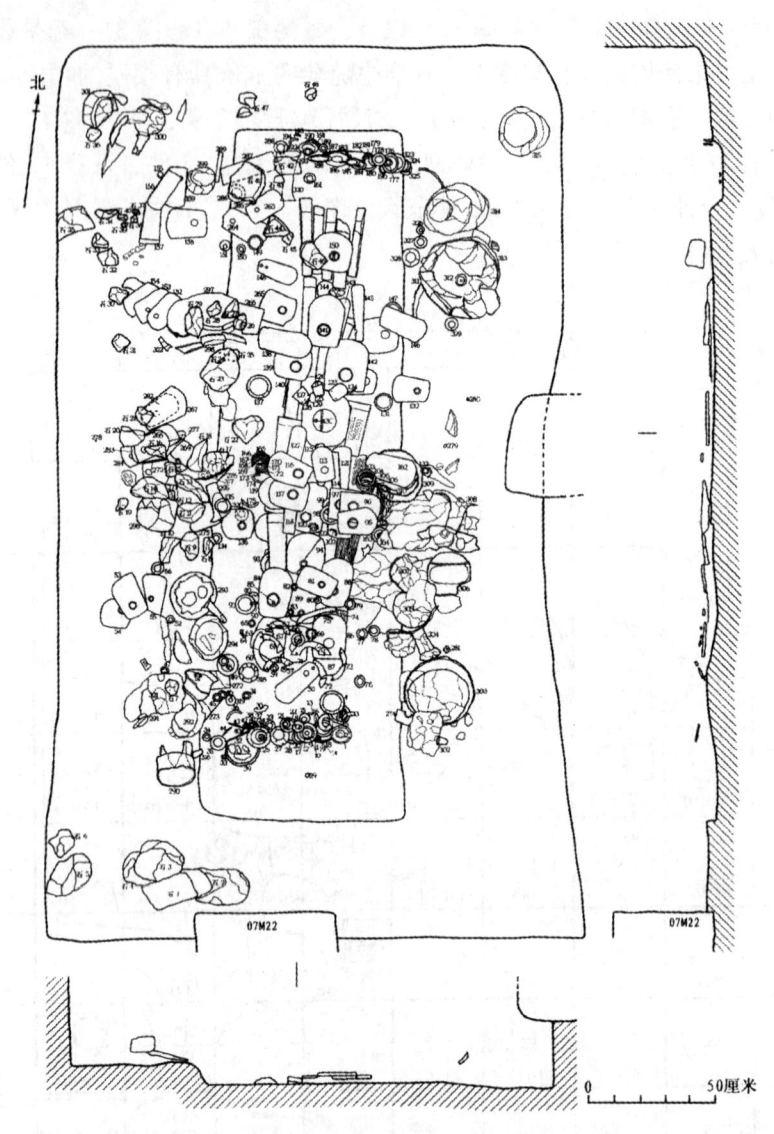

1~7、9~12、14、17~19、21、22、24~26、30~32、34~38、40~46、48、49、51、52、64、78、90、100、101、147、175~182、184、185、187~192、194、195、285、288、323~328．玉环　8、15、23、33、47、56、57、59、65、68、69、76、77、79、80、82、83、133~135、150、151、161、164、193、317、319、320．玉玦　13、16、20、28、91、98、99、103~112、131、137、149、163、165~174、194、276、286、318、329．玉镯　27、186．玉璧　29、279、280．玉料　39．陶器　50、81．玉钺　53~55、67、71、84、86、88、89、94~97、102、113、116、117、119、120、132、136、139、141、142、152、154、158、160、183、263~271、274、275、277、282~284．石钺　58、60~63、66、70、72~75、93．玉璜　85．玉管　87、272、273、287．石锛　92．碎骨　114、289．石茧　115、122、138、143~146、148、162．玉斧　118．玉锛　121、156、157．石斧　123．玉龟　125、127．玉龟状扁圆形器　124、126、128、129、140．玉签　130．玉饰　155．玉芯　278．绿松石饰　281．铃形玉饰　290、302、309、312．陶鼎　291、305．陶罐　292、294、295、297~299、301、304、307、308、311、314．陶豆　293．陶鬶　296．陶器　300、306．陶壶　303．陶盆　310、313．陶器盖　315．陶缸　316、321、322．陶鼎足　330．陶觚形杯

图Ⅳ—10　凌家滩07M23大墓图（第1层）

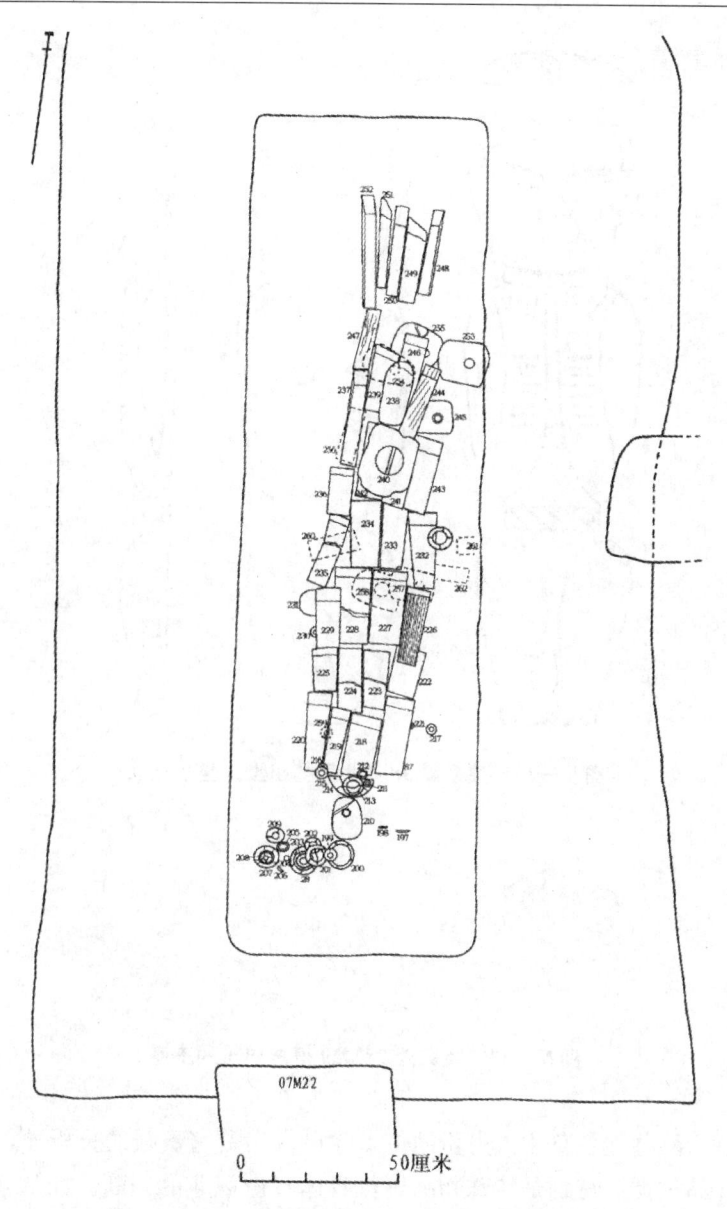

第四章　中心聚落（原始宗邑）与神庙文化　143

197~199、201、202、205~208、216、217、221、230. 玉环　200、213. 玉镯
203、209、211、212、215、259. 玉玦　204. 圆形玉饰　210、231、240、245、
253~255、257、258. 石钺　214. 玉璜　218~220、222~229、232~236、
239、241~244、246、256、260~262. 石锛　237、247~252. 石凿　238. 玉斧

图 Ⅳ—11　凌家滩 07M23 大墓图（第 2 层）

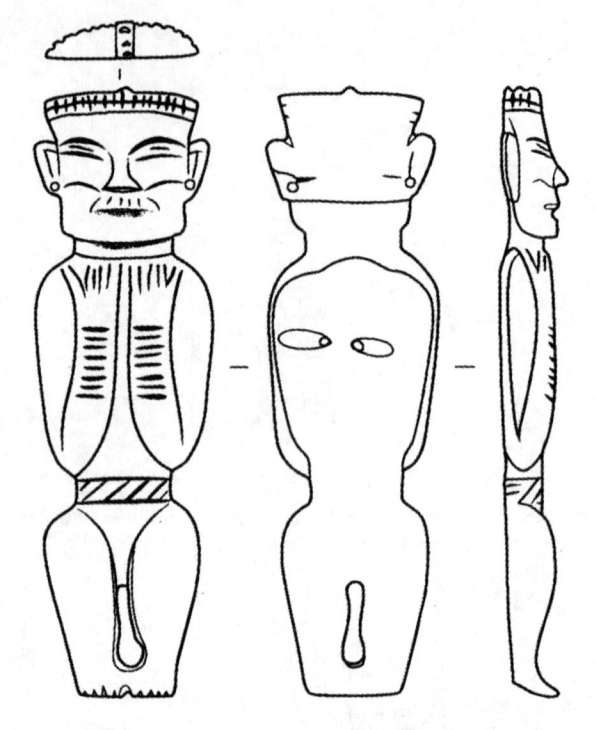

图Ⅳ—12　凌家滩98M29号墓出土的坐立玉人

图Ⅳ—13　凌家滩98M29号墓出土的玉鹰

对凌家滩墓地各墓主人身份地位，除可做出贫富贵贱的分析外，还可以根据随葬品种类，特别是特殊物品进行具体身份职业的判断。如从87M4号墓随葬的玉龟和表示"天圆地方"、"四维八方"的玉版来看，该墓主人是执掌着占卜、祭祀的重要人物之一；墓中出土的所谓"玉簪"，其形制与07M23出土的置于玉龟及玉龟状扁圆形器内的玉签是一致的，故它也是与玉龟配套作占卜使用的。墓中随葬玉制的斧钺8件、石钺18件，说明他也执掌着军事方面的事务。墓内还出土6件颇为精致的石锛、5件精致的石凿，似乎象征着其人对手工业的重视，并未完全脱离一定的生产劳动。墓中的玉璜达19件之多，还随葬4件玉镯、3件玉璧、1件玉勺、1件人头冠形饰、1件三角形饰，都可说明其社会地位甚高。所以，随葬品达145件的87M4号墓主人的富贵就在于他是一位以执掌着宗教占卜祭祀为主，也兼有军事之权，并对手工业生产相当重视的酋长之类人物。

　　2007年发掘的07M23号墓位于T1308与T1307之间，墓坑大部分位于T1308内西南部，其西侧即为87M15、87M1。在07M23号墓随葬的330件器物中，1件玉龟和2件玉龟状扁圆形器及其内置的玉签，都属于占卜工具，说明他与87M4号墓主人一样都属于宗教领袖一类的人物。墓内出土2件玉钺和44件石钺又说明他也执掌着军事之权。在墓主头部位置密集放置了20多件玉环，而且是大环套小环，这大概是墓主佩戴的项饰；在墓主双臂位置，左右各有一组10件玉镯对称放置，是套在手臂上的臂镯，其情形与98M29号墓出土的三件玉人手臂上刻的臂镯是一样的（见图Ⅳ—12），显示了他作为宗教领袖人物的形象。87M4号墓与07M23号墓距离靠得很近，似为同一个家族之人，只是因07M23号墓发表的材料有限，不清楚这两座墓的层位及其出土陶器形制样式上的关系而无法判定这两座墓主人在生前是同时存在的还是有先有后？07M23号墓出土玉璜12件，据说也是表示较高身份地位的器物。此外还随葬玉斧9件、玉锛1件、石斧3件、石锛4件、石凿2件，也表现出其对生产领域的重视。这样，我们从07M23和87M4这两座墓主人所随葬器物可以看出，当时社会身份地位最高的人——最高酋长，应该是既掌握着最高占卜祭祀之权，也握有军事指挥之权和生产管理之权，这也说明当时的宗教祭祀与军事战争和生产管理是三位一体、合二为一的。

　　98M29也是比较大的一座墓，共出土器物86件，有52件是玉器，其中有3件是玉人。87M1随葬品共15件，在其中的11件玉器中，也有3件玉人（图Ⅳ—14）。87M1出土的3件玉人与98M29出土的3件玉人，在体态特征上基本相同，区别仅在于前者是站立的而后者则是坐立的。此外，在98M29号墓中还出土了1件玉鹰、5件玉璜、4件玉玦、6件玉镯、4件玉璧和12件精美的石钺、2件石戈等。98M29和87M1出土的玉人等特殊器物表明这两座墓主人可能都是专职的巫师，但98M29号墓主人显然要比87M1墓主人富有得多。从98M29号墓出土的12件精美的石钺、2件精致的石戈来看，98M29号墓主人的富有应该与他兼管军事有关。

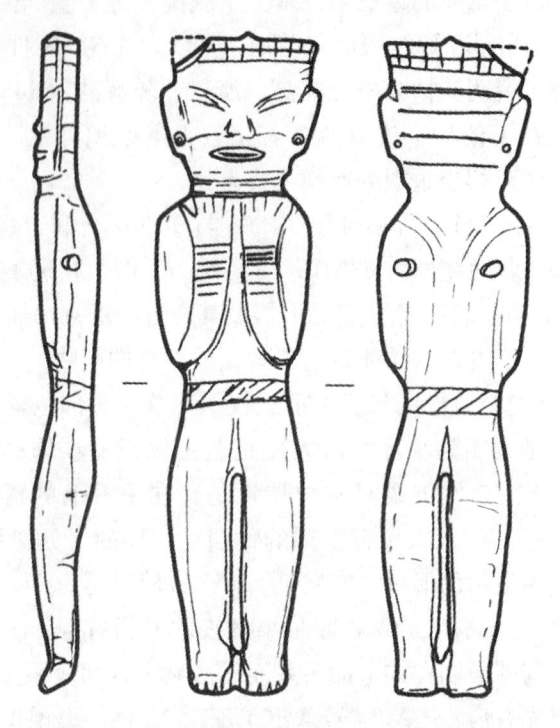

图Ⅳ—14 凌家滩87M1号墓出土的站立玉人

有一些墓葬因随葬一定数量的玉芯、玉料或相当数量的石锛而被推定其墓主人是玉匠、石匠或木匠[①]。如98M30号墓出土玉器5件，石器41件，其中石锛有39件。该墓主人有可能是石匠或木匠。87M6号墓出土器物以石器最为突出，有石钺32件，石锛22件，另有玉器11件，陶器5件，合计70件。石锛中有几件甚大，最大的一件长达42.6厘米，宽10.8厘米，是目前所发现的新石器时代最大的石锛。该墓主人被认为是一个专职的石匠。98M20号墓随葬玉器12件，石器45件，陶器4件。玉器中有玉钺6件，玉璜4件，玉镯1件，玉料1件。石器中有石钺16件，石锛24件。另外，还有111个玉芯和4块磨刀石。该墓主人被认为是一个颇为富有的专职玉匠。还有三座墓——98M18、98M9、98M15，也因出土玉芯和玉料，其墓主人也被推断是玉匠。如98M18号墓出土器物21件，其中玉器12件，石器2件，

---

① 严文明：《凌家滩·序》，文物出版社2006年版。

陶器 7 件；12 件玉器中除 1 件玉璧、1 件牙形饰外，有 9 件玉芯，1 件碎玉料。98M9 和 98M15 除出土玉器和石钺外，还有若干玉芯、玉料。98M23 出土有石钻和石芯。这些墓主人都因此被认为是玉匠或玉石匠。又因 98M9、98M15、98M18、98M20、98M23 这五座墓集中在墓地的一个区域，连同另几座墓（98M19、98M21、98M22、98M24、98M28）一起，严文明先生认为"本区死者生前应是一个以玉石制作为主要职业的家族"[1]。

综合分析 1987 年到 1998 年三次发掘所获得的 44 座墓葬随葬品种类数量，可以看出凌家滩墓地各墓最流行亦即最时尚的随葬品是钺、璜、锛。例如，在 44 座墓葬中，随葬玉璜的墓有 27 座，占总墓数的 61%；随葬玉钺的墓有 11 座，占总墓数的 25%；随葬石钺的墓有 30 座，占总墓数的 68%；随葬石锛的墓有 21 座，占总墓数的 47%。27 座随葬玉璜的墓共出土玉璜 115 件；11 座随葬玉钺的墓共出土玉钺 26 件，30 座随葬石钺的墓共出土石钺 186 件，玉钺与石钺相加，30 座随葬玉钺和石钺的墓共出土玉、石钺 212 件；21 座随葬石锛的墓共出土石锛 153 件。大量随葬钺（包括玉钺和石钺）是尚武的表现。就连被认为是专职石匠的 87M6 号墓主人，在随葬 22 件石锛的同时也随葬 32 件石钺；被认为是专职玉匠的 98M20 号墓主人，在随葬 24 件石锛、111 个玉芯和 4 块磨刀石的同时，也随葬有 6 件玉钺、16 件石钺。如果说随葬数量较多的石锛和玉芯、石芯表明其为玉石匠的身份，随葬众多玉璜含有其他身份地位，那么因大量随葬石钺、玉钺而表达的身份地位显然与军事和军功有关。如前所述，出土玉龟、玉版的 87M4 号墓也随葬 5 件玉钺、18 件石钺；出土玉龟、玉龟状扁圆形器的 07M23 随葬 2 件玉钺和 44 件石钺，反映出这两位墓主人既在宗教上亦在军事上居于首领地位，即集宗教权力与军事权力于一身，这也正是古人所说的"国之大事，在祀与戎"[2]的一种初期表现。总之，有些墓主人的富有是因为他是玉石匠或掌管着玉、石等手工业的生产，也有的是因在军事和战争中发挥着重要作用的缘故，而最富有者则属于身兼原始宗教权力和军事权力于一身者。

严文明先生曾依据凌家滩墓地前三次发掘所得 44 座墓葬的分布情况对墓地进行了家族划分，并对各家族的贫富状况进行的分析[3]，加上 2007 年第

---

[1] 严文明：《凌家滩·序》，文物出版社 2006 年版。
[2] 《左传》成公十三年。
[3] 严文明：《凌家滩·序》，文物出版社 2006 年版。

五次发掘所获得 4 座墓葬资料①，严先生的划分和分析应该是符合实际的。07M23、87M4、87M15 这三座顶级大墓都集中地位于墓地南区正中央，和它们紧挨在一起的 87M8、87M7、87M1 也属于比较富有的墓或特殊墓。如 87M8 虽遭破坏仍出土了 64 件器物，其中有玉器 43 件，石器 18 件，陶器 3 件。87M7 出土玉器 28 件，石器 11 件，陶器 5 件。87M1 出土物不多，有 15 件，但很特别。主要有三个形状几乎完全相同的玉人（见图Ⅳ—14）。玉人头戴介形帽，双耳似戴玉玦。双臂弯曲紧贴胸部，各佩 5—6 个玉镯。腰系宽带，双腿并拢，赤脚站立。人体扁平，后背有一对隧孔，可作穿缀之用。玉人应是巫师作法的器具，墓主人可能是专职的巫师。再加上 07M23、87M4 出土有玉龟、玉版、玉龟状扁圆形器、玉签等占卜器具和数量众多的石钺玉钺等，可以看出埋葬在南区正中央的这个家族在整个墓地中是最富有的，而且掌握有全聚落的宗教、军事之权。

南区之北有 4 座墓葬（98M25、98M26、98M27、98M30），严先生把它们划分为中区。实际上，这四座墓与它南边的 87M7、87M8、87M15、07M23、87M1、87M4 相距很近，所以二者究竟应划分为一区还是二区，还可进一步斟酌。这四座墓中，98M26 和 98M27 墓主人都较贫穷。前者仅出一件陶钵，后者也只有 4 件小玉环和 2 件陶豆。98M30 出土器物 46 件，其中玉器 5 件，石器 41 件，是一座中等墓。又因其石器中有 39 件是石锛，如前所述，墓主人也许是石匠或木匠。98M25 出土器物 24 件，有玉璜、玉钺、玉璧、玉镯、玉环、石钺和陶鬶等，其富有也属中等略偏下。如果将这四座墓（98M25、98M26、98M27、98M30）与它南边的六座墓（87M1、87M4、87M7、87M8、87M15、07M23）划为一区，视为一个家族的话，那么在这个大家族中，既有掌管全聚落宗教、军事之权者（如 07M23、87M4），也有等级低于他们的专职巫师（如 87M1）和石木匠（如 98M30），还有地位低下、没有什么财产的家族成员（如 98M26、98M27）。

南区、中区之北称为北区，有 8 座墓，即 98M3、98M4、98M5、98M6、98M8、98M11、98M13 和 98M17。这些墓葬中，98M3、98M4、98M6 都只随葬两三件器物。98M5 随葬三件石锛、一件石凿和两件陶器的残碎片，98M13 随葬一件石锛和几件陶器，98M17 随葬一件玉璜、两件石钺和两件

---

① 安徽省文物考古研究所：《安徽含山县凌家滩遗址第五次发掘的新发现》，《考古》2008 年第 3 期。

陶器。98M8 和 98M11 随葬的器物稍多，98M11 有六件陶豆、一件陶罐和两件石钺、一件石锛；98M8 有 3 件玉镯、5 件石器和 6 件陶器。从这些情况来看，诚如严文明先生所言，"北区是一个贫穷的墓区"。在北区与中区之间有一座 98M12 号墓葬，严先生说不知该划分到哪一区。98M12 号墓出土玉环 1 件、石钺 1 件、陶器 17 件，合计 19 件。若把该墓划分到北区，也只为北区增加了一座中等偏小的墓葬。若北区的 8 座墓加上 98M12 这 9 座墓属于一个家族的话，98M12 号墓主人有可能是其家族长。

西南区的墓葬可分为两组，一组是 98M29、98M31、87M6，另一组是 87M2、87M3、87M14。如前所述，前一组的 98M29 随葬 86 件器物，并有 3 件是玉人，是一座比较大的墓葬。87M6 随葬 70 件器物，其中有石钺 32 件、石锛 22 件，也是一座比较大的墓。98M31 则是只随葬 9 件器物的较小的墓。后一组 87M14 随葬 53 件器物，在中等墓中属于偏上者。87M2 随葬 24 件器物，在中等墓中属于偏下者。87M3 则是贫穷者的墓，只随葬 3 件器物。西南区的这两组墓不论属于一个家族还是两个家族，都是有穷有富，有人从事原始宗教方面的事务，也有人是石匠，只是这个家族中最富有者的财富和社会身份地位也比不上位于墓地南区正中央的 07M23 和 87M4。

位于墓地西区[①]的墓葬可分为三组，一组是 98M9、98M15、98M18、98M22、98M24、98M28；一组是 98M19、98M20、98M21、98M23；还有一组是 87M9、87M10、87M11、87M12、87M13、87M17。这三组墓葬的前两组中，98M9、98M15、98M18、98M20 和 98M23 都随葬有玉芯、玉料或石料等，特别是 98M20 竟随葬 111 个玉芯，所以严文明先生说这两组墓主人生前是以玉石制作为主要职业的家族。另一组中，87M9 随葬器物 82 件，87M12 随葬器物 51 件，87M17 随葬器物 56 件，属于较富有的墓葬；87M10 随葬器物 29 件，87M11 随葬器物 30 件，属于中等偏下者；87M13 随葬器物 8 件，属于贫穷者的墓葬。同西南区一样，西区墓葬中随葬品最多者也是不如南区 07M23 和 87M4 富有。

在墓地的西北区，2007 年发掘出三座墓，即 07M12、07M19、07M20[②]。

---

① 严文明先生称该区为西北区。因 2007 年发掘的 07M4、07M19、07M20 等墓位于发掘探方的 T0618—T0620 的范围内，这一带在整个墓葬中处于西北方位，为此笔者称此地为西北区，故而把严先生称西北区的改称为西区。

② 安徽省文物考古研究所：《安徽含山县凌家滩遗址第五次发掘的新发现》，《考古》2008 年第 3 期。

这三座墓都为东西向,与 1987 年发掘的 87M7 的方向是一致的。07M12 号墓只随葬了 1 件陶碗,属于贫穷的小墓。07M19 和 07M20 随葬的器物以玉器为主,其次是石器,还有少量陶器。其中,玉钺和石钺的形体较大,经发掘者仔细观察没有发现刃口有使用痕迹,说明它们属于礼仪性用品,并非实用的生产工具。这两座墓最显著的特点是随葬品中有许多较小的玉饰(如环、玦)和大量残碎小玉料和加工后的边角料。玉边角料有不同的形状,每件玉料的各个面遗留有不同的切割痕迹,包括线切割、砣切割、片切割等。这说明 07M19 和 07M20 这两座墓主人也是玉匠。由此可以判断墓地西北部 07M12、07M19、07M20 等墓葬的家族也应属于制玉的家族,或者是在这个家族中至少有两位是玉匠。这样,我们就会看到,不但在墓地西区有一个以玉石制作为主要职业的家族,在墓地西北区也有一个这样的家族。

　　墓地东区目前发现的只有 4 座墓葬,即 98M7、98M14、98M16 和 98M32。这 4 座墓中,98M16 和 98M7 是两座中等规模等级的墓葬。98M16 随葬器物有 42 件,其中玉器中有身体蜷曲成圆形的玉龙,也有玉坠、玉管、玉玦等;有一件石钺;还有鼎、壶、盆、钵、杯、豆等 22 件陶器。98M7 随葬器物 49 件,其中玉器有 21 件;石器 6 件,有 3 件是石钺;陶器也是 22 件。仅以随葬陶器而论,98M7 和 98M16 是整个墓地中随葬陶器最多的两座墓。另外两座墓的随葬品较少一些。98M14 随葬器物 24 件,有玉器 11 件,陶器 13 件。98M32 随葬器物只有 9 件,都是陶器。所以,我们若把东区的这四座墓葬也视为一个家族的话,其贫富程度似低于西区和西南区,而略高于北区。

　　以上对凌家滩墓地诸墓葬的分析是初步的。这是因为目前已发掘和报道的这 48 座凌家滩文化的墓葬不可能是凌家滩聚落遗址中的全部墓葬,因而据此而作出的诸家族茔域的划分,其准确性究竟有多大,还很难说。随着今后发掘工作进一步地进行,也许还会作出一些调整,现在的划分和分析都只是初步的。根据上述家族茔域的划分和随葬品情况的分析,可以看出:一方面是在家族内已有贫富上的悬殊;另一方面是各个家族之间的贫富和在社会上的地位也是互有差别的。虽说各个家族中都有相对富有和贫穷者,但位于南区中央的这个家族在全聚落中是最富有的,其社会地位和身份也是最高的。包括南区正中央在内的诸家族茔地中的诸墓葬在埋葬时间上都有先后早晚的关系,而通过相互之间的时间关系则可以判断出诸家族实力消长的一些情况。其中可以看到,南区中央的几座顶级大墓中,87M15 被第四层叠压,又被87M8所打破，是本区最早的墓；87M4被第三层叠压，打破第四层，年代上略晚于87M15。由于第五次发掘报告中没有报道07M23与87M4和87M15的层位关系，因而目前我们无法判断它们三者之间的时间关系，仅以87M15和87M4而论，位于墓地南部中央的这个最富有、社会地位最高的家族，在整个墓地中的中心地位，前后相续，没有多大变化，这似乎反映出该家族长在聚落中身份地位是世袭的。

凌家滩遗址墓葬资料的另一重要收获是反映出原始宗教、占卜以及当时宇宙观的一些情形。与占卜有关的是87M4出土的一副玉龟、玉版、玉签以及07M23出土的1件玉龟和2件玉龟状扁圆形器及其内置的玉签。87M4出土这副玉龟的玉材是透闪石玉，灰白色（彩图26），由背甲（图Ⅳ—15：1）和腹甲（图Ⅳ—15：2）组成。背甲长9.4厘米，高4.6厘米，宽7.5厘米，厚0.6—0.7厘米；腹甲长7.9厘米，宽7.6厘米，厚0.5—0.6厘米。背甲和腹甲的两边各对钻2个相对应的圆孔；背甲尾部对钻4个圆孔，腹甲尾部钻有1个圆孔，这些上下对应的圆孔都是用来拴绳固定背甲和腹甲的，背甲两边的两圆孔之间琢磨凹槽，也是在拴绳时用的。在玉龟旁边出土的1件玉签（图Ⅳ—16：1）[①]，是与玉龟配套使用的。07M23出土的1件玉龟的玉材是绿灰色阳起石玉，玉龟内腔中空，上腹甲呈半圆弧形，下腹甲雕刻呈龟甲状（图Ⅳ—17）。上腹甲长6.5厘米，下腹甲长4.8厘米，宽6厘米，高4.2厘米。上腹甲尾部两边各对钻一圆孔，下腹甲尾部中间对钻一圆孔。腹腔内放置两枚玉签（图Ⅳ—15：2）。07M23还出土了2件玉龟状扁圆形器（图Ⅳ—18），均为绿灰色阳起石玉（彩图30），也是内腔中空，一件腹腔内放置1枚玉签，另一件腹腔内放置有2枚玉签。这些玉龟和玉龟状扁圆形器及其内置的玉签都是用来占卜的。与距今八九千年前的河南舞阳贾湖遗址、距今五千多年前的江苏邳县刘林、大墩子、山东邹县野店、泰安大汶口墓地等大汶口文化遗址以及距今四千多年前的山东兖州西吴寺龙山文化遗址出现的利用龟甲及龟甲中的石子来占卜的现象相比较，距今5600—5300年前的凌家滩聚落遗址先民们的玉龟占卜，似乎是将原始宗教占卜与玉礼文化结合在了一起，构成了自己独特的文化特色。

---

① 在《凌家滩——田野考古发掘报告之一》（第58页图三四：3）中称为"玉簪"，因与第五次发掘出土的、放置于玉龟和玉龟状扁圆形器内的玉签的形制是一样的，故87M4这件所谓"玉簪"也应命名为"玉签"。

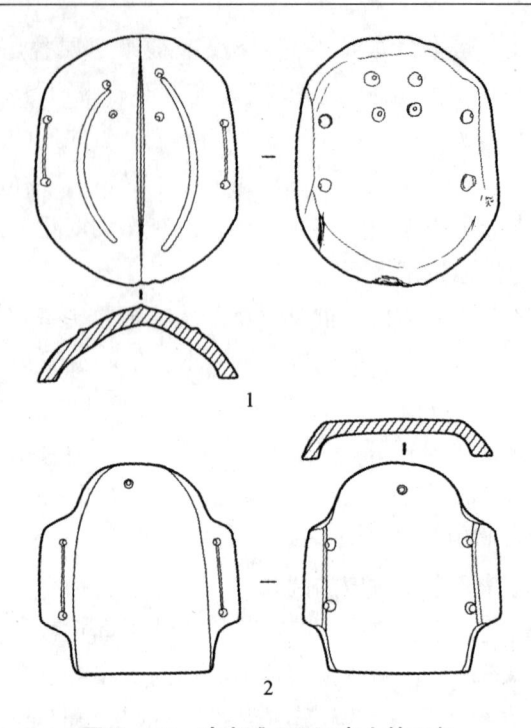

图Ⅳ—15 凌家滩87M4出土的玉龟

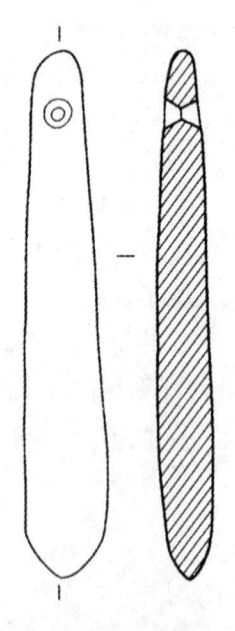

图Ⅳ—16 凌家滩87M4号墓葬出土的玉签

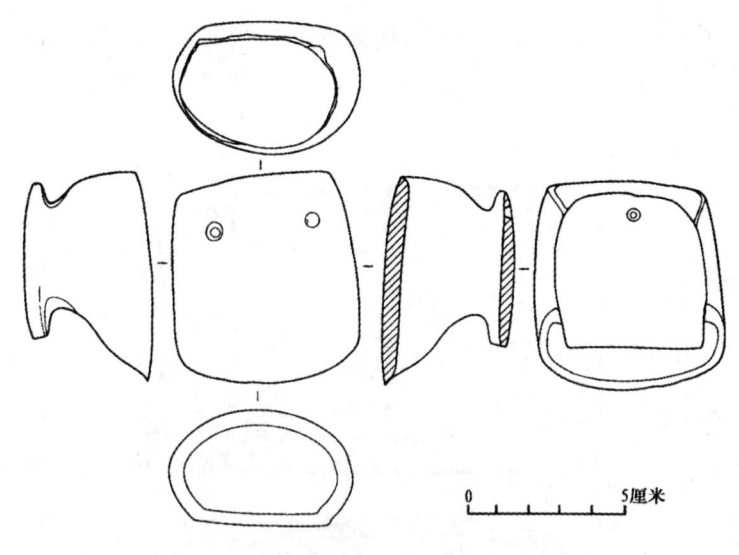

第四章 中心聚落（原始宗邑）与神庙文化 153

图Ⅳ—17 凌家滩07M23号墓出土的玉龟

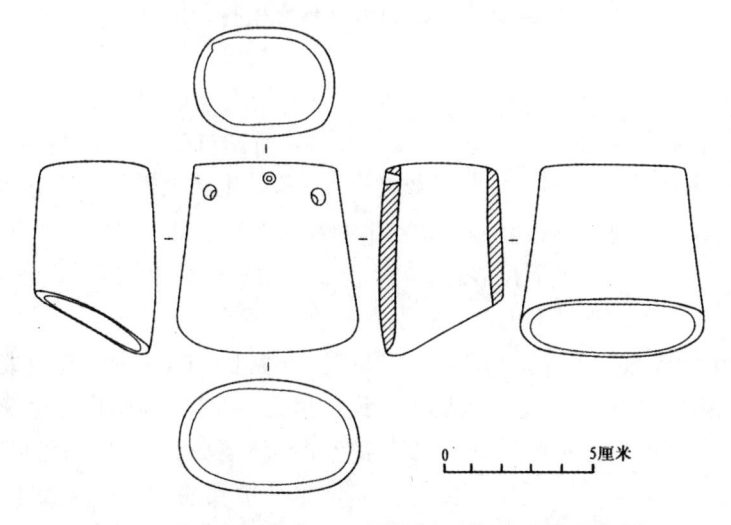

图Ⅳ—18 凌家滩07M23号墓出土的玉龟状扁圆形器

在87M4号墓中，在玉龟的背甲和腹甲之间夹有一块玉版，其玉材是透闪石玉，牙黄色（彩图27），长11厘米，宽8.2厘米，厚0.2—0.41厘米。玉版中央的小圆中刻八角星纹；小圆外的大圆被等分为八格，每格中刻一圭形纹指向八方；大圆外刻四个圭形纹指向玉版的四角（图Ⅳ—19）。这样，玉版整体上的内圆外方即可象征"天圆地方"，大圆内、外圭形纹所指向的四隅八方可代表四维八方或四极八方①，而玉版又是夹在玉龟的背、腹甲之间，所以玉版既与占卜密不可分，又表示着"天圆地方"宇宙观等观念。

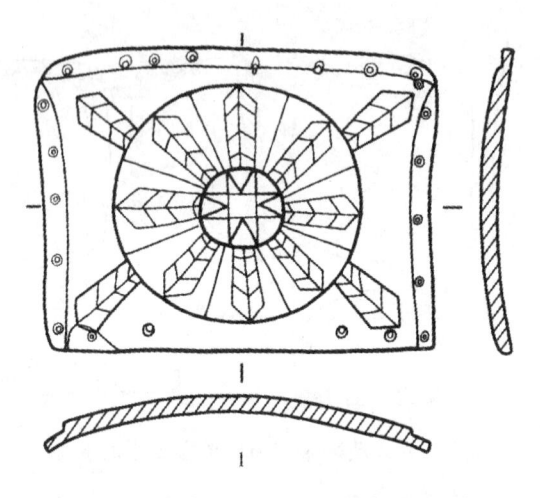

图Ⅳ—19　凌家滩87M4号墓出土的玉版

此外，对于玉版四边上边有9个圆孔、下边有4个圆孔、左右各为5个圆孔，有的学者认为玉版四边的"上9下4，而左右各5，说明它很重视9、4、5这三个数字"，其中"9是成数之极数，4是生数之极数。五五相对，则表示'天数五，地数五'"②。有的学者认为玉版四周的"四、五、九、五的数字"表示的是"太一下行八卦之宫"③或"太一下行九宫之数"④。也有学者认为玉版上四、五、九的圆孔数及其排列次序，"即是房、心（包括钩衿二星）、尾的星数与天象排列顺序"。其中，玉版上边的9个圆孔与大辰或大火中的尾宿有关。《史记·天官书》说"尾为九子"，即尾宿是由9颗星点组成。在排列上，九星中的第1、2星的距离大于第2、3、4星的间距；第5星最为明亮，居九星之中颇为突出；第8、9星并肩而存，距离甚近（图

---

① 陈久金、张敬国：《凌家滩出土玉版图形试考》，《文物》1989年第4期。俞伟超：《含山凌家滩玉器反映的信仰状况》，《文物研究》第五辑，黄山书社1989年版。饶宗颐：《未有文字以前表示"方位"与"数理关系"的玉版——含山出土玉版小论》，《文物研究》第六辑，黄山书社1990年版。李学勤：《论含山凌家滩玉龟、玉版》，《中国文化》1992年第6期。
② 饶宗颐：《未有文字以前表示"方位"与"数理关系"的玉版——含山出土玉版小论》，《文物研究》第六辑，黄山书社1990年版。
③ 陈久金、张敬国：《凌家滩出土玉版图形试考》，《文物》1989年第4期。
④ 冯时：《中国古代的天文与人文》，第47、58页，中国社会科学出版社2006年版。

Ⅳ—20：1）。而玉版上边9个圆孔的位置恰恰也是第1、2孔（孔数从左至右计）的间距，明显超过2、3和3、4孔间的距离；第5孔居中，钻得很小，很是突出；最后两孔，即第8、9孔的距离颇近，几乎挤在一起（图Ⅳ—20：2）。而从玉版中双圆分割为八等分来看，当时的先民是能够大致匀称分配诸物间距的，所以玉版上边九孔分布的间距，并非工艺问题，而是另有含义，这就是它们大体与尾宿各星间的距离、特点相应，特别是第8、9孔相距极近并非误钻，实为象征尾宿之尾也。之所以排列成一列，是因其所处边地狭长，因地宜而为之。玉版下边的4个圆孔，则是大辰或大火的另一组成部分——房宿。在古代天文典籍中，房宿星数为四，四星间有三道，日、月、五星在中道中运行才是天下太平之象。玉版表示房星的四孔正体现了这一中道观念，它以中为准，左右二孔各向两边分移，构成正当中间的一条宽广地带，这大概是原始的"日行中道"宗教观念的图示。玉版两边上的五孔，它所代表的应该是心宿三星与钩衿二星。在古文献记载中，心宿仅为三星，但在它与房宿之间还有二星。如《史记·天官书》云："房为府，曰天驷，其阴左骖，旁有两星曰衿。"至于玉版两边皆刻五孔，当系为使玉版构图匀称[①]。对于上述诸说，后一说似更有说服力，它不但解读出玉版周边上的九、四、五这些圆孔有可能表示远古星宿，而且还解释了这些圆孔分布间隔距离的含义。

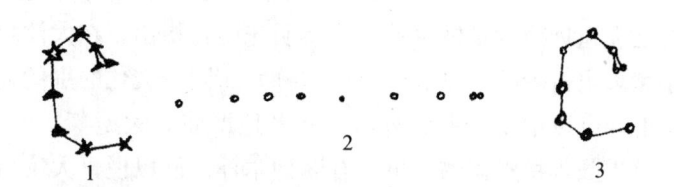

图Ⅳ—20 星宿星象示意图与玉版九孔示意图之比较
1. 星宿星象示意 2. 玉版九孔示意 3. 玉版九孔弯曲示意

含山凌家滩墓葬出土的玉龟、玉版、玉签、玉龟状扁圆形器以及玉人等原始宗教占卜、祭祀之器具，表明在中心聚落的社会复杂化过程中，社会的不平等与原始宗教的发展是同步进行的，而出土玉龟、玉版的两座顶级富有的大墓，也都随葬数量很多的石钺和玉钺，还有几件石锛，这说明当时的宗

[①] 王育成：《含山玉龟玉片补考》，《文物研究》第八辑。

教祭祀与军事战争和生产管理是三位一体，合而为一的，当时的聚落统帅的世俗之权与神权是密不可分的。

在黄河下游的海岱地区，到了大汶口文化晚期时，其中心聚落与半从属聚落的对比也是十分显著的。以著名的大汶口遗址为例，在 1959 年的第一次发掘中，主要是清理了墓葬区，据了解，其居住区似乎也像大地湾那样，可分成若干小区，中心区有许多很大的柱洞，说明也存在着大型建筑，但未经正式发掘①。不过，从墓葬中可以看到，这一时期聚落内部的居民已出现财富和社会地位上的分化，存在着不同的等级和阶层。例如，大汶口 133 座墓葬可明显地分为大中小三类。大墓有木椁，随葬品丰富，少的五六十件，多的达 180 余种，中等墓少数也有木椁，随葬器物一般为一二十件或二三十件，小墓墓坑较小，仅能容身，随葬器物只有一两件，有的甚至一无所有。不但如此，三类墓葬随葬品的种类和质量也有明显的不同。同样是陶器，中等墓的比小墓的要好，大墓的比中等墓的更好。最精致的黑陶、白陶和彩陶器几乎都出现在大墓中。大墓中还有玉器（钺、珠、坠饰等）、象牙器（梳、琮、雕筒等）（彩图 33）、鳄鱼鳞板（严文明先生推断是用鳄鱼皮蒙鼓残留下来的遗物）及镶嵌松绿石的骨雕筒（彩图 34）等，或因原料难得，或因做工精细，都是当时极珍贵的物品。大汶口遗址之外，莒县陵阳河大朱村，也是大墓成群，有些大墓的墓穴规模还在大汶口之上。

迄今为止所发现的大汶口文化遗址不下百处，然而诸如大汶口、陵阳河、大朱村之类遗址毕竟是极少数。严文明先生曾指出，在大汶口，大型墓占少数，小型墓也占少数，多数还是中型墓。而同一文化的别的墓地，如以大汶口做标准，则以中型墓占少数，有的墓地即使有大型墓，也没有玉器、象牙器、鳄鱼皮鼓等特殊器物，也没有看到木椁。所以说，大汶口聚落的居民无论在财富上还是社会地位上都比其周围别的聚落为高。它的贵族们不但统治本聚落的平民，还要统治其他聚落的人民②。莒县陵阳河、大朱村的情况更是如此，都是当时大汶口文化中许多聚落群中的中心聚落③。

在这些中心聚落中，截至目前只有大汶口遗址发表了正式的发掘报告，这里只能以大汶口墓地为例，对其社会组织形式作一分析。据说大汶口聚落

---

① 严文明：《中国新石器时代聚落形态的考察》，《庆祝苏秉琦考古五十五年论文集》，文物出版社 1989 年版。
② 同上。
③ 王震中：《东夷的史前史及其灿烂的文化》，《中国史研究》1988 年第 1 期。

墓地，原本相当大。1959 年在 5400 平方米内发掘出的 133 座墓葬，只是聚落的公共墓地很小的一部分（图Ⅳ—21）。由于这 133 座墓葬在大汶口文化晚期的范畴内又被分成早中晚三段，所以同时存在的墓，其数量并不多。较早的阶段最多，共有 74 座，这 70 余座同期墓葬，由南向北可分为四个墓群，其中最南的一群墓数较多，大约有 30 座，最北一群墓人数最少，有 8 座。根据四个墓群的划分和各群内人口规模，以及这四个墓群相互毗连而靠拢得较集中的情形，可以认为这四个墓群应该是四个近亲家族，它们相连合而形成一个宗族共同体。现不知大汶口聚落墓地原本有多少个这样宗族共同体。不过由这一聚落遗址占地 80 多万平方米看，这样的宗族共同体绝非两三个。

根据以上的分析，大汶口遗址给我们提供的也是家庭—家族—宗族式的社会组织结构，它是由若干贵族宗族构成的中心聚落，再联系前述的在居民区了解到的资料，可以看出在这大型的中心聚落里，人们依据宗系的区别居住，形成若干小区，中心区内那些大柱洞所代表的大型建筑物，当与大地湾 901 号大型建筑物的功能一样，是明堂太室一类庙堂建筑，是宗族长们集事议会、布政、祭祀之宫。大汶口聚落作为当地的原始宗邑是当之无愧的，而其周围那些贫弱的普通聚落，作为一般的居民点可以称之为村邑，它们在政治上、军事上、宗教上乃至经济上，是半从属于中心聚落即半从属于原始宗邑的。

那么，在史前，在阶级统治和征服、臣服尚未出现的社会里，中心聚落亦即原始宗邑与村邑之间的主导与半从属关系，何以会发生呢？笔者对此的回答：一是不平等的出现；二是家族—宗族结构对人们的维系以及由此而形成的血缘亲疏关系的等次性；三是战争和宗教祭祀对族团的凝聚作用。

如果说在相当于大汶口文化中期，社会中财富占有不均现象还是刚刚发生的话，那么，到了相当于大汶口文化晚期的时候，由贫富悬殊所体现的经济不平等已经是十分显著的事实了。由于当时的个体家庭是包含在家族之中，而家族又被包括在宗族之中，所以这种不平等，不但是个人与个人之间的不平等，更主要的是家族与家族之间，甚至是宗族与宗族之间的不平等。这是问题的一个方面。另一方面，父系家族和宗族的形成使得宗氏谱系变得清晰而有连贯性。在这里，每个宗族的祖宗是明确而实际存在过的，各家族以及个人与祖宗的关系和在宗族谱系中的位置都是确定和有序的。这样，各家族及其家族成员在家族中的地位也是一定的。而在同姓的宗族与宗族之间，

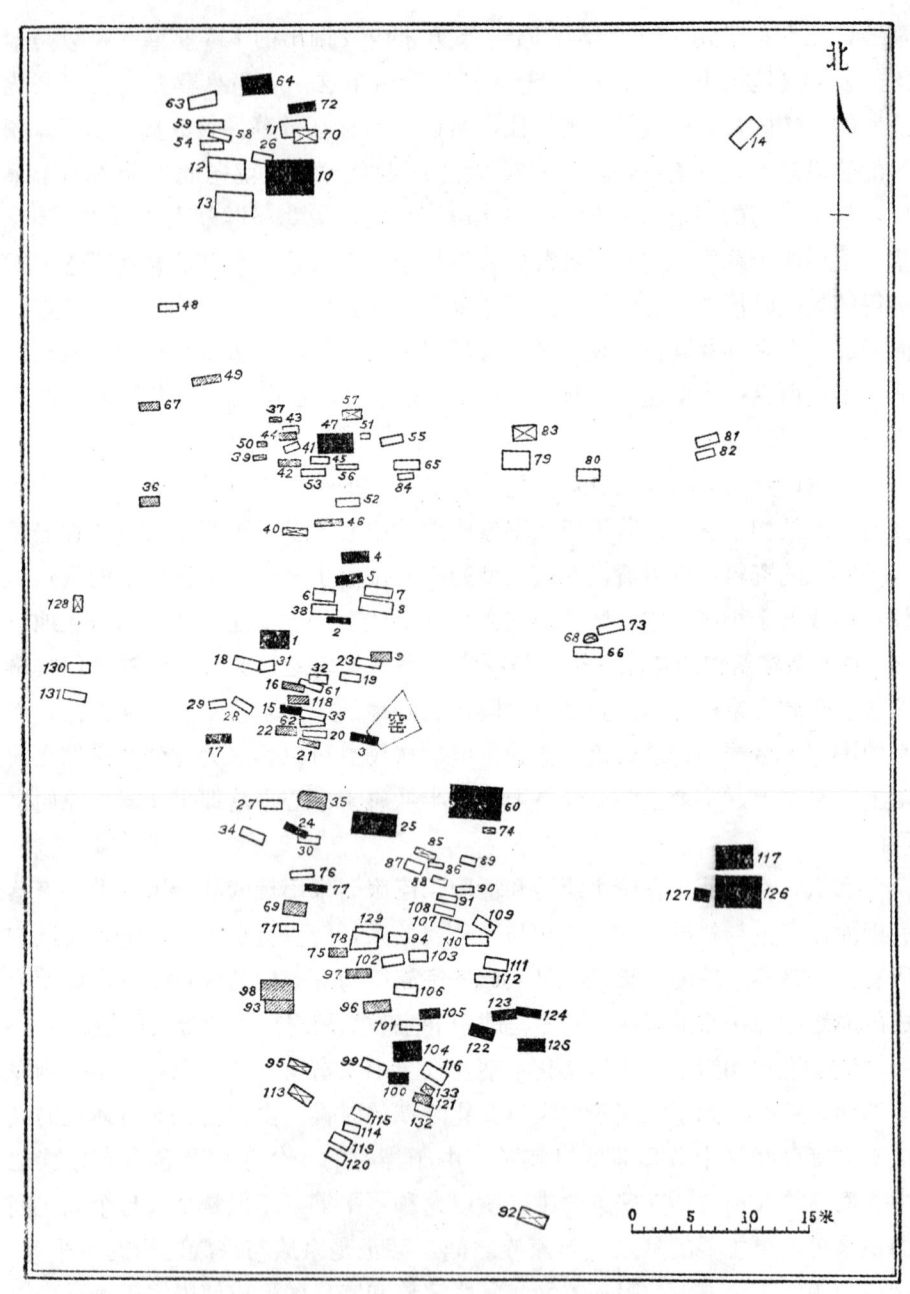

□ 早期墓　▩ 中期墓　■ 晚期墓　⊠ 无法分期的墓

图 Ⅳ—21　大汶口宗族墓地家族墓群分布图

那些人口兴旺、经济繁荣、军事实力雄厚的强大宗族，很容易被视为与传说中的氏族部落始祖或部落神有直系的血缘渊源，是其直系后裔。从而确立其主支和在氏族部落中领导的地位，其宗族长即为部落酋长。我国历史上虞、夏、商、周、秦五代王族的谱系就是与部落始祖或部落神直接相联系的。类似实例，也可以在近代被称为"酋邦"的社会中找到，参见下一节。这样，在宗族内部依据与宗族始祖的血缘亲疏关系而确立各家族及其成员的社会政治上的和宗教祭祀上的等次性；在宗族与宗族之间也因同现任部落酋长即居于统帅地位的强宗族长之间亲疏关系的不同，而形成主支与分支的等次性。这两个方面的等次性，必然使聚落与聚落之间出现中心聚落与半从属聚落的组合关系，亦即宗邑与村邑相结合的关系。特别是在当时还伴有战争的环境中，使父系家族和宗族本来具有的独立性受到限制，人们不得不团结在居于统帅地位的强大宗族的周围，联合本部落众多宗族的力量共同对敌。这样只能使强宗的地位不断巩固，而它所在的聚落即为中心聚落亦即势所必然。强宗一旦被视为是氏族部落始祖或部落神的直系后裔，也就握有本部落中的最高宗教祭祀权，在其所在之地建立宗庙、主持祭祀大典，也是自然而然的。这样一来，中心聚落就是宗邑，强宗将演为后世所谓的大宗，它不但是这一部落的政治、经济和军事的中心，当然也是宗教和文化的中心。反过来说，全部落最高的宗教祭祀权若固定在某一宗族之手，这一宗族在行政上的发号施令也就被披上了一层神圣的外衣，其族谱的正统性、其所在地的宗邑性、其族的主支地位，也就不可动摇了。总之，宗邑与村邑形态或称中心聚落与半从属聚落形态在史前的出现，既是聚落内外都发生不平等的结果，也是中国父系家族——宗族形态的产物，它是中国由史前走向文明社会的重要途径。

三　神庙与宗教中心

在由史前社会向文明社会的转变过程中，一群聚落的神庙即宗教中心，往往也是其政治、经济、文化的中心。公元前 4300—前 3500 年，西亚的欧贝德文化期，各地区的中心聚落内纷纷出现神庙建筑。其有代表性者，在两河流域的北部有赫尔萨巴德附近的高拉（图Ⅳ—22），在中部有梭万，在南部有欧贝德和埃利都等。这种以神庙为中心而形成大聚落的阶段，已萌生了美索不达米亚早期城邑国家的基本性格。这是因为到了下一阶段，美索不达米亚的初期城邑国家，本质上是以神庙为中心的神庙城市国家。我国大地湾第四期遗址中的殿堂式建筑物，也具有后世太室明堂的基本性格，也属于以庙堂为中心而形成的大聚落，它可以作为由史前向文明转变时期的中心聚落即原始宗邑的典型代表。

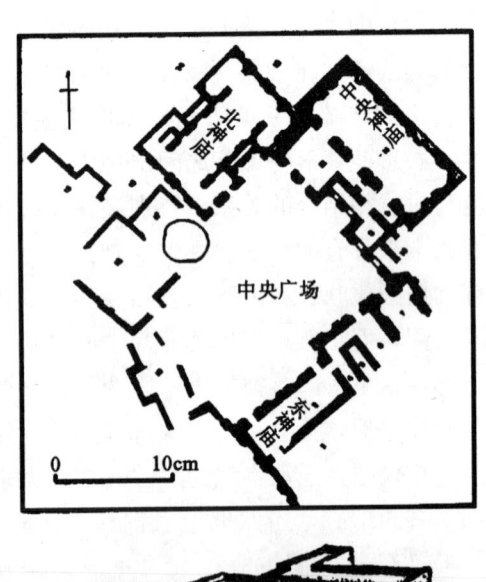

图Ⅳ—22　高拉第十三层宏大神庙及复原图

近年来，我国红山文化后期所发现的神庙、积石冢和社坛、天坛遗迹则给我们提供了另一类型的宗教中心——宗教圣地，其性质和规模都很类似于中美洲处于形成期的奥尔梅克文化中的大规模的宗教遗迹。

辽宁的考古学工作者，从20世纪80年代开始先后在位于辽西与内蒙古东部努鲁儿虎山东麓丘陵地带的牛河梁，发现了积石冢和女神庙，后来又发现了"巨型建筑物"。到目前为止，由出土的遗迹遗存的情况来看，面积达

50平方公里。其总的布局是以女神庙为中心，在女神庙北18米处发现一个200×200米的巨大平台，并有石砌的墙相围。在女神庙西南关山的地方，发现一处圆形的巨型建筑物。这一巨大建筑物的外侧用石头帮砌，里面夯筑而成，由一个土圆台相叠而成，很像一个大型祭坛，其下面是否有墓，因未发掘完，尚不清楚。在平台—神庙—祭坛一线的两翼，分布着许许多多的积石冢。这样，以女神庙为中心，以关山巨型建筑物（祭坛）为龙头，以两侧的众多积石冢为两翼，形成了一个方圆50平方公里的宗教圣地[1]。

牛河梁的女神庙是一个多室结构的半地穴建筑，长18.4米，宽2.5米，中段向左右各分出一侧室。庙内墙壁绘有黄底红色几何图形的壁画。庙内发现许多泥塑像残块，包括人物的头、肩、臂、手和乳房等部分，已发现的大约分属于五六个个体，大的超过真人的一倍以上，小的接近真人大小。它们形体各异，其中有的乳房突出、肌肤圆润，当为女性。被编为1号女神头像（彩图35），相当人体原大，被置于主室偏西一侧，而在主室中心部位，则出土了相当于真人器官三倍的大鼻、大耳。可见这是一个围绕主神、众神并列的多室布局的神庙。与人像同出的还有动物形象，一为所谓猪首龙身，一为猛禽爪，后者亦远大于真个体。在庙北18米处，还有一个人工修筑的200×200米的巨大平台，平台四周有石头砌的墙，中间对着神庙有通道。这平台上遗址已毁，地表散见许多陶片及红烧土，显然是一处与神庙和周围的积石冢相配合的大型宗教活动场所。

牛河梁的积石冢规模甚大，一般为方形，每边长约18米，用加工的石头砌边（图Ⅳ—23）。中间有较大的石椁，墓主人以随葬玉器为主，有玉龙、玉箍、玉环、玉璧、方形玉饰、玉棒和钩形玉饰等。椁外常有一排或一周专门用作祭祀的彩陶筒形器。冢外侧常有许多小型石椁墓，有的也有少量玉器。这些小型石椁墓墓主人的身份虽难以完全确定，但与中间大石椁墓主人是等级分明的，它们很可能与中间大石椁墓属于同一家族，但又有着尊卑和主从的关系。在牛河梁，这样的积石冢已报道有十几座，构成一个巨大的积石冢群[2]。

牛河梁神庙和积石冢的发掘者认为，神庙中的女神及共出的塑像，应是与祖先崇拜有关的偶像。在远离住地专门营建独立的庙宇并围有许多附属建

---

[1] 唐云明、孟繁峰：《河北仰韶文化的发现和研究》，《论仰韶文化》（《中原文物》1986年特刊），第125页。

[2] 辽宁省文物考古研究所：《辽宁牛河梁红山文化"女神庙"与积石冢群发掘简报》，《文物》1986年第8期。

筑物，形成一个规模宏大的祭祀中心场，这绝非一个氏族甚至一个部落所能拥有的，而是一个更大的文化共同体崇拜共同祖先的圣地。可以认为，距今5000年以前的红山文化，已经从图腾崇拜阶段，进入祖先崇拜的阶段[①]。

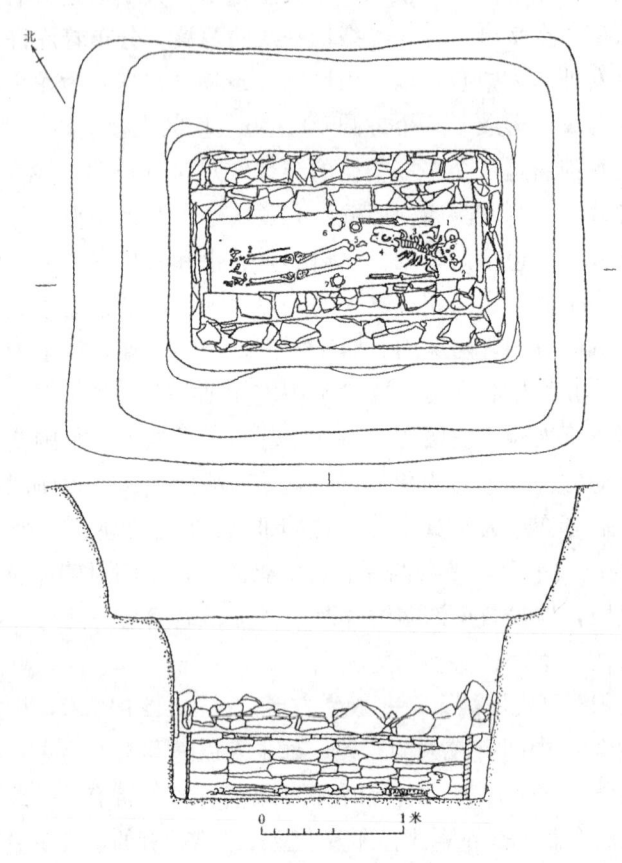

图Ⅳ—23　牛河梁红山文化积石冢（第五地点 M1）

上述分析是合乎实际的。这里需要补充的是牛河梁的神庙和积石冢是相互有关联的。祖先崇拜是由对死者的鬼魂崇拜并与英雄崇拜相结合而发展起来的。神庙中供奉的是久远的祖先，积石冢中隆重埋葬的是部落中刚刚死去的酋长。随着时间的推移，这些死去的著名酋长，也就逐渐列入了被崇拜的祖先的行列。

---

① 孙守道、郭大顺：《牛河梁红山文化女神头像的发现与研究》，《文物》1986年第8期。

第四章　中心聚落(原始宗邑)与神庙文化　163

　　在距牛河梁东南 50 余公里的喀左县大城镇东山嘴的小山头上，发现了一组专门供作大型祭祀活动用的石砌建筑址（图Ⅳ—24），它与牛河梁的神庙及积石冢属于同一时代同一文化类型。据发掘报告，遗址的中心是北部一个巨石所砌的平面作长方形的方框，简报称为"大型方形基址"（图Ⅳ—25）。方形基址东西长 11.8 米，南北宽 9.5 米，中间竖立了一大堆长条石头（图Ⅳ—26）。长条石头高 0.85 米左右，多加工成顶端尖、底部平的锥状。在这一方形基址外，又套一个东西约 24 米长的更大的石头方框，形成不太高的石垣墙。遗址的南部，是一些石头砌的圆形台子，也称为石圆圈。依据考古学上相互打破关系判断，这些圆形台子并非同时多个并存，而是先有一个，后来遭到损坏，再砌一个。最后使用的那个圆形台子，保留得比较完整，直径 2.5 米，处于这些圆形台子的北头，距北部方形基址南墙约 15 米。从南端的圆形台子到北端的方形基址之间，是一片空地。无论北部的方形基址里，还是南部的圆形台子周围，都未见到柱础、柱洞痕迹，所以可以认为它不是有房顶的建筑物，而是一个平台式祭坛，整个山嘴是一个公共活动的宗教场所[①]。

图Ⅳ—24　喀左县东山嘴祭坛遗址
1. 方形基址　2. 东翼墙基　3. 西翼墙基　4. 东侧石堆　5. 西侧石堆
6. 东边铺石　7. 西边铺石　8. 石圈形台址　9. 多圆形基址　10. 人骨
11. 房址　12. 未掘部分　13. 方形基址内成组立石

[①] 郭大顺、张克举：《辽宁省喀左县东山嘴红山文化建筑群址发掘简报》，《文物》1984 年第 11 期。

图Ⅳ—25　东山嘴方形基址东墙壁

图Ⅳ—26　东山嘴方形基址内成组立石

关于东山嘴原始祭坛的性质，由于圆形台子周围发现许多大肚子裸体妇女陶塑像（彩图36），因而人们谈论最多的是母系社会的生育崇拜，并与欧洲旧石器时代晚期的妇女石雕像相提并论；也有学者指出，"长方形的祭坛，应是祭祀地母的场所"①。综观整个方形祭坛的布局和内涵,结合我国古代文献记载,可以认为这是我国东部地区史前较大规模的祭社遗址②。至于方形祭坛南边的圆形祭坛（圆形台子）则应是祭天之坛,或可称为原始的"天坛"（彩图37）。

"社"在先秦时期是一个包含颇广、内容极丰的崇拜实体,但它最原始最基本的内涵则由生殖与土地崇拜相结合而构成。

《说文》云:"社,地主也。从示土。"《礼记·郊特牲》说,"社祭土而主阴气",又说:"社所以神地之道也。土载万物,天垂象,取财于地,取法于天,是以尊天而亲地也。故教民美报焉。"文献中一再反映出我国古代,隆重的祭社节日,无不与农业生产有着密切的关系③。所以,"社祭土"实际上是祭祀土地的生殖能力。

我国春秋时期,将男女相聚一地、野合而欢于社称为"观社",而且这种"观社"还与"祀高禖"有重合的一面,正表明社祭中含有生殖崇拜的内容。在神圣的社地野合而婚,最初的本意并不在于寻欢作乐,而是祈求大地生殖、五谷丰登。现代人类学材料告诉我们,当原始人发现人类的生育繁衍离不开男女的婚配交合之后,在当时"互渗"与感应的思维机制的作用下④,人们认为只要在田地旁边或含有土地崇拜的社坛附近进行一番婚合交配,就可以互渗感应于土地,促使它像人类子孙绵绵不绝那样,生育繁茂,结出累累硕果。这一习俗在我国云南一些少数民族中尚有存留。而"爪洼地的农家,当稻花开时,农人夫妇每于夜间绕田间行走,并性交以促其成熟"⑤,也很能说明这一问题。正因为如此,《周礼·地官·媒氏》说:"中春之月,令会男女。于是时也,奔者不禁。若无故而不用令者罚之,司男女之无夫家者而会之"。又说:"凡男女之阴讼听之于胜国之社。"《礼记·月令》也说:"……择元日,命民社……是月也,玄鸟至,至之日,以大牢祠于高禖。"

社神有生殖的功能,祭社有崇拜生殖的内容,恰与东山嘴祭坛中许多大肚子裸体妇女陶塑像所象征的意义相一致,这是我们判定这一方形祭坛为社坛的证据之一,但还不是最主要的依据。

---

① 俞伟超:《东山嘴遗址座谈会发言》,《文物》1984年第11期。
② 王震中:《东山嘴原始祭坛与中国古代的社崇拜》,《世界宗教研究》1988年第4期。
③ 《诗·周颂·载芟序》:"春籍田而祈社。"《诗·良耜序》:"秋报社稷。"
④ [法]列维·布留尔:《原始思维》,商务印书馆1981年版。
⑤ 方纪生:《民俗学概论》,第46页。

东山嘴祭坛的中心是北部大型方形基址，而方形基址中所竖立的平底尖顶的长条石头则是方形祭坛中被祭祀的对象。这些置立于祭坛之中被人们顶礼膜拜的长条石头，与文献所载我国东部地区以石为社主的"石社"颇为吻合。

社在我国古代不同民族不同地区之间，有着不同的形制类别。以社主而论，大体说来，有"土社"、"树社"、"石社"之别。土社者，《管子·轻重篇戊》："有虞之王……封土为社。"树社者，《论语·八佾》："哀公问社于宰我，宰我对曰：夏后氏以松，殷人以柏，周人以栗。"石社，主要见于我国东部地区。《淮南子·齐俗训》曾说："有虞氏之祀，其社用土……夏后氏其社用松……殷人之礼，其社用石。"殷人是北方"戎人"与东方"夷人"相融合的部族[1]，其社既有用树，也有用石，表明我国北方和东方有以石为社主的习俗。社主用石也见于《周礼》等文献典籍。《周礼·春官·小宗伯》及其注疏、《吕氏春秋·贵直篇》、《汉书·郊祀志》等都曾提到汉代山阳（今山东省曹县至邹县、兖州一带）、春秋时期的卫曹之地以及临朐、淄临等地有以石为社主的习俗。

判定东山嘴方形祭坛为社坛的第三个根据是：东山嘴的中心格局与文献所载社的建构形制颇为一致。《礼记·郊特牲》说："社祭土而主阴气也。君南乡于北墉下，答阴之义也。日用甲，用日之始也。天子大社，必受霜露风雨，以达天地之气也。"郑注："北墉，社内北墙，""大社，王为群姓所立。"可见"受霜露风雨"的社，有垣（墉）无屋顶，不是有房顶的建筑物。《周礼·大司徒》和《地官·封人》都有"设其社稷之壝而树之田主"的记载，郑注："壝，坛与堳埒也。"《说文》云："埒，卑垣也。"对此，焦循、黄以周等清代学者考证说：坛外卑垣为之堳埒，垣与墉同类，社稷皆有坛而外环以卑垣。《后汉书·祭祀志》社稷条记载："建武二年立社稷于雒阳，在宗庙之右，方坛无屋，有墙门而已。"《五经通义》说："天子大社王社，诸侯国社侯社，制度若何？曰社皆有垣无屋。"由上述记载我们可以看出，从周代到汉代，社坛的建筑形制，恪守传统，并无多大变化，大体是，中间设有方坛，立有社主，四周砌有垣墙，不设屋顶，"受霜露风雨，以达天地之气"。这一建筑形制，恰与东山嘴祭坛中心的建筑格局相吻合。东山嘴北部用巨石砌成的方形基址及其内立的平底锥状的长条石头，可以看做文献中说的方形

---

① 王震中：《商族起源与先商社会变迁》，中国社会科学出版社 2010 年版。

社坛及其社主，方形基址外所套的矮围墙，可以看做社坛的垣墙。

将东山嘴的方形祭坛判定为原始社会末期的社坛和将牛河梁的神庙确定为祖先崇拜的产物都是很有意义的。我们知道，在中国古代，"国之大事，在祀与戎"。而这里的祀，一是指宗庙之祀，另一是指天地社稷之祀。就社崇拜而论，在周代，"社稷"一词已成为国家政权的代名词，社神除了土地与生殖的自然属性外，还具有许多与农业生产无关的社会属性。人们除了在农业生产及其节令中祭祀社神之外，出征或凯旋要在社中举行祭祀，"帅师者，受命于庙，受脤（脤，祭祀之肉）于社"[1]；"大师，宜于社，及军归，献于社"[2]。免除灾害也要举行社祭，例如"郑子产为火故，大为社，祓禳于四方，振除火灾，礼也"[3]。天子践位，诸侯结盟，都要祭社。"桓公践位，令衅社塞祷"[4]；"阳虎又盟公及三桓于周社，盟国人于亳社"[5]。诸如此类，不能枚举，社神变成了具有多种功能的国家或地区性的保护神。

社稷之神以及宗庙之神的多功能的集结，当然不可能是一蹴而就、在商周时期突然出现的。宗庙之祭代表着祖先崇拜，同时亦表明社会中已存在血缘、世系方面的亲疏关系，这是家族和宗族组织中尊卑等级关系的基础。社稷之祭更具有"社会公众性"，所反映的是人们的地域关系和社会关系。充分利用这一点，就可以在神圣的宗教名义下，将血缘的和非血缘关系的人们都维系在一起。因而在原始社会末期迈向文明的过程中，各部落群或地方酋长、宗族长等通过对宗庙和社稷祭祀的主持，不但会使已掌握的权力逐渐上升和扩大，使其等级地位更加巩固和发展，而且还会使这种权力本身变得神圣起来，从而披上了一件神圣的合法的外衣。这一切都因为大型的宗教祭祀活动代表着当时全社会的公共利益，具有全民性的社会功能。而辽西神庙、社坛、天坛、积石冢的发现，既为我们提供了中国古代宗庙社稷型国家形态与史前社会的联系，亦为我们展现了由后者转变为前者的一个途径。

与我国辽西红山文化后期的神庙、社坛、天坛、积石冢的发现相类似，西欧新石器时代晚期和初期铜器时代（亦称"铜石并用时代"）"巨石墓"文化也反映出类似的社会形态和发展阶段。其中，在马耳他岛，新石器时代晚

---

[1]《左传》昭公二年。
[2]《周礼·大祝》。
[3]《左传》昭公十八年。
[4]《管子·小问》。
[5]《左传》定公六年。

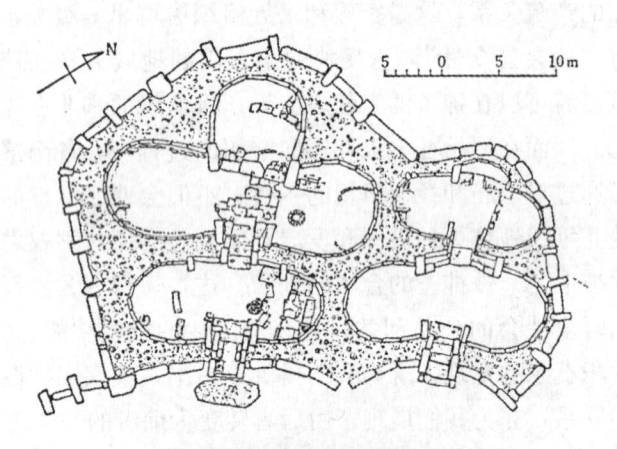

期，用巨石建筑的巨石神庙和复杂的巨石墓曾长期引起学者们的惊叹和探索（图Ⅳ—27）。英国考古学家科林·伦弗鲁（Colin Renfrew）曾援引人类学中酋邦制的概念和模式对此作了很好的解释[①]。

图Ⅳ—27　马耳他的石造神庙
上．马耳他穆那德拉神庙的入口
下．马耳他高德什岛的两个石造
　　神庙的平面图

[①] ［英］科林·伦弗鲁（Colin Renfrew）：《文明的诞生——放射性碳素革命与史前欧洲》（Before Civilization-The Radiocarbon Revolution and Prehistoric Europe） First Published by Jonathan Cape 1973。

首先，伦弗鲁根据神庙分布的疏密和间隔距离以及与现代耕地的关联，将马耳他诸岛屿的神庙划分为六对或六群，并用直线来表示他假设的各酋邦的领地范围。各领地一般有两个神庙（有二例有四个神庙）。那么各领地有多少人口呢？现在的马耳他有 30 万人口，这是由于它作为贸易港这一重要功能的缘故，而在历史上则远不是这么回事。马耳他列岛总面积为 316 平方公里，其中 60％可作为今日的农耕地。由于土地侵蚀一直在进行，所以曾有过的可耕地应该更大一些，可以视为 70％。这个岛的土质较疏松，适合旱作农业。年降雨量充其量为 55 毫米，也没有大的河流，任何规模的灌溉几乎都不可进行。因此，在推定最低人口量的意义上，可以试用半干燥的南伊朗早期时代所推定的人口密度，即每平方公里 2.3 人，将此用于马耳他后，在仅仅考虑耕地的情况下，大约可以得出 500 人的结论，但是这与神庙的数量以及建造每一神庙所需要的劳动量相对照，显然太少了。以最大量来考虑，一人可需二公顷的耕地，马耳他的总人口可达 1 万 1 千人。以此推定为基础，每一对神庙所具有各领地的人口平均最高可拥有 2000 人，其中小神庙的小领地的人口数大概比其要少一些（图Ⅳ—28）。

图Ⅳ—28 马耳他六对（六群）神庙和现代可耕地
（用小点填占的部分）的关联图（直线所表示者为假设的
各酋邦的领地。等高线为 100 米间隔）。

这样，在约为 300 平方公里的岛上，最多 1 万 1 千的居民被分成六个领地而居住，各领地约有 2000 人。人们的主食是大麦和小麦，副食为山羊、绵羊、牛、猪，还有鱼和贝。在海外交易方面，与出产黑曜石及制作石斧之类石头的西西里岛以及其他岛有时有一些接触。那么，在这样一个较独立的没有什么变化的环境条件下，如此壮观的神庙是如何建造出来的呢？这就需要探求能有效地动员营造大建筑物所需劳动力的社会体系或社会组织。

伦弗鲁认为马耳他神庙和巨石墓文化时期的社会组织结构实质上是一种酋邦制。各地神庙和巨石墓成组成群地出现，神庙中优美的浮雕和巨大的女性坐像以及小石像的存在，都说明其社会组织能有效地组织和动员相当量的人力资源，并有相当程度的职能分化。此时的马耳他的酋长，作为个人，还不是非常富有，也不具有永久性的大宅邸，当然也没有贮存大量的物资。但是，浮雕和雕像的存在，既说明在酋长支配下的雕刻神像的神官和工匠之类的专职人员的出现，也说明酋长本身就是一个兼职的祭司，具有一定的神圣性和权威性。

我们若将视线从马耳他转向太平洋，则发现类似于我国红山文化中的神庙、祭坛、积石冢以及马耳他巨石墓文化中的神庙之类的宗教建筑物，在被称为酋邦制的社会中时有出现。例如，在太平洋地域的塔希提岛，存在着明显的阶层化了的社会组织，其作为埋葬礼仪用的金字塔式的阶梯状的石造祭坛"麻拉埃"，就是非常显著的建筑物。这一祭坛，共有10层阶梯，长89米、宽29米、高16米。祭坛的西侧有一96米长的前庭，祭坛和前庭墙壁的第一行，都是四角被削过的石头砌成的。据记录，这个祭坛是从1766—1767年，由一位身居高位的女祭司为其儿子建造的。

在复活节岛，埋葬用的祭坛"阿符"是与海岸平行而走的一条长壁，其高5米左右，在特殊的情况下其长可达100米。在陆地一侧，作为支撑，用石头堆砌而形成斜坡状；在其下方，又用石头堆砌成平缓而倾斜的长坡，其中修筑有埋葬室。在祭坛之上，有一个或一个以上椭圆形垫座，在垫座上立有石雕的巨像。巨像的脸朝向陆侧斜坡的方向（图Ⅳ—29）。在复活节岛的巨像中，高度有的竟超过10米。

复活节岛的这种立于阿符祭坛的雕像，主要分布在沿海岸的地方，大大小小接近于100个，各种类型的阿符祭坛有160座。一些中小型的阿符祭坛及其附近的墓室，一般来说属于家族墓所。斯柯尔思比（Scoresby）在《神秘的复活节岛》一书中，曾对阿符祭坛的埋葬及祭祀的功用作了很好的描述。这种埋葬和祭祀的礼仪可达数年之久，因为死者的遗体要用布包裹后安置在阿符祭坛上，在肉未腐烂之前，一直放置在那里。斯柯尔思比写道：

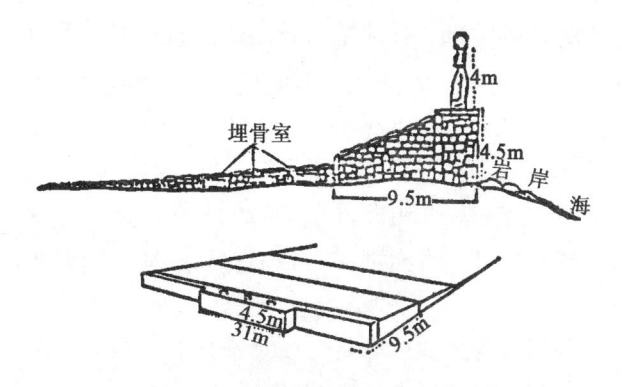

图Ⅳ—29 复活节岛的"阿符"和断面图

在遗体安置于阿符之上期间，其周围一带视为忌禁区。在附近不能捕鱼，在特定的标志范围内，禁止烧火做饭。四个亲戚经常看守警戒，无论是谁犯了忌禁都要打碎头颅。这样的服丧期达一年、二年乃至三年。等到遗体腐烂后，遗骨被收集在一起放入细长的家族墓室，也有的把遗骨埋在别的地方。丧期结束时，要举行大的祭祀，其后一位发言人愉快地宣布丧期结束[1]。

这种葬仪只不过是家族间的事，与酋邦制并无必然的联系。但是一些大型祭坛都是为了纪念酋长之死而建造的，需要动员甚多的人力来修建，大型墓坛上的巨石像，也需由专门的工匠雕刻。对于国家尚未出现的史前社会来说，它形象地体现了其所能达到的文化的成就。

漂亮的巨石像并不是为了纪念死者而雕的。对于复活节岛的岛民来说，石雕像是精灵遵循祭司的邀请而被收纳的器具，而且这个精灵还附有名字——被列入部落保护神行列中的著名的酋长和祭司的名字，所以，巨石像的雕刻，实际上是祖先崇拜的一种表现形式。

当1722年欧洲人"发现"复活节岛时，岛上的人口为3000人到4000人，面积为159平方公里，大致为马耳他列岛的一半，从而其人口密度也与马耳他相似。岛上大致有一半的土地是可耕地。人们靠种植地瓜、香蕉、甘薯、芋头、甘蔗和捕鱼而生活，陆地上的可食动物只有鸡和鼠。在岛上住着10个部落，各有其划定的领地。若追溯各部落的世系渊源，可以找

---

[1] Mrs. Scores by Routledge, The Mystery of Easter Island, Routledge, 1919, p.171.

到一个共同的祖先,其中米尔族被视为是在长子直系谱系上能与最初定居于此岛的祖先相连者,因而,全岛神圣的最高酋长,都出自米尔族。长子继承制是全社会所遵守的重要原则。根据20世纪初叶民族学者对岛上每年惯例由最高酋长主持进行的各种祭宴的观察记录,这个岛存在着某种程度的生产物的集中与再分配的体系以及由此而来的职能分化。同时,带有阶层等级序列的社会组织结构,在许多方面都与波利尼西亚其他岛屿的所谓酋邦制颇为相似。①

如果说马耳他岛的神庙和巨石墓、塔希提岛金字塔式的高坛、复活节岛的祭坛和巨石像,与我国红山文化中的神庙、祭坛及积石冢以及西亚欧贝德文化期和中美洲形成期中晚期的神庙建筑一样,既是统合人们精神世界的宗教中心,又是当时权力和等级结构的一种物质性的凝结。那么,为了理解这种前国家时期的社会结构,有必要对酋邦制的概念和特征作一系统的介绍,并对中国的铜石并用时期即相当于仰韶文化后期阶段,究竟是不是酋邦制社会试作一番初步的考察。

四 关于酋邦的问题

在史前考古学研究中,通常在人们的头脑中有两个极端的社会组织结构,即新石器时代的"平等主义"的部落社会和具有阶级或阶层结构,官僚制度、军队等因素的国家。但考古学的发现一再表明,史前社会发展到一定阶段,普遍存在着一种高于部落组织、比普通的"新石器农耕村落"更复杂、高度地被组织化了的、但又未进入文明时代、未达到国家水平的社会,这样的社会在史前的表现形式应当是多种多样的,其中的一种即是近年来的人类学家们所提出的"酋邦"。

酋邦制社会较平等的部落社会的本质特征是有着明显的社会分等的存在。在这里,社会地位大部分依据其出身而定。和最高酋长关系最近者,亦即在直系世系上和酋长最近者,可特殊地获得较高的地位。这是因为整个社会通常相信是自一个始祖传递下来的,而且酋长这个位置的占据者是从这个假设的祖先传下来这个基础之上选出来的,所以在这个网内的每一个人都依他与酋长的关系的远近而决定其阶等,形成尖锥体形的分阶等的社会系统。

---

① [英] C. 伦弗鲁:《文明的诞生》第八章"世界最古老的石造神庙"。

一般说来，酋邦又被分成几个地方集团，每一集团都有其首领，有时主要是在尖锥体分层系统的情况下各集团的首领可将其出身上溯到酋邦始祖，被认为是酋邦始祖子孙们的后裔。享受礼仪性威信的酋长，在全部落举行公共活动时，主持仪式，占据有特别的场所；战时，往往指挥全军。每一个村落，一方面都有各自的村落首领，与之同时，它们又合拢统一为一个社会，所有村落都负有忠于最高酋长的义务。

生产的地方性的分化，以及由此而来的将产品与劳役在整个社会中分配的需要，是塞维斯归纳出的酋邦的又一项特征。通过再分配，使得酋邦制下生态学的多样性，更有效地得到开发；使各地不同的资源能更广泛地加以利用。这样，诸如烧制陶器、加工金属、加工石器，等等，一个家族的劳动力和技术甚感力不从心时，自然就促进了各种专业技术的分工。各种职业性的手工匠、专司礼仪的神庙人员、巫师祭司阶层也即应运而生。

与部落相比，酋邦吸收新的群体的能力有相当的增加。酋邦的另一些特点也由此显现了出来。首先是酋邦具有较大的人口。酋邦制社会所具有的较大的动员力，对于社会的繁荣和公共工程的完成有着重要的作用。其次是与那基本上是政治平等的部落相对照，在酋邦中存在着经济、社会和宗教等各种活动的中心。在若干较大较复杂的酋邦里，这种中心里可能不但有长驻的酋长、而且还有一些行政助理（通常来自酋长的近亲）、服役人员，甚至职业性的手工匠。

国外人类学家近 50 年来对酋邦制概念的提出和对其特征的归纳，显然是人类学和民族学研究中的一项重要成就，它通过人类学中具体的民族实例，给我们展现了阶级社会之前的社会不平等的一种具体情景，呈现了由史前向文明的转变过程中社会组织结构的某些形态，所以，我们当然可以将酋邦制视作某些民族或地区由史前向文明过渡的一种形式和发展阶段。然而，我们也应看到酋邦理论是有其局限性的，当然这一理论也是发展的。

第一，欧美人类学者对酋邦的概念和特征的概括是互有差异的。陈淳《文明与早期国家探源》[1] 和易建平《部落联盟与酋邦》[2] 的书中都谈到，酋邦（chiefdom）这一概念最早是由美国人类学家卡莱尔沃·奥博格（Kalervo Oberg）在 1955 年写的一篇文章中首次提出的，在该文中，奥博格根据墨西

---

[1] 上海世纪出版集团上海书店 2007 年版。
[2] 社会科学文献出版社 2004 年版。

哥南部低地哥伦布之前的印第安部落社会结构的特点，总结出六种类型的社会形态：（1）同缘部落（homogeneous，或可译为"同族部落"），是指同一血缘群组成的部落，其栖居或聚落形态表现为分散家庭组成的松散游群、单一村落的部落和多村落的部落等。同族部落经济主要为狩猎采集和辅助性的栽培农业，存在大量从母居的社会形态。（2）异缘部落（segmented tribes），是指由两个以上有名分的直系血缘群构成的部落（named unilinear kinship groups），即异缘部落是由不同世系的血缘群组成。（3）政治上组织起来的酋邦（politically organized chiefdoms），这是在一个地域中由多村落组成的部落单位，由一名最高酋长统辖，在他的掌控之下是由次一级酋长所掌管的区域和村落。其政治结构的特点是酋长有法定权力来解决争端、惩罚违纪者。酋长可以为战争而动员民众和后勤供应，通过联盟来加强团结。政治权威基于部落对共同渊源的认同。酋邦没有常规军队、永久性的管理机构和赋税。财产和奴隶从战争中获得，酋长的亲属和武士构成了社会最高阶层，常被称为贵族，其下面大批的普通民众和奴隶构成了最低的社会阶层。酋长头衔繁多，妻妾成群，房屋很大，出行乘轿，身上挂满珍稀的装饰品，通常通过中间人与民众对话。哥伦比亚北部低地的许多部落形态属于这种酋邦社会。（4）联邦型国家（federal type states），这种社会结构存在一个强有力的统治者，一批世袭的贵族和一批专职的祭司。在分布着村落的地域上增加了两种新的建筑特点：宫殿和庙宇。刀耕火种和点种的农业经济可以支持这种社会，只要统治者能够控制大量的人口。哥伦比亚的契布查（Chibcha）已经达到了这个社会层次。（5）城邦国家（city states，或译为"城市国家"），其社会结构和下面的经济形态都发生了巨大的变化，手工业专门化出现，从而形成了专业阶层，进而导致日用品交换和贸易市场的出现，都市化造成农村生活和城市社会的分化，像秘鲁沿海的昌昌（Chan Chan）就是城邦国家的例子。（6）神权帝国（the theocratic empire），通过将高地和沿海平原复杂程度不同的社会群体联合起来，并将广阔区域中的城市经济组织到一起，从而形成帝国。农业赋税养活了统治者、军队、官吏和工匠，征用劳力来建造庙宇、宫殿、道路和其他公共建筑。印加帝国就是这种社会类型的代表。在这六种社会形态中，奥博格将酋邦定义为由一个最高酋长管辖下由次一级酋长控制的、以一种政治等级从属关系组织起来的多聚落部落社会。显然，奥博格将酋邦确立为国家之前的一种不同平等的社会类型，这为后来塞维斯确立四阶段社会进化模式奠定了基础①。

现在人类学界经常谈到的酋邦的另一项特征,即不平等的"圆锥形氏族"(又称为"尖锥体形氏族")结构,实际上是由保罗·基希霍夫(Paul Kirchhoff)在1955年发表的一篇论文中提出的②。在该文中,基希霍夫提出有两种类型的氏族,一种是氏族成员之间平等的"单面外婚制氏族",另一种是不平等的"圆锥形氏族"。在这种圆锥形氏族—部落社会中,每个成员的地位取决于他和直系始祖之间血缘关系之远近,高血统的人与氏族—部落祖先的关系最近。在这里,社会地位大部分依据其出身而定,所谓与直系始祖之间血缘关系的最近者,也就是与现实的最高酋长关系最近者,亦即在直系世系上和酋长最近者,可特殊地获得较高的地位,这是因为整个社会通常相信是自一个始祖传递下来的。所以,在酋邦社会里每一个人都依他与酋长的关系的远近而决定其社会地位和身份的高低,形成圆锥体形的分阶等的社会系统。基希霍夫发现了"圆锥形氏族"社会的等级特征,但他将这类等级制的氏族与平等的外婚制氏族作为社会演进过程中的同一发展阶段,被认为是理论逻辑上的一个不足,其后的弗里德和塞维斯正是克服了这一不足而在理论上又前进了一步。

塞维斯正是在上述奥博格和基希霍夫二人研究成果以及人类学的其他进展的基础上,提出了他的酋邦理论模式。其做法是把世界上现存的、亦即共时性的横向存在的各类原始社会组织,逻辑地排列为历时性的纵向演变的关系,其演变的序列为:由"游团"(地域性的狩猎采集群体)发展为"部落"(一般与农业经济相结合),再发展为"酋邦"(具有初步不平等的社会),最后走向"国家"。酋邦之前的游团和部落属于平等的原始社会,酋邦是国家出现之前的不平等的过渡阶段。所以,塞维斯理论最具特色的地方就在于对酋邦的概括以及包含酋邦在内的四种社会类型演进框架的建立。

在塞维斯的酋邦概念中,酋邦的特征可以概括为三个方面:第一是它广泛存在的不平等,它的等级制。这种不平等表现为上文保罗·基希霍夫所说的每一个人都依他与酋长的关系的远近而决定其阶层,形成圆锥体形的或者说金字塔形的分阶等的社会系统,这是传承自同一始祖的所有同时后裔的一

---

① 陈淳:《文明与早期国家探源——中外理论、方法与研究之比较》,第78—80页,上海世纪出版集团上海书店2007年版。易建平:《部落联盟与酋邦》,第145—146页,社会科学文献出版社2004年版。

② 易建平:《部落联盟与酋邦》,第145—146页,社会科学文献出版社2004年版。

种不平等的身份关系。第二是酋邦拥有固定的或者说常设的领导。第三是塞维斯提出酋邦具有再分配机制。为此，塞维斯甚至把酋邦定义为"具有一种永久性协调机制的再分配社会"。再分配机制在塞维斯的酋邦理论中，占有着十分关键的地位。在塞维斯看来，酋邦兴起于特殊的自然生态环境中，由于资源的差异，出现地区分工和交换，在这种特殊的地方，进行生产分工与产品再分配的需求很大，容易导致控制中心的出现，使酋长成为再分配者，也就是说生产的地区分工以及由此而导致的再分配活动与领导权的兴起和巩固有很大的关系。

在塞维斯之外，受奥博格的启发，斯图尔德将酋邦定义为由许多小型聚落聚合而成的一个较大的政治单位，他进而将酋邦分为军事型和神权型两种。美国考古学家厄尔（T. K. Earle）在对塞维斯的酋邦再分配机制提出质疑的同时，将酋邦按其多样性分成不同的结构类型，提出了"简单酋邦"和"复杂酋邦"等概念，他把酋邦定义为一种区域性组织起来的社会，社会结构由一个酋长集中控制的等级制构成，它具有一种集中的决策机制以协调一批聚落社群的活动。皮布尔斯（C. S. Peebles）也不赞成将再分配概念看做是定义酋邦的基本特点，他同意酋邦为一种不平等的社会体制，贵族和酋长具有实施控制的权力，这种权力多少依赖神权来取得合法地位，以便对社会进行管理和控制。肯特·弗兰纳利（K. V. Flannery）认为酋邦是社会不平等世袭的开始，自此社会中不同血统是有等级的，血统和地位也与财产的拥有相联系，不管个人的能力如何，其地位的高贵和低贱与生俱来，为此他认为酋邦从考古学上辨认的诀窍是看是否有高等级的幼童和婴儿墓葬，可以说明权力和地位的世袭。卡内罗（R. L. Carneiro）说酋邦是一种超聚落的政治结构，将它定义为一个最高酋邦永久控制下的由多聚落或多社群组成的自治政治单位，等等。也就是说，自奥博格提出酋邦概念以后，学术界认识到，酋邦是一个差异极大的社会类型，可以根据其结构和复杂程度细分，比如神权型、军事型和热带雨林型酋邦；集团型和个体型酋邦；分层型（阶层型）和等级型酋邦；超级型、等级型和无等级型酋邦；简单酋邦和复杂酋邦，等等，它涵盖了从刚刚脱离原始部落的较为平等的状态一直到非常接近国家的复杂社会的各种不同类型的社会形态[①]。

第二，酋邦理论的建立虽说主要是依据人类学中具体的民族实例，但也

---

① 陈淳：《文明与早期国家探源》，第141—144页。

有假说的成分。例如塞维斯把生产的地区分工与再分配机制作为酋邦兴起的模式就属于一个假说。依据这一模式,酋邦兴起于某种特殊的地理环境之中,即由于环境资源的不同,不同的村落之间出现生产的地区分工和交换的需求,从而产生相关的协调活动和再分配机制。如果酋邦只产生于这种特殊的地理环境之中,那么对于大部分属于自给自足的聚落群或社区来说,岂不就是无法由部落发展为酋邦,酋邦也就不具有普遍意义。塞维斯的"再分配机制"这一假说只可视为是对酋邦兴起原因的一种探讨。由于塞维斯的"再分配机制"的假说不符合酋邦的历史实际,因而遭到许多人类学家的反对。例如,皮布尔斯指出,夏威夷的社群或聚落分布在资源丰富、种类平均的环境里,所以各社群和部落的基本资源都可以自给自足,基本生产生活资料的互惠交换并不重要,也没有证据表明存在最高酋长控制基本资源再分配的网络,夏威夷的酋长是通过修建和视察各地的庙宇来获得贡品和实施控制的,在夏威夷不存在塞维斯所说的"再分配机制"。厄尔在对塞维斯的酋邦再分配机制提出质疑时,也以夏威夷酋邦为例提出了四点理由:(1)各社群区域划分和内部人口结构可以维持自给自足的经济。(2)不同区域之间存在的环境和资源差异是通过采取不同生存方式而非通过互惠交换来解决。(3)不同区域之间一些特殊产品的交换一般采取社群内部亲属间的义务关系或区域间的物物直接交换形式。通过再分配等级网流通的物品一般用于由贵族直接主持的活动。(4)长时段中再分配动员的周期性和不规则性,不足以组织起当地专门化的生存经济。因此,他认为塞维斯将再分配机制作为酋邦发展动力的假设并不适用于夏威夷酋邦[①]。不赞成塞维斯这一说法的学者,在面对酋邦是如何产生的,以及酋邦演进过程的动力等课题时,都提出过自己的新说,诸如人口增长压力说、战争说、对集体化生产活动的管理与对贵重物品的控制说,等等。应该说这些新说也含有假说的成分,也属于假说的范畴。理论需要联系实际,这些假说能否成立,关键在于它是否符合历史实际,这既是理论创新的魅力所在,也需要我们继续进行深入的研究。

第三,如我们一再指出的那样,塞维斯酋邦理论中"游团—部落—酋邦—国家"的模式,是按照社会进化观点将民族学上可以观察到的各种类型的社会加以分类排列而成的,因而其逻辑色彩很强,但对于史前社会的研究,若想达到逻辑与历史的统一,除了人类学或民族学之外,还必须借助于

[①] 陈淳:《文明与早期国家探源》,第143—146页。

考古学，因为考古学可以依据遗迹的地层叠压关系确定其时代的早晚和先后顺序，从而观察到社会的发展和变化。也就是说，塞维斯的酋邦理论模式在把人类学上现存的共时性的各类原始社会组织，逻辑地排列为历时性的纵向演变的关系时，对于已经消失的远古社会是否果真是这样，也还是需要证明的。对此，易建平介绍说，后来塞维斯本人已经意识到了。据研究，在1958—1978年的20年间，塞维斯一直在重新审视有关自己进化类型的若干问题，比如首先是塞维斯感觉混合游团这种类型应该去掉，部分原因在于认为，这种游团并非是一种原始的形态，而是可能为应付欧洲文化侵入而产生的一种适应的形态。由于受到弗里德等人的影响，塞维斯在他1971年的《文化演进论：实践中的理论》一书里甚至宣称，游团—部落—酋邦—原始国家四阶段划分法并不符合"事物的原生状态"，"它们也许可以用来进行现代民族志的分类，却难以用来从现存诸阶段推论已经消失的时代"。这实际上等于放弃了他原来的四阶段发展理论，取而代之的是塞维斯认为，可能只有使用三个阶段来划分比较合适：（一）平等社会，和从中成长出来的（二）等级制社会——在世界上，其中只出现过少数为帝国—国家所代替的例子——以及（三）早期文明或者古典帝国①。也许有人认为塞维斯后来的三阶段发展理论，过于一般化，并未引起人们的重视。但是，它却是塞维斯本人针对他自己的酋邦理论的局限性而提出的，应该说"平等社会—等级制社会—早期文明或者原始国家"的演进框架，反映出了由史前社会向国家演变过程中三个发展阶段的本质特征，更具有普遍性。

第四，塞维斯的酋邦理论的某些不足，可以通过弗里德（Morton H. Fried）的社会分层理论而得到补充，予以调整。1967年，弗里德出版《政治社会的演进》②一书，他根据社会等级差异标准将原始社会的政治演进也划分为四个递进的社会类型：平等社会（egalitarian society）—阶等社会（rank society，或译为"等级社会"）—分层社会（stratified society，或译为"阶层社会"）—国家社会（state society）。

在弗里德的"平等社会"的概念中，区分不同成员的标准仅仅基于年龄和性别，年龄和性别之外的等级制度则尚未建立起来，社会中大部分人都能胜任许多地位重要的职位，每个人获得这些重要职位的机会是均等的。

---

① 易建平：《部落联盟与酋邦》，第156—157页。
② Morton H. Fried, The Evolution of Political Society. New York, Random House, 1967.

阶等社会是弗里德理论中的特色之一。这里的"rank"（阶等）一词，一般译为"等级"，但鉴于在欧洲中世纪等社会中的"等级"是与经济地位相关联的，而弗里德所说的"rank"本身与经济地位并无必然联系，故而有学者提出译为"阶等"，以示区别[①]。这对于理解阶等社会的特点是有意义的。弗里德给阶等社会的定义是："并非所有具备能力的人能够获得少数较高的身份和地位"。阶等社会中区分阶等原则在于其血统和出身，这与"酋邦"概念中将血缘身份与政治分级相结合而构成等级制的亲族制是一致的，即与基希霍夫圆锥形氏族结构是一致的，亦即在阶等社会中每个人都依他与最高酋长的血缘关系的远近而决定了其阶等，形成圆锥形的分阶等的社会系统，这也是人类学家把"阶等社会"与"酋邦"相对应的缘由所在。

分层社会，在弗里德的理论模式中是继"阶等社会"而来的一种社会类型，弗里德对分层社会的定义是："相同年龄和性别的成员在获取基本生存资料的权力上存在差异"。这里的生存资料主要指维持生活的基本资源而不是日用消费物资，所以，这时的社会分层是具有经济意义的，它进一步走向就是"经济阶级"的形成。当然，正如笔者将在第七章中所指出的那样，作为社会分化而出现的阶级与阶层，既是经济上的也是政治上的。

显然，弗里德的社会分层学说是一项与塞维斯的"酋邦说"既有联系而又有区别的理论建树。塞维斯和弗里德虽然都把上古社会的演进划分为四个递进的阶段。但是，诚如易建平所指出，弗里德的"平等社会—阶等社会—分层社会—国家社会"这四个演进阶段很容易被误划为与塞维斯的"游团—部落—酋邦—国家"四个阶段一一对应。其实，塞维斯认为弗里德的阶等社会相当于自己的酋邦，至于"分层社会"，弗里德自己是指介于阶等社会亦即塞维斯的酋邦与国家之间的一种社会，它先于国家而出现，或者说几乎与国家一同出现；阶等社会可以与分层现象完全没有关系。而塞维斯则认为，分层社会是国家产生以后才出现的社会。可见，塞维斯不认为分层社会与酋邦相对应，而弗里德既然认为分层社会是先于国家就已出现，那么刚开始的分层社会是与酋邦社会的末期相交叉、相重叠的。若将塞维斯与弗里德两人的意见加以对比，则可列表作如下的表示：

---

① 易建平：《酋邦与专制政治》，《历史研究》2001年第5期；《约翰逊和厄尔的人类社会演进学说》，《世界历史》2003年第2期。

塞维斯	游团	部落	酋邦	国家
弗里德	平等社会	阶等社会	分层社会	国家

此外，其他一些学者的意见与弗里德和塞维斯两人都不同，有的认为分层现象可以在酋邦或者阶等社会阶段出现。例如，厄尔和约翰逊认为酋邦与此前简单社会最为重要的区别就在于分层，在于社会成员掌握生产资料权利的差异之上，这当然是占有重要经济资源权利不平等的一种制度，也就是说，在厄尔和约翰逊看来，具有经济意义的社会分层并非在酋邦社会之后，而是始于酋邦社会之中，这也意味着弗里德把与塞维斯的酋邦相对应的他所说的阶等社会定义为与经济地位没有关系的"阶等"，在厄尔和约翰逊看来，充其量也只是存在于其"简单酋邦"之中。还有，克利斯蒂安森（Kristiansen）则在酋邦之后、官僚体制的国家或封建体制的国家之前，安置了一个"原始国家"，把分层社会称为原始国家组织，把酋邦称为一种部落形式的社会组织；并把酋邦划分为集体性质的（collective）和个人主义性质的（individualizing）两种，提出这两类酋邦有着不同的进化途径，属于两条演化道路。综合上述诸说，特别是充分考虑了厄尔和约翰逊的说法后，笔者认为可以把酋邦理论与社会分层理论加以必要的修正或调整，修正之后，二者大体有如下的对应关系：

平等的氏族部落	简单酋邦	复杂酋邦	国家
平等社会	阶等社会	分层社会	国家

酋邦理论有其贡献，亦有其局限，当然它也还在发展。酋邦理论与社会分层理论相结合，可以起到互补而互益的作用。那么，我们将发展后的酋邦理论，不但与社会分层理论、社会复杂化理论相结合，而且也与考古学，与聚落形态理论相结合，其互补互益的作用将会更加显著。如前所述，酋邦理论和社会分层理论都是以近代以来尚存的民族学实例为基础，按照社会进化观点，把现存的共时性的各类原始社会组织，逻辑地排列为历时性的纵向演变的关系，虽然其逻辑色彩很强，但对于史前社会的研究，若想达到逻辑与历史的统一，还必须借助于考古学，因为考古学可以根据遗址、遗迹的地层叠压关系确定其时代的早晚和先后顺序，从而观察到社会的发展和变化。而

在考古学中，通过聚落考古学的研究，我们可以看到聚落形态的演进，直接体现了社会生产、社会结构、社会形态的推移和发展。因而，本书也正是通过对聚落形态演进阶段的划分来建立社会形态的演进模式，提出中国文明与国家的起源可划分为三大阶段，即由大体平等的农耕聚落形态发展为含有初步分化和不平等或社会分层的中心聚落形态，再发展为都邑国家形态。这一理论模式若与酋邦理论和社会分层理论予以对应的话，可列表如下：

平等的氏族部落	简单酋邦	复杂酋邦	国家
平等社会	阶等社会	分层社会	国家
平等的农耕聚落形态	中心聚落形态前期	中心聚落形态后期	都邑国家

　　上述三者的对应只是将三者的理论概念从社会发展阶段予以对应而已，就概念本身而言，酋邦理论中的诸概念与聚落形态理论中的诸概念之间的具体关系，也还需要分析和阐述，才会更清晰一些。例如，所谓中心聚落，就是在一组聚落群中，聚落的规模较大，集中了高级手工业生产和贵族阶层的聚落，其中有的还有规格很高的特殊建筑物；中心聚落不但在本聚落内部出现阶等乃至社会分层，还与周围其他普通聚落，构成了聚落间初步的不平等关系。这样的中心聚落的概念，比较接近于奥博格、斯图尔德、厄尔、卡内罗等人对于酋邦的定义，在这个意义上，酋邦与中心聚落形态即可协调与统一起来。此外，许多人类学者对于酋邦定义的共同点，在于强调酋邦社会中不平等的社会体制，这是一种将血缘身份与政治分级相结合而构成等级制的亲族制。对于这种不平等，有的酋邦只呈现出"阶等社会"式的不平等，有的酋邦则发展为"分层社会"式的不平等。对于某一地区或区域的史前社会来说，在某一时段究竟属于什么样的不平等，则需要将聚落考古学与社会形态学相结合而进行深入研究。

　　酋邦制是通过对一些特定的民族和地区考察研究后归纳提出的。在这一制度和社会组织结构中，必然含有多数民族和地区通向文明的某些共性，例如社会分等乃至分层的存在和财富的初步积累与某种程度的集中等。然而，社会分等与分层以什么为基础，采用什么样的分层形式；以什么样的程序和方式积累财富，则会因地区、因民族和文化传统而异。历史上，西亚两河流域的欧贝德文化时期属于由史前向文明转变的时期，可是没有实行塞维斯定义的那种酋邦制的证据和迹象，到了乌鲁克时期进入了文明社会，社会中的阶级和再分配体系也根本看不出是由塞维斯定义的那种酋邦制发展而来的，种种迹象所表明的，恰恰相反。中国古代文明是通过父权大家族—宗族结构和宗族制度形成的，在我们未能证明某种类型的酋邦制与中国的家族—宗族制之间有何联系或因果关系时，是无法证明中国究竟是通过什么样的酋邦制走向文明社会的。

具体说来，崧泽文化中的江苏张家港东山村遗址的墓葬、凌家滩文化的墓葬、大汶口文化中期和晚期的墓葬，以及红山文化后期的积石冢等墓葬材料都证明当时贵族与平民在财富上和社会地位上有明显的差别，存在着社会分层。然而这种分层是一种以父权家族—宗族为基础的分层。在都重视血缘谱系这一点上，家族—宗族制与酋邦制有共同之处，笔者认为若想寻找酋邦制与家族—宗族制之间的联系，这大概是最重要的一条线索。但仅凭这一点，还无法得出中国史前的家族—宗族制就是酋邦制或中国古代文明社会中的家族—宗族制来源于酋邦制，还需要其他方面相应的证据。

在公元前3500—前3000年时期，甘肃秦安大地湾第四期遗址、河南郑州大河村、山东泰安大汶口、莒县陵阳河、大朱村、江苏新沂花厅村、湖北京山屈家岭等中心聚落即原始宗邑的出现，说明当时各地区都有一些政治、经济和宗教中心在悄悄地崛起。濮阳西水坡三组蚌壳龙虎与人结合的图形，说明早在仰韶早期即已存在巫师和酋长集于一身的特殊人物，而在红山文化后期，规模宏大的神庙、祭坛、积石冢的发现，则说明此时统合人们精神世界的宗教祭祀中心又有了进一步的发展，社会用新的形式即神庙和社稷的形式吸收和凝聚了更大的人口。中心聚落、原始宗邑、神庙文化和社会分层的出现，不正表明此时的中国与两河流域的神庙聚落期即欧贝德文化时期、中美洲的形成期后期处于同一发展阶段吗？从社会进化的角度看，这当然与人类学中酋邦制发展阶段相平行，但是究竟属于哪一种定义下的酋邦制社会是很难说的。

在塞维斯定义的酋邦制社会中，每每存在着生产的地方性分化及产品的再分配体系。那么，在我国仰韶时代后期即铜石并用时代，是否也存在这一体系呢？这是需要认真研究的。早在1957年，我国的考古学工作者就在甘肃兰州白道沟坪发现了烧制陶器的专业经济点[①]，但将它与聚落的社会形态

---

① 甘肃省文物管理委员会：《兰州新石器时代的文化遗存》，《考古学报》1957年第1期。

相联系而重新加以认识的则首推严文明先生①。就现有发掘资料论，可视为专业性经济点的有甘肃兰州白道沟坪陶器制造场和湖北宜都红花套石器制造场。

白道沟坪位于黄河北岸，是一个马厂期的遗址。它的中间是居住区，西边是墓地，东南边是一个很大的陶器制造场。在陶器制造场中有和泥制坯的土坑，坑中附着已调好的胶泥，坑边发现许多泥块或已掺沙的泥块，还有搓成圆条形的泥条，而马厂陶器多是用泥条盘筑的。遗址中还发现研磨颜料用的石研磨盘和分格的调色陶碟，二者都残留有鲜艳的颜色，它们都是画彩陶花纹的专用工具。陶窑大多已残，有的已被完全破坏。现存的12座分为四组，北边一组4个，中间一组5个，南边一组2个，东边一组1个。每组中间有一大坑，窑门均对着大坑，以便同时烧几个窑。假如每组都能像中间那样保存完好，四组当有20座陶窑，何况还有一些组已被全部破坏。严文明先生估计这一陶器制造场当有数十座陶窑。如此大规模的陶器制造场，其产品当然绝不单纯是为着自身消费的需要，而主要应是为交换而生产的，由此而得出"这个聚落的居民是以制造陶器为主要生业的"结论，是不为过分的。

红花套位于长江西南岸，紧靠江边。江边有许多大大小小的砾石，是制造石器的理想的原料。这里有许多石器作坊，同时有许多住房，可见它不是临时的石器制造场，而是从事石器专业化生产和交换的经济中心。每个石器作坊都是一个半地穴式的圆形工棚，里面放几块像冬瓜一样大的砾石作为工作台和坐椅。工棚内堆满原料（较小的砾石）、废料、工具和半成品。石器工具主要是用来打坯和琢制器身的各种石锤。用作工作台的大砾石上有许多打制石器时留下的酥点。还有磨光石器用的砺石等。值得注意的是，在红花套发现许多用管钻留下的石芯而很少发现管钻的完整器物；其他类型的完整器物也很少见，最多的是些残次品和废料。相反，在红花套周围数百公里内的许多遗址中，则有许多与红花套石质相同、制法和类型相同的完整器物，而不见半成品、残次品和制石器工具。这说明红花套石器是供许多地方使用的②。

---

① 严文明：《中国新石器时代聚落形态的考察》，《庆祝苏秉琦考古五十五年论文集》，文物出版社1989年版。

② 同上。

对于像白道沟坪和红花套这样的专业化生产，一是可以视为一种商业性生产；另一是可以视为酋邦中生产的地方性分化与分工，它通过最高酋长及再分配系统而得以在全社会流通。由于目前这类资料犹如凤毛麟角，还难以看出各地是否存在一个再分配系统和体制，所以我们对此也就难以作出断然的回答。不过，将它们列入与贸易交换有关的专业化生产，在解释上似乎更容易更自然一点。

人类学或民族学中所呈现的酋邦社会，其最高酋长及其所在地与各地方酋长之间的纽带之一，是相信他们有共同始祖的血缘关系，但在史前考古学研究中，最难证明的也正是聚落与聚落之间的血缘关系。在中国传世文献所记载的历史中，虞、夏、商、周四代的王族，都有清晰的血缘世系可寻，也都非常重视血缘谱系，当时的贵族的根基即在于其出身的门第及其与王室王族或公室公族的血缘关系，而这一切又与家族—宗族组织和体制以及祖先崇拜的信仰相联系。因而，若想解决中国文明社会的前夜是否为酋邦式的社会，就必须首先解决酋邦制与家族—宗族制的联系问题，同时若遵循塞维斯的酋邦定义和概念，还得寻找更多的资料来复原酋邦制下的再分配体制以及酋邦式的社会分等。鉴于中国商周历史传统中的社会组织结构是一种父权家族—宗族式的结构，笔者认为中国文明的起源、阶级分化、财富的积累与集中的形式都与父权大家族的出现以及家族—宗族制的形成和发展密不可分，这也是中国文明社会形成和发展中的重要的历史特点。

不论中国古代是否通过酋邦的形式或者说是通过何种类型的酋邦走向文明社会，重要的是当进入了最初的铜器冶炼时期即公元前3500—前3000年时期，中国的许多地区已发展到了与酋邦制相平行的发展阶段，这是一个由原始社会向文明社会的重要的转变时期，人类学中的那些酋邦社会可以给我们提供一个重要的参照系。

第五章 龙山时代的聚落与生产

一 龙山时代的聚落形态

当历史发展到公元前3000年之后，黄河流域和长江中游地区，开始向"龙山式"的考古学文化过渡；长江下游已进入良渚文化的范畴。诚然，由于各地发展的不平衡性以及一些其他因素，使得同一时期各地考古学文化的起落和碳14测定的年代，错综复杂，有先有后[①]。因约定俗成和叙述上的方便之故，这里将公元前3000—前2000年这段时间概称为龙山时代。

龙山时代聚落形态较前的最大变化就是城邑较为普遍地出现，以城邑为都邑，再结合周围的村落社群而形成都邑国家，这就是龙山时代聚落形态的时代特色。关于都邑国家文明的问题，我们将在第八章中作详细的讨论。在本章中，仅就龙山时代聚落形态的一般性问题作一论述。

龙山时代聚落与聚落之间的两极分化较前有着进一步的发展。一方面，我们可以看到某些聚落例如陶寺等，范围规模空前扩大，足可以视为大型都邑遗址；另一方面，相当多数的聚落面积则普遍有所缩小[②]。此外，那些用夯土城墙等相环绕的城邑，其城内面积有些固然不太大，但其所具有的重要而特殊的地位是显而易见的。这些都邑聚落与其周围同时存在的普遍聚落相结合而形成主导—从属的关系，是中国历史上最早的都邑与乡村的关系或可

---

① 例如，作为由仰韶向龙山的过渡期或称龙山早期的庙底沟二期，碳14测定的年代约为公元前2890年（ZK—0111），而河南永城王油坊的龙山文化，较早的年代可达公元前3094年（ZK—0539）；安阳后岗的龙山文化，较早的年代亦为公元前2852年（ZK—0746）；郑州大河村第五期属于龙山早期，其年代为公元前3000年左右。山东龙山文化中较早的年代亦可上溯到公元前3000年以上，如菏泽堌堆为公元前3091—前2665年（BK85013）；昌乐邹家庄为公元前3627—前3363年（BK86060）、公元前2889—前2594年（BK86062）；长岛店子为公元前2898—前2615年（ZK—1191）、长岛大口为公元前2873—前2502年（ZK—1303B）等。

② 安志敏：《中国新石器时代论集》，第74页，文物出版社1982年版。

以称之为城与乡的关系。都邑是原始宗邑的进一步发展，是国家统治的物化。都邑聚落扮演着一定社区范围内政治、经济、文化和宗教祭祀中心的角色，而其周围的那些弱小聚落则只能是普通的居民点，它们与都邑聚落大概存在某种依存和贡纳关系。这种关系是当时宗教祭祀与战争环境的产物，也是阶级分化的结果。例如，都邑聚落可以为整个社区提供神灵的护佑，可以调动整个社区的军事力量来共同对付外族的扩张和掠夺，也可以对某些聚落进行讨伐和制裁。这样就使得都邑与其周围的普通聚落之间不得不滋生某种依存和贡纳的关系。而在当时神权政治和残酷的战争环境中是很难摆脱这种关系的。

考察一个时期的聚落形态，人与自然的关系始终是不可忽视的。在北方地区，仰韶及其之前的人们，大多将聚落建在河流两岸的台地上，特别是那些河流转弯或两河交汇的地方，更是当时的理想地点。聚落分布的这些特点，主要是受当时生产和生活条件所限制的缘故。当时还不会凿井，为了汲水的方便，就必须靠近水源居住。同时，河流地带又是农业、畜牧、狩猎和捕鱼等生产活动的理想之地，也是交通方便的地方。然而，随着人口的增长，人们不得不向外迁徙和扩散。而凿井技术的发明，解决了人们远离河流而居住的难题，从而使聚落的分布可以不受水源的限制而获得了大大地扩展。

依据考古发现，水井最初出现在河姆渡遗址第1—2层相当于崧泽文化下层的时期，其碳14测定的年代为3710BC±125年，即距今5700年。这是长江三角洲水位较高的沼泽地带。由于水位较高，无需深挖即很容易见水，故在较深的挖土中即可发现和悟出水井的道理。因而史前时期长江三角洲一带最先发明水井，而且这一带的水井从崧泽时期到良渚文化时期多为2米左右的浅井，也即不足为奇了。在水位较低的黄河流域，开凿水井难度较大，故这里到了距今5000—4000年的龙山时期才普遍发现有水井。

水井在龙山时期，无论是黄河流域各地龙山式的文化还是长江流域的良渚文化都有发现。水井的形制也是形形色色，应有尽有。例如，在山东兖州西吴寺的龙山遗存发现的三口水井就分三种形制。一种井口呈圆形，直径50厘米，斜壁，往下逐渐收分，在深200厘米处内收出一周宽14厘米的棱台，使此处直径缩至160厘米。另一种井口也是圆形，斜壁而没有棱台，口大底小，口径156厘米，底径110厘米，井深450厘米。第三种井口长方形，长220厘米，宽160厘米，井深430厘米，斜壁、平底，井底圆形，直径90厘米。在这些井内出土了各种汲水器和其他陶器，并有水锈斑痕[1]。在中原龙山文化中发现水井的有：河南汤阴白营[2]、洛阳锉李[3]、临汝煤山[4]、河北邯郸涧沟[5]、山西襄汾陶寺[6]等。其中汤阴白营的井口井底呈正方圆角形，口大底小，井壁斜直，井壁周围用木棍架设井字框，木棍相交处有榫扣合。木架深至11米。洛阳锉李水井呈圆形，口径160厘米，上大下小，清到6米时见水上涌，未清到底。其他井也大同小异。在长江流域，昆山县的太史淀、吴县澄湖、吴江县的梅堰、嘉兴县的新港、雀幕桥等遗址中都发现水井（图Ⅴ—1）。

我国古代文献记载，传说时代的人们发明了水井。如《世本》说："黄帝见百物，始穿井。"《吕氏春秋·勿耕篇》记有"伯益作井。"《世本》云："化益作井。"宋衷曰："化益，伯益也，尧臣。"《淮南子·本经训》说："伯益作井而龙登玄云，神栖昆仑。"《孟子·万章上》曾记载瞽瞍设圈套要舜去"浚井"（即"穿井"）。对于这些说法，如果我们将水井的最初发明归之于黄帝时期，那么长江下游崧泽文化下层的水井的时代可以与之相当；如果我们把水井的普遍使用归之于虞舜、伯益时期，那么龙山时代黄河、长江流域普遍出现的水井则可与之相当。而伯益作井的说法为古代各家所称述，其所代表的时代性是值得我们注意的。凿井技术的发明，大大减少了人们对江河的依赖性，使得人们可以到肥沃的冲积平原、富饶的山间盆地去生活和生产。同时，它也解决了城邑的供水问题。这不但使农业生产基地得到进一步发展，增强了聚落的稳定性，而且为城邑的形成，国家的产生创造了条件。所以徐旭生先生曾说："凿井技术发明以后……人民拣择到平坦易居的地方建设都邑，附近辟为耕田，方圆数十里或百里就成一国。"[7] 由龙山时期各地城邑的发现来看，徐先生的见解是很有道理的。

龙山时代的聚落在堆积上较薄，聚落的沿用要比仰韶时期短得多；聚落

---

[1] 国家文物局考古领队培训班编著：《兖州西吴寺》，第23—28页，文物出版社1990年版。

[2] 河南省安阳地区文物管理委员会：《汤阴白营河南龙山文化村落遗址发掘报告》，《考古学集刊》第3期，中国社会科学出版社1983年版。

[3] 洛阳市博物馆：《洛阳锉李遗址试掘简报》，《考古》1978年第1期。

[4] 中国社会科学院考古所河南二队：《河南临汝煤山遗址发掘报告》，《考古学报》1982年第4期。

[5] 北京大学等：《1957年邯郸发掘简报》，《考古》1959年第10期。

[6] 中国社科院考古所山西队等：《山西襄汾陶寺遗址首次发现铜器》，《考古》1984年第12期。

[7] 徐旭生：《中国古史的传说时代》，第154页，科学出版社1960年版。

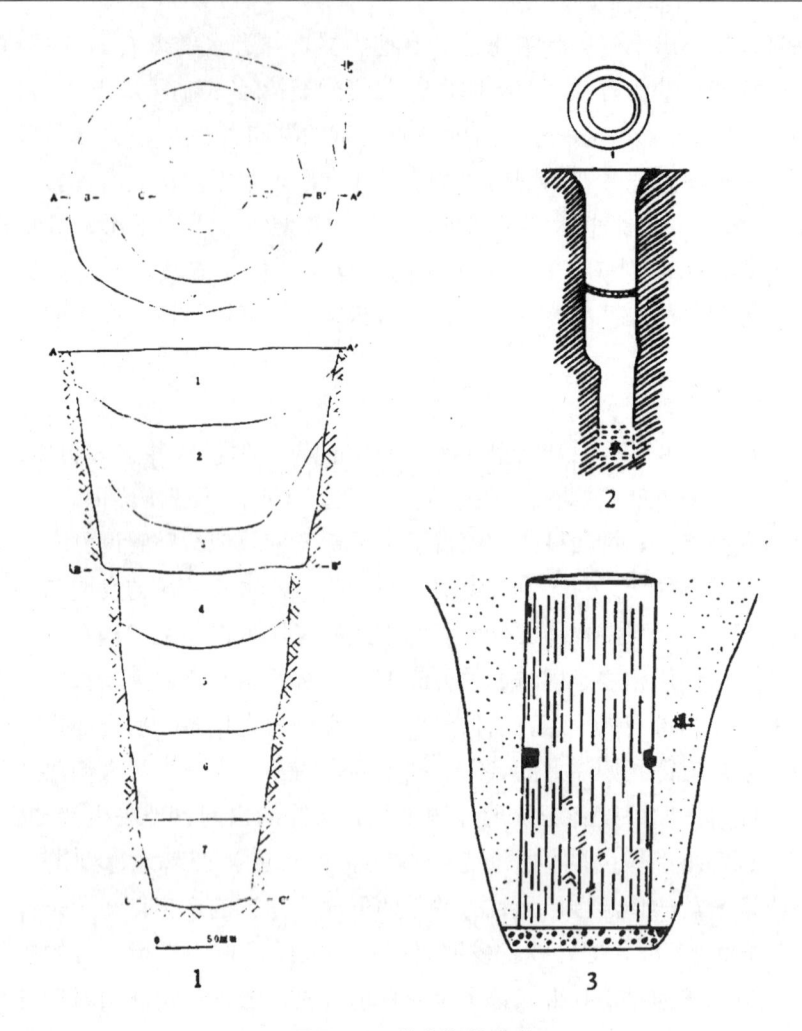

图Ⅴ—1　龙山期的水井
1. 兖州西吴寺　2. 洛阳锉李　3. 浙江嘉善

内住宅的层层叠压所意味着的迅速更代，都暗示着较大范围内的社会动荡。这种动荡多被认为与外部战争和内部斗争有关[①]。最近出版发表的山东泗水尹家城遗址的发掘报告，为我们提供了有关聚落战争方面的可靠资料。

在尹家城龙山文化一期的部分房屋内，发现有数量不一的人骨，同时还

[①]　周星：《黄河中上游新石器时代的住宅形式与聚落形态》，《中国考古学研究论集》，第150页，三秦出版社1987年版。

存在有较多的陶器、石器等遗物。不同房屋内出土的同类器物形态完全或基本相同，说明这些房屋的毁坏或遗弃是在同一个较短时间之内。9 座房屋内有 4 座发现人骨，共有 6 人，对其中 5 人进行了鉴定，结果是老人 1 名，13 岁以下的儿童 4 名，最小的只有 5 岁左右。5 具人骨身首异处，如 205 号房屋内的老年人骨，头在房屋中部、身体位于西壁的南部之下，缺下肢。又如 204 号房屋的儿童骨骼，头在北侧中部，而身体在其东北，相距 0.6 米。发掘者认为，造成这些现象的直接原因应是部落战争，有可能在成年人外出之际，有人乘机对村落进行袭击的结果[①]。这种部落间的战争，也见之于墓葬材料，如在尹家城龙山文化中的四座大型或较大型的墓葬，都出现掘墓扬尸的情况。还有一座墓有随葬品和木棺而无人骨，这一情况也见之于大汶口文化和华县梓里的仰韶文化，大概属于战死在外，尸体找不回来之故。

　　由于至今尚未揭露出一处像仰韶文化姜寨那样完整的龙山聚落，使得我们对聚落内布局的论述受到了很大的限制。综合各地的零散资料可以看出，龙山时期新的布局形式主要是排房的出现——若干小型住宅排列成行，门向基本一致。这是一种新的聚族（家族）而居的形式。其中在冀南豫北地区，发现有由若干单室圆形小住宅排列成行，规律有序，并且在居住区内相当密集地存在着，一个聚落的居住区往往有若干排这样的住宅[②]。在陕西关中和豫西、豫西南等地区，发现许多成排成行的方形住宅，一个聚落的居住区也每每是由若干排或若干组这样的小型排房相组成。例如陕西临潼康家聚落，面积约 19 万平方米，房屋分布很有规律，基本上呈东北—西南向排列。由于遗址沿用时间较久，所以房址上下数层叠压现象很普遍。依据现有发现可以看到，两排房子之间大约相隔 6—9 米，每排房子又分成数组，少者两三间一组，多则五六间一组，不但相邻的房子共用一个隔墙，而且每排房子共用一堵后墙。此外，排房中最中间一间房子，面积较大，一般为 20 平方米。同时位置也较同排其他房子向前突出一些，使整个排房呈"凸"字状。一般房屋面积较小，多为 9—12 平方米。如第 184 号、187 号、189 号、183 号、190 号、153 号、192 号、191 号、194 号、193 号等十余座一排房子中，153 号房屋居中并向前突出，面积为 20 平方米，两旁各有四五座屋子，面积多

---

　　① 山东大学历史系考古教研室：《泗水尹家城》，第 305—306 页，文物出版社 1990 年版。
　　② 赵连生、张相梅：《从白营遗址中的房基布局结构看当时的社会性质》，《中原文物》1983 年特刊。

为12平方米。多数房屋内中心偏北处设有一个规整的圆形灶面，并发现有陶器等生活用具。房子门外有一片不很平整的地面，是人们经常活动的小院落，较硬，有经过长期踩踏留下的路土层，厚2—3厘米。

康家聚落是一处规模较大的聚落，很有典型性。聚落内每一独立成排的房屋，因其后墙和隔墙相互共用，表明每一排房都有统一的设计，而且是一次统一建成。这样的组合结构和建筑形式显然是与当时的父系家族结构相适应的。而排房中既居中又向前突出、面积也较大的房子则是家族长的住宅，所以这时的父系家族实为父权家族。排房内每一单室则为家族内个体小家庭的住宅，其中相邻的两三间在距离和结构上更紧密的情形，可视为在家族辈分或血缘上更亲近者。康家聚落内的每排房并不是孤独存在的，在其前后相隔6—9米处还有其他排房存在，这表明在家族组织上还应有宗族一级组织。宗族就是以一个共同祖宗为纽带的几个近亲家族的联合体。在康家聚落内相互靠近或毗连的若干排排房之间的关系，应该是近亲家族式的同宗关系，每一近亲家族群可构成一宗族。鉴于康家聚落的规模较大，聚落内房屋分区分群密集，人口较多的特点，康家不像是由一个宗族居住的聚落，而应当由若干个宗族相构成。又据负责主持发掘这一遗址的闫毓民同志相告，依据钻探的结果，康家聚落的中心区域似乎是一处没有房屋建筑群的广场。这样，康家聚落就是由若干宗族相构成的、有共同的聚落中心的、对外相对独立的、较大规模的共同体。

排房的组合形式不但见于村落，而且也见于城邑。淮阳平粮台城邑内发现的十余座房屋，就是用土坯砌成的长方形排房[①]。郾城郝家台城邑内也发现了数座成排的房基，每座排房长达数十米，宽数米，分成10间左右。可见排房的形式是龙山时期普遍流行的一种房屋组合形式。为了适应这种组合，这一时期的单间房子多建成方形或长方形。

在龙山期之前的屈家岭文化的黄楝树聚落中，发现有用排房组成的院落[②]，黄楝树的龙山期也发现有排房，残留的遗迹表明其格局也是院落。黄楝树龙山时期的房屋共发现6座，它是在屈家岭期人们居住的废墟上修建起来的。因此，房子的布局、筑法以及房屋结构等，都沿用前期模式。残留的房子分东、北两排，但每排房数却比前期大大减少，因而，整个院落的房屋

[①] 河南省文物研究所等：《河南淮阳平粮台龙山文化城址试掘简报》，《文物》1983年第3期。
[②] 参见第四章"中心聚落（宗邑）与神庙文化"。

数量也应大大缩小。现在的东排房由东北向西南依次为 F4、F2、F5、F6、F1 等五座、北排仅 F3 一座。房子结构也分单间、双间、三间等三种形式，与郑州大河村相类似。其中 F1、F2、F3 是单间，F6 是双间，F4 和 F5 是三间。单间面积多在 9.2—12.3 平方米，F3 为 30.47 平方米。F5 的三间都有火塘，F6 双间发现一个火塘，F2 和 F3 单间都设有一个火塘，由这些房间内火塘的设置情况看，各个小家庭都有自己的经济生活，它较屈家岭期又有所发展。

黄楝树屈家岭期的院落，依据房屋的数量可以判断其为一个父系宗族①，到了龙山期，同为院落，而其房屋的数量缩小了许多倍，推断其为父系家族大概不会有什么问题。其中的双间和三间等多间结构的房子，应为大家族内较大的家庭，诸如 5 号房的三间都有火塘，可视为家长与已婚的子女不但分室居住，甚至分开用餐，而 6 号房的双间只有一个火塘，可理解为家长与已婚的这个子女分室而不分餐，这或许是因父母的偏爱，或许是因独立生活能力所限，这对年轻的夫妇，还要加入父母即家长的火塘，其情形接近于郑州大河村②。

在江南苏州吴江县梅堰良渚文化的聚落遗址中，发现一些房子由护墙即院墙相围，房子旁边有水井，和现在的农村相同。遗址中出土的有籼稻、粳稻、莲树籽、酸枣、橄榄、话梅、芝麻、葫芦籽，以及大量的鱼骨等。更有意思的是各房屋群的公用道路一直通向附近古河道的"小桥头"，小桥头的样子和功用与现在当地农村淘米、洗衣的小桥头完全相同，再结合房屋内外的出土文物，呈现出一派江南鱼米之乡的风貌。

无论是排房，还是由排房组成的院落，到了龙山时期，其社会结构都是家族，而若干相毗连的排房或院落，将组成一个宗族。对于一个较大规模的聚落来说，如陕西临潼康家聚落，则应是若干宗族的聚集地，而对于大量的较小的聚落来讲，则可能是一个宗族的族居地。

龙山时期相当多的聚落面积普遍有所缩小，其背景应是社会组织形态的变化。我们知道，仰韶早期的聚落，如姜寨、半坡之类，每每是由若干大家族组成一两个氏族的聚落。由于同一氏族内的各个大家族共居于一个聚落，所以各聚落间的面积、人口规模差别不是特别悬殊。到了龙山期，为了适应

---

① 参见第四章"中心聚落（宗邑）与神庙文化"。
② 同上。

家族—宗族结构，开始出现一宗一邑（村）和数宗一邑，两种情形并存，同时又存在有"宗邑"（原始宗邑）和"都邑"形态，使得一部分聚落面积膨胀，而普通聚落的面积普遍缩小。

由于氏族的许多职能被宗族所取代，因而就多数普通聚落而言，已缺乏像仰韶时期姜寨半坡那样的向心布局和十分规整的统一规划，但就某一大家族而言，则有着统一的设计。与仰韶前期相比较，龙山聚落内相对独立而成排成组或成片的住宅布局，显然是一种新的组合。这种组合可以因地区和文化传统而表现出形式的多样性，但其社会组织多为家族—宗族结构则是问题的实质，而其中的每一座单室或双室住宅则应该是各个个体家庭的居住地。龙山时代单个住宅面积普遍减少而隔间增多，显然是为了适应个体小家庭的居住要求。

人们对阴间生活的想象和安排往往取材于阳世，龙山时期大量的墓葬材料告诉我们，一个墓地内各个家族的茔地界域是十分清晰的，有的还可以在家族茔地之上再划分出宗族茔地。例如，龙山时代作为都邑或大聚落墓地的代表——山西省襄汾陶寺，其墓地的规模在3万平方米以上，迄今在已发掘的5000平方米内发掘出的1000多座墓葬，只不过是几个墓区的一部分。现有的发掘资料已显示出整个陶寺墓地存在着几个不同的墓区，每一墓区内按墓葬分布和排列情况，又可分成若干小片，如果将大的墓区视为宗族墓地，那么，区内的小片则应为不同家族的茔域。这一情形，与大汶口的情况相类似[1]。

龙山时代的宗族和家族茔地也存在着鲜明的贫富分化和财产占有不均现象，而且还时常发现有夫妻合葬、奴妾殉葬即人殉人祭的色彩[2]，它集中地体现了在宗族和家族结构中，父权的确立、女子的从属地位以及非自由人的存在等一系列阶级社会的因素的普遍发生。

龙山时代是中国聚落形态史上重大的转折时代，在聚落与聚落之间，出现了城与乡的对立与依存的关系；在聚落内部，父权家族与宗族结构取代了氏族之类的结构，个体家庭被包含在父权家族之中而日益活跃，私有和阶级分化通过墓葬而得到清晰的反映。总之龙山时代无论是聚落内还是聚落外，其不平等是显而易见的。与这种不平等相对应，龙山时代的城邑即都邑形态

---

[1] 参见第四章"二、原始宗邑与村邑形态的出现"。
[2] 详第七章"阶级的产生与财富的积累"。

是宗邑形态的进一步发展，是国家组织结构的物化形式之一。与之同时，龙山时代也是铜器与中国的原文字时代，是已进入城邑国家式的初期文明社会。对此，在以后的各章中将作进一步的讨论。

二　龙山时代的农牧业生产

"农业是整个古代世界的决定性的生产部门"[①]。新旧大陆所有农业民族的古代文明无一不是建立在集约农业基础之上的。因而探讨文明的起源，不能不对它的农业生产力水平进行必要的考察。

在农业生产中每每以耕作工具及技术为其生产力水平的标志。这是对的，但有许多人机械地将农业生产的发展规定为：刀耕农业—锄耕农业—犁耕农业三大阶段，这显然有一定的局限性。例如中国古代的"耜耕"农业究竟应归入哪一阶段？它是否也是一种集约农业？这些都是需要研究的。

从耕作工具讲，龙山时期的中国，无论是北方还是南方，其大部地区的挖土翻地的耕具主要是磨制颇精的石铲，个别地区也出现有石犁。诚然石铲的出现绝非属于龙山时期，在"前仰韶时期"及仰韶时期，无论是圆体石铲还是方体石铲都已出现，只不过远非像龙山时期磨制的那样精致。

龙山时期的石铲，不但磨制得十分锋利，而且每每在铲体上部钻出圆孔，以便装柄时绑扎得更加牢固（图Ⅴ—2）。这些穿孔石铲，往往容易与石钺（穿孔扁平石斧）相混淆，使很多人迷惑不解。近来，河南省文物研究所的李京华同志通过对河南登封王城岗城址内出土的大量石器及其装柄和使用遗留痕迹的观察，使这一问题得到了解决[②]。王城岗共出土 47 件平肩式石铲，均为竖长方形，平肩弧刃，单面刃，大型者为多数，长度在 25—30 厘米之间，宽 8—13 厘米，厚 1—2 厘米，大型铲均钻有圆孔。铲的正面平直，背面自孔以下为弧形，尤其近刃处弧度较大。刃口有在生产过程磨损的痕迹，有的略呈锯形，有的略呈凹窝形，与它相对应的，背面均有磨槽，可见石铲的使用形式，是长期正面向上背面向下固定不变的。铲的正面，孔的上下有一垂直的浅槽，其上端直通顶部与半圆形凹窝相连接。铲顶的凹窝宽与

[①] 恩格斯：《家庭、私有制和国家的起源》，《马克思恩格斯选集》第四卷，第 145 页。
[②] 李京华：《登封王城岗夏文化城址出土的部分石质生产工具试析》，《农业考古》1991 年第 1 期。

槽相同，这样的槽和窝是装在木柄并在长期的生产使用过程中磨出的，故可称为"柄槽"和"柄窝"。铲的背面留下了用绳套捆木柄并在长期使用过程中磨出的"绳痕"。这样关于钻孔石铲的装柄方式和使用情况就一目了然了（图Ⅴ—2）。因此，若要判断究竟是有孔石铲还是石钺，一是要考察其刃口两面的磨损和使用痕迹，另一是要考察其装柄的方式——是竖向装柄还是横向装柄。而王城岗城址内出土的石器表明，大量的为数最多的还是石铲而非石钺。

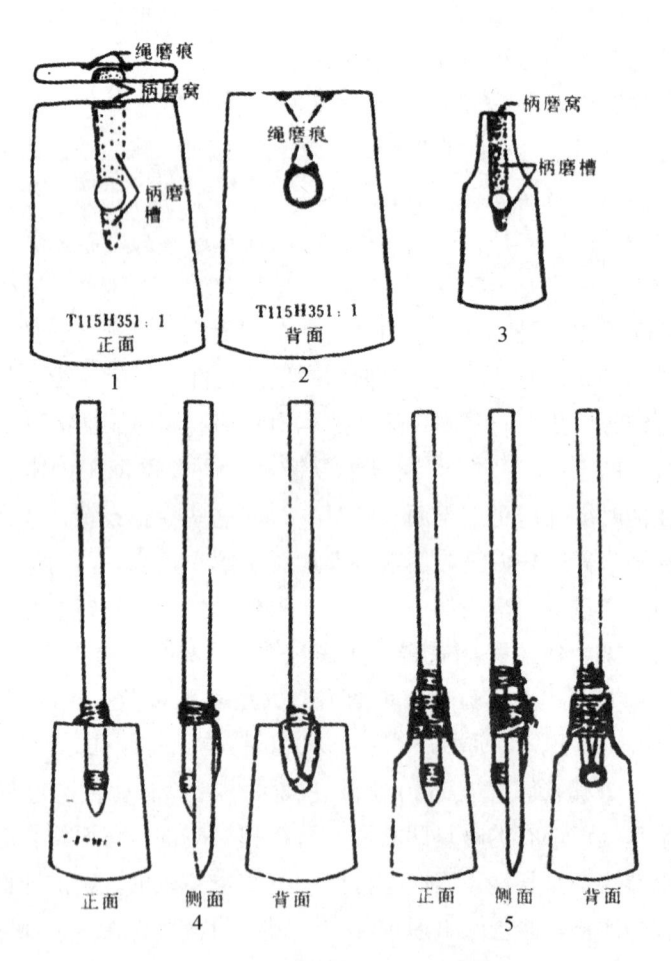

图Ⅴ—2　王城岗出土的石铲及复原图

在太湖流域部分良渚文化遗址中，发现石犁和大量的石犁残片。石犁体形扁薄，平面呈等腰三角形，刃部在两腰，其夹角在 40°—50°之间，多用片状页岩制作。研究者根据其体形扁薄，正面和背面均无磨光和使用痕迹，而两侧磨出光滑的刃部，留有磨损痕迹，以及平面中心有一至三个孔不等之类情况，认为它是安装在犁床上使用的。犁床尖部由两部分构成，下为垫木，上为木板，石犁夹在两者之间，外露刃部，然后穿以木钉固定（图Ⅴ—3）。这样可以克服石犁易折断的弱点。四川省木里、九龙等县一些少数民族，使用一种木犁，犁铧是石质或木质的。其石犁铧都插在木犁床的木銎中，仅刃部留在外头。这样安装是为了保存石犁铧，使其不易折损，又便于更换犁铧①。

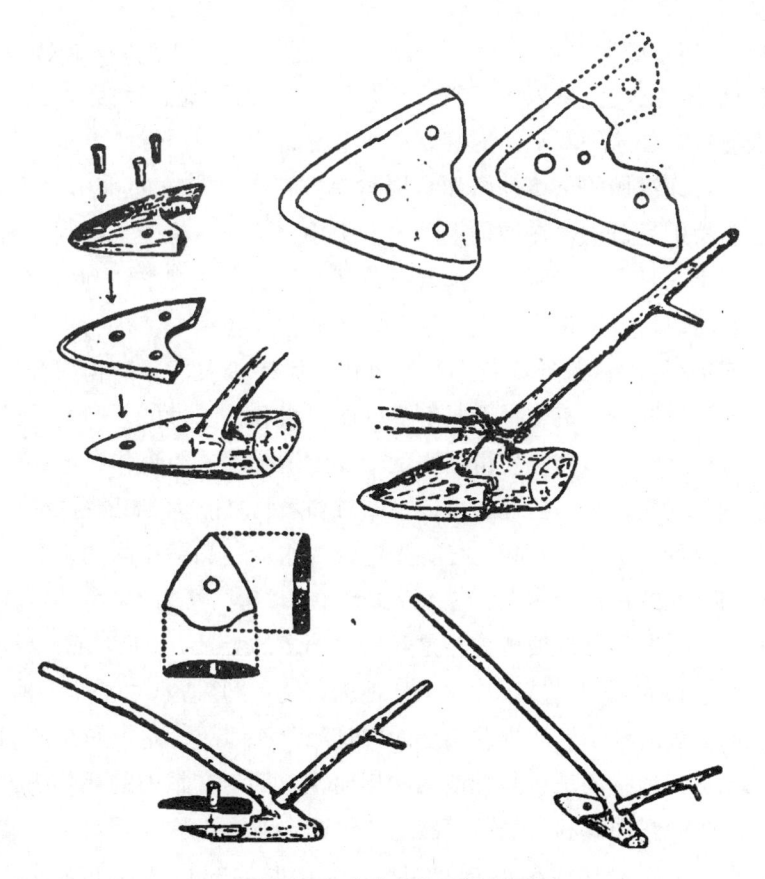

图Ⅴ—3 良渚文化石犁复原图

---

① 牟永抗、宋兆麟：《江浙的石犁和破土器——试论我国犁耕的起源》，《农业考古》1981 年第 2 期；宋兆麟、黎家芳、杜耀西：《中国原始社会史》，第 256—259 页，文物出版社 1983 年版。

良渚文化圈是稻作农业区，犁耕首先在水田农业中获得发展似非偶然。这一地区在距今 7000 年之前的河姆渡文化时期就发明了骨耜，也是耕种水稻的生产要求所致。经过 2000 年的发展，随着生产经验和技术的提高，以及人们对粮食需求的增长，促使农业生产走向集约化是势所必然。而对于水田农业讲，耜耕已不能满足这些要求。人们从实践中，在改进耒耜耕作的基础上，最终创造了吃土较深，负荷较大，宜于水田耕作的农具——石犁。也正是因为是在水田耕作，所以这些石犁都有较大的木犁床，使得在水田操作时具有一定浮力，宜于田间耕作。

耕犁的出现，使农业生产获得了一种重要的工具，它具有翻地快，耕地深的功效。尽管起初可能是以人力牵引，但它已属集约农业大概没什么问题。犁耕之外，黄河流域采用磨制锋利而扁平的大石铲翻地耕种，是否也属于集约农业？对于这一问题的回答需从两个方面进行。

第一，黄河流域的土壤性质和结构与南方特别是南方的水田很不相同，北方的土壤特别是黄土，在结构上均匀、细小、疏松、易碎，很利于石铲木耒之类的掘土农具翻地。所以，随着石铲磨制的愈来愈规整锋利，翻地的效率亦会愈益增高，特别是当两人一组，并排而立，各执一铲进行耦耕时，其功效将会成倍增长[①]。此外，黄土不易风化，保持着大部分矿物成分，是非常肥沃的土地，同时，黄土一般具有良好的保水和供水性能，而北方的各类作物又具有很好的耐旱性，使得在雨量较少的情况下，粮食作物的收成亦高于其他土壤。因而，中国的北方可以在犁耕和灌溉之前就实现集约农业。

第二，这种石铲就是石耜。杨宽先生曾主张耜是和锸相同的工具，耜是平刃的，与现在的铲差不多[②]。在《说文》中，"耜"又写作"梠"，并解释说："梠，臿也。"可见许慎认为耜是和铲差不多的工具。《考工记》说："耜广五寸，并二耜为耦。"《吕氏春秋·任地篇》说："其博八寸。"《王祯农书》上也把耜画成铲的样子。河姆渡出土的"骨耜"和仰韶、龙山乃至商周时期石铲，无论从其形状还是从其翻地的功用而论，都与文献中的耜相吻合。所以龙山时期用规整而锋利的大石铲翻地耕种的农业可以称为耜耕。与仰韶时期尤其是仰韶前期制作粗糙的石铲相比，龙山时期的耜耕应称为较高级的

[①] 张波：《周畿求耦——关于古代耦耕的实验、调查和研究报告》，《农业考古》1987 年第 1 期。

[②] 杨宽：《古史新探》，中华书局 1965 年版。

耜耕。

在传统的看法中，人们每每只将犁耕或灌溉农业视为集约农业，而将耜耕归为"锄耕农业"，并不认为它是集约农业。然而，我们若是考虑了中国北方土壤的结构和性质，再回顾一下这种耜耕农业在中国历史上所存在的时期和所占据的地位，就会发现这种认识是不符合历史实际的。我们知道，即使在西周时期，中国的北方由于尚未使用牛耕而大量的是耜耕。《周颂·载芟》说："有略其耜，俶载南亩，播厥百谷，实函斯活。"《良耜》篇曰："畟畟良耜，俶载南亩，播厥百谷，实函斯活。"《噫嘻》篇言："骏发尔私（应为耜），终三十里。亦服尔耕，十千维耦。"《小雅·大田》也提到："以我覃耜，俶载南亩，播厥百谷，既庭且硕，曾孙是若。"在中国历史上，即使牛耕出现以后，耜耕和牛耕也是长期并存的，一直到近现代，在中国的北方，如陕北和关中地区，当耕牛缺乏时，耜耕也还是主要的耕作形式，只是这时的耜已不再是石质的耜而为金属的耜，当地称这种农具为"铁铣"。

耜耕所以具有如此的生命力，无疑在于它的生产效率和耕作效果，而这种效率和效果又是与黄土的土壤特性密不可分的。黄土具有很强的"自肥能力"，而且土壤疏松，用耜起土翻地可以根据需要而进行深耕，即使是新垦荒地，火烧之后，用耜刺地翻土的同时也斩断了杂草荆棘的根系，可以翻起大而硬实的土块。总之，耜耕可以起到犁耕一样的效果，特别是当两人各执一耜，并排协力耜耕即耦耕时，其耕作效果和生产效率都在人拉犁的犁耕之上。龙山时期的石耜和商周时期的石耜，无论是磨制技术、质量和锋利程度，都处于同一水平，既然商周文明是建立在集约基础之上的文明，那么，龙山时期北方的耜耕农业和江、浙良渚文化中的人力犁耕农业当然亦都是一种集约农业。

在古代文献中，往往耒耜并称。迄今最早的双齿耒的痕迹发现于河南陕县庙底沟二期窖穴的坑壁中，每齿直径为4厘米，两齿之间距离也是4厘米，有的宽达6厘米，长度在20厘米左右[1]。此外，在山西襄汾陶寺遗址早期文化遗存的坑壁中[2]、在山东胶县三里河龙山文化窖穴中[3]，都发现有双齿木耒的痕迹。我们知道，在考古发掘中木器的痕迹是较难发现的，上述发

---

[1] 中国科学院考古研究所：《庙底沟与三里桥》，科学出版社1959年版。
[2] 中国社会科学院考古研究所山西工作队等：《山西襄汾县陶寺遗址发掘简报》，《考古》1980年第1期。
[3] 山东省博物馆等：《山东茌平尚庄遗址第一次发掘简报》，《考古》1978年第4期。

现足以说明，到了龙山时期木耒这种掘土工具是被广泛使用的。

除了翻地掘土的农具外，在龙山时期，作为砍伐林木的工具有磨制颇为规整、形式多样的石斧。作为中耕除草的农具有石锄、小石铲、骨铲、蚌铲、鹿角鹤嘴锄等，而在江南水乡，除此之外，最有代表性的中耕农具是耘田器（图Ⅴ—4），这些都是较仰韶时期进一步发展了的农具。龙山时期收割工具的种类和数量也都比仰韶时期多，有长方形穿孔石刀、半月形穿孔石刀、石镰和蚌镰等。这里的石刀就是古代石质的铚，是收割谷穗的工具。《说文》："铚，获禾短镰也。"《释名·释用器》："铚，获禾铁也。铚铚，断禾穗声也。"这些石刀穿了孔，系绳更加方便，使用时不易脱手，工效大大提高。石镰是一种安柄收割的工具，在龙山时期，无论是黄河流域还是长江流域都出土有这类工具，在收割工具中，镰是效率最高的收割工具。收获工具的改进是农作物产量所要求的。

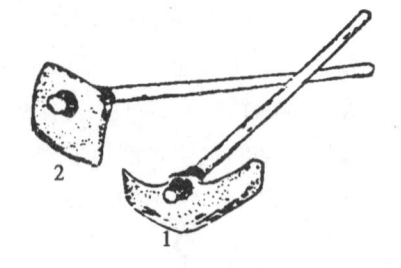

图Ⅴ—4　中耕农具复原图
1. 钱山漾出土的耘田器
2. 北阴阳营出土的石锄

从砍伐树林、翻地耕种，到中耕除草，再到收获贮藏，各个生产环节的农具虽都还是石质的，但无一不较前有较大的发展。其结果自然是粮食产量的提高。粮食产量的提高，一是可以从窖穴形制的变化看出其大致的趋势，另一是可以从成套酒器的普遍出现获得证明。

我国黄河流域地区从裴李岗、磁山文化即开始用窖穴储粮，但窖穴不规则，没有防潮措施，内部空间较小。其后，仰韶文化、大汶口文化、马家窑文化、大溪文化等的窖穴有一定改进，一是数量增加；二是挖筑得较精细，如周壁光滑，底部平坦，有的采取了初步的防潮措施，如用草拌泥涂抹或用火烤等；三是窖穴扩大，贮藏量增加。到了龙山时期，山东龙山文化、中原龙山文化、客省庄二期文化、齐家文化和良渚文化等的窖穴又有增加，多分布在住宅内部或附近，私有现象甚为明显；形制趋向固定，以口小底大的袋形穴为主；窖穴容积普遍增大，甚至出现容积达四五十立方米的大型窖穴；窖穴一般都经过加工修整，口、底、壁较整齐，有的用草拌泥以至"白灰面"涂抹，使之结实光滑。如客省庄二期全为袋形窖穴，口径约1米，底径约3—4米，深度平均2.5米，容积一般为8.51—16.37立方米，最大的达

45立方米①。除地下窖穴储粮外，地上的仓廪亦已出现。陶寺遗址的大型墓中出土了木制仓廪模型，下部为圆柱体，上部有蘑菇形盖，圆柱体周围凹进三个拱形顶小孔，各不相通，外壁施红彩。整体形状近似秦汉墓中的攒顶陶仓②。在陕西武功曾出土一件圆形陶屋，房屋较矮，呈尖顶形，墙壁上部外倾，房门为椭圆形，门槛距地表较高③。这些特征与一般仰韶文化的住宅不同，杨鸿勋先生认为"这种墙体外倾的变形，仿佛后世的粮囤，可减少雨水对墙外的冲刷，特别对无檐建筑是有利的"④。类似房屋模型在长安县也有发现，呈穹庐式，圆顶，门也为椭圆形，门槛距地面较高，也具有防水防火作用⑤。有学者指出，这些房屋就是粮仓的缩影⑥。窖穴的发展，特别是仓储的出现是以农业生产的提高为前提的，因此它可以作为农业生产发展水平的重要标志。

龙山时期，人们生活用具中一个十分显著的变化就是酒器的大量出现，诸如鬶、罍、盉、高足杯等在各遗址中屡见不鲜。诚然，在海岱地区，这一风尚早在大汶口文化中即已流行，例如在临沂大范庄遗址出土陶器725件，其中酒器就644件，占出土陶器总数的88.8%。莒县陵阳河的17号墓是一座大型墓葬，在150多件随葬器物中，仅作为酒杯的高柄杯一项就达80多件，此外，还随葬有其他酒器和酿酒工具等。莒县陵阳河出土了两件大型陶质酿酒工具，其质地为夹砂红陶，壁直、深腹、平底，底部中间有一圆形孔。酿酒业和饮酒风尚在大汶口文化中晚期即已发达是显而易见的⑦，但它进一步在各地的普遍发展却在龙山时代。饮酒成风，是以粮食生产有了一定剩余为前提的。而当时在制玉、冶铜、轮制陶器等方面出现的专业化生产，当然也是以农业生产出现剩余为基础的。此外，我们知道，脑力劳动与体力劳动的分离和社会分工是社会生产，特别是农业生产充分发展的产物。龙山时期流行兽骨占卜、出现由琮璧等玉礼器组成的宗教法器、从祭坛和祭祀遗

---

① 中国科学院考古研究所：《沣西发掘报告》，第47页。
② 中国社会科学院考古研究所山西工作队等：《1978—1980年山西襄汾陶寺墓地发掘简报》，《考古》1983年第1期。
③ 西安半坡博物馆等：《陕西武功县发掘新石器时代遗址》，《考古》1975年第2期。
④ 杨鸿勋：《仰韶文化居住建筑发展问题的探讨》，《考古学报》1975年第1期。
⑤ 中国科学院考古研究所沣西发掘队：《陕西长安县户调查与试掘简报》，《考古》1962年第6期。
⑥ 宋兆麟：《我国的原始农具》，《农业考古》1986年第1期。
⑦ 何德亮：《论山东地区新石器时代的养猪业》，《农业考古》1986年第1期。

址所反映的具有一定规模的宗教祭祀活动等，都说明这种分离和分工是存在的，这种分离和分工是由当时已出现的祭司和巫师体现的。还有，龙山时期各地墓葬中的贫富分化已甚为悬殊，一些大墓不论在墓穴规模、葬具或随葬品的质量、数量、品种等，都远非一般墓葬所能比拟，远远超出个人日常生活所必需，而成为剩余劳动的堆积。这里既有农业的剩余，也有手工业的剩余，而手工业产品的剩余劳动也是以农业剩余为支撑点的。

与农业生产的发展相对应的是家畜饲养的发达。到了龙山时代，我国传统中所谓六畜——马、牛、羊、鸡、犬、猪在各地的家畜饲养中大都已俱全。山东历城城子崖、河南汤阴白营、吉林扶余北长岗子、甘肃永靖马家湾、大何庄等遗址都出土过马骨。城子崖龙山文化中马骨的数量仅次于猪、狗，可见当时的北方是十分重视养马的。

牛在我国的驯化饲养要比猪、狗晚一些，但比马早。在黄河流域遗址中，除出土黄牛遗骸外，也发现过水牛骨骼，如大汶口、王因、邯郸涧沟、长安客省庄等。说明当时北方的气候要比现在温暖湿润。南方的遗址以出土水牛为多，其中六七千年前的河姆渡遗址出土有 16 个水牛头骨，距今 8000 多年前的湖南澧县彭头山出土有水牛头骨，江苏吴江梅堰的良渚文化遗址出土过水牛头骨。此外，在河北武安磁山遗址出土有牛的残骨 17 块，河姆渡遗址还出土了牛残骨和牙齿数十件，半坡遗址发现了三颗牛牙齿，江苏邳县刘林遗址发掘有牛的牙床和牙齿共 23 件。作为龙山时期的遗址，除了上述邯郸涧沟、长安客省庄、吴江梅堰外，在山东历城城子崖、潍县鲁家口、河南汤阴白营、安阳后岗、山西夏县东下冯、襄汾陶寺、陕西宝鸡石嘴头、甘肃永靖秦魏家等，都发现有数量不等的牛骨。

羊在北方驯化饲养得也较早，距今 7000 年前的河南新郑裴李岗遗址出土了羊的牙齿、头骨和陶塑羊头，同一时期的河北武安磁山、辽宁沈阳新乐也出土了羊骨。此后在仰韶文化的西安半坡、临潼姜寨遗址；红山文化的赤峰红山后、河北迁安新庄遗址；大汶口文化的邳县刘林遗址；马家窑文化的东乡林家、兰州西坡峁遗址；屈家岭文化的京山屈京岭、天门石家河遗址都发现有羊骨或陶塑羊头。到了龙山时期，出土羊骨的遗址显著增多，例如河南陕县庙底沟、汤阴白营、山西襄汾陶寺、夏县东下冯、陕西宝鸡石嘴头、山东历城城子崖、湖北天门石家河、甘肃武威皇娘娘台、永靖大何庄、秦魏家等遗址都报道有羊骨出土。其中地处西北地区的齐家文化中出土的羊骨较其他地区其他文化明显得多，据报道，武威皇娘娘台羊的残骨遍布整个遗址，可见羊的饲养是有地区性生态特征的。

鸡是较小的家禽，河北武安磁山、河南新郑裴李岗、山东滕县北辛等距今七八千年前的遗址中都发现了鸡骨。通过对磁山出土的鸡骨的鉴定，得知它们是家鸡①。也就是说8000年前，黄河流域的先民就已懂得养鸡，我国的养鸡业有着十分悠久的历史。到了龙山时代，山西襄汾陶寺、河南安阳后岗、湖北天门石家河、山东潍县鲁家口等遗址都报道过有鸡骨出土。

在动物驯化史上，据说狗是被驯化最早的动物，时间在旧石器时代晚期。在我国的考古资料中，距今约9000年的贾湖遗址中有11条狗被分别埋葬在居住地和墓葬中，这是当时人对家养动物的一种有意识处理；磁山出土的9个个体、18块残骨的狗骨，明显区别于狼；河姆渡出土的分属12个个体的狗的残骨，与狼相比也更接近于现代家狗。此后，在仰韶文化、大汶口文化、马家窑文化、马家浜—崧泽文化、屈家岭文化中时常发现有狗骨，有的是用于随葬的，如江苏邳县大墩子墓葬。到了龙山时代，无论是海岱龙山文化、中原龙山文化、陕西的客省庄二期文化、甘青地区的齐家文化、长江中游的石家河文化、长江下游的良渚文化也都经常发现有狗骨。

猪是我国发现最早、最普遍的家畜。距今10000年左右的桂林甑皮岩下层就发现有家猪，它与陶片共存，在兽骨中所占的比例最大。此后在距今七八千年前的武安磁山、新郑裴李岗、滕县北辛、余姚河姆渡、桐乡县罗家角等遗址中都发现了家猪的个体和残骨。到了距今六七千年的仰韶期和距今四五千年的龙山期，在中国北方和南方的每一农耕聚落遗址中，几乎都伴随猪骨的出土。以海岱地区为例，在大汶口晚期，泰安大汶口遗址1959年发掘的133座墓葬中，有1/3以上的墓用猪骨随葬，有的用半只猪架（M60），多数是用完整的猪头随葬，有的则把猪蹄骨放在器物之中。在43座墓葬中，共随葬96个猪头，最多的13号大墓竟随葬14个。莒县陵阳河贵族墓地25座墓随葬猪下颌骨160多个，莒县大朱村18座墓葬放置猪下颌骨80多个。到了龙山期，在历城城子崖、栖霞杨家圈、潍县狮子行、兖州西吴寺等遗址的地层中出土有大量猪骨。诸城呈子属于龙山期的32号墓随葬13块猪下颌骨②，泗水尹家城15号大型墓葬随葬20副幼猪的下颌骨。

综上所述，我国原始畜牧业的发展状况可分三个阶段：（1）初级阶段

---

① 周本雄：《河北武安磁山遗址的动物骨骸》，《考古学报》1981年第3期。
② 何德亮：《论山东地区新石器时代的养猪业》，《农业考古》1986年第1期。

(9100—7000年前），代表性遗址有：甑皮岩、磁山、河姆渡等，特征：有猪、狗、牛、羊、鸡。最初，畜牧还次于渔、猎，后来有取而代之的趋势。(2) 中级阶段（7000—5000年前），代表：仰韶、大汶口、马家窑、屈家岭、马家浜、崧泽文化遗存，特征：有猪、狗、牛、羊、鸡。西安半坡和南京北阴阳营都有马骨、马牙出土，但由于材料太少，经鉴定还不能肯定它已被驯养。此时，畜牧占了经济生产的第二位。(3) 高级阶段（5000—4000年前），代表：龙山期的诸文化遗存。特征：马已被驯化，马骨在西北和东北都有分布，城子崖龙山遗存的马骨数量已占畜骨的第三位，大型家畜的饲养在各地很普遍。家畜体质形态基本与现代家畜相同①。

在饲养方式上，仰韶文化的半坡和姜寨就已发现了饲养家畜的圈栏。到了龙山时期，在山东胶县三里河遗址发现一个类似猪圈栏的遗迹，其中，在圈栏的底部还遗留五具完整的小猪遗骨，显然属于圈养形式的饲养②。在山东潍县狮子行龙山遗址中采集到一件陶质畜舍模型器，呈卧式圆仓形，正面长方门，上下两插关，顶部二烟囱形气眼，尾部短锥形，有一孔，顶部后部一孔。长14厘米，高11.5厘米③。圈养是家畜饲养的最高级形式，用圈养的方法来饲养牲畜，其繁殖和成活率最高。龙山时期家畜饲养的方式，其进步性已与后世无异了。例如商代的甲骨文中就有表示牲畜栏圈的象形文字，如ᗌ、ᗌ、ᗌ分别表示牛、羊、马之居，即所谓"牢"。其 ᗌ 即牲畜栏圈的象形。猪的所居亦称为"牢"，如《诗经·大雅·公列》："执豕于牢。"《国语·晋语》："溲于豕牢。"甲骨文中表示猪圈的文字又写作ᗌ、ᗌ，圈内居豕，或单或双，训为圂字④。正像龙山时期的石耜与商周石耜相近一样，龙山时期家畜饲养的技术和水平亦近似于商周时期。

在龙山时期，我国各地的家畜饲养已能看出一些区域性特点，例如马骨和羊骨的出土，北方明显的多于南方；牛骨中，南方以水牛为主，北方以黄牛为主；家禽中南方多鸭、鹅，北方多鸡。此外，在六畜中，无论是南方还是北方，只要是农业聚落遗址，猪的遗骸就发现得最多。

家畜饲养业以养猪为主，兼养其他禽畜，是我国原始饲养业的一个重要

---

① 谢崇安：《中国原始畜牧业的起源和发展》，《农业考古》1985年第1期。
② 吴诗池：《山东新石器时代农业考古概述》，《农业考古》1983年第2期。
③ 潍坊市艺术馆等：《山东潍县狮子行遗址发掘简报》，《考古》1984年第8期。
④ 李根蟠、黄崇岳、卢勋：《中国原始社会经济研究》，第172页，中国社会科学出版社1987年版。

特点。这一特点的形成是与猪的特性以及猪与农业的密切关系分不开的。猪不同于马、牛、羊之类的牲畜，不能做远距离的放牧，所以不为远古游牧部落所饲养。但猪具有生长快、成熟早、繁殖能力强等特点，又是杂食动物，对于相对定居，从事农业的先民来讲，是一种最适宜的家畜。所以家猪的饲养依赖于定居和农业，是以定居和农业为前提的。如果没有相对定居的原始农业就不能有以养猪为主的家畜饲养业。养猪业的进一步发展也是与农业的发展相辅相成的，发达的农业为养猪业提供稳定的饲养圈栏和饲料来源，促使养猪业的进一步发展，而发展了的养猪业为人类提供了可靠的肉食来源，改善了人们的生活。家猪一直在中国的饲养业中普遍受到重视，是有一定道理的，它是中国农业经济稳定性的反映。

三 龙山时代的手工业

龙山时期的农业已属集约农业，家畜饲养的技术与水平亦近似于商周时期，那么，作为文明物质基础之一的手工业，又将是怎样的呢？龙山时期各地的手工业所包括的是多方面的，其最重要者有制陶、制玉、石器制造、冶铜等。由于铜器的冶炼每每被视为文明的要素之一，所以，我们在下一章对此进行专门的讨论。

发达的制陶业

我国的制陶业经数千年的发展之后，到了龙山时期已达到了高度的发达，其标志是快轮制陶技术获得普及，陶窑有了改进并采用密封饮窑技术，陶色以灰、黑陶为主，造型多样适用，其中的亮光黑陶，尤其是"蛋壳陶"，制作得十分精美。

使用陶轮生产陶器，是制陶工艺的一次革命。陶轮由轮盘和轮轴组成，制作陶器时，把一块陶土放在圆盘上面，然后转动陶轮，借着陶轮急速转动形成的离心力，拉动陶土，随着手势的开合，可以塑出不同形状的陶器来。用轮制的方法生产出来的陶器，不但薄厚均匀，器形规整精细，而且大大提高了生产效率。这种陶器的特征是器表现出平行的细纹，底部有的带螺旋纹。山东历城城子崖、日照两城镇、曲阜西夏侯、胶县三里河、河南洛阳西高崖、陕西华县柳枝镇、河北磁县下潘旺、湖北圻春易家山、浙江吴兴钱山漾、上海青浦崧泽和马桥、广东曲江石峡等遗址中，都出土了轮制陶器①。

　　轮制之外，由于器形所限，有的也采用模制、手制或轮制模制相结合的方式。这样，龙山时期的陶器种类和器形十分繁复，器形分为平底器、三足器、高足圈足器等，带嘴、流、鋬手和器盖等附件的器皿增加了，变得更为美观和实用，其种类有鬶、斝、鬲、甗、鼎、豆、罐、盂、盉、盆、碗、壶、杯、瓮，等等。

　　龙山时期陶窑的构造和烧制技术也有所改进和提高。这时，扩大了窑室、延长了火道、增多了火眼，既使热力分布更加均匀，保证了烧制质量，又缩短了烧窑的时间。与之同时，烧窑的技术也有很大的改进。例如仰韶、大汶口文化的陶器，因为敞着窑口烧制，陶土里面含有的氧化铁，在烧制过程中得到充分的氧化，所以烧制的成品都变成了红色。龙山时期的各遗址中普遍发现的是灰陶和黑陶，这是因为当时的人们已经掌握了封窑技术，使陶土里的铁素得到还原，这样就可烧成灰色陶器，而黑色陶器则是由于烧制时渗入炭素造成的。龙山期的灰陶和黑陶，质地坚硬，质量比红陶高，这与烧制时火候较高也有一定的关系。据研究，有的陶器的烧成温度达到950—1050℃左右②。

　　陶轮与烧制技术的巨大进步使这一时期的陶器变得十分精致，代表这一时期制陶技术最高成就的就是光亮黑陶、"蛋壳陶"和白陶的出现。光亮的黑陶（彩图38），陶胎均匀，陶色纯正，表里透黑，富有光泽。"蛋壳陶"（彩图39）陶质极为细腻，器壁薄如蛋壳，其厚度不超过0.5毫米，黑光发亮，外刻纤细精致的花纹和镂孔，器形多为高柄杯。白陶是由一种新的陶土——高岭土，经1200℃的窑温烧制而成的。白陶的器皿一般胎薄质硬，色泽明丽，是一种十分罕见而珍贵的器物（彩图40）。蛋壳陶和白陶，就是在当时的世界上也是一种创举。

　　白陶和蛋壳陶的前身——薄胎黑陶高柄杯，最早出现于大汶口文化晚期，到了龙山期，虽说在山东、湖北、河南等地都有所发现，但仍然以山东地区发现最多，是东夷人的一大发明，代表了当时黄河、长江两大流域制陶工艺的最高水平。

---

　　① 宋兆麟、黎家芳、杜耀西：《中国原始社会史》，第269页，文物出版社1983年版。
　　② 周仁等：《我国黄河流域新石器时代和殷周时代制陶工艺的科学总结》，《考古学报》1964年第1期。

白陶的出现，还说明当时的人们在长期寻找、选择陶土和制陶的过程中，发现和认识了高岭土及其特性，掌握了其烧制技术。这就为瓷器的出现奠定了一定的技术基础。因为由陶器过渡到瓷器，需要具备两个重要条件：一是要用高岭土作器胎，才能经受得住高温烧制，不致烧流；二是要有高于烧制陶器的烧成温度，才能达到要求的火候①。在我国，原始青瓷片在山西夏县东下冯等龙山期遗址中已有发现。这种瓷片呈青灰色，质地坚硬，外表有青绿色薄釉，胎釉结合比较紧密，烧成温度高，烧结程度好，吸水率小，击之铿锵有声。虽然没有达到近代瓷器"素肌玉质"的标准，但已具备商周时期原始青瓷的特征了②。

一定的生产技术水平每每是与其相应的生产方式相联系的。快轮制陶，能成批生产，显然不是只为了自身消费；制作精美，不是熟练的专业化陶工是生产不出来的。模制陶器和大量冥器的出现也是陶器生产专业化和商品化的标志③。在龙山时期已看不到集中的公共窑址，如河北邯郸涧沟遗址，只有两座分散的陶窑，附近各有一口水井，在水井底部发现完整的陶壶、瓶、罐等汲水工具50余种，残破者近百余件，可见水井经长期使用，并与制陶有关④。在陕西长安客省庄遗址第二期文化中，有的陶窑直接挖在住宅的墙角边，陶窑私有的现象是显而易见的⑤。根据前一节我们对龙山期聚落内社会组织结构的分析，这一时期父权大家族在聚落中发挥着重要的作用，可以推想，龙山时期聚落内制陶业的专业化和商品化的生产应该是由个别的家族承担的。这些专营陶业的家族，不一定每个家族成员都是陶工，其中也当有一部分尚要从事农牧业生产，但他们作为全聚落村寨的陶器生产专业户是当之无愧的。

精湛的石器·玉器制作

龙山时代石器制造业的突出进步主要表现在：一是石器种类、数量的增加、定型、配套成龙；二是质量和工艺的提高，磨制规整精细。而这一切又都直接关系着生产效率和生产质量。

---

① 李家治：《我国古代陶器和瓷器工艺发展过程的研究》，《考古》1978年第3期。
② 中国社会科学院考古研究所等：《山西夏县东下冯龙山文化遗址》，《考古学报》1983年第1期。
③ 李根蟠、黄崇岳、卢勋：《中国原始社会经济研究》，第172页，中国社会科学出版社1987年版。
④ 北京大学等：《1957年邯郸发掘简报》，《考古》1959年第10期。
⑤ 中国科学院考古研究所：《沣西发掘报告》，第49页。

这时，作为农具有石斧、石锛、石耜、石镢、石犁、耘田器、石锄、石刀、石镰、石磨盘、石杵等；作为渔猎的石质工具有矛、镞、弹丸、网坠、石球等；作为石质手工业工具则有锛、凿、锥、锤、纺轮、石砧、砺石、研磨器等。在这些农具中，一般都有安装捆系柄把的钻孔或肩、段。这对提高农业生产效率，改进生产质量，增加农作物产量，有很大的作用。而在那些手工业工具中，有不少其种类和规格也都增多了，如石锛可分为大、中、小号不同的规格；石凿也有方刃、圆刃或圭形刃的区别。

龙山时代的石器制作分两种方式，一种是作为家庭手工业的一部分，由各个家族及其所包含的个体家庭根据当地石料资源及自身的需要，制作各种石器；另一种是在石器制作作坊生产成批的各类石器，承担这种生产的应该是石器制作的专业家族，当然，与制陶制玉等专业家族一样，在这些家族中有一部分人依然要从事农业生产。

在河南登封王城岗内，就发现有专门的石器制作场所即作坊。在这里，出土了许多石器，其中有石料、废石块、废品、半成品和成品，在成品中也有使用过程中致毁的残品。石器的种类有铲（耜）、锛、斧、镰、刀、锥、凿、矛、镞、研磨器、装饰品和砺石等。据研究，由于石器的功用不同，选用的石料也各异。制作砺石，选用各种砂岩石块。制作生产工具，选用不同厚度的节理层石灰岩石料。制作小石锛、小石凿和装饰品，选用火成岩、大理石、玉石等[①]。

通过对王城岗城邑内石器制作场的观察可以得知，制作石器坯件时，先在具有节理层的缝线处敲击，获得两面平整和厚薄适宜的片材。较厚的片材，用于制作斧；较薄的片材，用于制作铲（耜）、锛、刀、镰和矛等器，即视其石坯件的形状，决定加工何种工具。加工的方法，是从坯件的边沿敲击，打制出圆周边和刃部，最后进行磨制成型。带肩（柄）石铲（耜）和锄的肩两侧边，仍保留打击面不磨光，以便用绳捆木柄时不脱滑。如此处理的石器还有靴形刀柄、石矛柄。平肩石铲（耜）和个别石刀，为了装柄的需要，特在铲（耜）体上部、石刀的中上部，钻出圆孔。石耜体大，钻的是大孔，孔径一般14—22毫米。石刀体小，钻或锥出的是小孔，孔径8—9毫米。据统计石耜和石刀多是一面钻孔，只有个别刀是两面钻孔，说明钻孔技

---

① 李京华：《登封王城岗夏文化城址出土的部分石质生产工具试析》，《农业考古》1991年第1期。

术已达到操作定型化的程度①。

龙山时代石器的工艺水平和质量较前有明显的改进和提高：第一，在相当于仰韶文化时期，仍然多用没有节理层的砂岩及大理岩石或节理层较厚的石灰岩制造石铲，石铲的横断面多呈中厚边薄的枣核状。长期的打制过程中发现，那些具有节理层的、沉积岩石料，若在节理缝中敲击，打开的节理面（破裂面）平整，打击省力，破裂面不用第二步锥击加工。如果选用节理层较薄而又均匀的石灰岩石料，可以节省两面加工，磨光时也省时省力，用此材料制作铲（耜）、锄、镰和刀之类的石具，将是更为省工和更为规整。这一制作规律，似在仰韶晚期和龙山早期被掌握，而到龙山中期已达成熟和规范②。第二，因为掌握了上述技术，器身可以根据功能上的需要，制作得较薄，形制亦十分规整，棱角分明，刃口锋利，磨制得很精细，器表十分光滑。第三，钻孔除沿用两面对穿的旧工艺外，还发明了管钻技术。由于管钻工艺的采用，既提高了钻孔效率和规格，又能避免因钻孔引起的器物破裂，有利于提高产量和质量。

玉器在中国的出现是相当早的，最早的玉石制品，见于浙江余姚河姆渡遗址和内蒙古赤峰市敖汉旗兴隆洼村遗址。其中河姆渡出土的器形有璜、玦、管、珠，玉质很差，制作粗糙，但已进行钻孔和砥磨。兴隆洼出土的有玉玦（彩图41），磨制得较精致。其后在东北西辽河红山文化（彩图42）、南京北阴阳营、上海崧泽、吴县草鞋山（从马家浜层到良渚层）、邳县刘林、大墩子、泰安大汶口等墓地都出土了较多玉制或玛瑙质地的环、玦、管、璜等装饰品，其中大汶口10号和117号墓葬的玉钺（彩图43），器身扁薄，形制规整，有穿孔，制作精细，抛光技术甚好，通体光洁无瑕，堪称为早期玉器的珍品。然而，真正将玉器和礼制相结合，并出现成批生产的，是龙山时代（彩图44），特别是龙山时代长江下游的良渚文化中，玉礼器的大量制作和生产是其一大特色。

以浙江余杭反山的良渚文化墓地为例，在已发掘清理的七座墓葬中，共出土随葬品739件（组），其中玉器占绝大多数。这些玉器可分礼仪用玉、佩挂用玉和镶嵌穿缀用玉三个大类。礼仪用玉有琮（彩图45）、璧、钺（彩

---

① 李京华：《登封王城岗夏文化城址出土的部分石质生产工具试析》，《农业考古》1991年第1期。

② 同上。

图 46)、冠状器（彩图 47)、山形器、圭形器和某种穿插件等。佩挂用玉主要是串状组合的管、珠和修长的坠。镶嵌和穿缀用玉，主要是玉粒和玉泡。无论是玉礼器还是玉装饰品，都是成组甚至成堆出土的。如反山 14 号墓出土玉璧多达 26 件，17 号墓出土一组玉管多达 100 颗。上海青浦福泉山 T22 第 5 号墓共随葬 126 件器物，其中玉器即占 112 件，内有玉琮、玉璧、玉钺、玉杖首等礼器。福泉山 T27 第 2 号墓随葬了 170 件器物，其中玉器达 142 件。反山 1986 年第一次发掘的 11 座良渚墓葬，共出土陶器 37 件、石器 54 件，成组成串的玉器计有 1100 余号，占全部随葬品的 90% 以上，单件计数则多达 3200 余件，大件的玉璧，仅 M23 一座墓就随葬 54 件。这样就使人不得不考虑，玉器除作瑞器、礼器、装饰品外，是否也含有表示财富或富有的意义！瑶山的情况也是这样[①]。

这些玉器一般雕琢精致，器表均经仔细打磨抛光，在着土面仍保留闪亮如镜的玻璃光泽。不少器物上琢有考究的花样图案，其中以兽面纹最常见。雕琢手法以阴纹线刻为主，也有浅浮雕、半圆雕，乃至通体透雕和立体的鸟、龟等圆雕，有的还配有肉眼不易辨认的极其纤细的卷云纹为地纹，显示了当时琢玉工艺的高度技巧（图Ⅴ—5）。

众所周知，玉器的大量制作是有条件的，这不但在于玉器的制作需要独特的技术，而且还因为制作玉器的劳动量与实际相比是成倍增长的。玉器的加工特征是采用水加沙（一种坚硬的矿石细砂——解玉砂），以此为介质进行间接摩擦，并用线进行切割，然后加以琢磨、穿孔、抛光和雕刻。与石器相比，一般的磨制石器是打制成坯，然后加以磨光。而玉器由于硬度大，又比较脆，所以在成坯时，即采用间接摩擦、用线切割的加工方式，其劳动量显然比打制成坯的石器大得多。玉器的雕琢技术和工艺要求亦远非一般的人所能胜任。与之同时，与石器直接使用于生产劳动相比，玉器却是用于信仰、迷信、礼制、装饰等精神世界领域。所以，无论从制作技术、劳动量，还是从制作目的、价值等方面来考虑，如果农业生产没有相当的发展，是不可能成批地大量地制作玉器的，而且这种制作也应该是一种专业化的生产。

---

① 上海市文物保管委员会:《上海青浦福泉山良渚文化墓地》,《文物》1986 年第 10 期；浙江省文物考古研究所反山考古队:《浙江余杭反山良渚墓地发掘简报》,《文物》1988 年第 1 期；浙江省文物考古研究所反山考古队:《余杭瑶山良渚文化祭坛遗址发掘简报》,《文物》1988 年第 1 期。

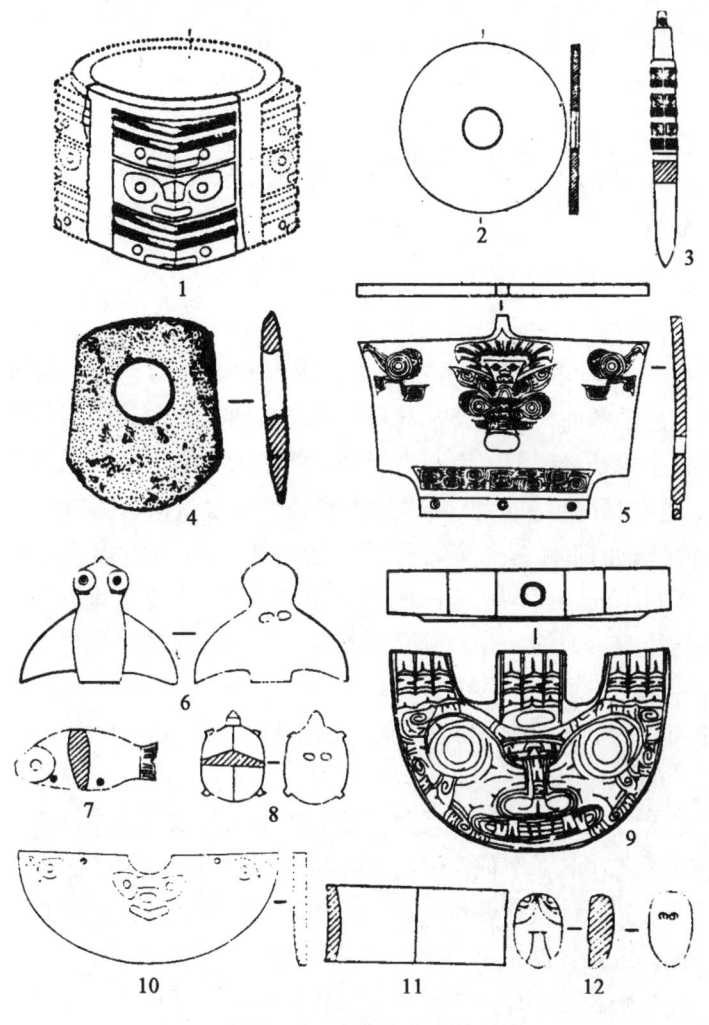

图Ⅴ—5 良渚文化中的玉器

第六章 早期铜器的冶炼

"铜器时代"是随着铜器的考古发现而提出和确立的。在中国最早发现的是殷墟发掘出土的商代青铜器,其后在相当长的时间内在中国各地发掘出土的铜器中也主要是青铜器,因而人们每每将中国的第一个金属时代称"青铜器时代"。这种情况也见于世界的其他地区。因为当初认为所有的早期的铜制品都是青铜亦即铜锡合金。英国学者泰莱柯特(R. F. Tyilecote)在《冶金史》(*A History of Metallurgy*)一书中指出:"现在知道真正的青铜时代其发展进程是很长的,分析研究表明,在使用青铜之前有很长一段时间是用纯度相当高的冶炼铜或含大量砷或锑的铜。在很多地区,这类金属和真正的青铜之间有一个重叠使用的时期。"泰莱柯特还指出,铜矿的冶炼才是铜器时代开始的唯一标志。

在我国的考古发掘中,除了使用自然铜的漫长阶段尚未发现外,在真正的青铜之前亦确实还有一个使用纯度相当高的冶炼铜和使用共生矿直接冶炼铜合金的时期,其品种包括低锡青铜、黄铜和红铜等。与西亚等地这一阶段的砷铜、锑铜、低锡青铜相比,这种差异主要是由于资源条件不一造成的。既然铜器时代开始的唯一标志是铜矿的冶炼,那么当这种冶炼铜在各地普遍出现时,就应该认为已进入了铜器时代。所以,中国历史上第一个金属时代称为铜器时代,它包括青铜之前的低锡青铜、黄铜、砷铜、锑铜、纯度很高的冶炼铜以及高度发展了的青铜[1]。同时,又为了将青铜之前的冶炼铜时期与真正的青铜时期作一区别,前者可以称为早期铜器时代。

将第一个金属时代由青铜时代改称为铜器时代,必然会将金属时代开始的时间向上推移,这样就不得不对习惯上的"铜石并用时期"做一些新的考虑。

---

[1] 李学勤:《比较考古学随笔》,香港中华书局1991年版。

一 仰韶时期属于铜石并用时期

在考古学界，凡是使用"铜石并用时期"一词的学者，总是将它视为一个过渡时期，主要是指冶炼铜刚刚出现的一个时期，而且每每将它包括在广义的新石器时代之中。也有学者直接说："它的实际含义与'新石器时代晚期'是大体一致的。"[①] 一方面鉴于约定俗成，另一方面也考虑到若使用"铜石并用"这样一个带有时代特征的术语，很能说明冶炼铜刚出现时一段时间的历史实际，为此，笔者认为使用"铜石并用"时期这一术语依然是有必要的，只是，依据目前的考古发现，中国的铜石并用时期应该限定在相当于仰韶文化时期这一阶段。

在相当于仰韶时期，已发现六处遗址出土了冶炼的铜器，即：

陕西临潼姜寨 1973年在姜寨第一期文化遗存中发现了黄铜片（T74F29：15）一件和黄铜管状物（T259[②]：39）一件。此两件样本，经北京钢铁学院冶金史研究室韩汝玢、柯俊两位先生鉴定，确定为黄铜。黄铜片已残成半圆形，直径4.8厘米、厚0.1厘米，平均含铜66.54%、锌25.50%、锡0.87%、铅5.92%、硫0.8%、铁1.11%系铸造而成，为含有少量铅、铁、硫的含铅黄铜。黄铜管状物为黄铜片卷成，残长5厘米、直径0.4厘米。经用扫描电子显微镜X射线能谱仪定量分析，含铜69%、锌32%及杂质硫0.5%—0.6%。鉴定者认为："铜片材料杂质较多，可以用含铅锌矿的铜矿石，在较低温度（950—1000℃）下冶炼获得，再经重熔，在单面范中铸成圆片。类似成分的黄铜钻，曾在山东省胶县三里河龙山文化层中出土。鉴于圆片中杂质元素及其分布的特点，如杂质元素分布不匀、含硫较多、铸造方法较原始等，可以确定此黄铜片系较早的、冶炼方法比较原始的产品。"[③]

姜寨一期属于仰韶文化早期的半坡类型，黄铜片出土于29号房址的居住面上，依据正式的发掘报告，该房屋不曾有过扰动，出土的黄铜片也不是晚期的混入物。经碳14测定，并经树轮校正，该房炭化木缘年代为公元前4675±135年，与一般半坡类型遗存的年代相合。这样，姜寨出土的两件黄

[①] 《中华文明史》第1卷，第188页，河北教育出版社1989年版。
[②] 陕西半坡博物馆、陕西省考古研究所等：《姜寨》，第149、343页；附录六"姜寨第一期文化出土黄铜制品的鉴定报告"。
[③] 同上。

铜制品是我国迄今所见最早的冶铜遗物，同时也提示我们，中国的铜石并用时期很可能要上溯到仰韶早期。

甘肃东乡林家　1977—1978年在该遗址的马家窑类型的地层中发现一把完整的铜刀，以及其他铜器碎块。刀背略呈弓形，圆头，柄部甚短，系单范铸成。据中国科学院地质矿物研究所激光光谱分析，其中含铜和锡均为大量，另有少量铁、银杂质，属于青铜。经碳14测定及树轮校正，该遗址年代约在公元前3100—前3010年之间，与仰韶文化晚期相当[①]。

林家出土的青铜刀是中国最早的一件青铜器。诚如严文明先生所指出："现知在甘肃有丰富的铜矿，有些矿石中偶尔也会含有少量锡即氧化锡，用木炭加温即可还原。所以林家青铜刀子的出现，可能与当地矿产资源的条件有关，不一定是有意识地冶炼青铜合金的结果。"[②]

山西榆次源涡镇　1942年在这里发现的一块陶片上附有铜渣，后经化验知其含铜47.67%、硅26.81%、铁8.00%、钙12.39%等，是炼铜剩下的铜渣，当时所炼的应为红铜。这一遗址是仰韶文化晚期分布于晋中地区的一种地方类型，年代约为公元前3000年左右[③]。

河北武安赵窑　在这里的仰韶文化遗迹中发现的将军盔残片和铜炼渣[④]。

辽宁凌源牛河梁　这是一处大型宗教圣地遗址，从该遗址的四号积石冢墓葬中发现了铜环，经化验是红铜。同时在牛河梁还发现两处用坩埚炼铜的遗存，出土了上千个坩埚碎片。初步研究认为是采用内燃法，将矿石和木炭都放入坩埚内进行冶炼，在坩埚上还分布一些孔，用来吹风。炼出的铜有红铜和生铜。这两处遗址因被汉代的烽火台破坏，与汉代的陶片混在一起，给遗址的清理和年代的确定带来了困难[⑤]。若经进一步的细致工作，能肯定为红山文化的炼铜遗址，则将是红山文化中的又一重大发现。不过，目前至少四号积石冢里发现的红铜铜环已经表明红山文化晚期出现了冶炼的铜器。红山晚期约在公元前3500—前3000年左右。

除上述五处遗址外，在山东泰安大汶口一号墓随葬的一件小骨凿上附着

---

① 北京钢铁学院冶金史组：《中国早期铜器的初步研究》，《考古学报》1981年第3期。
② 严文明：《论中国的铜石并用时代》，《史前研究》1984年第1期。
③ 同上。
④ 唐云明、孟繁峰：《河北仰韶文化的发现和研究》，《论仰韶文化》（《中原文物》1986年特刊），第125页。
⑤ 孙守道《牛河梁的发现与红山文化的再认识》，见于1991年11月28日中国社会科学院考古研究所"考古报告会"上孙守道先生的发言报告。

铜绿，含铜率为99%，也许是铜器加工的遗迹①。该墓属大汶口文化晚期，年代约为公元前3000—前2800年左右。

上述诸标本都是冶炼铜遗存而非天然铜，制造的方法是铸造而非对天然铜的锻打，这就说明当时黄河和西辽河流域的某些部落已学会了采矿和冶炼，既然我们将冶炼铜最初出现的一段时间视为铜石并用时期，那么相当于仰韶文化的时期，应该属于铜石并用时期。其持续时间若由公元前4600—前3000年来计算，约持续了1600年之久。诚然，其中仰韶的早期目前只发现一处两件黄铜制品，尚属孤例，为此，还有待于更多的发现来确立仰韶早期已进入铜石并用阶段的历史地位。然而这一孤例所提供的线索也是不可忽视的。

关于中国的铜石并用时期的问题，长期以来是个空白，基本上没有什么研究。直到前不久，严文明先生才撰文正式提出，中国存在有铜石并用时代，其早期是仰韶文化晚期，其晚期则是整个龙山时代②。姜寨出土的黄铜制品，严文明先生也作过充分的分析。现依据正式的发掘报告和鉴定报告，姜寨所出土黄铜制品的年代是确定的，同时北京钢铁学院冶金史组经过反复实验，认为"早期的黄铜出现是可能的，只要有铜锌矿存在的地方，原始冶炼（可能通过重熔）可以得到黄铜器物"③，所以我们相信，随着时间的推移，新材料的积累，孤证不再为孤证时，铜石并用的上限也就可以确立在仰韶早期了。而目前，至少可以讲在相当于仰韶晚期的时期，黄河流域已进入铜石并用时期。

二 龙山时期属于早期铜器时代

龙山时代较仰韶时代，铜器的冶铸获得了明显的发展。其主要表现：一是铜器出土物的分布有了显著的扩展，二是铜器的冶铸技术有了明显的进步。据不完全统计，在相当于龙山文化的时期，各地出土冶铜遗物的遗址，共发现有24处之多，列表如下：

---

① 山东省文物管理处、济南市博物馆：《大汶口》，第124页，文物出版社1974年版。
② 严文明：《论中国的铜石并用时代》，《史前研究》1984年第1期。
③ 北京钢铁学院冶金史组：《中国早期铜器的初步研究》，《考古学报》1981年第3期。

表 6—1　　　　　　　　　龙山期各地出土铜器

地区	遗址或文化类型	遗物	文献出处
山东	胶县三里河	铜锥 2 件，黄铜，铸造	《考古》1977 年 4 期，266 页；《胶县三里河》，21 页，196 页附录五
	诸城呈子	残铜片	《史前研究》1984 年 1 期，38 页
	栖霞杨家圈	残铜锥、铜炼渣、炼铜原料（主要是孔雀石）	《史前研究》1984 年 1 期，38 页；《胶东考古》，198 页
	长岛县北长山岛店子	残铜片，黄铜	《史前研究》1984 年 1 期，38 页
	日照尧王城	铜炼渣	《史前研究》1985 年 4 期，64 页
	牟平照格庄	青铜锥	《考古学报》1981 年 3 期，29 页
	临沂大范庄	铜遗存	《史前研究》1985 年 4 期，64 页
河北	唐山大城山	穿孔梯形铜片 2 件，红铜，锻造	《史前研究》1984 年 1 期，38 页
河南	登封王城岗	铜容器（鬹）残片 1 件，锡铅青铜，合范铸造	《考古》1984 年 12 期；《登封王城岗与阳城》，99 页，327 页附录一
	临汝煤山	两坑发现熔炉残片，H28 的一块内壁附 6 层铜液痕迹	《考古学报》1982 年 4 期，453 页
	淮阳平粮台	H15 出铜渣 1 块	《文物》1983 年 3 期
	郑州董砦	方形小铜片 1 件	《史前研究》1984 年 1 期，38 页
	郑州牛砦	熔炉残块，内壁附铜液，是铅锡青铜	《考古学报》1981 年 3 期；《文物》1985 年 12 期，75 页
	安阳后冈	铜炼渣	《世界冶金发展史》，第 464 页
	杞县鹿台岗	残铜器 1 件，似小刀	《豫东杞县发掘报告》，71 页；《考古》1994 年 8 期，677 页
	鹿邑栾台	铜块 1 件，器形不明	《华夏考古》1989 年 1 期，7 页
山西	襄汾陶寺	M3296 号墓出土红铜铃 1 件，铸造；M11 号墓出土铜齿轮形器与玉瑗规整黏合一起的手镯，属砷青铜	《考古》1984 年 12 期；《2001 年中国重要考古发现》，27 页

续表

地区	遗址或文化类型	遗物	文献出处
内蒙古	伊金霍洛旗朱开沟	铜锥1件	《文物》1977年5期，2页
	准格尔二里半	铜环1件	《文物》1999年2期，60页
甘肃	永登蒋家坪（马厂类型）	残铜刀1件，锡青铜	《考古学报》1981年3期，294页
	酒泉高苜蓿地（马厂类型）	红铜块1件，铸造	《文物》1997年7期，77页
	酒泉照壁滩（马厂类型）	红铜锥1件，锻造	《文物》1997年7期，77页
	武威皇娘娘台（齐家文化）	铜锥、刀、钻头、凿、环等30件，红铜，锻造、铸造	《考古学报》1960年2期，59—60页；《文物》1997年7期，79页
	永靖大河庄（齐家文化）	铜匕1件，红铜残片1件	《考古学报》1974年2期，53—54页
	永靖秦魏家（齐家文化）	铜锥、铜斧、铜刀、铜环等7件，有青铜，有红铜	《考古学报》1975年2期，74页；《文物》1983年1期，79、97页
	广河齐家坪（齐家文化）	铜镜1件，锡青铜；铜斧1件，红铜，均铸造	《考古学报》1981年3期，277页
	广河西坪（齐家文化）	铜刀1件	《文物考古工作三十年》，151页；《史前研究》1984年1期，39页
	积石山县新庄坪（齐家文化）	铜镯5件，铜泡6件，残铜刀1件	《考古》1996年11期，51页
	岷县杏林（齐家文化）	铜刀1件，铜斧1件，均铸造，红铜	《考古》1985年11期，979页；《文物》1997年7期，79页

续表

地区	遗址或文化类型	遗物	文献出处
青海	乐都柳湾（马厂晚期）	铜镞1件，锻造	《中国文物报》2001年8月12日；《中国考古学年鉴（2002）》，34、394页
	西宁（齐家文化）	铜指环、铜矛	年鉴（1993年），261页
	贵南尕马台（齐家文化）	铜镜、铜指环、铜泡等，有青铜	《文物考古工作三十年》，162页；《考古》1980年4期；《考古学报》1981年3期，295、298页
	互助总寨（齐家文化）	铜刀、铜锥等6件铜器	《考古》1986年4期，314页
	同德宗日（宗日文化）	铜环、铜饰等4件铜器	《考古》1998年5期，14页
湖北	天门罗家柏岭	铜器残片5件，多件孔雀石铜矿石和锈蚀的铜渣	《考古学报》1994年2期，227页
	天门邓家湾和肖家屋脊	在地层中多次发现孔雀石铜矿石，邓家湾出土1件残铜片	《肖家屋脊》上册，236页；《邓家湾》，243页
安徽	含山大城墩	三角形残青铜刀1件	《考古》1989年2期，108页

由上表可知，到了龙山时期，发现冶铜遗物的遗址已遍布整个黄河流域和长江中下游地区，铜器在各地的普遍使用已成为一个显著的时代特征。这样，龙山时代究竟应属新石器时代晚期，还是已进入早期铜器时代，就得重新考虑了（图Ⅵ—1）。

龙山时期诸遗址所出的铜器质料，有红铜、青铜，也有黄铜，参见表6—1。其中红铜和青铜，既见于黄河上游、中游，也见于黄河下游地区，而黄铜多见于黄河下游的山东地区。多种质料的铜器并存，既反映了中国早期冶铜的特点，也体现了当地铜矿资源条件的丰富和复杂。例如，有些红铜可

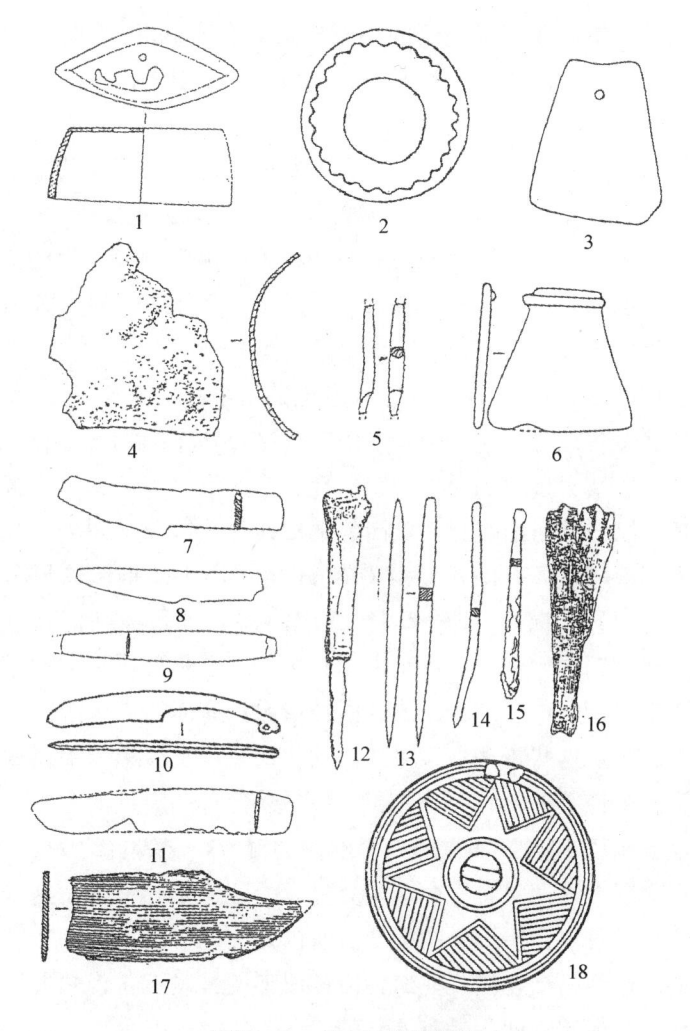

图 Ⅵ—1　龙山时代的铜器

1. 铃（襄汾陶寺 M3296）　2. 玉、铜手镯（陶寺 M11）
3. 穿孔铜片（唐山大城山）　4. 容器（鬶）残片（登封王城岗）
5. 锥（胶县三里河）　6. 斧形器（永靖秦魏家）　7. 17. 刀（武威皇娘娘台）
8. 匕（永靖大河庄）　9、11. 刀（互助总寨）　10. 刀（岷县杏林）
12. 骨柄铜锥（总寨）　13. 锥（秦魏家）　14. 锥（皇娘娘台）
15. 钻头（皇娘娘台）　16. 骨柄铜刀（总寨）　18. 镜（贵南尕马台）

能是采自天然铜或浅层铜矿，如氧化铜和孔雀石等。山西襄汾陶寺遗址 3296 号墓出土的铜铃就是红铜（彩图 48）。黄铜，根据专家们的多次模拟试验，可以采用铜锌共生矿在木炭燃烧的还原气氛下冶炼出来①，而在我国黄河流域，无论是陕西还是山东，铜锌或铜锌铅共生矿比较丰富。以山东地区为例，据调查，山东的昌潍、烟台、临沂等地区都有着铜锌铅共生矿资源。胶东地区的福山县拥有铜锌共生矿，平度县发现有含铅的铜锌共生矿，人们还在那里发现过古代采坑、炼渣、炉衬材料等遗迹。五莲县在1958年开采过含铅的铜锌矿床。日照县目前开采的一些小矿山也有铜锌共生的。此外，安丘、昌乐等地也都有这类共生矿在开采生产②。面对这样的资源条件，胶县三里河、长岛店子人炼制和使用黄铜也就不足为怪了。

尚需强调的是，在上述诸遗址所出土的铜器中，青铜已占有一定的数量，而且分属于各地各文化之中，如山东牟平照格庄的铜锥、甘肃永登蒋家坪的残铜刀、永靖秦魏家的铜锥、铜指环、广河齐家坪的铜镜、青海贵南尕马台的七角星纹镜、河南登封王城岗的铜鬶残片，以及郑州牛寨残熔铜炉壁上的铅锡青铜液等，还有山西襄汾陶寺11号墓出土的铜齿轮形器（是与玉瑗规整黏合一起的手镯），属砷青铜（彩图49），都是经过化验分析而确认的。至于这些青铜的冶炼，究竟是采用共生矿，还是选用不同的矿石混合冶炼，目前还难以断然作出结论，或许两种情况都有而后者无疑已属人工有意识地制造合金。从这些青铜中含锡或铅的比例看，王城岗青铜鬶残片经金相及扫描电子显微镜等分析，系含锡约7%，并含有一定量的铅；青海贵南尕马台铜镜，含锡约10%，而偃师二里的铜爵铜锛，含锡也约7%。这说明龙山期与二里头期，人们对青铜合金成分配合的认识是相近的，这种配合当然应指选用不同矿石混合冶炼中的配合。所以龙山期与二里头期在青铜的冶炼上是衔接的。这种衔接还体现在二者冶铸成形的技术上，当然龙山期毕竟早于二里头期，在衔接的两头是有差异的。

龙山时期，铜器的成型技术有铸造和锻打两种方法。这两种方法既用于红铜，也用于铜合金。如永靖秦魏家出土斧形器一件、铜锥一件、铜指环两件、铜装饰品两件，其中斧形器是铸造而成的红铜器，铜锥是锻造的青铜器，铜环是锻造的铅青铜。一般讲，采用何种方法每每因器物的种类和功用而定，小件器物，如指环、铜片等，多为锻制；大件器物，如斧等则多为铸造。刀和锥，有铸有锻。

---

① 北京钢铁学院冶金史组：《中国早期铜器的初步研究》，《考古学报》1981年第3期。
② 《中华文明史》第一卷，第186页。

在冶铸技术上，龙山时代较前有明显的进步。如临汝煤山遗址的炼钢炉炉底残块上有六层铜液痕迹，每层厚 0.1 厘米。这表明此炉已经过六次停炉修理而继续使用，这和早期冶铜破炉取铜，一炉只能使用一次情况已有很大区别。此外，煤山和牛寨的炼炉内壁均有熔炼的铜液层而外壁却没有直接烧炼痕迹，这说明原料和燃料都放在炉内进行冶炼，同时亦表明当时冶炼和熔铸已划分为两个工艺过程了。冶铸技术有进步的另一表现是在单范仍在使用的同时，已出现了合范。如襄汾陶寺的铃形铜器、广河齐家坪的空首斧、七角星纹镜以及王城岗城址出土的铜鬶残片，造型复杂，有的还留有明显的合范铸成的痕迹。其中齐家坪出土的空首斧，斧头外边有对称的两个半环形耳，一面还有铸成的三角形花纹，是用多范铸成的，两边有合范铸痕。王城岗城址出土的铜鬶残片，厚薄均匀，表面平整，残高 5.7 厘米、残宽 6.5 厘米，厚不足 0.3 厘米，左端残留一段合范缝[①]。

根据以上所述，我们认为既然到了龙山时代，无论是铜器出土物的分布，还是冶铸的技术水平，都较仰韶时期有着明显进步和发展，它已不属于中国冶铜史的初始阶段，而成为新时代的一个重要文化特色，那么，我们就有理由将龙山期的冶铜与仰韶期相区别而称为"铜器时代"或"早期铜器时代"。称为早期铜器时代是为了同二里头及其以后的青铜时代稍作区别。广义的铜器时代是将所谓的"早期铜器时代"和"青铜时代"都包括在内的。

在西亚的冶金史上，其铜石并用时期也主要是与彩陶期相联系的。在这之前的一个相当长的时期，虽说有过用天然铜做的装饰品或用天然铜锻打的器具。但由于不是从矿石中冶炼而得，加之数量极少，而且时断时续，所以一般不将它们视为铜石并用期。从公元前 6000 年开始，到公元前 3500 年止，是哈孙纳文化—哈拉夫文化—欧贝德文化时期，这一漫长的时期，在陶器上是彩陶由萌芽到兴盛的时期，也是手制陶器期；在冶金上是铜石并用期；在聚落形态上是农耕聚落晚期到神庙聚落期。在这一时期发现的铜制品主要是由冶炼而得的砷铜、锑铜等。其器物有锥子、凿子、刮刀、扁斧、铜饰品等。从公元前 3500 年亦即乌鲁克文化期开始，美索不达米亚地区已进入了文明社会，然而值得一提的是，一直到公元前 3000 年，在南部美索不达米亚，还没有完全进入青铜时代。不过，在名称的使用上，人们已不再将

---

① 李京华：《关于中原地区早期冶铜技术及相关问题的几点看法》，《文物》1985 年第 12 期。

乌鲁克期以来的时期称为铜石并用期而直接称为铜器时代。这一点与笔者称龙山期为早期铜器时代是一致的。

冶铜业的发生和发展，显然是一项技术进步。考察龙山时期的铜制品，主要是刀、锥、斧、钻头、凿、镜、铜装饰品等，换言之，当时的冶铜技术主要是用于制作部分手工业工具（刀、锥、斧、钻头、凿）、生活用具（刀、斧、镜、容器、装饰品等）以及武器（斧等）。其中的斧头，或许也用作砍伐树木、开垦荒地，但在翻地、锄草、收割等一系列重要的农业生产上，却未见使用铜器。究其原因，不外乎一是冶铜的技术水平和生产量都有限；二是当时的磨光石铲和石锄等已能满足早期集约化的农业生产的需要，故而对它们的改进、将石质变为铜质并不感到迫切。

然而值得注意的是，在河南登封王城岗城址第四层的灰坑中，出土了一块青铜鬶残片，其表还有烟熏痕迹，是实用的温酒礼器。此外，在《西清古鉴》卷三十二著录过一件铜器，与龙山文化陶鬶形制一致。这两个重要的信息告诉我们，在黄河中、下游亦即华夏族的发祥地区，一旦冶铜技术水平已达到能铸造较复杂的容器时，立即将这一技术用在制造铜礼器上了。这说明礼器在人们的生活中占据着十分重要的位置。冶铜技术的发展使礼仪之邦的礼器获得了拓展，使礼制和祭祀获得了升华和独占。自此之后，掌握和控制冶铜业，已不仅仅是掌握一项先进的技术，它实际上已掌握了一项重要的政治权力工具[1]，掌握和控制了更高级的宴饮和祭祀之权，这样，再加上铜制武器的作用，中国古代"国之大事，在祀与戎"就和冶铜业须臾不可分离了。

龙山之后，在二里头文化的河南偃师二里头遗址中，除了出土有铜制的锛、凿、刀、锥、鱼钩等外，也出土了作为礼乐之器的铜爵、斝、铃以及作为武器的铜戈、戚、镞等。显然随着冶铜业的进一步发展，青铜礼器和武器也得到了相应的发展。到了商代，在郑州南关外发现早商铸铜遗址，面积为1050平方米，出土有用大口尊、陶缸改制或纯用草拌泥制成的熔铜炉残片、木炭、炼渣及一千余块陶范等。陶范中除有镞、刀、镢（耰）范外，还有爵、斝、鬲范等。郑州商城西墙外杜岭出土的两件大方鼎，通高100厘米，口径横长62.5厘米，纵长61厘米，重约86.4公斤，采用多范分铸而成，反映了商代早中期青铜器冶铸水平。安阳苗圃北地商代晚期的铸铜遗

---

[1] 张光直：《中国青铜时代》（二集），第123页，生活·读书·新知三联书店1990年版。

址，面积已达 1 万平方米以上，发现的熔铜炉直径达 0.83 米。出土的陶范、模 19000 余块，主要是鼎、簋、方彝、卣、觚、斝、觯、爵、角等。其中一件鼎壁范长达 1.14 米，比司母戊鼎的壁还长。20 世纪 70 年代，在安阳小屯村北发现的妇好墓，一墓出土铜器多达 440 件，其中铜礼器为 120 件，有方鼎、圆鼎、方彝、三联甗、簋、尊、觥、斝、觚、爵、盉、盘等。总之，在中国的铜器时代，冶铜业的发展是和铜礼器与武器的发达同步的，根据目前的考古发现来看，这类的铜礼器是在黄河中、下游地区首先发展起来的。最初大量的是陶礼器，随着这一地区冶铜业的发生和发展，冶铜技术很快就被用来制作礼器了。从仰韶后期和龙山时代铜制品在各地分布情况看，既找不出冶铜业的起源地在何处，也看不出当时已存在冶铜业中心，亦即中国冶铜业的起源可能是多元的，最初的发展虽说可能有相互促进、相互影响的一面，但也是平行的。然而在平行发展的冶铜业中，黄河中、下游地区首先出现青铜礼器，并发展成虞夏商周四代青铜文化的主旋律，则是黄河中、下游和长江中、下游地区礼教政治对经济和生产技术强烈反作用的结果。

这种礼教政治是与父权家族—宗族的组织结构以及祖先崇拜的观念形态结合在一起的。商周时期经常在青铜礼器上自铭："彝"、"尊彝"、"宝尊彝"等。《左传》襄公十九年："且夫大伐小，取其所得以作彝器。"杜预注："彝，常也，谓钟鼎为宗庙之常器。"礼器中很重要的一个功能就在于它是祭祀之重器，是神权政治权力的象征。所以《左传》说："诸侯之封也，皆受明器于王室，以镇抚其社稷，故能荐彝器于王。"（昭公十五年）而在灭亡一个国家时，也要"毁其宗庙，迁其重器"（《孟子·梁惠王》），或"人夷其宗庙，而火焚其彝器，子孙为隶"（《国语·周语》）。在父权家族—宗族的社会结构中，尊卑、长幼、亲疏、贵贱等既表现在祭祀活动之中，也表现在世俗生活如宴享等礼仪活动之中，这种每个等级阶层所具有的不同的权利和义务也往往体现于礼器的使用上，这就是所谓的"器以藏礼"（成公二年）。诚然，礼制也是随着时间的推移而逐渐发展演变的，但龙山时期陶制礼器玉礼器和部分铜礼器的出现，已宣告礼制的诞生。

龙山时代冶铜业获得发展的另一重要意义是它标志着手工业生产专业化的出现。冶铜业的发展是以农业生产率的提高为条件的。冶铜业包括采矿、选矿、冶炼、铸造、修整等工序，这是一项多人参加的生产活动，需要有专人组织，又要有掌握一定技术的人员参加，进行统一协调，因而不可能以农业的附庸或家庭副业的形态存在。这样，已脱离了萌芽和初始阶段的冶铜业，很需要与农业相对分离而成为专业化的生产，尽管这种专业化可以纳入宗族的经济结构之中。而这种专业化生产若没有农业为它提供必要的剩余粮食，显然是难以存在的。因而，龙山时代冶铜业的初步发展，标志着当时的农业生产和手工业的专业化都有较大的进展。

第七章　从符号到文字

在世界文明史中，尽管有些民族的早期文明尚未发明文字，如南美洲秘鲁的印加文明，虽已建立了强大的帝国式的国家，却没有文字的使用；中国古代匈奴等游牧民族中，有许多在其初期文明社会虽已建立了政权机构，却也没有文字，但是作为中国古代文明的主体民族——华夏族，是以文字为载体的伴有文字的文明民族。愈来愈多的考古发现表明，在漫长而灿烂的中国史前文化中，伴随着文明的起源，汉字的出现，经历了从符号到文字的发展过程。

一　仰韶文化中的陶器符号

虽说早在 20 世纪 30 年代，唐兰先生依据瑞典人安特生在我国甘肃、青海地区辛店文化陶器上所发现的几种彩绘符号，探讨了中国文字的起源[①]。但真正通过科学发掘的出土物来探讨文字的起源，始于 20 世纪 50 年代从西安半坡遗址中出土的陶器符号。

半坡遗址位于黄河中游地区渭水流域的西安东郊，它是 20 世纪五六十年代所认识的中国新石器文化中时代最早的一类遗址，而且经过较大规模的科学发掘。半坡遗址的发掘者对该遗址陶器上的刻划符号（图Ⅶ—1）的重要意义已有充分的认识，在《西安半坡》发掘报告的第五章《精神文化面貌》的第四节《陶器上刻的符号》里，将其所发现的 113 个刻划符号标本，按照笔画形状分类为 22 种，并指出了这些符号在陶器上的刻划位置，统计了各种符号重复出现的次数，还"发现多种类同的符号，出在同一窖穴，或同一地区"，并进

[①] 1933 年，唐兰先生在为商承祚《殷契佚存》一书作序时，认为瑞典人安特生《甘肃考古记》里所载录的辛店陶器上的彩绘符号，是一种较古的文字，与商周文字属于一个系统。其后他又在 1934 年印刷的《古文字学导论》中重申了这一看法，并根据安特生的假定，把辛店期的年代定在距今 4500 年左右，由此推断"中国文字的起源，总在六七千年前"。

一步指出,"这种符号,在其他一些仰韶文化遗址中也有发现,其作风与做法完全相同"。最后,该报告写道:"总之,这些符号是人们有意识刻划的,代表一定的意义。……从我国历史文化具体的发展过程来说,与我们文字有密切关系,也很可能是我国古代文字原始形态之一,它影射出我国文字未发明以前,我们祖先那种'结绳记事'、'契木为文'等传说,有着真实的历史背景。"[①]

图Ⅶ—1 半坡遗址陶器上的符号

半坡遗址之外,类似于半坡的符号,先后在同一文化类型的陕西临潼姜寨(图Ⅶ—2)、长安五楼、合阳莘野村、宝鸡北首岭、铜川李家沟、零口、垣头(图Ⅶ—3)和河北永年台口村[②]、甘肃王家阴洼、秦安大地湾(图Ⅶ—4)等遗址都有发现,而且数量可观。据后来的统计,半坡遗址发现刻有符号的陶器和陶片为113件,符号27种;姜寨遗址发现129件,符号38种;李家沟发现23件,符号8种;大地湾32件,16种[③]。这些符号有着相当固

[①] 中国科学院考古研究所、陕西省西安半坡博物馆:《西安半坡》,第186页,文物出版社1963年版。

[②] 河北省文物局文物队:《河北永年县台口村遗址发掘简报》,《考古》1962年第12期。

[③] 甘肃省文物考古研究所:《秦安大地湾——新石器时代遗址发掘报告》(上),第176页,文物出版社2006年版。

定的刻划习惯，它们主要见于涂有黑色带纹陶钵的口沿上（彩图50），而且一器只刻一个记号（图Ⅶ—5），陶符重复出现的频率较高，相同或相似的符号归并后可达50多种[①]。半坡遗址的陶器刻划符号发表后，引起了古文字学家们的重视。在国内第一个发表文章予以研究的是郭沫若先生[②]。郭沫若先生认为半坡彩陶上的刻划，其"意义至今虽尚未阐明，但无疑是具有文字性质的符号，如花押或者族徽之类。我国后来的器物上，无论是陶器、铜器，或者其他成品，有'物勒工名'的传统"。"彩陶上那些刻划记号，可以肯定地说就是中国文字的起源，或者中国原始文字的孑遗"。"半坡遗址的年代，距今有6000年左右。我认为，这也就是汉字发展的历史"。郭沫若先生还依据半坡的发现，再结合其他出土资料、现存民俗和文献记载，认为"中国文字的起源应当归纳为指事与象形两大系统，指事系统应当发生于象形系统之前"。

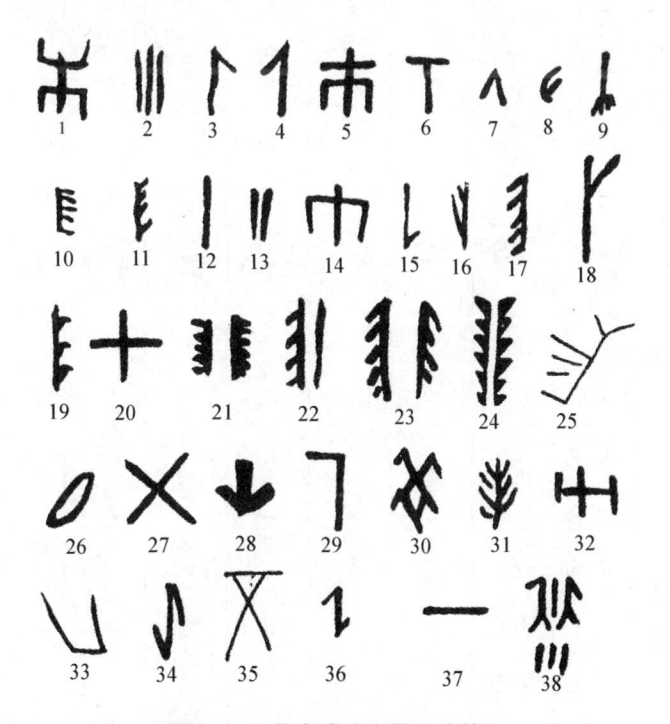

图Ⅶ—2 姜寨遗址陶器上的符号

[①] 王志俊：《关中仰韶文化刻划符号综述》，《考古与文物》1980年第3期；王蕴智：《史前陶器符号的发现与汉字起源的探索》，《华夏考古》1994年第3期。
[②] 郭沫若：《古代文字之辩证的发展》，《考古学报》1972年第1期。

226　中国文明起源的比较研究

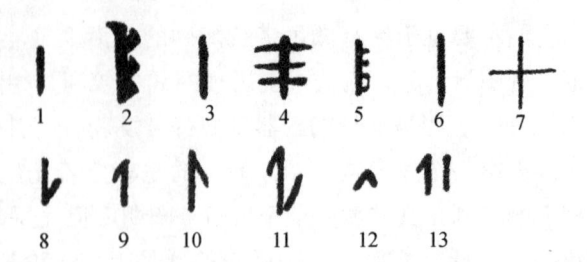

图Ⅶ—3　零口、垣头、五楼、莘野、李家沟五遗址出土的陶器符号
1.2. 零口所出　3. 垣头所出　4. 五楼所出　5. 莘野所出　6—13. 李家沟所出

符号	单位号	符号	单位号
一	G300：P56	⊤	G300：P47, F245：95, H334：P9, F361：P5, H3101：P1, H379：P165, G300：P37, H715：P12, TG4④：P8
↗	T108③：P1, H715：P3	↓	G300：P46, H379：P164, T327③：P6, T320③：P27
∈	H235：P11	↙	G300：P48, G300：P45
∈	H3110：P3	⌐	T329③：P8
⋈	F709：P15	∧	F202：P16, H379：P163, T327③：P27
D	T314④：P2	↙	T340③：P48
○	T7④：P5	↘	F602：P9, H7：P1
	H235：P13	‖	F245：P6

图Ⅶ—4　大地湾第二期陶器符号及出土单位

图Ⅶ—5　姜寨出土的陶钵与符号

郭沫若先生有关"花押"、"族徽"、"物勒工名"的看法，显然与半坡遗址的发掘者依据多种类同的符号出在同一窖穴或同一地区而推测"这些符号可能是代表器物所有者或器物制造的专门记号"的认识是一致的。而郭沫若"指事系统应当发生于象形系统之前"的见解，也显然首先基于笼统地认为，半坡之类的符号属于指事系统，半坡遗址的年代又属于当时发现的新石器文化中最早的一类遗址，这样，从实证的角度着眼，指事先于形象也就有了事实根据。然而，在郭沫若《古代文字之辩证的发展》一文发表不久，于省吾先生也发表了一篇题为《关于古文字研究的若干问题》的文章①，依据于先生的考释，半坡出土的陶器上的刻划，既有指事系统的文字，也有象形和假借系统的简单文字，如于先生所释的"五作×，七作十，十作｜，二十作‖，示作T，玉作丰，矛作↑，艹作↓，阜作钅"等字中，玉、艹、阜之类就属于象形字，而五、七之类的纪数文字，多数古文字学者都认为是假借字②。此外，于省吾先生还强调说："不难设想，当时的简单文字不会也不可能只限于陶器上，陶器之外，自然要有更多的简单文字，只是我们现在还看不到罢了。这种陶器上的简单文字，考古学者以为是

---

① 《文物》1873年第2期。
② 纪数文字中一、二、三、四，甲骨文作一、二、三、亖，多数学者都认为是指事字；五、六、七、八、九、百、千、万等纪数字，则多认为是假借字。

符号，我认为这是文字起源阶段所产生的一些简单文字。仰韶文化距今约有6000多年之久，那么，我国开始有文字的时期也就有了6000多年之久，这是可以推断的。"

面对史前陶器上的刻划等材料，在研究汉字的起源及其演变时，一个值得重视的方法就是把这些史前刻划等材料与甲骨文金文进行比较和联系。这是因为，大凡实证性的研究，每每都是从已知出发去推测未知。中国台湾学者李孝定先生从20世纪60年代开始发表的一系列论文[①]，在力主仰韶等文化的刻划符号是文字的同时，亦对中国文字的发生和演变的过程作了较详细的分析。李孝定先生对中国文字发生和演变过程的推测正是以对甲骨文的"六书"分析为支点的。所谓"六书"亦称为"六义"，它是前人研究汉字发生演变等错综复杂的现象时而归纳的6种造字法则。依据李孝定先生的统计和分析，在甲骨文里，一是没有发现转注字；二是假借字所占百分比颇高，而假借字里，除了极少数一两个可疑，或可另作解释外，所借用的字，都是象形、指事或会意字，绝没有一个形声字；三是与后世的《六书爻列》、《六书略》等"六书"分类的统计数字比较，形声字随着时代的推移而有显著的大量增加。对于这些现象，李孝定先生解释说这是因为当时还处于形声字初期，所以在这以前大量使用着的假借字仍然在流通。关于形声字的产生，李先生认为是在假借字上添加一个与假借义相近的形符，以表示那个字的属性而产生了原始形声字，即以原来的借字作声符，再加注形符而形成了最原始的形声字。形声字的出现是汉字发展史上一大突破，并成为后来汉字发展的主流。为此，李孝定先生在郑樵《六书序》"六书者，象形为本"以及唐兰《古文字学导论》所主张的"三书说"的基础上，将中国文字的发生与发展亦划分为"以表形文字为最早，表意文字次之，表音文字又次之"这样三个阶段，并用"六书"分类的方式，列表如下[②]：

---

① 李孝定：《从几种史前和有史早期陶文的观测蠡测中国文字的起源》，《南洋大学学报》1969年第3期；《中国文字的原始与演变》，《中央研究院历史语言研究所集刊》第四十五本二分、三分，1974年版；《再论史前陶文和汉字起源问题》，《中央研究院历史语言研究所集刊》第五十本，1979年版。

② 李孝定：《中国文字的原始与演变》（下篇），《中央研究院历史语言研究所集刊》第四十五本三分，1974年版。

表 7—1　　　　　　　　"六书"演变分类表

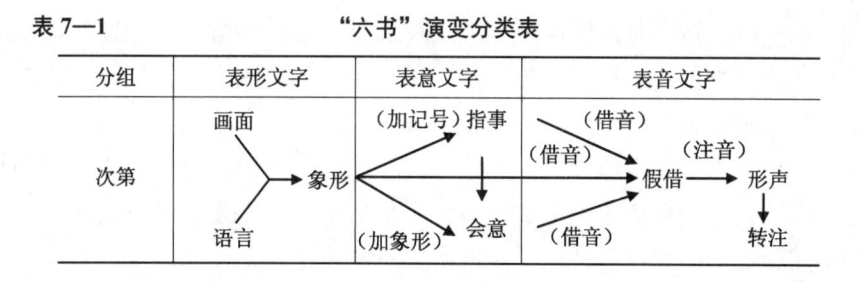

分组	表形文字	表意文字	表音文字
次第	画面＼ 　　　→象形 语言／	（加记号）指事 　　　↓ （加象形）会意	（借音） （借音）→假借→形声 （借音）　　　　转注（注音）

在对甲骨文作六书分析的基础上，李孝定先生对史前陶器上的刻划符号也作了六书分析。他认为，"在六书中，五、六、七、八、九等纪数文字，属于假借，假借是借用已有的文字，代表无法造出本字的语言，在六书次第中，位居象形、指事、会意之后，半坡时代已有属于假借的纪数字，这证明在那以前，汉字应已经历了相当长的一段发展历程"[1]。关于象形、会意方面的文字，李孝定认为姜寨陶文中的"⿱屾一"是"'岳'字，应属会意；三门峡陶文中的"⻖"，是'阜'字，属象形"[2]。这样，应用六书理论，李孝定先生认为仰韶文化中的陶器符号里有象形、会意、假借等方面的字而无形声字，完全符合文字发生与演变的规律，它们和甲骨文字属于完全相同的系统，是中国早期较原始的文字。

在李孝定先生的六书分析中，有关形声字是受假借字的启发才产生的论述颇为精辟，他的这一说法将传统的假借位于形声之后的六书排列方式改变为假借位于形声之前，笔者以为是合理的。至于象形是否一定先于指事等而产生，亦即在形声字出现之前，中国文字的起源是否一定是由图画到象形，再到指事、会意、假借，显然与郭沫若先生提出的"指事先于象形"的说法一样，光靠仰韶及其之后的陶器刻划符号是难以证明的。因为即使李孝定、于省吾等先生的考释，在仰韶文化半坡期的陶器符号中，也是既有象形字，又有指事字、会意字和假借字，很难判定谁先于谁。而根据民族学材料的研究，在许多还没有发明文字的我国少数民族中，每每是同时掌握着诸如"物件记事"、"符号记事"和"图画记事"等原始的记事方法，而这些记事方法对文字的发明却都有影响[3]。例如，从符号记事中似乎可以发展出所谓"指

---

[1] 李孝定：《再论史前陶文和汉字起源问题》，《中央研究院历史语言研究所集刊》第五十本，第463页，1979年版。
[2] 同上。
[3] 汪宁生：《从原始记事到文字发明》，《考古学报》1981年第1期。

事字"和一些纪数字；从图画记事可以发展出象形、会意之类的文字；而像云南景颇族的物件记事中的"树叶信"所大量采用的借音的方法，与六书中假借字的原则是完全一致的。为此，笔者非常赞同汪宁生先生的说法：文字是由多种记事方法导引出来的，"而不仅仅起源于图画"。这样，六书中的象形、指事、会意、假借 4 种造字方法，尤其是象形与指事，很可能在文字产生的初期就被同时掌握和采用了，根本分不出先与后。

认为仰韶文化陶器上面的刻划符号属于文字者，除了上述几位古文字学家之外，一些史学和考古学工作者也提出过一些相似的见解。他们有的是在对关中地区历年发现的仰韶文化陶器符号汇集的基础上，结合仰韶时期的生活环境对这些符号作了一些释读[1]；有的指出半坡陶器符号中有一部分是数字符号[2]；有的认为半坡、姜寨之类陶符是汉字的原始形态，是中国文字之源[3]；也有将各个时期陶器上的符号详加归纳分析，认为一些刻划完全相同的符号先后在不同时期里出现，这是与后世文字相联系最好的证据[4]。

与上述看法相反，也有许多学者并不认为仰韶等史前文化的陶器符号是文字[5]。其主要论点是：只有作为记录语言的工具的符号才算是真正的文字，仰韶之类的陶器符号并无语言的基础，也不代表语言，它们或者是当时陶工为了某种用途临时做的记号，或者是制陶时为了某种需要而做的随意刻划，在当时并不具有固定而较为普遍的含义，因而不能把它们跟古汉字里形体相似的字进行比附。

在上述主张中，由于使用了以是否被用来记录语言作为分界文字与符号的标准，因而不但仰韶文化中的陶器符号，就连大汶口文化陶器上的符号，也都被排除在文字的范畴之外了。运用这一标准，在文字与符号的界定上，固然可以起到整齐划一、一目了然的作用，然而我们知道，由于陶器并非书写文字的材料，也不像殷商的甲骨，为了占卜这一特定的目的，有大量刻写

---

[1] 王志俊：《关中地区仰韶文化刻划符号综述》，《考古与文物》1980 年第 3 期。
[2] 郑德坤：《中国上古数名的演变及其应用》，《香港中文大学学报》第一卷，1973 年版。
[3] 陈炜湛：《汉字起源试论》，《中山大学学报》1978 年第 1 期。
[4] 张光裕：《从新出土材料重新探索中国文字的起源及其相关问题》，《中国文化研究所学报》第十二卷，香港中文大学 1981 年。
[5] 裘锡圭：《汉字形成问题的初步探索》，《中国语文》1978 年第 3 期；又《究竟是不是文字——谈谈我国新石器时代使用的符号》，《文物天地》1993 年第 2 期；高明：《论陶符兼谈汉字的起源》，《北京大学学报》1984 年第 6 期；汪宁生：《从原始记事到文字发明》，《考古学报》1981 年第 1 期。

文字的必要，因此要在陶器上发现用来记录语言的语句或词组，在一般情况下应该说是较为罕见的，从而使得我们今天所见的陶器符号，大多都是单个、孤立的符号，其中也包括陶工兴之所至的随意刻划。这么说来，若在陶器上发现成行成句的、能看出是有语言基础的符号，就大概只应视为文字形成的充分条件而不应视为必要条件。至于陶器之外的其他书写材料，由于难以保存的缘故，今天很难看到，这样就迫使人们在探讨文字的起源时不得不利用这些单个、孤立的陶器符号。在这方面，笔者以为李学勤先生的研究为我们提供了一个新的思路。

李学勤先生曾别开生面地把汉字起源的研究成果与古埃及文字起源的新说进行了比较[1]，通过这种比较，不但肯定了后来的文字是由史前的陶器符号发展而形成，而且还告诉我们，正像古埃及前王朝陶器符号很难证明是表音的，它与后来古埃及文字的联系，只能从形状结构的相似来论证一样，对于中国史前的陶器符号也可以用中国古文字的方法作同样的分析论证。虽然李学勤先生分析释读的主要是大汶口文化和良渚文化中的刻划符号，但就仰韶文化半坡类型的陶器符号而言，李先生指出："符号有的简单，有的则相当复杂，接近文字，比如临潼姜寨的一个符号就很像甲骨文的'岳'字。""总的说来，从仰韶文化以来，陶器符号可以说是向甲骨文那样的文字趋近。"[2]

总之，以1963年出版的《西安半坡》考古发掘报告所公布的陶器刻划符号为契机，掀起了学术界对中国文字起源的研究。其后，从20世纪60年代到90年代，随着田野考古发掘的展开，在仰韶文化半坡类型之外的其他文化类型中也都发现许多史前刻划符号，其时代，有的早于仰韶文化，有的与仰韶文化同时，有的晚于仰韶文化；其刻划书写的材料，有陶器，也有龟甲、玉器和石器等；其字体形状结构，有的与仰韶文化一致，有的与甲骨文颇为相近；而良渚等文化的陶器符号中甚至已有成行成句的现象。对此，下面我们分节予以专门的论述。

二　贾湖、双墩、大溪等文化中刻划符号

在渭水流域和甘陕地区，早于仰韶文化的一类新石器遗址被统称为老官

---

[1] 李学勤：《中国和古埃及文字的起源》，《文史知识》1984年第5期。
[2] 王戎笙、陈祖武主编：《马克思主义历史观与中华文明》第一章"中国古代文明的起源"，第二节"文字的产生"，重庆出版社1990年版。

台文化（亦称为"大地湾一期文化"）。老官台文化的时代与中原地区的磁山、裴李岗文化相当，比仰韶文化半坡类型的年代要早一千年左右，但同半坡类型存在着一脉相承的渊源关系，可视为半坡类型的前身。大概正是这一缘故，在甘肃秦安大地湾第一期文化的陶器上发现十余种彩绘符号（图Ⅶ—6）[①]，与西安半坡、临潼姜寨和大地湾二期上陶器符号，形状大小基本相同。发掘者认为"可能是介于图画与文字之间的一种记事符号"[②]。

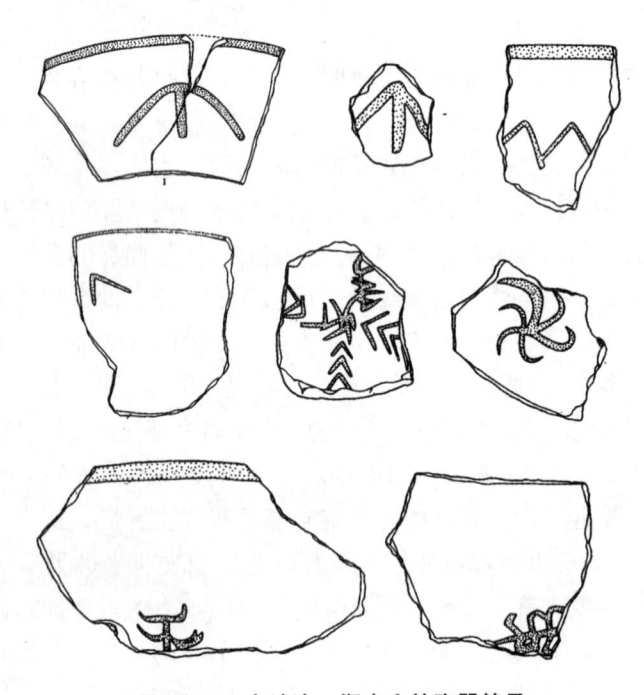

图Ⅶ—6 大地湾一期出土的陶器符号

judging前仰韶时期和仰韶时期的某些符号在当时是否具有固定而较为普遍的含义，需要考察这类符号重复出现率和其分布地域，才能说明问题的。目前，在老官台文化中，这类符号发现的数量还不多，难以作进一步的分析。笔者相信，随着有关资料的不断积累，将有助于解决老官台文化和仰韶文化半坡类型的陶器符号在当时的该文化圈中是否具有固定而较为普遍的含义问题。

[①] 甘肃省文物考古研究所：《秦安大地湾——新石器时代遗址发掘报告》（上），第46—48页。
[②] 甘肃省博物馆等：《一九八〇年秦安大地湾一期文化遗存发掘简报》，《考古与文物》1982年第2期。

与老官台文化年代接近，约距今8000年前的安徽舞阳贾湖遗址，在20世纪80年的发掘中出土了一些刻划符号①。贾湖遗址出土的刻划符号有16例，分别刻在龟甲、骨器、石器、陶器等不同的器物上。龟甲上的刻符有9例，其中1例类似于甲骨文中的"目"字（彩图12，图Ⅶ—7：1），其他的刻划为："一"、"二"、"八"、"丨"、"／"、"*"（图Ⅶ—7：2）、"日"（图Ⅶ—7：3）等。骨器刻符中，"／"、"一"形直道很多，主要刻在骨笛上，作为制笛时设计孔位用；有一例刻于一牛肋骨上，应具有记事的功能，在另一牛肋骨上刻有"／*"，也当有其意义。陶器刻符中，在一个罐的上腹部刻有一个光芒四射的太阳纹"☀"（图Ⅶ—8），在一个陶坠上刻有"＋"形纹，等等。

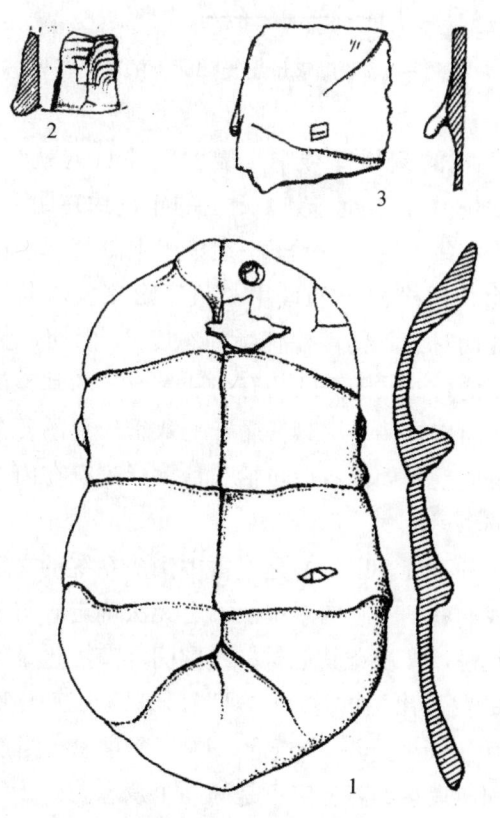

图Ⅶ—7 贾湖遗址龟甲上的刻划符号

① 河南省文物研究所：《河南舞阳贾湖新石器时代遗址第二至六次发掘简报》，《文物》1989年第1期；河南省文物考古研究所：《舞阳贾湖》（上、下卷），科学出版社1999年版。

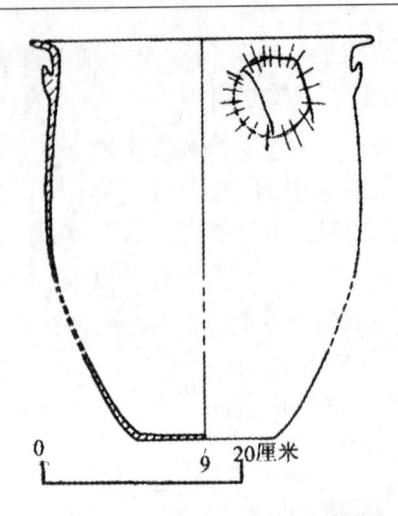

图Ⅶ—8　贾湖遗址出土陶罐上的刻划符号

在贾湖遗址出土的刻划符号中，最引人注目的就是类似于甲骨文中"目"字的这个符号。贾湖遗址碳14测定的年代约在距今7500—8500年之间，贾湖遗址出土的龟甲符号一下子把在龟甲上刻写文字符号的习惯向前推移了五六千年。由于贾湖出土的龟甲"目"形刻符太像殷墟甲骨文"目"字，也有学者因此而对其真伪性持怀疑的态度[①]。然而，鉴于这些龟甲刻符都是从墓葬中出土的，一同随葬的还有内装有石子的其他龟甲，这些墓葬也没有被后世扰乱，所以这些龟甲刻符属于七八千年前的裴李岗文化时代是没有问题的。现在的问题是如何看待包括"目"形刻符在内的贾湖出土的这些刻划符号所表示的意思。

文字体系是一种系统，甲骨文是上古中国成系统的文字。而对于贾湖出土的刻划符号，我们看不到它的系统性，也无法确定它与甲骨文之间有什么样的联系，也就是说，在没有其他材料或中间环节可论证的情况下，我们无法确定八千年前的贾湖出土的这个"目"形刻符与三千多年前甲骨文中的"目"字所表达的就一定是同一个概念、同一个意思。当然，我们也没有反证来证明它们之间所表达的就一定不是同一个意思。

舞阳贾湖遗址许多墓葬中随葬的龟甲都内装有石子，这些龟甲与内装的石子是一起用作占卜之用的，刻划"目"形符号以及其他符号的龟甲都是占

---

① 如已故的胡厚宣先生就对此持怀疑的态度。

卜用的龟甲。仅就在占卜用的龟甲上刻写符号这一现象而论，应该是较为严肃、慎重的事情，或与宗教有关，所以也就刻写得较为规整。这种情况也见于大汶口文化晚期的陶文。根据已有的报道，大汶口文化的陶文都是刻在硕大无朋的陶尊之上，属于礼器的范畴，随葬这些陶尊的墓葬都属于中上层乃至上层贵族[①]，在陶尊上刻写的陶文每每涂有朱红的颜色，带有神秘的色彩[②]，而陶文的内容也是与天文、兵器、礼制有关系的文字（详后），故大汶口文化的陶文也可写得非常工整、隆重，字形结构亦接近于殷墟甲骨文。由此似乎可以获得这样一个启示，即大约距今七八千年前，黄河流域和长江流域一些部落的人们已能用符号表达一定的概念，其中又可分为两类，一类用于较为严肃、慎重或与宗教有关系的场合，可写的也较为工整；另一类则属于较为随意的刻划，例如制陶时为了某种目的而刻写的数字符号，或某些家族和家庭制陶者为表现自己的族氏姓名之类而作的刻划，或者是制作骨笛时为了设计孔位而刻划的"/"、"—"之类记号，等等。在这两类符号中，那些用于原始宗教和占卜祭祀场合的符号，所表达的概念在当时已具有一定的社会性，能代代相传，为后世所继承。那些用于其他社会生活的符号，有一部分因被后世所承袭而可以被释读，如纪数文字以及半坡类型陶符中很像"岳"和"阜"等字的刻划；而另外相当大的部分，因未被后世所承袭而消失了，例如作为家族或家庭制陶者的姓氏之类的特殊标志，必然会随着家族或家庭的分化、融合、消亡而消失。

1986年，在安徽蚌埠吴郢乡双墩村发掘了一处距今六七千年左右的新石器时代的遗址。该遗址出土的陶器及残片上，除动物纹、植物纹刻划外，还有146例59种之多的刻划符号（图Ⅶ—9）。据整理者研究，这些符号"包括了狩猎、捕鱼、网鸟、种植、养蚕、编织、饲养家畜、记事与纪数"等内容。整理者认为这些符号在一定范围内是得到认可的，"尽管仍是符号，却具备了文字的某些特征"[③]。

[①] 邵望平：《远古文明的火花——陶尊上的文字》，《文物》1978年第9期。
[②] 王树明：《谈陵阳河与大朱村出土的陶尊"文字"》，《山东史前文化论文集》，齐鲁书社1986年版。
[③] 徐大立：《蚌埠双墩新石器遗址陶器刻划初论》，《文物研究》总第5辑，黄山书社1989年9月。

236　中国文明起源的比较研究

图Ⅶ—9　安徽蚌埠双墩遗址陶器上的符号

蚌埠双墩村遗址位于江淮流域，在这里出土一批数量如此可观、时代相当于浙江余姚河姆渡遗址和西安半坡遗址的刻划符号，其意义是显而易见的。这些符号不但种类繁多，包括了狩猎、捕鱼、网鸟、种植、养蚕、编织、饲养家畜、记事与纪数等内容；而且刻划得很是规范，便于我们今天揣测其含义。用六书来分析，图中的 6 和 40 明显属于鱼的象形，20 乃太阳的象形，27 和 30 则是不同的山的象形；图中的 48 应是纪数字"一"，38 应是纪数字"三"，属于指事类型的符号；至于应属于会意、假借类型的符号，也可以举出一些，只是当时它们在多大范围内被认可，尚不清楚。双墩村遗址这批陶器上的刻划符号的发现，再次表明在距今六七千年前，黄河和长江流域的许多地方的先民具有一定水平的用符号记事或表现某些概念的能力。

位于长江中游地区的大溪文化，其时代与仰韶文化大致相同。1981 年，考古学者在湖北宜昌杨家湾出土的陶器上，发现有刻划符号 50 多种（图

Ⅶ—10），其后，在配合长江三峡工程的考古发掘中，又有一些发现①。大溪文化之后，继大溪文化而来的屈家岭文化的陶器上，也发现一些刻划符号，只是数量很少，也很简单②。宜昌杨家湾属于大溪文化中期，时代与仰韶文化半坡类型之后的庙底沟类型相当。在长江中游与黄河中上游的文化交往中，早、中、晚期的仰韶文化和甘肃东部介于仰韶文化与马家窑文化之间的石岭下类型，都对大溪文化有过明显影响③，特别是属于仰韶文化中期的庙底沟类型，对大溪文化的影响甚为强烈。出土刻划符号的杨家湾等遗址，就存在着由圆点、弧线、三角卷云纹等组成的庙底沟式的彩陶风格。或许正是基于这种文化上的交往，大溪文化陶器上的刻划符号的特征既与仰韶文化半坡类型相类似，亦与马家窑文化半山、马厂类型相接近。例如纪数字的"五"，在宜昌杨家湾遗址出土的陶符中有"×"和"⊠"两种写法，其后一种写法可以视为前一种的发展，只不过在当时还没有完全取代前一种而已。此外诸如图Ⅶ—10：1、6、7、10、12、13、14、15、31、32、33、35、37等符号的形状结构，已颇有甲骨文那样文字的构字风格。就这些符号的这类数量来讲，已较半坡类型又有一定的发展，而它们的时代又与半坡类型之后的庙底沟类型相当，在文化交往上也受庙底沟类型的强烈影响，所以，大溪文化中期的刻划符号既反映了大溪文化本身的文化发展程度，也可以间接地说明仰韶文化庙底沟时期的一些情形。

分布在甘肃、青海地区的马家窑文化的半山、马厂类型，在年代上晚于仰韶文化半坡类型一千多年乃至两千年，与山东地区的大汶口文化晚期相当或略晚于大汶口晚期，但出土的陶器符号，其性质却与仰韶文化半坡类型相类似。半山、马厂类型的彩陶符号在20世纪30年代就有发现，而以70年代青海乐都柳湾墓地出土的最为集中。在该墓地的872座马厂类型的墓葬中，有226座墓、679件彩陶壶、罐的下腹部或底部，发现有用毛笔之类工具在入窑烧制之前绘写的符号④。一般情况下，在一件器物上只绘出一个符

---

① 宜昌地区博物馆：《宜昌县杨家湾新石器时代遗址》，《江汉考古》1984年第4期；余秀翠：《宜昌杨家湾在新石器时代陶器上发现刻化符号》，《考古》1987年第8期。

② 宜昌地区博物馆：《湖北省宜昌县清水滩新石器时代遗址的发掘》，《考古与文物》1983年第2期。

③ 任式楠：《长江黄河中下游新石器文化的交流》，《庆祝苏秉琦考古五十五年论文集》，文物出版社1989年版。

④ 青海省文物处考古队、中国社会科学院考古研究所：《青海柳湾》，第159—165页，图九四、九五，文物出版社1985年版。

图Ⅶ—10 大溪文化中的刻划符号

号，也有极个别的器物在相同或相近的部位或在腹部、底部分别绘出两个符号。其种类，计有130余种（图Ⅶ—11、12）。

柳湾出土的马厂类型的彩图符号，李孝定先生认为是文字，只是除了少数纪数字外，绝大多数都不可识读[1]。在考古学者中，一种意见认为这些符号只是制陶时因为制作的数量太大，为了调节某种生产秩序，例如为了表示某种时间上的先后等而做的一种临时性的标志，它只起记号的作用，带有很大的随意性[2]。另一种意见认为，"这些符号的出现是和彩陶壶大量随葬有关，很可能就是制陶专门化以后，氏族制陶作坊或家庭制陶的一种特殊标志，很可能起了原始图像文字的作用"[3]。笔者认为，在柳湾墓地出土的陶符

---

[1] 李孝定：《再论史前陶文和汉字起源问题》，《中央研究院历史语言研究所集刊》第五十本，第463页，1979年版。
[2] 尚民杰：《柳湾彩陶符号试析》，《考古与文物》1990年第3期。
[3] 青海省文物处考古队：《青海乐都柳湾原始社会墓地反映的主要问题》，《考古》1976年第6期。

图Ⅶ—11 青海乐都柳湾遗址所出土的彩绘符号（一）

中固然不排除随意性的绘写，但对那些较有规则的或笔画较多的符号，显然不能用随意性来解释。其中，可以识为一、二、四、五、七、十等纪数字者，确实很有可能是制陶时为了表明处于某一生产环节上的某一组陶器的件数。陶工们在绘写这些数字时显然有固定的含义和约定俗称的基础。至于那些大量的较为特殊的符号，将其解释为各个家族或家庭制陶的特殊标志，亦不无道理。由于制陶者与使用陶器者并不是一回事，故不能以随葬的陶器中这些符号毫无规律可循来否定烧制前绘写的这些符号有可能是制陶者的特殊标志。此外，就纪数文字而言，不少学者将半坡符号中的"×"释为"五"，在柳湾墓地马厂类型的陶符中可以释为五的有"三"、"×"、"⋈"三种写法，这说明纪数字"五"的写法在当时的柳湾人中还没有完全固定下来。

前仰韶时代和仰韶时代的陶器、龟甲等器物上的刻划，总体上应属于符

图Ⅶ—12　青海乐都柳湾遗址所出土的彩绘符号（二）

号的范畴，但也有一些已具备了文字的特征，如一、二、三、四、五、七、十等纪数符号和"⚡"（岳）、"⚐"（山）、"☀"（日）、"⚐"（鱼）、"⚐"（目）等象形符号，就具有文字的特征。凡是具有文字特征的这些符号，在形状结构上都可看到它与甲骨文、金文的某种联系，因而也就能够用古文字学的方法加以分析、释读，这大概是中国上古从符号到文字的演化发展过程中的普遍现象。

三　大汶口文化的陶文

如果说20世纪50年代以来，仰韶文化半坡类型陶器符号的发现曾一度成为讨论中国文字起源的出发点的话，那么，大汶口文化陶器符号的发现则将有关的讨论推向了新的高潮。

大汶口文化分布于黄河下游地区，它前承当地的北辛文化，后接山东龙山文化。目前已发现的陶器符号主要属于大汶口文化晚期的东西，其年代大体与仰韶文化晚期至庙底沟二期文化相当。这些符号最初发现于20世纪60年代，当时只有6例5种，其中5例属于陶尊上刻划的符号（图Ⅶ—13：1—4），发现于莒县陵阳河和诸城前寨两遗址中；1例属于陶背壶上用毛笔绘写的朱色符号（图Ⅶ—13：5）出土于泰安大汶口遗址，这些均载于1974年底出版的《大汶口》报告中①。后来这种刻写的符号在莒县陵阳河、大朱村等遗址又陆续有所发现②。这样在大汶口文化中已发表的刻写的符号有17例9种，绘写的有1例1种，共达18例10种（图Ⅶ—13，图Ⅶ—14，图Ⅶ—15，图Ⅶ—16，彩图51，彩图52）③。山东地区之外，在安徽省蒙城县尉迟寺遗址出土的陶器上有6例"𤇢"的符号（图Ⅶ—17：2—7，图Ⅶ—18：3—7，图Ⅶ—18：9，彩图53：右）；有1例"❧"的符号（图Ⅶ—17：1，图Ⅶ—18：1，彩图53：左）；有1例上边是"❧"，下边与莒县大朱村17号墓出土陶尊上的符号（图Ⅶ—13：9）相似（图Ⅶ—15：5）④。尉迟寺遗址属于大汶口文化晚期，同时也还有一些地方特点。此外，在湖北省天门石家河遗址的陶器上，也发现包括"❧"在内的六七种大汶口文化中曾经发现过的符号。石家河遗址属于石家河文化，其年代与黄河流域的龙山文化的年代相当代。在良渚文化的玉器和陶器上，也发现有"❧"或其变体的符号（图Ⅶ—19：1—3）⑤。

在史前陶器、玉器的刻划符号中，"𤇢"及其简体"❧"是耐人寻味的。这类象形符号，自20世纪60年代在山东的大汶口文化诸遗址被发现以来，迄今发现有28例以上，分布在山东、安徽、湖北、浙江、上海等地的黄河下

---

① 山东省文管处、济南市博物馆：《大汶口》，第117—119页，文物出版社1974年版。
② 王树明：《谈陵阳河与大朱村出土的陶尊"文字"》，《山东史前文化论文集》，齐鲁书社1986年版。
③ 王震中：《从符号到文字——关于中国文字起源的探讨》，《考古文物研究》，三秦出版社1996年版，收入王震中《中国古代文明的探索》，云南人民出版社2005年版。
④ 中国社会科学院考古研究所：《蒙城尉迟寺——皖北新石器时代聚落遗存的发掘与研究》，第245页图198，彩版9：2，彩版10，科学出版社2001年版；中国社会科学院考古研究所、安徽省蒙城县文化局：《蒙城尉迟寺》（第二部），第137页，图95：1、4、5，彩版11。
⑤ 参见林华东《良渚文化研究》，第360页图8—15：2，第382—384页，浙江教育出版社1998年版。

242　中国文明起源的比较研究

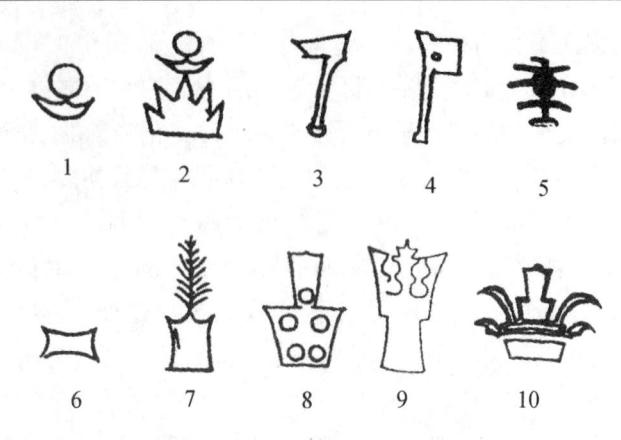

图Ⅶ—13　大汶口文化陶器符号

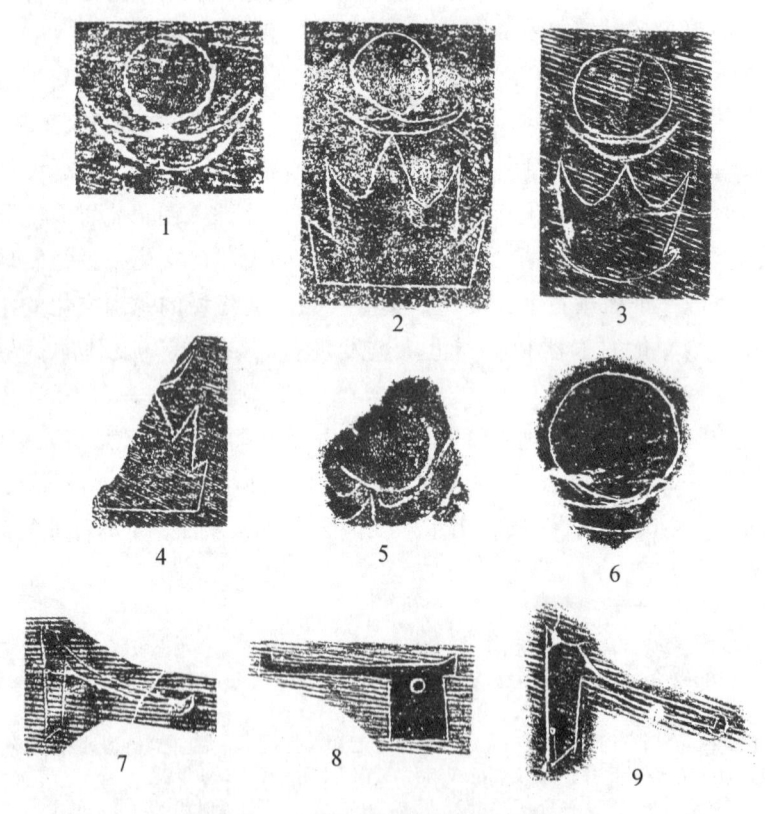

图Ⅶ—14　大汶口文化陶器符号拓片（一）
1.2.5.8.9. 陵阳河遗址采集　3. 大朱家村遗址采集　4. 前寨遗址采集
6. 陵阳河遗址 M17　7. 杭头遗址 M8

第七章　从符号到文字　243

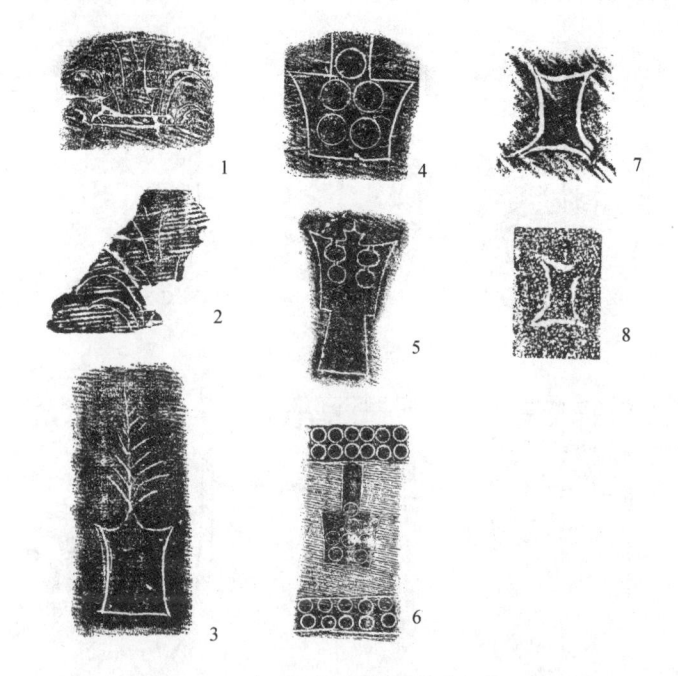

图Ⅶ—15　大汶口文化陶器符号拓片（二）
1. 陵阳河遗址 M17　2.6. 陵阳河遗址采集　3. 陵阳河遗址 M25　4. 大朱家村遗址采集
5. 大朱家村遗址 M17　7. 陵阳河遗址 M19　8. 大朱家村遗址 M26

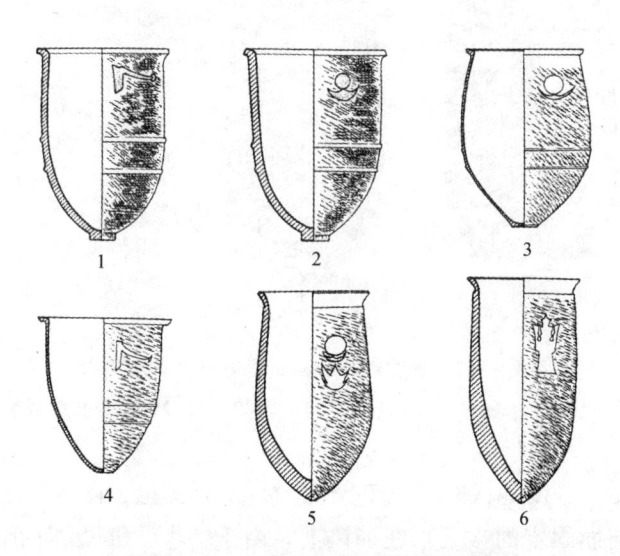

图Ⅶ—16　大汶口文化陶尊及其符号
1.2. 陵阳河遗址采集　3. 大朱家村遗址 M4　4. 杭头遗址 M8
5. 大朱家村遗址采集　6. 大朱家村遗址 M17

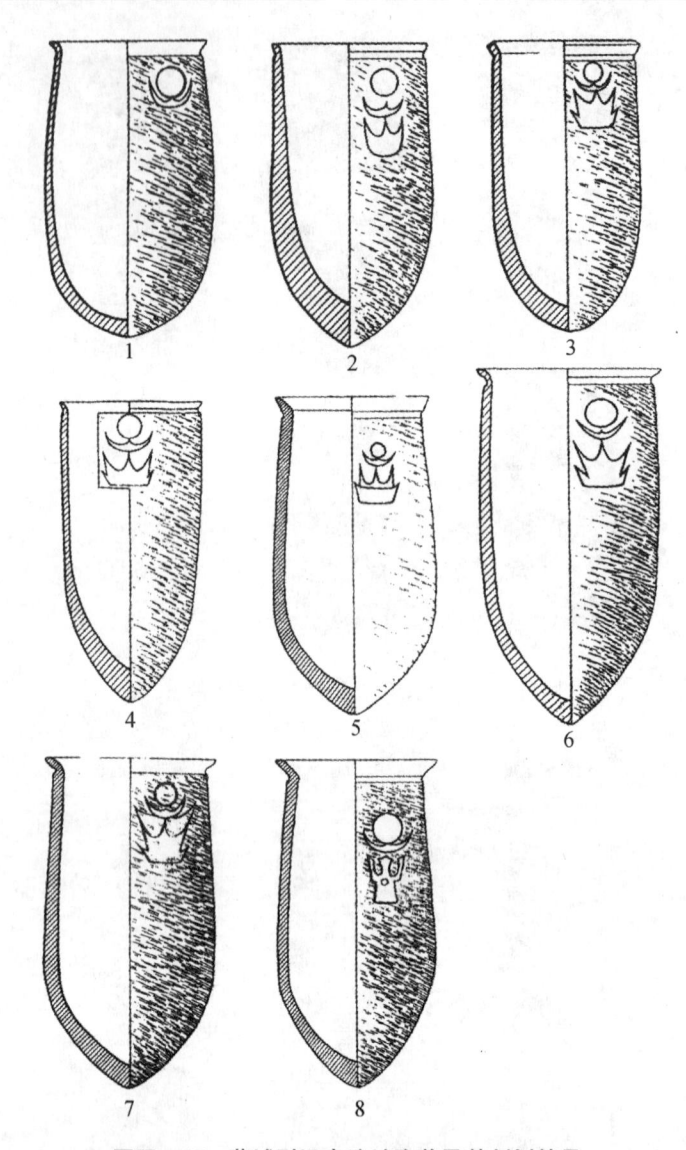

图Ⅶ—17　蒙城尉迟寺遗址陶尊及其刻划符号
1. JS10　2. T2812⑥　3. JS10　4. M289　5. M215　6. M96　7. JS4　8. M177

游和长江下游、中游地区的大汶口文化、石家河文化、良渚文化之中，应该带有某种普遍而固定的含义。在释读上，由于"🏔"和"🌙"的结构形状不单纯，它由三个或两个偏旁相构成，而且学术界对这些偏旁含义的理解并不相同，从而使人们对它的解释，亦见仁见智。

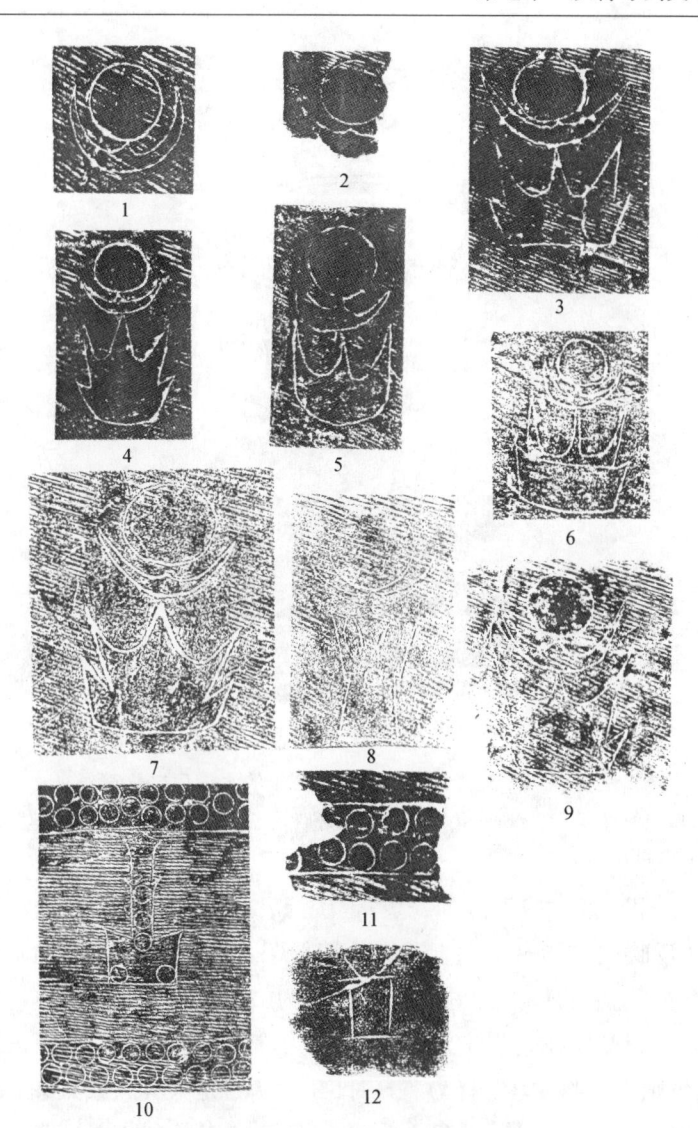

图 Ⅶ—18　尉迟寺陶器符号拓片

1. JS10　2. T3114　3. M289　4. M321　5. T2812　6. M215　7. M96
8. M177　9. JS4　10. T3828⑤　11. T2426④　12. M129

大汶口文化陶尊上的"☲"这一符号，于省吾先生释为"旦"字，认为是由日形、云气和五峰的山形这"三个偏旁构成的会意字"①。唐兰先生则将

---

① 于省吾：《关于古文字研究的若干问题》，《文物》1973 年第 2 期。

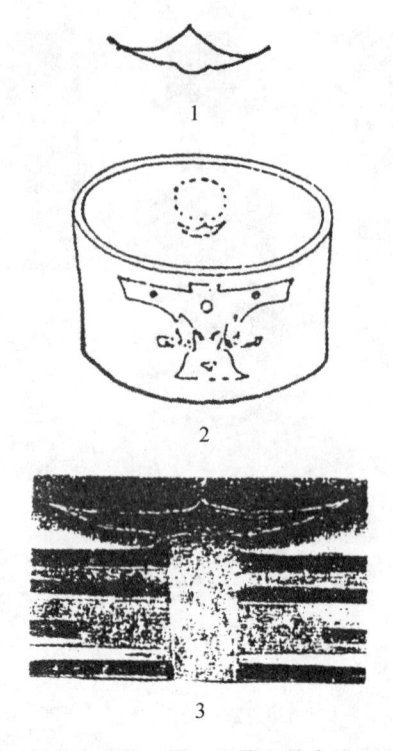

图Ⅶ—19　良渚文化玉器、陶器上的大汶口文化符号
1. 上海青浦福泉山遗址出土　2. 华盛顿佛利尔博物馆藏　3. 上海博物馆藏

"㠱"释为"炅",将"㠱"释为"炅",认为后者是前者的简体,并提出"炅"字音热,"反映出在烈日下山上起火的情形"①。李孝定和李学勤两位先生基本肯定了唐兰先生的释读,也将它们隶定为"炅"、"炅",赞同它们为简繁体的关系②,只是李孝定先生认为"炅"字读热"有待商榷"。而田昌五和饶宗颐两先生则先后将"㠱"释为"日月山",认为是太昊族或太皞、少皞族的族徽③。也有人认为,"炅"表现的是由"日"、"火"和陵阳河遗址东面寺堌

---

① 唐兰:《关于江西吴城文化遗址与文字的初步探索》,《文物》1975年第7期;《中国有六千多年的文明史——论大汶口文化是少昊文化》,《大公报在港复刊30周年纪念文集》,1978年版。《从大汶口文化的陶器文字看我国最早文化的年代》,《光明日报》1977年7月14日。
② 李孝定:《再论史前陶文和汉字起源问题》,《中央研究院历史语言研究所集刊》第五十本,1979年;李学勤:《论新出土大汶口文化陶器符号》,《文物》1987年第12期。
③ 田昌五:《古代社会形态研究》,第162页,天津人民出版社1980年版;饶宗颐:《中国古代东方鸟俗的传说——兼论大皞少皞》,《中国神话与传说学术研究会论文集》(上册),(台北)汉学研究中心1996年版。

山五个山峰组成的"依山头纪历的图画文字",释为"炟",表示二月、八月;对"炅"的解释是太阳离开了山,表示炽热的季节或夏季①。

上述诸说,把"☉"释为"旦"者,将"日"与"山"中间像火形的部分视为云气,可是这部分却与甲骨文中从火字的火的偏旁十分接近,释旦似乎不妥。释为太昊、少昊族徽者,将"日"与"山"之间的部分视为月形,然而甲骨文中的月或夕字,中间绝不起脊即不凸起,故不像是月形。至于释为"炟"和"炅"者,若认为仅仅是莒县陵阳河的先民,依据对正东五华里的寺堌山方向太阳升起的观察而创作的"依山头纪历的图画文字"的话,那么它就不可能在莒县陵阳河之外的许多地方一再出现。此外,无论是夏日的太阳,还是冬、秋、春的太阳,都要离开东升的山头而悬照于高空的,所以认为"炅"表示夏季也是难以成立的。唐兰先生将"☉"和"☉"隶定为"炟"和"炅",并认为它们是繁简体的关系,就图形的直观而言,是合理的,但将其含义解释成"在烈日下山上起火的情形",似亦未达真谛。

笔者赞同图形"☉"与"☉"为繁简体关系。在这种繁简体关系中,"山"可以被省去,可知"○"与"火"才是问题的关键。而在"○"与"火"的构图中,还有资料表明,当时的人们在表达这一概念时,也有将"○"隐藏于"火"之下,构成了"○"落"火"升的图形,如良渚文化上海青浦福泉山遗址出土的一件陶壶上的刻符(图Ⅶ—19:1)②,"火"符在上,"○"符在下,而且"○"符被刻得若隐若现,突出的是"火"。还有一种是只刻出"火"形,只强调"火",如上海博物馆收藏的一件玉琮上就有这样的刻符(图Ⅶ—19:3)③。良渚文化玉琮上的这个"火"形刻符,与大汶口文化莒县陵阳河遗址采集的一个被释为"炅"字(图Ⅶ—14:5)中的火符相同,可以视为"炅"符的进一步省体。笔者认为,良渚文化陶器和玉器上的这两个刻符,为解读"☉"和"☉"这类图形提供了重要线索,即在这类图形中,"火"才是其所要表达的核心概念。那么,时而独立,时而与"○"相连,时而又表现为"○"落"火"升之"火",究竟是什么样的火呢?笔者以为它是天象中大火星之火,而非山上或地上燃烧的柴火。依据这一思路,图形中的"○"可作两种解释。一是根据图形的直观形象将其释为

---

① 王树明:《谈陵阳河与大朱村出土的陶尊"文字"》,《山东史前文化论文集》,齐鲁书社1986年版。
② 张明华、王惠菊:《太湖地区新石器时代的陶文》,《考古》1990年第10期。
③ 林巳奈夫:《良渚文化和大汶口文化中的图像记号》,《东南文化》1991年第3、4期。

"日"即太阳，整个图形可依据唐兰先生隶定为"嚣"和"炅"。在这里，"日"代表天象，"火"代表与天象有关的火即大火星（心宿二，西方称为天蝎座α）。另一是将图形中的"○"释为星星之星①，整个图形意指大火星。

日即太阳，可以作为天象或天的代表，这在中国古代文献中是有证可查的。如《礼记·祭义》说："郊之祭，大报天而主日，配以月。夏后氏祭其闇，殷人祭其阳，周人祭日以朝及闇。"《礼记·郊特牲》在讲到祭天时也说："郊之祭也，迎长日之至也，大报天而主日。"郑注："天之神日为尊。"《礼记·月令》中有"天子乃祈来年于天宗"的记载，这里的天宗据郑注，指的是日月星辰三光，而三光中也以日为主。这些都透露出远古时代以日神为天神的影子或代表。至于将陶文"嚣"和"炅"中的"○"释为"星"，也是可以找出文字上的根据的。我们知道，甲骨文中的星星之星，或写作"晶"或写作从"品"生声之形。卜辞中的"大晶"即大星，有时也写作"大星"。由于甲骨文刻写的习惯是圆笔刻为直笔，圆形刻为方形，故所谓从"晶"或从"品"中的晶与品，实为多个"○"之意。其中也有直接写成圆笔的"○"。甲骨文时代用复数的"○"表示一般意义上的星辰之星，已是一种抽象；在史前陶文中，与火形符号相结合的"○"，或许就是指具体的星辰大火之星。总之，无论将这一图形中的"○"释为"日"还是释为"星"，都可以将整个图形与星宿大火相关联进行解释，即整个图形表达了当时的"火正"对于大火星的观察、祭祀和观象授时。大概当时已经开始了以大火的昏升（太阳落山不久，大火星出现在东方地平线上）、昏中（日落时大火星处于南天中部）等现象来指导农事和人们的生活，大火星是当时观象授时的主要对象。这也是这类图形何以会在山东、安徽、湖北、浙江等地广泛出现的原因所在。顺着这一思路，仰韶文化庙底沟类型中火形纹样的彩陶（图Ⅶ—20），也是"火正"、"火师"之类对于大火星观察、祭祀和观象授时的表现②，只是由于时间、地区和文化系统的不同，其表达形式也与大汶口文化中的陶符不同而已。

说到对于辰星大火的祭祀，安徽蒙城尉迟寺遗址 M177 号墓出土陶尊上的刻划符号（图Ⅶ—17：8，图Ⅶ—18：8，彩图 54）本身就有这样的表现。该符号上边是"炅"形，下边与甲骨文中的"豊"（礼）字相近，是在杯、

---

① 王育成：《曾侯乙漆箱图案与史前宗教文化研究》，《中国历史博物馆馆刊》1994 年第 1 期。
② 王震中：《炎帝族对于"大火历"的贡献》，《炎黄文化研究》第五辑，大象出版社 2007 年版。

图Ⅶ—20　仰韶文化庙底沟遗址出土火形纹样彩陶

豆之类器皿中盛玉以奉神祇之形象，其所祭祀的神祇就是上边的"🜨"，即辰星大火。

　　古人对于天或天象的观察和祭祀是与他们的生产和生活密不可分的。世界上许多古老的文明民族，在其远古时代，最初都没有像后世所通行的那种较为精确较为复杂的历法，而每每是通过直接观察日月星辰的出没来确定农事活动的安排。在我国上古相当长的时期内，大火（心宿二）就曾是人们观象授时的主要对象。对此，国内外的一些学者曾提出，中国古代在以冬至的建子或雨水的建寅等为岁首的历法之前，还有过以大火昏见之时为岁首的较为疏阔的历法，他们称为"火历"①或"大火历"②。

　　在上古时代，主管大火的观察和祭祀并以此来定季节的就是所谓"火正"。依据古史传说，这种火正设立的上限，可以追溯到虞舜之前的颛顼、高辛、唐尧时期。如《左传》襄公九年说："古之火正，或食于心，或食于咮，以出内火。是故咮为鹑火，心为大火。陶唐氏之火正阏伯居商丘，祀大火，而火纪时焉。相土因之，故商主大火。"在这里，"食于心"、"祀大火"，当然是以观察和祭祀大火为己任。其中"出内火"中的"出火"是春耕时的火始昏见（大火星开始昏见）；"内火"是深秋时的火伏即与太阳同没，也就是《左传》哀公十二年所谓"火伏而后蛰者毕"。在上古，无论春季的"出火"，还是深秋的"内火"，都要由火正负责举行一定的仪式。襄公九年的这段话还指出，有时随着时日推移，由于岁差的作用使得大火星昏升越来越晚，已不能由此确定播种季节，这时就改为观察鹑火，即咮，也就是宿了。

　　关于阏伯居商丘，祀大火的传说也见于《左传》昭公元年。其记载曰：

---

　　①　庞朴：《"火历"初探》，《社会科学战线》1978年第4期。
　　②　成家彻郎：《大火历——从新石器时代晚期到西周时代使用的历法》，"中国南方青铜器暨殷商文明国际研讨会"论文（中国·南昌，1993年）。

"昔高辛氏有二子，伯曰阏伯，季曰实沈，居于旷林，不相能也，日寻干戈，以相征讨。后帝不臧，迁阏伯于商丘，主辰，商人是因。迁实沈于大夏，主参，唐人是因，以服事夏商……及成王灭唐而封大叔焉，故参为晋星。"这里"主辰"、"主参"就是主管大火星和参宿的祭祀。大概高辛氏时期的山西一带，在春分前后，当太阳落山不久，参宿正出现在西方地平线上，故这里的人们选择了观测参宿作为春耕生产来临时刻的标志；而商丘[①]一带的人们，则以春分前后，太阳下山不久，闪耀在东方地平线上的大火即辰星为观测的对象，并以此来确定播种季节。这就是当时"主辰"、"主参"的实际含义[②]。只是在这些传说中，昭公元年郑国子产说阏伯是高辛氏之子，而襄公九年晋国士弱说阏伯是陶唐氏之火正，两则传说略有差异。据《世本》："黄帝生玄嚣，玄嚣生侨极，侨极生高辛，是为帝喾。帝喾生尧。"《史记·五帝本纪》中也将帝喾高辛氏和帝尧陶唐氏列为父子关系。这种血统上的父子关系，今日学者多数已不再相信，但也不能不对此作出解释。假若我们将颛顼高阳氏、帝喾高辛氏、帝尧陶唐氏之类都视为被神化了的方国即邦国或部落的领袖，那么五帝谱系中五帝间的承接，实为方国间盟主权或霸权的嬗递，其中当然也有文化上的影响和承袭。从而作为帝喾高辛氏之子的阏伯，大概到了唐尧时期仍然以主管大火星的祭祀而闻名于世。

　　阏伯及高辛氏之外，作为火正更为闻名的是祝融。如《左传》昭公二十九年说："火正曰祝融。"《国语·郑语》说："黎为高辛氏火正，以淳耀敦大，天明地德，光照四海，故命之曰祝融。"这里的黎，就是《国语·楚语》中颛顼属下之黎。《楚语下》说："颛顼受之，乃命南正重司天以属神，命火正黎司地以属民……是谓绝地天通。"讲的就是以南正和火正为首的专职上层巫觋的出现。由于早期的历术每每都是通过观察恒星的出没以确定四时的观象授时之历，而大火又是当时观象授时的主要对象，故《史记·天官书》在讲到天文历法之始时明言："昔之传天数者，高辛之前重、黎；于唐、虞、羲、和。"《国语·楚语下》也说："重、黎氏世叙天地，而别其分主者也。"

　　在古史传说的神谱中，每每还将祝融与炎帝相配列，如《吕氏春秋·孟夏纪》曰："夏，其帝炎帝，其神祝融。"解放前湖南长沙子弹库战国晚期墓

　　[①] 关于商丘在何地，主要有两说，一说为宋国之商丘，地在今河南商丘县；另一说是卫地，在今河南濮阳县。参见王震中《商族起源与先商社会变迁》，第30—32页，中国社会科学出版社2010年版。

　　[②] 郑文光：《中国天文学源流》，第29—31页，科学出版社1979年版。

出土的"楚帛书"也有"炎帝乃命祝融以四神降……奠四极"这样的文字。《山海经·海内经》说:"炎帝之妻,赤水之子听訞生炎居,炎居生节并,节并生戏器,戏器生祝融,祝融降处于江水,生共工,共工生术器,术器首方颠,是复土穰(壤),以处江水。共工生后土,后土生噎鸣,噎鸣生岁十有二。"诸如此类,还可以举出一些。笔者以为炎帝与祝融配列关系的形成,并非因为血缘,而是由于他们都是火正和火神的缘故。《左传》昭公十七年说:"炎帝氏以火纪,故为火师而火名。"哀公九年也有"炎帝为火师,姜姓其后也"的记载。这里的"火师"就是火正,"以火纪"就是"火纪时焉",亦即实行的是"火历"或称"大火历"——通过观察大火的出没以定农时。所以,祭祀星宿大火,以此为观象授时的部族,还应包括姜姓的炎帝族。而仰韶文化庙底沟类型中火形纹样的彩陶(图Ⅶ—20)所表现的火正祀大火的情形,大概可与姜姓的炎帝族相联系[①]。当然,这也说明大火历在当时流行甚广。

总之,我们把"🔥"和"🔥"释读为与火正对于大火星的观察、祭祀和观象授时有关的象形兼会意文字,是非常有意义的。"🔥"和"🔥"不仅发现于山东,也发现于安徽、湖北和浙江等地,似乎已约定俗成。五千多年前,通过观察辰星大火出没以定农时的历法,在山东、安徽、湖北、浙江等广大地区已被普遍采用,而这些又与帝颛顼时,发生了著名的重和黎"绝地天通"[②]的宗教变革相联系在一起。《国语·楚语》所谓颛顼让南正重"司天以属神",又让火正黎"司地以属民",并达到"绝地天通",就是说南正重和火正黎是颛顼时设立的祭司兼管理人员,分管天上与地上的事情,只有他们才能够沟通民神与天地,从而把原始宗教祭祀变成了只限于少数神职人员的事情,改变了以前家家有巫、人人都能与神灵交往的局面。当时设置这些神职人员,是与全社会的生产和管理密不可分的,也意味着一个祭司兼管理阶层的形成。这也是一种社会分工,即脑力劳动与体力劳动的分工,也就是说,祭祀与管理相关联,贵族阶层的产生,其来源和途径可以是多方面的,而神职人员的设立应该是重要的途径之一,这显然属于文明化进程中值得关注的重要现象之一。

在图Ⅶ—13所列的大汶口文化的刻划符号中,唐兰先生除了把"🔥"、

[①] 王震中:《炎帝族对于"大火历"的贡献》,《炎黄文化研究》第五辑,大象出版社2007年版。
[②] 《尚书·吕刑》;《国语·楚语下》。

"👁"释读为"嚣"、"炅"之外,还将图Ⅶ—13 中的 3、4、5 等符号分别释读为"斤"、"戌"(即钺的象形)、"枼"。20 世纪 70 年代,唐兰先生发表了一系列文章,将他所见到的大汶口文化的几种符号都释为是文字,并指出这种文字"笔画整齐规整,尤其是 3 个炅字,出于两地,笔画结构,如出一手,显然,这种文字已经规格化"。他还根据"炅"字是否从"山"的不同,提出当时"已经有简体字,说明它们是已经很进步的文字"。他认为"这种文字在大汶口文化区域里已广泛使用",由此可将我国的文明时期上推至 6000 年前的炎帝、少昊时代[①]。

唐兰先生的论文曾在学术界引起过很大反响[②]。现在看来,在唐先生的论作中除了用属于大汶口文化晚期的陶文来论述包括大汶口文化早期在内的整个大汶口文化时代的社会性质似有不妥外,就陶文本身的分析、隶定而论,在主张大汶口文化的符号是文字的学者中,已得到广泛的赞同。如中国港台学者李孝定[③]、张光裕[④]、陈昭容[⑤],以及大陆的许多学者都认为大汶口陶器符号是文字,只是对所处发展阶段的估计不太相同[⑥]。

1986 年新出土的大汶口文化陶器符号公布后,李学勤先生随即发表了一篇论文[⑦]。文中一方面对以往唐兰先生已释的陶文作了肯定,另一方面对新发表的 4 种陶器符号进行了考释,指出图Ⅶ—13:6 作斜置的菱形符号,也见于甲骨文、金文,用作人名或族名。图Ⅶ—13:7 在方形上有一植物的符号,从丰从土,应释为"封"(彩图 52)。图Ⅶ—13:10 符号,像一

---

① 唐兰:《关于江西吴城文化遗址与文字的初步探索》,《文物》1975 年第 7 期;《从大汶口文化的陶器文字看我国最早文化的年代》,《光明日报》1977 年 7 月 14 日;《再论大汶口文化的社会性质和大汶口陶器文字——兼答彭邦炯同志》,《光明日报》1978 年 2 月 23 日;《中国奴隶制社会的上限远在五六千年前——论新发现的大汶口文化及其陶器文字》,这 3 篇皆收入《大汶口文化论文集》,齐鲁书社 1981 年版;《中国有六千多年的文明史——论大汶口文化是少昊文化》,载《大公报在港复刊 30 周年纪念文集》,1978 年版。

② 有关的讨论和商榷都已收入《大汶口文化讨论文集》,齐鲁书社 1981 年版。

③ 李孝定:《再论史前陶文和汉字起源问题》,《中央研究院历史语言研究所集刊》第五十本,1979 年。

④ 张光裕:《从新出土材料重新探索中国文字的起源及其相关的问题》,《香港中文大学中国文化研究所学报》第十二卷,1981 年。

⑤ 陈昭容:《从陶文探索汉字起源问题的总检讨》,《中央研究院历史语言研究所集刊》第五十七本四分,1986 年。

⑥ 参见王蕴智《史前陶器符号的发现与汉字起源的探索》(《华夏考古》1994 年第 3 期)一文中对有关学者论述的介绍。

⑦ 李学勤:《论新出土大汶口文化陶器符号》,《文物》1987 年第 12 期。

种有羽毛的冠，或许就是原始的皇。《礼记·王制》："有虞氏皇而祭。"郑注："皇，冕属，画羽饰焉。"甲骨文"皇"也是象形，下不从"王"。图Ⅶ—13：8和9，李先生说是同种符号的变异，是不加羽饰的冠。此外，他还就这些符号的特性从四个方面进行了总结："1. 同后世的甲骨文、金文形状结构接近，一看就产生很像文字的感受。2. 只见于特定器种，而且在器外壁的一定位置上，与金文在器物上的位置类似。3. 象形而有相当程度的抽象化，不是直接如实的描画。4. 与装饰性的花纹不同，不能分解为若干图案单元"。此外，李学勤先生在这里又一次强调指出，古埃及文字也是由前王朝时期晚期（约公元前3500—前3000年）陶器上的刻划、绘写、浮雕之类的符号发展而来，这些前王朝陶器符号很难证明是表音的，其与后来古埃及文字的联系，也只能从形状结构的相似性来论证。李先生的这一比较和归纳，显然为我们提供了一个新思路，对深入探讨文字起源，颇有启发意义。

上述李学勤先生对1986年新发表的这5种大汶口文化陶文的释读，有三种笔者是赞成的，即图Ⅶ—13中的6释为族徽，7释为"封"字，10释为"皇"字。而对于8和9，笔者以为，陶文8与甲骨文中的"亯"（享）字接近，可释为享。甲骨文中"亯"字的用例有二，一是用作祭享之义，另一用作地名。《说文》："亯，献也。从高省，曰象进熟物形。《孝经》曰：'祭则鬼享之'。"陶文8的构形中那五个或七个小圆圈（图Ⅶ—15：5和6），不正可以视为祭祀时所进献的"熟物"？陶文8大概就是《易经》、《尚书》、《左传》等古典中用作祭享之享的最早的象形字。

陶文9的构形可以看作是在圈足的杯、尊、豆之类的器皿中挂有两串玉，为盛玉以奉神祇之象形，即最早的"礼"字。甲骨文中的"豊"（礼）字就是在高圈足的器皿之上盛有两串玉，为从玨在凵中，从豆。《说文》："豊，行礼之器也。从豆，象形。"从豆应是文字定型以后的造型，最初从豆与从杯或从尊应无大的区别。早期的"豊"（礼），本意应为盛玉以奉神之祭礼和行礼之器，后引申为奉神祇之酒醴之醴。甲骨文中的"豊"即用作酒醴之义。

诚然，在有关大汶口文化陶器符号的讨论中，还始终存在着另一种意见，即认为它尚不是文字。其理由是，"只有表音的象形文字才算是最早的文字"，大汶口文化陶器上的符号是一些"孤立的图形"，不能证明就是记录语言的文字①。

其实，像大汶口文化中的这些象形符号，虽然从其总是以孤立的形式出现在一件件陶器上来看，固然难以证明是对语言的记录，但从其笔画结构整齐规则以及与古汉字接近的程度来讲，也很难说它们在当时就一定没有读音。由于在陶器上发现成行成句的、能看出是记录语言的若干符号的情形，大概只能视为文字已形成的充分条件，而不能视为必要条件。此外，我们知道，文字一般是在约定俗成的基础上形成的，因而当某些陶器符号在一定范围内反复出现时，就不能不考虑它们已具有文字的性质了。大汶口文化陶器符号中的"晷"或"炅"，在山东莒县陵阳河、大朱村、诸城前寨、安徽蒙城尉迟寺和湖北天门石家河等遗址的陶器上以及良渚文化的玉器上，一再出现，就很能说明这一问题。总之，无论从符号的形状结构分析，还是从它通行于相当广的区域范围来考虑，我们都赞同将大汶口文化的陶器符号称为陶文，即刻写在陶器上的文字。

根据以上的分析，在大汶口文化所发现的数十例的 10 种陶文中，"炅"、"晷"、"桒"、"皇"（冠）、"封"、"享"、"礼"诸字显然属于与祭祀或礼仪有关的文字；"戉"（钺）、"斤"二字则属于与兵器有关的文字。它们多刻于陶尊腹上靠颈的部位，显得十分醒目突出，其中晷、炅、皇、享、礼等字还涂有朱红的颜色，更说明了其神圣的性质。而作为族氏之名的陶文 6（图Ⅶ—13；6），一例竖刻于陶尊颈部，两例横刻于陶尊腹部近底处，而且不涂朱彩，其性质显然与前者所带有的神圣或神秘性不能同日而语。大汶口文化陶文中那些与祭祀或礼仪有关的诸字所透漏出来的文化信息，在中国文明起源的研究中，应给予充分的估计。依据笔者的分析，"炅"和"晷"，标志着具有专门天文学知识的高级神职人员——"火正"的出现，这不但在中国天文历法史上具有极重要的意义，而且由此开始的"绝地天通"，使得宗教祭祀逐渐被上层贵族和专职巫觋所独占，从而使祭祀开始带有统治与管理的意义和作用，这显然属于文明形成过程中重要的机制之一。而陶文中的"桒"、"皇"、"礼"、"享"诸字，则表明当时的祭祀和礼仪已开始走向规范化，初步的礼制正在形成之中。"戉"（钺）、"斤"（斧）之类兵器名称被工工整整地刻在用作祭祀的大口尊上，说明军事和战争在当时的社会生活中占有重要

---

① 汪宁生：《从原始记事到文字发明》，《考古学报》1981 年第 1 期；裘锡圭：《究竟是不是文字——谈谈我国新石器时代使用的符号》，《文物天地》1993 年第 2 期。

的地位，文明社会亦是在战争的冲撞中诞生的。

四　良渚及龙山时代的刻写文字

20世纪80年代以来，伴随着良渚文化的许多新发现，学术界对于良渚文化陶器、玉器上的种种刻划符号，亦给予了热心关注，进行了深入研究。良渚玉器上的刻划符号，有不少与大汶口文化陶文相类似，可以相互联系，进行比较研究；而良渚文化陶器上，发现有多字相连的陶文，在证明陶文与语言的关系上，尤有价值。因而，对于良渚文化的陶器、玉器上出现的一系列刻化符号的研究，已成为探讨中国文字起源的又一焦点。

关于良渚文化玉器上的刻符，林巳奈夫先生认为大体可分为三种情况：其一是良渚文化有自己的图像符号，并单独地表现在璧、琮等良渚文化的玉器上（图Ⅶ—21）；其二是在良渚文化的玉璧上，有良渚文化的图像符号与大汶口文化的图像符号相对而刻的例子（图Ⅶ—19：2）；其三是在良渚文化的玉琮上刻有大汶口文化的符号（图Ⅶ—19：1、3）[①]。

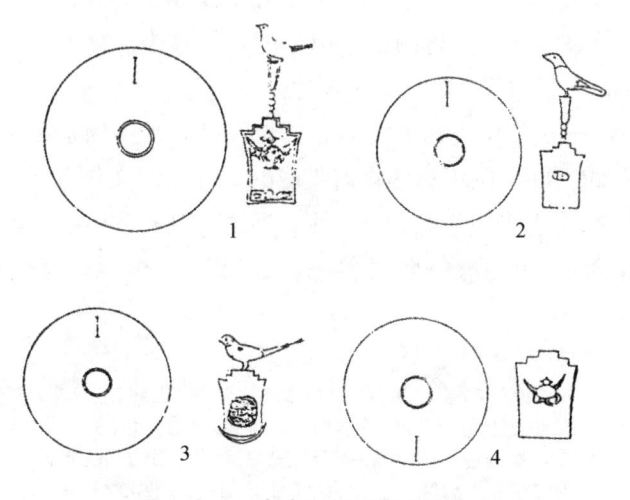

图Ⅶ—21　良渚文化玉器上的符号

[①] 林巳奈夫：《中国古代的酒瓮》（日文），《考古学杂志》第65卷第2号，1979年；《良渚文化玉器上的若干问题》（日文），《博物馆》第360号，1981年；《中国古代的玉器——琮》（日文），《东方学报》第61册，1989年；《良渚文化和大汶口文化中的图像记号》，《东南文化》1991年第3、4期。

对于良渚文化玉器上的这些符号，李学勤先生认为图Ⅶ—21：1—3，上部均作鸟侧立于山上之形，前二个均可释为"岛"字，第三个可释为"岛"、"炅"二字，只是"炅"字填有云纹和线条而已[①]。图Ⅶ—21：4画作鸟在山中之形，也可释为"岛"字，是"岛"字的另一种图形文字。这四件有"岛"字的玉器，第1、2、3件，现收藏于美国佛利尔美术馆；上海博物馆也有1件类似的藏品；第4件是余杭市安溪百亩山出土，现藏于浙江省博物馆。此外，北京的首都博物馆收藏的一件玉琮上，亦有一包含"岛"字的符合符号（图Ⅶ—22）[②]。李学勤先生由"岛"字还曾联想到《尚书·禹贡》的冀州、扬州都提到的"岛夷"，即古代滨海的部族[③]。也有学者考虑到上述几个"岛"字符号内部都有形状不同且意义亦不明的图案，认为把它们作为单独或复合字来考释比较勉强，故而主张它们更可能是氏族族徽性质的东西[④]。其实，即使称为"族徽"，族徽与文字亦并非完全对立。高明先生曾对铜器铭文中过去称为"族徽"、"图形文字"之类的铭文与甲骨文相互印证，进行了系统的研究，其结论是，所谓"族徽"或"图形文字"都是真正的古体汉字。用作族名的文字，因写在一些特殊的器物之上，字体要求端庄古朴，带有图形的风格，尽管书写的形体与当时通用的文字有异，但字、字义是相同的[⑤]。因此，将良渚玉器上鸟侧立于山上的符号释为"岛"字，和把这部分滨海的部族称为"岛夷"，是完全一致的。

本书图Ⅶ—19：2中上面的符号是"炅"字，其器物是筒形玉琮，现藏于佛利尔博物馆。在中国历史博物馆收藏的一件良渚文化风格的玉琮上，亦有这一符号。据石志廉先生介绍，"其上端正中刻有阴线形纹饰，细若毫发，其底部内壁一侧刻有一阴线斜三角纹饰"[⑥]。李学勤先生对此解释为

[①] 李学勤：《重新估价中国古代文明》，《文物杂志》专刊《先秦史论文集》1982年；《考古发现与中国文字起源》，《中国文化研究集刊》第2辑，1985年；《论新出土大汶口文化陶器》，《文物》1987年第12期；《良渚文化玉器符号》，《湖南博物馆文集》，岳麓书社1991年版。

[②] 薛婕：《鸟文玉琮》，《北京日报》1984年11月10日；《馆藏文物精品"鸟文大玉琮"》，《首都博物馆国庆40周年文集》，中国民间文艺出版社1989年版。邓淑苹：《考古出土新石器时代玉石琮研究》，台湾《故宫学术季刊》第6卷第1期。

[③] 李学勤：《重新估价中国古代文明》，《文物杂志》专刊《先秦史论文集》1982年。

[④] 裘士京：《文字起源和南方古文字问题的探索》，《文物研究》总第五辑，1989年。

[⑤] 高明：《"图形文字"即汉字古体说》，《第二届国际中国古文字学研讨会论文集》，香港中文大学中国语言及文学系，1993年。

[⑥] 石志廉：《中国最大最古的纹璧玉琮》，《中国文物报》第57期，1987年10月1日。

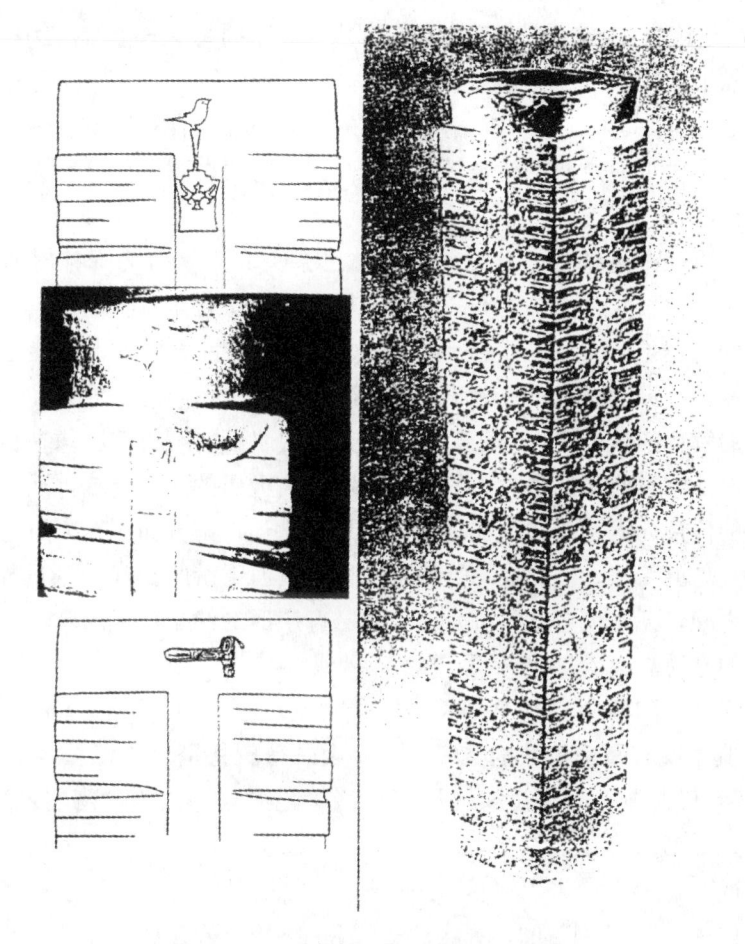

图Ⅶ—22　首都博物馆馆藏玉琮及刻符

"炅"、"石"二字①。笔者认为，"炅"表达了当时的"火正"对大火星的祭祀和崇拜，而"石"则属于该琮所有者的族氏名称，将"石"字刻于底部内壁，显然是与正面上端的"炅"字相区别而具有不同的意义。

本书图Ⅶ—19：3是上海博物馆收藏的一件玉琮上的刻划符号，李学勤先生释为"火"字②。图Ⅶ—19：1是上海福泉山5号墓出土的陶壶上的刻划符号，如前所述，因"日"隐藏于"火"之下，故释"炅"释"火"均可。这些都是非常重要的材料。在莒县陵阳河大汶口文化陶文中，有一个

---

① 李学勤：《论新出土大汶口文化陶器》，《文物》1987年第12期。
② 李学勤：《试论余杭南湖良渚文化黑陶罐的刻化符号》，《浙江学刊》1992年第4期。

"炅"字（图Ⅶ—14：5）的下部偏旁，其"火"的写法与上海博物馆馆藏的这件玉琮上的"火"的形状结构完全一样。玉琮上的"火"也是辰星大火（心宿二）之"火"，它可以脱离"日"的偏旁而独立存在，或者将"日"隐藏于"火"之下，以此象征着天或天象，其下的"火"即辰星大火才是这一概念的核心。

由于玉琮亦是祭神之礼器，或如林巳奈夫先生所言为降神时所依凭的"主"。对于"炅"、"火"之类的图像符号在良渚文化玉琮上的出现，林巳奈夫先生的解释是，它反映了公元前 3000 年前后，古夷族和古越族之间通过各自氏族的神灵而进行的交流①。其实，假若前文我们对"炅"和"火"之类图像的解释不误的话，那么，大汶口文化的"炅"、"火"图像在良渚文化的出现，标志着对于辰星大火的祭祀和实施大火历的文化传统，从古夷族向古越族的传播。大汶口文化和良渚文化地区毗连，都分布于东方近海，可以统称为"岛夷"。"炅"、"火"等符号通行于黄河下游与长江中、下游这一广大地区之间，无疑说明这些符号在当时已有广泛的约定俗成的基础，显然具有文字的性质。

良渚文化陶器上有些刻划符号，最初发现于 20 世纪 30 年代（图Ⅶ—23）②。其中既有属于纪数的文字，也有因画得较特别而难以释读者。到 20 世纪 60 年代，在上海马桥遗址属于良渚文化第五层出土的陶器或残片上，发现了几个刻划符号（图Ⅶ—24：1—5），发掘者已指出，"其结构与商代甲骨文相近"③。李孝定先生将其第一片刻作"㐅"的释为"五"字；将第二片似乎刻作"十"、"㞢"的，释为"七"和"有"；第五片刻作"十"的，释为"七"。第三、第四片因判断不清楚是文字还是纹饰而未作释读④。第二片的拓片确实不清晰，若依据郭沫若主编释为《中国史稿》所绘的插图⑤，李孝定先生所释的"七"、"有"二字，李学勤先生认为应释作"戌"和"田"，只是右边那个轮廓虽很像"田"，但不甚完全，尚不能准确释读⑥。

---

① 林巳奈夫：《良渚文化和大汶口文化中的图像记号》，《东南文化》1991 年第 3、4 期。
② 施昕更：《良渚》，第 25 页，西湖博物馆 1938 年版。何天行：《余杭良渚镇之石器与黑陶》，卷首图版及第 6、8 页。
③ 上海市文管会：《上海马桥遗址第一、二次发掘》，《考古学报》1978 年第 1 期。
④ 李孝定：《再论史前陶文和汉字起源问题》，《中央研究院历史语言研究所集刊》第五十本，1979 年。
⑤ 《中国史稿》第 1 册，第 107 页，插图 16。
⑥ 李学勤：《良渚文化的多字陶文》，《苏州大学学报》吴学研究专刊，1992 年。

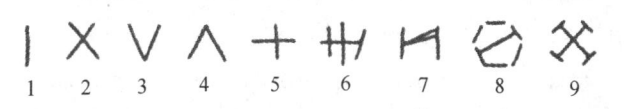

图Ⅶ—23　20世纪30年代出土的良渚陶器符号
上：施昕更《良渚》所载符号
下：何天行《余杭县良渚镇之石器与黑陶》所载符号

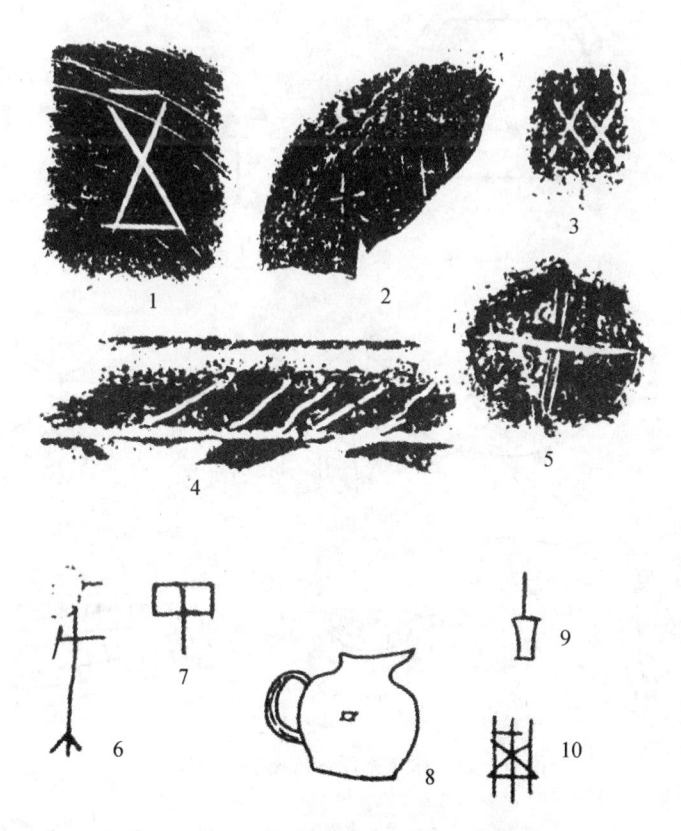

图Ⅶ—24　马桥等遗址出土陶器刻划符号
1—5、10.上海马桥　8.江苏澄湖　9.上海亭林　6—7.是拓片2的摹写

20世纪70年代以后，考古学者在江苏吴县澄湖遗址出土的一件良渚文

化黑陶罐上，发现了四个符号并列刻在罐的腹部（图Ⅶ—25，彩图55）①。这些符号在结构和书写特征上都十分接近古汉字的风格，因而格外引人注意。80年代，考古学者又在余杭南湖出土的一件良渚文化黑陶罐上，发现有多个符号连续相刻的情形（图Ⅶ—26）②。此外，人们还在现为美国哈佛大学沙可乐博物馆收藏的一件灰黑陶罐贯耳壶上，发现有多个符号并列而刻（图Ⅶ—27）③。这件贯耳壶是1940年前后收藏家弗利茨·比勒芬格（Frita Bilfinger）在杭州附近购得的，与此相类似的器物曾在良渚出土，因而这件也是良渚文化的多字陶文。

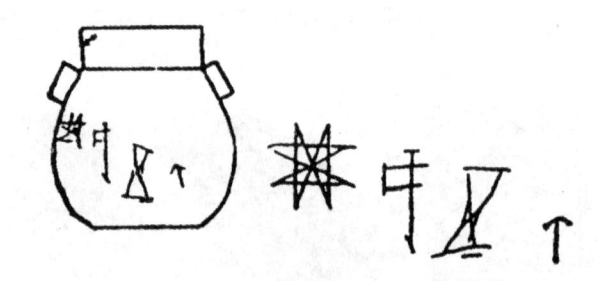

图Ⅶ—25 吴县澄湖遗址出土四字陶文

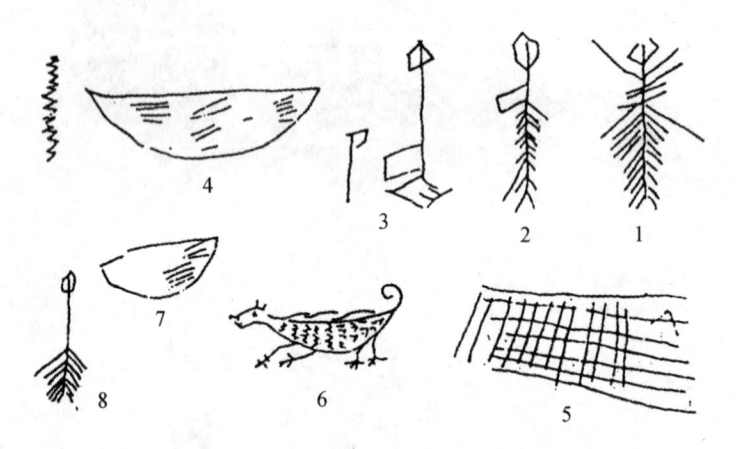

图Ⅶ—26 余杭南湖遗址出土的多字陶符

---

① 张明华、王惠菊：《太湖地区新石器时代的陶文》，《考古》1990年第10期。
② 余杭县文管会：《余杭县出土的良渚文化和马桥文化的陶器刻画符号》，《东南文化》1991年第5期。
③ 李学勤：《海外访古续记（一）》，《文物天地》1993年第2期，第16页图一。

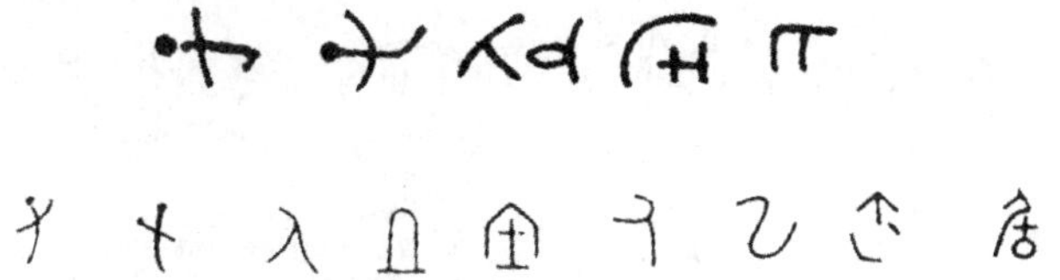

图Ⅶ—27　沙可乐博物馆所藏多字陶文
上：李学勤教授摹写　　下：饶宗颐教授摹写

在吴县澄湖发现的四字陶文（图Ⅶ—25），李学勤先生释为："巫戉五俞"，即"巫钺五偶"，也就是神巫所用的五对钺①。在这里，"戉"为良渚文化玉钺之象形。"五"基本上是纪数文字中的通用写法。"个"为"俞"字初文，唐兰先生在《关于江西吴城文化遗址与文字的初步探索》②一文中，对此曾有详细、精辟的考释，在此基础上，李学勤先生用古文字的通假又进一步解释说，这个"个"即"俞"，"在此应读为'偶'，'五偶'义即无双、五对"。这四个字陶文中的第一个字符，过去有人称之为八角星纹或太阳纹，也有人认为是四鱼相聚以鱼为图腾的氏族部落联盟的族徽③。李学勤先生认为它和商周时写作"㐀"形的"巫"字有渊源关系，故而将此释为"巫"。"巫"字是巫者用来度量天地四方的工具——两矩交叉的象形。李先生的考释，不但使得这4个陶符可以读通，变得很有意义，而且也使安徽含山玉版中的同类符号，以及崧泽文化乃至大汶口文化中的同类符号，获得很好的解释。值得一提的是，这一符号在良渚、崧泽（图Ⅶ—28：1—4）、大汶口（图Ⅶ—28：6）等文化中，一再出现，说明"巫"这一概念，当时已在相当广大的区域内通行，这与"炅"、"火"即辰星大火、"火正"之类概念通行于这一带是一致的。所有这些都表明，当时专职、能够通天地的巫觋阶层正在形成，而且内部还有具体的分工，诸如南正、火正等。

陶文"巫戉（钺）五俞（偶）"中将某种钺称为"巫钺"，不禁使人想到余杭反山12号墓出土的编号为100号的玉钺（图Ⅶ—29，彩图46）。这件玉钺，玉质优良，具有透光性，抛光精致，光洁闪亮。出土时，不但有完整的组件（包括玉质的钺冠、钺身和钺柄端），而且在钺的两面刃部的上角均有一个人形和兽面相结合的被称为"神徽"的浅浮雕，在两面刃部下角均有一

---

① 李学勤：《良渚文化的多字陶文》，《苏州大学学报》吴学研究专辑，1992年。
② 《文物》1975年第7期，第74页。
③ 张明华、王惠菊：《太湖地区新石器时代的陶文》，《考古》1990年第10期。

262　中国文明起源的比较研究

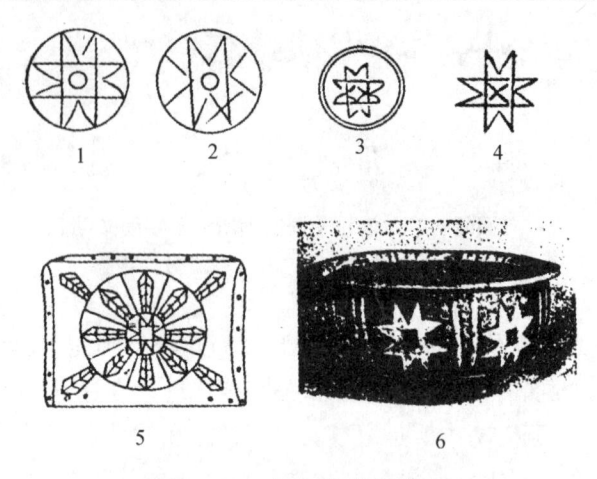

图Ⅶ—28　史前"巫"形符号
1—4. 崧泽文化所出　5. 安徽含山玉版　6. 大汶口文化陶器

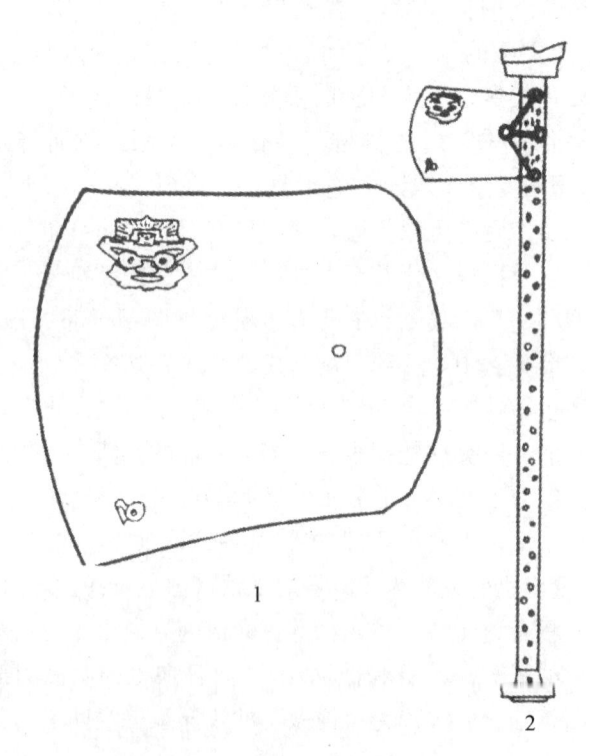

图Ⅶ—29　余杭反山 M12 出土的玉钺
1. 玉钺　2. 玉钺权杖复原图

浮雕"神鸟"。雕有"神徽"的玉钺，显然具有更大的巫术力亦即神力，陶文"巫戌（钺）五俞（偶）"所指的"巫钺"，大概就是这一类玉钺。当然，退一步讲，即使这四字陶文中的第一个符号不释为"巫"，而从文句的语法结构来看，它也只能是对"戌"（钺）的限定词，即"戌"（钺）的定语，因而并不影响将这4个陶文作为完整的一句话来理解。由此可以证明，当时已有一些符号是被用来记录语言的，并具备形、音、义等文字的基本性质。

20世纪80年代在余杭南湖发现的黑陶罐，其上的符号（图Ⅶ—26）是"烧成后在肩至上腹部位"连续刻成的。报道者指出，这些刻划符号"如此集中且紧密相连，应具有一定的意义"。李学勤先生认为这些刻划符号实际上是环着罐口刻的，应当从上方观看，朝向罐口的是符号的下端，符号由左向右逆时针排列，并试释为"朱圹戋石，网虎石封"[①]。

应该说，南湖发现的这8个符号，与澄湖的四字陶文相比，显然后者在结构和书写特征上都比较接近古汉字。前者诚如李学勤先生所言，有属于文字画的可能，因而释读起来，亦更为困难。例如将8个符号中的第二个和第三个释为"圹"和"戋"，就不易理解。可见虽说同样都属于良渚文化的刻划符号，然而其形状结构和书写特征却有如此的差异，说明当时用符号记录语言或表达概念的水平，当因聚落而异，存在着明显的不平衡性。而南湖的这8个符号，很有可能是该聚落中的人用来记录某件事的不太成熟的尝试，尚带有文字画的味道。

现藏于美国哈佛大学沙可乐博物馆的那件多字贯耳壶上的陶文（图Ⅶ—27），饶宗颐先生曾进行了很好的释读[②]。陶文刻在陶壶圈足的内壁，横向成一行。陶壶的圈足有破损，最末的符号不完整。李学勤先生将其上的陶文摹写为6个字（图Ⅶ—27上），饶宗颐先生摹写为9个字（图Ⅶ—27下）。诚如李先生所言，临写未必准确，希望将来能有清晰的照片正式发表作为依据。饶先生的释文是："孑孑人土宅乓（厥）朒……育。"饶先生认为"孑孑人"三字即指一臂之人，亦即传说中的吴回奇肱民。"土宅"即"宅土"之倒言，宅土与文末"育"字之间因有缺文，意不能衔接，但大意是有关古代

[①] 李学勤：《试论余杭南湖良渚文化黑陶罐的刻划符号》，《浙江学刊》1992年第4期。
[②] 饶宗颐：《哈佛大学所藏良渚黑陶上的符号试释》，《浙江学刊》1990年第6期；又载于《国际百越文化研究》，第63—65页，中国社会科学出版社1994年版。

奇肱民的记载。或许在具体解释上，今后古文字学家们还会提出不同的见解。然而，正像饶先生所指出，"此一黑陶之刻文，已非同于一般孤立之符号，而应是相当成熟之文字记载，与甲骨文为同一系统，其重要性可想而知"。总之，将哈佛大学所藏的贯耳壶上的多字陶文与澄湖出土的四字陶文联系起来考虑，大概不能不承认良渚时期，太湖地区的某些文明中心的文字水平，已经发展到能记载简单语句的程度了。

在黄河中、下游地区龙山时代的诸文化中，先后也有一些陶文材料出土和发现。例如，1930年在山东历城县城子崖遗址的下文化层中，就发现过3片有字符的陶片[①]，其中两片均写作"一"，李孝定先生释为"一"或"十"。另一片释为"羽"字[②]。20世纪80年代在河南登封王城岗遗址发现过两个陶文[③]，李先登先生将其中的一个释为"共"，认为是相当成熟的会意字[④]。1984年，从山西襄汾陶寺遗址灰坑H3403中出土的一件残的扁壶上，有朱书的两个字符（图Ⅶ—30，彩图56）[⑤]，一个是"文"字，另一个字符在学术界有较大分歧，或释为易、尧、唐、邑、命等[⑥]。1985年，张政烺先生在看到扁壶正面（鼓腹一侧）的"文"这个字的照片、墨线图和原大摹本时，指出："这个字同大汶口文化陶文、殷墟甲骨文和现在通行的汉字属同一系统。"[⑦] 此外，在河南临汝煤山、汤阴白营、偃师伊河、淮滨沙冢、淅川下王岗、永城王油坊、河北永年台口、陕西绥德小官道、洛南薛湾、商县紫荆等处，也都有零星陶器符号发现（图Ⅶ—31）[⑧]。

---

① 李济、梁思永、吴金鼎等：《城子崖》图十六，1934年。
② 李孝定：《中国文字的原始与演变》之上篇，《中央研究院历史语言研究所》第四十五本二分，1974年。
③ 河南省文物研究所、中国历史博物馆考古部：《登封王城岗与阳城》，第78页，文物出版社1992年版。
④ 李先登：《王城岗遗址出土的铜器残片及其它》，《文物》1884年第11期。
⑤ 李健民：《陶寺遗址出土的朱书"文"字扁壶》，《中国社会科学院古代文明研究中心通讯》第1期，2001年1月。
⑥ 罗琨：《陶寺陶文考释》，《中国社会科学院古代文明研究中心通讯》第2期，2001年7月。何驽：《陶寺遗址扁壶朱书"文字"新探》，《中国文物报》2003年11月28日。冯时：《文字起源与夷夏东西》，《中国社会科学院古代文明研究中心通讯》第3期，2002年1月。以上三文均收入解希恭主编《襄汾陶寺遗址研究》，科学出版社2007年版。
⑦ 高炜：《陶寺出土文字二三事》，《中国社会科学院古代文明研究中心通讯》第3期，2002年1月。收入解希恭主编《襄汾陶寺遗址研究》，科学出版社2007年版。
⑧ 王蕴智：《史前陶器符号的发现与汉字起源的探索》，《华夏考古》1994年第3期。

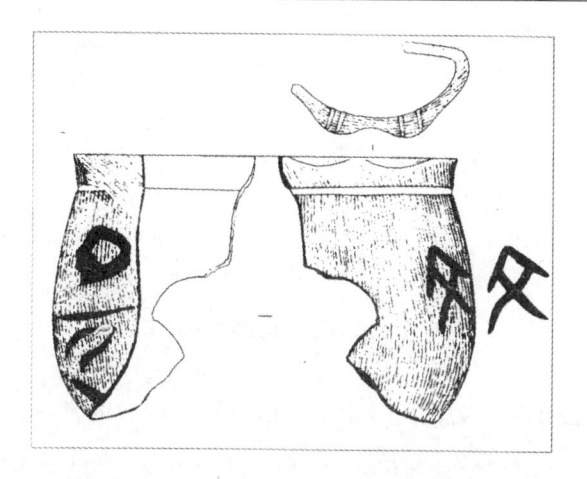

图Ⅶ—30 陶寺遗址出土朱书文字扁壶

图Ⅶ—31 龙山时代诸遗址出土的零星陶文
1—3. 山东龙山文化陶器符号 1—2. 历城城子崖 3. 青岛赵村 4—13. 中原龙山文化陶器符号
4. 河北永年台口 5—6. 登封王城岗 7—11. 淮滨沙冢 12、13. 临汝煤山
14—18. 陕西龙山文化陶器符号 14. 商县紫荆 15—18. 绥德小官道

1992年初，山东大学历史系考古实习队在山东邹平县丁公村龙山时代遗址的出土物中，意外地发现了一件刻有11个书写符号的陶片（图Ⅶ—32，彩图57）。据报告说，该陶片（H1235：2）属"泥质磨光灰陶，为近直壁大平底盆的底部残片，陶片宽3—3.4厘米，长7.7—4.6厘米，厚0.35厘米。于内面刻有5行（竖行）11字，右起第一行为3个字，其余4行每行2个字。另外在左上角有一刻划极浅的符号，疑为一字，左下角有一刻划短线伸出陶片之外"。发掘报告认为，陶文"是烧成刻写，并且最大可能是刻写在陶片之上"的，其书体的显著特征是"多为连笔字"[①]。

[①] 山东大学历史系考古专业：《山东邹平丁公遗址第四、五次发掘简报》，《考古》1993年第4期。

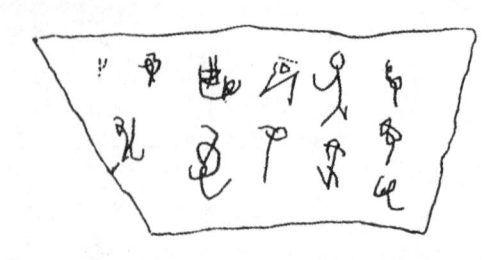

图Ⅶ—32　丁公陶器刻划符号

丁公陶片公布后，为国内外学术界所瞩目。国内的《考古》杂志以《专家笔谈丁公遗址出土陶文》为题，发表了16位山东省和北京地区有关专家的书面讨论意见①。他们都主张把丁公陶片上分行直书的符号看成为文字，但对其特性、功用、发展程度以及与古汉字的关系诸问题，见仁见智，提出了不同的看法。归纳之后，大体可分为两类：一类认为它与古汉字属于同一体系，例如，李学勤先生根据丁公陶文多用连笔的书写特征，认为"后世文字有正体、俗体之别，也许在上古已有其萌芽。邹平丁公的陶片文字，或许就是当时的俗体"。他还举出时代较晚的类似例子，如江西清江吴城遗址发现的陶文、殷墟陶文，都有用连笔书写的情况，指出"这些或者也是俗体的实例"。田昌五先生根据过去姜寨出土的"岳"、裴李岗文化贾湖遗址出土的刻符龟甲，以及大汶口文化的陶文，指出"正因为有了数千年的文化积淀，我们对龙山文化时代成组陶文的出土便不会感到奇怪"。他建议，对于良渚文化澄湖遗址和南湖遗址以及山东龙山文化丁公遗址出土的、由成组文字组成的陶文，称为"陶书"，以与单个陶文相区别。他认为"在商代之前，很可能有一个以陶器为书写材料的'陶书时代'"。严文明先生根据陶文在陶片上的分布以及陶片在陶盆底部的部位，指出："文字本来就是在陶片上刻的而不是在完整陶器上刻的。再从陶片周边都是老碴口和没有任何字被截断的情况来看，这块陶片刻字后应没有再破碎过，因而有理由认为它是一个完整的文书。"张学海先生认为，丁公陶文"似属一段'辞章'或一个短句"，它虽"不同于大汶口文化晚期的陶器文字，也不同于甲骨文。但其行款自右而左，自上而下，后有款识，和古汉字书款一致。它和大汶口陶器文字、甲骨文，都可能同属汉字方块字体系，代表了古汉字发展的一个

---

① 《考古》1993年第4期。

重要阶段"。

另一种意见则鉴于丁公陶文在构形、写法诸方面同殷周古文字存在着很大的差异，认为它与古汉字不是一个系统。例如，王恩田先生认为它"似应属于东夷系统的文字"。俞伟超先生也认为它和"商代甲骨文，很可能是两种文字"，它们之间"不见得是一脉相承的"。高明先生不仅认为丁公陶文"与商周时代的甲骨文、金文等象形文字，不是一个系统"，而且与城子崖龙山时代的陶文和大汶口文化的陶文"也无共同之处"，"它是已被淘汰了的古文字"，这也"反映出汉字的起源绝不是只经一次试验即走向成功的"。裘锡圭先生认为丁公陶文"并不是一种处于向成熟的文字发展的正常过程中的原始文字，而是一种走入歧途的原始文字"。他认为只有在下述情况下，才会出现丁公类型的"文字"："原始文字出现之后，由于社会或其他条件的限制，不能正常地向成熟文字体系发展，只为极少数人所使用，并且只使用在一些较特殊的场合，成为一种行业'文字'或秘密'文字'。在这种情况下，'文字'符号完全有可能变得为一般人所难以辨识。"这种"原始文字的出现，既可能是自发的，也可能是周围已有文字的先进群体的影响所促成的"。

在上述两种意见之外，国内还存在着第三种意见，即对丁公陶文究竟是否为龙山时代的人所刻写表示怀疑。由于丁公陶文是器物烧好以后才刻上去的，字形和写法上多用连笔，再考虑到发掘灰坑和清洗灰坑陶片有一段较长的时间差距，因而担心它是出自参与工作的人员的戏作，也不是没有道理的。这种对丁公陶文持怀疑态度的，既有中青年学者，也有老一辈的古文字学家。说到连笔字，在江苏高邮龙山文化龙虬庄遗址也采集到一陶片，上面也刻有连笔的符号（彩图 58），只是更加不可释读。

丁公陶文报道后，在日本学术界也引起了很大的反响，日本《朝日新闻》社的周刊《AERA》（アエラ）杂志还为此专访了研究甲骨文、金文和殷周史的著名学者伊藤道治、松丸道雄等教授以及研究西夏文字和东亚民族文字的西田龙雄教授，在中国《考古》杂志所载的《专家笔谈丁公遗址出土陶文》一文发表之前，就发表了一组专栏文章[①]。在这组文章中，松丸教授主张将丁公陶文称为"龙山文字"，他虽不认为甲骨文是由此发展、变化而

[①] 《关于山东省出土"陶文"的三说》，《AERA》（アエラ）1993 年 2 月 23 日刊，第 8—13 页（日文）。

来的，但他认为甲骨文和"龙山文字"具有"远亲"关系，是由同一"祖先"出发在中途分歧了的东西。他说与"龙山文字"的"草书体"相比，甲骨文是楷书体一类的文字，不过，"龙山文字"时期，只存在草书体是难以想象的，大概还有别的楷书体。从"远亲"关系考虑，松丸教授用甲骨文的知识对11个"龙山文字"进行类比和释读。他把从右向左数的第一、二行的5个符号释为"荷子以夔犬"。他解释说，"夔"是神话世界中的"一足直立兽"，也是殷人的祖先神，进而也有人说是祭神的地名，据说此地就在山东省的梁山，也就是后世有名的"梁山泊"，与丁公村相距直线约200公里。关于"犬"字，松丸教授认为它不仅指动物的犬，在甲骨文中也意味着官职名，是管理商王狩猎地的武官。这样他将"荷子以夔犬"进一步解释为"荷子率领夔地的犬官"，认为是一种传递文书，可能是从远方来的一封信。至于其余的6个字，松丸教授说一时无法进一步释读。不过，他认为与江西吴城陶文相比，这次发现的"龙山文字"相当接近甲骨文，它是比甲骨文更古的汉字的祖型，这也是"龙山文字"发现的意义所在。

曾著有《亚洲未解读的文字》（日本大修馆书店出版）一书的作者西田龙雄教授，将丁公11个陶文与中国纳西族象形文字进行了比较，认为丁公陶片上的符号虽然在形状上看起来像是文字，可是还属于停留在文字形成之前阶段的东西。他说看了陶片的照片，首先感觉到"笔"的运行是跃动性的。线刻得极其纤细，是象形性的东西，11个符号有共同点，都是描写身体的线条。最容易明白的是被释为相当于甲骨文"夔"的第四个符号，此符号上部的圆圈可以视为人的头部、手、足以及身体的转动亦表现得很清楚。西田教授说，象形每每都是把某一个东西从侧面进行描绘，这11个符号表现的也多是侧面。符号4之外，用三角来描写头部的也很多。判断出头部和身体的其他部分之后，这11个符号可以看成是人正在跳舞的各个姿态。这样，在陶片上刻划记录的极有可能是人物"舞蹈之型"的11种形态。而舞蹈在古代每每和祭祀有关，并常常被刻在岩石上称为"岩画"。若从文字发展史的角度考虑，丁公陶符是介于岩画和象形文字之间的东西。西田教授还认为，与丁公陶片非常相似的文字是今天居住在云南省的纳西族还使用的纳西象形文字。他将"纳西文字"中意味着舞蹈的文字群与丁公陶片的"舞蹈之型"加以比较（图Ⅶ—33），认为二者很相近。他说古代使用类似"记号"的民族在各地还会有，丁公陶片上刻的是近似于模仿舞蹈的图画文字。

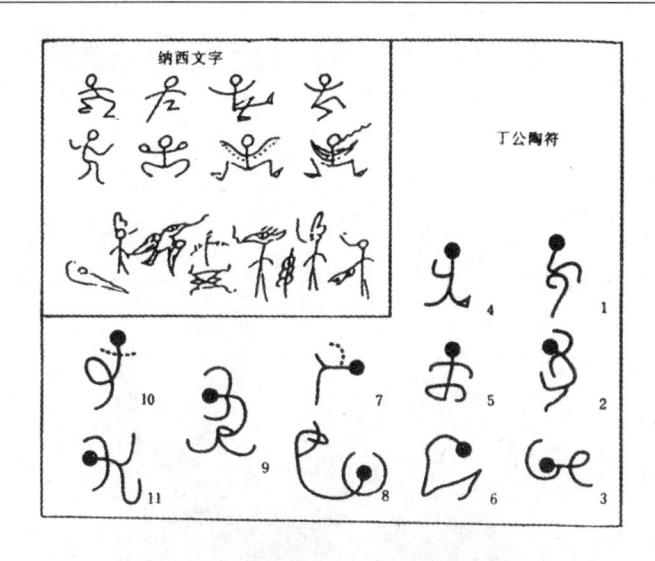

图Ⅶ—33　丁公陶符与纳西族文字的比较

与一般看法不同，著名的甲骨文、金文学者伊藤道治教授提出了另一种很有意思的意见。伊藤教授说，基本的形状，可以看作刻写的是人或猿、二足而立的东西。从照片上看，首先浮想起的是殷商甲骨文中山岳神的"神名表"（图Ⅶ—34）。甲骨文几乎全是商王占卜的记录，但也有例外，存在着如图Ⅶ—34所绘的那样的东西。这不是文章，而是像一览表似的并列描绘了山神们的姿态。仔细看后，在甲骨文山岳神的神名表中，有"羊和山"、"猿"、"虎"等写实性的姿态。例如，在所描绘的木和虎中，就是以住在森林地带的虎为神的象征。所描绘的全为具体性的姿态是其特征。伊藤教授指出，在古代，人们都是装扮成这样的神的姿态从事祭祀的，河神虽然也存在，但不如山神那样具有具体性，丁公陶片上所刻的好像是近似于这种山岳神的东西。那么，当时的人们制作神的名单表的动机又是什么？伊藤教授回答说，在殷代，商王通过把那些被置于殷商王朝支配之下的诸地域集团原有神灵的祭祀，网罗为商王自己的祭祀，而在精神上形成了宗教性纽带，以此来稳定殷商王朝对各地域的支配和统治。在那个时代人们的观念中，人间之战被认为是神与神的战斗。由此若大胆地设想，在由南北250米，东西300米的城墙所围起来的丁公遗址中，也许居住着若干集团，为了使相互间不要因诋毁彼此的神而引起不和，把11个神的姿态刻在了陶片上，从而起着团结的象征作用。伊藤教授接着说，由于倾向于把丁公陶片看成是"神名表"，因而很难认为它是"文句"。在文句中,需要有主语、谓语、动词、目的语(宾语),等等。特别是具有动词性意味的文字,不是象形性的,在甲骨文中也为抽象化的字体,而丁公陶片所刻的却欠少这些要素。此外,京都大学人文科学研究所的小南一郎教授认为:"只发现了一片残的陶片,很难作为符号或文字的决定性证据。如果勉强来说的话,不能说没有文字的可能性,不过若视为文字,也与甲骨文接续不上,有可能是其他系统的文字。"

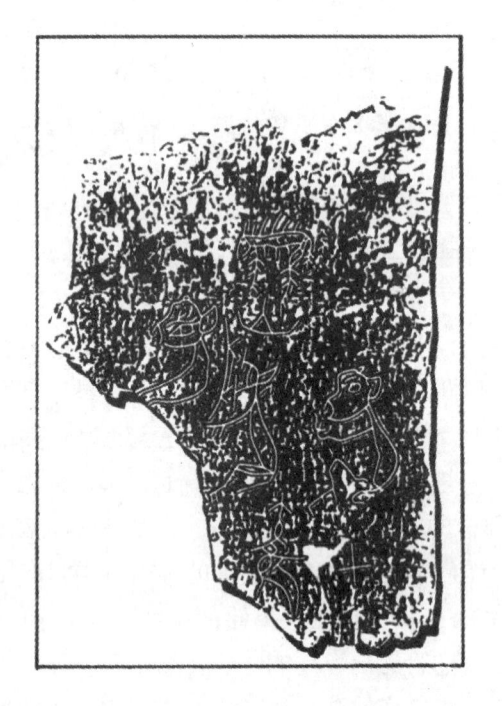

图Ⅶ—34 与丁公陶符相比较的甲骨文"神名表"

通过以上的概括介绍,我们可以看到,丁公陶片刻划符号的发现,一方面在海内外学术界引起了很大的反响,另一方面又存在着种种问题和疑虑,紧靠这一件陶片,是难以形成共识的,要想消除这些疑虑并使问题得到解决,还有待于新的发现、新的资料的出土。

五　结语

中国新石器时代的刻划符号、陶文之类的出土资料是多方面的,我们对它的研究，既是饶有兴味的，也是颇为困难的。兴味所在，是因为一个又一个偶然的新发现，时常给人们提出许多新问题，迫使学术界去思索、回答和解释它，从而不但推动了有关中国上古文字发生与发展的探讨，而且也推动了有关中国文明起源与国家形成的研究。然而，颇感困难的是，尽管有许多新发现，但材料还是稀少，再加上时代遥远，因而对史前种种器物符号的研究，不免带有推测性。由此而使得学者间的见解互不相同，这也是必然的，不可避免的。

就文字的标准而论，不可否认，形、音、义为文字的基本要素。然而，文字含有字音的要素，与文字是否被放置在语句或词组中出现，是两个不同的概念。对于史前诸如裴李岗文化贾湖遗址出土的"目"字形等龟甲刻符、姜寨遗址出土的"岳"字形陶器符号、仰韶等文化中与后世汉字纪数文字相类似的那些符号，以及大汶口文化所发现的那些陶器符号，由其总是以单个或孤立的形式出现来看，固然难以证明是对语言的记录，但从其笔画结构整齐规则，以及和古汉字颇为接近的程度来讲，也很难说它们在当时就一定没有读音。依据文化的连续性和传承性，笔者更倾向于它们在当时已有较为固定的读音。

某些符号在某段时期内可能有某种较为固定的读音，并不等于当时所有的符号均非随意性的刻划。作为其判断的标准，我们以为不能以是否表现为文句或词组之类的形式为依据，对于黄河流域和长江中、下游地区，尤其是黄河中、下游地区来讲，应像李学勤先生所言，通过古文字学的方法加以分析、解读，以形状结构上与古文字相似或接近的程度为标准。对于发现明显不属于商周以来古汉字系统的，也许还需寻求别的解读的途径。需要指出的是，若在某些器物上发现成行、成句的、能看出是记录语言的若干符号，则应视为文字已形成的充分条件而不能视为必要条件。

即使是多字符号，其作为文字的发展程度也可能参差不齐。如良渚文化江苏吴县澄湖出土的黑陶罐上的4个符号和现藏于美国哈佛大学沙可乐博物馆贯耳壶上的多个符号，就属于比较成熟的刻文，而余杭南湖出土的黑陶罐上的8个符号，则依然带有文字画的风格。这样，我们一方面依据澄湖黑陶罐和沙可乐博物馆贯耳壶上比较成熟的多字刻文的发现，可以证明当时已存在用来记录语句乃至故事的文字，为此，我们称中国的良渚、龙山时代为"中国的原文字时代"；另一方面也说明，当时较为成熟的文字只被贵族上层中少数智者即圣者亦即巫者所掌握，所谓文字的"约定俗成"或在某一区域范围的"流行",应当从某种特殊意义上来理解,其具体情景尚需进一步探讨。

在良渚文化中,既有和殷周文字为同一系统者,如澄湖的四字刻文和沙可乐博物馆的多字刻文;也有与殷周文字似乎不属于同一系统者,如1936年西湖博物馆在余杭县良渚发现的那件黑陶豆盘上的刻文(图Ⅶ—23下)。在山东地区,也是既有和殷周文字为同一系统者,如大汶口文化陶文,也有似乎与殷周文字不同者,如丁公陶片上的刻文。这些现象暗示出,包括符号和文字在内的中国远古文化,既是源远流长,也是多元的,在当时多元性的文化结构中,似乎存在着一种很有影响力的主流文化,这就是后来发展为夏、商、周文化的前身文化,反映了中国多元一体的文化格局,有其悠久、漫长的形成、发展过程。

最后,我们想要说明的是,尽管摩尔根在《古代社会》一书中曾提出:"文明社会……这一阶段始于标音字母的使用和文献记载的出现……刻在石头上的象形文字可以视为与标音字母相等的标准。"[1] 恩格斯在《家庭、私有制和国家的起源》也说:"(野蛮时代)高级阶段,从铁矿石的冶炼开始,并由于拼音文字的发明及其应用于文献记录而过渡到文明时代。"[2] 但是,我们通过上述对中国上古社会从符号到文字过程的论述可以看到,对于发明了文字的民族而言,从文字的萌芽、发展到成熟,必然要经历相当长的过程,在这一过程中,文字发展到什么程度才算是进入了文明社会,实难划定;而若以有无成文历史或有无"应用于文献记录"为标志的话,则"惟殷先人,有册有典",到商代才有成文历史。所以,我们说,在中国的文明史中,文字的出现确实是其重要的一个现象,是文明的物化形式之一,可是我们不能机械地仅凭文字一项来论定中国何时进入了文明时代,还必须与其他文明现象、其他物化形式一起作综合性、系统性地考察。

---

[1] 摩尔根:《古代社会》(上册),杨东莼、马雍、马巨译,第11页,商务印书馆1977年版。
[2] 《马克思恩格斯选集》第四卷,第22页,1995年6月第2版。

第八章　阶级的产生与财富的积累

一　父权家族与阶级分化

通常认为"阶级的存在是由分工引起的"[①]。其实，这只是问题的一个方面。阶级的产生既是经济分化的结果，也是权利和政治发展的产物。在古代，阶级地位是由其身份地位来体现的，所以，阶级的产生过程就是从"平等"到"身份"的过程。而在这一过程中，父权或父家长权及父权家族的出现是其转变的契机。最初的奴隶也是被包括在家族之中的，他们是家族中身份最低下者。就中国而论，我们无论是从周代的家族—宗族体制下的阶级关系向上逆推，还是从史前社会组织及人们的社会地位的演变来考察，都可以得出：含有奴役制的父权大家族的出现是氏族部落的血缘平等结构演变为阶级关系的关键。

在第四章第四节"关于酋邦的问题"中，我们谈到弗里德的"平等社会—阶等社会—分层社会—国家"这样的社会分层理论时，曾强调说：阶等社会中的阶等与经济地位没有关系，区分阶等的原则在于其血统和出身，这与"酋邦"概念中将血缘身份与政治分级相结合而构成等级制的亲族制是一致的，即与基希霍夫圆锥形氏族结构是一致的，亦即在阶等社会中每个人都依他与最高酋长的血缘关系的远近而决定了其身份地位上的阶等，形成圆锥形的分阶等的社会系统。而社会分层中的分层是具有经济意义的，因而它也是与阶级、阶层相一致的。这样，由弗里德的"平等"到"阶等"再到"分层"，实际上就是我们上面所说的从"平等"到"身份"再到"阶级"这样一个过程。至于从阶等走向分层的机制是什么，弗里德并没有讲清楚，而笔者认为，在中国上古，其机制就在于父家长权即父权

[①]《马克思恩格斯全集》第4卷，第370页。

家族的出现。

在第三章中，我们论述了仰韶早期即半坡期的聚落中存在着氏族—家族—家庭之类的社会组织结构，各个大家族之间虽已出现财富占有略为不均的现象，但并不存在明显的经济分化。以墓葬材料而论，这一时期，无论是黄河下游的早期大汶口文化，黄河中、上游的早期仰韶文化，还是长江下游的马家浜文化、长江中游的大溪文化，其随葬品多属个人日常用品，同一墓地的各墓之间尚不存在明显的贫富分化，人们的社会地位也无什么大的差别，全社会还分不出什么阶层和身份等级的问题。所以，对于这一时期的社会性质和形态，无论是将它判定为母系社会还是判定为早期父系社会，都属于民主、平等型的家族共产制社会。

然而，在仰韶文化中经过庙底沟期，在大汶口文化中经过刘林期、在长江下游经过崧泽文化期，在长江中游经过大溪文化中晚期之后，到了公元前3500—前3000年，社会进入了类似于复杂酋邦的发展阶段，在聚落与聚落之间，出现了原始宗邑（即中心聚落）与村邑形态的分化和结合；在聚落内部，家族—宗族式的结构取代了原来家族—氏族式的结构，各家族乃至各宗族之间、家族内家长与家族成员之间，其财富占有不均的现象是显著的。这种经济上的不平等也代表了人们的身份地位的不平等，而其中的父权或父家长权的出现，是问题的症结所在。

以黄河上游的青海乐都柳湾墓地为例[1]，这一墓地中属于马厂类型文化的墓葬有872座，随葬的陶器共达13227件，生产工具869件，装饰品及其他遗物2563件，仅就陶器和生产工具两项而计，平均每墓随葬16件，与兰州白道沟平[2]、土谷台[3]和永昌鸳鸯池[4]马厂类型墓葬平均每墓随葬品约为5—7件相比，柳湾聚落的居民，其平均富裕的程度，要高出一般聚落许多。再就他们之间最富有者相比，白道沟坪随葬品最多的15号墓不超过10件，土谷台的63号墓为19件，鸳鸯池的51号墓为10件，而柳湾随葬品最多的564号墓竟达95件。有许多马厂类型遗址的墓地中，是不见或很少见到木棺等类的葬具的，而柳湾墓地则普遍使用带有榫卯结构的木棺和垫板。再就人

---

[1] 青海省文物管理处考古队、中国社会科学院考古研究所：《青海柳湾》，文物出版社1984年版。
[2] 甘肃省博物馆：《甘肃古文化遗存》，《考古学报》1960年第2期。
[3] 甘肃省博物馆：《兰州土谷台半山—马厂文化墓地》，《考古学报》1983年第2期。
[4] 甘肃省博物馆文物工作队：《甘肃永昌鸳鸯池新时代石器墓地》，《考古学报》1982年第2期。

口规模而言，柳湾的人口也远远多于普通聚落的人口。所以，马厂期的柳湾是一处贵族集结的原始宗邑性的中心聚落居址，它与普通的村邑之间存在着明显的经济、政治上的不平等。

与之同时，在柳湾聚落内部也存在着一些贫富的差别。在这聚落中，既有随葬 95 件器物的富人，也有墓内空无一物的穷人。若依随葬品的多寡划分等级，那么，毫无随葬品的有 22 座，占总墓数的 2.5%；1—5 件的有 180 座，占 20.6%；6—30 件的有 551 座，占 63.2%；30 件以上的有 119 座，占 13.6%。在这里，贫寒的小墓和那些拥有大量彩陶的大墓，形成了鲜明的贫富对比。富有的随葬品，远远超过死者生前所需，而成为剩余劳动的堆积。可见私有制观念已经出现（图Ⅷ—1）。

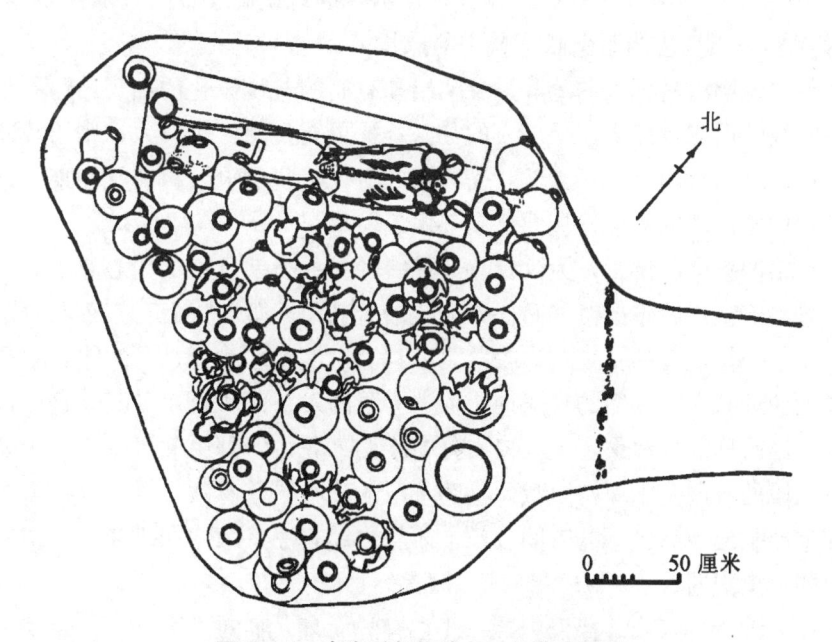

图Ⅷ—1　青海乐都柳湾 564 号墓平面图

柳湾墓地这种财富占有不均的差别是被纳入宗族与家族体系的。在柳湾的马厂人墓地中每每由 10—30 座不等的墓葬聚集在一起，组成一个墓群，三四个或四五个这样的墓群相互毗连形成一小片墓地，若干片这样的小片墓地密集地分布在面积 10 余万平方米的范围内。在这里，聚集在一起的小墓群显然代表了一个家族，若干这样的墓群组成的小片可以视为一个宗族，整个柳湾墓地则是由若干强大宗族和氏族所组成。在柳湾的马厂人墓地中，各家族间的财富占有是不均的，例如墓葬坑位分幅图Ⅲ中最北边的一组27座同期墓葬（北起M913，南至M899），就有15座墓随葬品在30件以上，最多者达63件，平均每墓随葬32.3件。而同图的较南边的一组墓葬（M1254—M645），共10座还分早、中两个时期，随葬品最多的一墓（M645）有24件，还是三人合葬墓，平均每墓随葬9.2件，每人7.7件。这两个家族相比，前者人口兴旺，属于贵族；后者人丁凋敝，属于平民家族，二者的贫富悬殊是显著的。

此外，在柳湾872座马厂类型墓葬中，随葬品40件以上者，共有27座墓可以作出性别年龄鉴定，其中男性18座，女性9座，男性中20岁至40岁的7座，40岁至60岁的11座。可见男性的地位高于女性，那些40岁至60岁的富有男性应当是父权家族中的家长。

如果说柳湾马厂人的墓葬只反映出私有制的贫富分化的出现，还不足以说明阶级的形成，那么比马厂人的贫富分化更明显的大汶口人，则给我们提供了进一步的有用资料。当然，马厂期的时代略晚于大汶口文化晚期，这说明当时中国西部的社会发展要比东部缓慢一些。

在第四章中已讲过，大汶口墓地代表的是一处宗邑性的中心聚落，这里的贵族不但统治着本聚落的平民，还统治着其他聚落的人民，聚落与聚落之间的不平等是显著的。大汶口聚落内的社会组织结构为家族—宗族，它是若干强大的近亲宗族联盟的聚居地。依据有限的发掘面积可以看到，这些宗族之下的家族墓群虽都属于大汶口文化中晚期墓葬，但其中又可分为早中晚三段，三段的头向基本保持一致，墓葬坑位的分布错落有致，说明这些家族墓群和宗族茔地前后经历的时间较长，而且连续有序，家族和宗族组织结构是稳定的、牢固的。

在大汶口各家族墓葬群中，一些富有的大墓，墓穴规模宏大，使用木椁葬具，有大量的精美的陶器和石骨器，有些多达一百多件，而且还有精美的玉器和象牙器等（图Ⅷ—2、图Ⅷ—3）。而那些十分简陋的小墓，墓穴仅容一具尸骨，随葬品只有一两件豆、罐之类的陶器，有的甚至一无所有。介于这二者的中型墓，随葬品一般为一二十件或二三十件。家族墓群中这些大墓的死者，生前显然是家长，中型墓是地位次于家长的家族成员，小墓则为家族中身份地位最低的家族成员。根据大汶口M1（图Ⅷ—4）和M35（图Ⅷ—5）两座男女合葬墓中，男性均居中，女性偏于一边或居于向外扩出的小坑，随葬品也放置于男性一边等现象,这一时期大汶口居民中,女性已处于从属的地位,所以一般来讲,此时家族中的家长应当是男性,是一种父权家族。除 10 号墓外,其他各家族中的大墓,经性别鉴定者均为男性,也有力地说明了这一点。

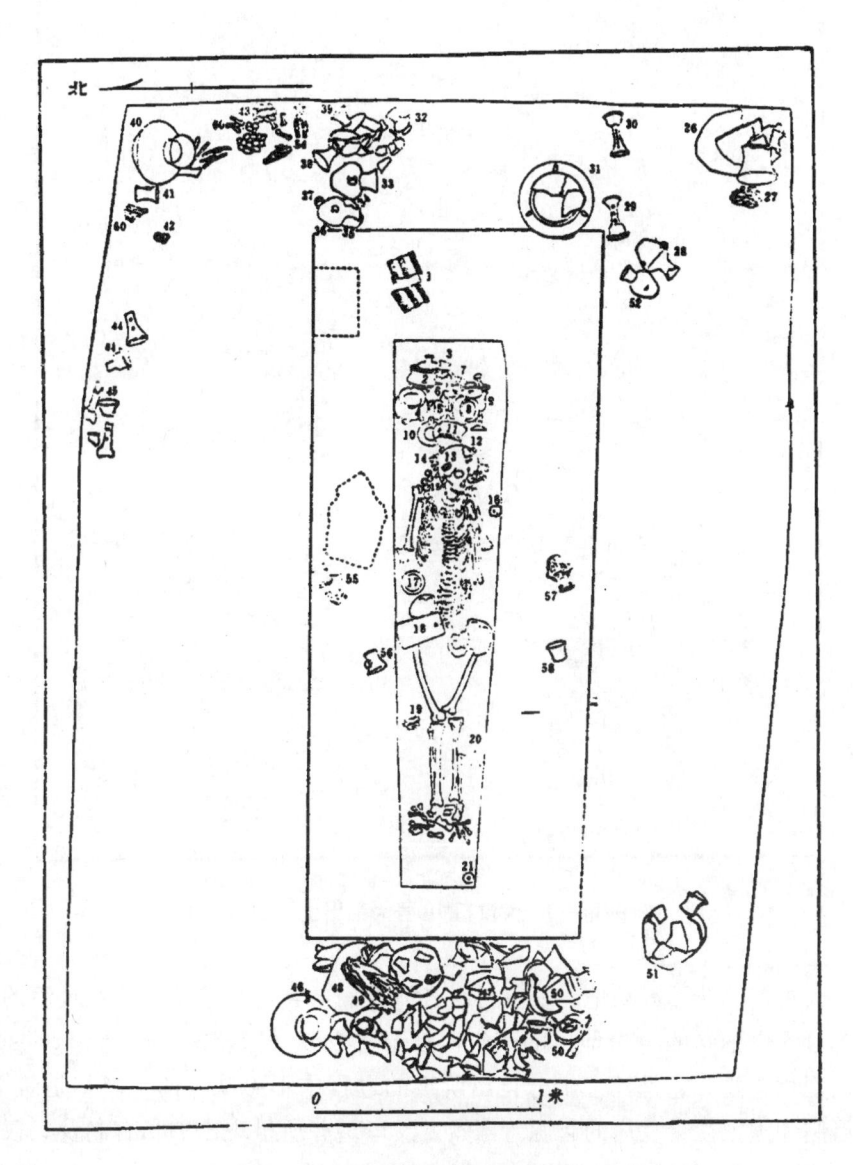

图Ⅷ—2 大汶口晚期 10 号大墓平面图

图Ⅷ—3　大汶口 10 号大墓出土器物图

　　大汶口、花厅等墓地的墓葬材料告诉我们，当时社会中经济、政治的不平等、人们不同的身份地位的产生，都与父权或父家长权（patria podesta）的出现相关联，它是社会中分化出阶级的过程中不可缺少的一环，是阶级、私有制和国家社会秩序的起源。当然大汶口墓葬所呈现出的私有制及父权家族结构还只是一种初步的现象，到了龙山时代，在黄河和长江流域，以父权家族结构为基础的阶级分化和对立的现象，已经十分普遍了。

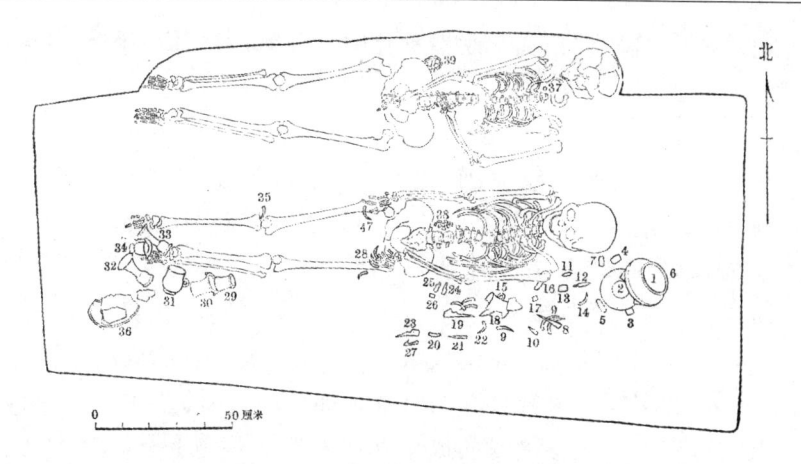

图Ⅷ—4　大汶口1号墓葬平面图

图Ⅷ—5　大汶口35号墓葬平面图及器物组合图

大汶口遗址之外，山东莒县陵阳河、大朱村、临沂大范庄、茌平尚庄、邹县野店，以及江苏新沂花厅等遗址的情况也都是这样。以花厅为例[①]，在

---

① 南京博物院：《花厅——新石器时代墓地发掘报告》，文物出版社2003年版。

花厅墓地北区62座大汶口文化晚期墓葬中,有10座大墓随葬品多达百件,其中有的玉器达二三十件之多。这10座大墓中除去无墓主人骨和人骨无法鉴定者,有5座大墓主人为男性,1座为女性,社会较普遍的价值观以男性为尊。更有甚者,北区墓地10座大型墓中有8座有人殉现象(图Ⅷ—6)。其中,有3座墓葬(M20、M34、M50)都是在墓主脚后横置两少年或幼儿,有1座墓葬(M35)在墓主脚后横置一幼儿。另有4座大墓(M16、M18、M60、M61)中的殉人情况,与上述有所区别,它们没有一定的方向和葬式,大人和小孩混杂,殉人数2—5人不等,有的同猪、狗埋在一起。此外,也有家庭或家族合葬的情况,如18号墓的墓主人为男性青壮年,在其右边有陪葬的呈侧身的成年女性骨架,右胸上有一婴幼儿骨架,脚后又有一婴幼儿骨架。此墓的特点是除墓主有大量随葬品外,在墓主右边的成年女子头上方和脚后,也随葬较多精美玉器和陶器,手上戴着玉镯,显然不是一般身份。墓主脚后的婴幼儿旁,也放置着六七件精美陶器。依据这些情况,花厅墓地发掘者认为18号墓并非一般意义上的人殉,有可能是一个家族的多人合葬。由于18号墓内这4具人骨架是同时埋入墓坑内,所以很有可能是这个家庭或家族的4位成员因某种原因同时死亡,这才使得4人同时埋入一个墓坑。若是这样的话,M18则不能称为人殉墓而应称为合葬墓。

在新沂花厅的北区墓地中,也可以看到分片埋葬的特点,每片之间留有一定的空白地带,对此也可以解释成是以家族为单位而进行的埋葬,在墓地中属于一个家族的墓葬相互靠得更近更紧密一些。其中10座大型墓比较集中分布在北区中靠北边的那片墓群之中,这说明贫富分化也体现在家族与家族之间。北片墓群的家族在整体上属于显贵家族,当然其中有一些小墓存在,又说明在显贵家族中也有贫穷者和身份地位低下者。

在黄河下游地区,继大汶口文化而来的是山东龙山文化或称海岱龙山文化。考古发现往往带有偶然性,所反映的情况也有一定的局限性。长期以来,由于山东龙山文化的墓葬材料不及大汶口文化那样丰富完整,故给人的印象似乎山东龙山文化的贫富分化、阶级对立的滋生,反倒不如大汶口文化晚期那样明显。20世纪80年代以来,在山东临朐朱封和泗水尹家城发掘的山东龙山文化墓地,其大型墓葬的规模都超过了《大汶口》报告中最大的墓,成为目前所发表的史前东夷人墓葬之冠。临朐朱封龙山文化墓葬中目前

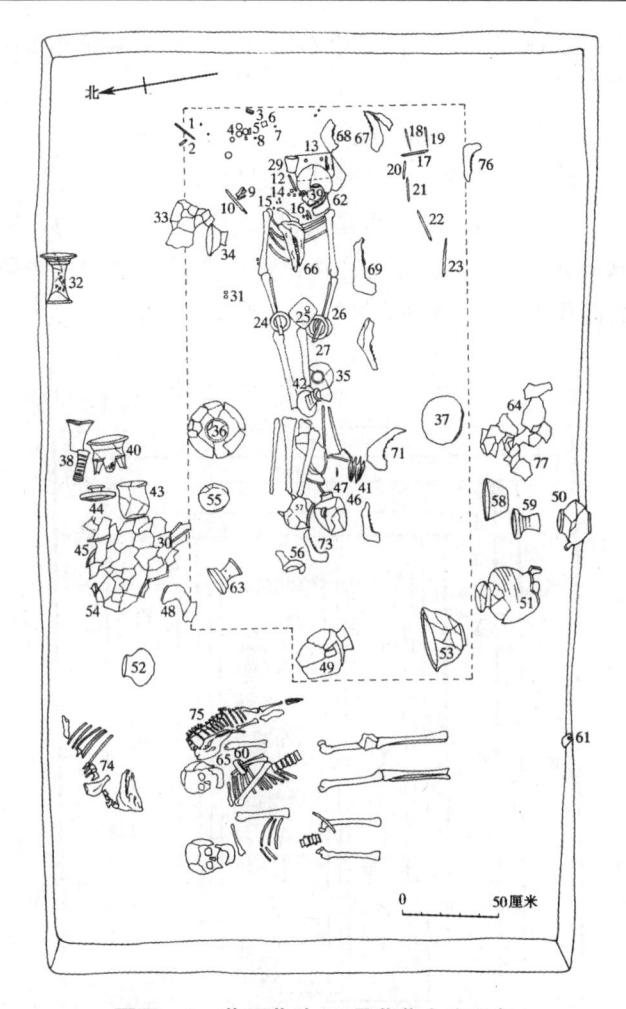

第八章　阶级的产生与财富的积累　281

图Ⅷ—6　花厅墓地 20 号墓葬人殉现象

只报道了二三座大型墓①。根据介绍的部分资料看，202 号墓穴东西长 6.68 米，南北残存宽度 2.20—3.15 米，一棺一椁，棺椁之间放置有边箱，边箱上有红、白等色绘成的彩绘。箱内放有蛋壳陶杯、陶罍、若干鳄鱼骨板。出土的陶器有 20 余件，砺石 1 件，石镞 6 件，骨匕 1 件，骨镞 2 件；玉器中有玉钺 2 件、玉刀 1 件、头饰 1 件、簪 1 件、坠饰 4 件、串饰 18 件。此外，在

---

①　中国社会科学院考古研究所山东工作队：《山东临朐朱封龙山文化墓葬》，《考古》1990 年第 7 期。

棺内骨左侧，还发现有980多件绿松石薄片。203号墓位于M202东北约3米处，墓坑东西长6.30—6.44米，南北宽4.10—4.55米，是重椁一棺的墓葬，外椁内椁都呈井字形。随葬的陶器有50件，石镞13件，骨镞5件，玉钺3件，玉环1件，坠饰5件。此外还有绿松石片95件。另一座是1号墓，墓葬形制与203号墓十分相似，也是重椁一棺，只是死者为一中年女性，随葬品放置于脚箱（图Ⅷ—7）。这三座大墓属于当地贵族的墓葬是无疑的。这个遗址现存的面积就有10万平方米，原本当是一个有相当规模的聚落居址。

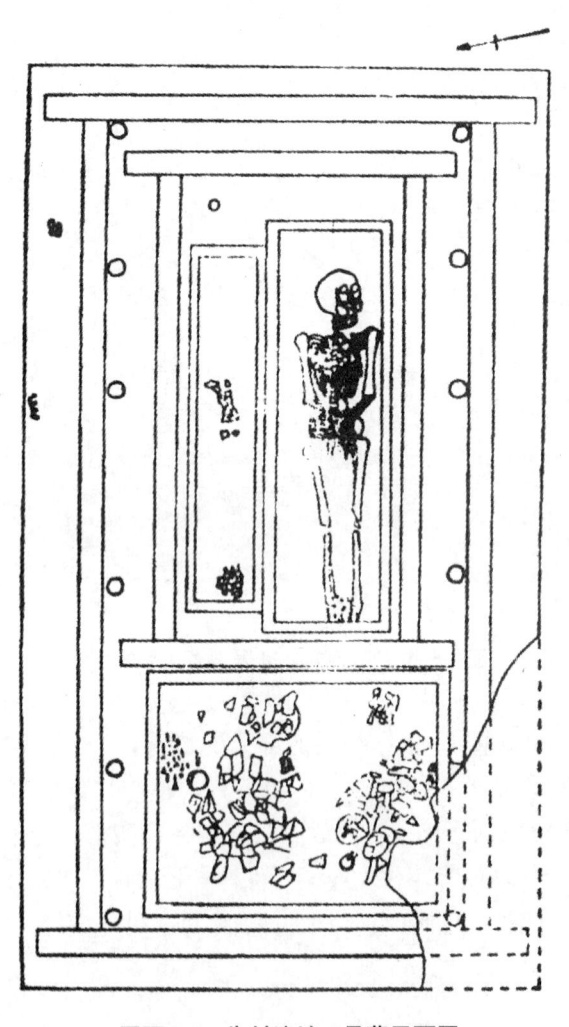

图Ⅷ—7 朱封遗址1号墓平面图

泗水尹家城共发现65座龙山墓葬,其中的大型墓葬第15号墓,东西长5.80米,南北宽4.34米,深1.55米。葬具也有二椁一棺,随葬有精致成组的陶器23件,如带盖白陶、磨光黑陶鼎、鬲、盆、匜、壶、盒、高柄杯等,还有20副幼猪下颌骨、130块鳄鱼骨板、50件陶质小圆锥体。在65座龙山墓葬中,除了5座大型墓外,有29座中型墓,21座小型墓。另有4座无墓圹、无葬具、无随葬品,有的发现于建筑基址的硬土之内,多数为幼儿。大中小墓之间的差别相当悬殊:最大墓葬的墓室面积达25.3平方米,并且拥有二椁一棺,而最小的墓室只有0.54平方米,勉强能够容身。大型墓葬有棺有椁,其随葬品多达数十件,种类除陶器外,还有数量不一的猪下颌骨。整个墓地发现的118副猪下颌骨,在仅占全部墓葬7.6%的5座大型墓中就出土了102副,占总数的86.4%。而一般墓葬的随葬品只有三四件,相当数量的墓葬甚至一无所有[①]。

尹家城龙山墓地遗址由于自然及人为因素的破坏,面积减少了许多,现仅剩下4000余平方米。4000余平方米内的65座墓葬,大体可分为5组墓群,如果把整个墓地视为一个宗族墓地,则这一宗族至少由5个以上的家族所构成。作为大型墓葬的15号墓、4号墓、126号墓、134号墓、138号墓五座墓,分属于四个家族墓群,未发现大型墓的那组墓群,因位于墓地的东南边缘,受到明显的削减毁坏,所以不能排除此墓群原本也有大型墓的可能性。

各个家族墓群中都有大中小型墓,而且大中小型墓的差别又是如此显著,这就有力地说明这些人死前在家族中的地位和所占有的财富是相当悬殊的。而地位与财富上的差别当然与其所处的阶级和阶层是一致的。尹家城的五座大型墓葬的人骨,凡能作出鉴定者均为成年男性,尹家城的墓葬材料同大汶口的一样,它进一步证明阶级阶层的分化是随同父权大家族的出现而出现的。

尹家城之外,诸城呈子二期的87座龙山文化墓葬,是山东龙山文化中发掘面积较大的一处墓地。诚然,诸城呈子亦仅为一个中等规模的遗址,尚不代表海岱地区龙山时代最富有的显赫贵族的墓地。然而,在这87座山东龙山文化墓葬中,发掘者根据墓穴规模、葬具有无、葬品的优劣多寡以及高柄杯和猪下颌骨的随葬情况,分了四类。第一类为大墓,有二层台、木椁,葬品质高量多,还随葬了猪下颌骨和体现一定身份的薄胎黑陶高柄杯。此类

---

① 山东大学历史系考古专业教研室:《泗水尹家城》,第44、157页,文物出版社1990年版。

墓葬共5座，占全部墓葬的5.7%。第二类，墓穴略小，葬具不普遍，有较多的随葬品，有的随葬高柄杯或猪下颌骨。此类墓共11座，占全部墓葬的13%。第三类为小墓，皆无葬具，葬品量少质低，一般不超过3件。此类墓共17座，占全部墓葬的20%。第四类，墓穴仅容尸骨，既无葬具又无随葬品，真可谓贫穷得一无所有。此类墓最多，共54座，占全部墓葬的62%。整个墓地分北、东、西三个家族墓区。在北区的19座墓葬中，大墓3座，占第一类墓的60%；第二类2座。东区共48座墓，仅第四类墓就占38座，占最贫者70%以上；第三类小墓5座，占次贫者30%；大墓根本不存在，虽有5座第二类墓，却都无猪下颌骨随葬。西区虽比东区略好，较北区也望尘莫及[①]。

呈子墓地中那些富有的大墓周围，散存着部分小墓和一无所有的穷墓这一事实，又一次说明在家族的结构中，除了含有支配家族经济的家长外，也包含着虽说是自由的但又处于无权地位的其他家族成员，甚至还包含有家族中的劳动奴隶。这些自由民和非自由民以耕种土地和照料牲畜及从事手工业生产为目的而在父权之下组成了家庭。呈子墓地中，北、东、西三个墓区即墓群之间的显著差别，反映出此时即使是普通的、中等规模的村落，家族与家族之间也出现了分化和对立。

在黄河中游地区，继仰韶文化和庙底沟二期文化而来的是"中原龙山文化"。中原龙山文化是一个既具有某些统一性又具多样性的综合体，它以河南为中心，大致可分为六大地方类型[②]。其中晋南临汾盆地的陶寺类型的大型墓地资料，为我们提供了一幅国都水平的即邦国墓地的金字塔式的等级和阶级结构的图画，也引起了学术界的瞩目[③]。

[①] 昌潍地区文物管理组、诸城县博物馆：《山东诸城呈子遗址发掘报告》，《考古学报》1980年第1期。

[②] 王震中：《略论"中原龙山文化"的统一性与多样性》，《中国原始文化论集》，文物出版社1989年版。

[③] a. 中国社会科学院考古研究所山西工作队等：《山西襄汾县陶寺遗址发掘简报》，《考古》1980年第1期；

b. 中国社会科学院考古研究所山西工作队等：《1978—1980年山西襄汾陶寺墓地发掘简报》，《考古》1983年第1期；

c. 中国社会科学院考古研究所山西工作队等：《陶寺遗址1983—1984年Ⅲ区居住址发掘的主要收获》，《考古》1986年第9期；

d. 高炜、高天麟、张岱海：《关于陶寺基地的几个问题》，《考古》1983年第6期；

e. 高炜：《陶寺考古发现对探讨中国古代文明起源的意义》，《中国原始文化论集》，文物出版社1989年版。

陶寺遗址东依崇山，西临汾水，面积300万平方米以上。在黄河中游众多龙山时代的文化遗址中，这是已知规模最大的一处；同时，在遗址的东南隅，发现了庞大的中原龙山文化墓地。墓地面积在3万平方米以上，迄今已在5000平方米的揭露面积内，发掘墓葬1000多座。发掘者估计这片墓地的墓葬总数当在五六千座以上，甚至更多。根据墓地与居住址交接地段的地层关系、随葬陶器与居住址日用陶器的比较以及碳14年代测定，可以确认这是陶寺龙山文化居民的葬区，它的时代绵延很久，约为公元前2500—前2000年间，与这里龙山期的居住址相始终。

陶寺墓地分为早中晚三期，也是这里龙山文化的三个时期，从陶寺早期开始，亦即从公元前2500年前开始，这里即已形成金字塔式的等级结构和阶级关系（图Ⅷ—8）。

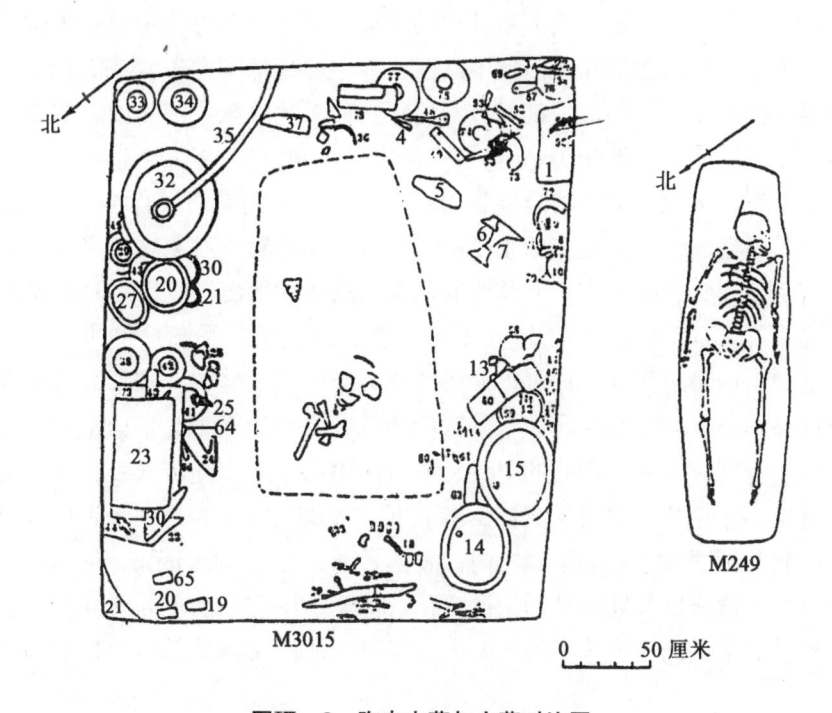

图Ⅷ—8　陶寺大墓与小墓对比图

陶寺遗址的发掘者将陶寺墓葬类型划分为大型墓（包括甲、乙两种）、中型墓（包括甲乙丙三种或四种）和小型墓三大类七八种等级阶梯。处于金字塔顶端的是甲种大墓的墓主人。这类大型墓使用木棺，棺内撒朱砂。随葬品数量多而精美，可达一二百件。其中龙盘、鼍鼓、特磬、"土鼓"、玉钺等象征特权的一套重要礼器的存在[①]，说明这类大墓主人执掌着当时最重要的社会职能——祭祀与征伐。陶寺早期大墓中，使用成套礼器不是个别现象，而已经形成制度，即礼制。特别是早期甲种大墓中，鼍鼓、特磬的存在，为我们判断墓主为当时最高统治者的身份提供了有力的证据[②]。大量精美而饶有特点的彩绘木器、彩绘陶器、玉器、石器与装饰品，则是他们倚仗权势攫取社会财富、饱肥私囊的结果。而大墓两侧分布着使用彩绘木棺与华丽装饰品的女性中型墓的特殊安排，又表现出他们占有着两个或多个妻、妾。

不同等级的中型墓的死者，生前依次拥有不同的权力与财富。甲种中型墓墓主，地位低于大墓主人，但从其随葬二三十件器物，包括彩绘案、俎、成组陶器、大型石钺和其他一些礼器，以及多分布于大型墓附近等现象来看，他们应当是与大墓墓主关系甚近的贵族；乙种和丙种中型墓，地位低于甲种中型墓，并依次递减。但从甲乙丙三种中型墓都随葬玉钺或石钺以及一些其他礼器来看，他们似乎都握有不同程度的领兵之权，或是因英勇善战而获得高于一般平民的地位。

小型墓，人数最多，占总墓数的80%以上。他们有的只有骨笄之类的小件随葬品一至三件，而更多的则孑然一身，一无所有。小墓中个别的尸骨缺失手、足，或头骨被砍伤。究其原因，若非战争中受伤，便是受刑所致。

在陶寺，目前所揭露的1000多座墓葬，只是某几个墓区的一部分，通过这部分可以看出陶寺墓地可以分成几个大区，每一区中，按墓葬分布和排列情况又可分成若干小片，如第五章所述，若将大的区视为宗族墓地，那么区内的小片则应为不同家族的茔域。在Ⅲ区中部，五座随葬鼍鼓、特磬的甲种大墓集中在一片，前后距离各1米上下，从墓地布局和排列看，可以认为是在宗族乃至同一家族的茔域之内。发掘者说："虽然我们无法确定其世次，但墓位排列情况以及随葬品的细微变化，都显示出它们的埋葬时间早、晚不同，死者似乎是同一家族中的几辈人。同时，他们又都是部落中执掌大权的

---

① 安阳西北岗最大的1217号王陵中，就随葬成组的鼍鼓和磬，见于梁思永、高去寻：《侯家庄》第六本《1217号大墓》，第23—27页，图八十一，图版拾叁—贰贰。叁壹，台北，1968年。其他的考古发现、传世铜器铭文和文献记载也一再证明，鼍鼓、特磬是王室或诸侯专用的重器，是统治者权威的象征。(参见高炜、高天麟、张岱海：《关于陶寺墓地的几个问题》，《考古》1983年第6期。)

② 高炜：《陶寺考古发现对探讨中国古代文明起源的意义》，《中国原始文化论集》，文物出版社1989年版。

显贵①","从而提供了当时部落首领已经实行世袭制的证据②"。

其实,这些甲种大墓的墓主人已经不是部落的首领了,也不是酋邦的酋长,而是阶级社会里早期国家的统治者。对此,我们在后几章中还将作进一步的讨论。这里的世袭制也属于阶级社会里一个邦国内的君位世袭的问题。

由于陶寺很可能是夏代之前某一邦国例如帝尧陶唐氏的所在地,陶寺墓地所呈现出的金字塔式的等级结构和由此而形成的阶级关系,也就比普通聚落更为突出和鲜明。陶寺遗址可作为黄河中游地区的典型代表。

在黄河上游地区,继马家窑文化半山—马厂类型而来的是齐家文化。齐家文化的墓葬材料中所反映的私有制、贫富分化、阶级对立的现象也是十分明显的。在甘肃永靖秦魏家墓地,各墓除了在形制、规模、随葬品等方面反映出明显的差别外,在16座成年男女合葬墓中,都是以男子为主,妇女依附殉葬,其状况是:男子仰身正卧,女子侧身屈肢,伏附于男子一旁。在武威皇娘娘台墓地中,发现一男一女合葬,同样,男子居中正卧,两个女子面向男子侧身屈肢,伏列于男子两旁。在青海乐都柳湾的齐家文化地中,也发现了好几个殉葬墓,如314号墓,墓主人为男性,年纪约40—45岁,仰身直肢卧于棺内,另一女性青年,年龄约16—18岁,侧身屈肢面向主人,埋在木棺右下角,并有一条腿被压在棺下。979号墓,为五人合葬墓,墓主为男性,仰卧于独木棺内,人架保存完好,其余四人仅存头骨,皆放在棺外东边。又如952号墓,系断肢葬,两手斜放在腰部,下肢被砍断后倒置于两股骨间,似捆绑状。这些人的身份显然是俘虏和奴仆,是当时阶级压迫的缩影,也是阶级对立的明证③。

在长江下游地区的良渚文化中,贵族墓和平民墓被安排在不同的墓地,形成了鲜明的对比。贵族墓一般要筑起很大的土台。以上海青浦福泉山为例,此山实际上是人工堆积的土堆,东西74米,南北84米,高7.5米,东、南、西三个方向呈斜坡状,北面有两个台阶。经发掘可知去掉表土就是文化层,由于是从别处搬土堆积,所以各文化层的时代被颠倒了,良渚文化的墓堆是利用原来较高的地形再堆上去的。据初步估计,良渚期一次性堆土

---

① 高炜、高天麟、张岱海:《关于陶寺基地的几个问题》,《考古》1983年第6期。
② 高炜:《陶寺考古发现对探讨中国古代文明起源的意义》,《中国原始文化论集》,第63页,文物出版社1989年版。
③ 青海省文物管理处考古队、中国社会科学院考古研究所:《青海柳湾》,第259页,文物出版社1984年版。

以 2 米高计算，可达 15000 立方米，需要上万个劳动力来营造。这种人工堆土营造墓地的现象，在江苏吴县草鞋山、张陵山，浙江余姚反山、瑶山等地都有发现，是一种比较普遍的现象。反山堆的土有四五米高，比福泉山的堆土量大七倍，工程是十分浩大的[①]。在这些墓地中的墓葬基本上都是大墓，一般都有木棺或木椁，有的还涂有朱红色的彩绘，随葬大量的玉器、陶器，有的还有漆器和象牙雕刻器，并有人殉人祭的现象。随葬的玉器中，做工最讲究的是玉琮、玉璧和玉钺，它们加工精致，表面抛光，还有极纤细的阴刻花纹，其图案多为兽面纹，也有的为人形兽面复合的图像（图Ⅷ－9）。对于这种人形兽面相结合的图像，有人认为是战神的形象，头戴巨大的羽冠，身穿皮甲，与嘴里露出尖锐獠牙的兽面相结合，更显得威风凛凛，战无不胜[②]。也有人认为是神人骑神兽的形象化[③]。在良渚文化的大墓中，随葬的陶器多为特制的，在一些鼎、壶、豆、簋等陶器上，往往外施黑色陶衣，并细刻蟠螭纹和鸟形纹，制作很精，但有些显然不是实用器，如内夹细砂、外施黑衣、器身器盖器纽上细刻着蟠螭纹、圆涡纹的鼎，就不能作为炊器烧煮，一烧黑衣就会脱落，花纹也会烧坏，黑陶就变成红陶了，所以是一种祭祀用器。

图Ⅷ－9 良渚文化人形兽面复合图

---

① 黄宣佩：《福泉山发掘收获》，见于 1991 年 11 月 28 日中国社会科学院考古研究所"考古报告会"上黄宣佩先生的发言报告。

② 牟永抗：《良渚玉器上神崇拜的探索》，《庆祝苏秉琦考古五十五年论文集》，文物出版社 1989 年版。

③ 杨建芳：《玉琮之研究》，《考古与文物》1990 年第 2 期。

第八章　阶级的产生与财富的积累　289

　　良渚文化大墓中的人殉人祭现象，据黄宣珮先生的介绍，从良渚早期即已出现，一直到良渚晚期都存在。如福泉山139号墓，有木棺，随葬12件石钺及其他一些器物，墓主人仰身直肢，头向南，是二十几岁的男性。殉葬或人祭者为一女性，年龄与墓主人相近，头向西屈肢葬，像人跪着倒下的样子，压在木棺的上面，位于一个角落。另外，在墓葬角落的外边有一个类似于大汶口文化中被称为祭器的大口缸，也有可能是作为祭器使用的。139号墓属于良渚早期，在福泉山被划为良渚一期。属于福泉山良渚二期的145号墓，是一座在主人墓葬的墓坑外专门挖的殉葬墓。这是一个小坑，坑内埋有二人，一人为中年，一人为7—8岁的儿童，都是屈肢葬，其主人的墓葬在它的南边。第三期的144号墓，长3米多，宽1.5米，深0.9—1米，在墓坑上面有一木板，木板上有一人骨架，头骨清楚，肢骨很少，属于殉葬或人祭者。在木板下有一棺木，内有一个20几岁的男性人骨架，随葬有玉器、陶器等[①]。

　　由墓地堆筑营造的规模、墓葬的格局、随葬的丰厚等现象判断，江苏吴县草鞋山[②]、张陵山[③]、上海青浦福泉山[④]、浙江余杭反山[⑤]、瑶山[⑥]等良渚文化墓地，无疑属于贵族的茔地。在这些贵族墓葬中，若依据琮、璧、钺等重要礼器的组合情况，似又可分出不同的身份地位。据《周礼·大宗伯》："以玉作六器。以礼天地四方；以苍璧礼天，以黄琮礼地"，琮璧属于祭天地的法器；又据琮的实际实物形象是内圆外方，并把圆和方相贯串起来，从"天圆地方"的观念来解释，"琮是天地贯通的象征"，"是贯通天地的一项手段或法器"[⑦]。当颛顼"命重黎绝地天通"[⑧]，"命南正重司天以属神，命火正黎司地以属民"[⑨]，亦即开始独占巫术、形成一个巫师阶层后，天地之通成为

---

　　① 黄宣珮：《福泉山发掘收获》，见于1991年11月28日中国社会科学院考古研究所"考古报告会"上黄宣珮先生的发言报告。
　　② 南京博物院：《江苏吴县草鞋山遗址》，《文物资料丛刊》第3辑。
　　③ a. 南京博物院等：《江苏吴县张陵山遗址发掘简报》，《文物资料丛刊》第6辑。
　　b. 南京博物院等：《江苏吴县张陵山东山遗址》，《文物》1986年第10期。
　　④ 上海市文物保管委员会：《上海青浦福泉山良渚文化墓地》，《文物》1986年第10期。
　　⑤ 浙江省文物考古研究所反山考古队：《浙江余杭反山良渚墓地发掘简报》，《文物》1988年第1期。
　　⑥ 浙江文物考古研究所：《余杭瑶山良渚文化祭坛遗址发掘简报》，《文物》1988年第1期。
　　⑦ 张光直：《谈"琮"及其在中国古史上的意义》，《中国青铜时代》（二集），第71页。
　　⑧ 《尚书·吕刑》。
　　⑨ 《国语·楚语》。

统治阶级的特权，而通天地的法器即礼器也便成为统治阶级的象征①。这样无论琮璧是祭天地的礼器还是贯通天地的法器，随葬琮璧者至少是统治阶级中的巫师或兼有巫师资格的人。例如反山23号墓出土有玉琮和成堆的玉璧而无钺，其墓主人大概即为专职的巫师或祭司。

钺在中国古代是军权和征伐之权的象征。《尚书·牧誓》记载周武王伐纣，率领军队来到商的首都朝歌郊外一处叫牧野的地方，举行誓师大会时的仪仗是："王左杖黄钺，左秉白旄，以麾。"《说文》云：杖，持也，戉，大斧也。并引《司马法》曰："夏执玄戉，殷执白戚（也是钺）。周左杖黄戉，右秉白髦。"可见用钺代表军权乃至王权是夏商周三代的通制。喜欢随葬玉钺或石钺，是尚武的一种表现，也是握有某种程度军事指挥权的反映。福泉山27号探方内第2号墓随葬品甚丰，达170件，其中随葬4件玉钺和其他玉器而不见琮和璧，可以判定此人是一位身任军事官职的贵族。

在良渚文化的贵族墓葬中，时常可以看到玉琮、玉璧和玉钺齐备，墓中的随葬品颇为丰富的大墓。例如福泉山T22M5、T15M3、草鞋山M198、反山M14、M20这种大墓的主人，无疑属于当时的最高阶层，他们执掌当时最重要的社会职能——祭祀与征伐，并能征发相当的劳力来营建那巨大的墓地。据此，有学者认为这些大墓的主人，"多少具有一些王者的特征"②。但根据福泉山等地的情况，这种集祭祀与征伐之权于一身的人，在同一时期同一墓地并非仅仅为一个人，所以，当时的江浙一带的政治统治还不属于君主专制而应为贵族寡头政治，还不属于王国而应为邦国。

与上述贵族墓地形成鲜明对照的是良渚文化中还有一些平民墓地，如上海马桥③、松江广富林等墓地④，墓葬的规模都较小，没有葬具，随葬品也较少，一般仅一至二件，而且多为石器和陶器。这种在财富和礼器的占有上所形成的巨大反差，与商周时期的阶级社会没有什么两样，显然属于阶级分化的范畴。

总括上述，我们可以看到从大汶口文化中晚期亦即仰韶晚期开始到整个龙山时代，黄河、长江两大流域以及东北地区，都由程度不同的贫富分化，

---

① 参见第十章"祭祀·战争与国家"。
② 严文明：《中国新石器时代聚落形态的考察》，《庆祝苏秉琦考古五十五年论文集》。
③ 上海市文物管理委员会：《上海马桥遗址第一二次发掘》，《考古学报》1978年第1期。
④ 上海市文物保管委员会：《上海市松江县广富林新石器时代遗址试探》，《考古》1962年第9期。

财产占有不均走向了阶级分化和对立。然而认真分析这一过程,我们发现无论是大汶口墓地材料,还是龙山时代的山东泗水尹家城、临朐朱封、诸城呈子或山西襄汾陶寺的墓葬材料,当初全聚落乃至全社会的贫富分化是由父权家族内财富占有的悬殊及其等级阶层来体现的;阶级的发生绝非仅仅是因社会分工以及个人或个体家庭的生产技能所致,而是与父系家族组织结构以及父权的上升有着密不可分的关系。当时还不存在土地的个人或家庭所有制,而为宗族和家族所有,因而社会的财富只能通过家族来积累,而家族则是由父权家长控制和掌握的,随着父权的上升,家族内的等级地位和财富占有不均的现象的发生和发展,也就势所必然。根据经典作家们的研究和民族学资料,这种父权家族还包括非自由人在内[①],也就是说,在当时的家族结构中,除了含有支配家族经济的家长外,也包含着虽说是自由的但又处于无权地位的其他家族成员及家族中的劳动奴隶。这些自由民和非自由民,以耕种土地和照料牲畜及从事手工业生产为目的而在父权下组成了家族。梅因(Henry Sumner Maine)在其名著《古代法》一书中亦曾指出:"'家族'首先包括因血缘关系而属于它的人们,其次包括因收养接纳的人们;但是还有一种第三类的人,他们只是因为共同从属于族长而参加'家族'的,这些人就是'奴隶'。""所谓'奴隶'原来就包括在'家族'之内……'奴隶制'的基础无疑是出于这种简单的愿望,就是利用他人的体力以为图谋自己舒适或安乐的一种手段"[②]。所以,这种父权家族结构代表了一种新的社会机体,即奴役制,也标志着最初的阶级结构和身份等级的出现。其中被奴役的最重的对象——奴隶的来源,一是由养子蜕变而来;一是来自战争俘虏。而归根结底还在于生产力的发展使得一个劳力已多少可以提供一些剩余产品,从而使剥削他人成为可能。这样,占有他人的剩余劳动的现象便首先发生在收养人身上,养子从氏族和家族中的平等一员变成了受奴役受压迫的奴隶。与此同时,因人的劳动多少可以增添一些新的价值——剩余劳动的价值,使得过去杀死战俘的做法变成了将部分留做奴隶,而当时频繁的战争则为父权家族的家长们提供了源源不绝的被役使的对象和新的劳动力及财富。

此外,从山东的呈子墓地和山西的陶寺墓地中不同墓区即墓群之间所呈

---

① 恩格斯:《家庭、私有制和国家的起源》,《马克思恩格斯选集》第四卷,第52页。
马克思:《摩尔根〈古代社会〉一书摘要》,第36页,人民出版社1978年第二次印刷。
② [英]梅因:《古代法》,第94页、第93页,沈景一译,商务印书馆1984年(汉译世界学术名著丛书)。

现出的显著差别，以及大汶口文化晚期和良渚文化晚期贵族墓地与平民墓地之间的巨大差别，都可以看出当时家族与家族、宗族与宗族之间已出现了分化和对立。这种分化和对立，固然是富有与贫穷之间的分化和对立，但很可能同时也包含着中国特有的"同姓"、"外姓"与"庶姓"家族和宗族之间的对立，所谓"同姓"是指远古曾有过血缘关系和同一始祖的同一族人；"外姓"是指与其有过联盟或联姻、政治上处于平等地位的外族人，而"庶姓"则是指"亡族"或"亡国"之后裔，属于被征服或臣服的族团。

总之，大汶口和龙山时代各地的墓葬材料告诉我们，在父权大家族内部有主人、普通自由人、奴仆等不同等级阶层之分；在父权家族外部，有不同等级地位的家族的存在，可见在中国古代，无论是阶级还是奴隶制在开始出现时，都可以不依赖于商业和商品经济的发展，也没有脱出家族—宗族结构，而恰恰是随着父权家族的出现而滋生，随着父权家族的发展而发展。中国的龙山时代是父权家族在各地普遍确立的时代，也是各地阶级分化的时代。父权家族的出现，标志着阶级的产生[1]；父家长权的出现，使社会由平等走向了身份地位的不平等。如果说一百多年前英国学者梅因曾用一句"迄今为止，一切进步性社会的运动，都是一场'从身份到契约'的运动"[2]，概括了由古代到近代的文明发展的轨迹的话，那么，从原始社会到阶级社会则是一场"从平等到身份"的运动。而其中的父家长权则是这场运动中的转化剂。

二 财富积累与集中的程序

张光直先生说得好：文明没有财富是建造不起来的，文明的基础是财富的绝对积累和相对集中。而财富的积累和集中，在不同的地区、文化、民族和社会可能有不同的方式。因而，要掌握中国文明的本质、解释中国古代文明生存的因素，就需要考察中国古代何时有财富的积蓄，以及如何造成这种积蓄，何时有财富的集中，以及如何造成这种集中[3]。

财富的积累和集中，与社会的分层是同步发展的。在中国，它始于仰韶

---

[1] 王震中：《文明与国家》，载日本关西外国语大学《研究论集》第51号（1990.1）。
[2] ［英］梅因：《古代法》，第97页，沈景一译，商务印书馆1984年（汉译世界学术名著丛书）。
[3] 张光直：《谈"琮"及其在中国古史上的意义》，《中国青铜时代》（二集），第119—121页。

中晚期和大汶口后期的类似于酋邦制的发展阶段（但不一定等于塞维斯所定义的那种酋邦制）；其积累的形式和特点是通过家族特别是父权家族组织进行的。因而中国古代财富的积蓄与集中的发生和阶级阶层的形成是同一过程的两个方面。当我们上面回答了中国古代的阶级是如何产生的时，实际上已经初步回答了中国古代何时有财富的积蓄以及如何造成这种积蓄的问题，同时也回答了财富集中的第一个程序——父权家族式的集中。

在笔者看来，夏代之前的早期国家时期，财富积累与集中的程序，和夏商周三代大体上是相同的，即首先积蓄和集中于各个父权大家族和家族长手中，进而相对集中于宗族和宗主手中，再进一步相对集中于邦国统治者手中。

父权大家族作为财富积累和集中的基层组织，通过上节的论述，大概不会有什么问题。关于宗族与财富集中和政治统治的问题，前辈学者曾围绕周代大宗分出小宗，小宗再分出更小的宗的金字塔式的宗法制度，作过一些论述[①]。

笔者以为，在宗族制度发生和发展的早期，在宗族财富积累和集中这一环节上，首先是通过同宗共财进行的。以土地的所有和使用为例，当宗族与村落等同或聚落里最大的社会组织为宗族时，每每出现宗族土地所有制。我国解放以前云南独龙族的土地形态就属于"克恩"（宗族）所有。在"克恩"里尽管耕地的占有和使用已演变为家族和个体耕种，但其所有权仍归"克恩"所有。在每个"克恩"的公有土地上还有公共的猎场、鱼口和采集场。怒族的"提康"亦有公共的土地。基诺族村寨的耕地一般归各宗姓所有，宗姓每年一次重新将土地分配给各家各户耕种，但留一块公田，由宗姓内各家出人集体耕种；其收获用于宗姓的集体活动，也用来照顾同姓之间的困难户，各宗姓公有地的地界上用石头、木料作标记，不使相混。这种情形同《仪礼·丧服子夏传》所说的"异居而同财，有余，则归之宗。不足，则资之宗"，显然是相同的。

由于土地归宗族所有，由宗主即宗族长管理，久而久之，宗主当然要利用这些条件，去剥削其他宗族成员。随着不平等的出现，族产就会逐渐被宗主所把持，其宗族经济也会被宗主所控制，一般族人只能仰宗主之鼻息。因

---

① a. 田昌五：《古代社会断代新论》，第 88—110 页，人民出版社 1982 年版；
b. 张光直：《中国青铜时代》（二集），第 121 页，生活·读书·新知三联书店 1990 年版。

此，收族的现象就发生了。"大宗者，尊之统也。大宗者，收族者也"（《仪礼·丧服子夏传》）。大宗收养贫困的族人，固然可以使本宗族的人口和力量不被减弱，但更可以为其提供直接的支配的对象。

宗族都有其宗庙和特定的祭祀，其祭品和祭祀等活动的费用，当然要由宗族成员和宗族中公有地的收入来提供。宗主既然握有宗族祭祀的大权并以本族宗庙社稷的代表自居，自然可以直接获得宗邑和宗族公有地上的大批收入，从而在经济上和政治上都处于支配的地位。

在中国古代，与不平等一同产生的一个重要现象就是宗族结构中的主支与分支的亲族等级结构。这种亲族等级结构在西周时期被固定为大宗与小宗式的统属关系。最初的主支就是强宗，也是被认为与远古氏族始祖或祖先神有着直接的血缘关系的宗族。这样，在同姓宗族中诚如张光直先生所指出："系谱有着基本的重要性，它是从主支向分支分化的。反之，又把某些权力逐级逐层地集中到大宗手中。"[①] 而权力的逐渐集中必然带来财富的相对集中，所以中国的财富积累和集中的程序与权力体系上的三级结构是一致的，即都表现为从家族到宗族再到统治宗族这样一些环节和阶梯。显然，在中国古代，阶级分化、权力结构、财富的积累与相对集中，三位是一体的，在这里，家族—宗族制度下的血缘谱系为其提供了一个自然而"合法"的依据，在中国古代文明社会形成过程中呈现出自己的个性特征。

既然财富的相对集中是与权力的集中同步发展的，那么，本来是经济现象的财富积累和集中也就是一种政治行为了。经济与政治的密不可分性以及相互转化，在这里得到了集中的体现。

财富既可以通过生产而产出，也可以通过战争而获得。在原始社会末期，由于剩余劳动的产生和奴役的出现，使新兴的父权大家族及其所在的部落本身具有一种政治上的扩张性和经济上的掠夺性，人们把征战当作一种光荣，把征服和掠夺当作一种经济需要。所以，此时的战争为财富的集中提供了又一途径，尽管是一条非正常的途径。泗水尹家城龙山一期的房屋被毁，几座房屋内一些老人和小孩的尸骨身首异处，以及四座大型或较大的墓葬都出现掘墓扬尸的现象，就是由当时的聚落战争造成的。在战争中，那些被掠夺的部落，往往被"人夷其宗庙，而火焚其彝器，子孙为隶"[②]。

---

① 张光直：《中国青铜时代》（二集），第121页，生活·读书·新知三联书店1990年版。
② 《国语·周语》。

中国古代早期的军队，都是由宗族组成的族军来承担。例如周初的一件铜器《明公毁》上说："唯王令（命）明公遣三族，伐东或（国）。"另一件铜器《班毁》上也说："目乃族从父征。"[1] 春秋时的晋楚之战中，一次晋知䓨被俘虏，其父"知庄子以其族反之"[2]；又一次晋国的"栾范以其族夹公行"[3]。这些都是宗族武装的证明。由宗族组成的族军是被宗主掌握的，它的下一级军官每每亦是父权大家族的家长。这样，通过战争掠夺而来的财富、奴隶，当然主要归宗主和父权家族长所有，战争为他们提供了一个获得财富的新途径，加速家族和宗族内的贫富分化和财富的相对集中。

战争的另一结果是可以产生一种臣服和纳贡的关系。由战争征服而形成的纳贡关系，也是财富集中于宗族、宗主和君主手中的一项常见的手段。尽管在这种纳贡关系中有时也含有礼仪性的交换因素，但它毕竟是不等价的、不自由的。此外，战争也使权力逐渐集中，也就是说，在一个社会中，经济基础、政治权力和军事战争三者往往是相辅相成、相互带动、系统发展的。

西亚两河流域的早期城市文明，神庙经济是其财富积累与集中的主要形式。在中国与之相对应的或许可以称为"宗庙经济"、"宗邑经济"或"宗族经济"。从财富集中的角度论，家族与宗族，宗族间的主支与分支或大宗与小宗之类所在的族内权力关系的等级性，以及由此而产生的宗庙祭祀权上的等级关系，为财富的相对集中提供了"合法"的依据。在这里，以宗族制度为基础的族权和祭祀权发挥着非常重要的作用。但必须指出的是，宗族内宗主的财富，并非全由集中而来，在宗族经济发展过程中，各个宗主都有自己的宗室经济，在夏商周三代，王族和君主也有自己的王室、公室经济。各个宗室和王室经济的生产是分工进行的，在相当的程度上是自给自足，其规模也是可观的。如鲁之孟孙氏要筑室，乃"选圉人之壮者三百人"[4]。圉人是养马的[5]，只此一项就有精壮者三百人，可见到了春秋时期一个宗室经济的规模是相当庞大的。《师毁毁》铭文说："籍嗣我西隔东隔仆驭百工牧臣妾"；《伊毁》言："籍官司康宫王臣妾百工"（均见《两周金文辞大系》）。王室经济中包含有百工牧臣妾，其专业分工之细和经济规模之庞大都是显而易见

---

[1] 郭沫若：《两周金文辞大系》。
[2] 《左传》宣公十二年。
[3] 《左传》成公十六年。
[4] 《左传》定公八年。
[5] 《周礼·夏官·圉人》："圉人掌养马刍牧之事，以役圉师。"

的。对此,《周礼》一书也可充分证明。诚然,周代已是中国的文明社会相当发展了的时期,其宗族组织和制度也经历了长期的发展,因而其宗室和王室经济自然要比文明的形成时期更发达一些,但我们至少可以这样说:在中国文明起源的过程中,这种宗室经济的实体是存在的,只不过其规模较后世小一些而已。

阶级产生途径的差异和财富积累与集中方式的不同,使得世界各地早期文明具有各自的个性特征。中国古代无论是阶级的产生,还是财富的积累与集中,都可以不依赖商业和商品经济的发展,也没有脱出家族—宗族的结构,而恰恰是在这一结构中,利用它的组织形式,获得了独特的发展,形成了中国文明的个性特征,也带来了中国古代社会演进的连续性。

第九章　都邑文明的形成

　　考察中国、美索不达米亚、印度、中美洲等地文明的形成，我们将会发现，在这些以农业为基础的诸文明中，与阶级分化属于同一过程的是都邑或城市的诞生。都邑或城市的出现，是社会形态演进史中一个划时代的标志，它不但出现了一个名副其实的管理——统治机构，是国家的物化形式之一，它还是技术进步、生产力发展的集中体现者，也是社会政治、经济、文化和宗教的中心。一言以蔽之，都邑·城市是文明社会的概括，最早出现的文明，大多都是都邑国家或城市国家式的文明。

　　都邑与城市是两个既有重叠又有区别的概念。在文明社会的初期，二者的共同特点是都具有很强的集中性，都是权力和宗教的中心，也是经济和文化教育的中心；就一般而言，它们每每有城墙相环绕，但也存在不要城垣的都邑，如中美洲的古代文明。需要指出的是，在"都邑"一词中，强调的是它的政治性，而在"城市"一词中，它还强调了商品集散地的功能。考察中外文明形成过程，不得不说美索不达米亚、小亚细亚、爱琴海域、希腊半岛等地的早期城邑，是可以称之为城市的；而中国等地的早期城邑称之为都邑似乎更贴切，至于中美洲特奥蒂瓦坎、玛雅等文明中的统治与祭祀的中心遗址，并未用城垣圈起来，但对外贸易又占有一定的地位，似乎可以称为"都市"。然而，为了叙述上的方便，这里每每将早期的城邑、城市、都市统称为都邑。

　　城邑、都市之类社会中心的出现，是以农业为基础的诸文明形成过程中的显著共性，但也不可否认，无论什么样的城邑都市都有它的个性特征。这些个性，一方面是在地理和其他自然环境（包括资源的分布）的影响下形成的，同时也是由特定时代的社会、经济条件促成的。这就要求我们通过比较，在阐述城邑都市文明的形成过程中，既概括出其共性，又究明其个性，并尽可能地予以历史与逻辑的说明。

一 都邑的分散与文明的多中心

我们知道，对于游牧民族而言，城邑固然不是绝对性的东西，但对于农业民族来说，城邑往往是重要的御敌设施和政治、宗教、文化的中心。中国古代的情况就是如此。

中国古代有国就有城，建城乃立国的标志。在先秦文献中，"国"字泛指一般的都城。"国"的繁体字"國"，《说文》云："國，邦也，从口从或。""或，邦也，从口，戈以守其一。一，地也。"周初何尊铭文中的"國"字即写作"或"。金文中，"國"字更原始字形作"戓"，其中，戈是该字读音的声符，也兼有执戈守城之义；口表示城邑，而四周的短画则表示国之疆界。也就是说，在中国上古时期，作为国家的最简单的形态，每每是以都城为中心而与四域的农村结合在一起的，而且是以都城的存在为标志的。为了与夏商周时期的王国相区别，对于上古时期的这种早期国家，我们也可以称为"邦国"。所谓"邦国"之"邦"，在先秦文献中，原与"国"同义，均由原指国都（即都邑、大都邑之类）发展为今之国家之意[①]。究其缘由，即在于当时的国都是其国家的核心，国家是由其国都来代表。这也就是《周礼·地官》所说的"惟王建国，辨方正位，体国经野"。可见最初和最原始的国家都是小国寡民，其核心区域，每每是由一个都城和其周围大片的田野和众多的村落（村邑）所构成，我们若以都城为标志，则可称为"都邑国家"或"城邑国家"。当然，在核心区域之外，因各邦国政治、经济、军事和文化的实力的不同，其所统治或支配的范围也不同。在其所统治的范围内，也存在一些次级中心聚落和围绕次级中心的普通聚落，而身处邦国都城内的邦君，则是通过这些次级中心来间接支配那些较远距离的普通聚落的。在夏商周三代的历史中，一直到西周，一些新分封的诸侯国在其刚建国时都只是先建有一个城邑，并控制周边的一些村野而已。如齐国始建之时仅有营丘一地，其余如晋、楚、燕、鲁等国开始时也都是一些点，到后来才通过兼并征伐和经济发展演变为拥有多个城邑的国家。在新石器时代末期的龙山时代，我们看到在山西襄汾陶寺、河南登封王城岗、新密古城寨、山东章丘城子崖、邹平

[①] 王震中：《先秦文献中的"邦""国""邦国"及"王国"——兼论最初的国家为"都邑国家"》，《从考古到史学研究之路——尹达先生百年诞辰纪念文集》，云南人民出版社2007年版。

丁公、寿光边线王、日照两城镇、尧王城、湖北天门石家河、浙江余杭莫角山等都邑遗址的周边，都形成密集程度不等的聚落群。在每一地域的聚落群中，都可以相对地划分出两三级乃至四级的聚落等级，其中的城邑，尤其是较大规模者，属于都邑性质的遗址，它构成了该地的区域中心，从而形成了这样一个格局：每一个这样的都邑再结合周边的聚落群即可构成一个邦国或邦国的核心区，其中对于实力较大的邦国而言，在核心区之外，还有一些围绕次级中心而分布的聚落群，而文献中所讲的万邦林立，就是以这些众多的城邑的出现为标志的。

城邑的普遍出现，使聚落形态的面貌为之一变。然而，我们并不主张一见城邑或城堡即断定国家已存在。如西亚巴勒斯坦的耶利哥，在距今10000—9000年前，尚处于前陶新石器时代，就由于军事或其他特殊的原因（如保卫宗教上的圣地圣物等）而修筑了城堡。我国的城头山也是在距今6000年前的大溪文化早期，尚属于中心聚落形态的发展阶段，就修筑了环壕土城。所以，城邑从其产生到发展为国家之都城，有其演变发展的过程，我们判断它的性质究竟是中心聚落形态阶段的中心聚落还是早期国家时的都城，是需要附加一些其他条件进行分析的，而不能仅仅依据是否修建了城墙，是否出现了城。

这里所说的附加条件，笔者认为一是当时阶级产生和社会分层的出现；二是城邑的规模、城内建筑物的结构和性质，例如出现宫殿宗庙等特殊建制。这是因为，只有与阶层和阶级的产生结合在一起的城邑，才属于阶级社会里的城邑；而只有进入阶级社会，在等级分明、支配与被支配基本确立的情况下，城邑的规模和城内以宫殿宗庙为首的建制，才能显示出其权力系统是带有强制性质的。而权力的强制性则是国家形成的重要标志。所以，只有和阶级分化一同出现的城邑，才可以作为都邑国家或城邑国家形成的标志。

中国最早的城址的出现，是在龙山时代之前。目前在我国发现的最早的城址是湖南澧县城头山古城[①]。城垣平面呈圆形，城内面积约7.6万平方米。城内堆积包括大溪、屈家岭、石家河文化的遗存，城墙约从公元前

[①] 湖南省文物考古研究所：《澧县城头山古城址1997—1998年度发掘简报》，《文物》1999年第6期。湖南省文物考古研究所：《澧县城头山——新石器时代遗址发掘报告》（上、中、下），文物出版社2007年版。

4000年的大溪文化早期到公元前2800年左右的屈家岭文化中期经过数次筑造。其中作为大溪文化时的城址年代约为公元前4000—前3500年，这是我国目前所知最早的史前城址。在长江中游地区，紧接大溪文化而来的是屈家岭文化时期的城址。城头山城址就是在大溪文化时建成之后，到屈家岭文化时期，城墙被加宽加高，壕沟也被加宽加深，得到继续使用。再如澧县鸡叫城古城址[①]，始建于屈家岭文化时期，城垣略呈圆角方形，城址面积约20万平方米，年代约在公元前3000—前2700年；湖北江陵阴湘城，现存南半部面积约12万平方米，建于屈家岭文化时期[②]；湖北石首走马岭城址[③]，为不规则椭圆形，面积约7.8万平方米，其城墙的构筑和使用属于屈家岭文化时期；湖北荆门马家垸（院）城[④]，平面呈梯形，面积约24万平方米，城墙是屈家岭文化晚期所建；湖北公安鸡鸣城也始建于屈家岭文化时期[⑤]。

在黄河中游地区较早的城址是河南郑州西山遗址的仰韶文化晚期的城址[⑥]，城内面积约3万平方米，年代约在公元前3300—前2800年。在黄河下游地区山东滕州西康留[⑦]，发现属于大汶口文化晚期，即公元前3000年左右的城址，呈圆角方形，面积约3.5万平方米；在山东五莲丹土也发现大汶口文化晚期城址[⑧]，呈不规则椭圆形，面积约25万平方米。近来在安徽固镇县濠城镇垓下遗址发现大汶口文化晚期城址[⑨]，平面呈不太规则的圆角长方形，城内面积约15万平方米。

[①] 湖南省文物考古研究所：《澧县鸡叫城古城址试掘简报》，《文物》2002年第5期。
[②] 江陵县文物局：《江陵阴湘城的调查与探索》，《江汉考古》1986年第1期。荆州博物馆等：《湖北荆州市阴湘城遗址东城墙发掘简报》，《考古》1997年第5期。荆州博物馆：《湖北荆州市阴湘城遗址1995年发掘简报》，《考古》1998年第1期。
[③] 荆州博物馆等：《湖北石首市走马岭新石器时代遗址发掘简报》，《考古》1998年第4期。
[④] 河北省荆门市博物馆：《荆门马家院屈家岭文化城址调查》，《文物》1997年第7期。
[⑤] 贾汉卿：《湖北公安鸡鸣城遗址的调查》，《文物》1998年第6期。
[⑥] 国家文物局考古领队培训班：《郑州西山仰韶时代城址的发掘》，《文物》1999年第7期。杨肇清：《试论郑州西山仰韶文化晚期古城址的性质》，《华夏考古》1997年第1期。
[⑦] 山东省文物考古所等：《山东滕州市西康留遗址调查发掘简报》，《考古》1995年第3期。
[⑧] 王学良：《五莲县史前考古获重大发现》，《日照日报》1995年7月8日。转引自《考古》1997年第4期，第3页。
[⑨] 安徽省文物考古研究所：《安徽固镇县垓下发现大汶口文化晚期城址》，《中国文物报》2010年2月5日。

到了距今 5000—4000 年广义的龙山时代，亦即古史传说中的五帝时代①，一是城邑的修筑已十分普遍，另一是此时的城邑是伴随着阶级分化而一同存在的。就龙山时代城邑的普遍性而论，在黄河中、下游地区和长江中、下游地区所修筑的城邑，总数约 70 余座（图Ⅸ—1）。其中在中原龙山文化②中发

---

① 中国的历史虽说从公元前 841 年开始有了确切纪年，可是历史学家们根据《竹书纪年》、《史记》、《汉书·律历制》和出土的青铜器铭文等，推算出西周纪年约为公元前 11 世纪—前 771 年，商代纪年约为公元前 16—前 11 世纪，夏代纪年约为公元前 21—前 16 世纪。这种将《竹书纪年》等文献中所讲的夏、商、周历经的年数相加是一种计算的方法；而我们若由古籍中所记的夏、商、周三朝各自的世系着手，也可以推算出夏初的纪年。

中国有连续、成系统的世系，始于夏代。甲骨文中殷先公先王世系的发现，强有力地证明了司马迁所记殷代世系是可靠的。殷商紧接夏代而来，司马迁《史记·夏本纪》及《古本竹书纪年》等先秦典籍对于夏代世系方面的记载，亦应当是有根据的。从历法的角度讲，在古史传说中，颛顼时代及其以前"履时以象天"，很早就产生了历法。而历法的产生、改进和发展，对历史的记忆不能不是一大帮助。在古代历史中，夏商周三代以来的王族世系是很难随便加以篡改和附会的。各国的族籍世系统归宗祝掌管，宗祝就是专干这类工作的专职人员，他必须知道"上下之神祇，氏姓之所出，而心率旧典"（《国语·楚语》下）。因而，先秦古籍中对三代各自世系、世代的记载，应当说，大致是可信的。三代中，夏朝由禹至桀共十七王、十四代（兄弟同辈者为一代）；商朝由汤至纣共三十王，十七代；西周由成王（因武王灭商后，后在位仅两年），迄共和元年（前 841 年）共九王，九代。换言之，我国中原地区，由夏禹起迄共和元年止，共经历了四十代。

在中国古代，一般以三十年为一世。如《说文·卉部》说："世，三十年为一世。"《论语·为政》子曰："三十而立。"《论语·子路》又说："子曰，如有王者，必世而后仁。"何晏注："孔曰：三十年而曰世。"《穀梁传》文公十二年说："男子二十而冠，冠而列。丈夫三十而娶。女子十五而许嫁，二十而嫁。"《礼记·内则》也有类似的说法。《尚书·尧典》又说："舜生三十征庸，三十在位。"可见，三十而立，成为一世，是古代的传统说法。《路史·前纪四》也说："男子生三十壮有立，于是始室，父子相及，是故古者三十年而成世。"

古代 30 年为一世的说法，可以得到现今有族谱世家的验证。我们知道，在我国历史上，一直保留有世系谱的以孔子世家最为完整。由存放于山东曲阜孔府中孔族家谱看，从孔子至今已传到第 76 代（1983 年 6 月 3 日《北京晚报》载：孔子第 76 代孙孔令朋，年 65 岁，存放在山东曲阜的孔族家谱上，有他的名字和生辰年月，他属于孔子第 76 代嫡系近支孙辈）。而孔子生于前 551—前 479 年，以前 479 年算，孔丘至 1980 年已有 2459 年，则孔族家谱中，每代约为 32 年。由此可证，传统上以 30 年为一世是客观经验的总结。

以 30 年一代为标准，夏商周三朝 40 代共达 1200 年，再加上 841 年，则为 2041 年，即由夏禹起的夏代之上限，约在公元前 2041 年左右，恰与史学家们由古籍中夏商周三朝历经的年数相加而推算出来的夏代纪年的上限为公元前 21 世纪大体一致。

夏代纪年上限的大体确定，就是颛顼尧舜禹时代下限的大体确定。换言之，颛顼、帝喾、尧、舜、禹称雄于中原约在公元前 21 世纪之前的一段时间内。而这正在"龙山时代"的纪年范围之内。

② 关于"中原龙山文化"的概念，参见王震中《略论"中原龙山文化"的统一性与多样性》，田昌五、石兴邦主编：《中国原始文化论集》，文物出版社 1989 年版。收入王震中《中国古代文明的探索》，云南人民出版社 2005 年版。

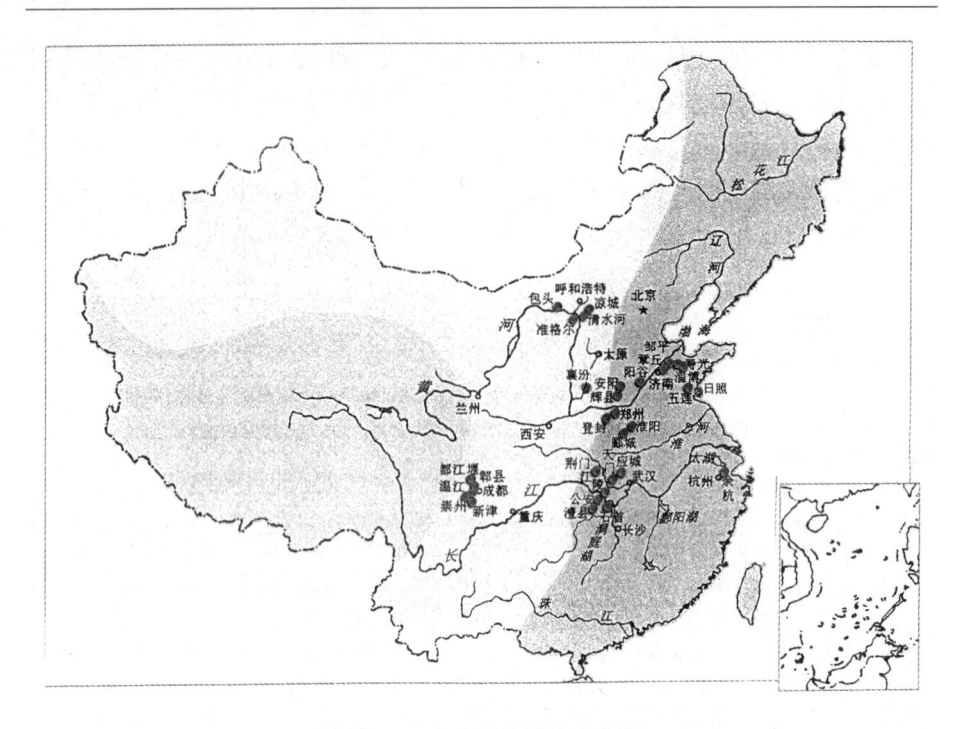

图Ⅸ—1　龙山时代城址分布图

现 13 处城址，有山西襄汾陶寺[①]、河南登封市告成镇王城岗[②]、新密市古

[①] 中国社会科学院考古研究所山西队等：《山西襄汾陶寺城址 2002 年发掘报告》，《考古学报》2005 年第 5 期。中国社会科学院考古研究所山西第二工作队等：《2002 年山西襄汾陶寺城址发掘》，《中国社会科学院古代文明研究中心通讯》2003 年第 5 期。中国社会科学院考古所山西工作队等：《山西襄汾县陶寺城址发现陶寺文化大型建筑基址》，《考古》2004 年第 2 期。中国社会科学院考古所山西工作队等：《山西襄汾县陶寺城址祭祀区大型建筑基址 2003 年发掘简报》，《考古》2004 年第 7 期。中国社会科学院考古所山西工作队等：《山西襄汾县陶寺中期城址大型建筑ⅡFJT1 基址 2004—2005 年发掘简报》，《考古》2007 年第 4 期。中国社会科学院考古所山西工作队等：《山西襄汾县陶寺城址发现陶寺文化中期大型夯土建筑基址》，《考古》2008 年第 3 期。中国社会科学院考古研究所山西工作队：《山西襄汾县陶寺遗址发掘简报》，《考古》1980 年第 1 期。中国社会科学院考古所山西工作队等：《1978—1980 年山西襄汾陶寺墓地发掘简报》，《考古》1983 年第 1 期。中国社会科学院考古所山西工作队等：《陶寺遗址 1983—1984 年Ⅲ区居住址发掘的主要收获》，《考古》1986 年第 9 期。中国社会科学院考古所山西工作队等：《山西襄汾县陶寺遗址Ⅱ区居住址 1999—2000 年发掘简报》，《考古》2003 年第 3 期。中国社科院考古所山西工作队等：《陶寺遗址发现陶寺文化中期墓葬》，《考古》2003 年第 9 期。

[②] 河南省文物研究所、中国历史博物馆考古部：《登封王城岗遗址的发掘》，《文物》1983 年第 3 期。河南省文物研究所、中国历史博物馆考古部：《登封王城岗与阳城》，文物出版社 1992 年版。北京大学考古文博学院、河南省文物考古研究所：《登封王城岗考古发现与研究》（上、下），大象出版社 2007 年版。

城寨①、辉县孟庄②、淮阳大朱庄平粮台③、河南郾城郝家台④、安阳后岗⑤、方城平高台、平顶山蒲城店⑥、温县徐堡、博爱西金城、禹州瓦店等城址。此外，濮阳戚城也可能有龙山时期的城址。在山东龙山文化中发现17座城址，有山东章丘城子崖⑦、邹平丁公⑧、淄博田旺（桐林）⑨、寿光边线王⑩、茌平教场铺⑪、阳谷县景阳冈⑫、皇姑冢、王家庄、茌平尚庄、乐平铺、大尉，以及东阿县王集⑬、费县防故城、连云港藤花落、滕州庄里西、日照两城镇和日照尧王城等城址⑭。在长江中游的屈家岭至石家河文化中发现17座城址，有湖北天门石家河⑮、天门笑城、应城门板湾⑯、应城陶家湖、安陆

---

① 河南省文物考古研究所等：《河南新密市古城寨龙山文化城址发掘简报》，《华夏考古》2002年第2期。
② 河南省文物考古研究所：《辉县孟庄》，中州古籍出版社2003年版。
③ 河南省文物考古研究所等：《河南淮阳平粮台龙山文化城址试掘简报》，《文物》1983年第3期。
④ 河南省文物研究所等：《郾城郝家台遗址的发掘》，《华夏考古》1992年第3期。
⑤ 尹达：《新石器时代》，第54—55页，生活·读书·新知三联书店1979年版。中国社会科学院考古研究所安阳队：《1979年安阳后冈遗址发掘报告》，《考古学报》1985年第3期。
⑥ 魏兴涛等：《河南平顶山蒲城店发现龙山文化与二里头文化城址》，《中国文物报》2006年3月3日。高江涛：《中原地区文明化进程的考古学研究》，第208页，社会科学文献出版社2009年版。
⑦ 李济等：《城子崖——山东历城县龙山镇之黑陶文化遗址》，1934年；山东省文物考古研究所：《城子崖遗址又有重大发现，龙山岳石周代城址重见天日》，《中国文物报》1990年7月26日。
⑧ 山东大学历史系考古专业：《山东邹平丁公遗址第四、五次发掘简报》，《考古》1993年第4期。
⑨ 魏成敏：《临淄区田旺龙山文化城址》，《中国考古学年鉴（1993年）》，文物出版社1995年版。张学海：《试论山东地区的龙山文化城》，《文物》1996年第12期。
⑩ 杜在忠：《边线王龙山文化城堡的发现及其意义》，《中国文物报》1988年7月15日。张学海：《泰沂山北侧的龙山文化城》，《中国文物报》1993年5月23日。
⑪ 中国社会科学院考古研究所山东队等：《山东茌平教场铺遗址龙山文化城墙的发现与发掘》，《考古》2005年第1期。
⑫ 山东省文物考古研究所等：《山东阳谷县景阳冈龙山文化城址调查与试掘》，《考古》1997年第5期。
⑬ 山东省文物考古研究所等：《鲁西发现两组八座龙山文化城址》，《中国文物报》1995年1月22日。张学海：《鲁西两组龙山文化城址的发现及对几个古史问题的思考》，《华夏考古》1995年第4期。
⑭ 栾丰实：《1998—2001年两城镇遗址考古发掘的主要收获》，《东方考古学研究通讯》第5期，2005年12月。方辉等：《1995—2004年日照地区系统考古调查的新收获》，《东方考古学研究通讯》第5期，2005年12月。方辉、文德安等：《鲁东南沿海地区聚落形态变迁与社会复杂化进程研究》，《东方考古》第4集，科学出版社2008年版。
⑮ 北京大学考古系等：《石家河遗址群调查报告》，《南方民族考古》第5辑，1992年。
⑯ 陈树祥等：《应城门板湾遗址发掘获重要成果》，《中国文物报》1999年4月4日第一版。

王古溜、荆门城河、公安青河、孝感叶家庙、武汉黄陂张西湾、大悟土城、湖南澧县城头山、鸡叫城、湖北江陵阴湘城、石首走马岭、荆门马家垸、公安鸡鸣城等①。石家河文化中的这些城邑都是在屈家岭文化时期就已经营建环壕土城，到了石家河文化早、中期，其环壕土城均被沿用。长江下游太湖地区，近年在杭州市余杭区莫角山发现良渚古城遗迹②。长江上游四川成都平原，发现有新津宝墩城、温江鱼凫城、郫县梓路古城、都江堰市芒城、崇州双河、大邑盐店、大邑高山古城等7座城址③。此外，在内蒙古中南部河套地区出现另一种城址类型，即用石头围筑成石墙的石城④，现已发现18座。这些石城主要分布在三个地区：一是包头市东大青山西段南麓，在东西长近30公里的范围内，从西向东依次有阿善（2座）⑤、西园、莎木佳（2座）、黑麻板、威俊（3座）⑥等计5处遗址9座石城⑦。二是凉城岱海西北岸地区，在蛮汗山东南坡上，发现西白玉、老虎山⑧、板城、大庙坡4座石城。三是在准格尔旗与清水河县之间黄河两岸，有准格尔寨子塔⑨、寨子上（2座）、清水河马路塔、后城嘴等共5座。

　　以上70余座史前城址的发现，充分显示出最初的都邑和文明是在分散并存的状态下崛起的，这一现象也见于西亚、埃及和中美洲等地。从公元前3500年开始，西亚两河流域南端的苏美尔区的平原上兴起了许多雉堞峥嵘的城市，其代表性的有乌鲁克（Uruk）、拉格什（Lagash）、乌尔（Ur）、尼普尔（Nippur）等。这些城市结合周围的若干农村地区，组成一个国家，历史

---

　　① 张弛：《长江中下游地区史前聚落研究》，第140页，文物出版社2003年版。
　　② 浙江省文物考古研究所：《杭州市余杭区良渚古城遗址2006—2007年的发掘》，《考古》2008年第7期。
　　③ 成都市文物考古队：《四川新津县宝墩遗址调查与试掘》，《考古》1997年第1期。《成都平原发现一批史前城址》，《中国文物报》1996年8月18日。《成都史前城址发掘又获重大成果》，《中国文物报》1997年1月19日。任式楠：《中国史前城址考察》，《考古》1998年第1期。
　　④ 田广金：《内蒙古长城地带石城聚落址及相关诸问题》，《纪念城子崖遗址发掘60周年国际学术讨论会文集》，齐鲁书社1993年版。
　　⑤ 内蒙古社会科学院蒙古史研究所等：《内蒙古包头市阿善遗址发掘简报》，《考古》1984年第2期。
　　⑥ 刘幻真：《内蒙古包头威俊新石器时代建筑群址》，《史前研究》（辑刊），1988年。
　　⑦ 包头市文管所：《内蒙古大青山西段新石器时代遗址》，《考古》1986年第6期。
　　⑧ 田广金：《凉城县老虎山遗址1982—1983年发掘简报》，《内蒙古文物考古》第4期，1986年。
　　⑨ 魏坚：《准格尔旗寨子塔二里半考古主要收获》，《内蒙古中南部原始文化研究文集》，海洋出版社1991年版。

上称之为城市国家。

　　埃及在统一之前的"诺姆"国家时期，也处在许多文明中心分散并存的状态之中。"诺姆"是希腊语，中译为"州"，按照埃及史上的通例，应称为"斯帕特"（spt）。埃及的早期国家文明形成于涅伽达文化Ⅱ期。在古王国时期，上下埃及大约有38或39个诺姆，后来增至40到42个诺姆。而在涅伽达文化Ⅱ期，诺姆的数目可能要少一些，但有相当数量的诺姆国家崛起是无疑的。这些诺姆国家都有自己的权力和宗教中心，有的还发现了砖砌的城堡，如涅伽达。这些诺姆国家，又由于相互之间的联盟与抗争，逐渐形成了几个大的中心，例如上埃及，在阿西尤特以南，以涅伽达为中心的科普多斯一带是一部分；以希拉康坡里为中心的爱德弗以北一带又是一部分；以阿姆拉附近的阿卑多斯一带，包括提斯，是第三部分；瓦迪·哈马米亚附近的塔萨·巴达里一带又是一部分[①]。

　　中美洲各地文明的起源，也是在交互作用的环境中分别崛起的。大约在公元前后，墨西哥盆地的特奥蒂瓦坎文化圈、瓦哈卡盆地以蒙特·阿尔巴为中心的瓦哈卡文化圈、从波萨里卡到夸察夸尔科斯的墨西哥湾沿岸文化圈、危地马拉、洪都拉斯一带的玛雅文化圈，在相互影响和交互作用下都迈向了文明时代。

　　中美洲各地的文明起源，既有各文化圈之间相互影响的因素，更主要的还是各文化圈内部的交互作用。例如，瓦哈卡盆地的蒙特·阿尔巴文明形成时，据统计存在有30处以上的祭祀礼仪中心[②]。再如危地马拉北部丛林密布的佩腾地区，从公元前200年到公元前250年的400多年间是玛雅文明的形成时期，在这一时期，在蒂卡尔、瓦夏库顿（Uaxacutun）、赛巴尔（Seibal）、阿尔特尔·得·萨克里非西奥斯（Altar de Sacrificios）、卡米纳尔祖尤（Kaminaljuyu）等地兴起了众多的政治、经济、文化和宗教礼仪中心。这些中心已具有玛雅古典文明的特征，它们多配有金字塔式的神庙群、石碑、祭坛，有的金字塔建在豪华的墓葬之上，显示出当时各中心的统治者所具有的强大的政治、经济和宗教上的权力[③]。到了公元300年以后，佩腾地区已发现的中心遗址即都邑遗址达83个之多，平均相隔距离仅为15公里[④]。各中心遗

[①] 《世界上古史纲》（上册），第253页，人民出版社1979年版。
[②] 增田义郎编：《世界的博物馆5·墨西哥国立人类学博物馆》，第157页，讲谈社1978年版。
[③] 狩野千秋：《玛雅与阿兹特克》，第37—47页，[日本]近藤出版社1983年版。
[④] 马文·哈里斯：《文化的起源》，第81页，华夏出版社1988年版。

址之间在建筑形制、风格、宗教祭祀对象、陶器、生产工具以及社会结构和组织上的类似性，充分说明了这一区域文化内的各中心是在长期的相互作用下走向文明的。

依据今天的研究，世界上至少有6个大的区域（即美索不达米亚、埃及、印度、中国、中美洲和秘鲁）分别产生了一批原生形态的国家，而在这六大区域内都存在着复杂的多系统的农耕文化，这六大区域内的文明社会正是这些区域内的各个文化圈以及各文化圈内的各类型的文化和创造这些文化的族共同体，经过长期的、连续的相互作用而产生的。无论是人类学的研究，还是考古学上的研究都表明，不同的社群、不同的族共同体之间，对外的交互作用与之内部复杂性的增加总是相辅相成的。因而在一个大的文明发祥区域内出现的早期都邑文明，大多是一批而非孤独的一个，每每呈现出小国分立的势态。这大概是美索不达米亚、埃及、印度、中美洲、中国等原生型文明兴起时的共同特点。尤其是中国，由于受广阔而复杂的地理环境和区域文化传统的制约，使这一特征表现得更为典型，时期亦颇为长久。

在中国，一直到周代，还动辄以"万邦""万国"来表示邦国林立的局面。例如：

曰古文王……匍有上下，迨受万邦。（《墙盘》）（按"匍"字据杨树达说当读为"抚"，"迨"即"会"字，"迨受万邦"大意是文王为万邦所拥戴。）

曰其自时中乂，万邦咸休，惟王有成绩。（《尚书·洛诰》）（按"时"，是；乂治也。这是周公说的话，大意为周王如果能够在这天下之中的洛邑治理天下，那就会"万邦咸休"，大功告成。）

文武吉甫，万邦为宪。（《诗经·小雅·六月》）（按这是西周末叶的诗，称颂尹吉甫可以作万邦的榜样。）

这里的万邦之万字，只是极言其多，不必指实。据《汉书·地理志》，相传尧舜时期的"协和万国"，到周初还有一千八百国。《尚书·尧典》也说：尧能"协和万邦"。《左传》哀公七年说："禹合诸侯于涂山，执玉帛者万国。今其存者，无数十焉。"《战国策·齐策四》颜斶云："大禹之时，诸侯万国……及汤之时，诸侯三千。当今之世，南面称寡者，乃二十四。"《荀子·富国篇》言："古有万国，今有十数焉。"《逸周书·世俘解》云，武王伐商，"憝国九十有九……凡服国六百五十有二。"等等，还可以举出一些。夏代和夏之前未必真有万国，但当时众多族落小国分立各地，小邦小国林立，应为实际状态。

文献中所载夏王朝之前即已形成邦国林立的局面，恰恰同考古学上龙山时代城邑纷纷崛起、散处各地、互不统属的格局相吻合。如前所述，如果我们承认在阶级产生的同时所出现的城邑，可视为国家构成的条件的话，那么龙山时代的河南、山西、山东、内蒙古、湖北、湖南、四川和浙江诸省不同的文化以及同一文化的不同类型之中兴起的城邑，足以说明中国文明起源的多元性和多中心。若究其成因，一是广阔、繁复、多样的地理环境所致，二是各区域不同系统文化的形成，三是各系统文化之间的长期连锁的相互交往和相互作用。对此，我们在"文明道路与区域特征"一章中将会作详细的论述，暂不赘述。

说到尧舜禹时期的"万邦"，很容易联想到尧舜禹"禅让"的传说。尧舜禹禅让传说，描述的是中原地区诸邦之间已形成一种联盟，所谓"禅让"就是盟主职位在盟内转移和交接的情形。对于这种联盟，过去称为"部落联盟"。不可否认，在这万邦之中，既有自炎黄时期以来仍处于氏族部落发展程度的诸氏族部落或部族，但也有一批政治实体已演进为早期国家的邦国，有学者称之为族邦。而从事物的性质总是由其主要矛盾的主要方面予以规定来看，既然尧舜禹时期已出现一批属于早期国家的邦国，那么尧舜禹时期诸部族之间的关系，与其称为"部落联盟"，不如称为"部族邦国联盟"或"族邦联盟"（邦国联盟）。唐尧、虞舜、夏禹之间的关系实为邦国与邦国之间的关系，只是当时随着势力的相互消长，唐尧、虞舜、夏禹都先后担任过"族邦联盟"的盟主而已。为此，笔者很赞成这样一种说法：尧舜禹他们的身份有一度曾是双重的，即首先是本国的邦君，其次是族邦联盟之盟主或霸主，这种盟主地位就是夏商周三代时"天下共主"之前身[①]。

二 龙山时期城邑的建制及其在聚落群中的都邑性质

从文明起源多中心的角度来看，在早期城邑国家时期，城与城之间的关

---

① 王树民：《禅让说评议和古代历史的真相》，《曙庵文史续录》，第68—69页，中华书局2005年版。

系也是国与国之间的关系，而国家内部的社会组织的结构和性质等，则需要通过对城邑内部剖析及城与乡的结构关系等方面加以探究。因而有关城邑的一般建制及其主要职能的分析，就显得十分必要了。

中国龙山时代的城邑虽已发现了七十余座，但令人十分遗憾的是，这些城邑，或者由于破坏较为严重，或者由于发掘面积有限，或者由于尚处于发掘之中，使得我们对城内的布局和建制情形尚未完全搞清楚。为此，在这里，我们仅选择一些较重要或较有特点的加以叙述。

1. 陶寺邦国都邑及其聚落群内等级

作为中原龙山文化范畴的陶寺城址，是这一时期代表性的都邑遗址。陶寺遗址位于山西省襄汾县汾河东岸的塔儿山西麓，分布在陶寺村、李庄、中梁村、东坡沟村四个自然村之间（图Ⅸ—2）。

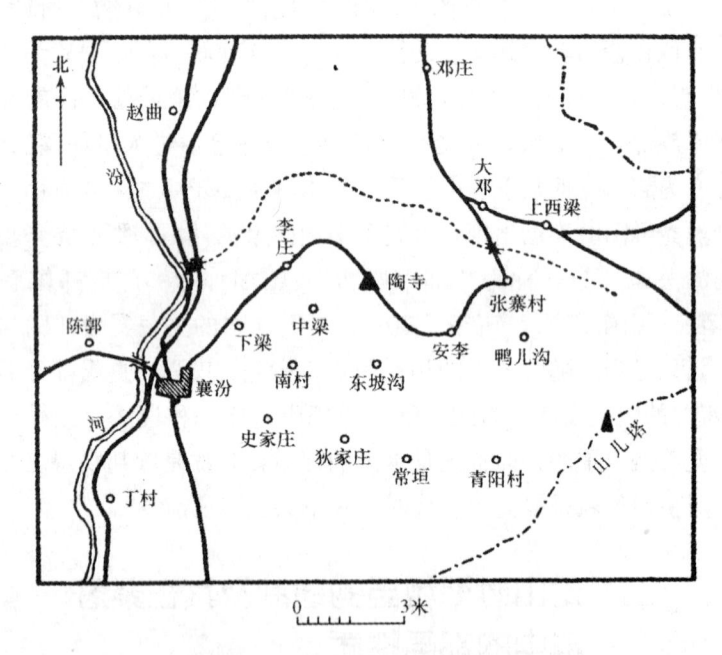

图Ⅸ—2　山西襄汾陶寺遗址位置图

城址（图Ⅸ—3）分早期和中期两个时期。其早期城址面积是 56 万平方米，中期城址面积为 280 万平方米。早期城址南北长约 1000 米，东西宽约 560 米。早期城址中，南部分布有宫殿建筑区，面积约 6.7 万平方米，发现有大型夯土建筑；在宫殿区的西边是大贵族居住区和下层贵族居住区，面积约1.6万平方米，已探出面积较大的夯土建筑多座，多为正方形或长方形；在小城外东南，钻探发现一些较为集中的窖穴，面积近1000平方米，已发掘了6座，根据窖穴的形制和周围有生土隔离带相对封闭的情况看，很可能是仓储区；小城东南近600米处是陶寺文化早期墓地，20世纪70—80年代在大约5000平方米的范围内发掘了1300多座墓葬，大多数为早期墓，等级分化十分明显。

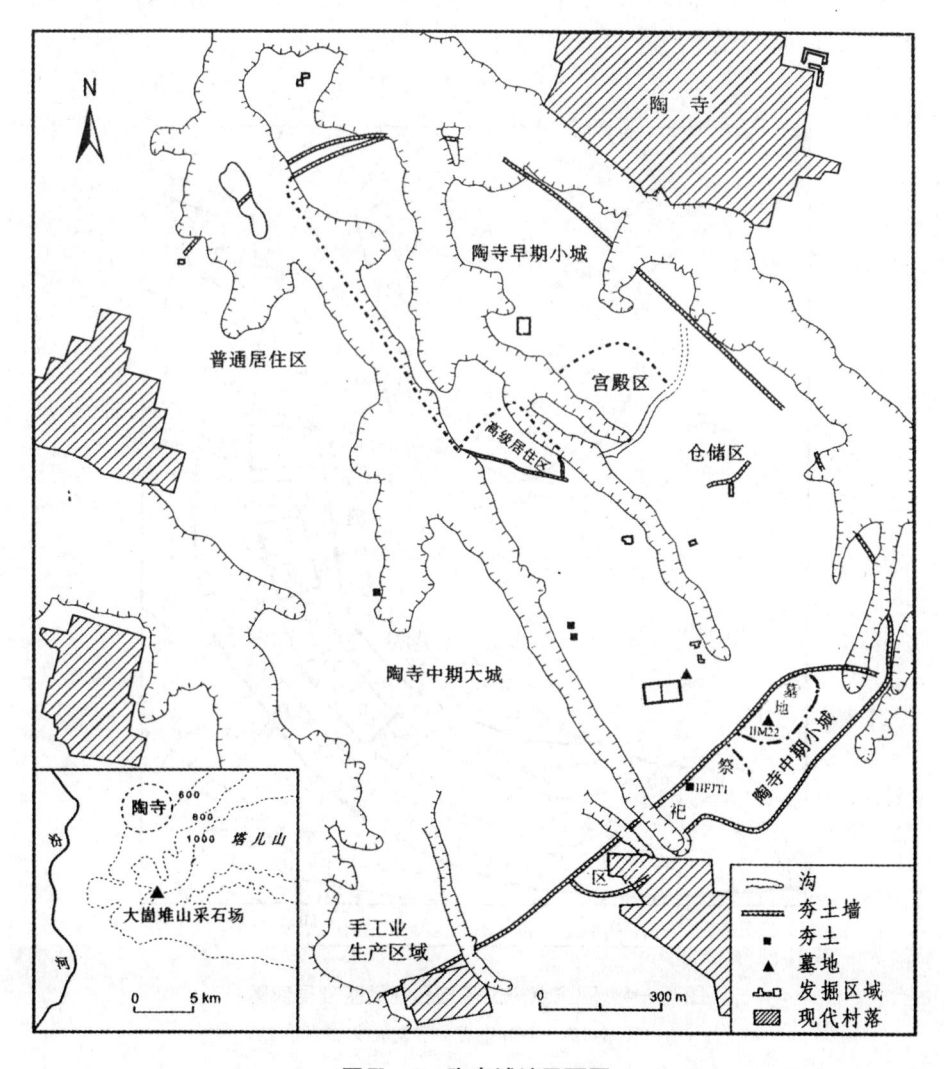

图Ⅸ—3　陶寺城址平面图

陶寺中期的城址又分中期大城和中期小城，中期大城面积270万平方米，中期小城面积10万平方米，中期城址的总面积为280万平方米。陶寺文化中期时早期的城垣已废弃，但宫殿区仍继续使用（彩图60），仓储区也在继续使用。陶寺中期小城的功能比较特殊，一是在其西北角发现中期墓地，面积约1万平方米，迄今共清理了22座墓葬，其中M22为大型墓，M8为中型墓，还有一些小型墓，等级分明；二是在中期小城中发现一个观象授时的天文建筑ⅡFJT1（图Ⅸ—4、图Ⅸ—5），大概同时也兼有祭祀功能。由中期小城内的墓地和特殊建筑ⅡFJT1等情况来看，陶寺中期小城很可能是陶寺中城邑内的观象授时与宗教祭祀区。

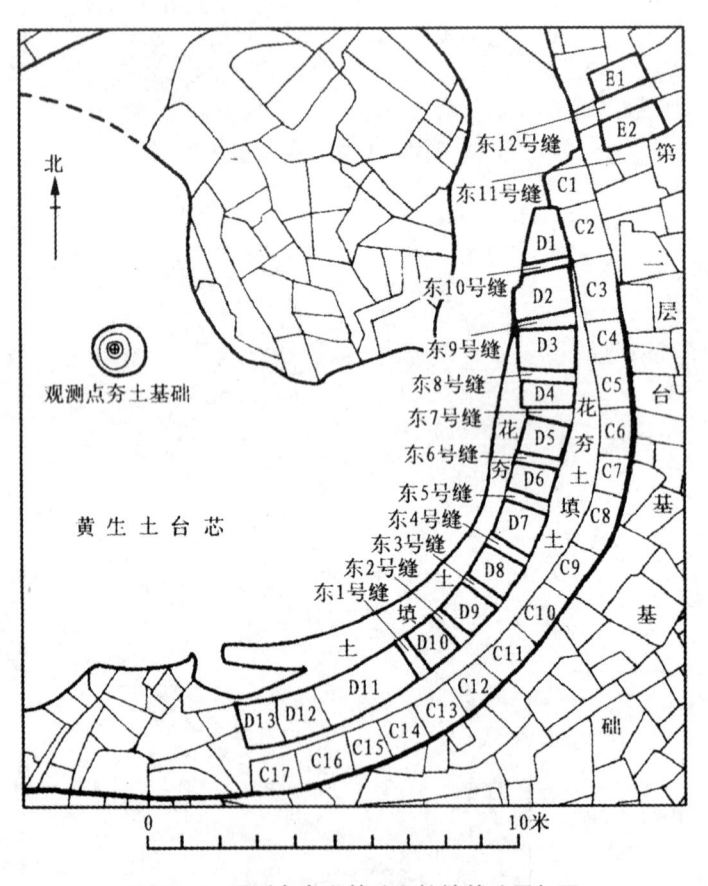

图Ⅸ—4　观测点夯土基础和柱缝基础局部图
（图中观测点夯土基础中心十字表示核心圆圆心）

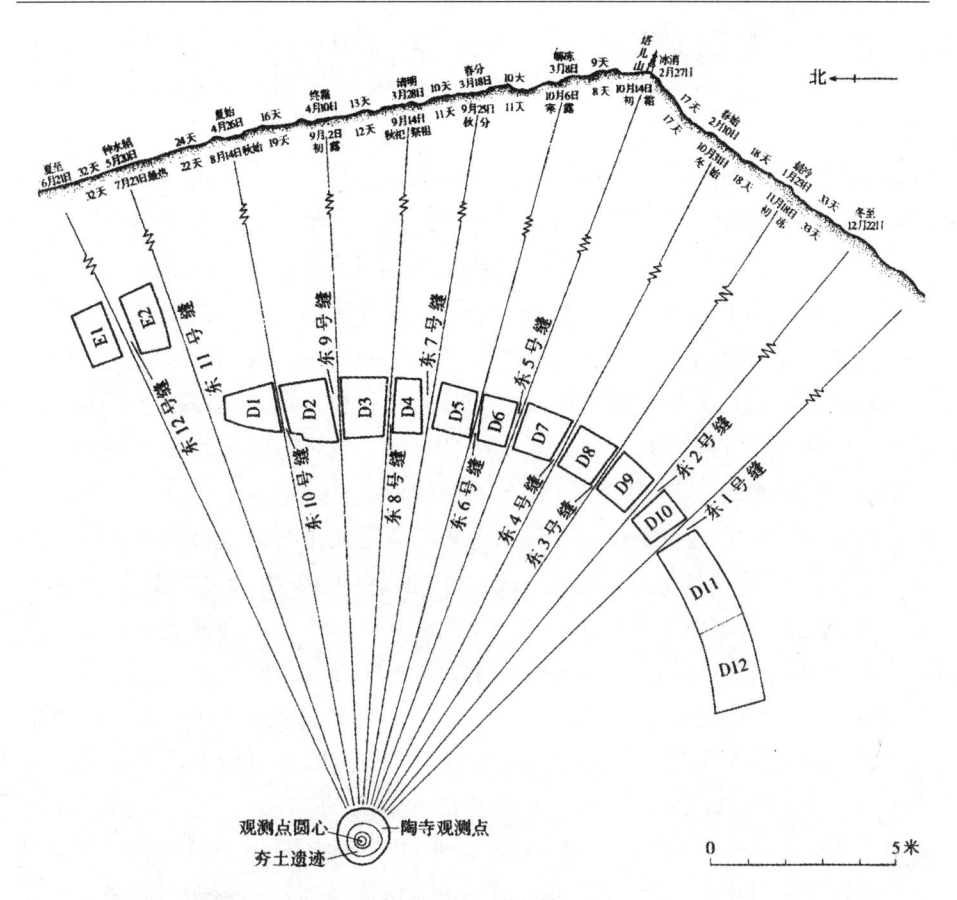

图Ⅸ—5 陶寺遗址观象台复原观测系统平面示意图

在陶寺遗址，除墓葬中出土的彩绘龙盘（彩图61、彩图62）、彩绘陶簋（彩图63）等各种精美的彩绘陶器，以及玉琮、玉璧、玉钺、玉戚、玉兽面器等各种玉器（彩图64）和鼍鼓、特磬、石璇玑之外，还发现有1件红铜铃（见图Ⅸ—5，彩图48）、1件铜齿轮形器（彩图49）与玉瑗规整黏合在一起的铜玉合体的手镯。在彩绘陶器上还发现朱书的两个文字（见图Ⅶ—27，彩图56），其中一个可释为"文"；另一个有人释为"易"，也有人释为"尧"（尭），或释为"唐"、"邑"、"命"等[①]。陶寺发现的这两个文字的字形和结

---

① 参见本书第七章"从符号到文字"。

构，比大汶口文化中的图像文字又进了一步，应是中国最早文字之一。

在陶寺遗址的这些发现中，规模宏大的城址、地位凸显的宫殿宗庙和特殊的天文建筑，反映出组织调配人力物力资源的能力和社会权力的存在；等级分化明显的墓地和随葬鼍鼓、特磬、龙盘、玉琮、玉璧、玉钺等玉器、漆器、彩绘陶簋等精美随葬品的贵族、邦君之类的大墓，与贫穷的小墓所形成的鲜明对比，呈现出阶级、阶层的分化；墓葬出土铜铃、砷青铜齿轮形器，说明已掌握了铜器冶炼，再从出土的精美玉器和陶器来看，都反映出城邑内手工业技术水平和分工；扁壶上两个朱书文字的发现，说明陶寺城邑内已有文字的使用。总之，陶寺城邑内的社会分化与社会复杂化程度已经很高，社会组织结构较为完备，社会权力既具有公众性，也具有某种程度的集中性和强制性，陶寺城址已具备都邑即都城的性质。

陶寺城址的都邑性质还可与其周边属于陶寺文化的遗址群即聚落群的等级关系得到说明。陶寺遗址群的调查工作在20世纪70年代做过第一次普查，调查范围为晋南地区，发现陶寺文化遗址70余处[1]。依据这一调查，再结合对于陶寺遗址的发掘，有学者把陶寺类型的聚落群划分为三个等级：280万平方米的陶寺城址为主要中心，24—128万平方米的遗址为次中心，24万平方米以下的其他大量的村落遗址为第三级。并认为陶寺可能统治了面积大约3300平方公里的区域，每个次级区域可能控制大约1660平方公里的区域[2]。也有人依据上述调查资料，把陶寺遗址附近20公里的范围内分布的14处陶寺文化时期遗址划分为三个等级：400万平方米的陶寺遗址（陶寺中期城址的面积为280万平方米，而陶寺遗址的面积为400万平方米[3]）为第一级——特大型聚落，面积为10万平方米的北高村遗址为第二级，其余皆为小型聚落[4]。

从2009年11月到2010年8月，中国社会科学院考古研究所山西工作队，会同山西省考古研究所、临汾市文物局、襄汾县文物局，组成"陶寺遗址群宏观聚落形态区域调查联合工作队"，对塔儿山东、西两麓黄土原，北

---

[1] 中国社会科学院考古研究所山西工作队：《晋南考古调查报告》，《考古学集刊》第6集，中国社会科学出版社1989年版。

[2] 刘莉：《中国新石器时代——迈向早期国家之路》，陈星灿等译，第158—159页，文物出版社2007年版。

[3] 梁星彭、严志斌：《陶寺城址的发现及其对中国古代文明起源研究的学术意义》，《中国社会科学院古代文明研究中心通讯》2002年第3期。

[4] 高江涛：《中原地区文明化进程的考古学研究》，第232—233页，图3—61，社会科学文献出版社2009年版。

起临汾市的山前,南至浍河南岸,西起汾河,东至塔儿山东麓滏河上游,南北 70 公里,东西 25 公里,面积大约 1750 平方公里的范围,进行了"网格法"式的调查。该次调查,发现和确定仰韶文化至汉代遗址或遗存点 128 处,其中陶寺文化遗址 54 处(见表 9—1,图Ⅸ—6)①。

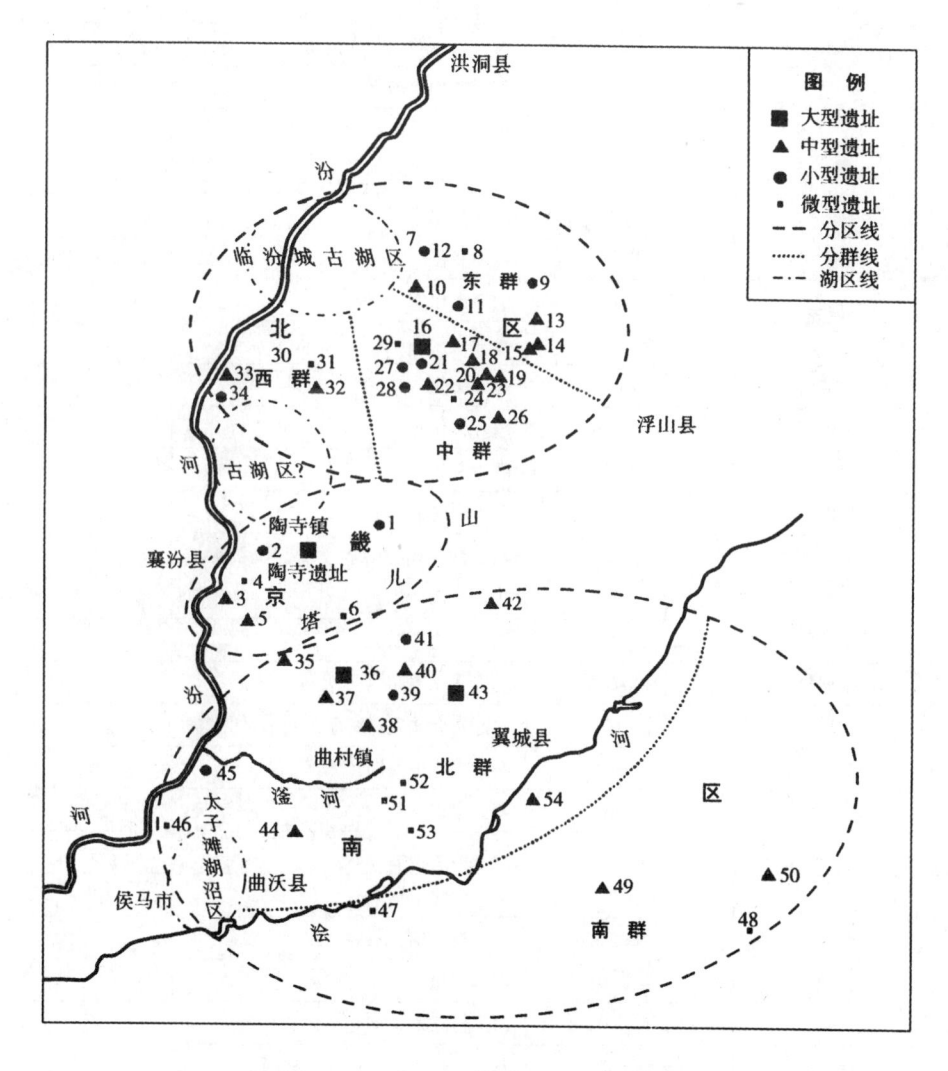

图Ⅸ—6 2009—2010 年陶寺遗址群调查图

---

① 何驽:《2010 年陶寺遗址群聚落形态考古实践与理论收获》,《中国社会科学院古代文明研究中心通讯》第 21 期,2011 年 1 月。

表 9—1　　　　　2009—2010 年陶寺遗址群调查表

遗址	面积（平方米）	时期	等级
夏梁	16517	陶寺文化	小
张篡	35477	陶寺文化中期	小
段村	25209	陶寺文化早期	小
温泉	92376	西王村三期、陶寺文化	小
东邓	400000	陶寺文化、东周	中
寺头	400000	仰韶文化、西王村三期、陶寺文化、东周	中
令伯	400000	陶寺文化晚期	中
新民	2727	陶寺文化早期	微
小王庄	12364	陶寺文化	小
上庄	4700	陶寺文化	微
大崮堆山	5136	陶寺文化	微
丁村	200000	陶寺文化	中
伯玉	103540	陶寺文化	小
孝养	300000	陶寺中晚期	中
大阳	14741	西王村三期、陶寺文化、二里头文化、汉代文化	小
东段	100000	陶寺文化中期	中
泉坡	2370	陶寺文化中期	微
北高	99176	北部陶寺文化；东北部西王村三期	小
北麻	491	陶寺文化中晚期	微
南合理庄	44383	陶寺文化	小
高凹角	100000	陶寺文化早期	中
王村	100000	陶寺文化早期	中
苏寨	200000	西王村三期、陶寺文化	中
赵北河	200000	陶寺文化	中
西李家庄	200000	西王村三期、陶寺文化	中
黄寺头	500000	仰韶文化、陶寺文化、战国	中
南乔	900000	陶寺文化、战国	中
县底	1100000	陶寺文化、商周	大
北席	36572	陶寺文化中晚期	小

续表

遗址	面积（平方米）	时期	等级
大王	300000	西王村三期、陶寺文化	中
西沟	32656	西王村三期、陶寺文化	小
西下庄	8304	陶寺文化	微
大韩	2196	陶寺文化	微
神刘	400000	西王村三期、陶寺文化早期、战国	微
西阎	0	陶寺文化、商代文化、东周文化	微
营里	500000	仰韶文化、陶寺文化早中期、二里头文化、东周文化	中
义门	200000	西王村三期、陶寺文化中期、汉代	中
北董	5549	仰韶文化、西王村三期、陶寺文化、汉代文化	微
贺村	5	陶寺文化、战国、汉代	微
东吉必	1740	陶寺文化早期	微
东许	200000	陶寺文化中晚期	中
听城	300000	陶寺文化	中
周庄	1598	陶寺文化	微
东常	1704	陶寺文化早期	微
高阳	5238	西王村三期、陶寺文化、汉代	微
高显	100000	仰韶文化、西王村三期、陶寺文化、东周文化	小
朝阳	800000	仰韶文化、西王村三期、陶寺文化中期、二里头文化、东周文化	中
北辛店	600000	仰韶文化、陶寺文化中期、二里头文化、东周文化	中
安泉	13733	西王村三期、陶寺文化	小
南柴	1100000	陶寺文化中期偏早	大
古暑	900000	陶寺文化	中
方城	2000000	陶寺文化中晚期	大
白塚	500000	陶寺文化中晚期	中
八顷	69373	陶寺文化早期、二里头文化、汉代	小

（引自何驽《2010年陶寺遗址群聚落形态考古实践与理论收获》。）

从图Ⅸ—6可以看到，调查者将54处陶寺文化遗址划分为三个区域：陶寺周围的6处遗址为中区，也称为"京畿"；"京畿区"以北，以县底遗址为首，统领中小遗址11处，称为北区；"京畿区"以南，以南柴、方城为首，统领18处中小遗址，称为南区。调查者将陶寺和这54处陶寺文化遗址划分为"五级聚落、四层等级化的社会组织"：陶寺城址为都城，280万平方米，此乃第一级；都城下辖南、北两个区中心（邑）——县底和南柴（方城）两个大型遗址，面积100万—200万平方米，此乃第二级；区中心邑下辖二至三片区的中型聚落群（乡镇），面积10万—99万平方米，此乃第三级；部分中型聚落下辖一至三个小型遗址（村），面积1万—9万平方米，此乃第四级；面积在1万平方米以下者，为"微型聚落"，此乃第五级，这些微型聚落，可能有些特殊的职能，并不构成一级功能完整的基层社会组织[①]。

比较上述三种方法的聚落等级的划分，可以看出它们之间的差异。这些差异，有的是因划分的范围不一样，如若仅以陶寺遗址附近20公里的范围内分布的14处陶寺文化时期遗址来划分的话，只能划分出二级或三级。陶寺城址周围2公里内没有陶寺文化聚落，2公里之外也只有六七处较小的聚落，这种情况与安阳殷都周围从洹北商城时期到武丁至帝乙帝辛的小屯宫殿区时期的情况相仿佛[②]。在洹北商城时期，有19处聚落，其中除洹北商城作为王都而规模庞大外，大多数属于规模较小的普通村邑。在殷墟时期，有25处聚落，调查者说其面积最大者不过35000平方米。也就是说，安阳殷都及其周边800平方公里的范围内的聚落等级只有两级，而且这两个等级之间悬殊又非常大。为此，调查者的结论是："除殷墟外，洹河流域似不存在其他较大的中心聚落。这有可能说明当时分布于王畿附近的聚落都是由商王直接控制的，其间或许没有介于商王与族长之间的中层组织或机构。"[③] 陶寺的情况也是这样，陶寺都邑附近的聚落是陶寺的邦君直接控制的，这正相当于《周礼·地官》所说的"惟王建国，辨方正位，体国经野"式的"国野"关系。至于以陶寺为中心的更大范围内的聚落群，它们与陶寺都邑的关系可以

---

① 何驽：《2010年陶寺遗址群聚落形态考古实践与理论收获》，《中国社会科学院古代文明研究中心通讯》第21期，2011年1月。

② 中美洹河流域考古队：《洹河流域区域考古研究初步报告》，《考古》1998年第10期。中国社会科学院考古研究所安阳工作队：《河南安阳洹河流域的考古调查》，《考古学集刊》第3集，中国社会科学出版社1983年版。

③ 中美洹河流域考古队：《洹河流域区域考古研究初步报告》，《考古》1998年第10期。

视为广义的城乡都鄙关系。与陶寺遗址相比，不论它们究竟应划分为三级、四级还是五级聚落等级；也不论它们是通过其中的次级聚落中心与陶寺都邑发生联系，还是直接与陶寺都城有着隶属关系，都可构成广义的城乡关系，亦即中国古代所说的"都鄙"关系。这也属于一种"体国经野"的国土格局和政治组织关系，只是其所统辖的范围较大而已。也就是说，陶寺的都邑邦国所支配的范围，在以都城为核心的区域之外，也存在一些次级中心聚落和普通聚落，而身处邦国都城内的邦君，则是通过这些次级中心来间接支配那些较远距离的普通聚落的。陶寺与其周边地区已具有早期国家——邦国的性质，其中陶寺乃该邦国中的都城遗址。

综合陶寺遗址各种考古发现，可以看到这样一幅历史发展的画面：陶寺都邑和其周围村邑以及更大范围内聚落群的分布格局，已具有早期邦国的框架，即已出现邦君的都城、贵族的宗邑和普通的村邑这样的组合结构；墓葬的等级制表明社会存在着阶级和阶层的分化；陶寺的经济生产不但有发达的农业和畜牧业，而且制陶、制玉、冶金等手工业也已从农业中分离了出来；生产的专门化使产品空前丰富，但不断增多的社会财富却愈来愈集中在少数人手中；陶寺发现的两个朱书陶文已说明都邑内文字的出现和使用。陶寺城址的规模很大，城内发掘出土物非常丰富，陶寺文明是当时众多邦国文明的佼佼者。

从考古学视角我们对陶寺文明可作如上的考察。值得注意的是，陶寺遗址也是目前最有条件将考古学文化与古史传说相联系的遗址之一。陶寺遗址自1978年发掘以来，学术界有关陶寺遗址的族属问题多有讨论，有主张"唐尧说"[①]、"尧舜说"[②]、"有虞氏说"[③]，也有主张"夏族说"[④]。随着研究的

[①] 王文清：《陶寺文化可能是陶唐氏文化遗存》，田昌五主编：《华夏文明》第一集，北京大学出版社1987年版。王震中：《略论"中原龙山文化"的统一性与多样性》，田昌五、石兴邦主编：《中国原始文化论集》，文物出版社1989年版，收入王震中《中国古代文明的探索》，云南人民出版社2005年版。俞伟超：《陶寺遗存的族属》，俞伟超《古史的考古学探索》，文物出版社2002年版。解希恭、陶富海：《尧文化五题》，《临汾日报》2004年12月9日。卫斯：《关于"尧都平阳"历史地望的再探讨》，《中国历史地理论丛》2005年第1期。卫斯：《"陶寺遗址"与"尧都平阳"的考古学观察——关于中国古代文明起源问题的探讨》，解希恭主编：《襄汾陶寺遗址研究》，科学出版社2007年版。

[②] 李民：《尧舜时代与陶寺遗址》，《史前研究》1985年第4期。王克林：《陶寺文化与唐尧、虞舜——论华夏文明的起源》，《文物世界》2001年第1、2期。张国硕、魏继印：《试论陶寺文化的性质与族属》，"中国古代文明与国家起源学术研讨会"论文，河北保定·清西陵行宫宾馆，2009年4月。

[③] 许宏、安也致：《陶寺类型为有虞氏遗存论》，《考古与文物》1991年第6期。

[④] 高炜、高天麟、张岱海：《关于陶寺墓地的几个问题》，《考古》1983年第6期。黄石林：《再论夏文化问题——关于陶寺龙山文化的探讨》，《华夏文明》第一集，北京大学出版社1987年版。

深入，特别是"夏商周断代工程"对夏代年代框架的推定，使得主张陶寺遗址为夏文化者有的已放弃这一观点，而认为将陶寺文化的早中期的"族属推断为陶唐氏更为合理"，只是"陶寺晚期遗存同夏文化的关系，仍值得进一步思考"①。对于陶寺遗址来说，陶寺晚期发生了明显的变异，其城垣被废弃，宫殿和具有观象授时功能的大型建筑被毁坏，陶寺中期小城内的贵族墓葬在陶寺晚期遭到了全面的捣毁和扬尸，在一晚期灰沟（ⅠHG8）出土有30余个人头骨，分布杂乱，上面多有砍斫痕，其暴力色彩十分明显②。陶寺遗址被划分为早中晚三期，前后相跨年代有三四百年之久。陶寺遗址到了晚期已由都城沦为普通村邑，陶寺晚期的碳14测年为公元前2000年左右，已进入夏初纪年范围。所以，作为都邑的陶寺遗址主要指的是其早期和中期，而对于陶寺早期和中期遗址目前多主张是唐尧之都或尧舜之都。

在地望上，陶寺文化分布于帝尧陶唐氏所居之地。《左传·哀公六年》引《夏书》曰："惟彼陶唐，帅彼天常，有此冀方。"冀方即冀州，杜预注："唐虞及夏同都冀州。"《尔雅·释地》说："两河间曰冀州。"郭璞注："自河东至河西。"《史记·货殖列传》说："昔唐人都河东。"《汉书·地理志》也说："河东土地平易，有盐铁之饶，本唐尧所居，《诗风》唐、魏之国。"上述所谓"冀州"、"河东"的范围主要在今山西境内。依据其他文献，唐尧所居之地还可以具体到冀州、河东范围内汾河流域的"平阳"。如《庄子·逍遥游》说："尧治天下之民，平海内之政，往见四子藐姑射之山、汾水之阳。"《汉书·地理志》河东郡平阳条下引应昭曰："尧都也，在平河之阳。"汾河之东的平阳在今山西临汾市西南，与襄汾县相邻，陶寺遗址在其范围之内。

陶唐氏所居之地亦即周初分封唐叔虞的晋国始封地，如《左传·定公四年》子鱼曰："昔武王克商，成王定之，选建明德，以蕃屏周。……分唐叔以大路、密须之鼓、阙巩、沽洗、怀姓九宗，职官五正。命以《唐诰》而封于夏虚，启以夏政，疆以戎索。"这里包含了唐地与晋始封地之关系，因晋南地区一度也是夏人的居地，故其地望相对于周而言属于夏墟的范围。《左

---

① 高炜：《关于陶寺遗存族属的再思考——〈手铲释天书〉编者访谈录节录》，原载张立东、任飞编：《手铲释天书——与夏文化探索者的对话》，第331—338页，大象出版社2001年版，后收入解希恭主编《襄汾陶寺遗址研究》，科学出版社2007年版。

② 中国社会科学院考古研究所山西队等：《山西襄汾陶寺城址2002年发掘报告》，《考古学报》2005年第3期。

传·昭公元年》子产曰:"昔高辛氏有二子,伯曰阏伯,季曰实沈,居于旷林,不相能也。日寻干戈,以相征讨。后帝不臧,迁阏伯于商丘,主辰。商人是因,故辰为商星。迁实沈于大夏,主参。唐人是因,以服事夏商。其季世曰唐叔虞。当武王邑姜方娠大叔,梦帝谓己:'余命而子曰虞,将与之唐,属诸参,而蕃育其子孙。'及生,有文在其手曰'虞',遂以命之。及成王灭唐,而封大叔焉,故参为晋星。"在这里,所谓"成王灭唐而封大叔焉",说的也是唐地与晋始封地之关系。《史记·晋世家》在记周成王封弟叔虞于唐人所居之唐时说:"周公灭唐,成王……于是遂封叔虞于唐。唐在河、汾之东,方百里,故曰唐叔虞。……唐叔子燮是为晋侯。"其地也就是《诗·唐风》的唐。上引《左传·哀公六年》所说的"惟彼陶唐,帅彼天常,有此冀方。今失其行,乱其纪纲,乃灭而亡",也是记的这件事。一直到春秋时期,晋国范宣子在追述其世系时说:"昔匄之祖,自虞以上为陶唐氏,在夏为御龙氏,在商为豕韦氏,在周为唐杜氏,晋主夏盟为范氏。"(《左传·襄公二十四年》)《左传·昭公二十九年》蔡墨也说:"有陶唐氏既衰,其后有刘累,学扰龙于豢龙氏,以事孔甲,能饮食之。夏后嘉之,赐氏曰'御龙',以更豕韦之后。龙一雌死,潜醢以食夏后,夏后飨之。既而使求之,惧而迁于鲁县。范氏其后也。"由上述记载可以看出,陶唐氏历经唐、虞、夏、商、周,可谓历史悠久,源远流长,成王灭唐后,封其弟叔虞于唐,唐地成为晋国的始封地,此地虽然在大的方位上属于大夏或夏墟的范围,但只要搞清楚晋国始封地在何处,陶唐氏所居之唐地的问题也就迎刃而解,也就是说,西周初年晋国的始封地的确立成为判定帝尧陶唐氏都邑所在的关键。

对于上述唐地亦即晋的始封地,有的认为在"平阳",如《史记·晋世家》:"封叔虞于唐。唐在河、汾之东,方百里,故曰唐叔虞。"《正义》引《括地志》注曰:"封于河、汾二水之东,正合在晋州平阳县。"《史记·秦本纪·正义》曰:"唐,今晋州平阳,尧都也。"平阳,在今临汾或临汾一带。有的认为在"翼城",如《史记·晋世家·正义》引《括地志》云:"故唐城在绛州翼城县西二十里,即尧裔子所封。"有的认为在太原"晋阳",如《毛诗·国风·唐谱》郑玄的说法,《汉书·地理志》太原晋阳县条下班固自注,等等。有的认为在"鄂",《史记·晋世家》"唐叔虞",《集解》引《世本》曰"居鄂"。《正义》引《括地志》云:"故鄂城在慈州昌宁县东二里。"昌宁在今乡宁县西四十里,地在汾河之西。也有的认为在"永安",《汉书·地理志》注引臣瓒曰:"所谓唐,今河东永安县是也。"永安县即今霍县。

上述诸说，单从文献上是难以做出抉择的。作为研究的推进，历史文献与考古学的结合不失为解决问题的有效途径。为此，自20世纪50年代以来，我国考古学工作者对晋中太原市及其附近地区和晋南地区进行过多次考古学调查或发掘①，其中80年代，北京大学考古系在今山西省翼城、曲沃交界的天马—曲村遗址一带做了大规模的发掘，发现了极其丰富的周初遗存，邹衡先生认为这一带"很有可能就是《晋世家》所谓'方百里'的晋始封之地"②。1992年北京大学考古系和山西省考古研究所联合对位于曲沃北赵的晋侯墓地进行发掘，发掘出从西周早期至两周之际的晋侯及其夫人墓葬9组19座。发掘者认为，天马—曲村遗址和晋侯墓地的发现证明，今曲沃至翼城一带很可能就是晋国的始封地③。为此，应该说晋国始封地问题有望得到解决。当然，之所以说是有希望解决，是因为位于曲沃与翼城之间的天马—曲村遗址北赵晋侯墓地发现的9组19座大墓，墓主有些学者判断是从晋国第二代国君晋侯燮父到第十位国君晋文侯9位前后相继的晋侯及其夫人，也有些学者判断是从第三代国君晋武侯到晋文侯前后相继的晋侯及其夫人，也就是说在这些晋侯墓中至少缺失第一代国君唐叔虞的墓，或者还缺失第二代国君晋侯燮父之墓。因缺少晋国第一、二代国君之墓，故而还不能说晋国始封地的问题已完全解决。此外，2007年公布了一件觉（觉）公簋，铭文作："觉公作妻姚簋，遵于王命唐伯侯于晋，唯王廿又八祀。"有学者认为，"王命唐伯侯于晋"可以说明两点：一、晋国得名并不是燮父因晋水而名之，燮父迁晋之前已有晋地。二、燮父所居晋国都邑"晋"并不在唐叔初封之"唐"地，而是新迁之都④。综合上述，可以推测，唐叔虞的墓地和晋国的始

---

① 邹衡：《晋国始封地考略》，《尽心集——张政烺先生八十庆寿论文集》，中国社会科学出版社1996年版。

② 北京大学考古专业商周组等：《晋豫鄂三省考古调查报告》（该简报系邹衡先生执笔），《文物》1982年第7期。

③ 北京大学考古系等：《1992年春天天马—曲村遗址墓葬发掘报告》，《文物》1993年第3期。《曲沃曲村发掘晋侯墓地》，《中国文物报》1993年1月10日第一版。北京大学考古系等：《天马—曲村遗址北赵晋侯墓地第二次发掘》，邹衡：《论早期晋都》，均载《文物》1994年第1期。《天马—曲村遗址北赵晋侯墓地第五次发掘》，《文物》1995年第7期；《天马—曲村遗址北赵晋侯墓地第六次发掘》，《文物》2001年第8期。李伯谦：《天马—曲村遗址发掘与晋国始封地的推定》，北京大学考古系编：《"迎接二十一世纪的中国考古学"国际学术讨论会论文集》，科学出版社1998年版。李伯谦：《晋侯墓地发掘与研究》，《晋侯墓地出土青铜器国际学术研讨会论文集》，上海书画出版社2002年版。

④ 朱凤瀚：《觉公簋与唐伯侯于晋》，《考古》2007年第3期。

封地即使不在曲沃、翼城一带，也当在临汾至翼城的范围内，而不会远在太原。总之，晋国始封地问题有望解决，也有助于叔虞封唐的地望亦即唐尧都邑所在地的确定，从而使得尧都"平阳说"通过天马—曲村遗址的考古发掘而获得部分支持，这样，陶寺遗址在地望上恰与尧都平阳相吻合，这是我们判定陶寺遗址乃陶唐氏之都邑的证据之一。

在年代上，如前所述，陶寺遗址被分为早、中、晚三期，作为都邑的时间是在其早期和中期。而陶寺遗址早期至中期碳 14 测定的年代大致为公元前 2300—前 2000 年[①]，这一数据恰与尧舜时的年代范围是一致的。

在文化特征上，陶寺墓地有好几座大型墓葬都发现随葬一件彩绘蟠龙纹陶盘（彩图 61、彩图 62）。在中国古代文献中，虽然说以龙为图腾的部落或部族有好几支，如《左传》昭公十七年说："大皞氏以龙纪，故为龙师而龙名。"这是说太皞氏以龙为图腾。还有，《左传》昭公二十九年说："共工氏有子曰句龙，为后土。"《山海经·大荒北经》说："共工之臣名曰相繇，九首蛇身，自环，食于九土。"这说明共工氏也是以龙为图腾的。但在文献中也多处讲到陶唐氏与龙的关系。《左传》昭公二十九年记载春秋时晋国蔡墨说："有陶唐氏既衰，其后有刘累，学扰龙于豢龙氏，以事孔甲，能饮食之。夏后嘉之，赐氏曰御龙。"《左传》襄公二十四年、《国语·晋语八》都记载陶唐氏的后裔范宣子说："昔匄之祖，自虞以上为陶唐氏，在夏为御龙氏。"由于唐尧与龙有这样的关系，所以在后来的文献中，今本《竹书纪年》说："帝尧陶唐氏，母曰庆都，生于斗维之野，常有黄云覆其上。及长，观于三河，常有龙随之。一旦龙负图而至，其文要曰：亦（赤）受天祐。眉八采，须发长七尺二寸，面锐上丰下，足履翼宿。既而阴风四合，赤龙感之，孕十四月而生尧于丹陵，其状如图。及长，身长十尺，有圣德，封于唐。"《潜夫论·五帝志》说："庆都与龙合婚，生伊尧，代高辛氏，其眉八采，世号唐。"唐尧不但是由龙而生，以龙为族徽，而且据《帝王世纪》："（尧）在唐，梦御龙以登天，而有天下。"也就是说，在古人看来，尧能执掌天下（即担任邦国联盟之盟主），还与他在梦中能御龙登天本领有关。文献上的这些说法与陶寺彩绘龙盘表现出的赤龙图腾崇拜是一致的[②]。

[①] 何驽：《陶寺文化谱系研究综论》，《古代文明》第 3 卷，文物出版社 2004 年版。
[②] 王文清：《陶寺文化可能是陶唐氏文化遗存》，田昌五主编：《华夏文明》第一集，北京大学出版社 1987 年版。

总之，陶寺遗址的文化遗物所呈现的赤龙图腾崇拜以及遗址的地望、年代等方面，多与帝尧陶唐氏的史迹相吻合，陶寺遗址应该是陶唐氏文化遗存。

陶寺遗址既可推定为帝尧陶唐氏的遗存，那么在陶寺所发现的面积为56万平方米的早期城邑和面积达280万平方米的中期城邑，就是陶唐氏的都城，我们对陶寺遗址都邑性质的分析，也就适用于帝尧陶唐氏，这在考古学上对尧、舜、禹时代的社会发展阶段也是一个很好的说明。

在文献资料中，《左传·昭公十四年》引《夏书》说："'昏、墨、贼、杀'，皋陶之刑也。"皋陶乃东夷族，夏代之前的东夷已制定有皋陶之刑。《尚书·尧典》说：皋陶"作士，五刑有服，五服三就，五流有宅，五宅三居。惟明克允"。说的也是帝舜让皋陶担任刑狱职官，施用五刑。《尚书·吕刑》篇说："苗民弗用灵，制以刑，惟作五虐之刑，曰法。杀戮无辜，爰始淫为劓刵椓黥。越兹丽刑并制，罔差有辞。"这是说夏代之前的颛顼尧舜时代，南方苗蛮集团也已制定了刑法，其中有劓（割鼻）、刵（割耳，一说为刖即断足之刑）、椓（宫刑）、黥（墨刑，脸上刺字）等五种极残酷的刑法。这些都说明夏之前的颛顼尧舜时期即已产生了刑法。刑法的实施当然是强制性权力意志的体现，所以，我们说夏代之前的颛顼、尧、舜、禹时期，在黄河、长江流域的一些地方已出现属于初始国家的邦国，既有考古学的证据，亦有文献学的资料。

2. 古城寨、平粮台等邦国都邑与聚落群内等级

河南新密市古城寨城址也属中原龙山文化。城址平面呈长方形，方向349度，即北偏东11度，面积17.65万平方米（图Ⅸ—7）。城墙为夯土版筑而成（彩图65），北城墙地下基础长500米，地上城墙长460米，墙底宽12—22米，高7—16.5米；南城墙地下基础长500米，地上城墙长460米；东城墙地下基础长353米，地上城墙长345米；西城墙复原长度为370米。南北两城墙中部，有相对的城门缺口。城墙外南北东三面，皆发现有护城河（壕），西面利用自然河即溱水作为屏障。护城河宽34—90米。所以，古城寨古城是龙山时代用夯土版筑的、由城壕围绕的、非常规整的城邑[①]。

[①] 河南省文物考古研究所、新密市炎黄历史文化研究会：《河南新密市古城寨龙山文化城址发掘简报》，《华夏考古》2002年第2期。

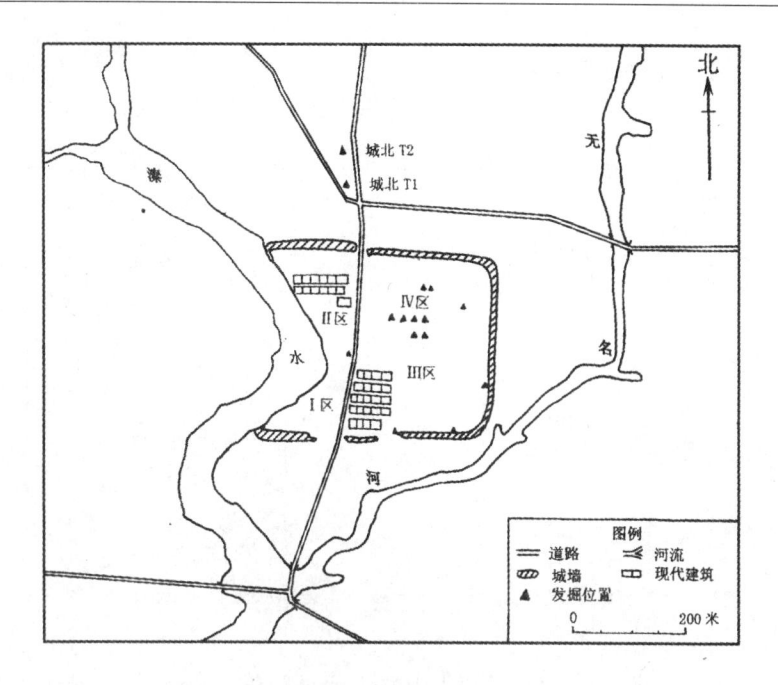

图Ⅸ—7 河南新密古城寨中原龙山文化城址

在古城寨城址的考古发现中，更为重要的是，在城内发掘出龙山时代的大型夯土宫殿建筑（F1）和与其配套的大型廊庑建筑（F4）等（图Ⅸ—8）。F1宫殿建筑位于城址中部略偏东北，为南北长方形高台建筑。南北长28.4米，东西宽13.5米，面积383.4平方米，方向281度，也是北偏东11度，与城垣的方向是一致的。房址上的柱洞将F1分隔成七间。F4廊庑建筑位于F1宫殿建筑的北边，与F1连为一体。F4廊庑建筑由二三道墙基槽、门道、守门房和众多柱洞组成。廊庑基址宽4米，方向281度即北偏东11度。

古城寨出土的1座土坑竖穴墓（ⅣM3），墓坑小，墓内无随葬品，墓主属于社会下层阶级。在南城墙墙基下埋有2座瓮罐葬，应属于奠基性质的墓葬，也无任何随葬品。这些人与居住在宫殿里的上层贵族属于不同的阶层是显而易见的。我们从古城寨龙山文化遗存中精美陶器的烧制，釉陶的出现，石、玉、骨、蚌器的加工制作，熔炉残块的发现，说明各种手工业是有分工的，金属冶铸业已经存在；大量陶斝、壶等酒器及牛、猪、羊骨骼的发现说明农业已有较快的发展，粮食已有剩余，家畜饲养较为普遍。从卜骨、玉环和奠基坑等可折射出当时祭祀与奠基等宗教活动，也说明已存在神职人员。

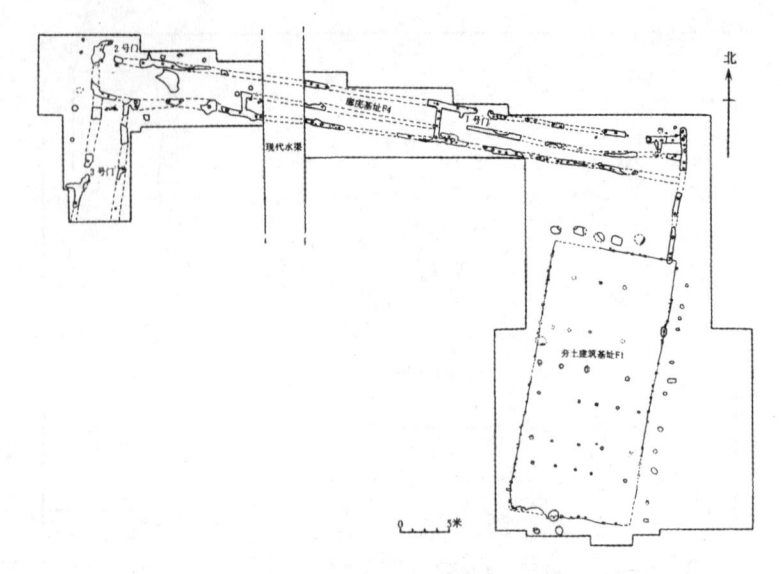

图Ⅸ—8　古城寨大型宫殿、廊庑建筑基址平面图

这些与高大城墙的修筑、先进的小版筑方法、附带有廊庑的大型宫殿基址等现象，共同勾画出了当时社会的生产状况和经济面貌，以及社会分层、上层建筑、意识形态等方面的情况，所以，古城寨的龙山城邑也是早期国家中邦国的都城。

在古城寨的周边分布 12 处龙山文化时期的遗址，构成古城寨聚落群（图Ⅸ—9）[①]。其中大型聚落有 2 处，即古城寨（图Ⅸ—9：5）和五虎庙（图Ⅸ—9：10），二者面积相近，古城寨为 27.6 万平方米，五虎庙为 30 万平方米，但古城寨有面积为 17.65 万平方米的城址。其次作为 10 万—20 万平方米的中型聚落有 3 处，即新郑市辛店乡人和寨村（图Ⅸ—9：1），面积 11 万平方米；新村乡金钟寨村（图Ⅸ—9：3），面积 10 万平方米；曲梁乡杨庄村（图Ⅸ—9：8），面积 10 万平方米。10 万平方米以下者为小型聚落，有新郑辛店乡人和寨村西南场（图Ⅸ—9：2），面积为 1 万平方米；新郑新村乡高千庄（图Ⅸ—9：4），面积 3 万平方米；新密曲梁乡程庄（图Ⅸ—9：7），面积 3.2 万平方米；曲梁乡马家村（图Ⅸ—9：9），面积 7.5 万平方米；大隗乡洪山庙村（图Ⅸ—9：11），6 万平方米；苟堂乡关口村（图Ⅸ—9：12），

[①] 高江涛：《中原地区文明化进程的考古学研究》，社会科学文献出版社 2009 年版，第 228—231 页。

0.5万平方米。古城寨的聚落群表明其邦国构成也是以古城寨都邑为核心、包含有若干中小聚落，只是其支配的范围远不如陶寺都邑那么大。

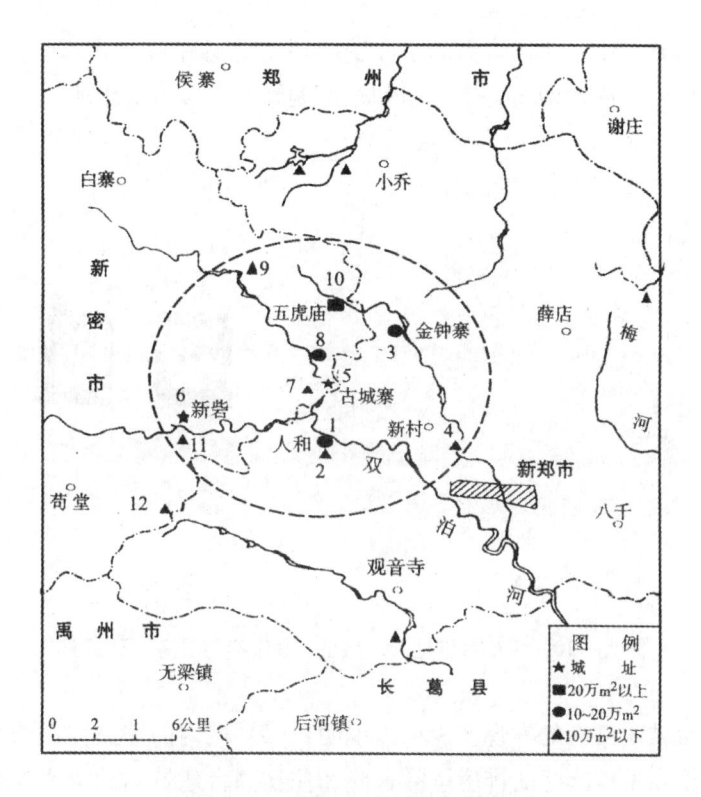

图Ⅸ—9　古城寨聚落群分布示意图

中原龙山文化的河南淮阳平粮台城址，面积虽然不是很大，但城墙建筑得十分规整[①]。该城平面呈正方形，长宽均为185米，周长约740米，城内面积约34200平方米（图Ⅸ—10）。现存城墙顶部宽约8—10米，下部宽约13米，残高3米多。城墙为夯土筑成，工程浩大。在南北城墙的中间均有城门，以南门较大，宽8.1米。南门的两边有东西相对称的门卫房各一间。门道下面的陶制的排水管道，从城内引向城外。城内东南部和西南部发掘房基十余座，多为土坯砌成的长方形排房，有的平地建起，亦有高台建筑。例如

[①] 河南省文物考古研究所等：《河南淮阳平粮台龙山文化城址试掘简报》，《文物》1983年第3期。

建在高台上的第 4 号房，起建之前在地面先夯筑一高约 0.72 米的土台，再在上面用土坯砌墙，使房子显得高大。这栋房子东西残宽 15 米多，南北进深 5.7 米。室内北边有一宽约 0.92 米的走廊，南边则用隔墙分为四间。这种建筑在当时可说是相当讲究的了。城内还发现铜渣和陶窑。所发现的三座陶窑分别位于城内西南角、东北角和东部偏南的一号房基北部。

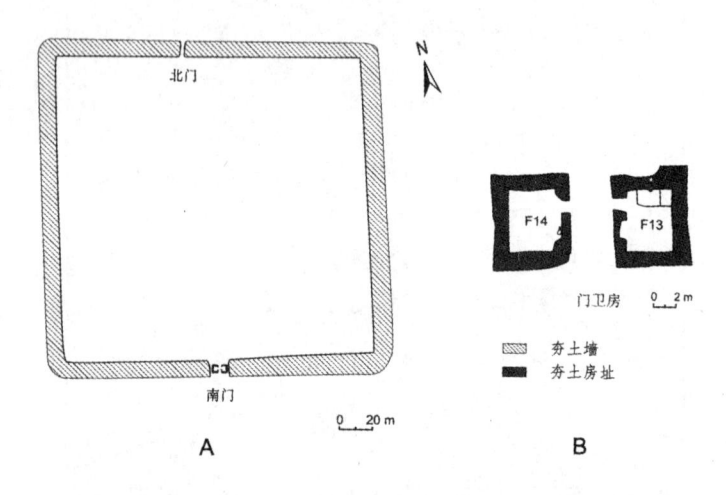

图Ⅸ—10 平粮台城址（A 城墙，B 南门门卫房）平面图

平粮台城内已有的发现至少可以说明：（1）城内的居民存在着阶级阶层的差别，住在平地起建的排房里的家族和住在高台建筑物的家族，显然不属于同一阶层。（2）铜渣和陶窑的发现，可知城内进行着重要的手工业生产。特别是冶铜技术代表着当时科技领域的最高成就。再加上夯土城墙和城内高台建筑物、地下排水管道等设施，说明中国龙山时代的城邑也是技术进步、生产力发展的集中体现者。（3）城内发现的三座陶窑分布在三个角落，不仅说明手工业区处于城内边缘地带这样的区划，而且还意味着当时的手工业生产是分散在不同的家族进行的。（4）平粮台城内南门门卫房的发现，提示出这一时期城内已有专门守城的士兵。城垣的御敌作用是显而易见的。

在平粮台城址的附近不足 20 公里的范围内密集分布有 16 处龙山文化遗址，形成平粮台聚落群（图Ⅸ—11）①。在该聚落群中，不但平粮台遗址的面

---

① 高江涛：《中原地区文明化进程的考古学研究》，第 218—221 页，社会科学文献出版社 2009 年版。

积不大，为5万平方米，其他遗址的面积也不大，大多在数千至2万平方米之间。如表9—2所示：

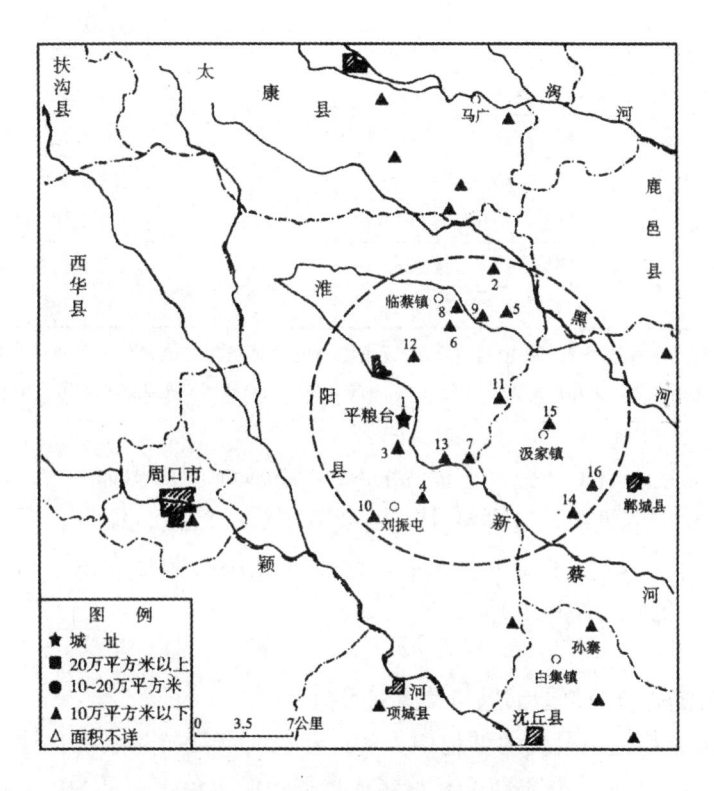

图Ⅸ—11 平粮台聚落群分布示意图

表9—2   龙山文化时期平粮台聚落群遗址统计表

序号	遗址名称	位置	面积（万平方米）	时代
1	平粮台	淮阳县大连乡大朱庄西南	5	龙山文化*
2	朱丘寺	淮阳县黄路口乡菜园村东南	4.5	龙山文化*
3	双冢	淮阳县王店乡双冢村北	5.28	龙山文化*
4	范丹寺	淮阳县刘振屯乡前耿楼村东	0.36	龙山文化*
5	青杨谷堆	淮阳县黄集乡宋庄东北隅	0.18	龙山文化
6	蒋台	淮阳县临蔡乡曹楼村南	0.25	龙山文化*
7	磨七店	淮阳县大连乡磨七店村北	0.75	龙山文化*
8	三里堂	淮阳县临蔡乡三里堂村北	2	龙山文化*

续表

序号	遗址名称	位置	面积（万平方米）	时代
9	岔河	淮阳县黄集乡岔河村	0.2	龙山文化
10	赵腰庄	淮阳县刘振屯乡赵腰庄村	1.2	龙山文化
11	石牛台	淮阳县葛店乡石牛台村东	0.15	龙山文化
12	五谷台	淮阳县白楼乡五谷台村	1	龙山文化
13	曹庄	淮阳县大连乡曹庄村南	0.13	龙山文化*
14	段寨	郸城县巴集相段寨村西北	0.75	龙山文化*
15	汲冢	郸城县汲冢乡集西北	0.5	龙山文化*
16	丁寨	郸城县城郊乡丁寨村北	0.09	龙山文化*

注：表中的序号与图Ⅸ—11中的序号是一致的。*指该遗址除龙山文化遗存外还有其他文化遗存，龙山文化指仅有较为单纯的龙山文化。（引自高江涛《中原地区文明化进程的考古学研究》）

按照目前调查的情况，平粮台聚落群的诸遗址的面积都不大，而且只能划分出二个聚落等级，这大概主要是因平粮台的政治、经济、军事实力较弱，是一个以不太大的都邑为中心、包括周围16处村邑在内的小国寡民式的、仅为"国野"结构的邦国。

3. 余杭莫角山邦国都邑与良渚文明特色

在70余座龙山时代的城址中，新近发现的浙江杭州余杭良渚文化城址也是很有代表性的。该城以余杭良渚遗址群中的莫角山遗址为中心，城墙的范围南北长约1800—1900米，东西宽约1500—1700米，总面积约290万平方米。其布局大致呈正南北方向，从保存较好的东南角看应为圆角长方形。城墙底部普遍铺垫石块作为基础（彩图66），其上再用较纯净的黄色黏土堆筑而成，底部宽多在40—60米左右。城墙现存较好的地段高约4米（图Ⅸ—12）[①]。

余杭良渚城内的宫殿宗庙区是莫角山（又称大观山果园），是一处面积约30余万平方米的高土台，东西长670米，南北宽450米，高10余米。大体是以自然高岗为基础，再加人工堆筑填平修齐，成为气势雄伟的大型高台基址。在这30多万平方米的高台基址上，分布有3座人工堆筑的高4—5米

[①] 浙江省文物考古研究所：《杭州市余杭区良渚古城遗址2006—2007年的发掘》，《考古》2008年第7期。

的台基，成鼎立之势。南为面积300平方米的乌龟山，东、北分别为大、小莫角山，面积各为1000多平方米。经钻探，莫角山有数片夯土基址，合计面积在3万平方米以上。如大莫角山西南的一片夯土，以堆土、撒沙逐层密夯的方法形成基址，夯层总厚0.5米左右。小莫角山的南侧夯土基址上，发现成排柱洞，洞内立柱直径一般在0.5米左右。出土数米长的大方木，当为大型建筑的梁柱。这些都有力地说明城内的莫角山一带属于宫殿区和贵族居地，是社会的上层统治者和贵族集团行使行政统治、宗教礼仪活动的中心。

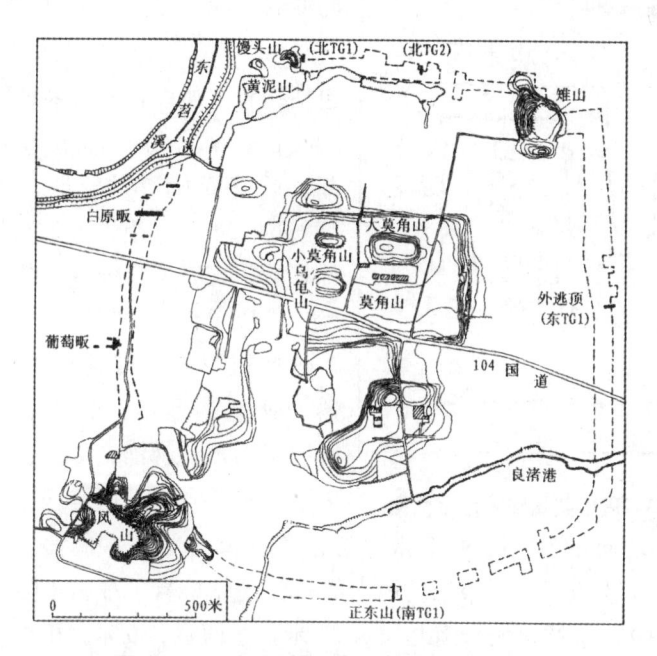

图Ⅸ—12　杭州余杭莫角山良渚文化城址

在余杭的良渚古城内还发现反山贵族墓地[①]。反山墓地邻近莫角山，是一处原约3000平方米的人工堆筑土墩，作为贵族专用墓地。发现11座良渚大墓，前排（南）7座，后排（北）4座，土坑墓内有涂朱棺木葬具，少数还有木椁，随葬大量的玉器，以及少量陶器、石器、象牙器、嵌玉漆器等。玉器中有玉琮、玉璧、玉钺、半圆形冠饰、三叉形冠饰等。特别是12号墓内出土了迄今仅有的2件精刻完整"神徽"形象、被称为"琮王"（彩图45）

[①] 浙江省文物考古研究所反山考古工作队：《浙江余杭反山良渚墓地发掘简报》，《文物》1988年第1期。

和"钺王"（彩图 46）的玉器。

在城外，位于城邑东北方向约 3.5 公里的自然山上有瑶山祭坛和贵族墓地①，位于西北方向约 1.5 公里的自然山上有汇观山祭坛和贵族墓地②。瑶山墓地的祭坛是在小山丘顶上修建的方形三重土色祭坛，边缘砌以石磡。在祭坛的南半部，有 12 座墓葬分南北两行排列，北行墓列 6 座，南行墓列也为 6 座（图Ⅸ—13）。南行墓列中的 6 座墓葬均出土 1 件玉钺和数量不等的石钺，墓主人应当属于男性。北行墓列的 6 座墓葬的随葬品组合中没有玉（石）钺，玉器组合中主要为璜和圆牌，包括纺轮，所以，北行墓列的墓主人当为女性。南行与北行的墓葬都是贵族墓。12 座墓随葬的玉器、陶器、石器等共达 754 件（组），以单件计共 2660 件。其中又以玉器为主，共出土 678 件（组），以单件计共 2582 件。玉器的种类包括冠形器、带盖柱形器、三叉形器、成组锥形器、琮、小琮、璜、圆牌、镯形器、牌饰、带钩、纺轮等，但未发现玉璧。汇观山祭坛，平面大体为方形，正南北向，东西长约 45 米，南北宽约 33 米，在中间偏西的位置，为祭坛中心的灰土方框。在祭坛的西南部残存 4 座墓葬，都属于随葬玉器的贵族墓，其中 M4 墓坑很大，南北长 4.75 米，东西宽 2.6 米，棺椁齐备，随葬琮、璧、钺、三叉形冠饰等 17 件玉器，石钺 48 件，还有陶器等共达 72 件。

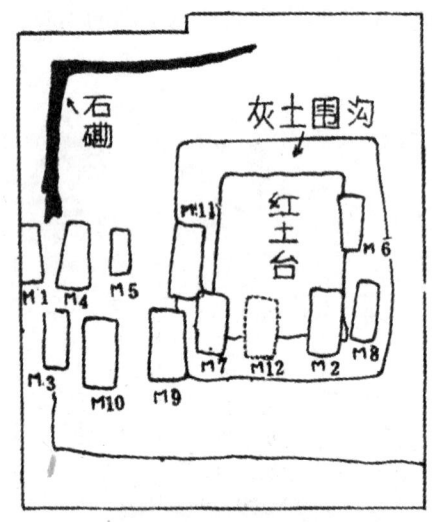

图Ⅸ—13 瑶山祭坛和墓地平面图

余杭良渚文化城址是超大型的，余杭良渚遗址群也是密集的。根据最近 20 余年的考古调查和发掘，良渚遗址群在 40 余平方公里的范围内分布着 130 多处遗址，列表如下③。

---

① 浙江省文物考古研究所：《余杭瑶山良渚文化祭坛遗址发掘简报》，《文物》1988 年第 1 期。浙江省文物考古研究所：《瑶山》，文物出版社 2003 年版。

② 浙江省文物考古研究所等：《浙江余杭汇观山良渚文化祭坛与墓地发掘简报》，《文物》1997 年第 7 期。

③ 浙江省文物考古研究所：《良渚遗址群》，第 86—92 页，文物出版社 2005 年版。

表9—3 余杭良渚文化遗址群一览表

编号	遗址名称	已知时代	已知类型	地貌	面积（平方米）	地属	考古工作
001	羊尾巴山	良渚中期	墓地	坡地	4000	德清县三合乡新星村	
002	宗家里			坡地	2000	安溪镇下溪湾村	
003	观音地		墓地	土丘	3000	安溪镇下溪湾村	
004	小竹山	良渚中期		坡地	5000	安溪镇下溪湾村	
005	窑墩			坡地	8000	安溪镇下溪湾村	1987年发掘，1996—1998年全面揭露
006	瑶山	良渚中期	祭坛、墓地	山头	6000	安溪镇下溪湾村	1998年试掘
007	馒头山			山头	3000	安溪镇下溪湾村	1998年试掘
008	凤凰山山脚			坡地	10000	安溪镇下溪湾村	
009	坟山前			土丘	6000	安溪镇下溪湾村	
010	钵衣山	良渚中期	墓地、居址	坡地	10000	安溪果园	1989年、2002年两次发掘
011	官庄		居址	土丘、水田	45000	安溪镇安溪村	2000年试掘，2002年发掘
012	梅园里	良渚中晚期	居址、墓地	土丘	3500	安溪镇下溪湾村	1992—1993年3次考古发掘
013	舍前		居址	土丘	10000	安溪镇下溪湾村	
014	百南山			坡地	3000	安溪镇中溪村	
015	葛家村	良渚早期	居址、墓地	土丘	10000	安溪镇上溪村	1991、1998年局部发掘
016	王家庄		居址、墓地	土丘	2000	安溪镇上溪村	1998年试掘
017	料勺柄		墓地	土丘	3000	安溪镇上溪村	
018	姚家墩		大型居址	土丘	60000	安溪镇上溪村	1991、1998年试掘，2002年发掘
019	卢村	良渚中期	祭坛、墓地	方形土台	40000	安溪镇上溪村	1988、1990年两次发掘

续表

编号	遗址名称	已知时代	已知类型	地貌	面积（平方米）	地属	考古工作
020	金村			土丘	4000	安溪镇上溪村	
021	朱家斗			土丘	1200	安溪镇上溪村	
022	王家墩			土丘	1000	安溪镇石岭村	
023	东黄头			土丘	15000	安溪镇石岭村	
024	黄路头		墓地	土丘	20000	安溪镇石岭村	1998年试掘
025	角窦湾			土丘	5000	安溪镇石岭村	
026	子母墩		祭坛？	方形土台	6400	安溪镇石岭村	
027	河中桥		居址	土丘	20000	瓶窑镇河中村	
028	塘山	良渚中晚期	土垣	长垣	130000	横跨毛园岭、西中、河中、石岭、上溪等6个村	1996—2002年对两处进行多次试掘
029	前头山			坡地	2000	瓶窑镇西中村	1991、2000年发掘
030	吴家埠	良渚早期	居址、墓地	山头水田	20000	瓶窑镇外窑村	1981年发掘
031	汇观山	良渚中期	祭坛、墓地	山头	6000	瓶窑镇外窑村	1991、2000年发掘
032	张家墩		居址	土丘	20000	瓶窑镇凤山村	
033	仲家山	良渚中晚期	墓地	土丘	300	瓶窑镇凤山村	2001年发掘
034	文家山	良渚中晚期	墓地	土丘	8000	瓶窑镇凤山村	2000年发掘
035	杜山	良渚中晚期		土丘	600	瓶窑镇凤山村	2001年发掘
036	凤山脚		居地、墓地	坡地	5000	瓶窑镇凤山村	

续表

编号	遗址名称	已知时代	已知类型	地貌	面积（平方米）	地属	考古工作
037	南墩			土丘	3000	瓶窑镇凤山村	
038	沈家山		居址	土丘水田	60000	瓶窑镇凤山村	
039	秦树头		墓地	土丘	15000	瓶窑镇凤山村	
040	洪家山			土丘	4500	瓶窑镇凤山村	
041	张家山			土丘	10000	瓶窑镇凤山村	
042	矩形山			土丘	2000	瓶窑镇凤山村	
043	沈塘山			土丘	3500	瓶窑镇凤山村	
044	黄牧山			土丘	40000	大观山果园	
045	花园里		居址	土丘水田	10000	瓶窑镇长命村	1992、1994年发掘
046	野猫山			土丘	5000	瓶窑镇长命村	1999年试掘
047	西头山			土丘	3500	瓶窑镇长命村	1999年试掘
048	公家山		居址、墓地	土丘	10000	瓶窑镇长命村	
049	卞家山	良渚中晚期	居址、墓地	长土丘	10000	瓶窑镇长命村	2003—2005年多次发掘
050	马山		墓地、祭坛	方形台地	20000	瓶窑镇城煌山村	
051	盛家村			滩涂	4500	瓶窑镇雉山村	
052	黄泥口		墓地	土丘	15000	瓶窑镇雉山村	
053	金地	良渚中晚期	居址	土丘	15000	瓶窑镇雉山村	1999年试掘
054	扁担山		居址、墓地	长土丘	7000	瓶窑镇雉山村	
055	阿太坟			土丘	5000	瓶窑镇雉山村	1999年试掘

续表

编号	遗址名称	已知时代	已知类型	地貌	面积（平方米）	地属	考古工作
056	黄泥山			土丘	3000	瓶窑镇雄山村	
057	馒头山			土丘	5000	瓶窑镇雄山村	
058	湖寺地		居址	土丘	12000	瓶窑镇雄山村	
059	西边山			土丘	3000	瓶窑镇雄山村	
060	费家头			坡地	1000	瓶窑镇雄山村	
061	白元畈			土丘	2500	瓶窑镇雄山村	
062	大地			土丘	2500	瓶窑镇雄山村	
063	张墩山	良渚中期	显贵墓地	土丘	700	瓶窑镇雄山村	
064	反山			土丘	1000	瓶窑镇雄山村	
065	庙家山		居址	土丘	4000	瓶窑镇雄山村	
066	沈家头			土丘水田	20000	瓶窑镇雄山村	
067	毛竹山			土丘	5000	瓶窑镇雄山村	
068	莫角山	良渚中期	城址	巨形方土台	300000	大观山果园	1987、1992—1993年发掘
069	朱村坟		居址	土丘	4000	瓶窑镇雄山村	1998年试掘
070	高北山			土丘	5000	瓶窑镇雄山村	1998年试掘
071	和尚地			长土丘	7000	瓶窑镇雄山村	
072	后头山			土丘	4000	瓶窑镇雄山村	
073	雄山垅			坡地	8000	瓶窑镇雄山村	
074	周村		居址	土丘水田	20000	瓶窑镇雄山村	

第九章 都邑文明的形成

续表

编号	遗址名称	已知时代	已知类型	地貌	面积（平方米）	地属	考古工作
075	龙里		护墙？	长土丘	20000	瓶窑镇雉山村	
076	马金口	良渚中晚期	居址	土丘	12000	瓶窑镇雉山村	
077	小马山			土丘	12000	瓶窑镇雉山村	
078	石安畈		护墙？	长垣	8000	瓶窑镇雉山村	
079	钟家村		居址、墓地	土丘水田	40000	瓶窑镇长命村	1988、1996年试掘
080	金家弄			土丘	14000	瓶窑镇雉山村	
081	美人地			长土丘	10000	安溪镇前山村	
082	前山			坡地	20000	瓶窑镇前山村	
083	里山			长土丘	10000	瓶窑镇长命村	
084	郑村头			土丘	7000	瓶窑镇长命村	
085	师姑山			土丘	15000	瓶窑镇长命村	
086	苏家村		居址	土丘平地	15000	安溪镇前山村	1963、1998年两度发掘
087	癞子坟			土丘	1000	安溪镇前山村	
088	石前圩	良渚晚期	居址、墓地	土丘	40000	安溪镇前山村	1998、1999年两次发掘
089	庄地			水田	3000	安溪镇上湖头村	
090	山塸地			土丘水田	10000	瓶窑镇长命村	
091	张家地			水田	8000	瓶窑镇胡林村	
092	长山			土丘	6000	瓶窑镇长命村	
093	胡林庙			土丘	20000	瓶窑镇胡林村	
094	和尚兀		墓地	土丘	10000	瓶窑镇胡林村	

续表

编号	遗址名称	已知时代	已知类型	地貌	面积（平方米）	地属	考古工作
095	后杨村		居址、墓地	土丘	35000	安溪镇上溯头村	
096	弟地			土丘	2000	安溪镇上溯头村	
097	芸香后			土丘	1600	安溪镇上溯头村	
098	沈家场			土丘	3000	安溪镇后河村	
099	西山坟		居址	水田	10000	安溪镇后河村	
100	千家桥		墓地	土丘	5000	安溪镇后河村	
101	后河村			土丘	10000	安溪镇后河村	
102	茅草地			土丘	600	安溪镇后河村	
103	观音塘			土丘	600	安溪镇西良村	
104	百兽牧		墓地、居地	水田土丘	3000	安溪镇西良村	
105	北山斗			滩涂	18000	安溪镇塘东村	
106	念亩圩			土丘	10000	安溪镇塘东村	
107	塘东村			土丘	2500	安溪镇塘东村	
108	严家桥	良渚晚期	居址	水田	4000	安溪镇三合村	1996、2000年发掘
109	张娥地			土丘	4000	安溪镇三合村	
110	姚坟			土丘	10000	良渚镇吴家塘村	1999年试掘
111	许家科			坡地	7000	良渚镇吴家塘村	
112	巫山	良渚中晚期	居址	土丘水田	12000	良渚镇荀山村	
113	猪槽地	良渚中晚期		土丘水田	12000	良渚镇荀山村	
114	金鸡山	良渚中晚期		土丘	8000	良渚镇荀山村	1991年试掘

第九章 都邑文明的形成 337

续表

编号	遗址名称	已知时代	已知类型	地貌	面积（平方米）	地属	考古工作
115	山大坟			土丘	12000	良渚镇吴家塘村	
116	李家坟			土丘	14000	良渚镇吴家塘村	
117	沈家坟			土丘	12000	良渚镇吴家塘村	
118	小沈家坟			土丘	700	良渚镇吴家塘村	
119	三仓头			土丘	600	良渚镇吴家塘村	
120	乌龟坟			土丘	900	良渚镇吴家塘村	
121	磨菇墩			土丘	750	良渚镇吴家塘村	
122	警繁坟			土丘	1000	良渚镇吴家塘村	
123	老鬼坟			土丘	1000	良渚镇吴家塘村	
124	长坟		居址	长土、水田	3000	良渚镇荀山村	1955年试掘
125	棋盘坟	良渚中晚期	居址	土丘	2500	良渚镇吴家塘村	1999年试掘
126	荀山西坡			坡地	2500	良渚镇荀山村	
127	坟坡里			土丘	2000	良渚镇荀山村	
128	南边坟			土丘	3000	良渚镇荀山村	1999年试掘
129	天打网	良渚晚期	居址	土丘	4000	良渚镇荀山村	2001年发掘
130	高墩头			土丘	2500	良渚镇吴家塘村	
131	荀山东坡	良渚早期		坡地	3000	良渚镇荀山村	1985年发掘
132	金霸坟	良渚早期	居址、墓地	水田	500	良渚镇吴家塘村	2000年发掘
133	庙前	良渚中晚期	村落	土丘水田	60000	良渚镇吴家塘村	1988—2000年6次发掘
134	茅庵里	良渚中晚期	居址	土丘水田	8000	良渚镇吴家塘村	1992年发掘
135	横圩	良渚中晚期	居址、墓地	土丘	5000	良渚良种繁殖场	2004年发掘

上列良渚遗址群中诸遗址的面积相差悬殊,少则数百、多则数万平方米。多数遗址的面积在 1 万平方米以下,1 万—3.5 万平方米的遗址记有 45 处,3.5 万—6 万平方米的遗址有 11 处。超过此限的单位遗址仅两处,一是塘山,遗址面积约 13 万平方米;二是莫角山,遗址的面积达 30 万平方米。对此,当地的考古学者认为:"严格地说,遗址群内我们所称的遗址并非真正意义上的遗址,它只是一个'点'的概念。真正意义上的遗址会少得多,但因为分布地域的交错和重叠,我们显然无法将其剥离分辨。借用'遗址'的称谓,是因为这些'点'本身是遗址的一部分……事实上,经过数千年的外营力作用和人类活动,有些遗址已经消失,有些遗址已改变形状,有些遗址已分割成多块,有些遗址仅剩下一部分,现已隐藏于农田下,有些遗址原本就在低洼的地表下——这些是我们工作中必须顾及却难以把握的。从这个意义上讲,遗址群内遗址的划定具有模糊性和人为性,有些相对独立的遗址在良渚时期可能只是遗址的一部分,现在看来独立的若干遗址在良渚时期可能属于同一个遗址。"① 总体来说,上述 130 多处的遗址群可分为三大块(图Ⅸ—14):其一是"遗址群北部的遗址分布于大遮山丘陵南麓坡脚和山前地带,呈并行的两条作带状分布,共有 30 多处遗址"。其二是"遗址群西南部以莫角山为中心分布着 50 多处遗址,遗址多,密度大,类型也最丰富,可以说是遗址群的重心所在"。其三是"遗址群东南部以良渚镇荀山为中心,在 1 公里半径的范围内发现近 30 处遗址,分布密集,几乎连成一片,是一处相对集中的大型聚落"。② 对于这些遗址,遗址的调查和发掘者将这些遗址划分为三个等级中心:一级中心遗址为莫角山;二级中心遗址由姚家墩与其周围的卢村、葛家村、金村、王家庄、料勺柄等遗址构成;三级中心遗址为庙前③。如前所述,30 万平方米的莫角山实际上是余杭良渚城内的宗庙宫殿区,因而依据最新的考古发现,一级中心遗址应该是以莫角山为宫殿区的城址。这样,良渚遗址群就呈现出:在 40 多平方公里的范围内、以莫角山良渚城邑为中心、包含有众多中小型聚落在内的邦国。

良渚文化中的聚落形态有其较特殊的一面。聚落的选址和分布要受环境和气候的影响。良渚文化初期,气候温暖,水域面积较大,环境与崧泽文化

---

① 浙江省文物考古研究所:《良渚遗址群》,第 41 页。
② 同上。
③ 同上书,第 320—321 页。

第九章　都邑文明的形成　339

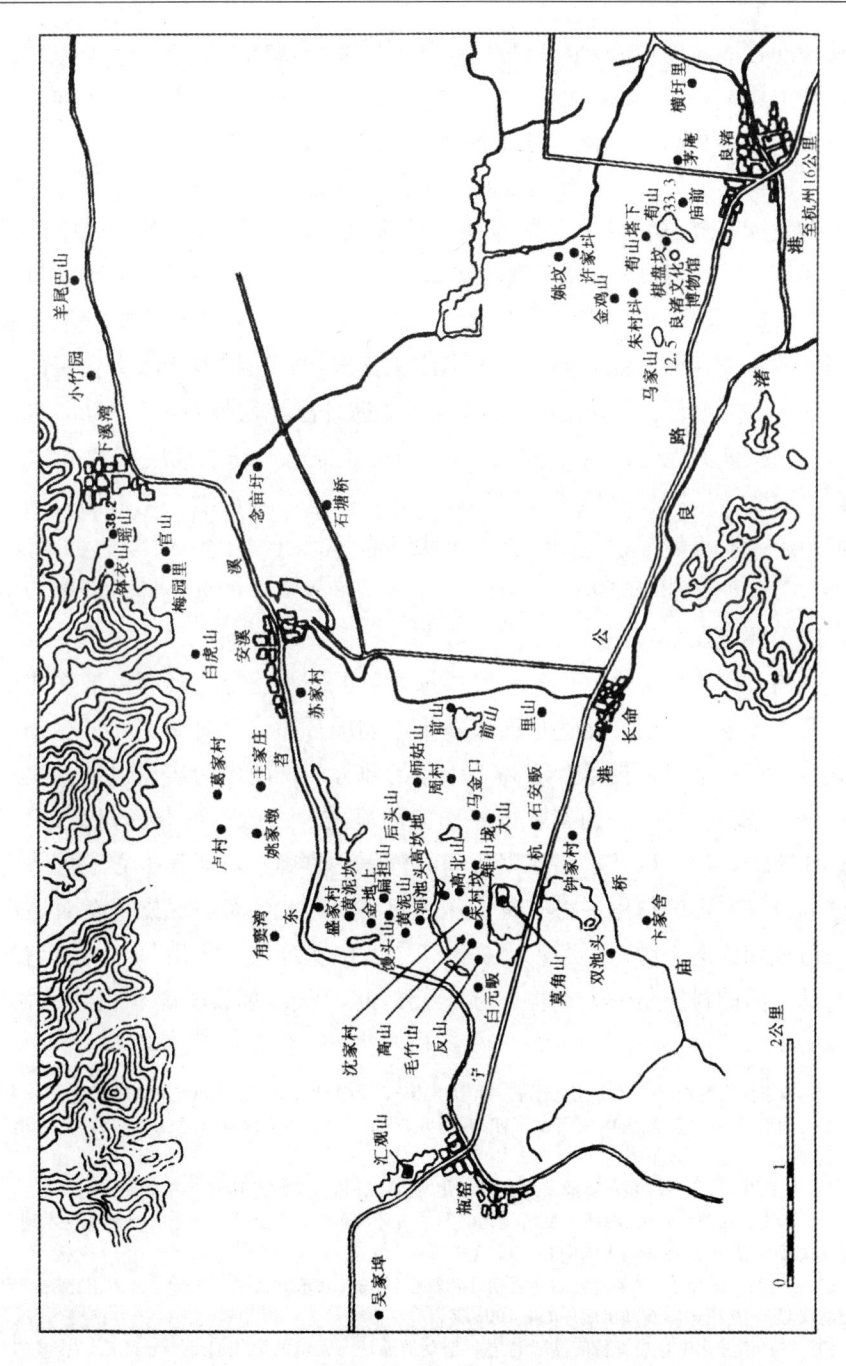

图Ⅸ—14　良渚遗址群

晚期相同，因而遗址的分布也与崧泽晚期的分布地域大体一致，多位于高形台地和山麓上，属于高地形的遗址较多。之后，气候由温暖转入干凉，引起水域面积缩小和水位下降，遗址的范围扩大，人们除了在早期遗址上继续生活，还向低洼地区发展，出现低地型遗址。太湖、淀山湖、澄湖等多处湖底遗址的发现，就说明当时太湖地区水位降低，水域面积缩小，陆地面积扩大。在江苏吴县澄湖[①]、江阴璜塘舆[②]、浙江嘉善新港[③]等遗址发现大量的水井遗址，就说明因水位降低，人们的生活和生产用水从附近直接获取已有所不便，故有凿井取水的需要。到了良渚文化末期，在许多良渚文化层的上部都发现有一层淤泥层，如浙江吴兴钱三漾遗址淤泥层厚约0.1—0.3米，杭州水田畈遗址淤泥层厚约0.15米，江苏吴江梅埝遗址淤泥层厚约0.3—0.9米，上海青浦果园村遗址淤泥层约厚0.3米，这说明良渚文化末期太湖地区又经历了一次水域面积急剧扩大，洪水泛滥的时期[④]。这一时期的洪水泛滥，或许与公元前2133年和公元前1953年发生的气象上的九星地心会聚而引起自然灾害频繁发生有关[⑤]。

良渚文化的大部分时期，其气候虽凉爽但平和稳定，因而良渚文化也获得了繁荣发展，良渚文化遗址遍布整个太湖地区。这个时期，除了有条件的贵族在选择墓地时占据了台形和土墩形的地势外，而作为居住遗址，大多数应该处于地势较低平、围有水田耕作的环境之中[⑥]。所以，聚落和水田间沟洫、水路的整理，以及水路在聚落间的分隔、防御，乃至各中心聚落势力范围的划分等方面的作用，将有着特殊的意义。为此，车广锦先生在对昆山赵陵山遗址和武进寺墩遗址考察后提出，赵陵山遗址的"土山"与山坡南的学校及学校南的村庄是一个整体，在它们的北、东、南三面都有相连的河道，

---

① 南京博物院等：《江苏吴县澄县古井群的发掘》，《文物资料丛刊（9）》，文物出版社1985年版。
② 尤维组：《江苏江阴璜塘舆发现四口良渚文化古井》，《文物资料丛刊（5）》，文物出版社1981年版。
③ 陆跃华等：《浙江嘉善新港发现良渚文化木构水井》，《文物》1984年第2期。
④ 陈杰、吴建民：《太湖地区良渚文化时期的古环境》，《东方文明之光——良渚文化发现60周年纪念文集》，海南国际新闻出版中心，1996年。
⑤ 王青：《距今4000年前后的环境变迁与社会发展》，《东方文明之光——良渚文化发现60周年纪念文集》，海南国际新闻出版中心，1996年。
⑥ 在良渚文化中，尽管目前发现的主要是墓地遗址，完整的居住遗址十分贫乏。然诚如刘斌先生所指出，这种情况主要与"我们对古环境认识的不足和工作指导思想上的偏差"有关，"良渚人的居址应在墓地附近的低洼之处"（见刘斌《良渚文化聚落研究的线索与问题》，《良渚文化研究——纪念良渚文化发现六十周年国际学术讨论会文集》，科学出版社1999年版）。

宽20多米，土山的西部原也有河道，与北、东、南三面的河道连成一周；武进寺墩遗址有一周"内河"和一周"外河"，外河宽20多米，长约3500米，南部有400米未闭合（或已被填塞），"赵陵山、寺墩以河道环绕的形制，是太湖地区古城形态的雏形，对于良渚文化先民来说，这样的形制就是城"[①]。诚如学者所指出，寺墩遗址是否有两条环绕的内外城河，遗址内的祭坛、墓地和平民居住区布局是否被河道分割的那样井井有条，都还需要通过进一步的发掘来证实，但车广锦所主张的良渚文化是利用自然河道（或再经修改开凿）作为防御设施，是有一定根据的[②]。也就是说，对于鱼米之乡的良渚文化而言，聚落在其生产、生活、布局、防御等方面，与北方黄河流域可以有不同的特点，这是由其自然环境所决定的。但是，近来，莫角山290万平方米城址的发现表明，在良渚文化中作为邦国的都邑所在地，也是用堆筑较宽较厚的城墙来作为防御设施的。

由于莫角山城址的发现，使得我们对于良渚文化的聚落可以分出三个或四个等级。处于最低等级的聚落即第四级聚落，亦即社会的基层村落，是面积在四万平方米以下的普通村落，在上表135处遗址中，有许多小型聚落居址都可划入此列。处于第三等级的聚落位4万—10万平方米的较大型村落，可举江苏吴江梅堰镇龙南遗址[③]和余杭良渚镇庙前遗址[④]为例。庙前遗址从1988年至2000年由浙江省文物考古研究所进行了6次发掘，发现了良渚文化时期的房址、墓葬、水井、河道等重要遗迹，遗址的现存面积为6万平方米。龙南遗址的情况也是这样，遗址现存面积为4万平方米，发现有房屋、墓葬、水井和灰坑等，有一条古代河道流经村落，屋址散列西岸，河岸有踏步和护墙，河边有木构埠头（俗称河滩头），房屋旁边有水井，房屋内外还出土有籼稻、粳稻、莲树籽、酸枣、橄榄、话梅、芝麻、葫芦籽，以及大量的鱼骨等，呈现出一派江南鱼米之乡的景象。

处于第二等级的聚落是中小贵族所在地的聚落，目前发现有浙江余杭安

---

① 车广锦：《良渚文化古城古国研究》，《东南文化》1994年第5期。
② 林华东：《良渚文化研究》，第480页，浙江教育出版社1998年版。
③ 龙南遗址考古工作队：《江苏吴江梅堰镇龙南遗址1987年发掘纪要》，《东南文化》1988年第5期。苏州博物馆、吴江县文管会：《江苏吴江龙南新石器时代村落遗址第一、二次发掘简报》，《文物》1990年第7期。
④ 浙江省文物考古研究所：《余杭良渚庙前遗址发掘的主要收获》，《浙江省文物考古研究所学刊》，科学出版社1993年版。浙江省文物考古研究所：《浙江良渚庙前遗址第五、六次发掘简报》，《文物》2001年第12期。

溪姚家墩与其周围的卢村、葛家村、金村、王家庄、料勺柄等遗址构成了一个相对独立的聚落单位[①]。这是一组由7处台地组成的遗址。它北依西山，南临东苕溪，东有"东晋港"，西有"西塘港"，东西、南北的跨度各约750米，总面积约有56万平方米，里面有生活区、祭祀区、墓葬区、作坊区等。位于中心的姚家墩遗址呈南北长方形，面积约6万平方米，是一处长期沿用的居住区。在姚家墩的东侧自北向南有葛家庄、王家庄和窑郎三处台地；在西侧自北向南有卢村、金村和斜步滩三处台地。这6处台地距离姚家墩均约100米左右，它们各自的面积均在1万至2万平方米，相对高度约2—3米。在这6处台地的外围、东西两面的外侧又各有一条河沟，两条河沟北抵山脉，南接苕溪，从而使七处台地形成了一个相对独立一体的平面布局。七处台地中，位于中心的姚家墩发现了一处铺设考究的沙石地面的建筑基址和一处红烧土地面的房屋基址，被认为是一处较高等级的居住址；在卢村曾有良渚文化的玉琮等玉礼器出土，并有良渚时期两个阶段堆筑和使用的祭台遗迹，还发现良渚文化贵族墓葬；在葛家村1991年发掘出土了6座良渚小墓和生活遗存。东部的王家庄、料勺柄有建筑遗存和贵族墓葬。目前对以姚家墩为中心的这组遗址的发掘还不能说是全面，据已有的情况只能作一些初步的推断：中心台地姚家墩是聚落的高等生活区，在周围台地上分布有祭台和墓地，它们北依天目山支脉丛岭，南临苕溪，东西有河沟相围，是一处经规划的中等级别的聚落。因其南面不远就是更高一级的莫角山城址，又与在其东西的瑶山和汇观山相呼应，可以说围绕在莫角山城邑遗址周围的姚家墩、瑶山、汇观山等中等级别的聚落，很可能都是隶属于莫角山都邑的贵族聚落。

我们如果把浙江余杭莫角山城址、江苏常州寺墩、上海青浦福泉山等看成良渚文化中几个不同的中心和政治实体的话，那么，在这些不同中心的区域内都应存在上述三四个等级的聚落形态。其中，以莫角山为中心的良渚遗址群，聚落内三四个等级这一现象是最为突出的。以莫角山遗址为中心的聚落群分布于良渚、安溪、瓶窑三个相毗邻的乡镇地域内，面积达40余平方公里，大小遗址或墓地加起来共有135处之多，遗址密集连片，等次有差。在这一聚落群中，莫角山遗址（包括反山墓地）既是该聚落群的政治、经

[①] 浙江省文物考古研究所：《良渚遗址群》，第320—321页。刘斌：《余杭卢村遗址的发掘及其聚落考察》，《浙江文物考古研究所学刊》，长征出版社1997年版。

济、军事、宗教和文化的中心，也处于聚落等级中的最高之顶点，是邦君和贵族中最上层者聚集之地；而瑶山、汇观山、姚家墩与卢村之类的遗址，则是隶属于这一中心的次一级的贵族聚落；至于庙前之类遗址，属于更次一级等级的聚落，虽接近于一般性的村落，但因村落的规模较大，其中也不乏有一些较富裕的家族或宗族；处于最基层的是规模更小的那些聚落。当然，也许这里的第三级和第四级的聚落可以合并为一个等级，都不属于贵族聚落而为普通村落，只是其中有的村落较大、人口较多而已。这样，至少有三个鲜明的聚落等级呈现在我们面前：最高等级的是邦君和上层贵族所在地的莫角山都邑；位于中间等级的聚落是中小贵族的宗邑；处于基层的是那些普通的村邑。

聚落的不同等级，体现了权力结构中的不同等级。作为最高等级的莫角山都邑，它所表现出的权力之集中，远非其他贵族聚落所能比拟。据考察，不但修筑290万平方米城邑的城墙需用大量的人力和物力资源，城内的宫殿区——面积达30万平方米、高5—8米的长方形土台，也是由人工堆积或利用原来的土岗高地加以填补修整、截弯取直堆筑而成，其工程量是相当巨大的，需要大规模地组织调动大量的劳动力，经过较长时间的劳动才能营建而成。而长方形土台之上那些成组的大型房屋建筑，也绝非莫角山遗址本身的人力所能建成，也需要动员整个聚落群的人力物力之资源。莫角山宫殿区中这些规模宏大的公共工程的建成，显然在其背后有完善的社会协调和支配机制来为其保障和运营的，也就是说，莫角山城邑和其内的宫殿建筑物并不是为整个聚落群的人口居住所修建，它是为贵族中的最上层及其附属人口的居住所营建，但却有权调动和支配整个聚落群的劳动力，显然这种支配力具有某种程度的强制色彩。这种带有强制性的权力与社会划分为阶层或阶级相结合所构成的社会形态，是不同于史前的"复杂社会"或被称为"酋邦"的社会形态的，而属于具有都城的邦国。

上述我们依据良渚城邑的规模、城内大型建筑遗迹所反映的公共权力机制、良渚聚落群内的等级状况，以及我们后面将要讲到的由良渚文化墓葬材料所表现出的社会分层和严重的不平等，已得出良渚古城也是早期国家文明的都邑。若进一步考察良渚文明的特色，与陶寺相比，在城邑的规模上，在城内大型夯土建筑物方面，在由墓葬反映出的社会分层和严重的不平等方面，以莫角山城邑为中心的良渚聚落群和以陶寺城邑为中心的陶寺聚落群，二者都是相当的。在陶寺城内发现两个与甲骨文以来的汉字系统一样的陶文；在莫角山城邑内虽未发现陶文，但在良渚文化吴县澄湖遗址的陶罐上发现"巫钺五俞"四字陶文以及现收藏于美国哈佛大学沙可乐博物馆的黑陶贯耳壶上发现有多字陶文等，这说明在陶寺与良渚这两个早期文明的地域内都已开始使用文字。与莫角山城邑不同的是，在陶寺发现铜铃、齿轮型铜器，在良渚文化中尚无铜器发现，但良渚文化中出土的玉器，其数量之大却是陶寺等文化所没有的。

在良渚文化中，玉器的发达是其一大特点。就其数量来讲，据统计，仅出土或传世的大件琮、璧玉器，已有上千件；良渚文化各类玉器总计，达近万件之多[1]。而良渚文化的大墓，一座墓出土的玉器也是数以百计，对此有学者提出良渚文化大墓随葬大量玉器的现象是"玉殓葬"[2]。再就良渚玉器的品种和分类而言，据林华东先生统计，良渚文化玉器的品种至少有 61 种之多，按其功用，可分为礼器、装饰品、组装件和杂器四大类[3]。良渚文化玉器的精美，制作技艺的精湛，无不令人叹为观止；良渚文化玉器上雕刻的兽面纹和人兽结合的所谓"神徽"等纹样，其表现出统一而强烈的宗教崇拜的意识形态，更是震撼人心、耐人寻味。

良渚文化的贵族们为什么要进行"玉殓葬"？欲解释"玉殓葬"现象，亦即欲解释琮、璧、钺之类器物动辄几十件上百件的随葬现象，首先应了解它们在墓中的随葬状态。依据反山、瑶山的大墓现场所作的精心清理，牟永抗先生曾描述过主要玉器随葬的实态。他说："死者头戴缀着三叉形饰的冠冕，众多的锥形饰立插在冠上的羽毛之间。头的上端束三副缀有四枚半圆形额饰的额带，嵌有冠状饰的'神像'放置在头的侧边，有的'神像'上还装嵌有玉粒，并有项链状的串饰或佩有玉璜。死者颈项及胸前缀满珠串，有的还佩以圆牌或璜。两臂除环镯之外，还有串珠组成的腕饰，左手时常握有柄端嵌玉的钺，钺身大约位于死者的肩部，右手则握以其他形式的权杖或神物。琮往往放置在胸腹部，似可理解为手捧之物。玉璧除一二块较精致的放于胸腹部以外，多叠置于下肢附近。另外一些穿缀玉件常散于脚端附近，可

---

[1] 殷志强：《试论良渚文化玉器的历史地位》，《东方文明之光——良渚文化发现 60 周年纪念文集》，海南国际新闻出版中心，1996 年。
[2] 汪遵国：《良渚文化"玉殓葬"述略》，《文物》1984 年第 2 期。
[3] 林华东：《良渚文化研究》，第 302—303 页，浙江教育出版社 1998 年版。

能是缀似于长襟衣衫下摆的缀件。其中最主要的是三角形牌饰。"① 由上述描述可以看到，死者从头到脚，从仰卧的身体的上边到身底，全用玉器包裹装配起来了。

用各类玉器来装配死者，特别是某一种或几种玉器达数十件之多，在这里，随葬的玉器就不仅仅是"象征物"。若仅仅作为"象征物"，同类器物中随葬几件精品即可，何以随葬的各种玉器中每一种往往要随葬几十件甚至上百件之多？对此，笔者认为，在良渚先民看来，这些玉器是带有灵性含有神力的神物，给死者装配各类玉器是为了给死者带来或增加各种神性和神力，所以，即使是同一种玉器，每增加一件就为死者增添了一份神力，这就是"玉殓葬"的目的和功能。这种情况说明，良渚先民不但有浓厚的祖先崇拜和英雄崇拜，而且还自以为其祖先和英雄的神性神力是可以通过玉器得到增强增大的②。据此，不但良渚文化墓葬中大量随葬的玉琮、玉璧、玉钺、玉璜、三叉形饰的冠冕等玉器可作这样的解释；墓中大量随葬的石钺，如星桥镇横山2号墓随葬的石钺达132件之多，也可以这样来解释。也就是说，大量随葬石钺是为了增加死者在军事上的神力，是军事被宗教化的一种做法，其根源即在于在良渚人看来，族与族之间的战斗，实为族神与族神之间的战斗。据伊藤道治先生研究，这种把人与人之间的战争认为是神与神之间的战争的观念，在殷商时期还存在着③。所以，良渚文化墓葬大量随葬玉钺和石钺也是与军事有关，只是在这里它把军事转化成了宗教。

面对良渚文化玉器的这些现象，从文明起源的角度看，许多学者都在"玉礼器"和"礼制"方面发掘它的社会意义。如苏秉琦先生指出，"玉器是决不亚于青铜器的礼器"④。宋建先生认为"良渚文化玉器的主要功能不是装饰，而与青铜器相同，也是政权、等级和宗教观念的物化形式"，因而，良渚文化的玉器，也是文明的要素之一⑤。邵望平先生更进一步指出，良渚文

---

① 牟永抗：《良渚玉器上神崇拜的探索》，《庆祝苏秉琦考古五十五年论文集》，文物出版社1989年版。
② 王震中：《良渚文明研究》，《浙江学刊》2003年增刊，收入王震中《中国古代文明的探索》，云南人民出版社2005年版。
③ 伊藤道治：《中国古代王朝的形成——以出土资料为主的殷周史研究》，第45页，江蓝生译，中华书局2002年版。
④ 苏秉琦：《华人·龙的传人·中国人——考古寻根记》，第132页，辽宁大学出版社1994年版。
⑤ 见《中国文明起源研讨会纪要》宋建的发言，《考古》1992年第6期。

化那种刻有细如毫发、复杂规范的神兽纹的玉礼器绝非出自野蛮人之手。它必定是在凌驾于社会之上的第三种力量支配下，由专职工师匠人为少数统治阶级而制作的文明器物。由于同类玉礼器分布于太湖周围甚至更大的一个地区，或可认为该区存在着一个甚至数个同宗、同盟、同礼制、同意识的多层金字塔式社会结构或邦国集团①。

　　在良渚文化中，作为礼器的玉器，一般指琮、璧、钺。这主要是它们的一些功用在后世的礼书和文献上有记载，尽管礼书所载的那些具体的功用不一定符合良渚文化时期的情形，但属于礼器应该是没有问题的。琮、璧、钺之外，良渚文化玉器中的所谓"冠形器"和"三叉形器"，也应该属于礼器。其理由是在这些冠形器的正面中部，每每刻有或者是头戴羽冠的神人图像，或者是兽面形象，或者是神人兽面复合图像；在三叉形器的正面也雕刻有这样的纹样，而这些图像纹样与玉琮上的图像纹样是一样的，故其功用也是相同的，即都发挥着礼器的作用。只是被称作冠形器、三叉形器的这些玉器的形制没有被后世所继承，故在文献记载中也没留下痕迹。此外，在一些被称为"半圆形饰"和玉璜的正面，也雕刻有兽面纹或神人兽面复合图形。半圆形饰也称作牌饰，其具体如何使用，还不得而知。玉璜，根据出土时有的是和玉管首尾相接而组成串饰的情况来看，可判断它是作为项链佩挂在胸前的。作为串饰组件的玉璜佩戴在胸前，固然有装饰的意义，但在其上刻有兽面纹，仍然有礼神、崇神、敬神的作用。其实，正像我们前面已讲的那样，良渚玉礼器不仅仅具有礼神、崇敬神的作用，其玉礼器本身就是带有灵性、具有神力神性的神物，或者至少是神的载体。

　　中国自古就被称为礼仪之邦，礼制的核心是贵族的等级名分制度。作为礼制的物质表现——礼器，当它在祭祀、朝聘、宴享等政治性、宗教性活动中使用时，它既是器主社会地位和等级特权的象征，又是用以"名贵贱，辨等列"（《左传》隐公五年），区别贵族内部等级的标志物，这也就是古人所说的"器以藏礼"（《左传》成公二年）。良渚文化中的玉礼器发挥着青铜礼器的功能，其使用更多的可能是在宗教祭祀当中，但它同时也告诉我们当时社会中等级和分层已出现，而在良渚文化墓葬中，凡随葬玉器、玉礼器众多者，恰恰是一些贵族大墓。所以，我们从良渚文化玉器发达这一现象，看到了它的宗教气氛之浓厚，看到了礼制和贵族名分制度的形成。

---

　　① 见《中国文明起源研讨会纪要》邵望平的发言，《考古》1992年第6期。

良渚文化的玉器，技艺精美，数量庞大，而玉器的制作，一般要经过采矿、设计、切割、打磨、钻孔、雕刻和抛光等多道工序，所以，制作如此之多而精湛的玉器，没有专门化的手工业生产是不可能的。这样，我们从手工业专门化生产的角度，也可以看到良渚文化玉器有着可以和铜器相匹的异曲同工的意义。

在良渚文化中，另一个重要现象是等级和社会分层的出现。良渚文化中存在不少的贵族墓，也有相当多的平民墓。学者们依据墓葬规模的大小、葬具的有无、随葬品的多少和优劣，对良渚墓葬作出了种种划分，较多见的是划分为大墓和小墓进行对比论述。也有划分为大型墓、中型墓和小型墓三个大的等级，每一大的等级中又划出二个小的级别[①]。按照后一种划分，大型墓是指墓葬规模较大，随葬品既精美而又数量巨大的墓。它一般多有木棺，有的还有木椁，甚至出现人殉或人牲。其随葬品可达百件以上乃至数百件之多，且以玉器为大宗，同时还有少量的象牙器、漆器、嵌玉漆器，以及木器、陶器和石器等。大型墓所用玉材几乎全为真玉，集中有数量较多的琮、璧、钺等良渚玉器中的"礼器"。中型墓是指墓葬较小，随葬品只有 10—30 件，少数为 30—40 件的墓葬。中型墓多数有独木刳制而成的棺底板，随葬品以陶器和石器为主，也有少量的玉器、骨器或象牙制品及鲨鱼牙等，但玉器质差量少，琮、璧、钺等玉礼器几乎绝迹，代之而起的是陶器和石器明显增加。小型墓葬目前发现最多，不见木质葬具，随葬品大多不足 10 件，且多为陶器，少数有 1—2 件石器或玉器饰品（坠、珠等），也有的小型墓葬无任何随葬品，为一无所有。此外，在良渚文化中还存在一类被称为"乱葬墓"的墓葬。这是一些既无墓坑又无随葬品，葬式或头向不一，甚至身首异处，或是被捆绑的殉葬者或人牲。

良渚文化能划分出不同等级类型的墓葬，反映了各类资源和消费生活资料存在着不平等的占有和分配。如前所述，在良渚文化中有尚玉的社会风气，玉器是一种高级物品，玉器在社会分配中有着十分明显的差别，足以说明当时存在着社会分层。按照一位美国学者乔纳森·哈斯（Jonahan Haas）的说法，这种获取消费资料有差别应是一种方式，而不只是一个孤立的例证[②]，也就是说，这种对玉和玉器不平等的获取，是与对其他类型资料的不

---

① 林华东：《良渚文化研究》，第 449—463 页。
② ［美］乔纳森·哈斯：《史前国家的演进》，第 80 页，罗林平等译，求实出版社 1988 年版。

平等获取相联系的。如果把对于玉器的不平等获取看成是对于宗教崇拜的神权资源的不平等占有的话，那么，良渚文化中的不平等获取还包括对农业的经济资源的不平等占有，良渚文化的社会分层正是以经济和神权这两类资源的不平等占有为基础的。

良渚文化墓葬材料所反映出的不平等和社会分层，若用社会学术语或社会组织结构来描述，良渚文化的大型墓实际上就是一种贵族墓葬，大墓在各处的普遍存在，说明存在着一个贵族阶层；良渚文化中小型墓属于平民墓葬，其中中型墓是平民中较富裕者，小型墓是平民中较贫穷者，小型墓的数量最多，说明一般平民阶层是社会中的主要人口；良渚文化中的"乱葬墓"，特别是那些身首异处，或被捆绑的人殉与人牲，极有可能是战争中掠夺而来的人口，或因贫困而沦为被奴役者。这样，良渚社会就可以分为三大社会阶层，即贵族、平民和被奴役者。

与其他远古文化相比，良渚文化中的"玉殓葬"和贵族的"高台墓地"是一些较为特殊的现象，但由玉殓葬和高台墓地所反映出的不平等和社会分层却又是文明起源过程中较为普遍的现象。可见，良渚文化的墓葬材料和玉礼器的情形一样，在文明起源的研究中，都存在着特殊与一般的关系问题，也可以说成是文明起源的一般机制寓于特殊现象之中的关系问题。在中国众多璀璨的远古文化中，环太湖地区的良渚文化是一颗非常耀眼的明珠。它以发达的稻作农业、大量而精美的玉器、精制的制陶技术、成句子的陶器符号文字资料，以及由墓葬、规模巨大的城墙和城内大型土木建筑工程所反映出的不平等和社会分层等现象，使我们有理由认为它已进入文明社会，已形成一个个文明古国——邦国，而整个环太湖地区则组成了族邦联盟（邦国联盟）或集团。

4. 龙山时代邦国都邑文明的一般属性

上述陶寺、古城寨、平粮台、莫角山等城址的初步发掘所反映出的诸种社会现象是有普遍意义的。首先就当时的阶级分化而论，在陶寺、古城寨、平粮台、莫角山，其居民的身份都有住在高台建筑物的宫殿与住平地民房的区别。陶寺还有宫殿区、大贵族居住区和下层贵族居住区的区别。陶寺的墓地中，墓葬等级的金字塔形结构也充分反映了阶级分化的程度，莫角山城邑内的反山墓地的情况也是这样。古城寨的大型夯土宫殿建筑配套有大型廊庑建筑，凸显了居住于其中者身份之高贵。

在后岗,有住木板地面与白灰地面的差别;同时后岗被埋在房址下作奠基牺牲的儿童们的家庭与建造和居住这些房屋的人们,显然不属于同一阶级。在王城岗,有人推测窖坑中所埋葬的人骨架,其身份可能是奴隶。在这些遗址之外,山东泗水尹家城龙山期的墓地、临朐朱封村龙山期大墓、诸城呈子龙山期墓地、甘肃永靖秦魏家、武威皇娘娘台、青海乐都柳湾等齐家文化的墓地,浙江余杭瑶山、江苏吴县草鞋山、张陵山、上海青浦福泉山等良渚文化的墓葬材料,都反映出龙山时代所存在的鲜明的阶级分化,阶级对立乃至阶级压迫情形。[1]

再就城内居民的成分而言,由城内的铸铜和陶窑遗迹固然说明工匠的存在,而从各城址所发现的石斧、石铲(耜)、石刀、蚌刀、石镰、蚌镰、石臼、石杵、陶杵、石锛、石凿、骨凿、石垫、石抹子、石纺轮、陶纺轮、磨石、石磨盘、石镞、骨镞、石矛、骨针、骨梭、骨镖、骨匕、蚌锯、陶拍子等生产工具,则表明其居民既有农业生产者,亦有手工业生产者。此外,从城子崖、后岗等城址及其他聚落遗址中,普遍发现用牛、羊、猪、鹿肩胛骨制成的卜骨来看,在城内的管理与统治阶层中,宗祝卜史之类的知识分子和神职人员已经存在。这些人是当时的智者和圣者即"劳心者",他们掌握天文、历法、文字、祭祀以及族谱世系等。在陶寺的扁壶上发现用朱砂写的两个字符,一个为"文"字,另一个虽有或被释为易、尧、唐、邑、命等分歧,但它们同大汶口文化陶文、殷墟甲骨文和现在通行的汉字属同一系统,却是一目了然的。在王城岗城址三期 473 号灰坑中出土的一件泥质黑陶平底器的残底外部有一个在烧制前刻画的"㘴"字。其见于甲骨文和金文,有人释为"共",已是相当成熟的会意字[2]。如果将陶寺、王城岗的这些陶文与大汶口文化陶器上刻画的图形文字以及仰韶时代的刻画符号相联系,似乎反映出文字起源过程中三个小的演进阶段,其中龙山时代陶文的文字结构特征,显然与甲骨文和金文颇为相似,可划为同一范畴。陶寺、王城岗之外,在良渚文化的陶器上,先后发现刻有由"巫戌五俞(偶)"四个字组成句子的文字[3]和一些其他陶文;在山东邹平丁公村龙山期城邑内出土的一块陶片上,发现刻有五行十一个文字。陶寺扁壶上的"文"字、王城岗出土的陶文

---

[1] 参见第八章"阶级的产生与财富的积累"。
[2] 李先登:《王城岗遗址出土的铜器残片及其他》,《文物》1984 年第 11 期。
[3] 参见本书第七章"从符号到文字"。

"共"字和良渚陶器上的成串成句的文字以及丁公村出土的陶文，显然是非常重要的信息，它反映出龙山时代的城内外居民，特别是当时的神职人员已在使用简单的系统文字。龙山时代大概属于中国历史上的"原文字时代"。

王城岗、后岗、平粮台、边线王等城内都发现有在圆形坑内或房基下，埋有人骨架，而且多为小孩。这些死者一般解释为建造房屋奠基时所用的人牲。边线王城内除人骨架外，还发现奠基用猪、狗骨架。这些都是当时流行的某种宗教观念的一种反映。城子崖下层文化遗存和后岗早期灰坑中发现有牛和猪的肩胛卜骨，有的经过刮、钻，然后灼卜；有的只有灼痕。用兽骨占卜之习在龙山时代其他聚落遗址中时常可见，再联系河南汤阴白营出土的一个圈足浅盘豆上刻有两个裸体人像①、山西陶寺甲种大型墓出土有彩绘蟠龙陶盘②、江浙良渚文化中多处发现祭坛和祭祀遗迹③，以及玉钺、玉琮等玉器上所刻人形兽面复合的战神图像，都足以说明此时的宗教祭祀活动和宗教信仰已有相当程度的发展。当然，最能说明问题的还是城内大型的宗教建筑物的发现。陶寺中期城址内发现的规模宏大的天文建筑ⅡFJT1，就应当是兼观象授时与祭祀功能合为一体。在这一区域还有M22大型墓、M8中型墓等墓葬的发现，也有助于说明ⅡFJT1天文建筑所在的陶寺中期小城，很有可能是陶寺中期城址内的宗教祭祀区。莫角山城址内30万平方米的高土台上分布的3座人工堆筑的高4—5米的台基，其中除宫殿之外，也应有作为宗庙的建筑。在王城岗城内的中部和西南部较高地带发现有与城墙同时的一些断断续续的夯土遗存，虽因损毁较甚，已很难看出原貌，但其中有的与埋有许多人骨架的奠基坑联系在一起，已显示出它的宗教性——说不定就含有宗庙社坛之类的建筑。在我国古代，宗庙、社坛、宫殿都是建筑在台基上的。我们知道，在龙山时代之前的红山文化中发现有神庙、社坛之类的大型建筑④，在仰韶文化甘肃秦安大地湾"中心聚落"中也发现了中国古代"明堂"式的庙堂建筑⑤，在龙山时代之后的都邑内一般也有宗庙宫室社坛一类的建筑。因而，龙山时代的城邑内也一定有宗庙社坛一类的建制，目前只不过是有的已发现一些遗迹，有的属于尚未发现或尚未认识而已。

---

① 《汤阴台营河南龙山文化村落遗址发掘报告》，《考古学集刊》(3)，1983年。
② 《考古》1983年第1期图版肆：1。
③ 除了瑶山墓地祭坛外，在福泉山、反山等良渚大墓的墓地，每每有燎祀遗迹。
④ 参见第四章"中心聚落（原始宗邑）与神庙文化"。
⑤ 《甘肃秦安大地湾901号房址发掘简报》，《文物》1986年第2期。另参见第四章。

根据先秦文献记载，在虞夏商周四代的传统中，作为国家统治中心的都邑，都必须营筑宗庙社坛之类的庙堂圣地和祭祀中心。例如：

《墨子·明鬼篇》："昔者虞夏商周，三代之圣王，其始建国营都，日必择国之正坛，置以为宗庙，必择木之修茂者，立以为丛社。"

《周礼·春官》："小宗伯之职，掌建国之神位，右社稷，左宗庙。"

《周礼·冬官》："匠人营国，左祖右社，面朝后市。"

《礼记·祭义》："建国之神位，右社稷而左宗庙。"

《礼记·祭法》："天下有王，分地建国，置都立邑，设庙祧坛墠而祭之。"

《尚书·甘誓》："用命，赏于祖；弗用命，戮于社。"

《左传》闵公二年："率师者，受命于庙，受脤于社。"

上述记载除"左祖右社"的配置属于周代乃至汉代以后的情形外，其记载的主旨集中地反映出作为权力中心的都邑，也是宗教祭祀的中心。或者还可以这样说，最初的权力中心是由宗教祭祀的中心演变而来的，从而使得最初的国家都带有神权政治的色彩和性格。

政教合一是中国古代的传统，龙山时代的城邑文明也不例外，为了看清和理解这一点，我们不妨由已知去推未知，对虞、夏、商、周四代中神权政治的色彩作一回顾与追溯。

三　虞夏商周四代的政教合一

所谓政教合一，在先秦时期主要是指政治统治权与宗教祭祀权的合一。这种合一，见诸当时社会生活的各个方面。首先从西周说起，我们知道，周人建国至少可以追溯到古公亶父，据《诗经·大雅·绵》的记叙，古公亶父率族人由邠迁岐、令有司在岐山之南营筑城廓、宫室时，确已把"作庙"和"立社"作为必备的建制。诗中写道："乃召司空，乃召司徒，俾立室家。其绳则直，缩版以载，作庙翼翼。……乃立皋门，皋门有伉。乃立应门，应门将将。乃立冢土，戎丑攸行。"毛传、郑笺、孔疏皆以此"庙"为宗庙，"冢土"为大社。近年来，周原考古队在岐山县京当乡凤雏村西南村发掘出一组宏大的早周宗庙宫室建筑基地（图Ⅸ—15：1），并出土了文王时期的卜甲一万七千余片，又在凤雏东约二公里的扶风县法门乡召陈村发掘一组西周中期偏后的大型宫室宗庙建筑基地（图Ⅸ—15：2），向人们展现了早周时期的建筑特点和历史功用[①]。依据学者们的初步的分析研究，凤雏和召陈这两组大型建筑基址，前者当为宗庙建筑，后者应为宫殿建筑物[②③]。

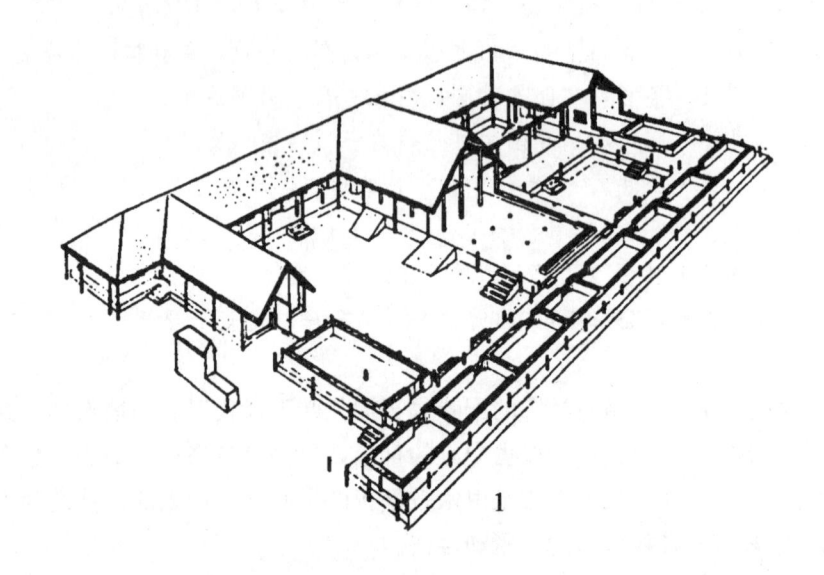

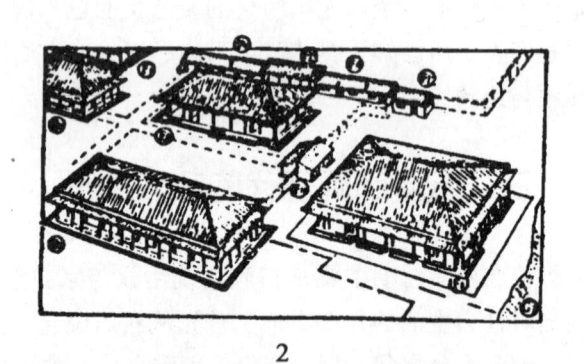

图Ⅸ—15 西周周原宫殿宗庙复原图
1. 岐山凤雏西周甲组宫殿（宗庙） 2. 扶风召陈西周宫殿群

[①] 陈全方：《周原与周文化》，上海人民出版社1988年版。
[②] 王恩田：《岐山凤雏村西周建筑群基址的有关问题》，《文物》1981年第1期。
[③] 尹盛平：《周原西周宫室制度初探》，《文物》1981年第9期。

周人因最初立国于岐山之南的周原而国号为"周",岐周是周族立国时的宗庙社稷的所在地,因而陈梦家等学者认为《诗》、《书》、铜器铭文中的"宗周"就是岐周。其实,"宗周"所指,究竟是周人立国时的宗庙所在地,还是指武王灭商后与被分封的同姓诸侯相对而言的作为天下大宗的王室国都所在地,是需要深入研究的。对此,我们姑且不论。在这里,我们只需指出,在周人的历史中,无论是古公始建的岐周、文王的丰、武王的镐等较早时期营筑的都城,还是灭商后营建的东都洛邑,都体现了政教合一的色彩。周人在岐地营筑第一座城邑国都时把"作庙"和"立社"作为必备的建制,已如上所述。灭商后营筑的东都洛邑也是如此。据《逸周书·度邑解》和何尊铭文[1],武王即有营建东都洛邑的意图和实践。洛地居天下之中,建都于此,便于控制四方,即"自时中乂,万邦咸休[2]"。武王死后,成王秉承父志,营筑洛邑。《尚书·召诰》说:"若翼日乙卯,周公朝至于洛,则达观于新邑营。越三日丁巳,用牲于郊,牛二。越翼日戊午,乃社于新邑,牛一,羊一,豕一。"《洛诰》云:"戊辰,王在新邑烝祭岁。文王骍牛一,武王骍牛一。王命作册,逸祝册,惟告周公其后。王宾杀禋咸格,王入太室祼。王命周公后,作册,逸诰。在十有二月。"《逸周书·作雒》也说:"封人社壝,诸侯受命于周,乃建大社于国中。……乃位五宫、大庙、宗宫、考宫、路寝、明堂。"孔晁注:"五宫,宫府寺也。大庙、后稷二宫,祖考庙也。路寝,王所居。明堂,在国南者也。"从这些记载中我们可以看到,凡是营筑都城,建立一个新的统治中心,都要立社建庙,隆重地举行祭祀活动。

  周人的政教合一不仅仅体现在营筑都城宫室时把"作庙"、"立社"作为必备的建制,更主要的是周王的一些重要活动,如献俘告庙、册命诸侯、朝见、祭祀等国之大事,每每都是在宗庙中举行的,体现出君权、族权和神权三位一体的性格特征。例如,岐山礼村出土的著名的小盂鼎铭文记载"王各(格)周庙",举行了盛大的告俘馘和祭祀仪式;塑方鼎记载周公征伐东夷,斩杀丰伯和蒲姑后,在周庙中举行了献俘、饮酒活动;趞鼎记载了穆王在宗周大庙册命趞为某师的大司马的仪式;恭王时期的同簋铭文记载了"王在宗周,各于大庙,"命同帮助吴大父,掌管场、林、虞、牧。一直到了西周后期,大克鼎记载说:"王在宗周,旦,王各(格)穆庙,即位……王乎(呼)

---

[1] 伊藤道治:《周武王与洛邑》,载《内田吟风博士祝寿纪念东洋史论集》1978年8月。
[2] 《尚书·洛诰》。

尹氏册令善夫克……"这些宗庙，既是周王举行祭祀、告俘、大典的地方，也是赐命（册命）、授禄、施政发令之地。

一般来说，册命即赐命礼制是王权的极好的体现，然而这种礼仪的实施往往要在宗庙中举行，如《礼记·祭统》说："古者明君爵有德而禄有功，必赐爵禄于太庙，示不敢专也。"《礼记·祭义》曰："爵禄庆赏，成诸宗庙，所以示顺也。"《尚书·甘誓》："用命赏于祖，弗用命，戮于社。"这就有力地说明王权与神权的同一性。这当然是神权政治所要求，也是神权政治的体现。诚然，西周由于"德"的采用、理性的增强，以及诸如礼制的深化和通过恩宠与忠诚来联结君臣关系、上下级关系的礼制化[1]，使得神权政治的色彩已较商朝的大为减弱。尽管如此，上述宗周和成周的宗教建制以及周王权的神圣性，已经很能说明我们的命题了——作为权力的中心也是宗教的中心。

由西周向上追溯，我们就进入了一个神权政治的世界。通过甲骨文可以看到，在西周之前的商朝，商人祭祀之广、祭名和祭仪之繁多、祭祀活动之频繁、祭祀典仪之隆重，都是十分惊人的[2]。商人所以要频繁地举行形形色色的祭祀，就在于这些神灵有着极大的不可抗拒的权威。例如在甲骨卜辞中，上帝可以"令雨足年"，也可以"不令雨"；可以"降祸"，也可以"弗其降祸"；诸如此类，不胜枚举；就连王之作邑与出征，都要得到帝的允诺，除帝和自然神外，商人的先公先王、祖先也具有极大的权威，诸如：

> 庚寅卜，隹河害（害）禾？庚寅卜，隹夒害禾？（《合集》33337）
> 隹王亥害雨？隹亡害？（《合集》32064）
> 贞，咸保我田……？贞，大甲保？（《合集》1370）
> 咸受（授）又（佑）？咸弗受又？（《合集》5447正·乙）
> 癸丑卜，㱿贞，莫年于大甲十宰，祖乙十宰？（《合集》10115）
> 贞，疾齿，隹父乙害？（《合集》13649）
> 癸巳卜，㱿贞，子渔疾目，祼告于父乙？（《合集》13619）

等等。上引诸卜辞中，夒、王亥，是商之先公；咸是成汤，他和大甲、

---

[1] 伊藤道治：《中国古代国家的统治结构》，[日本]中央公论社1987年版。
[2] 陈梦家：《殷虚卜辞综述》，科学出版社1956年版。岛邦男：《殷墟卜辞研究》，1958年。

祖乙都属商之先王。既然上帝和祖灵等具有如此的威力,左右着人间的一切,那么人们如何才能得知神灵的意旨呢?在中国古代是用卜筮来判断神的意旨,来沟通神与人的联系。卜用龟甲兽骨,筮用蓍草。用卜筮来决疑和决策,是神权政治的集中体现。这一点从商亡国后的遗老旧臣向武王讲治国安民的洪范九畴之七的"稽疑"中说得非常明白。

汝则有大疑,谋及乃心,谋及卿士,谋及庶人,谋及卜筮。汝则从、龟从、筮从、卿士从、庶民从,是谓之大同。身其康强,子孙其逢,吉。汝则从,龟从、筮从、卿士逆、庶民逆,吉。卿士从、龟从、筮从、汝则逆、庶民逆,吉。庶民从、龟从、筮从、汝则逆、卿士逆,吉。汝则从,龟从、筮逆、卿士逆、庶民逆,作内,吉;作外,凶。龟筮共违于人:用静,吉;用作,凶。[1]

上面六种判定凶吉的情况,可以简化为一个表格。

	王(汝)	龟	筮	卿士	庶人	
(1)	从	从	从	从	从	大同(吉)
(2)	从	从	从	逆	逆	吉
(3)	逆	从	从	从	逆	吉
(4)	逆	从	从	逆	从	吉
(5)	从	从	逆	逆	逆	内吉,外凶
(6)	从	逆	逆	从	从	静吉,作凶

上表充分说明判定凶吉的依据完全在于鬼神的意见,鬼神的意志高于人的意志。这不是地地道道的神权政治又是什么?日本学者伊藤道治教授曾指出:"在当时,各族都具有自己的族神,族与族之战,也是神与神之争。……""在第一期典型的王朝卜辞中,占卜的判定者只限于王,而且其王也是作为贞人出现,这一事实表明殷王是贞人集团中最卓越最有力的贞人"[2]。

在商王朝,殉葬和人牲是十分惊人的,关于人牲与神权政治的关系,日

---

[1] 《尚书·洪范》。
[2] 伊藤道治:《中国古代王朝的形成》,第64、76页,[日本]创文社1975年版。

本学者樋口隆康教授曾讲过一段非常精彩的话：

> 在殷文化中，令人感到异常的是从王葬中出土的大量的殉葬和人牲。就殉葬而言，它是王的侍从们及王的妃妾们殉于王，和王一起被埋葬。无论在美索不达米亚的乌尔王墓，还是在埃及的王墓中都有类似的情况。然而所谓人牲就罕见了。一般作为牺牲都使用牛羊马等动物，可是在殷从一个王墓和宗庙建筑物中，竟有数百人，全部加在一起近一万人被斩首而葬，这是像动物那样，作为牺牲而被埋葬的，决不是殉葬、殉死之类。如此大量的人牲，在世界上也是稀有的。
>
> 那么，这种牺牲，特别是人牲，若说成是殷王对那些人命或奴隶之命具有生杀予夺的权力，即所谓专制君主之类，也绝不是旁若无人的暴君。一看甲骨文的内容便可得知，殷王首先非常恐惧的是神、是天帝。天帝作为支配自己的一种超人的存在，遵从天帝之命是一种政治手段。一切全由天命而定，为天子者也是天命，作为忠实地履行天命的证明，就是厚祀于神。在祭祀中献上很多供物，把人和动物作为牺牲而奉献也完全是按照天的意志而行事。当然其天意是通过占卜来确定的。"对父丁这样的先祖进行祭祀时，想要斩首30个羌人而奉献，这样可以吗？"将这样的事情卜问于神，若得出"诺"的判断，则就那么办。因此那些活生生的供品决不是商王随便杀戮，而是遵从天命作出的。这种复杂的思想不能简单地断言为奴隶制而完事。殷文化非常有特色，那些精美的青铜器，也是在鬼神崇拜的支配下，为了祀神而使用的器物；所谓甲骨文，也是为了探问神的意志而进行占卜的文句。当我们这样考虑后，那么殷文化基本性的东西不正是以崇拜天神这样的信仰观念为核心吗？①

在商王朝，神权政治占据着支配性的地位，那么，这种文化特色在都邑建制上有什么反映吗？安阳殷墟作为商代后期的王都，范围约在36平方公里以上。其中，洹河南岸小屯村一带为武丁以来的宫殿宗庙区，洹河北岸侯家庄一带为王室陵墓区，武官村大墓南侧有排列密集的人祭坑，属于王陵中祭祀祖先的公共祭祀场。环绕着王宫区与王陵区有许多分散的居民点，发现

---

① 樋口隆康：《考古学上所见的殷周文化》，载《中国古文字与殷周文化》，第21—23页，[日本]东方书店1989年。

有小型房基和近3000多座中小型墓葬。王宫外围分布着王室直接控制下的各种手工业作坊。而殷墟都城遗址的整个布局则以宫殿、宗庙建筑群为中心（图Ⅸ—16）。

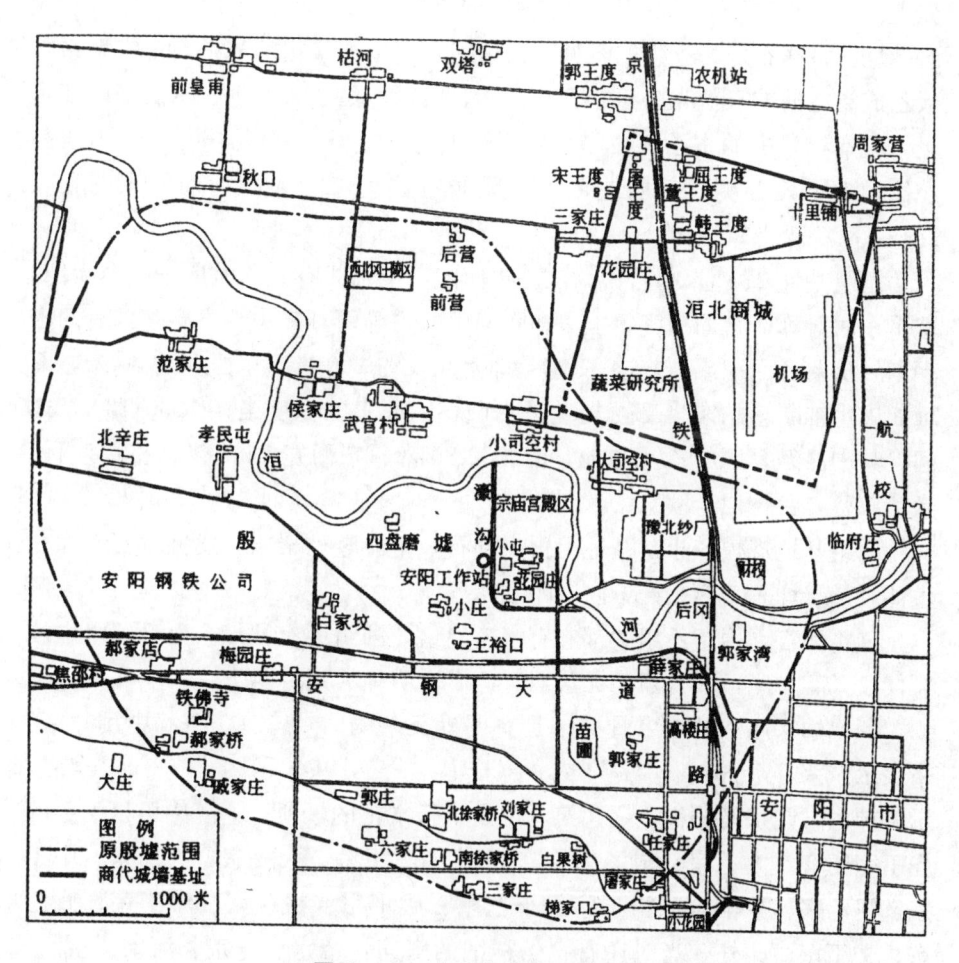

图Ⅸ—16 安阳殷墟主要遗迹图

宫殿宗庙区主要在小屯村东北地的洹河南岸，迄今为止小屯村一带共发现宫殿宗庙基址57座，由甲乙丙三组组成，分布在南北长约280米，东西宽约150米的范围内。由于这些建筑遗存，特别是中部的乙组遗存，打破叠压关系十分复杂，再加上发掘报告受时代的限制，使我们对同一时期整体性的布局和个别建筑格局，不如周原凤雏和召陈那样清楚。就目前的知识而言，处于最北处的甲组基址15座，分为南北两段。南段5座，甲11至甲13三址甚为整齐；北段5座，以甲4和甲6最大，并居全段中心，周围有8座较小基址环绕，主从关系甚为明显（图Ⅸ—17）。其中甲6基址，经石璋如先生仔细核查和研究从其附近窖穴中出土的甲骨文，将此复原为一座宗庙建筑基址。根据石璋如先生的意见，在这座宗庙中被祭祀的神是商王室世系中天乙成汤之前的五位先公近祖——匚乙、匚丙、匚丁、示壬、示癸（即《史记·殷本纪》中的报乙、报丙、报丁、主壬、主癸）。匚乙居最中，丙居其左侧，丁居其右侧，壬居左侧外，癸居右侧外，五人配列而祀（图Ⅸ—18）①。

乙组基址21座，报告说，从乙1而南，中轴线有三所大房子五个大门，似乎东西对称，布局精密，主房和厢房排列均等而且集中，重要基址之门多朝南，次要者面东或西。这21座基址南北长约200米、东西宽约80米，石璋如先生推断它的东半部可能被洹水破坏，原来的宽度当在120—160米之间。其中已经复原的乙八基地，南北长85米、东西宽14.5米，格局对称，堂室兼备，台阶俱全②。

丙组基地规模较小，基址上很少础石，不能竖柱架梁，发掘者石璋如先生怀疑是坛墠③，凌纯声先生推测是社④。

毋庸讳言，甲组乙组中都应有宗庙建筑，丙组中有社坛，而且每组中决非仅仅只有一座，只是目前无法对它们做出明确的判定而已。

商代的宗庙和社在甲骨文中是有明确反映的。"庙"在卜辞中用"宗"来表示，宗，卜辞写作"俞"或"俞"，从"宀"，从"示"。"宀"是房屋，示是神主，则宗乃藏神主之建筑，也是举行祭祀的场所。卜辞中可以见到的先王宗庙有：大乙宗（成汤宗）、大丁宗、大甲宗、大戊宗、大庚宗、中丁宗、祖乙宗、祖辛宗、祖丁宗、小乙宗、武丁宗、祖甲宗、康丁宗、武乙宗、文丁宗。此外，当时还有自然神祇的宗庙：帝宗、龙宗、河宗、岳宗。还发现有"夒戊宗"，大概为商族始祖庙。也有女祖之宗庙，如一期有妣已宗，二期有母辛宗，三期有妣庚宗。女祖有宗庙，与后世有异，不过终究寥

---

① 石璋如：《殷代地上建筑复原第四例》（甲六基址与三报二示），中央研究院第二届国际汉学会议论文（1986年）。
② 石璋如：《殷代地上建筑复原第三例》，《考古人类学刊》第39、40合期。
③ 石璋如：《殷代的夯土、版筑与一般建筑》，《历史语言研究所集刊》40本1分。
④ 凌纯声：《卜辞中社之研究》，《台湾大学考古人类学刊》25/26期。

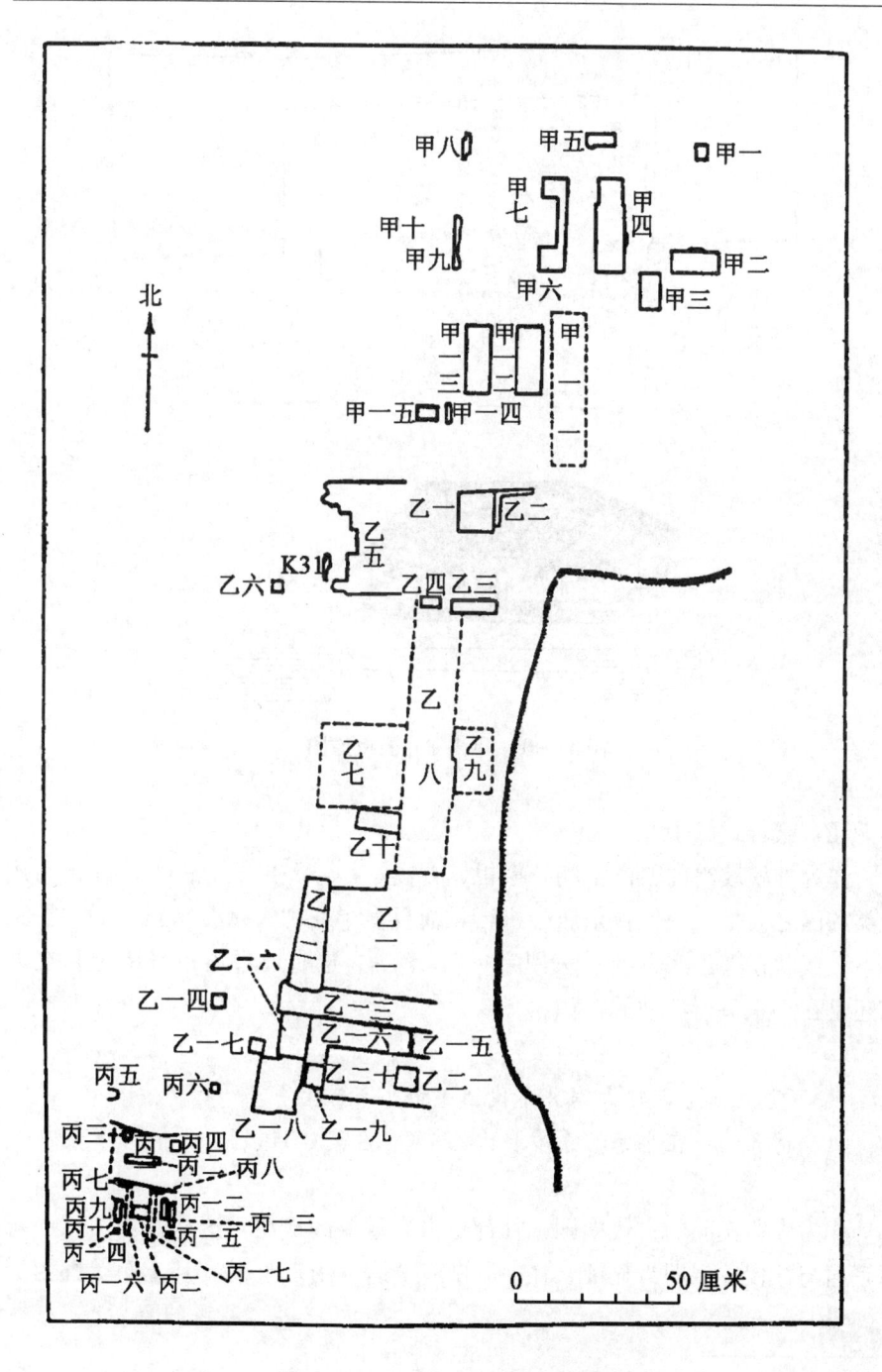

图Ⅸ—17 小屯北地宫室宗庙分布图

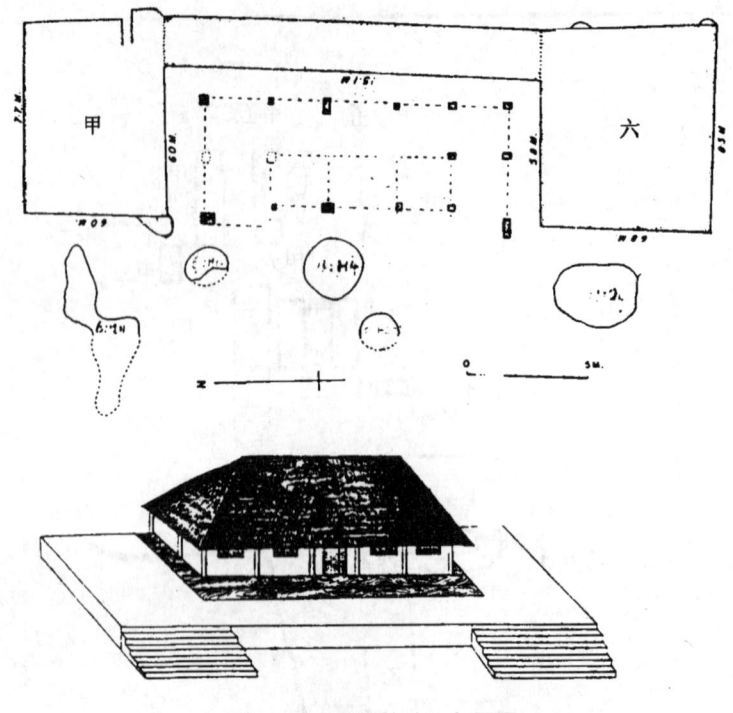

图Ⅸ—18　甲六基址及复原图

寥无几,已告式微了①。

作为神权政治的殷商王朝,祭祖、饗宴、献俘、出征、占卜,即祀与戎之类的国之大事,一般在宗庙中进行,而且多半在"大宗"举行,如"在大宗卜"或"在大乙宗卜"、"大甲宗卜",等等。也有通过占卜来决定是在大宗还是在小宗举行活动的,如:

〔丁〕亥卜,在大宗又彳伐三羌十小宰自上甲?
己丑卜,在小宗又彳岁自大乙?(《合集》34047)

作为农业文明的古代中国,社神也占有重要的地位,这从古典文献中每每宗庙与社稷并列即为显证。在卜辞中有"唐(汤)土"、"邦土"等即为唐

---

① 王贵民:《商周制度考信》,第46页及第61页附:"商代宗庙宫室表",(台湾)明文书局1989年。

社、邦社①。唐社即汤社，大概是灭夏之君商汤所立之社。邦社即国社，大概即殷都安阳所立之大社。至于"贞，秦年于土（社），九牛"中，单称为"社"者，也应是以当时的殷都为中心所立的社，可以视为邦社的简称。

在甲骨文中，对社神主要举行有关"宁雨"、"宁风"、"求年"的祭祀，祭祀形式有燎、沈、貍（瘗）等，无论从其功用上（祭社以求地利，报地功），还是从其祭法上，大致与文献记载相合②，可以得知农业文明在文化传统上的承袭一致。而殷墟的甲骨卜辞中仍可见到"汤社"，足以说明商汤开国时所立之社在有商一代所具有的地位和功用，也说明文献中强调虞夏商周四代之圣王，"其始建国营都"，必置宗庙立社的说法是有根据的。西周的情况，我们通过《诗经·大雅·绵》、《尚书·召诰》、《洛诰》、周代铜器铭文以及周原凤雏和召陈宫室宗庙建筑物的发现，得到了确证，商代的情况，我们通过甲骨文和殷墟小屯村一带宫室宗庙社坛等建筑遗迹的发现，也得到了确证。

既然在甲骨文中，无论是成汤大乙的宗庙和社，还是成汤以后历代商王的宗庙及殷都的邦社，都有所反映，那么，在商代前后期的都邑城址中存在这一类建筑物也是毫无疑问的。然而，由于后代对前代建筑的破坏和考古学的局限性，使得早期的建筑往往所剩无几，而且每每很难对其性质、名称以及与文献上的对应关系作出准确而具体的判断。商代后期的都邑殷墟，已如前所述③，前期的都邑亦已重见天日。

商代前期商人的都邑城址目前发现两座，一座为郑州商城④，一座为偃师商城⑤。郑州商城发现于1955年秋，城址周长近7公里，面积约317万平方米，最近又发现了"外郭城墙"，使郑州商城的面积可扩大一倍。城内由于大部分被现代建筑所压，考古发掘十分困难，因而关于城内的详细布局并

---

① 伊藤道治：《中国古代王朝的形成》，第67页，[日本]创文社1975年版。
② 王震中：《东山嘴原始祭坛与中国古代的社崇拜》，《世界宗教研究》1988年第4期。
③ 以上只是笔者对于殷墟都邑宫室宗庙所反映的商王朝神权政治的性格的概括性论述。关于商代都邑宫殿宗庙的更深入的研究，可参见笔者新作《商代都邑》，中国社会科学出版社2010年版。
④ 《郑州商代城址发掘简报》，《文物》1977年第1期。《郑州商代城内宫殿遗址区第一次发掘报告》，《文物》1983年第4期。河南省文物考古研究所：《郑州商城——1953—1985年考古发掘报告》，文物出版社2001年版。
⑤ 《偃师商城的初步勘探和发掘》，《考古》1984年第6期；《1984年春偃师尸乡沟商城宫殿遗址发掘简报》，《考古》1985年第4期。中国社会科学院考古研究所河南二队：《河南偃师尸乡沟商城第五号宫殿基址发掘简报》，《考古》1988年第2期。中国社会科学院考古研究所河南二队：《河南偃师商城宫城第八号宫殿建筑基址的发掘》，《考古》2006年第6期。

不清楚。不过在内城东北部发现过一组面积较大的夯土台基和大型房基，面积约占内城总面积的 1/3 左右。在东西 1000 米，南北 900 米的范围内残存有各类高低不平的夯土台遗迹。其中第 15 号夯土建筑为长条形，东西残长 65 米，南北宽 15.6 米，在夯土台基上共发现长方形柱础槽两排。这处巨大的夯土建筑究竟属于宗庙还是宫殿，目前尚无法断定。偃师商城发现于 1983 年春，因城址绝大部分被淹埋于地下，整个城址保存相当完好（图Ⅸ—19）。经钻探与试掘得知，这座城址大体上为方形，北城墙长 1240 米，西城墙长 1710 米，东城墙长约 1640 米，面积略小于郑州商城的内城，约为 190 万平方米。在城内南部发现三处大型建筑基址，正中一处面积最大，属于宫城，长宽各 200 米，四周环绕 2 米厚的夯土大围墙，内有 10 座大型宫室宗庙建筑基址。另外两处建筑群基址分别位于宫城的西南和东北处。

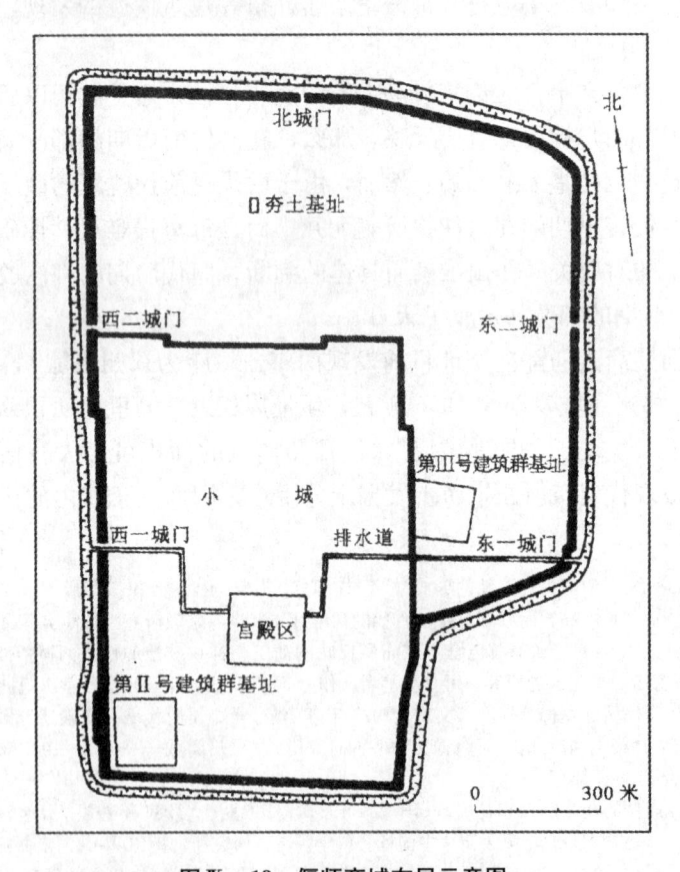

图Ⅸ—19 偃师商城布局示意图

偃师商城宫城内的这 10 座宫殿宗庙建筑分属于偃师商城第一期至第三期。属于第一期的宫殿宗庙建筑有一号、四号、七号、九号、十号等宫室（图Ⅸ—20）；属于第二期的宫殿宗庙建筑有一号、二号、四号、六号、七号、八号等宫室（图Ⅸ—21）；属于第三期的宫殿宗庙建筑有二号、三号、四号、五号、八号等宫室（图Ⅸ—22）。关于宫城内这 10 座宫室何者为宫殿何者为宗庙，据笔者的研究，宫城区东侧的四号、五号为宗庙，宫城区西侧的二号、七号、八号、九号、十号为宫殿。宫殿是由一个三进院落构成，第一进院落的正殿及其殿前大庭是"外朝"，即第一期七号宫室的正殿和殿前大庭以及第二、三期三号宫室的正殿和殿前大庭是"外朝"，此地乃"万民"即较多的族众可至之地；外朝之北即外朝之后的第二进院落和第三进院落均为"内朝"，此乃为治事、祭祀、宴饮、举行王族婚冠之嘉事等场所。内朝中，第一期的九号宫室的正殿及其殿前大庭以及第三期的二号宫室及其殿前大庭是内朝中的"治朝"；第一期第十号宫殿的殿前大庭与第九号宫殿靠北一侧的殿堂、第三期第八号宫殿的殿前大庭与第二号宫殿靠北一侧的殿堂是"内朝"中的"燕朝"。燕朝中，一期的十号宫殿和三期的八号宫殿是"寝宫"。治朝中，一期的九号宫殿和三期的二号宫殿是"明堂"。[①]

由商代向上追溯，我们就进入了夏代的纪年范围，有不少学者认为它在考古学上为二里头文化时期。二里头文化是介于中原龙山文化与二里冈商文化（即商代前期文化）之间的一种考古学文化。从碳 14 测定的年代来看，20 世纪七八十年代测定的二里头遗址一至四期的年代范围是公元前 1900 年至公元前 1500 年左右，有四百余年的历史，文献记载夏代从开始到灭亡共历 471 年，二者差距不大。因而，在夏代的历史文化中二里头文化占据了相当大的比例。然而，2005 年以来采用系列测年法测定的最新的碳 14 数据，把二里头遗址一至四期的年代范围限定在公元前 1750 年至公元前 1500 余年。二里头文化只有二百年的历史，显然用二百年的二里头文化的年代是无论如何填不满夏代 471 年的年代范围。这样，建有宫殿和宫城的二里头二至四期遗址充其量只能作为夏代晚期的都邑，而夏代早期文化及其都邑就应当向二里头文化之前的中原龙山文化晚期和新砦期文化去寻找。根据最新的碳 14 测年，二里头遗址第一期至第三期虽都在夏代的纪年的范围内，但由于二里头遗址在第一期时尚未修建宫殿，还是一个村落，作为都邑的二里头是从

[①] 参见王震中《商代都邑》，第 65—67、74—75 页，中国社会科学出版社 2010 年版。

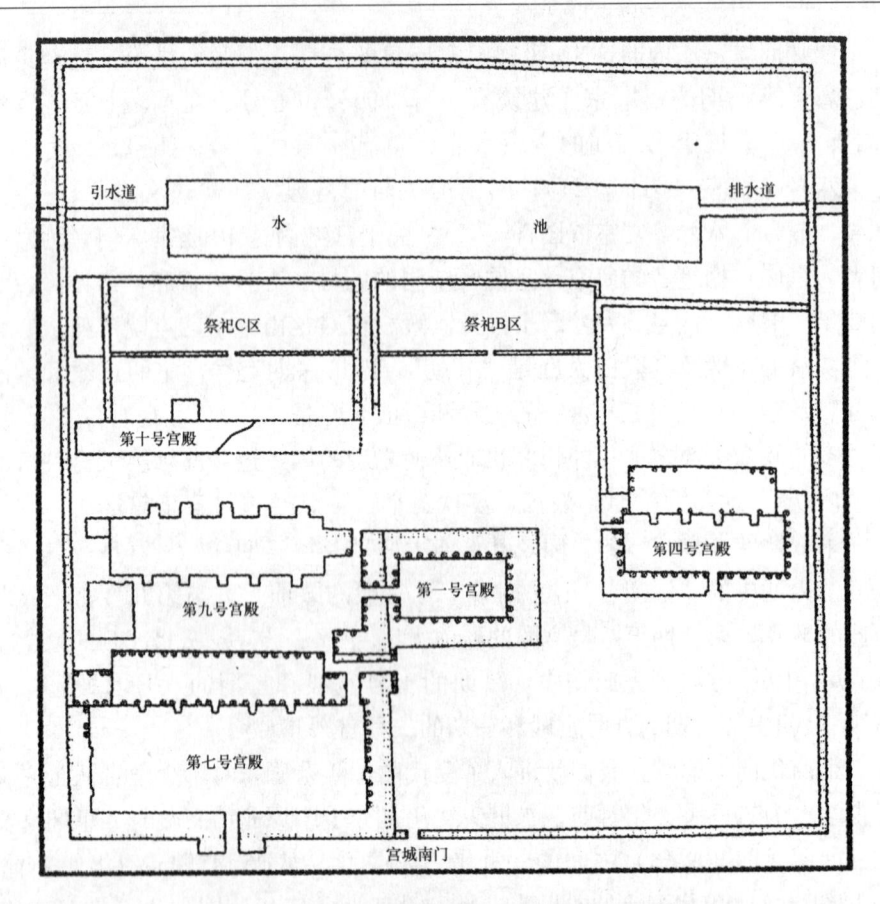

图Ⅸ—20　偃师商城宫城第一期宫室基址平面图

第二期开始的，二里头第二期和第三期属于夏代晚期，公元前1500年左右的二里头第四期的年代已进入商代早期的年代范围，所以二里头遗址只是夏代晚期的王都，到第四期，商汤推翻夏朝之后，二里头虽已失去了王都的地位，但夏的遗民还继续居住在这里。至于夏朝早期的王都，应该在二里头文化之前，中原龙山时代末期的遗址中去寻找。也就是说，而从中原龙山文化末期，经新砦期，到二里头文化一至三期，都在公元前21—前16世纪这一夏代年代范围之内[①]。

[①] 参见王震中《商族起源与先商社会变迁》，第122—135页，中国社会科学出版社2010年版。

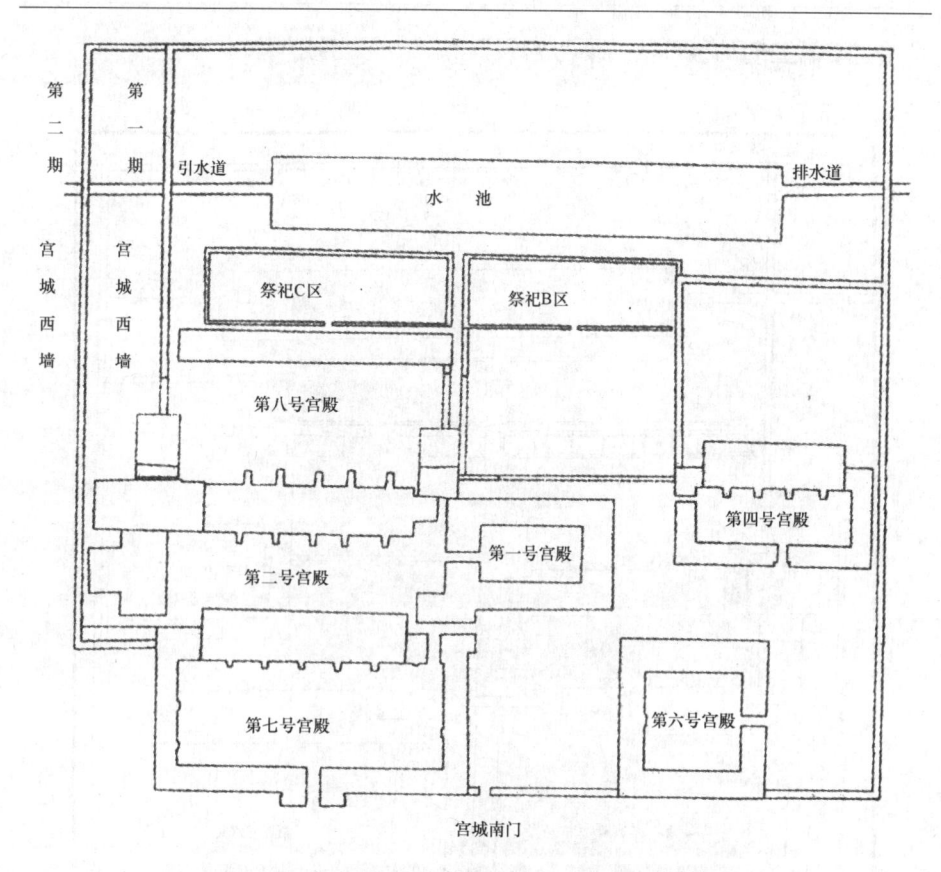

图Ⅸ—21 偃师商城宫城第二期宫室基址平面图

在作为夏代晚期都城的二里头遗址中，发现有宫城①。在宫城内发现数座宫殿基址、纵横交错的道路网；又有铸造铜器、制陶、制骨、制造玉器和绿松石器的作坊；发现有随葬青铜器的贵族墓葬，还出土了相当数量的青铜器、玉器。其中青铜器的工艺技术较为复杂，种类有爵、斝、盉、鼎等礼器，钺、戈等兵器，以及乐器和兽面纹牌饰等。还有玉钺、玉璋、玉戈、玉刀、玉戚、玉圭等精美玉器。在一个贵族墓中出土的用绿松石片粘嵌的"大型绿松石龙形器"（彩图56），是中国早期龙形象文物中珍贵的精品。从这些重要的发现可以判断，二里头是一个王都遗址，其中最著名的宫殿宗庙建筑

---

① 中国社会科学院考古研究所二里头工作队：《河南偃师市二里头宫城及宫殿区外围道路的勘察与发掘》，《考古》2004年第11期。

是始建于第三期的被称为"一号宫殿"和"二号宫殿"①。

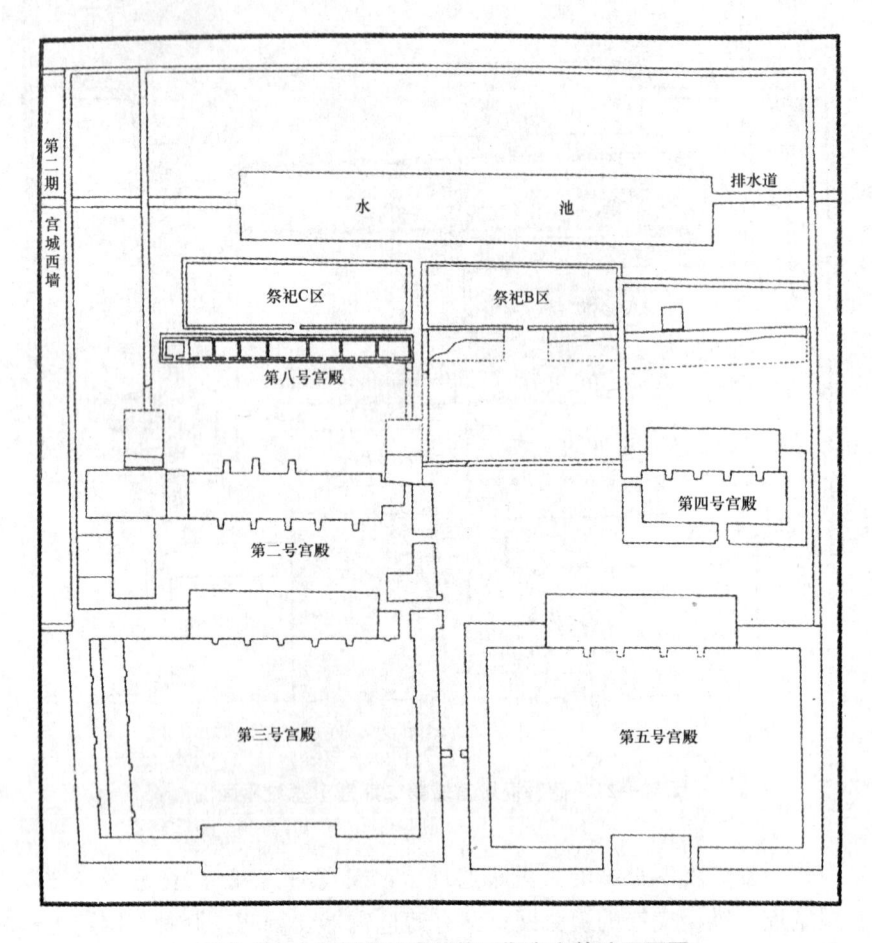

图Ⅸ—22 偃师商城宫城第三期宫室基址平面图

二里头一号基址（图Ⅸ—23）坐在略呈正方形的夯土台基上，东西与南北的长宽是 108 米×100 米，现存台基面高出当时地面约 80 厘米。台基中部偏北处有一高起的长方形夯土，坐北朝南，面积为 36 米×25 米。其上分布一圈长方形柱洞，每个柱洞附近还附衬两个较小的柱洞，推测是支撑房屋出

---

① 中国科学院考古研究所二里头工作队：《河南偃师二里头早商宫殿遗址发掘简报》，《考古》1974 年第 4 期。中国社会科学院考古研究所二里头工作队：《河南偃师二里头二号宫殿遗址》，《考古》1983 年第 3 期。

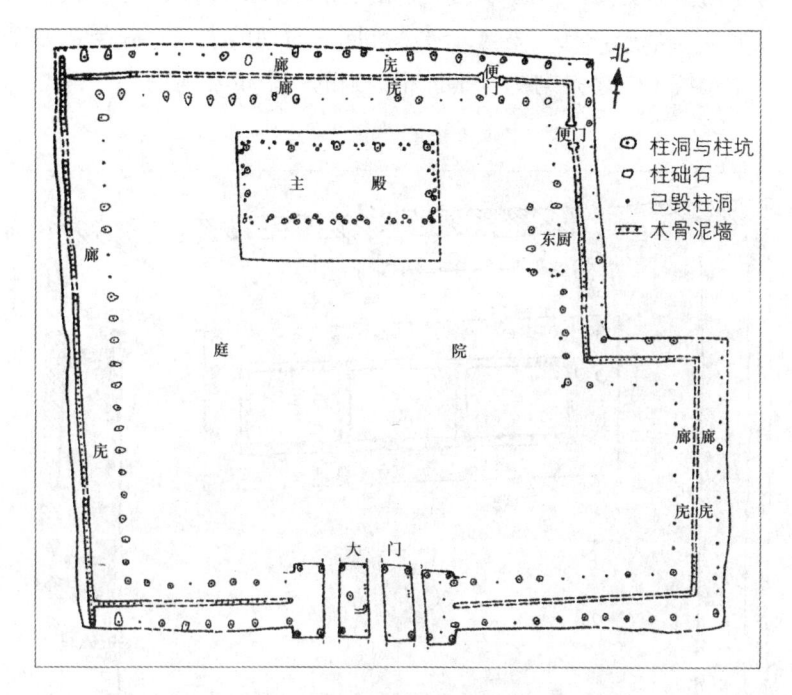

图 Ⅸ—23　二里头遗址一号宫殿基址平面图

檐部分的挑檐柱的柱洞。这是一号基址上的主体建筑，原报告根据柱础排列情况判断这是面阔八间，进深三间、四坡出檐的大型木构建筑，是符合遗迹实际的。根据主洞柱与附衬洞柱的相配合的现象，可以判断此屋为四阿重屋式的结构。台基周缘虽然有一小部分已遭破坏，但大体完好，利用四面墙基及内侧柱洞，可以复原成一圈毗连的庑廊。并在其东庑内似还有一建筑物，或可称东房或东厢。在台基南沿，主体建筑之正南是一座牌坊式的大门。大门与主体建筑之间构成一个南北长 70 米，东西宽 100 米的中庭。这座殿堂式的建筑坐北朝南，门、庭、堂（大室）构成中轴排列，四周廊庑环绕，殿堂高于中庭、廊庑，庭、庑又高出附近地面，显得颇为壮观。

二里头二号基址（图Ⅸ—24）也建在夯土台基上，台基东西 58 米、南北 72 米。这座建筑也包括大门、中庭、庙堂式的主体建筑、庑廊，以及在保存较好的东庑廊中段发现一间厢房。与一号殿堂式的建筑相比：（1）二号基址上的主体建筑进深一间，面阔三间并以墙相隔，属四阿但不重屋。（2）在南边庑廊的大门两侧，东西各有一小室，类似后世的东西塾。（3）因主体建筑本身的夯土台基座更高，因而与中庭需用阶相接，似乎形成南沿三阶。（4）二号基址北面 0.9 米处，有一座与二号基址同一时期的大墓，并与二号基址排列在同一中轴线上，也是与一号基址相区别的一个重要现象。

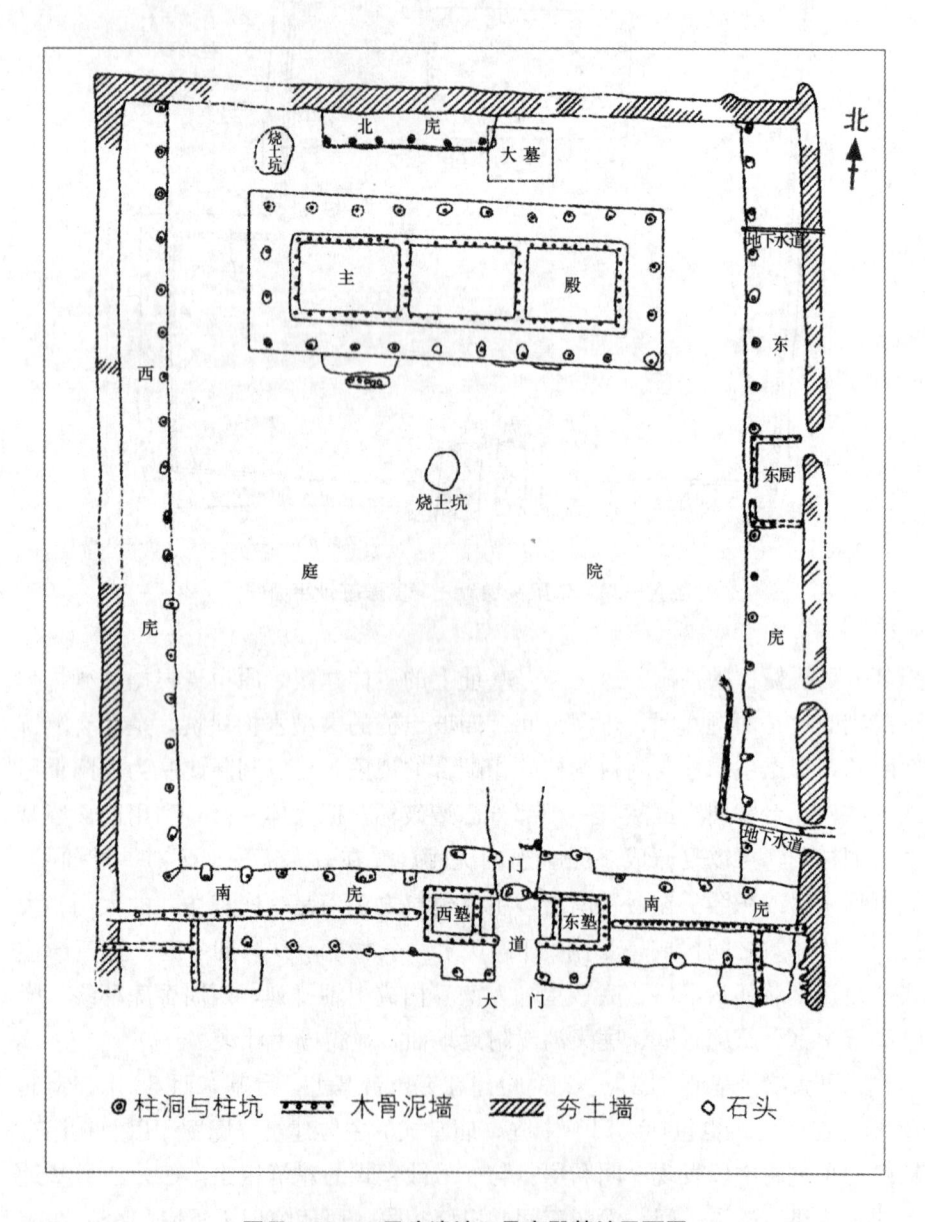

图Ⅸ—24　二里头遗址二号宫殿基址平面图

二号夯土基址，坐北面南，门、中庭、庙堂一线排列，左右两庑对称，主体建筑和中庭高低有序，整个建筑又皆高于四周地面。这些特点与一号基址大体相同，但东庑有厢，门道两旁边有塾，则更接近于周原凤雏西周甲组建筑的格局，假若凤雏甲组建筑为周王宗庙建筑的判断不误，则对将二里头二号基址判定为宗庙建筑是有帮助的。此外，二号基址北 0.9 米的同期大墓，应当与二号基址有着某种联系，这也有助于说明二号基址的宗教性。为此，二里头二号夯土基址为统治者的宗庙建筑似可备一说。

二里头一号夯土基址的性质和功用应该类似于文献中所说的"世室""明堂"之类。这一根据主要是就一号基址上的主体建筑物的规模和结构而言的。从主体建筑物的发掘情况来看，一个长约 30 米，宽约 14 米的房子并未用隔墙相间，显然是为了使房子宽大，这样一种殿堂式的大房子称之为大室是名副其实的。大室四周属于墙壁的部位除发现有一圈主柱洞外，每个主柱洞还在其外附加两个小柱洞，可以复原为四阿重屋（四坡重檐）式的殿堂。《周礼·考工记》说："夏后氏世室……殷人重屋……四阿重屋。周人明堂。"世室即大室[①]。如第四章所述，这种大室·明堂是"王者布政之宫"，用现代语言讲就是统治者施政的场所。它是由史前作为公共集会和举行原始宗教仪式的"大房子"一步步蜕变而来的[②]。这种布政之宫的大室也可以采取前堂后室、前朝后寝的格局。大室或明堂之前的空地即中庭，也是施政场所的组成部分，如在西周册命铭文的格式中，每每某年月日，王在某宫，旦，王格大室（或格于大庙、格于庙等），即位（位于堂上户牖之间），南向某右某入门，立中庭，北向。王命册命云云。这里的"大室"既有宫中之大室，也有庙中之大室，因而其中庭也是宫中庙中都有中庭。而《尚书·盘庚》"王命众，悉至于庭"之庭，则是王庭即宫室之庭。

二里头一、二号夯土基址既然是行使神权政治的宫殿和宗庙遗址，那么，二里头应当是商代之前的都邑遗址。文献上记载夏代也是施行神权政治的社会。如《论语·泰伯》子曰禹"致孝乎鬼神"。《尚书·召诰》云："有夏服天命。"二里头文化是否为夏文化目前仍在讨论之中，愈益增加的迹象

---

① 参见本书第四章。
② 周星：《黄河中上游新石器时代的住宅形式与聚落形态》，《中国考古学研究论集》，三秦出版社 1987 年版。

表明，二里头文化的大部分时段是夏文化的可能性很大。假若这一假说大致不误，那么二里头遗址便可作为夏代后期一段时间内的权力中心，同时也是宗教中心的所在地。

在考古学上紧接二里头文化之前的便是中原龙山文化，在古史传说中，夏代之前的颛顼、尧、舜时期也可构成一个独立的阶段。为了叙述上的方便，笔者将颛顼、帝喾、尧、舜时期统称为"虞代"，而且在一些先秦诸子中就有"虞夏商周"四代相并提者。所以本书中屡见的"虞夏商周"四代之虞是指颛顼帝喾尧舜时代而言。从古史传说来看，颛顼尧舜时代的社会简直就是半人半神的社会，这些执政者或统治者不但"依鬼神以制义，洁诚以祭祀"，[①] 而且从颛顼开始"绝地天通"，"命南正重司天以属神，命火正黎司地以属民"，[②] 使权力中心和宗教祭祀的独占合为一体，并形成了一个祭司—管理阶层，进入了神权政治早期国家阶段。所以中国神权政治性质的国家统治时期实际上是虞（颛顼尧舜）夏商周四代。

对中国古代神权政治的历程作了一番回顾之后，使笔者不得不得出这样一个结论：权力中心与祭祀中心的合一是神权政治的基本要求，也是最基本特征，而最初的原生形态的文明社会，大多是神权政治即政教合一的社会，中国龙山时代的城邑与普通聚落的差别同夏商周时期都邑与普通村落的差别是一样的，即前者是神权政治的中心而后者只是接受神权政治支配的某一居民点，这种区别一直延伸到春秋时期卿大夫所支配的领地之中，《左传》庄公二十八年说："凡邑，有宗庙先君之主曰都，无曰邑。邑曰筑，都曰城。"

四　西亚、中美洲的都邑与神权政治中心

世界各地的第一批都邑亦即原生性都邑，大都具有强烈的宗教礼仪性，在这些都邑所具有的多种职能中，作为宗教和神权政治中心的作用是十分突出的。

公元前 3500 年，在西亚两河流域兴起的众多城邑，就是以神庙为中

[①] 《大戴礼记·五帝德》。
[②] 《国语·楚语》下。

心修建的。以乌鲁克为例，在周长约 10 万米，面积约 80 万平方米的乌鲁克城内，神庙及其附属的宫室建筑物、园地基地和居民各占 1/3，其中占据城中央的是埃安娜（Eanna）神庙区、安努（Anu）白色神庙区及宫殿官厅建筑物（图Ⅸ—25）。埃利都也是这样，在东西长约 250 米，南北宽约 200 米的城内，神庙也安排在城中央。这种格局进一步发展，就出现城中套城的局面，即将圣域之地在城内再圈起来，如早王朝时期的海法吉（Khafaja），将神庙和宫室围在椭圆形的围墙内，与普通的居住区相隔（图Ⅸ—26）。还有，乌尔（Ur）城也是在城中将神庙及其附属的宫室又圈起来（图Ⅸ—27）。

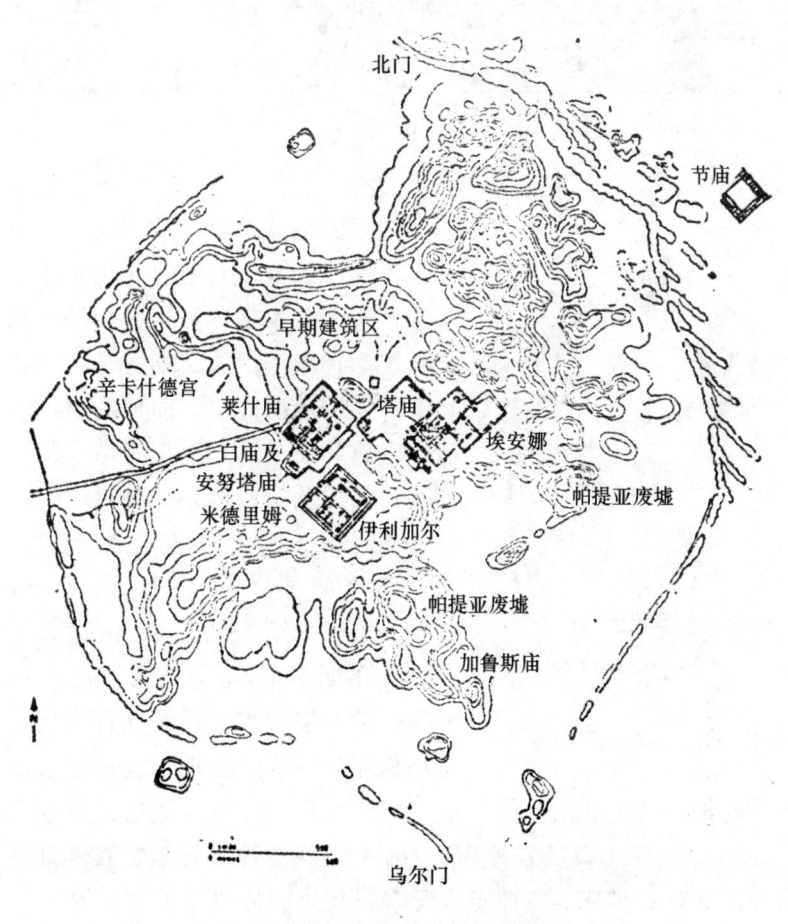

图Ⅸ—25　乌鲁克城平面图

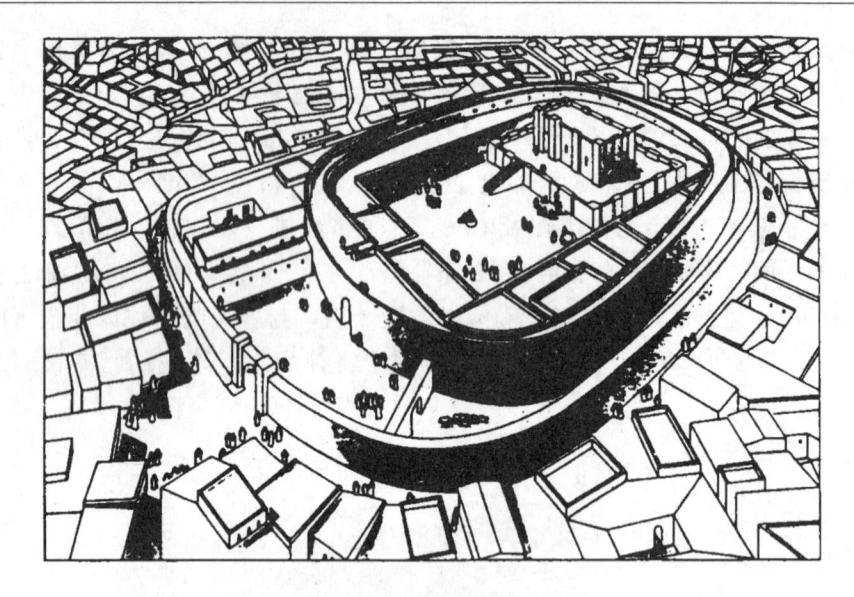

图Ⅸ—26　海法吉城复原图

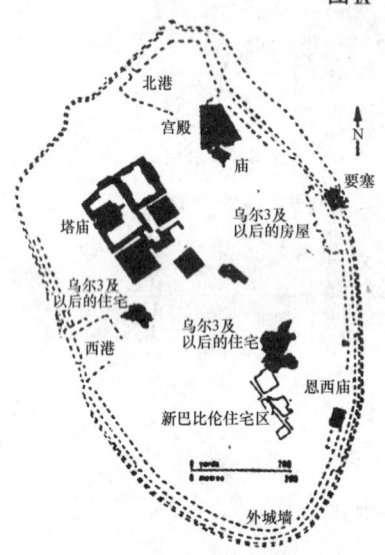

图Ⅸ—27　乌尔城平面图

两河流域诸城邑中的神庙，一般都建在人工修建的高土台上，称为基坛。也许就连这些土台本身也被视为神圣或这些地方被视为神域圣地，后期的神庙总是建在早期神庙的遗墟之上，而那些更古老的神庙在完成其使命后，用泥砖填平就变成了新建神庙的基坛。例如乌鲁克城内的埃安娜神庙区，下挖 20 米可达生土层，由此而上明确地可分 18 个考古学文化层位，其中由最下的第 18 层至第 15 层，属于欧贝德文化期；第 14 层至第 6 层为乌鲁克前期；第 5 层和第 4 层是乌鲁克后期，这是乌鲁克陶器的娴熟期，也是建筑技术高度发展的时期。从第 5 层到第 4 层（又分为第 4a、b 两亚层）发掘了许多神庙。在第 5 层有"石灰岩神庙"、第 4 层 b 有柱廊神庙、A 神庙、B 神庙；第 4 层 a 有 C 神庙、D 神庙。所谓石灰岩神庙是因其基座是用石灰岩和黏土作成而被命名的，面积为 80 米×30 米。柱廊神庙有直径为 2.62 米的八根大圆柱，在圆柱和四壁上都进行了精细的镶嵌工艺，是这一时期建筑的精粹代表。

安努白色神庙也建在一个高基坛之上，这一基坛被分为 A、B、C、D、E、F、G、X 八层，著名的白色神庙属于 B 层。基坛的面积为 70 米×66 米，高 13 米，基坛之上的白色神庙是一个 22.3 米×17.5 米的巨型建筑，神庙的四个角向着东西南北四个方向（图Ⅸ—28）。

美索不达米亚的神庙大都建在高大的基坛之上，而且愈到后来愈趋向于塔的形状，可称为塔庙。除上举的乌鲁克的神庙外，在埃利都属于乌鲁克初期一座神庙，复原后明显地可以看出它由基坛陡急的斜坡台阶以及"圣塔"三部分组成（图Ⅸ—29）。乌尔的神庙，复原后也是在基坛上建塔庙，而且塔庙越建越高（图Ⅸ—30）。这应当是苏美尔神庙的传统形制。神庙建在高坛之上，而且庙本身也在升高，最后变成塔庙，对此，有人解释说：这是因为苏美尔人是从东方的山岳地带来到两河流域的，他们在故乡时是在山顶上祭神，因此来到平地之后，选择了像山那样的塔，在塔上祭神。也有人不同意这种说法，认为建塔是为防洪水[①]。其实苏美尔人的神庙形制应当与他们所供奉的神有关。苏美尔人主要崇拜的是天神，乌鲁克建在 13 米高的基坛之上的安努白色神庙的安努，就是天神。塔状的神庙建在高坛之上，一方面固然可以显得雄伟高大，另一方面更易于接近他们所供奉的天神。

美索不达米亚各城邑中如此重视神庙的建设，是他们实行神权政治的集中体现。在苏美尔人的文化传统中，天神是第一位的，它是大地之主，是都市和土地的所有者。每个城邑国家都尊奉一位主神，城市被看做是属于主神的一个神圣的存在物。当时作为城邑国家的执政恩（En）、恩西（Ensi），以及后来的王，都是神的代理人，经常体现神的意志，并为实现神

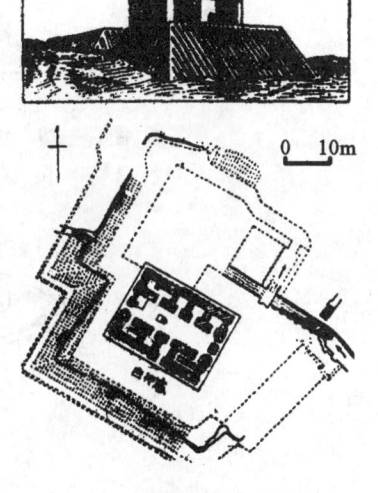

图Ⅸ—28 乌鲁克的白色神庙及复原图

[①] ［日］森本哲郎编：《被埋藏的古代城市》第三卷，《东方的曙光》，第 31、38 页，集英社昭和 53 年。

图Ⅸ—29 埃利都乌鲁克早期神庙及复原图

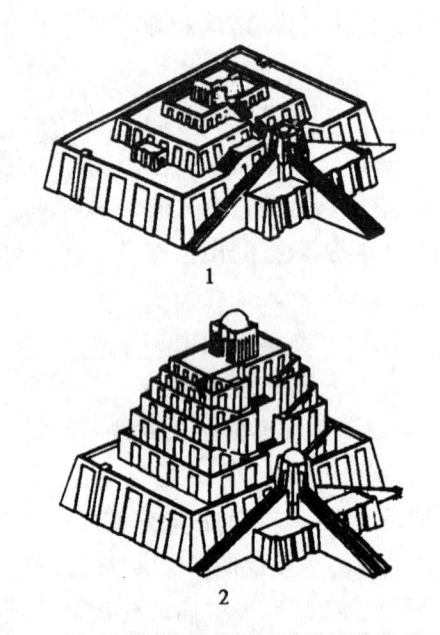

图Ⅸ—30 乌尔城内塔庙两个时期的投影图

的意旨而行事①。而神庙及其附属的宫室,则是行使这种神权政治的场所,恩、恩西或王身边的高级祭司或僧侣阶层,则是这种行政的辅佐。美索不达米亚各地神权政治的历史大概从其进入城邑文明开始,持续了一千多年,一

---

① 《世界考古学大系》(10),第139页,平凡社昭和34年。

直到乌尔第三王朝乃至巴比伦第一王朝,才可以清楚地看到祭司集团与王权的明显的分离。

在中美洲,大约到了公元 2、3 世纪时,被称为"古典期"的都邑文明在各地已成为较为普遍的现象。和两河流域一样,各个都邑都是围绕着宗教礼仪中心而修建的,而且这一倾向表现得更为强烈。

以墨西哥盆地的特奥蒂瓦坎为例,这是一座极有规划的都市,也是中美洲较早的一座真正的都市。在 20 万平方公里的面积中,金字塔、大大小小的庙宇、宫殿、街道、市场、作坊、住宅等,井然有序地分布着,整个都市被有计划地分为若干街区,每个街区都有自己的工匠行业、院落群、庙宇和市场,每个街区都构成了一个个独立的单位。在这里,既发现有使用灰浆砌石建造的贵族居住的宫殿,也发现有数量惊人的手工业作坊和比较简陋的住房。据统计,这种几家共居简陋寓所达 2200 所,专门制造黑曜石石器的作坊超过 400 个,陶器作坊超过 100 个[①]。整个社会中阶层化和职业分化的现象是显而易见的。

特奥蒂瓦坎具有都市所具有的一切功能是不可否认的,但它同时也是一个都邑国家的神权政治中心。在特奥蒂瓦坎,占据中央的是一条被称作"黄泉大道"的大道及其周围的宗教建筑物(图Ⅸ—31)。这条大道长 1.6 公里,最宽处为 42.3 米,它贯穿于都市的南北,在大道的东西两侧分布着大大小小的庙宇和宫殿,其中最著名的是位于大道中央东侧的太阳金字塔和北端的月亮金字塔以及南端的"盖查尔柯亚脱尔"羽蛇神庙。太阳金字塔始建于公元 150 年左右,塔高 64 米,底部边长 210 米。月亮金字塔建成时间比"太阳金字塔"晚 200 年左右,塔高 42 米,底边长 150 米,宽 120 米。羽蛇神庙围在一个带庭院的祭祀广场之中,是一个六层台阶的棱锥体,四壁和斜坡上都雕刻着栩栩如生的羽蛇神和雨神的头像。

如果以"黄泉大道"、太阳、月亮两个巨大金字塔、羽蛇神庙和宫殿为圆心的话,那么,在其周围散布着的、被称为特潘蒂特勒(Tepantitla)、阿特特尔考(Atetelco)之类的神官、贵族阶级的居住区则可视为第一个同心圆,进而更外侧的工匠、商人、农民的居住区,则可看作第二个同心圆。这样,在都邑建制、布局上所体现的神权政治是十分突出的。

---

① 马文·哈里斯:《文化的起源》,第 89 页,华夏出版社 1988 年版。

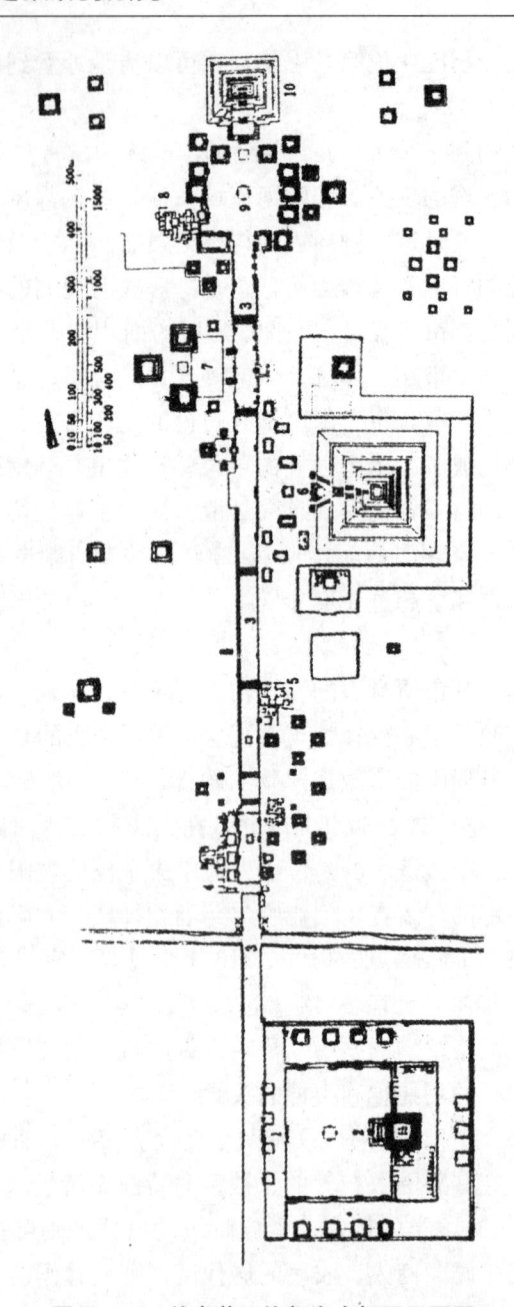

图Ⅸ—31 特奥蒂瓦坎都市中枢区平面图
1. 城塞 2. 盖查尔柯亚脱尔神庙 3. 黄泉大道 4. 地下建筑物
5. 魏基古建筑物 6. 太阳金字塔 7. 列柱宫殿 8. 盖查尔帕帕劳特尔宫殿
9. 月亮宫殿 10. 月亮金字塔

相传自古以来，特奥蒂瓦坎就是作为众神汇集的圣地而受到人们的顶礼膜拜，"特奥蒂瓦坎"一词，在当地印第安人语言里，也是"众神之域"的意思，除了浮雕，在特奥蒂瓦坎各神庙、宫殿里还有绚丽的彩绘壁画，也描绘着雨神、水神、大地之神等。1971年，从太阳金字塔中心的下部发现了天然的洞穴和祭坛，可以断定，在修建金字塔之前，这个地方是祭祀水神的礼仪中心[①]。

在玛雅文明圈中，由于地形和自然环境的不同，可以划分出一些不同类型的都市，诸如湖泽都市、河川流域的都市、平原地带的都市，等等。尽管如此，无论哪一类都市，其最主要的部分是都市中的祭祀中心，它每每由广场、金字塔、神庙、石碑、庭院、宫殿所组成，既占据着都市的中心部位，又属于最高大、最宏伟、最主要的建筑物。

以蒂卡尔为例，它位于危地马拉北部的佩腾地区，这是玛雅文明中迄今发现的一座年代最早、规模最大、保存最完整的古都，是玛雅文明中光彩夺目的一颗明珠。

在蒂卡尔，公元前3世纪时就开始在基坛上建造一些小的庙宇，到公元前100年左右，这些庙宇遭到毁坏，变成了新建庙宇的基座。这时人口也在增大，同时也出现了阶层的差别。其后蒂卡尔逐渐形成一个较大祭祀中心，庙宇的建筑相应的也在扩大。蒂卡尔现在所能见到的建筑物中，大部分是玛雅古典时期后期（公元550—900年）的建筑物。这些建筑物有不少是盖在古典时期早期（公元3—6世纪）乃至形成期的建筑物上面的。

现存的蒂卡尔都邑的整个面积被推定为60平方公里，其中枢部分占地16平方公里（图Ⅸ—32）。在中枢部围绕着大大小小的广场，密集着庞大的建筑群和石碑。宾夕法尼亚大学博物馆从1956年以来，进行了达11年的发掘调查，取得了惊人的成果。在含有神庙的境内，发现有3000座以上的建筑物、200个石碑和祭坛、墓葬和藏有祭祀用具的地下室100所、祭祀用品和装饰品达10万件、陶器片100件以上。

蒂卡尔中枢部有一个大广场，广场的东西两边是两座面对面的神庙。这就是遐迩闻名的一号神庙和二号神庙。人们根据神庙内部过梁上雕刻的主题，把它们分别叫做"大美洲虎神庙"和"蒙面人神庙"。一号神庙建于公元700年左右，高45米，底部为34米×50米，是一座金字塔形建筑物，由九

[①] 狩野千秋：《玛雅与阿兹特克》，第21页，[日]近藤出版社1983年版。

层台阶组成。塔顶上耸立着圣殿，圣殿顶上有屋脊瓦。在屋顶正面一位伟大人物的肖像被装饰得绚丽辉煌，向普天之下的人们显示着王的威严。因一号神庙建在一座王陵（第 116 号王墓）之上，一般判断它是为了祭祀王之死而献上的巨大的纪念性的宗教建筑物。

二号神庙隔着广场与一号神庙遥遥相对，它高 42 米，由三层台阶组成。在二号神庙正面的台阶上有一对奇怪的兽面装饰，在神庙室内刻画着各种各样的象征符号，在中央入口上部的横梁上有一个穿着长长底襟衣装的贵妇人的浮雕像等。还有一些特奥蒂瓦坎的雨神像等。在二号神庙中没有陵墓，因而它是为了祭祀特定的神而建造的。二号神庙也是公元 700 年左右的建筑物。

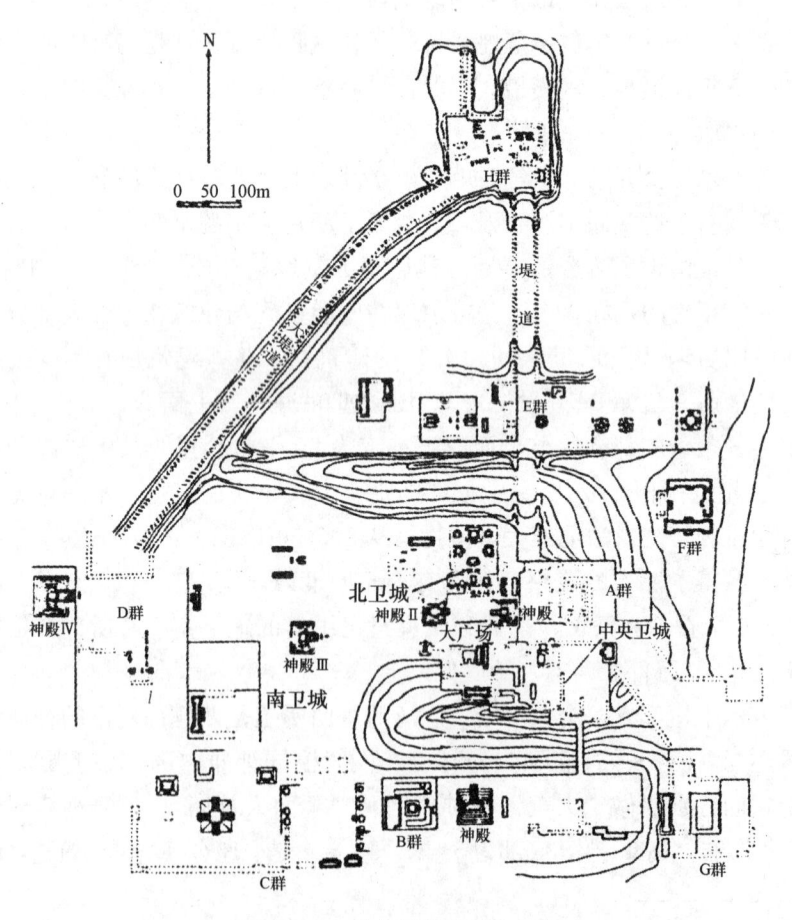

图 Ⅸ—32　蒂卡尔都市的中枢部

一、二号神庙属于玛雅古典时期后期的建筑，实际上在蒂卡尔古典期最初的300年间，主要是在广场北边的"北卫城"集中建设了许多宗教性建筑物。据发掘出的遗迹考证，玛雅人早在公元前2世纪（属形成期）就在北卫城大兴土木工程了，到了古典期早期，又将旧的神庙填埋，利用它作成新建筑物的基坛（图Ⅸ—33）。这种做法在整个玛雅都是共同的。在古典期后期，蒂卡尔的玛雅人在北卫城以异常坚固宽广的祭祀平台为基础，在其上围绕着大大小小的中庭，修建了15座神庙、宫殿，组成一个建筑群。而且这些建筑物都附有高低不等的基坛，呈现出从广场向后殿顺次攀登的设计趋势。

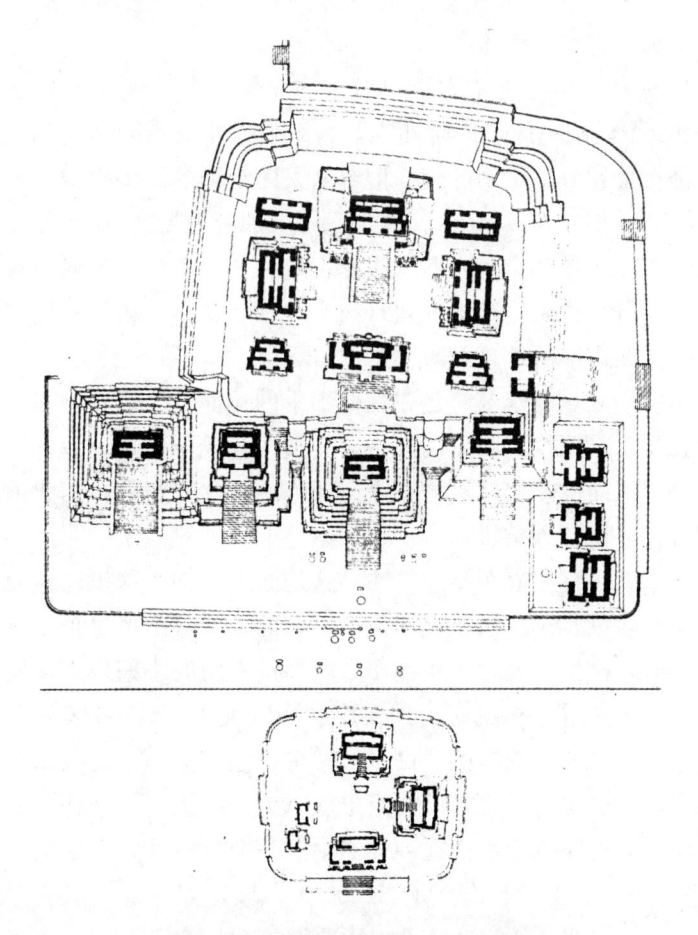

图Ⅸ—33 蒂卡尔"北卫城"平面图

上图：公元800年左右的建筑群，下图：公元100年左右被埋在下层的建筑物有人根据古代中美洲人所抱有的宇宙转换的信念，即每到第52年新的人类转换期就要届临这样一种信念，来解释新筑建筑物的惯例。也有学者指出这种解释并不切合实际，而认为君王和高级官吏一死，作为其后继者基于祖先崇拜的礼仪，或者改造金字塔，将死者安葬于其中，或者修建壮丽的坟墓。这种解释是有事实根据的。前述大广场东侧耸立着的一号神庙下面就有被命名为"第116号墓"的王陵。此外，美国的宾夕法尼亚大学的发掘队通过采用隧道式的发掘法，在北卫城一系列金字塔基坛内部发现了许多的墓葬。还有，在"5D—34号"神庙的下面，有高级官吏的墓葬；在"5D—33号"发现有三座墓葬，分别属于不同的时期，在48号墓葬内壁绘有象形文字的装饰壁画，这是一座王墓。

在广场的南面是称为"中央卫城"的建筑群，占地1.5公顷，东西长215米，由六个内院组成。内院四周是宫殿，彼此由台阶和过廊相连。全部建筑物都是在公元4世纪中叶到9世纪末兴建起来的。中央卫城的广场占地2公顷多。1964年，在广场的一个台阶底下的秘密贮藏室里发现一些头盖骨，究竟是人牲还是另有他用，尚不能肯定。在广场的西南侧有被称为"南卫城"的建筑群，也是宫殿式的建筑物。此外，在大广场的东侧有用长方形的建筑物圈成四边形的遗迹，被称为"市场"。

蒂卡尔中心区域的建筑群建在高低不平的地面上。但是，古玛雅的建筑师们匠心独具，采用修造石阶的办法，使整个建筑群错落有致。四周有繁茂的树木花草，从而使整个建筑群在绿树环抱之中，宽阔的林荫大道联系着庞大的建筑群，环境分外幽雅。

在蒂卡尔大量存在着小型建筑物，这是居民区。在这里已经发掘出来的房屋就有100多幢，全部属于民房住宅。有的住宅带凸形拱顶，有的房顶上盖着草或树叶。这里还发现了一些作为家庭祭祀用的小祭坛。从发掘出来的最后兴建的工程来看，居民区占地要比中心区大10倍。各区的人口密度并非都一样，一些依地势散居的居民，常常可以汇归为一个行政或宗教区。离大型纪念性建筑群越远，都市的网眼也就越大、越散。整个蒂卡尔都邑沿着周围互相沟通的道路逐渐消失在森林之中。蒂卡尔古典期后期的人口，据推定在60平方公里的都市部分约有32000人，包含郊外的一般居住地后，面积约为120平方公里、人口为45000人左右[①]。

---

① 狩野千秋：《玛雅与阿兹特克》，第178页，[日]近藤出版社1983年版。

显而易见，由神庙、金字塔、广场、平台、石碑和按地形参差不齐组合在一起的宫殿、小型住宅等而形成的玛雅都市，与现代人的城市概念不尽一致。在这里，我们必须一方面承认它是一座住着君王、贵族、祭司、军人、仆人、艺人、工匠、画家、雕塑家、农民、妇女之类的都邑，同时也强烈地感到它是神权政治的宗教礼仪中心。宗教礼仪在玛雅人的都市生活中占据着重要的作用。

除蒂卡尔之外，在玛雅文明圈中还存在着许多都邑，其结构与蒂卡尔大同小异，如科潘（Copan），位于洪都拉斯共和国西部科潘镇附近。玛雅史学家认为，科潘是一座存在于公元455年到805年左右的玛雅古都邑。就其纪念性建筑物的数量和规模而言，科潘是仅次于蒂卡尔的玛雅第二大古都（图Ⅸ—34）。

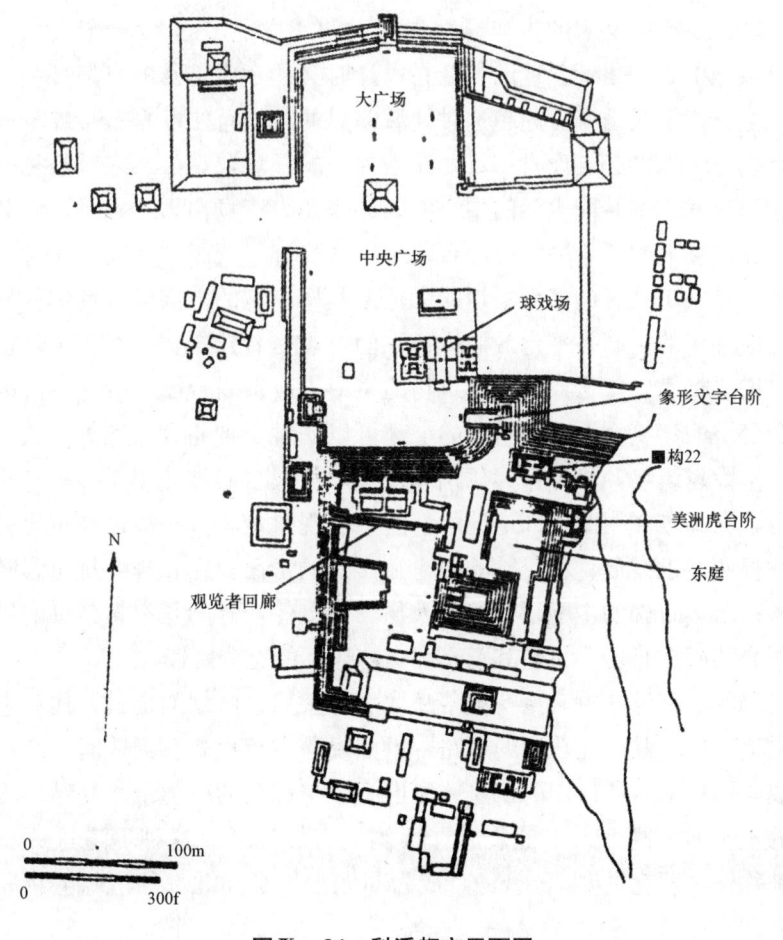

图Ⅸ—34　科潘都市平面图

科潘的布局与蒂卡尔十分相近，北边是广场，南边是卫城。卫城建在一个高约 10 米、长宽约 170 米的四方形人工基坛之上，其中又围有东庭（院）、西庭、中央庭等各种建筑物，在广场和卫城内分布着大大小小的神庙、金字塔、石碑和祭坛。举世闻名的"玛雅象形文字台阶"就在其中，它位于中央东侧的 100 米×40 米的长方形大院内，台阶高 30 米，宽 10 米，共有 63 级，每隔 12 级有一个身着盛装的人物石雕像，一共刻有 2500 个玛雅象形文字。这是玛雅石刻中最长的文句。在其顶部的神庙几乎全崩塌了。此外，在广场的南侧还设有具有宗教性质的"球戏场"；在东庭院"美洲虎浮雕台阶"的顶部，有一个象征金星神的人头雕像，是一座与天文有关的建筑物。

总之，在玛雅文明的古典时期先后大约建设了多达 2000 个大大小小的都邑或祭祀中心，尽管各地的都邑在设计时必须考虑特殊的自然环境和地理条件，但它们明显地有着超越这种地域差异的共同而独特的都邑结构。

首先在中枢部必定设有广场，这是神圣的领域，在公共宗教祭祀时才使用，在当时发挥着共同生活的中心空间的作用。广场由人工整平，铺装着石灰岩。在广场上配置着平台、高台、中庭（院落）、石碑、祭坛、球戏场等。

平台是人工筑成的高而平坦的大范围基座，它的上部像广场那样地被铺装，形成开阔的空间，平台的边缘被加固，承受着建筑物，在其中部也有配置金字塔式神庙、祭坛或其他建筑物的情形。所谓高台就是带有台阶的低的截头金字塔的建筑物，在其平坦的上部可以安置小神庙和宫室等，其中也有在上部不设建筑物，只是作为舞蹈和仪式用的祭坛而被使用者。石碑与祭坛的组合，在玛雅文明圈中部地域的都邑中出现得较多。一般建在重要神庙的台阶的根底，也有放置在台阶的中途和宫殿的正面。在石碑旁每每附随小而圆形的祭坛。石碑的主题，有的是人物的浮雕像，有的是纪念某事的用象形文字写成的碑文日历，只是其意义和内容还不能充分解读。

在玛雅的都邑，没有像特奥蒂瓦坎那样整然、区划的街道，代替它的是设有堤道。这与其说是普通的道路，不如说是举行仪式和列队时，众多的人成团成队地移动时所使用的，这些堤道主要与都邑的中枢部相联结。堤道比周围的土筑的要高，人工铺装后在两侧设有矮墙壁。这种堤道进一步扩大后，被称作"萨克贝"（Sacbe），成为与尤卡坦半岛北部的诸都邑相联络的道路。

玛雅诸都邑的中枢部除设置有醒目的广场之外，其余各类建筑中，以神庙和宫殿为大宗。

神庙主要建在高大的截头金字塔的上部，二者合为一体，称为金字塔形神庙会感到更相称。构成神庙高台的金字塔状的基坛，即使最古时期建筑的也显示出高度而洗练的技术，呈现出复杂的形态。如被称作瓦夏库顿（Uax-acutun）的 E—Ⅶ 下层神庙的基坛，可以认为是古典期初期或古典期之前的建筑，它的表面涂上了一层装饰性的泥灰，做成了多面体，把照射来的太阳光线反射于四方，而且在台阶上装饰有巨大的兽面浮雕。也有些金字塔是为了天文观察而建的（图Ⅸ—35），这是玛雅文明中天文学和占星术发达的表现。

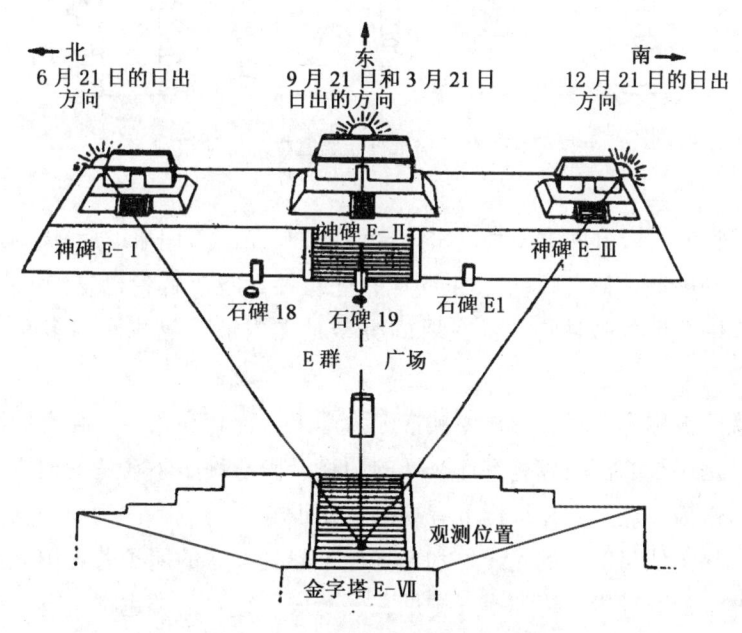

图Ⅸ—35 瓦夏库顿都市的天文金字塔

初期的神庙为木造，其后在基坛上修筑石壁，再在石壁上架木梁和茅草等，最后发展为石砌拱形的顶棚。房间普通为一室或二室，大神庙也有三至五室并列者，庙门都设在正面。各房间的外观看起来挺大，其内部颇为狭窄，这大概是拱形圈顶结构所致（图Ⅸ—36）。在神庙和广场之间设有非常陡急的台阶，给人一种与下边的一般民众相拒绝的感觉。从广场举头向上望去，高大雄壮的神庙给人一种威严感。

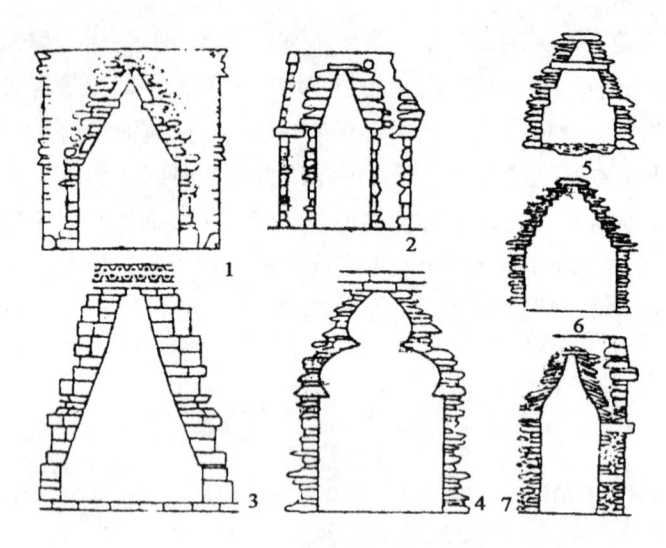

图Ⅸ—36　玛雅神庙宫室拱形券顶结构

　　玛雅的宫殿分回廊型和多室结构型两种。前者的平面为细长的矩形，顶棚为石砌拱形，带有廊柱。内部为单室或者二室。后者也是细长形的建筑物，其中又可分多种形式。主要的类型是在内部分隔成两列多间小室（图Ⅸ—37）。

　　既然被称为宫殿，每每要被推定为是王、神官和贵族、高官们居住的地方。可是玛雅的宫殿究竟有什么样的用途，尚有许多不清楚的地方，这主要是因为作为住宅，它在结构上有缺陷，在设施上不完备。例如，没有照明的窗户，除了从门射入的光线外别无其他采光处。有的屋子若无阳光照射，黑暗得伸手不见五指。诸如换气排烟孔、厨房、寝室之类也都没有，而且湿气很高。因而认为作为住宅是不合适的意见也是当然的。

　　这样，这种建筑物若不是住宅，自然可以推测它或者是举行宗教节日活动及大祭时的集会所，或者是修炼士们进行断食、禁欲的道场，或者是从事行政、经济事务的衙门、储放祭祀用具和衣服之类的保管所，等等。但是，在这些宫殿中每每设有高座和长凳，而在古典期玛雅的绘画中有这样的描绘：伟大的人物（或许就是王）坐在高台子上或坐在美洲虎皮、毛毡、坐垫之上，或者接见使者，或者接受献上的贡物，或者主持宗教仪式，从而可以判断出这些被称作宫殿的建筑物，其用途虽不必全都相同，但至少有相当一

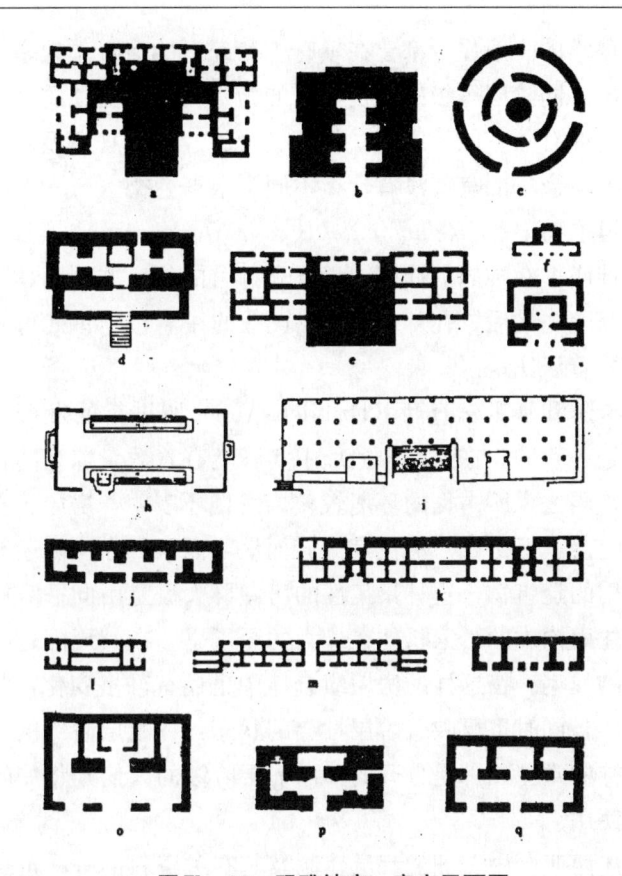

图Ⅸ—37 玛雅神庙·宫室平面图

部分是作为施政发令之地而使用的，发挥着行政的机能（图Ⅸ—38）。

图Ⅸ—38 玛雅人向君王纳贡图

古典时期玛雅的一般住宅都建在填有土和碎石的混凝土地基上，房子各种各样，体现出不同阶层等级的差别，有的为木构茅草盖顶的单室，有的都是用石块砌成的拥有数室的建筑物，神官、贵族、高级官吏显然住在高级的房子里，实质上与豪华的宫室没有什么不同。根据兰德（Fray Diego deLanda）的《尤卡坦事物记》（Relacion delas cosas de Yucatan）记载："在都市中央有广场和神庙，在神庙的周围，贵族和神官的住宅并列而建，接着是高官和富豪们的邸院，最后，在郊外有下层民众的住宅。"[1] 由此可知当时的玛雅依阶层而划分着居住地区。

近来在蒂卡尔和基毗尔查藤（Dzibilchaltun）所进行的发掘，在总体上和兰德的记述是一致的。在这两个遗址中实际上有着数量惊人的各种类型的房屋，小型的贫弱之家所占据的环境较差。发掘还表明，房屋各自成群，围着一个广场和院落，三至四户的住宅聚族而居，而且，在一侧还有祠堂或小神庙之类祭祀用的建筑物，这种聚集性的房屋群大概是由同一家族中不同世代的人分室居住而构成的。家长住在最大的屋子里，在其周围建有儿子一代的家庭和亲戚的住宅。在这样的房屋组合体中也还有许多变化，其规模、构成单位也有差异，同时也反映着阶层社会的状态：在上层阶级的住宅中，寝室、厨房、供神的堂屋，都是分开的，而下层阶级的人们则将一间木制房屋作多种用途来使用[2]。

通过对上述西亚、中美洲的都邑建制及其有关资料的分析可以看出，都邑从它诞生之日起，就是作为权力中心、宗教中心、文化中心和艺术、科学、教育、手工业技术的中心而出现的，有的都邑还是主要商品集散地，是富商和土地、牲畜所有者及其他生意人云集的地方。在古代都邑所具有的这些多种职能中，其核心是由权力和宗教合一而形成的神权政治统治中心的职能。作为权力中心，都邑成为政治焦点，第一批原生性都邑都是国家实体的地域单元；作为宗教中心，我们固然可以看到都邑的职能随祭司、庙宇的增加和信仰的扩展而增加，同时更应看到早期文明社会中宗教与政治的不可分割性，对宗教祭祀权控制与独占，就是对管理与统治权力的垄断。宗教还与天文、历法、科学、技术、艺术乃至文字的产生和发展都有着密切的关系。所以最早的祭司、僧侣或巫祝阶层，也就是最早的知识阶层，是智者与圣者

---

[1] 狩野千秋：《玛雅与阿兹特克》，第161页，[日本] 近藤出版社1983年版。

[2] 同上书，第153—208页。

的合一，这种由"劳心者"与"劳力者"所体现的脑力劳动与体力劳动的分工，是当时最重要的社会分工之一。因而，以往对宗教在都邑文明和国家起源的过程中所发挥的重要作用的忽视，在今日大量考古新发现的面前，是应该纠正的。

五　环境·资源与对外贸易

由于我们在这里采用了"城邑文明"或"都邑文明"、"城邑国家"或"都邑国家"这一类的概念，这既涵盖了一直流行的"城市国家"一词所具有的内容，又避开了需要专门探讨的商业贸易的问题。这在叙述上固然有许多方便之处，但许多原生性都邑文明的都邑，确实也是主要商品的集散地，称之为都市是当之无愧的，而在另一些都邑文明的都邑中，对外贸易和商品集散地的特征在一个相当长的时期内是很不突出的。我们固然不能因商品贸易的有无和突出与否来判定某一区域是否进入文明社会，但我们也应对产生这种差异的原因有一个明确的回答，并应进而分析这种差异给不同区域的文明社会所带来的性格特征。

在原生形态的国家文明中，商业和对外贸易发达地区之一是两河流域。农牧产品尤其是农业产品是两河流域苏美尔文明的主要富源，但除此外，手工业和商业也起了很大的作用，在乌尔、拉格什等地出土的泥版文书中就提到了各种手工业者。1927 年大英博物馆的莱奥纳特·吴雷（Woolley, C. L.）发掘出了乌尔第一王朝的王陵，出土了黄金琉璃头饰、金牛头竖琴、金公羊、金树、流孔黄金大杯、黄金双剑、铜头盔、斧子、标枪、"军旗"镶板等[①]，显示出苏美尔文明中高度的冶金技术和手工业技术水平，同时这些出土物中所使用的丰富的材料：金、银、铜、红玉髓、宝石、雪花石膏、天青石、黑曜石等，充分说明乌尔对外交易圈是相当广大，而且是恒久的。因为两河流域地区几乎不出产各种矿物、优质木材和黑曜石等石头，大部分手工业的原料要靠从外面运来。例如，铜来自波斯湾南面的阿曼；银和铅来自小亚细亚的托鲁斯山脉；木材来自伊朗的札格罗斯山脉和地中海沿岸的黎巴嫩；天青石又称青金石，青色半透明，带有玻璃光泽，主要产地在阿富汗

[①] Woolley, CL, *The Regal Cemetery* 〔UEⅡ〕, 1934（吴雷：《乌尔发掘》第 2 集，"王陵"，1934 年）。

东北巴得福碳的法伊扎巴特（Faizabad）。为了交换这些原料，各种手工业就必须扩大生产，羊毛、布匹、粮食、椰子和鱼类也可参入交易之中，尽可能多的提供各种出口品作为交换。当然，还有一个办法就是征服这些原料的产地，但这些已属于历史进一步发展、由小国分立走向霸权和帝国的问题了。例如史诗《好战的国王》描述了阿卡德国王萨尔贡（前 2371—2316 年）为了援助在小亚细亚经商时受当地统治者虐待的阿卡德商人，如何率领他的军队越过无名山关，侵入小亚细亚的中心地带。最后，萨尔贡的帝国从波斯湾扩张到地中海，从而控制了各种金属、石头和木材产地。另一则史料叙述说，萨尔贡在促进商业繁荣方面作了许多努力，在萨尔贡的治理下，"停靠船舶的码头上呈现出一片生气勃勃的繁忙景象；四方的人民安居乐业、生活富裕……大大小小的轮船畅通无阻地将各种货物运到苏美尔"[1]。

对外交换和贸易在西亚有着悠久的历史，早在新石器时代初期即已开始。例如黑曜石和燧石都是非常好的石刃原材料，在西亚各地的初期农耕遗址中，与燧石一起曾出土了许多用黑曜石制作的镰刀刃片。黑曜石是一种可以称为天然玻璃的火山喷出的岩石，在西亚并非到处都能得到，而且在特定的火山分布的黑曜石其成分也多少有些不同。经考察，耶莫（伊位克）、萨拉布（伊朗）、古兰（伊朗）、阿里库什（伊朗）等扎格罗斯山脉分布的诸遗址中出土的黑曜石石器材料的原产地在亚美尼亚的凡湖周围；拉斯沙姆拉（叙利亚西部、地中海岸）、比布罗斯、耶利哥等黎巴嫩山脉山诸遗址中出土的黑曜石制品，其原材料产于安纳托利亚高原的阿西高尔（Acigol）等地。这说明黎巴嫩、扎格罗斯山麓地带的初期农耕社会，为了获得黑曜石，以某种方式和亚美尼亚、安纳托利亚方面有着密切的接触和交易[2]。其实，这些遗址不仅仅是黑曜石一项与外界进行交易，如巴勒斯坦的贝哈遗址，除出土的黑曜石来自安纳托利亚外，浮石和贝壳类来自地中海、红海，而当地产的赤铁矿、孔雀石、赭石等，可作为交换之用；阿里库什遗址除黑曜石来自凡湖外，玉来自北伊拉克，特殊的赤铁矿来自法尔斯（Fars），海贝来自波斯湾。当然各地与外界进行交易的程度也是互有差异的，例如距离产地 400 公里以上的耶莫，黑曜石占石器的 45.5%，距离产地 900 公里的阿里库什，黑

---

[1] ［美］斯塔夫里阿诺斯：《全球通史——1500 年以前的世界》，第 113 页，上海社会科学院出版社 1988 年版。

[2] Obsidian and Early Cultural Contact in the Near East, Proceedings of the Prehistoric Society 32—2, 1966.

曜石仅占石器的 1%—2.5%[①]。

如果说在新石器时代黑曜石属于生产资料，为了得到它，人们不得不进行交易，那么，考古学家们还在远离海洋的内陆遗址发现了子安贝，在不产青金石的地方发现了青金石[②]，而这些东西都不是生活必需品，在某种意义上也许也是奢侈品。这就进一步地告诉我们，西亚进入农耕时代以来，对外贸易和交换有着广泛的发展，并形成了历史的传统。

在西亚，无论是史前的交换传统还是城邑国家中的对外贸易，都与特定地理环境中的资源分布状况分不开。特别是进入了城邑文明后，由于灌溉和都邑的建立，使得城邑国家对美索不达米亚平原的依赖更为增强，然而地势很低的两河流域，不但缺乏石头、金属矿，就连优质的木材也没有，因而特殊的地理环境决定了两河流域诸城邑中商业和贸易必然占有突出的地位，这里的城邑国家当然也就成了城市国家。

中美洲的诸文明也有商业和贸易的传统。在特奥蒂瓦坎文明的都市，阶层化和职业化的现象是十分显著的，就职业分化而言，除了脑力劳动与体力劳动的分离即神官·祭司从其余大众中的分离外，还可以看到生产专业化的分工，如前所述专门制造黑曜石的作坊超过 400 个，陶器作坊超过 100 个。这些被制作出来的手工业品，一方面用于都市内及都市与乡村间的交换，同时也用于和其他文化圈和文明圈的贸易。例如，就特奥蒂瓦坎文明圈与玛雅文明圈之间的贸易而言，从玛雅文明圈中的中心区域佩腾地区的蒂卡尔等都邑，出土了许多特奥蒂瓦坎式的鼎形陶器（腹部为圆筒形、附有三实足），也出土许多墨西哥产的绿色的黑曜石。在危地马拉和伯利兹出土有特奥蒂瓦坎式的薄的橙色陶器、带盖的香炉等。在危地马拉南部高原即高地玛雅也大量出土特奥蒂瓦坎式的陶器，甚至有迹象表明，这一带一度曾被特奥蒂瓦坎控制和征服（详后），成为特奥蒂瓦坎与低地玛雅之间贸易等方面的中转站。

特奥蒂瓦坎的输出品，除在玛雅文明圈中一再被发现外，在瓦哈卡（Oaxaca）文明圈中也有许多发现。瓦哈卡文明圈位于危地马拉与墨西哥高原之间，这里的蒙特·阿尔万（Monte Alban），意为白色的山，自古以来就是萨波特卡（Zapotec）族的圣地，一度与特奥蒂瓦坎和古典期的玛雅并行

---

① 浅野一郎：《西亚的农耕起源》，载于《世界的农耕起源》，第 80 页，[日本] 雄山阁版昭和 61 年。

② 《世界考古学事典》（下），第 1361 页，[日本] 平凡社 1979 年版。

发展，建有带金字塔的祭祀礼仪中心和王陵。在特奥蒂瓦坎广泛的贸易网络中，它当然为其贸易伙伴之一。

我们知道，任何时候贸易都不是单向的。特奥蒂瓦坎以其石制品（主要是绿色的黑曜石制成的矢镞、枪刀等）、陶器、陶俑、装饰品等与墨西哥、中美洲各地进行着广泛的交易，在输出的同时也有输入。最能说明这一点的是，通过美国考古学家雷内·米隆进行的大规模的考古学调查，在特奥蒂瓦坎都邑的西部区域出土了大量的从瓦哈卡地方来的文化遗物，这大概是摩特·阿尔万商人、使者们居住或宿泊的地区，同样，在特奥蒂瓦坎的都邑也发现有玛雅商人、墨西哥湾商人们居住的地区，从中分别出土了大量的玛雅陶器、墨西哥湾文化圈的陶器等。

在蒂卡尔出土的第31号石碑告诉我们，当时的特奥蒂瓦坎似乎存在一支武装的商队，进行远距离的贸易活动。在16世纪被西班牙人毁灭了的中美洲阿兹特克文明中，就有一种地位优越，并且世袭的武装商队，称之为波可特克（Pochteca）。这是一个很有实力的组织和阶层，备有与军队一样的装备，在对外贸易的同时，也发挥着相当大的军事的和政治的作用①。在蒂卡尔第31号石碑上刻着三个站立着的人物：中间的是身着玛雅特有的厚重的头饰和装饰品的神官，在其两侧的是战士的形象，都在头上戴着特奥蒂瓦坎式的头饰，一个握有投掷器，另一个持有盾牌，盾牌上刻有特奥蒂瓦坎的水神特拉劳克（Tlaloc）的脸面。他们大概就像波可特克一样，既是武装的战士，同时又是商人，他们与玛雅的神官有着某种政治性和商业性的关系（图Ⅸ—39）。

玛雅文明中的商业和交易亦颇为突出。玛雅人除了和墨西哥高原盆地的特奥蒂瓦坎等文明圈有着远距离的贸易外，更主要的是玛雅低地和玛雅高地之间的交易。玛雅高地可用于交换的物产有：翡翠、蛇纹岩、熔岩、火山岩、凝灰岩、赤铁矿、镜铁矿、朱砂、黑曜石、闪绿岩等。其中，翡翠是玛雅产物中最高价的贵重品，在尤卡坦半岛几乎不出产，经考察它与蛇纹岩的矿床每每共生，它在玛雅诸都邑中的出现，显然是交换的结果。用熔岩、火山岩制作的石杵、石臼、石皿、石钵、石棒等，在玛雅低地整个佩腾地区都有发现，其原产地在科潘等高地的火山地带。凝灰岩的粉末在玛雅低地是作为陶器胚胎中的掺和料而使用的，其原料的大部分是由高地输入到低地。

---

① 狩野千秋：《玛雅与阿兹特克》，第279—282页，[日本]近藤出版社1983年版。

图Ⅸ—39 蒂卡尔第31号石碑展开图

赤铁矿可作为赤色颜料来使用，产于高地火山地带，在低地许多都邑遗址中都有报道。镜铁矿在古代中美洲作为镜子或装饰品被广泛利用，在玛雅佩腾地区多有发现，而其原产地区也是在山岳地带。朱砂出产在火山地带，低地诸遗址都有出土，玛雅人喜欢用它来涂翡翠和死者。黑曜石中除绿色的产于墨西哥高原之外，在玛雅低地发现的灰色的黑曜石成品和原材料，其原产地在高地。一般认为，玛雅低地将黑曜石原料输入，制成加工品后，再向高地输出。用闪绿岩或类似于它的火成岩磨的石斧，发现于低地遗址，而其原产地在危地马拉高地，因而可以认为也是将石料作为交易品运往低地的。

玛雅低地可用于交换的物产有：燧石制品、精美的陶器、羽毛、毛皮、蜂蜜、用于宗教的蜡、棉布、烟草类的嗜好品、农作物和染料等。其中，用燧石经二次剥压法制成精美的箭镞、石刀之类，密布于佩腾、坎佩切、伯利兹等地，而在玛雅高地和太平洋沿岸地带却很少，从危地马拉高地的卡米纳尔祖尤和太平洋岸的埃尔·巴乌尔遗址出土的"埃基森特利克型"的燧石制品，一般认为是在低地制作加工的东西。许多造型优美，带有华丽装饰的彩陶，其制作中心在低地，通过河川运往高地，它是低地玛雅人中一项非常活跃的交易项目。在玛雅，美洲虎的毛皮因被当作高官、贵族的象征物而具有贵重的价值，它大部分是低地输出的。养蜂的中心地在尤卡坦和科苏梅尔，据《尤卡坦事物记》记载，蜂蜜、蜡、棉布等，都是从尤卡坦向中央墨西哥和洪都拉斯输出。在古代美洲尚未发现将蜡使用于灯火的痕迹，但蜜蜡是宗教仪式中重要的用品，有着种种的利用，所以从尤卡坦向高地的输出品中，蜜蜡占有相当的分量。尤卡坦产的带有刺绣纹饰的优质棉布，至今都是非常著名的特产。兰德在《尤卡坦事物记》中对这种布匹向塔巴斯科（Tabasco）等地的输出有过详细的记载。烟草现在在科潘周围被大量栽培，但这是相当近的事，过去几乎全是由低地向高地输出。当时的烟草与其说是吸烟用，不如说是作为药用而受到重视。可可豆现今在塔巴斯科洲一带被栽培，16世纪时，在伯利兹的伯利兹河流域一带尚有大的果树园，大概玛雅时代，是从这些地方向干燥的尤卡坦地区和寒冷的高原地带输出。在农作物方面，在危地马拉的高地，玉米不能自给，大半要从太平洋岸的低地和佩腾地区运来。从玉米及豆科植物中提取的赤色染料，也是从低地向高地输出。此外，佩腾等地区食用的盐，也是从科苏梅尔和太平洋沿岸运来的。大西洋产的贝类在高地和低地都有大量的发现，太平洋的贝在低地的发现，都说明不同种类的贝在高地与低地之间有着大量的交易[①]。

在玛雅人中我们虽看不到像阿兹特克那样，商人与军队及统治阶层相联结，形成强有力的组织，并在王国的扩张上扮演了重要的角色等情形，但玛雅人同样具有聪明的商业才能，高地与低地间的交易路线的发达、物品交易市场的设立、相当广泛的货物交易的进行，都是十分突出的。

无论是特奥蒂瓦坎文明、瓦哈卡文明，还是玛雅文明，其货物交易和对外贸易的发达，都与自然环境中资源的独特分布有着密不可分的关系。如前所述，这一现象也见于西亚地区。属于次生形态希腊文明也是如此。因而是不是可以这样说：交换和贸易就其本质上讲，是一种互通有无的关系，它固然要在人类的主观努力下进行，但这种主观努力的产生是因客观的自然环境中的资源分布和物产状况造成的。大量的现象表明，早期的对外贸易和交换每每与环境·资源·物产的特殊分布有着对应的关系，这似乎是一条规律。

在城邑文明中，商业贸易和交换的相对突出，必然给这一区域的文明带来独自的性格特征。首先，它能够在当地地力资源和农业生产水平所能承载的人口规模的基础上，支撑更为庞大的人口和繁荣。对此，我们在后面一节将作进一步的论述。

[①] 狩野千秋：《玛雅与阿兹特克》，第84—100页，[日本]近藤出版社1983年版。

其次，广大范围的通商网络的逐步形成，商业和交换构成经济生活中日常的、持久的现象，必然使文化因素的扩散变得迅速而直接，从而使较大区域内的不同系统的文化趋向同一。这样，我们对于史前和古代的商业贸易分别在西亚文化圈和中美洲文化圈的统一上所作出的巨大贡献，应当给予充分的估计。

此外，商业和贸易的第三个副作用表现于它有时也是征服的目的之一。我们知道，为了获得各种进口原料和产品，一是提供各种出口产品作为交换，另一个办法就是征服这些原料的产地。在西亚，如前所述大约从公元前2371年的阿卡德王朝萨尔贡开始，就不时地表现出这种倾向。在中美洲，高地玛雅的古典期前期的卡米纳尔祖尤（Kaminaljuyu）就曾被来自墨西哥的特奥蒂瓦坎控制或征服了，例如卡米纳尔祖神庙采用了特奥蒂瓦坎特有的样式，在倾斜的外壁上镶嵌着长方形的板框，在金字塔状的基坛正面，设有台阶，在顶部架有特奥蒂瓦型的横梁，用茅草盖顶。这一时期在卡米纳尔祖尤，刻有日历的石碑全消失了，从高地玛雅到南部的太平洋岸发达的伊扎帕（Izapa）式石碑，随着特奥蒂瓦坎支配权的确立，走向了衰退。不仅如此，这一时期曾经广泛流行的玛雅系统的陶器和其他工艺品也被特奥蒂瓦坎样式所替换[1]，特奥蒂瓦坎一度控制或征服了卡米纳尔祖尤，此地就变成了特奥蒂瓦坎与低地玛雅的中转站和宗教政治方面的联结点。

在全球六大原生形态的文明中，中国、埃及、南美洲安第斯诸文明，在其早期，商业和贸易都不甚突出，这也与它们各自的地理环境、资源分布状况有关。埃及我们在最后一章再作分析。安第斯文明中印加帝国是建立在征服基础之上的，更显示出其特殊性。相比之下，中国早期诸区文明的出现以及文化逐渐走向趋同的现象，似乎在商业贸易不发达的地区中更具有代表性和典型意义。

中国的早期城邑，作为商品集散地的功能并不突出。无论从商周时期的甲骨文、金文，还是从《尚书》、《诗经》等早期文献中，我们都很难看到商周时期城内设市的记载。诚然，早期文献中没有记载，并不等于早期的城内一定没有市的存在。但它至少反映出商业贸易在早期的城内生活中不占有突出的地位。从龙山时代到西周，中国的都邑都是作为政治权力的中心出现的，特别是商代和商代以前，更是作为神权的政治中心而出现的。在这些城

---

[1] 狩野千秋：《玛雅与阿兹特克》第52页，[日本] 近藤出版社1983年版。

邑中我们看到的每每是：夯土、城墙、战车、兵器、宫殿、宗庙、陵寝、祭祀的法器、礼器与祭祀遗址、手工业作坊、小型住宅与手工业工具和农具，也可以看到都邑布局在定向上与规划上的规定性。对此，傅筑夫、费孝通、张光直诸先生都曾先后指出：中国初期城邑是统治阶级用以维护政治权力的工具和象征，"夯土城墙、战车、青铜兵器等遗址遗物，在考古材料中所反映着战争的剧烈与频繁，但斗争的对象，与其说都是阶级之间的斗争，不如说主要是国邑与国邑之间侵犯兼并性的斗争，亦即以掠夺财富为目的的斗争。规模巨大的地上建筑的宫殿与小型的、内容贫乏的半地下室作强烈的对比，是统治者统治地位的象征，也是借其规模气氛加强其统治地位的手段。宗庙、陵寝和青铜、玉等高级艺术品的遗迹遗物，以及祭仪的遗迹如牺牲或人殉之类，一方面是作为政权基础的宗法制度的象征，一方面是借宗教仪式获取政治权力的手段。……至于手工业的作坊，除了少数与生产工具有关，多数是青铜器、玉器、骨牙器等仪式性的艺术品的作坊；它们一方面代表生产活动的分化，一方面是更清楚地表现政治权力工具的制造工业"①。

在中国，城邑重视商品集散地的功能，商业贸易成为城内经济生活中较为突出的现象，始于春秋时期，到战国获得了更大的发展。如《左传》昭公三年，齐景公之名相晏婴说齐国的陈氏为了收买人心，使"山木如市，弗加于山，鱼、盐、蜃、蛤，弗加于海。……国之诸市，屦贱踊贵"。这段话虽然讲的是将山上之木料运至市场，其价与在山同，鱼盐以及海内可食物，在市场，其价亦不加于海上。由于受刖刑的人多，以至市场上鞋（屦）贱，假脚（踊）贵。然而，从中我们可以看到齐国市上的买卖商品种类甚多，有木材、鱼、盐、蜃、蛤、屦、踊，等等。而文中提到的"国之诸市"表明，国中之市非一也。《左传》中还提到郑国的市有"羊市"、"逵市"② 等，可见国中所设之市非一的情况，也见于其他国家。从《左传》、《国语》中我们可以看到，鲁国、晋国、楚国等城内也都有市，亦即城中之市，在各诸侯国中普遍发展起来了。到了战国时期，各国都形成了自己的商业城市，如齐的临淄、魏的大梁、赵的邯郸、楚的郢和寿春、韩的阳翟、周的洛邑、燕的蓟，都是富冠海内，当然同时也是政治中心。其中位于都会与都会之间，经济区与经济区之间的定陶（宋地），其商业贸易之发达更甚。《史记·货殖列

---

① 张光直：《关于中国初期"城市"这个概念》，《文物》1987年第2期。
② 《左传》庄公二十八年。"逵市"郑国郭门内大路之市。

传》说:"朱公以为陶,天下之中,诸侯四通,货物所交易也,乃治产积居与时逐。……十九年之中,三致千金。"这些工商业都市的富庶和经济繁荣的情形,于齐之临淄可见一斑,《战国策·齐策》说:"临淄之中七万户……甚富而实,其民无不吹竽鼓瑟,击筑弹琴,斗鸡走犬,六博蹹鞠者。临淄之途,车毂击,人肩摩,连衽成帷,举袂成幕,挥汗成雨。家殷而富,志高而扬。"

在春秋之前的中国都邑中商业贸易特征不突出,并不等于中国史前及早期文明社会中不存在商品贸易现象和商人。如第四章所述,兰州白道沟坪陶器制造场和湖北宜都红花套石器制造场的发现,都说明史前各地有过与交换贸易有关的某些专业化生产。到了龙山时代,这些现象也是存在的,例如,根据地质学者对兖州西吴寺龙山文化遗址中出土的石器石料的鉴定,发现石器原料有相当比例的变质岩,而兖州地区并无变质岩,他们判断这些原料很可能来源于山东省泗水、平邑老变质岩区,非当地出产[1]。而泗水尹家城、曲阜东魏庄、邹县野店、滕州西薛一带发现的山东龙山文化,同平原地区的兖州西吴寺、济宁郊区程子崔发现山东龙山文化,有着大量的共同因素,陶器群大同小异,应属同一类型文化,可称之为"尹家城类型"[2]。这样我们就可以看到,已经走向平原的人们,在一个相当长的时间内与山地还保持密切的联系和文化上的一致性。如果兖州西吴寺一带的聚落从泗水一带获得的制作石器的石料,含有交换贸易的性质,那么,在平原与山地所保持的联系中,交换贸易显然也是一条重要的纽带。西吴寺龙山文化的灰坑(H119)中弃有完整的红烧土窑箅,可知大量的陶器应是本地烧制的,经鉴定,制陶用的砂性黏土也是就地取材,但制作陶衣的白瓷土是从别处运来的[3]。诚然,毋庸讳言,在我国大量的考古发掘报告和研究中,由于对出土物的鉴定和原产地的分布调查等工作做得很不够,致使许多已发表的资料无法利用,使本来就不甚发达的商业贸易更加泯没,也使我们对古代社会的复原变得苍白、贫乏、教条,没有生活气息。

中国早期都邑中商业贸易不发达,亦并不等于中国早期文明社会中手工

---

[1] 《兖州西吴寺》,附录四,牛树桂、王加芝:《西吴寺遗址石器石料鉴定的报告》,第 255 页,文物出版社 1990 年版。

[2] 《泗水尹家城》,第 303 页,文物出版社 1990 年版,《兖州西吴寺》,第 199 页,文物出版社 1990 年版。

[3] 钟华南:《西吴寺遗址龙山文化陶制作法鉴定报告》,《兖州西吴寺》,第 256—257 页。

业的专门化和分工不发达。正像第五章、第六章所分析的那样，龙山时代的城邑中陶窑和炼铜遗迹的发现，快轮制陶技术的发明，都说明制陶和炼铜作坊的存在以及生产的专门化，龙山时代显著发展起来的玉器制作和骨雕、象牙雕刻，也是以手工业生产的专门化为基础。从龙山到西周，各类手工业作坊遗址多有发现，而且其分工也愈来愈细。到了《周礼·考工记》，我们可以看到："攻木之工：轮、舆、弓、庐、匠、车、梓。攻金之工：築、冶、凫、㮚、段、桃。攻皮之工：函、鲍、韗、韦、裘。设色之工：画、缋、钟、筐、㡢。刮摩之工：玉、榔、雕、矢、磬。搏埴之工：陶、瓬。"这些工匠合称为"百工"，其长官也被称为"百工"。

在商周时期，上述各类工匠大多都隶属于王室和贵族宗室，他们所制作的手工业品主要使用于王族及贵族的宗室之中，而并非以交换和贸易为目的。因而这种手工业生产的专门化，就主体而言属于王室和贵族宗室经济内的专业分工。

既然在中国早期文明社会的贵族宗室和王室经济中也同样存在着手工业生产的专门化，那么，为什么与美索不达米亚和中美洲文明相比，商业贸易却不甚发达，这只能解释为当时的人们对商业贸易的需求并不十分迫切。这种不迫切，一方面与当时整个社会的职业分化的发展程度和结构性质有关，另一方面又与中国的资源、物产丰富以及非单一性的分布状况有关。大约距今4500年前，最早进入文明社会的黄河中、下游和长江中、下游地区，各区域内都不缺乏木材，也不缺乏制作石器、骨器、陶器、铜器的石料、骨料、陶土和铜矿①。各地都以农业经济为主，兼有家畜饲养，也进行一些狩猎和捕鱼。各区域文明中的贵族宗族都有程度不等的手工业专门化的分工，但也都主要是为其自身服务而非以对外交换和贸易为目的。这样，各区域之间和同一区域的内部，虽说在生产和生活上也存在一些地区性差别，各具一些地方特色，但就生活的基本需求或一般需要而言，完全可以自给自足。因而，商业贸易所具有的以己所有换己所无的互惠功用，在整个社会的职业性分化尚未充分发展的情况下，显然并不迫切，互通有无的商业贸易只能局限于个别的方面，在人们的经济生活中不占主导地位。

比较了西亚、中美洲、中国诸区域早期文明的都邑或统治中心后，我们得出：各地的权力中心亦都是宗教祭祀的中心、神权政治的中心，这是早期

---

① 《中国矿业纪要》，第一号，1921年。

文明的显著共性，也是早期城邑都市的共性。然而，由于地理环境、资源分布状况的差异，使得西亚和中美洲的文明，当其出现在地平线上时，商业贸易就较发达，而埃及和中国的文明，在其早期，商业和贸易则不甚发达。这种地理环境的差异及其所导致的贸易的发达与否，必然给各大区域文明的都邑或统治中心带来一定的个性特征，也使得各大文明区内的文化趋同的道路，不尽相同。

六　决定都邑规模的诸因素

就目前的知识而论，中国、西亚、中美洲、印度等地早期文明的城邑或统治中心，其规模都经历了由小到大的过程。中国已发现的龙山时代的古城址和石砌围墙址的规模有大有小。河南登封王城岗城址由东、西并列的两座略呈方形的小城组成。其保存较好的东城西墙（即西城东墙）南段残长约65米，西城南墙长82.4米，西墙长92米，城墙基宽4米左右。东西两城合在一起周长约600米，面积约2万平方米。后来在王城岗发现34.8万平方米的大城，大城把2万平方米的小城包括在里面，但发掘者认为大城略晚于小城，大城和小城是前后相继的。郾城郝家台城址，城墙南北长200米，东西宽近200米，面积约为4万平方米。淮阳平粮台城址平面亦呈正方形，长宽各185米，周长约740米，城内面积约34200平方米。安阳后岗城址已发现的一段夯土墙长70余米，宽2—4米，围绕遗址的西、南两面，其遗址面积约10万平方米。辉县孟庄城址平面呈正方形，长宽均约400米，总面积16万平方米。河南新密市古城寨村的龙山城址，平面呈正方形面积为17.65万平方米。山西襄汾陶寺早期城址面积是56万平方米，陶寺中期城址总面积为280万平方米。山东章丘城子崖，由龙山、岳石和周代三城重叠，龙山时期的城址，平面近方形，东、南、西三面的城墙比较规整，北面城墙弯曲并向北外凸，城墙拐角呈弧形。城内东西宽约430余米，南北最长处530米，面积约20万平方米。残存的城墙深埋于地表以下2.5—5米，残宽8—13米。邹平丁公城址略呈方形，城内南北长350米，东西宽310米，面积10万多平方米。寿光边线王城址呈圆角梯形，北面小，南面大，东边长175米，西边长220米，中部宽225米，周长约880米，城内面积约4万4千平方米。1986年又一次进行了发掘，发现在城内有一座小城，面积约1万多平方米。内蒙古包头阿善石砌围墙已清理57米，其遗址面积约5万平方米。

凉城老虎山石砌围墙址西北至东南长约380米，东北至西南长约310米，其遗址面积约13万平方米。湖南澧县车溪乡南岳村城头山城址，平面大体呈圆形，面积约7.65万平方米，由护城河、夯土城墙、东、西、北三个城门和城内西南部的夯土台基等部分组成，城墙现存最大高度达3米。湖北天门石家河城址，南北长约1200米，东西宽约1100米，面积约120多万平方米。杭州市余杭莫角山发现的良渚文化城址的面积为290余万平方米。

上述龙山时代诸城址的规模由2万—290万平方米不等，呈现出较大的差异，其中四五万平方米者竟有好几座。龙山以后的城址，因二里头文化时期，除山东章丘城子崖叠压在龙山城之上的岳石文化城外，别无其他发现，而岳石文化的发达程度明显地低于中原地区的二里头文化，故17万平方米的城子崖岳石文化城，不足以代表当时的中原地区城邑的规模水平。至于二里头遗址，作为夏代晚期的王都。该遗址南北长约2000米，东西宽约1500米，总面积300万平方米。中部是宫殿区，占地约10多万平方米，为遗址总面积的3%。周围是手工业和一般居住区，其间有道路相通[①]。由于至今在二里头只发现宫城城墙，尚未发现外城城墙，所以300万平方米的遗址范围只能作一个极笼统的考虑。到了商代，目前发现的有河南偃师商城、郑州商城、湖北黄陂县的盘龙城[②]、四川广汉三星堆商代蜀国早期都城[③]、山西垣曲商代中期方国都城[④]等。偃师商城面积在190万平方米以上。郑州商城的内城面积约317万平方米，再加上新发现的外郭城墙，其内外城的总面积可达600万平方米。三星堆东西南三面均有人工修筑的城墙，北面以天然河道作屏障。这座古城东西长1600—2100米，南北宽1400米，城墙基宽40余米，估计城区总面积似有245万平方米。山西垣曲城址平面略呈平行四边形，南北东西四垣分别长350米、335米、390米、395米，面积约12.5万平方米。湖北盘龙城城址平面略近方形，南北约290米，东西约260米，周长1100米，面积约7.5万平方米。最近，盘龙城也发现外郭城城墙，使盘龙城的面积扩大了好几倍。

---

① 赵芝荃：《二里头遗址与偃师商城》，《考古与文物》1989年第2期。中国社会科学院考古研究所二里头工作队：《河南偃师市二里头宫城及宫殿区外围道路的勘察与发掘》，《考古》2004年第11期。

② 《盘龙城一九七四年度田野考古纪要》，《文物》1976年第2期。

③ 陈德安、罗亚平：《蜀国早期都城初露端倪》，《中国文物报》第36期，1989年9月15日。

④ 佟伟华：《垣曲县古城南关商代前期城址》，《中国考古学年鉴（1986）》，第94—95页，文物出版社1988年版。

将龙山时期的城址与商代的城址对比后我们将会发现,虽说商代湖北的盘龙城较偃师和郑州的商城小得多,表现出地方方国与商王国之间政治、经济、军事力量的悬殊,但就中原地区而言,商城比龙山诸城要大得多,呈现出显著的时代差异。由龙山到商代经历了一千多年,城邑的规模增大了许多,体现了较原始的城邑其规模较小,较发达的城邑其规模较大的发展趋势。

中国之外,两河流域、印度河流域和中美洲的城邑或统治中心,就以揭露出来的多数遗址而言,其城邑或统治中心的规模要比中国龙山时代的城邑大得多,不过,若追溯它们的演变历程,也可以看到一个相对的由小到大的发展过程。例如,美索不达米亚最早的城邑是埃利都城,始建于欧贝德文化时期,其城的规模,东西长约 250 米,南北长约 200 米,周长 900 米,面积约 5 万平方米。乌鲁克城也早在欧贝德文化时期就开始建立了,其规模也小于后来乌鲁克期的城。到了乌鲁克文化时期,乌鲁克城周长约 10000 米,面积约 80 万平方米。属于乌尔第三王期的乌尔城,呈椭圆形,周长约 3500 米,面积达 100 万平方米,其城内神庙区围墙东西宽约 230 余米,南北长约 430 余米[①]。从欧贝德时期 5 万平方米的埃利都城,到乌鲁克时期 80 万平方米的乌鲁克城,再到乌尔第三王朝 100 万平方米的乌尔城,城邑的规模显然在扩大,只是从欧贝德文化期到乌鲁克文化期,其规模一下子扩大了十多倍,是耐人寻味的。

在印度河流域,自从 20 世纪 20 年代初开始,发掘出几座公元前 2500 至 1750 年的大城市后,使我们对印度早期文明有了新的认识。学者们称印度河流域的这种城市文化为哈拉帕(Harappa)文化,其代表性的都市有摩亨佐达罗、哈拉帕、卡里班甘、甘瓦里瓦拉等。这些城市均由卫城和下城(居民区)两部分组成。哈拉帕卫城呈平行四边形,东西宽约 200 米,南北长约 400 米,面积为 8 万平方米,其下城规模大于卫城,总面积达 2.5 平方公里。摩亨佐达罗的卫城也是南北长于东西,面积与哈拉帕相近,其下城规模也远大于卫城。据估计,摩亨佐达罗和哈拉帕两座城市的卫城和下城相加占地都近 1 平方公里,人口在 35000 以上[②]。卡里班甘的卫城和下城均略呈平行四边形,卫城东西宽约 150 米,南北长约 250 米,周长约 800 米,面积

---

① 《世界考古学事典》(上),第 114 页。
② 刘欣如:《印度古代社会史》,第 14 页,中国社会科学出版社 1990 年版。

约4万平方米；下城东西宽约250米，南北长约400米，周长约1300米，面积约10万平方米[1]。甘瓦里瓦拉的发掘还没有正式进行，据勘察占地也近1平方公里。

哈拉帕文化时期的摩亨佐达罗、哈拉帕、甘瓦里瓦拉三座城市规模固然庞大，但它已属印度河流域城邑较发达的形态。而不是最初的形态。在哈拉帕文化之前被称作"前哈拉帕"文化时期，已经出现了城邑，只不过是规模较小而已。例如科特迪基（KotDiji）在哈拉帕文化之下发现了一座用城墙围起来的城堡，城外也住工匠等居民，已具有哈拉帕文化期所谓"下城"的性格。城墙的基部用石块砌成，其上部用泥砖砌筑。城墙现高5米，城内侧倾斜，外侧间隔一定距离即有凸出的塔楼，以加强防御。依据碳14测定的年代，科特迪基城邑始建于公元前2600年[2]。在卡里班甘的下层也发现有"前哈拉帕文化"的城堡，与科特迪基的情形相同，也是用晒干的砖坯砌成厚厚的城墙将都邑围起来。在蒙迪嘎克（Mundigak）发现的前哈拉帕文化的城堡揭露得更为清楚。在这里，第1期是半游动半定居的初期农耕遗址；第2期开始形成定居的聚落，并出土有石制印章的祖型；第3期发现有墓地，出土有精美的彩陶、青铜斧等工具，还发现有各种各样与宗教有关的陶俑，所以第3期为农耕聚落的发展期。到了第4期即前哈拉帕文化期，这一遗址获得了最大的发展，遗址的中心部修筑了城堡，城堡的四角有防御用的塔楼，城内有用粗大的柱子并列而置的建筑物，被命名为宫殿，由多室和内庭组成。在宫殿的周围有贮藏用的仓库。在宫殿的东面有神庙[3]。此外，在哈拉帕下层也有"前哈拉帕文化"的遗址。

中美洲文明中的都邑——统治中心和祭祀中心，现在已揭露出来的大多甚为庞大，但这也是经过相当一段时间的发展过程逐渐形成的。在这些现存都邑之下就有许多初期都邑的建筑物，只是被叠压而无法全面发掘而已。例如玛雅文明中的蒂卡尔都邑，面积被推定为60平方公里，其中枢部占地16平方公里，但这些建筑物大部分是玛雅古典期后期（公元550年到900年）

---

[1] A. 谢拉特：《剑桥考古百科全书》（Andrew Sherratt, *The Cambridge Encyclopedia of Archaeolgy*）第164页。

[2] 王震中：《先秦文献中的"邦""国""邦国"及"王国"——兼论最初的国家为"都邑国家"》，《从考古到史学研究之路——尹达先生百年诞辰纪念文集》，第396页，云南人民出版社2007年版。

[3] Casal, J-M, Fouilles de Mundigak, 2 Vols. MDAFA XVII 1961.

的建筑物。据发掘，蒂卡尔最早大兴的土木工程建筑主要局限在北卫城，始于公元前3世纪，即使是到了古典期早期（公元3—6世纪），在北卫城的大型建筑的规模和范围也远远小于古典期后期的建筑（参见图五十七）。以此类推，玛雅文明初期诸都邑规模，应远远小于现在所见到的大型都邑遗址。

由上述的对比我们可以看到，决定都邑规模的第一个因素应当是由社会经济和政治所决定的社会发展程度，伴随都邑由小到大历程的是社会的发展。这是都邑规模所体现的总的原则。然而，由于各大文明区域的自然环境、经济特色、政治组织结构、宗教、庙宇宫观等的差别决定了诸文明由小到大的生长机制也有差异，从而使得各大文明区域的都邑在扩大化的过程中，一些具体因素亦表现得形形色色。

西亚两河流域，由欧贝德期到乌鲁克期再到早王朝时期，其城市的扩大及较大规模城市的形成，首先是建立在以水利灌溉和犁耕为基础的集约农业基础上的。

在欧贝德时期，两河流域中只有零星的城邑，埃利都城可以作为其代表。由于埃利都位于沙漠高地的边缘，它与三角洲南端相邻近，但不在泛滥平原之内，再加上它是两河流域最早出现的城邑，所以有人将它视为由山地向泛滥平原发展的一个过渡。不过，乌鲁克却位于泛滥的平原之内，在乌鲁克最下层是欧贝德时期的文化遗存，而两河南部冲积平原一年之中八个月无雨，年降雨量只有200毫米左右，不依赖河水灌溉是无法进行农业生产的[①]。只是现在还没有证据表明这时已有大规模灌溉网的建立。一般认为，欧贝德文化时期，人工灌溉在三角洲已开始，但其技术水平还很初步，农业收获并不稳定。这样，在这时建立的埃利都城邑也只有5万平方米。由欧贝德期发展到乌鲁克文化时期，作为这一时期代表性的城市乌鲁克城，其城内面积已达80万平方米，较欧贝德时期扩展了十多倍，其农业也进入了较大规模的水利灌溉和犁耕农业阶段。由乌鲁克期到早王国时期，只是在这一基础上的进一步发展而已。

农业获得了显著的发展，可以为社会提供较多的剩余粮食，这样，一方面可以使城市中的人口增加，同时也可以促进手工业、商业与农业、脑力劳动与体力劳动等社会分工进一步发展。而城市手工业和商业的发展，每每是古代城市经济的第二个支撑点。换言之，一个较大规模的城市往往有较多的

[①] 详见本书第十一章"文明的道路与区域特征"。

非农业或半农业人口，这些人可以用其所生产的手工业产品去交换所需的食品。他们输出手工业品，必然促使乡村中的农副产品更多地输入。这种输入是在贡赋、征收等项目之外，通过交换而实现的，必然给城市经济带来繁荣。所以，美索不达米亚城市文明中所存在的较发达的商业贸易是其早期城市规模就已较大的第二项决定因素。

第三，在两河流域，城市规模的扩大是与权力逐渐集中和扩大同步发展的。我们说美索不达米亚在乌尔第三王朝以前，基本上是神权政治，随着城址面积的扩大，城内神庙及其附属的宫室建筑物也变得越来越庞大，最后出现城中套城，将神庙宫室与普通居民区相隔离的格局。神庙宫室的庞大化也就是统治权力的集中和加强，这种大规模的工程可以视为统治阶层行使权力程度的实物证据。当然这种权力尚披有神圣的外衣。

在中美洲，其都邑扩大化的机制同美索不达米亚有相似之处，也有不一致的地方。在20世纪80年代之前，一些学者因将中美洲文明的农业生产估计为刀耕火种，故而对特奥蒂瓦坎庞大都邑的经济基础，解释为依赖于商业[1]。近来的发现和研究表明，特奥蒂瓦坎和玛雅文明的农业，已越过了刀耕火种而进入了较为简单的灌溉。

特奥蒂瓦坎谷地是墨西哥谷地的一个分支，位于墨西哥城市中心东北约25英里处。据报道，大约在公元前300—前100年或更早，特奥蒂瓦坎附近就存在大量水渠，其水渠浇灌近5000公顷土地；与此同时，在这里，由开挖沟渠而形成的台田面积超过100公顷[2]。此外，学者在墨西哥河谷地带还发现有石筑梯田，公元后还出现了齐那帕斯田（Chinampas，一种围绕以排水沟、用湖底捞上来的肥沃的土壤堆积而形成的条田和台田）。后来的阿兹特克人承袭以前的农业经验，在墨西哥河谷使用齐那帕斯田而获得粮食高产（图Ⅸ—40）。M. D. 科（Coe）指出，现在在同一块齐那帕斯田中一年可收获七次不同的作物[3]。可见这种田地潜在的生产率是相当高的。

考察了特奥蒂瓦坎农业发展过程，特别是当我们发现它在古典期之前的形成期就已出现水渠灌溉后，我们不能不认为特奥蒂瓦坎这一"地区性超级中心"的巨大规模，主要是建立在一定的农业生产率和生产水平的基础

---

[1] 森本哲郎编：《被埋藏的古代城市》第二卷《安梯斯的黄金乡》，第137—145页。
[2] ［美］马瑟利等：《美洲大陆史前农业系统的变化》，《农业考古》1988年第1期。
[3] 同上。

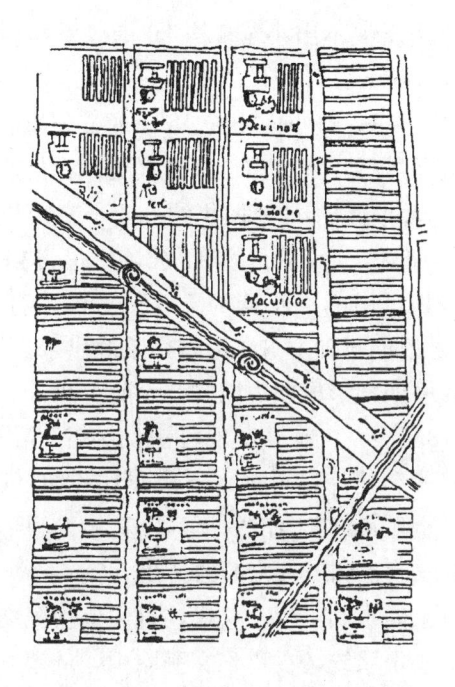

图Ⅸ—40　阿兹特克的齐那帕斯田

上的。

玛雅的情况也是如此。雷·马西奈于1975年在坎佩切州的伊兹纳(Edzna)做出了重大发现，这也许是有关玛雅文化的最重要发现之一。马西奈在雨季拍摄了航空照片（其他人只是在旱季条件"较好"时才拍摄航空照片），他从照片上发现了从宗教礼仪中心即统治中心向外辐射的由运河、沟渠和水库组成的水利网络。由于在雨季时，这些设施被厚密的树叶所掩盖，旱季时又完全干涸，因而在进行地面考察时很难发现这些设施。运河的长度约为1英里，宽为100英尺，深为10英尺，这些运河可以向居民提供饮用水，供居民汲水灌溉邻近的园田，并可以向休荒地提供河泥以增肥地力。这些运河还可以使这些地区一年种两季庄稼，雨季时排掉洼地的积水可种一季，旱季时在湿泥地上可种第二季[①]。R.E.W.亚当斯等人也进行了这一类考察，他们在航空机上安装了综合孔径雷达对佩腾、伯利兹部分地区和金塔纳罗进行探测，并在理论上推算了一处沟渠排水土地的最大范围有12425平

---

① 马文·哈里斯：《文化的起源》，第86—87页，华夏出版社1988年版。

方公里。但用这种方法反映不出小于 15—20 米以下物体的形象，只可能辨认台田的最大水渠和设施。估计图像的线条只有 20% 是水渠，可能排水地的最大面积为 2475 平方公里，最小面积为 1285 平方公里。与此同时，对台地和水渠的实地调查也在进行。特纳和哈里逊报道，在伯利兹的普尔特劳索沼泽地（Pulltrousor Swamp），沼泽地面积约 8.5 平方公里，水从垄地向西注入沼地，沼地内常年滞水，台田可达 311 公顷，呈方格状。其他地方还有 357 公顷土地无法辨识。田的大小均为 500 平方米，有一个复杂的水渠网（其中一些水渠大到足以航行独木舟）为整个系统供水。碳 14 年代测定和陶片断代为前古典时代中期即形成期中期（公元前 1000—前 400 年）到古典时期后期（公元 600—850 年）。地层发现可辨认的谷、苋和可能为棉花的花粉、一块玉米穗轴残段和几片可可树木块。在拜利切（Belice）沿海的塞罗斯（Cerros）发现一处可能带有台田的渠网，其年代为形成期的后期。在蒂卡尔、乌斯玛尔（Uxmal）和洪都拉斯的科潘（Copam）等谷地都发现有为农业而建的古典期以来的水利工程。这样，再加上坎佩切的伊兹纳形成期后期的广泛而又复杂的水渠系统，在玛雅文明圈中，从南到北，无论是佩腾中心地区，还是中心区之外的地区，都存在水利灌溉系统。为此，美国学者 R. T. 马瑟利和 D. 盖洛曾写道：“把大量台地与玛雅人发明的各种形式的以水为象征的迷信相联系，也许可以把早到前古典时代后期的玛雅看作是一个水利社会。”[①]

在古代中美洲，无论是特奥蒂瓦坎文明、玛雅文明，或者是其他复杂的文明，都是与复杂的农业生产相一致的，它并非建立在轮作农业之上，而是从前古典时代（即形成期）以来，就陆续修建了许多水利工程，是一种集约性的农业。由目前的考古发现来看，这些农业技术似乎已经波及整个中美洲，它们是根据所处生态区位的独特性通过一段时间发展起来的。因而，中美洲古代文明中的巨大的都邑规模首先是建立在含有水渠灌溉内容的集约农业基础之上的，只不过这种灌溉规模较小，都不是利用大河进行灌溉而已。

如前一节所述，中美洲文明中的工商业和对外交换贸易现象也较为突出，这一因素无疑会使都邑中的非农业人口增多，促进都邑经济的繁荣，但在古代，整个社会就主体而言，主要还属于自然经济而并非像近现代的大中城市那样以商品经济为其特征，所以，同美索不达米亚一样，中美洲文明中

[①] ［美］马瑟利等：《美洲大陆史前农业系统的变化》，《农业考古》1988 年第 1 期。

的商业和贸易只能作为支撑巨大都邑规模的第二项因素，而非最基本的条件。

中美洲特奥蒂瓦坎和玛雅等文明中的都邑，其外部都不修筑城墙。这显然是造成这些都邑均可无限扩大的重要条件。从陆续发现的有关战争和军事的壁画来看，诸都邑均不筑城墙并非因为相互之间没有战争或战争不激烈，而应另有其政治和宗教上的原因。这也是构成中美洲与美索不达米亚及中国等文明不相同的个性之一。中国在西周之前，埃及在中王国时代之前，中美洲在特奥蒂瓦坎、玛雅等文明的古典时代，都属于神权政治的文明，但其中，埃及和中美洲的神权政治表现得又更为强烈。埃及另作他论，中美洲文明中的都邑建制和规模逐渐巨大化的扩展都是对其强烈的神权政治的一种适应，是特殊的政治宗教结构的产物。

中美洲古典时期各种宗教迷信活动中，其核心是对水和象征水的各种神灵的崇拜和祭祀。这是一种与生计密不可分的迷信，因而具有广泛的适用性，其祭祀和礼仪中心当然具有很强的凝聚力。因而，在各地随着社会的复杂化和祭祀规模的庞大化，各都邑所附着或统辖的人口也会像滚雪球那样越来越大。诸都邑既然都是一个个祭祀中心，那么，不修筑城郭的垣墙显然是出于宗教上的考虑——它可以将一定地域的人们尽可能地都吸引、凝聚在一个礼仪中心之内。所以，诸都邑随着宗教势力的扩大和统治权力的发展，其都邑的规模也会愈聚愈大，呈现出在有限的地域内无限扩展的趋势。

中国龙山时代的城邑，王城岗为2万平方米，城子崖为20万平方米，陶寺为280万平方米，莫角山为290万平方米，也有几座为10多万平方米和4万—5万平方米。四五万平方米的城邑其居民自然不会太多。有人曾做过这样的推算：

《战国策·赵策》记载赵奢的话说："古者四海之内，分为万国。城虽大，无过三百丈者；人虽众，无过三千家者。"依当时一尺合0.33米计，三百丈合690米，这应该是指边长，而非周长（如690米是周长，则每户仅占$10m^2$，太不近情理）。则每户占地$158.7m^2$。这和《墨子·杂守》记载城市人口的合理密度为"率万家而城方三里"即折合每户占地$154.2m^2$是非常接近的。有趣的是，根据姜寨的发掘，在约$18000m^2$的设防区内，同时存在约110座大小房屋，平均每座房屋据有$163.6m^2$的邑内场地。似乎，在很长的历史时期内，各种类型的邑大体上保持着

150—160m²/户的指数①。

由此估算，面积为 2 万平方米的王城岗城邑，其居民户数约为 130 户，人口约 650 人。四五万平方米的郝家台、平粮台、边线王、阿善等城邑，其住户当在 260—320 户之间，人口为 1300—1600 人不等。10 万—13 万平方米的后岗、老虎山之类的城邑，其住户约有 650—840 户，人口也在 3200—4200 人之间。面积为 17 多万平方米的古城寨，其住户当 1100 户左右，人口约 5500 人。20 万平方米的城子崖城邑，其居民住户约有 1300 户，人口约为 6500 左右。至于城邑面积为 280 万平方米的陶寺，其住户当为 12000—17500 户，人口约为 60000—80000 人。

显然中国龙山时代的城邑中那些规模偏小、人口较少、特别是 5 万平方米以下的城邑，其居民不会超过 2000 人。在当代社会科学的概念中城市都邑的特征之一就是人口稠密，不足 2000 人的城邑自然是不符合这一标准的。那么，如何解释这一现象呢？

首先，5 万平方米的城邑与同时代的 280 万平方米的城邑相比，其政治、经济、军事实力固然不能同日而语，但就农业生产力水平而论，当时的海岱地区与中原地区、长江中游、下游地区都是相同的，而且同为海岱地区，章丘县龙山镇城子崖的城邑为 20 万平方米，邹平县苑城乡丁公村的城邑为 10 万多平方米，寿光县边线王的城邑为 4 万 4 千平方米，因而不足 2000 人的城邑，并非因为当时的农业生产水平不能支撑更多的人口聚集。山东兖州西吴寺和陕西临潼的康家遗址，都可以作为龙山时代中型和大型规模的代表性遗址，前者现存面积为 10 余万平方米②，后者现存面积约 19 万平方米③。作为龙山时代的大型遗址——山西襄汾陶寺遗址，其墓地面积就在 3 万平方米以上，遗址总面积则在 300 万平方米以上④。一个一二十万平方米的聚落，其人口不会少于两三千人，而陶寺遗址的人口规模更在 6 万人以上。所以，5 万平方米以下的城邑，其人口规模较小显然不在于当时的农业水平和田地资源的负担能力，而是另有原因。

---

① 林沄：《关于中国早期国家形成的几个问题》，《吉林大学社会科学学报》1986 年第 6 期。
② 《兖州西吴寺》，第 2、198 页。
③ 《陕西临潼康家遗址发掘简报》，《考古与文物》1988 年 5—6 合期。
④ 高炜：《陶寺考古发现对探讨中国古代文明起源的意义》，《中国原始文化论集》，文物出版社 1989 年版。

如第五章所述，龙山时代北方的旱作农业生产已进入大体与商周处于同一水平的耦耕农业阶段，长江下游地区的水田农业已进入人力犁耕农业阶段，二者都属于集约农业。特别是在土壤疏松的北方，用耜起土翻地不但可以根据需要进行深耕，而且当两人各执一耜、并排协力耕作即耦耕时，其耕作效果和生产效率都在人力犁耕之上。将龙山时期较高水平的耦耕和简单的人力犁耕农业与公元前3500年至2700年美索不达米亚的大河灌溉和犁耕（因此时已用牛拉车运输，所以这种犁耕很可能就是牛耕）农业相比，其集约的程度和生产力水平似乎要低一些，但不会低于玛雅文明的农业生产水平。我们可以将玛雅的集约农业视为玛雅庞大的都邑规模的经济前提，但我们无法用中国龙山时代的集约农业去解释龙山城邑那些不足2000人的小城堡的产生。

正像玛雅文明中诸都邑是由一个个祭祀礼仪中心发展起来的一样，中国的城邑是由宗族宗庙所在地的原始宗邑即中心聚落发展起来的。在龙山时代，有城防设施的中心都邑与普通中、小型聚落的区别，类似于春秋时期卿大夫中的"都"与"邑"的区别。《左传》庄公二十八年说："凡邑，有宗庙先君之主曰都，无曰邑。邑曰筑，都曰城。"换言之，龙山时代诸城邑所保卫的主要是宗庙社稷之神和握有祭祀征伐大权的贵族宗族群体及其手工业作坊和宗祝卜史之类的祭司巫师阶层。在城内的贵族宗族群体中，又可分为若干阶层，除其中的大宗的宗主宗族长即君主以及下属的若干父权大家族族长外，其中的大部分人应该属于贵族宗族家族的普通成员亦即一般的劳动者。在他们当中，既有从事农业生产的劳动者，也有从事手工业生产的工匠。城内的手工业作坊应当是贵族经济中专业化分工的一个组成部分，其组织形式可以由擅长于此的某些家族所世袭，也可以由个体的工匠家庭所构成，只不过受宗主即君主的控制和支配而已。总之，龙山时代的诸城邑并不是为了保卫国家中全体或多数居民的安全而建筑的防御设施[①]。因而龙山时代城邑规模的大小直接取决于城内贵族宗族或父权大家族的数量和统治阶层所能支配的人力物力的程度和范围。而这些又都与一个原始国家本身的人口规模和统治管理机构发展的程度有着对应的关系。具体说来，在拥有280万平方米的陶寺的城邑中，居住的贵族宗族群体相对的要多一些，其邦国的总人口以及所能调动和支配的劳力也应多一些。而那些只有四五万平方米的边线王、平

---

① 王震中：《文明与国家——东夷民族的文明起源》，《中国史研究》1990年第3期。

粮台、郝家台等城邑，居住在城内的贵族宗族或家族群体自然要少一些，其邦国的总人口和统治力量也就弱一些。至于只有2万平方米的王城岗最初的城邑，大概只有为数甚少的几个统治宗族或家族居住在城内，其实力较弱、统治机构也较简单。王城岗后来大城的修筑，有学者将此与禹都阳城相联系，大城的规模也与禹的都城的规格相符合。

这样，通过王城岗—平粮台、郝家台、边线王—石家河、后岗、古城寨、丁公村—城子崖—莫角山—陶寺等城邑或中心都邑遗址的不同规模，可以看出当时并存的诸邦国，在国力和统治管理机构方面发展的不平衡，其中，山西襄汾的陶寺、浙江余杭的莫角山、山东章丘的城子崖所代表的较强大的邦国，与河南淮阳平粮台所代表的弱小邦国，其政治、经济、军事实力、人口规模、统治和管理机构等方面的差别，大概不亚于商代偃师、郑州商城与湖北盘龙城之间的差别。

七　都邑的形成机制

当我们考察了新旧大陆早期城邑或都邑的共性与个性特征及其主要职能后，再来考虑其形成机制时，其叙述就变得简洁而清晰了。

在地理条件上，某些村落由于土地肥沃、产品丰富，就可能发展成比较大的聚落。周人建国时，古公亶父所选择的岐地周原，就有着肥沃的土地、良好的农业生态环境。都邑文明是以较高的农业生产率和一定量的粮食剩余为其经济基础的，而且就一般而言，在都邑所体现的各项集中性中，人口的集中是不可避免的。但是，作为神权政治中心的首批都邑的出现，绝不能仅仅用农耕聚落的大型化来解释。在新旧大陆各区域出现的第一批都邑中，不乏其大型化的实例，但这种大型的规模是在政治权力和宗教祭祀之类凝聚力的作用下而形成的。

早期文明社会中的都邑既然是神权政治的中心，那么它的前身就只能是原始社会末期的"中心聚落"或"神庙聚落"，亦即它是中心聚落或神庙聚落发展而来的。例如在中美洲文明中，著名特奥蒂瓦坎在其进入文明社会之前即已作为众神汇集的圣地而受到人们的顶礼膜拜。"特奥蒂瓦坎"一词，在当地印第安语言里，就是"众神之域"的意思。1971年在被现代人命名的太阳金字塔中心的下部发现了天然的洞穴和祭坛，再联系在特奥蒂瓦坎的壁画或雕塑中充满着以水为象征的迷信和神灵，可以肯定，在进入文明社会之前,这里就是祭祀水神的中心。特奥蒂瓦坎都邑是由祭祀水神的中心聚落演变而来的。玛雅文明中的各个早期都邑也是这样,例如蒂卡尔,其建造庙宇的活动就可以追溯到文明社会之前的公元前3世纪。从公元前3世纪即形成期后期开始,经公元前后一直到进入古典期,在蒂卡尔建造庙宇的活动始终断断续续地在进行。蒂卡尔之外,佩腾地区的瓦夏库顿(Uaxacutun)也是一处著名的都邑,其建造庙宇、庭院建筑群之类的活动也开始于形成期后期,事实上,在形成期晚期,不仅仅是玛雅文化圈,而是中美洲各地普遍开始在大型基坛上建造神庙了,有的地方这类现象还可以上溯到形成期的中期甚至前期[①]。

在美索不达米亚,乌鲁克期开始进入了城邑国家的文明时代,每个城邑都有自己的神庙,神庙发挥的政治、经济、宗教和文化中心的作用,因而可以称为"神庙城市国家"。与美洲的文明一样,这种神庙城市,只不过是它之前的"神庙村落"的进一步发展而已。既然乌鲁克期之前的欧贝德时期的聚落形态以神庙的建设为一大文化特色,那么,称为"神庙聚落期"[②]似乎更能反映出这一时期的历史特点。属于欧贝德时期的神庙,在美索不达米亚的南北地区都有发现,其中代表性的有埃利都、乌鲁克、高拉丘等。

中国古代,建国营都必置宗庙立社坛,这是因为中国最早的都邑是统治宗族宗邑的进一步发展。宗邑是宗庙的所在地,都邑当然要营筑宗庙社稷,龙山时期的城邑即都邑是由相当于仰韶后期的原始宗邑即中心聚落发展而来的。相当于仰韶后期的时期,各中心聚落是各地政治、经济、宗教、文化的中心,在当时的宗族—家族结构中,它作为宗庙社稷所在地,是史前各地的权力中心。它与龙山期的城邑作为文明社会政教合一的权力中心相比,在发展程度和形态上,既有区别又是连续的。当然,也应看到由仰韶而龙山,有的部落或部落群在原有的中心地筑城营都,形成城邑国家;有的部落群则由于战争或部落间的关系等原因,另辟新地,营建城邑。古公亶父时期的周人虽远远地晚于龙山时代,但《诗经》中关于他们由邠迁岐营筑城邑、宗庙、大社和宫室的记载,是可以用来说明后一类情形的。如果说,古公亶父令有司在岐地营建的第一座城邑可以视为周人都邑文明的开始,那么古公之前,公刘所定居的邠邑则为周王族这一支中的原始宗邑。史诗《大雅·公刘》曾

[①] 狩野千秋:《玛雅与阿兹特克》,第15—19、35—47页,[日本]近藤出版社1983年版。
[②] 伊东俊太郎:《文明的诞生》,讲谈社1988年。

描写了公刘迁邠时，从开始出发、察看地形、定居于邠，到在邠地举行盛大宴饮、组织军旅、治理田地以及营筑聚落馆舍等情况。诗中所描写的盛大而有秩序的宴饮场面，完全可以与人类学著作中经常提到的酋邦的酋长们所举行的盛大宴会相比拟，它体现了财富最初的相对集中，也是酋长及其家族对其所占据的社会地位的炫耀，而从宴会中"食之饮之，君之宗之"来看，当时的社会分层和权力的相对集中是显而易见的。"君之宗之"的诗句，毛传曰："为之君，为之大宗也"，也就是说，在公刘时代，周人开始出现了最高酋长与大宗宗主合一的组织结构，这是当时宗族组织结构及其权力关系的反映。公刘所居的邠地作为周人中族长及大宗宗主的所在地，当然在周人的聚落群中具有政治、经济、军事、宗教和文化等中心的地位和作用，同时也是贵族的聚集地，用人类学的语言讲，可以称之为中心聚落或核心聚落，用中国古代的概念讲，它就是周人原始宗邑。而散布在宗邑或中心聚落周围的普通聚落，由于它们不是宗庙和最高酋长的所在地，所以，仅为一般性的居民点，它们半从属于原始的宗邑即中心聚落。由于邠地从公刘到古公亶父一直是周人的宗邑，它的重要性使得军事防御和军旅组织成为必要，这就是诗中所说的"其军三单"①。军旅组织的出现，显然不同于原始部落中的内外平等、全民皆兵，它是周人后来的国家及其强制性权力机构的重要支柱。从公刘到古公的发展，就是周人历史上从原始宗邑到都邑国家的发展。这是中国古代早期城邑形成的通制。

　　早期都邑每每围有城墙而形成城邑，如中国、西亚、印度等地的文明就可直接称为"城邑国家文明"。就修筑城垣的目的而言，主要是由于战争加剧的缘故，所以早期城邑每每是在战争的环境中成长起来的。中国和两河流域的城墙由于破坏严重，已看不到城墙上和城墙的四周有关防御的塔楼之类的设施，不过中国淮阳平粮台城邑的南城门两旁设有对称的门卫房，说明城内有专门守城的士兵，显然是军事防卫的需要。印度河流域早期文明中的城市多由卫城和下城（居民区）两部分组成，卫城是用高厚的砖砌城墙筑成的城堡，城墙的四角有防御的塔楼，其军事防卫的作用颇为显著。

　　城邑是在战争加剧的环境中成长起来的命题也与中国古代文献记载相吻合。《礼记·礼运篇》："城郭沟池以为固。"《墨子·七患》："城者所以自守

---

① 《诗·大雅·公刘》中的"其军三单"之"单"，旧解纷纭，而且多没有什么根据。我的老师杨向奎先生将此解释为旗帜，指出"其军三单"是三旗军，属于军旅组织。是很精彩的。

也。"《吕氏春秋·君守篇》和《吴越春秋》都说："鲧筑城以卫君，造郭以守民，此城郭之始也。"这里尚需指出的是，如果说美索不达米亚的城邑由于其面积较大，使得它尚且既可卫君亦可守民，而中国龙山时代的城邑和印度早期城邑中的卫城则主要在于"卫君"。城邑首先是卫君，这是因为这些统治者掌握着祭祀、征伐、管理的大权。君主权和祭祀权合二为一，君主与邦国的主神在一起，保卫君主也就是捍卫主神，而要捍卫主神也必须卫护君主。诚然，尽管龙山时期诸城邑从世俗功用的角度讲，主要在于"卫君"，但这时的"君主"即邦国统治者是与其大家族和宗族结合成一体的。所以，如前节所述，在城内居住的是握有祭祀、征伐、管理大权的贵族宗族或家族群体，其中，除了宗主即族长外，既有宗祝卜史之类的巫师知识阶层，也有由贵族宗族所控制或支配的手工业工匠及其家庭和家族。但由于事物的性质是由矛盾的主要方面规定的，因而"筑城以卫君"的说法，就早期城邑的世俗功能讲，抓住了问题的本质。

龙山时期在城内居住的固然是位于统治地位的贵族宗族群体，但筑城墙、建宗庙、立社坛、修宫室等，又绝非少数贵族宗族群体所能完成，而需动员和组织相当数量的劳动力，是全社会通力协助的产物。因而建国营都充分显示了人力、物力、资源之集中，行政管理与组织之复杂。这就使得管理机构和权力系统成为必要，所以城邑的出现，既有战争的环境，更是政治权力和管理机构发展到一定阶段的产物。这种权力与机构是一种凌驾于全社会之上、带有强制性的东西，是国家的社会职能和本质特征。因而，在中国，与阶级分化一同出现的城邑，可以作为都邑国家形成和文明社会到来的标志。这也是筑城的政治机制，而且是城邑形成的最主要的机制。

总之，城邑都市是在社会性和宗教性的力量推动下，在世俗权力和宗教神权集中与聚合的过程中，随同阶级的分化和战争的加剧而一同出现的。在这里，城邑都市的诞生就是"文明"的体系化、强制性权力的制度化、神灵的人身化。城邑都市是文明的象征和概括。

第十章 祭祀·战争与国家

一 国家产生的几种可能途径

人类文明社会的产生和形成，实际上是社会形态的一种运动和推移，而在这种运动和推移中，国家的出现则可以视为史前时代与文明时代的分水岭。但值得指出的是，恩格斯在《家庭、私有制和国家的起源》中所提出的国家形成的两个标志——按地区来划分它的国民及凌驾于社会之上的公共权力的设立，其中按地区来划分它的国民，对于古希腊罗马来说也许是适用的，而对于其他更为古老的许多文明民族则有一定的局限性。笔者认为，国家形成的标志应修正为：一是阶级的存在；二是凌驾于社会之上的公共权力的设立亦即强制性权力机构的设立。阶级和阶层的出现是国家这一带有强制性的管理机构得以建立的社会基础，凌驾于全社会之上的强制性权力的设立则是国家的社会职能，是国家的本质特征[①]。

关于阶级的产生，第七章已作过专门的论述[②]，得出的结论是：在中国，阶级的出现并不依赖于商业和商品经济的发展，也没有脱出家族结构，而是随着含有奴役制父权大家族的出现而滋生，随着父权家族的发展而发展。中国的龙山文化时代是父权家族在各地普遍确立的时代，也是各地阶级分化的时代。那么，这种凌驾于全社会之上的强制性权力究竟是如何形成的呢？这是本章所要论述的重点。

过去有一种比较流行的观点认为，包括中国、西亚、埃及在内的第一批古老的文明社会，都是建立在水利灌溉工程之上的，人们从对大河水利灌溉工程的修建和管理中，发展出一种凌驾于全社会之上的公共权力机构，并进

---

① 王震中：《文明与国家——东夷民族的文明起源》，《中国史研究》1990年第3期。
② 同上。

而发展为"东方专制主义"。

如果说埃及和西亚等地水利系统的修建和早期国家之间的密切关系，还有据可论，可进行进一步的研究。那么，在中国，大河灌溉的出现则远在文明社会形成之后。

依据中国近十年来的考古发现，可以肯定地说，中国的文明起源，既是本土的，也是多中心的，其中大致可分为以吃大米为特色的南方文明和以吃小米为特色的北方文明两大系统。在中国的灌溉问题上，灌溉论者所说的灌溉主要是指黄河流域的灌溉。而我们知道，北方文明赖以建立的谷类作物是一种旱作农业，其耐旱的特性使得它只依靠自然雨水即可生长收获，所以它对灌溉的需求并不迫切。虽说在我国沟洫即排水技术出现得很早，而且在某些特定的小生态环境中，通过修筑小的水渠也可以解决水稻的水源，建设小范围的水田，但是即使到了商代也未出现大规模的大河水利灌溉系统。那种用大河灌溉之类的水利工程来解释中国文明的形成及其政治特点，是不符合事实的，与实际相去甚远。

还有一种比较流行的观点认为，在有限的地区内，由于人口增长而引起了人口压力和当地资源的紧张，从而导致了剧烈的战争。"连绵不断的战争不仅为社会上层人物提供了极为重要又高度适宜的管理基础，而且也刺激了对少量'财富'（如基本生活资料）的占有欲……在战争环境中，有着特殊的政治经济利益的集团发展了起来。"战争促使了存在等级制或酋邦制水平的社会产生了阶级分化并最终出现国家[①]。

战争在许多早期国家形成过程中，确曾起过极为重要的作用，这一点我们在后面还将作具体论述，但战争决不是国家起源的唯一的决定性因素。同时，战争可以对已有的贫富分化和阶级差别起加速和促进作用，但不能说这些分化起源于战争。

在国外，也有用贸易来解释国家起源的。这种贸易理论又分为两种。一种理论认为：地区之间的贸易是以社会分层为基础的国家最初产生的媒介。另一种理论认为：区域内的贸易是国家社会最初产生的媒介。

关于地区之间的贸易理论，以威廉·拉思杰为代表，他在《当代考古学》一书中指出，中美洲低地的大部分地区非常缺乏盐、黑曜石和用来碾磨

[①] 戴维·韦伯斯特：《古代美洲》，第 469 页。转引自乔纳森·哈斯：《史前国家的演进》，第 120—121 页，罗林平等译，求实出版社 1988 年版。

谷物的石料等基本生活资料，因此，低地的居民不得不与邻近的有天然资源的高地居民进行物质交换。拉思杰认为，在这种情况下，低地可分为两个地带，尽管两个地带在农业潜力和一般环境上都是相似的，但所受的环境压力是不同的。他把最靠近高地的地方称作"缓冲地带"，而把低地中心地区称为"核心地带"，他认为缓冲地带比核心地带有更明显的有利条件，因为这里的居民能直接同高地进行贸易，并且在用剩余食品换取所需要的生活资料时处于较有利的地位。而核心地带的居民则处在非常困难的地位，他们不仅必须组成长距离的贸易网络以获得资料，而且由于缓冲地带已提供了高地所需要的食品，他们不得不开辟其他的商品或服务项目来与之交换。于是拉思杰假设说："核心地带的生态的和地理位置促使它发展起一个复杂的组织机构，以便最大限度地获得生活资料，加强与缓冲地带竞争高地物资的能力。这一能力包括派出大规模的贸易远征队、维持已开辟的贸易路线、扶持工场、核计同高地交换结果、制造高地和缓冲地带所需要的日用品。"[①]

由此出发，拉思杰进一步推测说：在核心地带一度建立了一个中心贸易系统，于是社会分层和建立国家所需要的条件形成了。这些控制了长距离贸易系统的管理人员通过各种渠道掌握了输入的基本生活资料，并能由此来加强对本地民众的统治，支撑一个复杂的宗教体制以使社会阶级分化合法化。

诚如美国学者乔纳森·哈斯所指出，重要商品在低地广泛分布和核心地带大量工艺专门化的事实支持了拉思杰关于庞大贸易系统的猜测，而最复杂的低地文化正处于核心地带的事实也证实了他关于政治与环境的变量相互作用的论断。然而这一模式不能看成是无懈可击的。首先，低地贸易中心的形成同核心地带文化成果相一致的情况仍有待证实。此外，还必须指出，拉思杰的模式充其量只能用来解释特定环境下特定国家的形成和发展，它并未证明原始国家必然产生的条件。例如，有一些原始国家形成的地区并不缺乏基本生活资料，它们显然不符合拉思杰的模式。秘鲁沿岸的谷地和中国北部的黄河流域的情况就是如此[②]。

第二种贸易论认为，由于人口和环境的变化，导致了对日用品和食物需

---

① 《当代考古学》，第373页，[美]南伊利诺斯大学1972年版。
② [美]乔纳森·哈斯著，罗林平等译，《史前国家的演进》，第126、127、128页，求实出版社1988年版。

要的不断增长,促成了劳动的专业分工,这样就产生了从事特殊物质资料交换的管理问题。在解决这类问题的过程中,一方面使管理单位发展成为交换中心;与此同时,管理事务逐渐集中到一个特殊的管理阶层手中。当这个管理阶层本身再分化出三个不同层次时,这种贸易论者认为,社会在组织方面就达到了国家水平[1]。

这种贸易论者先把国家定义为"一个具有专门化管理活动的社会",然后又对这个定义加以限制,说国家一级的管理专门化以三个或三个以上有决定权的等级的出现为标志。尽管他们的基本定义同一般政治学和人类学关于国家是一个拥有正式的政府机构的社会的观点有一致的一面,但他们将三级阶层作为国家的决定性特征是缺乏理论根据的。对此,乔纳森·哈斯先生指出:这种贸易论者提不出任何理由来说明为什么两级阶层不能作三级阶层所作的同样的决定,不能处理三级阶层处理的同样的信息。为什么增加一个阶层就使社会政治的发展从一个阶段转变为新的更高的阶段[2]。

两种贸易理论提示我们,在不同的文明形式过程中,促成管理与统治中心形成的众多因素在不同的地区是互有差异的,在贸易发达的地区,这些众多因素中似乎也含有贸易的因素。但是两种贸易论都并未证明国家产生的条件,也没有反映出早期国家形成的一般情况。两种贸易论同古埃及、中国、南美洲等商品贸易经济并不发达的地区内的统治与管理的形态以及阶级构成的特点相去甚远,都没有对有关国家中凌驾于全社会之上的强制性权力及其机构的起源作出令人满意的理论阐述。

在国内,传统性的看法认为,国家是阶级矛盾不可调和的产物;最初的统治与管理机构,是为了解决经济上的冲突而发展起来的,是统治阶级压制被统治阶级的机器。至于究竟是如何发展起来的则不得而知。

毋庸讳言,在国家中处于统治和管理阶层的人们也是阶级分化和阶层结构中处于最上层的人们。阶级和阶层的存在,为国家中的强制性机构的出现提供了"合法"的社会基础;而国家的出现也是对既成的阶级秩序和结构的维护。但除此之外,国家的权力及其机构还带有很强的社会公众性,它也是适应社会公众的需要而发展起来的。全社会的公共利益、公共事务、公共工

---

[1] [美]乔纳森·哈斯著,罗林平等译,《史前国家的演进》,第126、127、128页,求实出版社1988年版。

[2] 同上。

程是复杂、丰富的，而且还会因自然条件和社会环境的不同而出现不同的特点，例如水利工程在埃及和两河流域的重要性就十分突出，也正因为有这些特殊性才形成了各地区各民族的历史特点。然而我们发现包括埃及和两河流域在内，所有早期国家在其形成的过程中，祭祀和战争都发挥过直接的促进作用。用中国古代的话说，就是"国之大事，在祀与戎"[1]。同时我们还发现，古代社会的王权有三个基本的来源和组成：其一是王权的神圣性和宗教性，即王权有渊源于宗教祭祀权的一面；其二是王权的军事权威性，即王权是在战争中发展和巩固起来的，王权有来源于军事指挥权的一面；其三是王权来源于族权，族内的尊卑等级、全社会中阶层和阶级的出现，为王权提供了第三个合法的外衣。尽管世界各地的自然环境不同，致使灌溉之类的水利工程和对外贸易，在新旧大陆一些地区的国家形成过程中也曾起过某些不同程度的作用。但上述所提出的祭祀与战争以及古代王权即社会的统治之权的三个基本来源，是世界各地早期国家形态和早期文明社会形态的共同特征。

二 祭祀与管理和统治

在各种类型的早期文明和国家的社会中，人们对近东两河流域文明形成过程的了解要较其他地区更为清楚一些。根据西亚考古学的发展和研究，我们大体可将这一地区的文明形成史编年为：农耕的起源期（公元前10000—前8000年）、农耕聚落早期（公元前8000—前6000年）、农耕聚落晚期（公元前6000—前4900年）、神庙聚落期（公元前4900—前3500年）、城市国家确立期（公元前3500—前2700年）等发展阶段。

美索不达米亚城邑国家的确立期也就是考古学上的乌鲁克文化期，这一时期的城邑承袭神庙聚落期各中心聚落的传统，都是以神庙为核心而建筑的。规模宏大的神庙及其附属的仓库，对于各邦国的人们来说，不仅是宗教和政治活动中心，而且也是国家的经济活动中心，从拉格什神庙出土的泥版文书表明，神庙经济占有大量土地，据估计，拉格什邦国可以天然灌溉的土地约2000平方公里，其中各神庙所占有的土地共约占500—1000平方公里[2]。神庙经济还包括各类手工业生产和畜牧业生产，也组织对外贸易和商

---

[1] 《左传》成公十三年。
[2] 《世界上古史纲》（上册），第253页，人民出版社1979年版。

品交易活动，甚至还有分发口粮制①。神庙是农产品和其他重要物资的汇集—分配之地，同时也担负着组织运河开掘、土地开垦、水利灌溉等一切生产和经济的管理和支配②。

神庙的首脑是祭司，邦国主神神庙的最高祭司——"恩西"，是作为神的代理人，神的管事人来管理和支配这一切经济活动的。其最初的管理形式可以归纳为都邑的居民们把他们的收获物奉献给神，祭司即神官把这些奉纳品贮藏在神庙的仓库里，定期不定期地配给市民，而且还将用于生产的谷物种子、牲畜、农具、工具等贷与城市居民，也组织运河开凿、水利灌溉、对外贸易等。随着生产和经营的发展，日益需要记账，如从佃耕的农人那里收割的农产品、牧群的头数，牲畜所需要的饲料的量，下次播种时所需要的种子量，以及关于灌溉计划的一切复杂的细节，都得上账或记录。管理事项和账目，是用削成三角尖头的芦苇秆当笔，刻写在泥版上，然后将泥版烘干，以便保存。这种形式的文字称为楔形文字。所以美索不达米亚的楔形文字是经营管理的产物，也是经营管理时的一种工具。辅佐恩西的祭司阶层，事实上也是一个管理和统治阶层。神庙所具有的这种经济管理中心的作用是它所具有政治中心的重要保证，二者相辅相成体现了权力中心与宗教祭祀中心的合一。

在乌鲁克城中央的埃安娜庙塔地区出土的一个浮雕石膏瓶，也说明了当时的祭司阶层所居的统治地位。石膏瓶上面的浮雕描绘的是一个献祭的场面，从其一、二两栏的人物来分析，看得很清楚是两个阶级：一方是神、祭司、EN、祭司的仆人，他们都穿着袍子，或至少是围裙（仆人）；另一方面是群众、裸体的奉献者③。这种由劳心者即当时的智者圣者——祭司们所构成的统治与管理的格局是两河流域早期国家的通制，以至于一些西方学者称之为"神庙国家"。

其实，从美索不达米亚的文明形成史来看，早期城邑国家的这种性格，萌芽于它之前的神庙聚落时期。神庙聚落时期大体与人类学中酋邦制发展阶段相平行，它是一个已分层的社会。在这一时期，各地区的中心聚落往往也是以神庙为中心建成的。在这种一切都听命于神的社会系统中，宗教祭祀是

---

① I. J. 格尔布：《古代美索不达米亚口粮分发制度》（*The Ancient Mesopotamia Ration-system*），《近东研究杂志》（*JNES*）第 24 卷（1965）。
② 伊东俊太郎：《文明的诞生》，第 161 页，[日本] 讲谈社学术文库 1988 年版。
③ 《世界上古史纲》（上册），第 132 页，人民出版社 1979 年版。

一种极其重要的公众性极强的社会活动。而当时的酋长和祭司们通过对祭祀活动的主持和司掌，不但会使自己的权威得到加强，地位得以巩固和发展，而且还会形成一个管理阶层。进入文明社会，仅就祭祀的角度而言，只不过是这一切进一步发展而已，它使管理带有了统治的意义，对祭祀的主持也成了统治阶级的特权。

如果说美索不达米亚只代表了旧大陆早期文明的一种类型，那么，美洲的玛雅显然可以代表另一种独自发展起来的文明类型。

美洲的都邑国家时期在考古学上被称作古典期。据统计，古典期的玛雅人所建设的大大小小的都市和礼仪中心可达2000座左右[1]。如前章所述，各都市尽管因特殊的地理环境和条件而呈现出各自的特点，但它们都是围绕着宗教礼仪中心而修建的。在都市的中枢部必定设有广场，这是神圣的领域，举行公共祭祀活动时才使用，它使每一都市都有一个向心的神秘的中心。在广场的四周分布着神庙、金字塔、平台、祭坛、石碑和宫殿，再远一些则是由中小型建筑物组成的居民区。也许因玛雅古都的这种结构与现代人的城市概念不尽一致，故有人认为，每一座玛雅古都无非就是一个宗教仪式中心，居民平常都散居在辽阔的乡村，只是到宗教节日才聚集在一起。这种看法是不对的。例如在玛雅年代最早、规模最大、保存最完整的蒂卡尔都邑中，已经发掘出来的属于小型的居民住宅就有100多幢。据估计，占地60平方公里的蒂卡尔都邑里，至少有3万常住居民。而统治这些古都的，则是代表神的君主。

在玛雅的阶级和阶层的结构中，可分为君王、贵族、祭司、平民、奴隶等阶层。玛雅的君王既是行政上的最高权威者，也握有宗教上的最高权力，这一点我们后面还会讲到。玛雅的贵族主要是君王之下的地方长官，而玛雅的祭司阶层则是社会中最强有力的集团，他们比一般的贵族、官吏拥有更大的权限，居于更高的地位，非常受尊敬。他们执掌着神庙的诸项活动，从事年、月、日的计算和历法的制定、象形文字的读写、说明和文书记载，也进行占卜、预言、疾病的诊断和治疗。特别是那些身居高位的高级祭司，既是宗教家，也是行政官，而且还必须是卓越的知识分子、天文学家、数学家[2]。

---

[1] ［日］狩野千秋：《玛雅与阿兹特克》，第154页，近藤出版社1983年版（《世界史研究丛书》〔25〕）。

[2] 同上书，第81页。

他们作为君王国家政务上的辅佐和顾问，具有极大的影响力，属于最高统治阶层中的核心成员。

玛雅文明社会中的这种统治格局的形成，也不是突发的。同美索不达米亚一样，玛雅在都市国家之前也有一个神庙聚落时期，考古学上称之为形成期的中晚期，这是一个初步分层的社会，类似于酋邦的发展阶段。在与墨西哥恰帕斯州相接的危地马拉的太平洋沿岸，分布着属于形成期前期的奥科斯（OCOS）文化遗迹，其中发现有高达7.5米的大型神庙基坛。在危地马拉市西郊的卡米纳尔祖尤（Kamtnajuyu）的遗址中，曾发现一个拥有许多宏大神庙的祭祀中心，时代属于形成期中期。到了形成期晚期，中美洲各地在大型基坛上建造神庙已经较为普遍了，有的还出现了围绕中央广场配置神庙的布局①。因而随着由神庙聚落走向都市国家，执掌祭祀活动的祭司和神官们在国家生活中发挥着重要的作用，构成统治阶层中的核心成员也是势所必然。

中国的商朝文明是大家所熟悉的，在商文明中，甲骨文和青铜器是两项最基本的要素。然而它们却都与祭祀有着密切的关系。

商朝时代的青铜器以礼器和兵器为大宗，这与当时的"国之大事，在祀与戎"是一致的。张光直先生曾就商周青铜器及其纹饰在祭祀和政治权力上的功用作过多方面的研究，得出的结论是：中国古代政教不分，礼器和上面所铸的各种不同的动物都是统治阶级用于贯通天地的法器和手段。"在巫教环境之内，中国古代青铜器是获取和维持政治权力的主要工具"②。

甲骨文就是契刻在龟甲兽骨上的文字，也即殷人占卜的记录，所以简称为卜辞。由甲骨卜辞可以看出宗教祭祀活动在殷人的生活中占有十分重要的地位，也是商王军政事务决策的依据。主持贞卜的专职人员，地位很高，有时商王本人也亲自进行贞卜。例如在第一期卜旬卜辞中，每每用"王固曰吉"或"王固曰㞢祟"的形式记录其判断，这些判断都是由王作出的。在第一期的王族卜辞中，也有商王进行卜问而由其他贞人作出判断的情形。如"囗亥卜，自贞，王曰有孕，嘉。玖曰：嘉"（《合集》21071），"癸卯卜，王曰㞢其㞢，贞，余勿呼征㞢。叶曰：吉，其呼㞢。"（《合集》20070）。当然，从第一期到第五期，这种贞卜是有变化的。在第一期，对于其他贞人的卜问，无论是吉凶，王都作判断，并予以记录。可是到了第五期，有关凶的判

---

① ［日］狩野千秋：《玛雅与阿兹特克》，近藤出版社1983年版，第36—38页。
② 张光直：《中国青铜时代》（二集），第127页，生活·读书·新知三联书店1990年版。

断不见被记载,而且吉或大吉的判断则只限于王亲自进行的占卜。对此,伊藤道治教授认为这表明开始出现王的意志优先于占卜的倾向,即王权开始出现优越于占卜的神圣性①。综观有商一代,我们可以看到由巫而史,贞卜人员也是决策人员和行政官吏,王者自己虽为政治领袖,同时仍为群巫之长。商代第一个君王商汤就曾为了求雨而亲自"斋戒剪发断爪,以己为牲。祷于桑林之社"②。作为群巫和祭司之长的形象,是十分突出的。

在殷商的统治阶层中,由贞人集团、"作册"之类所组成的"宗祝卜史",固然属于神职人员,而那些作为商王辅佐的最高政务官,又何尝不赋有神职?《尚书·君奭》记载说:

> 公曰:君奭!我闻在昔成汤既受命,时则有若伊尹,格于皇天。在大甲,时则有若保衡。在大戊,时则有若伊陟、臣扈,格于上帝,巫咸乂王家。在祖乙,时则有若巫贤。在武丁,时则有若甘盘。率惟兹有陈、保乂有殷。

这里一连举出五位盛世之君的六七位辅佐大臣。说他们"乂王家"、"保乂有殷",显然是政治上的最高职位;又说他们"格于皇天"、"格于上帝"。表现他们又赋有神职,是当时统治者意识形态的最高权威。他们分别由尹、保、臣、巫为官名,在官名后(或前)连以私(族)名,甲骨金文也如此。是商代的习惯用法③。

施行国家权力的职官是随着国家的建立而产生的,而中国的商王朝已远不是文明社会的开始,故其职官制度和结构确也经历了一定程度的发展。尽管如此,在商朝官制中神职地位依旧甚高。有学者指出这是一种原始状态的保留④。然而,正是这些"原始的状态"为我们提供了职官发生和发展的线索。

商王朝是一个政权与神权结合的社会,由商朝向前追溯,夏王朝也是这样,《左传》宣公三年记载,楚庄王觊觎中原王权,问九鼎之大小轻重,周大夫王孙满对曰:

---

① [日]伊藤道治:《中国古代王朝的形成》,第42—44页,创文社1975年版。
② 《吕氏春秋·顺民》及《帝王世纪》(《太平御览》卷83引)等。
③ 王贵民:《商朝官制及其历史特点》,《历史研究》1986年第4期。
④ 同上。

在德不在鼎。昔夏之方有德也，远方图物，贡金九牧，铸鼎像物，百物而为之备，使民知神奸。故民入川泽山林，不逢不若，魑魅魍魉，莫能逢之，用能协于上下，以承天休。桀有昏德，鼎迁于商，载祀六百。商纣暴虐，鼎迁于周。德之休明虽小重也；其奸回昏乱，虽大轻也。天祚明德，有所底止。成王定鼎于郏，卜世三十，卜年七百，天所命也。周德虽衰，天命未改，鼎之轻重，未可问也。

关于九鼎的传说也见于《墨子·耕柱》。从这些传说中我们可以看到，夏商周三代都将王权的政治权力理解为对九鼎的象征性的独占，而我们知道鼎是祭祀用的礼器，九鼎是天子君主祭祀用的重器。因此，对九鼎的独占也就是对宗教祭祀权力的垄断，这样的国家当然带有政权与神权相结合的性格，也就是张光直先生所说的政教合一。

根据当今考古学的发现与研究，中国的城市国家并非开始于夏王朝，而是形成夏之前的颛顼——尧舜时代，即考古学上的龙山文化时期[1]。发人深省的是，也正是从这一时期开始，天地之通的宗教祭祀活动被统治阶级所垄断，成了统治阶级的特权。《国语·楚语》说：颛顼之前，民神杂糅，人人祭神，家家有巫史。自帝颛顼开始，"乃命南正重司天以属神，命火正黎司地以属民……是谓绝地天通。"类似的记载也见于《尚书·吕刑》、《山海经·大荒西经》、《史记·历书》等古籍。对此，徐旭生先生解释说：人人祭神，家家有巫史，是原始社会末期，巫术流行时候的普通情形。"天地"可以相通，在当日人的精神里面，是一种非常具体的事情，绝不是一种抽象的观念。帝颛顼以来，实行宗教改革，使少昊氏的大巫重为南正，"司天以属神"，是说只有他同帝颛顼才管得天上的事情，把神的命令传达下来；又使"火正黎司地以属民"，就是说使他管理地上的群巫。这样，把宗教的事业变成限于少数人的事业，这也是一种进步的现象[2]。

徐先生的见解是精辟的。"绝地天通"，标志着一个新时代的到来，在这里，专职而且互有分工的神职人员出现了，天地之通变成了统治阶级的特

---

[1] 参见本书第八章；又见王震中：《略论"中原龙山文化"的统一性与多样性》、《中国原始文化论文集》，第165页，文物出版社1989年版；王震中：《东夷的史前史及其灿烂文化》，《中国史研究》1988年第1期。

[2] 徐旭生：《中国古史的传说时代》，第83—84页，科学出版社1960年版。

权，统治阶级的统治与管理之权同他们对宗教祭祀的垄断与独占密不可分，作为半人半神的帝颛顼，既能"洪渊以有谋，疏通而知事，养财以任地"；又能"履时以像天、依鬼神以制义，治气以教民，洁诚以祭祀"[①]。显然他既是政治家，又是天文学家、历法家、也是宗教家；既是智者，又是圣者；既是人间统治者，又是鬼神的代表。

在我国国家草创的龙山时代，统治者对重要的宗教祭祀权的控制与独占，可以得到考古学上的证明。例如在良渚文化中，墓葬规模最大，随葬品最丰富者，往往也是玉琮、玉璧、玉钺齐备，而且数量最多者。诸如上海青浦福泉山墓地中的 T22M5、T15M3、浙江余杭反山 M14、M20 就属于这样的墓葬。根据礼书，琮璧属于祭祀地和天的礼器[②]，而根据琮的形制为内圆外方，并把圆和方贯通了起来，它似乎又"是贯通天地的一项手段或法器"[③]，总之，琮所具有的宗教意义不论是何者，随葬较多的琮和璧的人，是掌握最重要祭祀的人，是高级神职人员。这样的人同时大量随葬象征军权的玉钺和石钺，并能征发相当的劳力来营建巨大的墓地，显然属于最高统治阶层，也就是说良渚文化中最富有、居于最高统治阶层的人，同时也是握有宗教祭祀特权的人。再如山西襄汾陶寺墓地已发掘的 1000 多座墓葬中，只有最大的几座大墓主人才拥有蟠龙纹陶盘这种神圣的祭器，这也足以说明统治者对最高一级的宗教祭祀权的控制和独占。

和西亚、中美洲文明的经历一样；中国古代"国之大事，在祀与戎"的性格，也有它的史前溯源。龙山时代之前的仰韶时代后期，中国社会的发展也处在类似于西亚、中美洲的"神庙聚落期"[④] 的发展阶段，这时诸如辽宁红山文化中神庙、社坛[⑤]、积石冢的发现、甘肃秦安大地湾"太室""明堂"式的庙堂建筑物（F901）的存在，都说明在许多地区、许多聚落中都形成了各自的精神统合物——宗教中心。这些宗教中心所在或所属的聚落，我们称为"中心聚落"，它是诸聚落群政治、经济、文化的中心，是原始的宗邑。龙山时代掌握着祭祀与征伐大权的统治者，就是由仰韶后期居住在中心聚落

---

① 《大戴礼记·五帝德篇》。
② 《周礼·大宗伯》。
③ 张光直：《谈"琮"及其在中国古史上的意义》，《中国青铜时代》（二集），第71页。
④ [日] 伊东俊太郎：《文明的诞生》，第 131 页，讲谈社学术文库 1988 年版。
⑤ 王震中：《东山嘴原始祭坛与中国古代的社崇拜》，《世界宗教研究》1988 年第 4 期；又参见本书第四章第三节"神庙与宗教中心"。

（即原始宗邑）里的最高酋长演变而来的。而仰韶后期各地的最高酋长，又是由诸如濮阳西水坡45号墓中被龙虎相拥的部落首领兼巫师[①]之类的人物发展而来的。仅从宗教祭祀这一视角而论，中国古老的文明和文化传统，也真可谓连续有序、源远流长。

上古时期属于巫术文化的时代，在这一时期人们的头脑中充满着神灵，不借助于神灵简直不可能进行思维。在巫术文化的后期，随着原始宗教祭祀的出现，巫师—祭司作为最早的专业集团，作用和地位逐渐增强。此时，不但人人祭神，家家有巫的现象开始消失，而且为个人服务的个体巫术日趋削弱。早就存在的致力于集团利益的公众巫术和新兴的祭祀越来越具有更大的影响，巫师—祭司越来越富有，越来越知识化、专门化、神秘化。而此时的社会也由平等的部落社会进入了带有父权色彩的初期分层社会。分层社会的出现，为专司礼仪和祭祀的神职人员、巫师—祭司阶层的形成，提供了经济基础和社会需要。

分层社会中依照同最高酋长的血缘谱系的远近亲疏关系而形成的尖锥体等级结构，即主支与分支式的宗族结构以及在部分家族间出现的生产的专业化、宗室经济中的专业化分工都为巫师—祭司阶层得以逐渐形成提供了经济基础。与一两个氏族聚集在一个聚落相比，宗族联盟体制或酋邦吸收新的群体的能力有相当的增加，从而使它具有较大的人口，并被分成若干地方性集团，然而尖锥体式的社会分层系统，又使最高酋长所在的中心聚落成为这一地区的政治、经济、文化和宗教的中心。被认为在血缘谱系上与传说中的始祖和神有着直接关系的最高酋长及其所在的家族和宗族，必然在全社会的公共祭祀活动中拥有主持仪式和统领群巫的当然资格。事实上，人类学上已知的酋邦社会或分层社会，最高酋长总是宗教系统中的核心人物，掌握着某种形式的宗教的或超自然的象征物。由于这些最高酋长被说成是神的直系后裔，人们常常以为最高酋长本人就是神或神的象征。例如，在太平洋诸岛屿几乎所有的地域都可遇到神圣的酋长或王。夏威夷岛的统治者就被认为是神的直系子孙。萨摩亚的统治者也是如此，至今有些酋长尚具有伟大的神纳劳亚的称号。萨摩亚北部的托克劳群岛之王，与神共有"特威·托克劳"这样的称号，其王既是居于高位的祭司，又是曾见过神之相貌的唯一的人。汤加

[①] 王震中：《图腾与龙》，《民族与文化》（第二十章），第595—596页，广西人民出版社1990年版。

王国之王和酋长,被视为是神圣的人物,而且还在特别高层中被认为具有神圣的起源。新西兰的毛利人,在家族中相当于长兄血统者,对于家族分支而言就是爸爸(父亲),而且本家的长子为"雅利基",雅利基是全家族之主,他的身体体现着所有祖先之灵,能够和祖先随意对话。霍恩岛居于高位的酋长被称为"萨巫",相传过去神和萨巫住在一起,向萨巫启示所发生的事情。波利尼西亚人把酋长称呼"拉尼"(等于"天"),而且用"麻拉埃"这样的词语同时表现神坛的酋长之墓。在塔希提,王被视为太阳,他被称为"怀抱太阳的男人",当他让出世俗的权力时,被说成是"日落"。斐济西北部的酋长自称为"我是神"、"我是精灵",过去,只有酋长才被坚信为神,他是人间之神。斐济本岛的一位贤明酋长,自称他拥有全部部落神的名字。在斐济岛山地民中间相传,最初的祖先卡劳吾布死后进入神的领域而成为始祖神,同时他的灵魂则进入后继者的身体之中,成了神灵附体者[①]。

最高酋长所具有的神性也是一种凝聚力,其权威性也是不容置疑的。这样,在各地区或各部落群中经常举行大型的宗教祭祀活动,对于普通成员来讲,不但会使他们感到可以得到神的庇佑,而且可以获得或加强以最高酋长为中心的族的认同感;而对于最高酋长来说,通过大型宗教祭祀活动,既可以使其统辖的全社会在精神上得到统合,又可以把世俗要求变为神圣的要求,使服从变为宗教需要,使他的世俗强权合法化。这一时期各地所出现的神庙、大型祭坛之类的建筑物,就是因这样的社会需要应运而生的。

到了中心聚落期末期,社会随着阶级阶层的分化而开始转向都邑国家。在我国,由于含有奴役制父权家族的出现而导致阶级的产生,并通过父权家族、宗族、姓族之类的环节和程序,使社会财富随着族权和宗教祭祀之权的逐层集中而获得相对的集中。在美索不达米亚等地,由于一些基本资源的缺乏,如木材、矿石、建筑材料和燧石等,除过大河灌溉使行政管理较为集中外,这些地区的居民还必须发展贸易,从其他地方进口这些东西。这种进口是通过用剩余食品进行交换的。当时这些地区出现的牛耕(犁耕)和河水灌溉使农业生产力获得大幅度的提高,这就为广泛的贸易网的建立和发展、为社会劳动的大分工提供了基础,并形成了一方是众多的食物生产者,另一方是各种采办、加工和分配进口物资的管理人员、商人和手艺人等职业阶层。然而考古发现表明,所有这些的管理和组织都是以神庙为中心进行的,社会

---

① A. M. 郝长特(Hocart):《王权》,第 22—23 页〔日文版〕人文书院 1986 年。

的财富和权力在神庙获得了相对的集中。当然，这一时期由地方有势力的家族长们组成的长老会议（即贵族会议）和由全体男子组成的公民会议（即战士会议），也发挥咨询和决策的功能。但作为管理机构仍集中在神庙。

早期国家与史前分层社会的显著区别之一就在于强制性的权力机构的存在。这种强制性的权力，既建立在对基本生活资料的生产或谋取方式的掌握和控制上，也建立在意识形态权力基础上。而且后者还使前者神圣化、合法化。统治者至高无上的宗教权威的光环，大大加强了阶级统治的稳定性和保守性。

三　战争在国家形成中的作用

战争在国家形成过程中所起的促进作用也是普遍的。大凡建立在农业基础上的文明社会，每每都以城邑国家的姿态出现，而城邑国家中城墙的修筑，就是由于战争的缘故。

过去有人认为"城堡是两个对立阶级的矛盾发展到不可调和时的产物"①。不少同志往往喜欢引用恩格斯在《家庭、私有制和国家起源》中的一段话作为根据："在新的设防城市的周围屹立着高峻的墙壁并非无故，它们的壕沟深陷为氏族制度的墓穴，而它们的城楼已经耸入文明时代了。"② 其实，恩格斯只是在讲到军事民主制、讲到"战争成为经常的职业"时才讲了那段话，从中无论如何也得不出"城堡是阶级矛盾不可调和的产物"的结论。城堡的性质是由城内外诸项存在物及其所反映的社会形态来决定的。由于筑城营都充分显示了人力物力的集中、行政管理与组织之复杂，所以与阶级分化一同出现的城邑都市，可以作为城邑国家形成和文明社会到来的标志。然而，由城防设施所反映的战争冲突，与其说是阶级之间的斗争，不如说主要是国邑与国邑之间掠夺性的斗争。

在原始社会末期由原始社会向文明社会的转变过程中，由于剩余劳动的产生、征服和父家长权的出现，使部落与部落之间的战争，明显地带有政治上的扩张性和经济上的掠夺性。这一时期被恩格斯称为"英雄时代"，战争成为经常的职业。面对频繁而残酷的斗争，使得本来具有一定独立性和离心

---

① 安金槐：《近年来河南夏商周文化考古的新收获》，《文物》1983年第3期。
② 《马克思恩格斯选集》第4卷，第21页。

力的一个个父权家族和宗族组织以及包含在其中的个体家庭，不得不祈求全社会的军事力量来共同御敌。这样，在意识形态领域，部落保护神的功能愈益受到重视，宗教建筑也获得了发展，以最高酋长为核心的神职人员的地位也在上升，在政治机构领域，由于战争的恒常性使得各级军事首领一职也由临时而变为常设，尽管可以兼任，也可以"族兵"的形式出现，使族权和军权重叠，但战争的确导致了地区内部权力的巩固。在社会经济领域，战争的受益者主要是那些军事首长、部落显贵、父权大家族的家长、宗族的宗主之类的人们，从而加速内部的贫富分化和阶级差别。

　　战争要求各个小生态系统即各地区原始社会组织的团聚力以新的形式进一步加强；在战争的环境中，有着特殊的政治经济利益的集团得到了发展；战争不但使地区内部原有的权力得以巩固，而且还促进了它的发展；战争还使部落和地区的保护神上升为国家保护神。就一般而言，国家是社会出现阶级分化时，受祭祀、战争、公共管理事务等多种因素的共同作用，在部落或酋邦之类的族共同体之间的冲撞中诞生的。

　　西亚的乌鲁克、埃利都、乌尔、埃及的涅伽达、印度的科特·迪吉、玛雅的蒂卡尔、中国龙山时代的平粮台、边线王、城子崖、王城岗、陶寺、莫角山等世界上的第一批城堡都市，就是在部落、酋邦之类的冲撞中诞生的。上述诸地区因城邑都市的出现而进入都邑国家时期，都邑国家是在战争的环境中成长起来的。在我国考古学的发现中，江苏邳县大墩子墓地发现有带箭伤的骨架，箭头镶嵌在腿骨上。在山西绛县遗址中也发现这种带有箭头的人骨。在陕西宝鸡北首岭、湖北房县七里河、青海民和县阳山与贵南县尕马台等遗址都发现有无人头骨的墓葬。宝鸡北首岭属仰韶早期，该墓编号77M17，墓主失去头骨，而用一尖底陶罐代替①。尕马台是一处齐家文化的墓地，墓地内发现六座被砍去头颅的无头墓葬，其中成人男女合墓二座、成人女性合葬墓一座、成人女性单人葬二座、成人女性与小孩合葬一座。各墓主随身带有装饰品骨珠、小石片等。全部葬于墓地东北角边缘。有学者指出，这是敌对部落在战争中把这一部落成员的人头砍去，为与本村落的正常死亡者相区别，便将这些被砍头者的身躯埋葬在本族墓地的东北角边缘。"因他（她）们的头颅已被敌人砍去（失去了灵魂），所以同族人也不能为其按一般死亡人的葬俗，埋葬一定数量的随葬品。但是死者生前随身携带的装

---

① 《宝鸡北首岭》，第84—86页，文物出版社1983年版。

饰品仍然随其尸体埋在墓穴里，这是军事民主制时期本族人对因战争（被猎首）死者埋葬的真实情况"[1]。此外，如第五章所述，山东泗水尹家城龙山期房屋内老人和小孩因遭突然袭击而被残杀，身首异处；几座大墓都出现掘墓扬尸的情况，都有力地说明了战争之残酷。

文明和国家与战争相伴随而产生的现象，在我国古史传说中有着完整、丰富的记载。在国家出现之前的炎黄时代（大体相当于考古学上的仰韶时代）[2]。首先发生的是炎帝族和黄帝族与蚩尤部落的大战。《逸周书·尝麦篇》说：

> 昔天之初，□作二后，乃设建典，命赤帝分二卿，命蚩尤于宇少昊，以临四方，司□□上天未成之庆。蚩尤乃逐帝，争于涿鹿之阿，九隅无遗。赤帝大慑，乃说于黄帝。
>
> 执蚩尤，杀之于中冀，以甲兵释怒。用大正顺天思序，纪于大帝。用名之曰绝辔之野。乃命少昊清司马鸟师，以正五帝之官，故名曰质。天用大成，至于今不乱。

赤帝即炎帝，古今学者无异说。"蚩尤宇于[3]少昊"，即最初居住在少昊所辖的东方。东来的蚩尤追逐炎帝族，致使炎帝族丧失不少领土，"九隅无遗"。炎帝族很害怕。于是求救于同集团的黄帝族，炎黄联合，与蚩尤大战于冀州中部，俘虏并杀死了蚩尤部落的首领，此后东方集团（东夷族）的总首领改由少昊质（挚）执掌。根据《山海经》的记载，黄帝族与蚩尤部落的战争，也是相当艰苦的。《大荒北经》说：

> 有人衣青衣，名曰黄帝女魃。蚩尤作兵伐黄帝，黄帝乃令应龙攻之冀州之野。应龙畜水，蚩尤请风伯、雨师，从（纵）大风雨。黄帝乃下天女曰魃，雨止，遂杀蚩尤。魃不得复上，所居不雨……

---

[1] 李仰松：《试论中国古代的军事民主制》，《考古》1984年第5期。
[2] 见王震中：《略论"中原龙山文化"的统一性与多样性》、《中国原始文化论文集》，第165页，文物出版社1989年版；王震中：《东夷的史前史及其灿烂文化》，《中国史研究》1988年第1期。
[3] 原文"于宇"当为"宇于"倒误。宇的本意为屋檐，引申为居住的意思。

窥测当时的情况，炎帝族求救于黄帝族后，炎黄联合与蚩尤相战时，起先可能是雨季，故炎黄族中"应龙畜水"，蚩尤也"请风伯，雨师纵大风雨"。后来，"雨止……所居不雨"，可能是进入了旱季，战争相持时期很长，炎黄族得胜之不易。

炎黄集团与蚩尤部落大战之后，经过一段时间的发展，炎帝族与黄帝族又发生冲突，《史记·五帝本纪》说：

> 炎帝欲侵陵诸侯，诸侯咸归轩辕。轩辕乃修振兵……以与炎帝战于阪泉之野，三战然后得其志。

炎黄相战，以黄帝族军事上的胜利而告结束，从而奠定了黄帝族在中原地区的统帅地位。

当历史进入国家草创时期的颛顼、尧、舜、禹时代，各邦国、部落间的战争仍在进行。

颛顼时，据《淮南子·天文训》说："共工与颛顼争为帝，怒而触不周之山，天柱折，地维绝，天倾西北，故日月星辰移焉，地不满东南，故水潦尘埃归焉。"《兵略训》亦云："颛顼尝与共工争矣。……共工为水害，故颛顼诛之。"

帝喾高辛氏时，《史记·楚世家》说："共工氏作乱，帝喾使重黎诛之而不尽。"《淮南子·原道训》亦说共工"与高辛争为帝，遂潜于渊，宗族残灭，断嗣绝祀"。

尧时，在东方和东南方的战争有："尧乃使羿诛凿齿于畴华之野；杀九婴于凶水之上，缴大风于青丘之泽；上射十日而下杀猰貐，断修蛇于洞庭，禽封豨于桑林。"[①] 凿齿是有拔牙习俗的部落，修蛇、封豨是以长蛇、大猪为徽号的部落，十日大概是崇拜太阳的十个氏族部落。尧亲自对南方的战争有："尧战于丹水之浦以服南蛮。"[②]

舜时，"舜流共工于幽妙，放驩兜于崇山，杀三苗于三危，殛鲧于羽山，四罪而天下咸服，诛不仁也"[③]。舜后来战死在南方，《淮南子·齐俗

---

① 《淮南子·本经训》。
② 《吕氏春秋·召数篇》。
③ 《孟子·万章上》。

训》载:"当舜之时,有苗不服,于是舜修政偃兵执干戚而舞之。"《修务训》说:"舜……南征三苗,道死苍梧。"《国语·鲁语上》也讲:"舜勤民事而野死。"

到禹时,"三苗大乱,天命殛之。……高阳乃命禹于玄宫,禹亲把天子之瑞令,以征有苗……苗师大乱……天下乃静。"[1]

中国的文明形成史简直就是一部战争史,从史前的仰韶时代到邦国林立的龙山时代、战争连绵不绝,规模宏大,在战争中,那些被征服和掠夺的部落、方国往往"人夷其宗庙,而火焚其彝器,子孙为隶。"[2] 战争加强了群体的内聚力和权力的集中;战争为战胜者中的统治阶层提供了新的财富和奴隶的来源;战争使强权最终得以实现;战争加剧了地区与地区、聚落与聚落间的不平等,使邦国部落之间出现了臣服纳贡式的关系。总之,战争在文明和国家形成过程中的重要作用是不可忽视的,战争是国家和王权产生的重要媒介。

四 王权的三个来源与组成

由都邑国家的邦国发展为王国的古代国家的统治之权,往往以王权的形式获得了集中的体现。王权是一种强权,令人惊奇的是这种强制的权力总是披有一层圣光。王权的神圣性是所有古代王国的共同特征。

在古代埃及,历代国王在世之日即被崇敬为神,敬献祀品,并有专职祭司在供奉国王神位的寺庙里专司祭祀礼拜。对国王礼拜的隆重使得对神的礼拜有时相形见绌,黯然失色。"人们绝对相信国王真实的神性,他是'伟大的神'。……他不仅有权统治埃及,而且有权统治'一切国家和民族'"。埃及的每一位国王一生之中受尽了埃及人民对他们所能想到的一切有关神性的赞美。他生来就是超人之神,根据他的王位他也是超人之神,他死后也被视为神。大凡人们所知有关神性的一切都集中于他一人身上而备受赞美[3]。因此有人把埃及的王称为"神王",把埃及从统一到古王国时代的国家称为

---

[1] 《墨子·非攻》。
[2] 《国语·周语》。
[3] [英]詹·乔·弗雷泽著,徐育新等译,《金枝》(上),第158页,中国民间文艺出版社1987年版。

"神王国家"①。这种"神王"的信仰作为历代王朝不变的要素而被维持着。

埃及古王国时代的国王已被尊奉为"太阳神拉",其实,拉神本来是希利奥波里的地方神。正像统一后的埃及国家已属于次生形态的国家一样,国王的神性被固定为太阳神也是后起的现象。在统一之前的前王朝时代,各个"诺姆"国家都有自己的保护神,如鹰(荷鲁斯)、母牛(哈托尔)、蛇(涅特)、太阳神(拉)、鳄鱼(索贝克)等。各"诺姆"国的王衔即来源于此,王权的神圣性和宗教性亦渊源于此。

埃及的王就是神,美索不达米亚的王被视为神的代理人②。在美索不达米亚的城市国家时期,城市是基本的单位。一个国家就是以一个城市为中心,再结合若干农村地区。每个城市都尊奉一位主神,城市被看做是属于主神的一个神圣的存在物。国王从神那里借来了全国土地,因此每年都要举行特别的祭祀,向神请求借用期的延长③。苏美尔各邦国的统治者,或称为恩西(Ensi,又作帕达西 Patesi)、或称为卢伽尔(Lugal),"是一种半宗教半世俗的统治者,他一方面是最高的祭司,一方面又是军事统帅和国王"④,虽说在某种程度上,还保持着部落酋长的特征,然而他已经不是经过选举产生,而是世袭的了。是集宗教、军事、政治、经济诸项权力于一身的王权所有者。

在玛雅,最高统治者既拥有司法、行政上的权力,也握有宗教上的权力。作为政治和军事权力的象征,他右手握"笏",左手持盾;作为宗教上的权威,是通过挂在胸前的一个长着长而弯曲鼻子的小型人形神像来象征的⑤。在蒂卡尔的绘雕画面上可以看到正在做宗教仪式的君主,他既是一个统治者,又像是一位奉献或分配玉米种子的祭司⑥。

在中国周代的最高统治者被称为天子。商代的最高统治者也是宗教上的最高权威者,是"群巫之长"。夏王朝的开国之君夏启,也是可以"乘两

---

① 《岩波讲座世界历史》(1)(岩波书店,1969年)中的屋形祯亮:《"神王国家"的出现和"庶民国家"》。

② 贝冢茂树等:《世界的历史》(1),第376页,中央公论社昭和五十五年增补版。伊东俊太郎:《文明的诞生》,第169页。

③ 贝冢茂树等:《世界的历史》(1),第347页。

④ 郭圣铭:《世界文明史纲要》,第57页,上海译文出版社1989年版。

⑤ 狩野千秋:《玛雅与阿兹特克》,第79页。

⑥ 增田义郎编:《世界的博物馆(5)·墨西哥国立人类学博物馆》,第123页,讲谈社1979年版。

龙"、"上嫔于天"①的神人。颛顼尧舜禹时代,如前所述,帝颛顼可以命重黎"绝地天通"、"依鬼神以制义"、"洁诚以祭祀",拥有最高的宗教独占的权力,并可以成为鬼神的代表;"养财以任地"、"治气以教民",还可以"命禹于玄宫……以征有苗",也握有最高行政和军事权力。

帝颛顼、帝喾、帝尧、帝舜等名词中都有"帝"称,对此,徐旭生先生在《中国古史的传说时代》一书中写道:"固然因为古代人相沿着这样称呼他们,而最主要的,却是当日处在原始公社时代的末期,宗教势力很庞大,专名前面加一'帝'字,很恰切地表明他们那半神半人的性质。帝就是神,单称'帝'或加一字作'皇帝'而下面不系专名的,均指天神,并无真实的人格。如《尚书·吕刑篇》所说'皇帝请问下民'的'皇帝'就是这样。可是帝下带着专名的却是指的人神,他们虽说'神'气十足,而人格却并非子虚。必须兼这两种性质来看,才近真实"②。徐旭生先生的解释是贴切的。在甲骨文中也有单称的"帝"和帝下带着先王专名的"帝某"两种情形。前者也是指天神上帝,后者也是神化的先王,如卜辞中的"帝甲"就是第三期廪辛·康丁之父的祖甲,"帝丁"有人认为是祖丁或武丁之兄的兄丁,也有人认为第二期卜辞中出现的帝丁是武丁,第三期第四期卜辞中出现的帝丁是康丁③,总之都是指神化的先父先王。依据笔者的研究,颛顼尧舜禹一代,已属于中国城邑国家的形成时期,像帝颛顼、帝尧、帝喾、帝舜这类半神半人的统治者当然是当时神权政治的代表。

现代人类学的研究也表明,不但在原始社会末期,许多酋邦或分层社会里的首领被说成是神的直系后裔,人们常常以为这些人本身就是神的象征,是一种半神半人的表象;就是进入了以阶级为基础的王权社会,王也仍被视为神或神的模像,是灵力神力的集中保持者④。对于早期文明社会的人们来说,王权的神圣性和宗教性是一种信仰而绝非出自统治者的欺骗。

王权有源于宗教祭祀之权的一面或王本身就是神,与前面所论的祭祀在国家形成中的作用,是一致的。事实上,绝大多数原生形态的国家,在其形成的过程中,既产生了掌握祭祀、行政和军事的最高统治者或执政,也形成了一个辅佐统治的祭司或巫师阶层,这也是当时唯一的知识阶层,我国古代

---

① 《山海经·海外西经》、《大荒西经》、《楚辞·天问》。
② 徐旭生:《中国古史的传说时代》,第75—76页。
③ 伊藤道治:《中国古代王朝的形成》,第38页及补注17。
④ 伊藤亚人等:《现代的社会人类学》(3),第9页,[日本]东京大学出版会1987年版。

称之为"宗祝卜史",是周代封建诸侯时立国的条件之一。诚然,当时的最高统治者或执政虽集宗教、行政和军事诸权于一身,但不一定是独断的专制统治,他或许要咨询于由地方族长组成的"长老会议"和由全体男子组成的"国民会议";或许要征求"宗祝卜史"之类神职人员的意见。由邦国发展为王国的王权国家,王权的神圣性和宗教性,既是王权的构成部分,也反映了王权的一个基本来源。这一来源可以由王国时期的国王追溯到邦国时期的邦君,再追溯到史前的最高酋长,对它的追溯也就是对宗教祭祀在国家形成过程中所发挥作用的回顾。

王权的第二个来源和组成是军事指挥权,王权是在战争中发展和巩固起来的,苏美尔早王朝时期的各国之王,埃及统一之前的各地之王都有统帅军队之权。从阿格拉布出土的双轮战车,从海法吉出土的庆功宴石刻所见的战车以及有关拉格什和温马之间战争记载等,都说明当时苏美尔各国之间,争执和战争都是非常频繁的。王权也由此得到了巩固和发展,并最终走向了霸权。

王权有源于军事指挥权的一面,在中国古文献中是有案可查的。我们知道,周代的册命即赐命礼制是王权的集中体现。在举行册命仪式时,周王位于太室阶上,户牖之间,斧扆之前,南向;接受册命者,立于中庭,北向。如《周礼·司几筵》:"命诸侯,王位设黼依,依前南向。"《仪礼·觐礼》:"天子设斧扆于户牖之间,左右几,天子衮冕,负斧扆。"《逸周书·明堂》:"天子之位,负斧扆,南面位。"朱右曾校释云:"天子,成王也。负,背也。扆,在太室户外,状如屏,画斧焉。"举行册命仪式时,王一定要即位于画有大斧的屏风之前,是有象征意义的,它象征着王权中含有征伐之权。《尚书·牧誓》说:周武王伐纣,誓师时:"王左杖黄钺,右秉白旄以麾。"《说文》云:"戉,大斧也。"并引《司马法》曰:"夏执玄戉,殷执白戚,周左杖黄戉,右秉白髦。"戚也是钺(见《说文》)。可见,用钺即大斧来象征征伐之权亦即王权是夏商周三代的通制。西周时代的虢季子白盘铭文云:"赐用弓,彤矢其央;赐用戉,用征蛮方。"《左传》昭公十五年:"鏚钺、秬鬯、彤弓、虎贲,文公受之……抚征东夏。"《史记·殷本纪》:"赐(周文王)弓矢斧钺,使得征伐,为西伯。"都是弓矢和斧钺并赐而使专征伐的。在这里,"弓矢是用于作战的,而斧钺则主要是用于治军的,因为斧钺不仅是武器,而且是砍头的刑具"[①]。王权中包含着军权,是因为早期的武装是由族军组成

---

① 林沄:《说"王"》,《考古》1965 年第 6 期。

的，而各个宗族的族军又是统归宗族主支的宗主即君主（在史前为部落的最高酋长，在文明社会为邦君或国王）统辖、调动、率领的。在古代中国军权、政权和族权（宗权）是一致的，三位一体，集中于王者之身[①]。

由夏代向前推溯，我们看到大体上属于颛顼尧舜禹时期的龙山时代，无论是江浙一带的良渚文化，还是黄河中游地区晋南的陶寺类型文化，在大、中型墓葬中都盛行玉钺或石钺的随葬。其中又分为四种情况：第一种是处于阶级和阶层结构最高层，握有祭祀、征伐、行政诸项大权者。如陶寺墓地的甲种大型墓、良渚文化福泉山 T22M5、T15M3、草鞋山 M198、反山 M14、M20 等墓的墓主人。前者除墓葬规模大、随葬品甚丰富外，还随葬有作为特殊身份标志的彩绘龙盘、鼍鼓、特磬和玉钺；后者也是除墓葬规模大、随葬品丰富外，还大量随葬玉琮、玉璧和玉钺。第二种是单纯的军事首领或因军功而上升为贵族者。如福泉山 T27M2 随葬品甚丰，达 170 件。其中随葬 4 件玉钺和其他玉器而不见琮和璧。第三种是随葬品较多，既随葬祭祀用的法器和礼器，也随葬玉钺或石钺者。此为一般的贵族，也有治军和领兵之权，他们大概是拥有家族、宗族之"族兵"的族长。第四种是随葬品较少，但有石钺随葬者，这些人大概属军中的卒长之类，是一些英勇作战者，随葬石钺兼有尚武的含义。

龙山时代随葬玉钺石钺的风尚，可以追溯到仰韶时代大汶口文化中晚期的墓葬。《大汶口》发掘报告中载有 27 件石钺，其中晚期大墓 M25 随葬 6 件石钺，可以推测其在当时可能身任军事酋帅之职；《大汶口》报告中的两件彩绘图版的玉钺，理解为与征伐有关的礼仪仪仗之钺大概不会有什么非议。中晚期大汶口文化处于文明社会的前夜，正像王权中的宗教祭祀之权可以追溯到史前社会中最高酋长的身上一样，王权中的征伐率兵之权也可以追溯到史前。

王权的第三个来源和组成是族权，"族"在古代社会是一个非常重要的概念。例如在我国周代，有家族、宗族、公族、王族等不同等级地位和规模的族共同体，各级族组织都有相应的祠堂宗庙社稷、军队、土地和城邑。在这里，周的王族被认为是周民族的始祖或神（姜原—后稷）的直系后裔。在

[①] 就"王"字本义的解释而言，说法很不一致。其中林沄先生和齐文心女士的意见是值得重视的。林沄认为王字本像斧钺之形，见《说"王"》一文。齐文心认为甲骨文王字的最早形体及其演变，所刻画的是一个体裁超群的大人的形象，它是由原始社会后期父系氏族部落首领"大人"逐步演化而来的。见《王字本义试探》，载于《历史研究》1991 年第 4 期。

宗族系统中处于天下大宗的地位，也即成为政治上的共主，依据血缘谱系，由家族而宗族，再由宗族到公族王族，权力逐层向上集中，形成族内的世袭等级地位。周王室所拥有的最高族权是其最高宗教祭祀权和军权的基础。在周的王畿内不排除异姓贵族的存在，但它们在政治上与周王族是不能同日而语的，而居于主导地位的则始终是王族。

周代的情况是这样，周之前的各代无不是这样。在我国，虞、夏、商、周四代都有着非常清楚的族谱世系，也都非常重视自己的族谱世系，甚至连春秋时期的卿大夫们也不敢忽视这一点，究其原因，就是因族权的重要性在起作用。各级族共同体都有自己相应的族权，这一权力是其他一切权力的根基。而族权的世袭与固定则又是以族内的尊卑等级、全社会中阶层和阶级的出现为前提，其萌芽状态可以追溯到史前。

古代文明社会的权力中心往往以王权的形式出现。对王权三个基本来源的追溯，也就是对古代王国的国家统治之权的起源和发展从三个侧面的回顾，从中我们看到，从史前中心聚落到邦国，再从邦国到王国的这一系列的国家统治之权的产生是社会形态由史前向文明推移和演进中的焦点，尽管它以社会的不平等为前提，但它依然是一个合理的运动过程，是应社会发展的需求而问世的。

五　余论

国家的出现是以社会的不平等、阶级和阶层的分化为前提的。阶级的产生，在美索不达米亚似乎是因社会分工引起的；在中国则是随着父权大家族的出现而形成的。由于阶级产生的途径不同，在阶级之上所形成的统治结构也不同。就中国而论，其统治结构是与家族和宗族结构相联系的。龙山时代，在分处各聚落的父权大家族中（其中也包括一部分由它乡迁徙而至的异姓父权大家族），被认为是本族始祖或神的直系后裔的父权大家族，处于宗族结构中的主支和政治上共主的地位，同时也是经济上和军事上的强宗。它高踞于本族所有父权大家族之上，是本国父权大家族的总长。处于总长地位的大家族，既拥有本民族（或部族）的族权，又掌握着最高的宗族祭祀权和最高的军事指挥权，属于地地道道的最高统治集团。尽管在当时的统治结构中，它还要受到其他父权大家族的长老们和国中自由男子群体力量（"国人"）的牵制。但它作为常设的统治中心也是名副其实的。

考古发掘表明，我国的史前农业文化既是本土的，也是多中心的；我国文明的起源也既是自发的，又是多中心的。龙山时代各地纷纷出现的以城堡为中心的城邑国家，就是文明起源的多源性和文化发展的多中心的显证。这与史书中记载早期文明社会中的中华大地邦国林立的局面是一致的。这种邦国林立的局面也与早期的国家多是较为单一的民族或部族国家分不开，即在一个国家中，与邦君所在的公族属于同一姓族或有过共同的远古始祖的家族宗族和国民在社会的政治、经济、宗教和军事生活中，发挥着主导性的作用，迁徙和归附而来的异姓异族的家族宗族和国民居于次要地位。史前氏族部落林立、众多较为单一或单纯的民族纷争，必然促成文明起源的多中心和邦国林立的格局。

早期国家属于较为单一的民族或部族国家，早期国家中的最高统治集团也是由史前这一民族或部族里的最高酋长及其所在的氏族、宗族、家族演变而来的。最高酋长所在的中心部落即原始宗邑，即为部族或部落群的政治中心，又由于他是宗教系统中的核心人物，掌握着最重要的宗教祭祀或被说成神的后裔和象征，因而这一中心聚落也即成为宗教中心，并开始形成一个祭司巫祝专业阶层。随着贫富分化、父权家族和奴役的出现，对外扩张和掠夺性的战争也日益频繁起来。国家就是在阶级分化的过程中，在最高的宗教祭祀权被以酋长即强宗的宗主为首的祭司巫祝阶层独占和控制的情况下，在不同的族共同体之间的冲撞中诞生的。祭祀使世俗强权神圣化，战争使世俗强权军事化，而在当时它们都具极大的社会公众性，用古人的语言讲，就是"国之大事，在祀与戎"。早期国家中凌驾于全社会之上的公共权力，正是借助于这些具有极强的社会公众性的事务发展起来的。

尽管国家的出现是社会形态向前推移的合理过程，它有着一定的社会公众性，也是借助于这些公众性发展起来的，而且早期的国家权威明显地与地方保护神（在中国为社稷）及祖神（宗庙）的神威结合在一起，然而，事实上国家中处于统治和管理阶层的人们也是在阶级分化和等级结构中位于最上层的人物，因而国家的实质，即对内保护等级、阶级秩序与统治阶级的既得利益，对外御敌和扩张，也是不可否认的。

第十一章 文明的道路与区域特征

试图从比较的角度去观察和解释中国文明的发生与发展，就不能不从中国看世界、从世界看中国。综观全球各地第一批原生形态文明——美索不达米亚、埃及、印度河流域、中国、中美洲、南美安第斯文明，无一不是在农耕畜牧的基础上形成的。这一相同的出发点，使得这些原生性文明在其形成过程中带有许多共同点；同时，这六大文明毕竟是在不相同的区域内成长起来的，因而又带有明显的区域文化和区域文明的特点，实可划分为六大文明类型。

文明类型的不同，首先表现在文明形成的道路上有一些差异，例如在经历了初期农耕—农耕聚落—中心聚落（或神庙聚落）之后，美索不达米亚走向了"城市文明"、中国走上了"城邑文明"、中美洲等走向了"都邑文明"、埃及在经历了初期农耕—农耕聚落之后，似乎经历了一个很短的中心聚落的阶段而走向了"诺姆文明"即因各灌溉区而形成的诸地方文明，它很难列入城市或城邑文明的范畴；在印度河流域迈向的是城市文明，但截至目前的考古发现，似乎很难划分出一个神庙聚落期，综其大概，可列表如下。

表 11—1　　　　　世界第一批原生性文明发展路径之比较

	初期农耕	农耕聚落	中心聚落	城市都邑文明
美索不达米亚	耶利哥（PPNA）	哈苏纳	欧贝德	乌鲁克
埃　及		巴达里	涅伽达Ⅰ	涅伽达Ⅱ
印度河流域		兹霍布		科特迪吉、摩亨佐达罗
中　国	上山、彭头山	半坡	凌家滩、大汶口	龙山期城邑
中美洲	考克期卡特兰	阿哈尔潘	形成期中晚期	特奥蒂瓦坎、蒂卡尔
安第斯	阿亚库考	瓜纳皮	查　文	蒂亚瓦纳科、莫奇卡

在上述六大文明中，美索不达米亚、埃及、中国和中美洲文明的材料，最具有系统性也最典型。为此，本章以此四者为例，对不同区域内文明社会形成的多样性与特殊性做一些具体分析，从而使我们对包括中国在内的文明形成过程中的统一性与多样性，看得更为清楚一点。

一 美索不达米亚的城市文明

历史舞台与环境

美索不达米亚文明是依赖大河灌溉的文明，它最早兴起于两河流域南部冲积平原，一般称之为苏美尔文明。考古发现表明，两河南部最早定居的是创造埃利都·欧贝德文化（Eridu Ubaid）的居民，在此之前，两河流域的历史舞台不在南部冲积平原而在其北部。在西亚，农耕的起源、发展与灌溉文明的兴起，并不是在同一地区内完成的。

农耕并未起源于南部冲积平原是由这里的自然环境决定的。在美索不达米亚可分为南部和北部两个地区。南部是一个广袤的低洼平原，它沿着幼发拉底河和底格里斯河两河流域从海湾向西北伸展，东侧与伊朗山脉低缓的山脚相重合，西南侧直达地质学者称为"阿拉伯高原"的大沙漠边缘。南北两部的分界线大约以幼发拉底河的希特到底格里斯河的沙马拉为标志，它是冲积平原的最北端。在这条线的北部，这两条河流被一个叫做阿尔·杰兹拉的贫瘠石灰岩高原分开，并把幼发拉底河限制成一个狭窄的流域。不过，底格里斯河则得益于它东部的支流，流经起伏不平的农田和草原的大片高地，形成一片沃野。这里曾是亚述的故乡。所以两河流域的南部和北部是两个完全不同的地形，南部是低洼的冲积平原，北部是河谷台地、丘陵和高地沃野（图Ⅺ—1）。

根据地质学的研究，美索不达米亚的气候自很早以来并没有发生过大的变化。两河南部冲积平原，夏季温度在阴凉处为110—130°（华氏），一年之中8个月无雨，土地干燥而酷热，年降雨量仅有200毫米左右，这对于依赖雨水的初期农耕来说，降雨量太少了。

两河下游地带，海拔在150米以下，每年都因上游山地的积雪融化而形成周期性的洪水暴发，十分不巧的是这个汛期发生在4月至6月，而这里的庄稼一般是在4月份收割，所以这是一个农作物已不再需要水的季节。在希特—沙马拉线以南，两河蜿蜒流过冲积平原，就像所有水位差较小而又携带

438　中国文明起源的比较研究

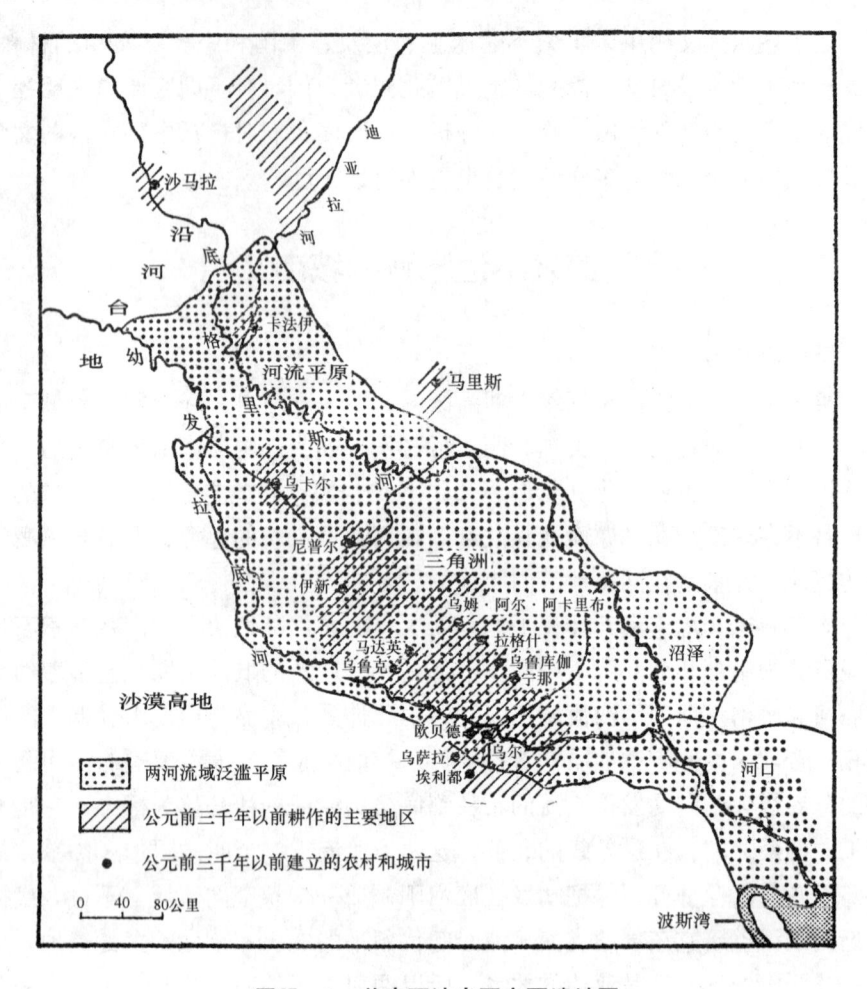

图 XI—1　美索不达米亚主要遗址图

沉积物的河流一样，它们逐渐使河床升高。因此，两河一般是在高出周围平原的河床里流淌。这为灌溉提供了方便，特别是巴格达和拉马迪附近，幼发拉底河河床比底格里斯河高 9 米，两河之间的古代灌渠系统使这里变成了古代最肥沃的地带。然而，如果汛期一到，河水每每要溢出河床，这将导致永久性的湖泊和沼泽的出现，而且有时还会致使河流改道。这就是为什么位于冲积平原河边的大城市遗址现在都是远在干旱草原的大型干旱废墟的原因。

鉴于上述，英国考古学家塞顿·劳埃德（Seton Liogd）教授将美索不达米亚南部的气候规律和季节周期总结为：不充分的降雨失时而至，河水也在不需要它时以难以控制的水量集中在河床附近。这一地区最终不得不用人类独创性的发明设计来供应水：沟渠、水库、堰和调节水闸等一系列复杂的系统。这需要一个大规模的组织，也需要很大的耐力。沟渠内很快就堵满了淤泥，于是需要反复地疏浚，沟堤也在增高，以至无法倒弃疏浚时挖出的泥土。这样，就需要挖一个与原来沟渠平行的新渠道。今天我们从空中鸟瞰这一地区可以看到这些奇特的灌渠网，最多可有三条平行的沟渠①。

显然，在美索不达米亚南部冲积平原地区，其农业要成为可能，只有依赖水利灌溉。而这种灌溉农业是农业生产技术水平充分发展后的结果，所以，美索不达米亚的欧贝德文化之前，其历史舞台只能在北部和东侧伊朗丘陵的侧翼地区。随着农耕畜牧的发生与发展，人们才从被称为"肥沃的新月形地带"的山前丘陵和沙漠绿洲地带走向两河上游河谷，并进而发展到南部冲积平原地区。

农耕聚落的确立与发展

西亚新石器时代大体上是随着这里的农耕聚落文化的出现而开始的，所以起初的历史舞台局限于所谓的"新月形沃地"或"伞形地带"，即从伊朗的德·卢兰（Deh Luran）平原的山地侧翼，通过土耳其东南部，到达约旦高地南部。就札格罗斯山侧而论，这是一个"橡树·阿月浑子树（Oak Pistachio）"树林地带，海拔为 600—1350 米，年降雨量在 300—1000 毫米之间，由于地形高低富于变化，使得降雨量、温度、动植物的分布都富于变异而且非常丰富。这不但为当初由高级采集—狩猎经济向农耕畜牧的转变提供了良好的条件，而且也为早期定居的农耕聚落生活提供了良好的条件。

西亚农耕聚落期大体可分为两个阶段，其早期大致在公元前 8000—前 6000 年间，著名的遗址有耶利哥（Jercho）、穆勒贝特（Mureybet）、拉马德（Ramad）、萨约吕（Cayonu）、蒙哈塔（Munhata）、穆勒法特（Mlefaat）、阿里·库什（Ali Kosh）、耶莫（Jarmo）等。这一时期的大部分时间属于前陶新石器阶段，只是到了公元前 6000 年前后，在上述一批遗址的上层，如拉马德第Ⅱ层，阿里库什第三期、耶莫最上面的第三层，才开始出现陶器。这一时期最初实行的是混合经济，以收集、种植、畜牧和狩猎为基础。后来，种植的比重逐渐增大，农作物方面，小麦、大麦都有两三个品种，蔬菜、果类、豆类的食物也很多。家畜有绵羊、山羊和犬等，同时也猎取大量动物，黑曜石等交换品的增加，说明对外交换的数量也在增加。这一时期因

---

① ［英］塞顿·劳埃德：《美索不达米亚考古》，第 6 页，文物出版社 1990 年版。

有永久性的住宅建筑，过着定居的生活。其聚落的人口，一般为150—300人，耶利哥由于地处绿洲，又为一宗教中心，建有设防的城堡，从其占地10英亩来考虑，其人口约有2000人。

美索不达米亚北部，其农耕聚落期的晚期始于哈苏纳·沙马拉文化，结束于哈拉夫文化的下限，大体在公元前6000—前4300年间。这一时期的居住点已发展到了南部冲积平原的北端边缘，特别是沙马拉文化的分布明显地集中在冲积平原北端的底格里斯河边。其整个范围东可达伊朗边界（曼达利附近的乔加·马米），西到幼发拉底河（阿布·卡麦尔附近的布克豪斯）。著名的梭万（Tell es-Sawwan）遗址可以作为哈苏纳、沙马拉期农耕聚落的典型代表。

梭万位于底格里斯河中游沙马拉遗址的附近，是一个带有防御系统的聚落。其防御设施由带有不规则扶垛的聚落围墙和很深的壕沟组成。围墙内的房屋由太阳砖建造，建筑的形状是一种独特的多间"T"形。整个遗址出土了相当引人注目的彩陶。还发现了100多座墓葬，绝大多数都葬在房屋的地下，随葬有精致的大理石容器和大理石人像，其中很多是表现女性的人像。发现有食用的谷物和蔬菜遗存以及大量的鱼和动物的骨骼，塞顿·劳埃德推测这是一种以农业为基础的混合经济，有原始灌溉、狩猎和畜牧（图Ⅺ—2）[1]。

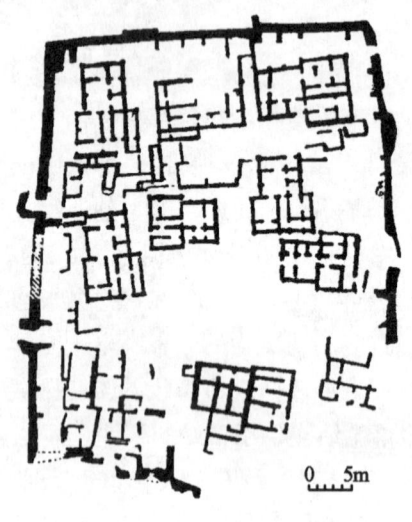

图Ⅺ—2　梭万聚落图

哈拉夫文化分布很广，其彩陶也发展到了顶峰，铜针、铜锥、铜斧、铜镞等金属制品的出现。说明此时已进入了铜石并用时代。在哈拉夫文化中出现了一种圆形建筑，有人认为是宗教建筑，也有人认为是居住场所。总之哈拉夫期是美索不达米亚北部农耕聚落文化充分发展了的时期。

神庙聚落的出现

在两河流域，神庙聚落是随着苏美尔文化的形成而出现的。[2] 其绝对年

---

[1]　［英］塞顿·劳埃德：《美索不达米亚考古》，第6页，文物出版社1990年版。
[2]　杨建华：《两河流域上古时间的神庙和宫殿》，《史前研究》1989年特刊。

代在美索不达米亚南部和北部是不相同的。在两河南部，最早的神庙建筑发现于埃利都遗址第 16 层，属埃利都·欧贝德文化第一期，年代为公元前 4900 年（图 XI—3）。这是一个面积为 3 平方米的单间建筑，墙壁用砖砌成，门位于东南墙的中部偏东。室内中部有一个供桌，上面有供品，并有烧痕，是举行仪式的地方。在西北面墙的中部有一壁龛，里面放置祭拜的祭坛。神庙的方向为西北向，亦即神庙的四角对着正东、南、西、北四方，这是两河流域上古时代一种普遍性的建筑风俗。这个神庙虽小而原始，但它已具备两河流域神庙的基本特征：位于一端的祭坛和位于中部的供桌构成了祭室的中轴线。

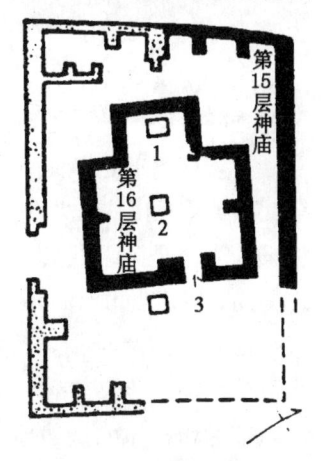

图 XI—3 埃利都第十六、十五层神庙

1. 祭坛 2. 供桌 3. 入口

到了埃利都遗址第 9 层时，神庙有了很大发展。祭室呈长方形，是一个位于中央的殿堂，内有祭坛。在祭室周围出现了侧室，这是祭司的住所和放置神庙用品的地方。此时，神庙的布局宏大而复杂，为了加固较薄的泥墙，在墙外侧隔一定距离加扶垛。这个神庙的年代为公元前 4100 年，属于欧贝德第三期。

埃利都第 7 层、第 6 层亦即欧贝德第四期，神庙的布局更加固定化了（图 XI—4）。中央的祭室为一殿堂，两翼为侧室，祭室从一侧进入，门道与祭室的中轴线呈十字形交叉。这是后来神庙的基本形式。在神庙周围还发现了许多鱼骨，这是献给水神和智神恩利勒的供品。第 7 层神庙年代为公元前 3800 年。

埃利都第 16 层到第 6 层诸神庙的发展，代表了美索不达米亚南部神庙发生与发展的基本格局，其脉络与埃利都·欧贝德文化的出现

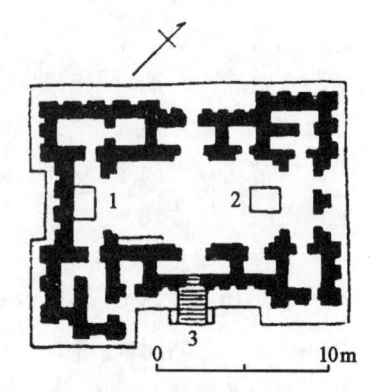

图 XI—4 埃利都第七层神庙

相始终。所以，两河流域南部神庙聚落期的时间为公元前 4900—前 3500 年。

两河流域北部的欧贝德时期神庙发现于高拉遗址（Gawra）的第 19 层，相当于南部埃利都·欧贝德文化的第三期，年代为公元前 4300 年。它与这里欧贝德时期的上限同时。神庙是很薄的泥砖建筑，布局为长方形。在第 18

层复原了一座规模更大的神庙，至少有20间房屋，环绕在中央殿堂周围。到第13层，出现由3个神庙建筑围成的一组庙宇建筑。3个神庙建筑都面向一个中心院落（见图Ⅳ—22），布局特殊，规模宏大。高拉遗址第13层代表了北方欧贝德期的鼎盛时期，年代为公元前3600年。

神庙聚落期也就是考古学上的欧贝德文化时期，其上限在两河南部始于公元前4900年，在两河北部始于公元前4300年。若以两河南部时间序列为标准，则只是到了欧贝德文化晚期，即南部神庙聚落的后期，两河北部才出现神庙，两河流域南北两地的文化面貌也基本趋于一致。

由农耕聚落早期，经农耕聚落晚期，再到神庙聚落期，西亚历史的舞台，从山前丘陵高地和沙漠绿洲，发展到两河北部的河谷地带，再发展到两河南部冲积平原的低地地区。历史舞台的逐渐下移，标志着农耕生产技术的发展和人们对大自然利用与改造能力的逐步提高，同时也伴随着人口的增殖和外迁。到了欧贝德文化晚期，两河南部对北部产生强烈的影响，使得两地的文化趋于统一，显示了南部率先进入文明时代的雄厚实力和文化背景，其条件之一，就是两河南部大概在欧贝德时期已开始了简单的水利灌溉，农业生产走上了集约化的道路。

神庙既是精神上的综合物，也是权力的中心，所以神庙聚落期也是神权政治的萌发期。两河流域欧贝德文化时期诸神庙所在的聚落，也正是各地政治、经济、文化、宗教的中心。这种拥有神庙的大型聚落，也是各地的中心聚落。欧贝德时期出现的快轮制陶和冶铜业的初步发展，说明此时已存在着专业化的生产，图画图案印章的出现，似乎是在神的名义下所有权确立的表象。总之，神庙聚落期的社会，已不是平等的部落社会，它是由史前转向文明的一个过渡期。

城市国家文明的形成

大约从公元前3500年开始，亦即到了乌鲁克和原始文字阶段，两河南部开始步入文明时代。这一时期的特征之一是由于大规模的灌溉和牛拉犁的犁耕农业的发达，使农业生产力获得了飞跃的发展，财富有了显著的增加。其特征之二是与农业生产力飞跃发展的同时，产生了三个重要的社会阶层的分化：对于财富、灌溉经济、神权政治、宗教祭祀进行集中管理的祭司——统治阶层；保卫财富积蓄的战士阶层；从事专门性手工业的匠人阶层。其特征之三是以耸立于巨大的台基之上壮丽的神庙为中心，形成了四周围绕着城墙的城市。其特征之四是出现了原始文字。

美索不达米亚南部冲积平原——苏美尔城市文明形态是其神庙聚落形态的进一步发展,因而必然带有一系列神庙都市的特点,诸如城市以神庙为中心,祭司阶层既是神职人员,也是城市国家政治和经济方面的管理阶层;神庙经济是国家的主要经济,运河、沟渠、水库、堰和调节水闸等灌溉水利的修建和耕地的开垦等,都由神庙组织进行,等等。

除了神庙经济和神权政治外,美索不达米亚早期城市文明的另一重要特点是它们的集约化农业是建立在大河灌溉基础上的。要在两河的河间平原上修建灌溉和分支系统,当然需要一定规模的组织,需要建立相应的管理系统。魏特夫格尔(Wittfogel)等曾主张,这种水利灌溉将导致专制主义统治,出现专制主义国家。根据我们的分析,这种水利灌溉系统是由神庙的祭司阶层组织和管理的,它属于神庙经济的组成部分,并使神权与世俗管理权和经济支配权合而为一,但至今没有证据表明前王朝时期的神庙经济和政治是一种专制统治。

灌溉技术的不断发展,牛耕的使用,冶铜技术的掌握,车轮的发明,使得美索不达米亚的早期文明与其他古代文明相比,具有较高的生产力水平。又由于地理环境、资源条件的限制,促使这里大部分手工业的原料要靠从外面运来。例如,铜来自波斯湾南面的阿曼,银和铅来自亚细亚的托鲁斯山脉,木材来自伊朗的札格罗斯山脉和地中海沿岸的黎巴嫩。为了偿还这些进口原料,各种手工业就必须扩大生产,提供各种出口产品作为交换。所以,美索不达米亚的早期文明又是商业较发达的城市文明。

文字因经济和行政上的需要而产生,这是美索不达米亚文明区别于其他文明的又一显著特点。迄今为止,最早的泥版文书发现在乌鲁克遗址的第4层,为象形文字。这种象形文字所达到的水平说明,将来还会在其他遗址发现更早的相当于乌鲁克遗址的第5层、第6层年代的文字。因此,学者们将乌鲁克遗址的第5、6层也归入为原始文字阶段。原始文字时期的一些文字和后来的楔形文字是相承袭的,这样我们可以知道它们的字义。像绵羊、山羊、牛和狗等动物的字义,也可以猜出来。另外还常常出现与捕鱼和狩猎有关的词。商业则是由商人的名字来表示。制陶技术中已使用陶轮,轮子再加上雪橇就成了"马车"。还有表示金属的符号,有一个金属品是正在封闭的模子中制造的有銎斧,反映了不断进步的冶金业。文字所反映的另一个重要方面是,尽管已经出现了"长老"和"议会"之类的词,但"王"的概念似乎还不常见。从乌鲁克第三层亦即原始文字时期的后期(杰姆代特斯奈尔时期),发现一些较为完整的泥版文书,记录了向神庙交纳物的种类和数量,由此可以得出:在美索不达米亚,文字发明既不像埃及那样是为了把国王的事迹传于后世,也不是因宗教上的需要或记录历史的需要,而是因神庙经济的膨胀、繁杂的账务和财产管理的需要而发明的。所以,最古老的泥版文书,都是有关家畜、谷物、土地的经济文书,城市的经济是以神庙为中心,进行生产、分配和交换的。

美索不达米亚的城市文明因其较高的生产力水平和商业贸易是一种充满活力的文明,但同时也是一种不稳定性文明,其不稳定性主要来自三个方面:一是在希特——沙马拉线以南,由于河流经常改道、汛期的洪水难以控制而带来周期性的灾害。二是周围沙漠和伊朗高原的游牧民对苏美尔城市居民和村庄农夫经常进行骚扰、掠夺;对贸易线上的货物进行抢劫和袭击,使得这一地区很长的历史主要是如何保护定居生活和防御这些贪婪的游牧民。三是各城邦之间抗争和争霸的迭起,也使两河流域的政治、经济和文化处于不稳定状态之中。

在这样的自然环境和社会环境中,美索不达米亚人的观念系统和神祇的性格与古埃及等地是不相同的。在美索不达米亚,洪水之神尼诺塔与埃及截然相反,它不是一位慈善的神,而是一位恶神。苏美尔人的文字作品中,常可见到这样的词句:

> 猖獗的洪水呀,没人能和它对抗,
> 它使苍天动摇,使大地颤抖。
> ……
> 庄稼成熟了,猖獗的洪水来将它淹没[①]。

对每年洪水泛滥的恐惧,加之永远存在的外族入侵的威胁,使美索不达米亚人的人生观带有恐惧和悲观的色彩。他们认为,人生来只是为神服务的,神的意志和行为是变幻不定的,他们用种种方法来预测变幻莫测的未来,发明了释梦、剖肝占卜术和占星术等。其中,占星术在苏美尔人的宗教信仰体系中占有十分重要的地位,他们相信,诸神的意志决定天体的运动,

---

① [美]斯塔夫里阿诺斯:《全球通史——1500年以前的世界》,第123页,上海社会科学院出版社1988年版。

弄清了天体运动，人类就能够洞察神的旨意，作出相应的行动。因此，早在公元前3000年时，他们就在仔细地观察和记录天体的运动，在许多世纪中，美索不达米亚的占星术家积累了大量的天文资料，这些资料，后来被用于发展科学的天文学。

二　埃及的早期诺姆文明

与美索不达米亚城市国家文明几乎同时，埃及也迈进了"诺姆"国家文明阶段，这就是考古学上称之为的涅伽达文化Ⅱ（NaqadaⅡ，公元前3600—前3100年）。埃及文明的发生与发展，与尼罗河息息相关，埃及文明曾被称为尼罗河的赠礼，因而在叙述埃及文明形成之前，有必要了解一下尼罗河及其周围的自然环境。

埃及文明的环境

有人曾将埃及的地形比喻为一株百合花，从非洲内地开始弯弯曲曲地向北而上的尼罗河谷是其茎；开罗以北，面向地中海的三角洲部分是其花；从尼罗河中游开始向西分开的运河所流入的法尤姆盆地是其蕾（图Ⅺ—5）。现在我们一般将孟斐斯以南的尼罗河谷地称为上埃及，尼罗河谷地即花茎部分长达1200公里，其中南部一般宽在15—25公里，北部有的宽达50公里。这条尼罗河谷宛如一条细长的绿色生命线，置于茫茫的沙漠之中，即使今天，埃及总人口的99%，都是住在相当于全领土1/30的尼罗河畔的土地上，尼罗河简直可以说是一个细长巨大的绿洲。

尼罗河流域与美索不达米亚不同，对外，它的西面是利比亚沙漠，东面是阿拉伯沙漠，南面是努比亚沙漠和飞流直泻的大瀑布，北面是三角洲地区的没有港湾的海岸，这些自然屏障使它受到特别好的保护，不易遭到外族的侵犯，而且也为政治的稳定创造了条件。对内而言，尼罗河就像一条天然的纽带，把整个地区串成了一个串珠。尼罗河平缓的河流使北上的航行极为容易，而盛行的北风、西北风又使返航毫不费力，因而埃及人拥有可靠的极为宝贵的交通运输的手段，尼罗河是村落之间互相进行联系和交往的天然渠道。

尼罗河的泛滥也与美索不达米亚不同，它可以预知，起势平缓，很有规律。每年从5月到6月，在埃塞俄比亚的高山地带，由于季风气候使暴雨集聚，其水流入青尼罗河和阿特巴拉河，并进而流入更北的尼罗河本体——白

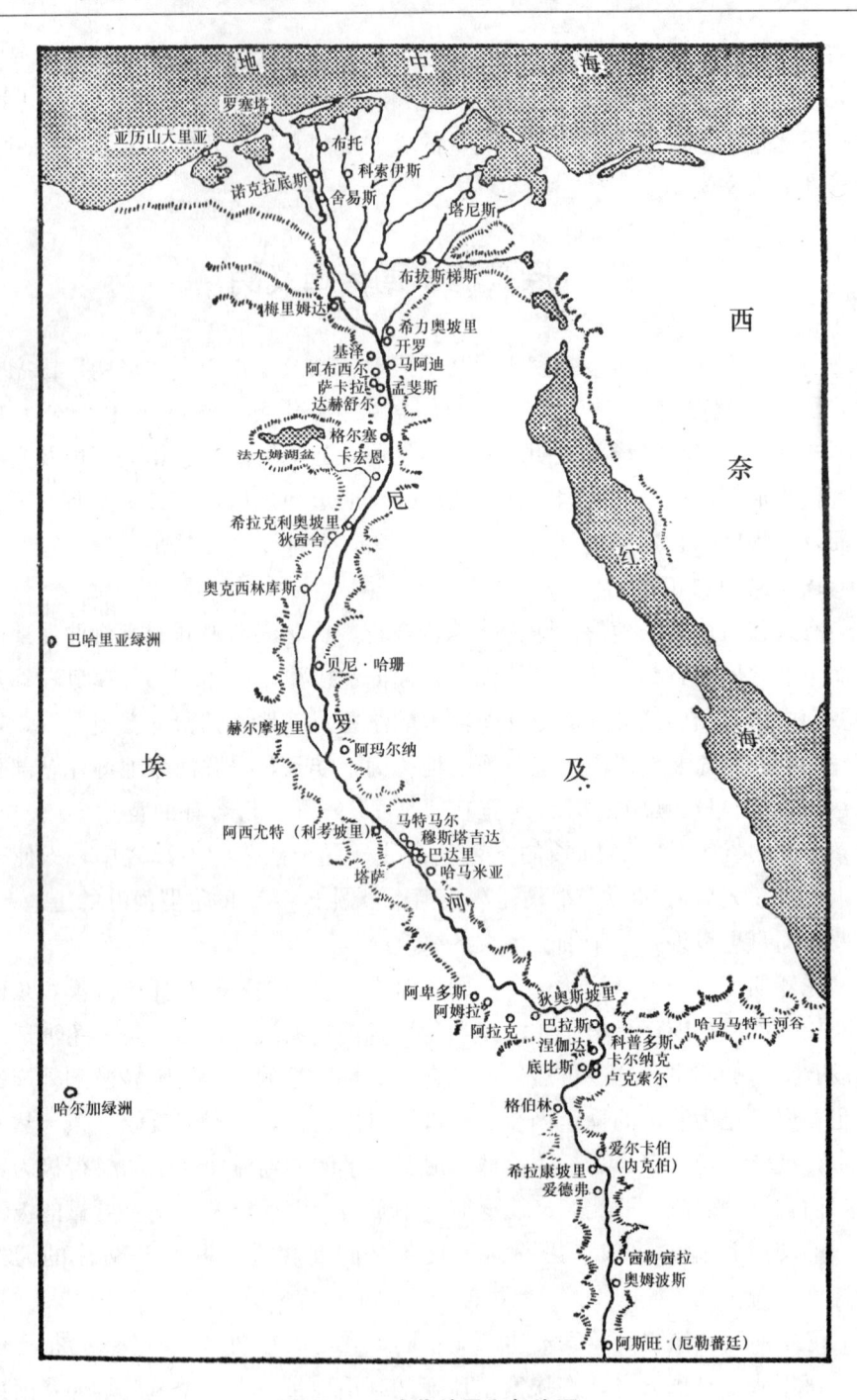

图 XI—5　古代埃及和努比亚

尼罗河。在开罗附近的增水期是从 7 月开始逐渐增加存水量，到 10 月半约有三个月保持其一定的水位，到 11 月再次增水，然后逐渐地减水。

现在由于有阿斯旺水坝的水闸调节，并可利用上下埃及星罗棋布的运河网，使全年都可以有灌溉用的水。然而，越是向古代推移，灌溉系统越是简单。在最初当人们修筑水渠的能力尚不具备时，只是利用尼罗河的自然泛滥，等到减水期滞留的河水流回尼罗河后，利用留下的充足水分和肥沃的沉积物，在尼罗河两岸的土地上撒种播种，也不必做什么田间管理，只等待着收获。所种的农作物主要是大麦、小麦、麻、豆类等。

埃及历史的舞台在尼罗河沿岸，埃及文明是依赖尼罗河灌溉的文明，尼罗河与美索不达米亚不同的地理环境给二者带来了不同的文明个性特点。

农耕聚落期

埃及的农业经济诞生于何时的问题即埃及的农耕起源问题，一直是埃及古代史上的一大问题，一般我们所知道的是法尤姆文化中的小麦，其碳 14 年代为公元前 4400—前 4100 年，也有向上推到前 4500—前 4600 年者[①]。然而，随着 1960 年以来人们对努比亚遗址的大规模的调查和发掘，据说获得了一批有关农耕起源的新资料，发现早在 18000—12000 年前已种植大麦，其遗址有：努比亚的图什卡（Tushka），年代为 14550±490 年前（WSU—315）；埃及阿斯旺以北的库姆·奥宝（Kom Ombo），年代为 13560±120 年前（Y—144）；还有稍北边的伊斯纳（Isna）发现属于 12600—12000 年前的遗址；库巴尼亚（Kubaniya）遗址，年代为距今 18240±290 年（SWU—591）。也有学者对此持怀疑甚至否定的态度，如加拿大蒙特利尔大学 Ph. E. L. 史密斯教授在 1985 年对其《农业起源与人类历史》一书进行日文版的增补时，就指出："动植物驯化的真正起源完全可以上溯到旧石器时代后期——在旧大陆大约是公元前 9000 年以前——的观点，尽管有它的魅力，但能够充分证实这一假说的证据几乎没有发现。美国的某些人类学家在 20 世纪 70 年代后期提出，在上埃及的瓦迪·库巴尼亚（Wadi Kubaniy）旧石器时代后期遗址中发现了公元前 15000 年左右栽培化的大麦，这一主张最近已经放弃，现已查明大麦实际上是晚于 5000 年前的历史时代的遗留，只不

[①] 《世界考古学事典》（上），第 940 页，[日本] 平凡社 1979 年版。

过是混入了旧石器时代的堆积层中①。"

虽说埃及的农耕起源至今仍是个谜，但在诺姆文明即涅伽达文化Ⅱ之前，上埃及和下埃及已普遍分布着农耕聚落文化群。在上埃及叠压在涅伽达文化Ⅱ之下的是涅伽达Ⅰ，在涅伽达文化Ⅰ之前有塔萨·巴达里文化；在下埃及与塔萨·巴达里文化大体平行的是法尤姆文化A，法尤姆文化A之后是美利得文化和欧迈尔文化②。

塔萨·巴达里文化是上埃及新石器时代后期文化，持续时间约为公元前5000—前4000年左右，其中的塔萨，也有人认为它是巴达里文化的早期阶段。通过炉址等可以确认塔萨是目前所知上埃及最古的村落文化，但对聚落布局等详细状况，尚不得而知。与居住区相分离，沿沙漠边缘发现有墓地。巴达里文化是继塔萨而来的铜石并用文化，但铜制品只有一些小工具（铜针、铜刀）和装饰品（铜珠），普遍使用的是石器、木器和骨器。对骸骨的研究表明，巴达里人在身体方面十分接近今天生活在同一地区的埃及人。他们仍然住在椭圆形棚屋中，虽然这些棚屋有了编织的席子、皮坐垫、甚至木床，比以前的棚屋稍稍舒服一些了。同塔萨新石器时期的人一样，巴达里人种植亚麻，并把它织成了亚麻布，还利用狩猎所得的以及自己畜群中所得的皮革。他们从事的是一种混合经济，既种植小麦和大麦，又畜养牛和绵羊，并辅之以渔猎。他们继续制造黑顶红陶器和精工打磨的优美红陶器，也发现举行仪式时用的女人与河马的雕像等。此时的坟墓是圆形或椭圆形的，偶尔也有长方形的，墓中的死者呈弯曲姿态的侧卧屈肢葬，随葬品有食品、坛子、日用品和装饰品等③。值得注意的是巴达里人死后与母牛、豹（犬）、绵羊等动物一起埋葬。动物的葬仪和人的一样，同样的墓，同样用兽皮和布来包裹。从这里可以看到他们对动物的崇拜。母牛是大母神，是"第一母牛"，后来称为哈托尔。豹（犬）后来是死者之神，坟墓之神，称为阿努比斯④。

---

① Ph. E. L. 史密斯：《农耕的起源与人类历史》"补论"第214—215页，日文版有斐阁1986年。

② 法尤姆文化A与美利得文化以及欧迈尔文化之间的关系，不清楚的地方还很多。依据碳14的测定，法尤姆文化A约为公元前4500—前4100年（或前4441—前3860年）；美利得文化约为公元前4180—前3580年；欧迈尔文化约始于公元前3300年。（参见联合国教科文组织《非洲通史》第一卷，第482—483页，中国对外翻译出版公司1984年。《世界考古学事典》（上），第94页、1090页）

③ 联合国教科文组织编写：《非洲通史》第一卷，第481、513页。

④ 《世界上古史纲要》（上册），第244页，人民出版社1979年版。

在巴达里文化中，对死人埋葬之重视和随葬品之丰富，似乎已确立了复活的观念和对来世的信仰。

在下埃及与巴达里文化大体同时的法尤姆文化 A 中发现的是居住区而未发现的墓地。这里的陶器是呈红色、棕色或黑色的单色陶器，表面光滑，经过打磨，器形包括碗、高脚杯、茶杯、长方形桶等。石制工具有箭头、尖状器、装有直木柄的镰刀、磨光石斧以及一种盘壮大锤头等。在居住区挖出许多炉灶。地窖是由埋在住所附近地下的成批篮子构成，用以贮存小麦、大麦、亚麻和其他物品。人们食用的动物有猪、山羊、牛、河马和龟。

上埃及的巴达里、下埃及的法尤姆这两个文化群，无论哪一个都没有迹象表明，其社会成员之间有明显的社会方面的差别。各方面情况都表明，社会不同成员之间，不论年龄和性别，其社会地位是平等的。这样，埃及的巴达里文化和法尤姆文化 A，在绝对年代上，大体与中国仰韶文化半坡期同时，但在农业生产水平和聚落的组织与规模上，却仅类似于前仰韶的老官台文化、磁山·裴李岗文化等。

中心聚落期

在上埃及，继巴达里文化而来的是涅伽达文化Ⅰ，又称阿姆拉文化，其年代在公元前 4000—前 3500 年间。这一时期开始出现以几何图案、动植物图案为主题的彩绘陶器。铜器仍不多见，但石器制作技术大有进步。已采用优质燧石，制作出长达 35 厘米而厚度仅几毫米的双面锋大石刀。这些手工业不是普通人所能生产，要求有专职的手工业者采石制片。在这一时期，墓葬规模有大小之别，反映了贫富分化的社会不平等的出现[1]。特别是那些随葬有巫术用品、大型"调色板"和象牙制作的权标头的大墓的存在，说明这种大墓的所有者是拥有权力的地方酋长兼巫师。在这里，世俗权力和宗教之权是合二为一的。

阿姆拉人特有的武器是一种截头圆锥体棒槌，多用坚硬石头制成。这类武器在阿姆拉后期已完全消失，而属于这一时期的象形文字的一个符号◇—，却流传了下来。这是埃及最早的象形文字的符号，碳 14 测定的年代约为公元前 3800 年[2]。

特别值得一提的是在涅伽达Ⅰ末期以及涅伽达Ⅰ与Ⅱ之间，在涅伽达

---

[1]　《世界上古史纲要》（上册），第 248 页，人民出版社 1979 年版。
[2]　联合国教科文组织编写：《非洲通史》第一卷，第 532 页。

1610号墓中发现一黑顶陶片浮雕，上有一红冠图案。这一图案就是象形文字中表示红冠（𝓎）一词的前身。另有一陶器罐标，也出土于涅伽达，编号为1546。罐标绘有一间圆顶房子，屋顶坐落在两侧伸出的墙上，屋顶上栖有一只鸟。罐标上的建筑物和鸟画得十分细略，但在后来的象形文字里是作为王衔即"荷拉斯"（或译"荷鲁斯"）来使用的[①]。王衔、红冠是埃及王权的标志，它是由史前部落或地方的最高酋长之权演变而来的，在涅伽达Ⅰ的末期出现后来的王衔的符号和红冠的浮雕，不但说明涅伽达是上埃及的一个重要的权力中心，而且还说明在后来统一的埃及王国的建立过程中，这一中心曾发挥过重要的作用。

在涅伽达与这种权力中心相适应的是在其附近的温布（埃及语中叫努拜特）还发掘了一座类似于城堡的重要遗址，时代为涅伽达Ⅰ末期。城堡用小砖建成，已发掘了100平方米，估计全城要大得多。城内房屋接近长方形。涅伽达附近这一城堡，地处阿姆拉文化即涅伽达文化Ⅰ的心脏地带，该地是被称为塞特地方神所在地，涅伽达的这种权力中心是以神权和宗教权为基础的，涅伽达及其城堡，是这一带的中心聚落，类似于中国仰韶后期的中心聚落即原始宗邑和美索不达米亚欧贝德时期的神庙聚落。涅伽达之外，在狄奥斯坡里（DiosPolisparva）的阿巴德埃（Abadiyeh）的B83号墓出土了一个黏土制的聚落模型，在这一模型中聚落的四周也围有墙壁而被认为是城堡模型。年代为涅伽达Ⅰ时期[②]。

显然，涅伽达文化Ⅰ时期，特别是它的末期，埃及各地正在形成一个个以神权和宗教权为基础的中心聚落。它相当于中国仰韶后期、红山后期、大汶口后期、良渚早期的原始宗邑形态即中心聚落形态的发展阶段；也相当于两河流域欧贝德时期的神庙聚落形态的发展阶段。在尼罗河流域，这些中心聚落形态的进一步发展，就是下一阶段的"诺姆"文明形态，只是同中国和美索不达米亚不同，在诺姆文明中，各地并未普遍地筑城营都而形成城邑或城市文明形态。在埃及，各个诺姆是以各个灌溉区为基础而形成的灌溉区文明。

诺姆文明期

埃及在公元前3100年左右成为一个统一国家时，已经约有38个诺姆

[①] 汉尼希、朱威烈等编著：《人类早期文明的"木乃伊"——古埃及文化求实》，第4页，浙江人民出版社1988年版。

[②] 《世界考古学事典》（上），第724页，[日本] 平凡社1979年版。

（州）。不少学者认为这些诺姆形成于埃及文明刚刚兴起之时的前王朝（公元前3500—前3100年左右），它大体相当于格尔塞文化（Gerzeh）亦即涅伽达文化Ⅱ时期①。

"诺姆"是希腊语的名称，汉语译为州，在埃及历史上它称为"斯帕特"（SPT），在古埃及的象形文字中"斯帕特"写成𓈗，就是由河渠所划分的一些地段。所以，诺姆文明就是一个个灌溉区文明。在上埃及的希拉康坡里发现一个古代诺姆遗址，出土了前王朝时期的"蝎王"权标头（图Ⅺ—6），发现了一个以彩绘"画墓"为代表的王家墓和那尔迈调色板。据考证，在前王朝末期，这里是一个重要的统治中心，周围是农村，面积大约50800平方米，人口约4700—10000人②。

尽管在涅伽达文化Ⅰ末期就有城堡和黏土制的城壁模型，在古王国末期（第6王朝）的希拉康坡里也发现有用墙壁围起来的城市，但在整个古埃及这一点是很不突出的。古埃及的38个州，无论是在统一国家之前，还是在统一国家之后。其绝大部分都不是以城邑的姿态出现的。所以"斯帕特"一词所表达的形象，正是古代诺姆文明的个性特征的生动写照——以水利灌溉为基础的一个个地方性的灌溉区文明。每个诺姆除了一定的土地面积外，都有自己的名称、管理中心以及军队和政权，也有它自己的方言和信仰，有自己的保护神并成为诺姆的象征。

在涅伽达Ⅱ时期，作为诺姆文明的经

图Ⅺ—6　"蝎王"石制权标浮雕

济基础，首先是水利灌溉农业的发展，这时人们已在河谷两岸挖渠道和贮水渠，当尼罗河暴涨时，将河水储存在水渠（池）之中，河水退后，用这些水来灌溉。当十分干旱之时，还不得不将尼罗河水汲到水渠中来。这样的人工灌溉完全可以通过修建地方性的水渠来实现，也完全可以通过诺姆

---

① 《世界上古史纲要》（上册），第249—252页，人民出版社1979年版。
② 同上书，第252页。

来管理。

如前所述，在公元前 4000—前 3500 年的涅伽达文化 I 时期，在一些陶片上已可见到一些象形文字的刻画符号。到了涅伽达 II 时期，除了器皿上的刻画文字外，在一些调色板和权标头上也可以看到一些象形文字的符号。在这一时期的陶器文字符号中可以找到古埃及象形文字中那些表示由河渠划分的一些地段——"州"，表示"土地"、"地区"等的表意符号或限定符号。所以这一时期也是埃及象形文字起源的一个时期。

这一时期的另一进步是铜器获得了发展，冶炼铸造的铜工具和武器有：刀、匕首、斧、锛等。在金属加工方面，不但有铜、金，而且还有银。

然而，金属技术方面的发展并未改变燧石的继续应用。燧石是埃及蕴藏量丰富的一种高效能物资，它的使用延续到整个法老时期。例如在凯尔奈克的古底比斯中王国遗址，就发现了大量的燧石工具。1971 年以来，在卢克索的底比斯小丘发现了 200 个燧石器制造场，其中一半以上完全不是史前时期的，而是产生于新王国时期。这些制造场以大量的燧石工具供应首都，其产品几乎全是刀身和镰刀头。

涅伽达 II 时期也是与西亚交往、外来文化和土著文化相混合的时期，例如从这一时期的墓葬中出土有美索不达米亚杰姆代特奈斯尔时期的圆筒印章，再如阿拉克石刀象牙柄上的图刻和希拉康坡里画墓的壁画，以及在建筑上采用连续凹壁墙面的风格，都显示了外来的西亚两河流域的文化的强烈影响。

总之，在涅伽达 II 时期，由于人工灌溉的施行，开始了较大规模的有组织的农耕，使剩余的农作物和人口得到了集中，聚落的规模也变得大得多了，并形成了一个又一个诺姆文明区。在各个诺姆中，人群围绕着某一生境和某一主神被组织了起来，形成了一个个权力中心和宗教中心。这种诺姆组织，既是农业性的，也是宗教性的，因为只有神才能保证工作的成功，从而保证该群体的繁荣昌盛。这种双重性的组织机制是尼罗河上下埃及社会制度的基本的和固定的特点[①]。

在涅伽达文化 I 末期，就在陶器上发现王冠和王衔的符号；到了前王朝末期，又在希拉康坡里出土了石制的"蝎王"权标头浮雕。在蝎王权标头浮雕中，王戴白冠，形象高大而突出。同时，权标头上还绘有一些诺姆的旗帜

---

① 联合国教科文组织编写：《非洲通史》第一卷，第 535 页。

徽章，表明蝎王统领着这一地区的诸诺姆。这一权标头的制作，是为了纪念蝎王对敌对国战争的胜利和新的灌溉水渠的开凿。王为神王，王权的神圣性得到了生动的体现。

统一王朝的建立

在各个诺姆分立时期，各个诺姆都有自己的保护神、都有自己的首府和领土范围，各个诺姆之间围绕着水利权和领土权必然要长期相争，这样就很容易出现诺姆与诺姆之间的联合与争霸。争霸的结果是在接近公元前 3100 年时，尼罗河原本分立的众多的诺姆国家。首先分别被统合为三角洲地带的下埃及王国和尼罗河谷地带的上埃及王国，接着通过进一步的战争和征服，上埃及的那尔迈王征服了下埃及而建立了埃及的统一王朝。说明这种统一王国建立的就是著名的那尔迈调色板。

著名的那尔迈调色板出土于上埃及的希拉康坡里，年代为公元前 3100 年。这块调色板的正面（图 XI—7：1），绘有头戴白冠的那尔迈王，他一手持权标，一手抓住被打败的敌人君王的头发。右上方有一头鹰站在带人头的一束（6 茎）纸草上。那尔迈身后的是"执履"的官吏，下端绘有被打败的企图逃跑的敌人。那尔迈的名字是鱼形（读作 ner）和凿子（读作 mr）的结合，放在正上方两个牛头人面像之间的长方形框里。其他人的名字或头衔，放在他们头的上方，用小的象形符号书写。被那尔迈抓住的敌王，名叫 washi，用鱼（读作 wr）和水池（读作 s）两个表音符号组成。带有人头的一束纸草是一组表意象形文字，代表纸草的土地，亦即尼罗河三角洲；附在土地上的人头代表三角洲的居民，6 束纸草意为众多的俘虏。鹰是那尔迈王的象征（即荷鲁斯鹰神）。整个画面表明那尔迈王征服了三角洲，使那里的居民成为俘虏①。在这块调色板的反面（图 XI—7：2），那尔迈王改戴红冠，率领各州即各诺姆的军队凯旋而归。通过别的调色板可以看到那尔迈王对利比亚人的征服也取得了胜利。据考证，那尔迈大概就是埃及历史文献上所说的第一王朝的第一王美尼斯（Menes）②。

---

① 汉尼希、朱威烈等编著：《人类早期文明的"木乃伊"——古埃及文化求实》，第 7 页，浙江人民出版社 1988 年版。

② 《岩波讲座 世界历史》（1），第 58 页，[日]岩波书店 1969 年，《世界上古史纲》（上册），第 265 页，人民出版社 1979 年版。

图Ⅺ—7　那尔迈调色板

古埃及通过战争取得了统一，但在埃及人看来，战争的胜利是神的胜利。最能说明这一点的，莫过于一块描述战争场面的调色板断片（图Ⅺ—8）。调色板的正面画着被打败了的敌人，他们裸露身体、赤手空拳，完全成人形；胜利者则成动物形，是狮子和食肉鸟。在埃及的早期历史中，神都呈动物形，国王们的名字也是动物名，如蝎、眼镜蛇、鹰等。到后来才出现人形神和兽形神同时并存，但更主要的多是人兽混合形即人身兽（禽）头神。所以在制作这块战争场面调色板的时期（约公元前3000年），埃及人将胜利者画成动物形，画成动物正在追逐、歼击、俘获敌人，显然是告诉人们是他们的保护神战胜了敌人，也只有依靠神的力量才能取得战争的胜利。这清楚地再现了埃及人的神权观念和其独特的宗教思想。古埃及自统一

图Ⅺ—8　战争调色板

王朝建立起，就完全进入了以神王——法老为中心的历史。

埃及文明的几个特点

同美索不达米亚一样，古埃及也是依赖灌溉农业发展起来的文明。但尼罗河河谷的两侧被沙漠荒地所包围，不易遭受异民族的侵入，这为它的政治、经济和宗教文化的稳定创造了条件。与两河流域相比，尼罗河流域的物产资源相对来说是丰富的，从而对贸易的依赖程度也少得多，再加上尼罗河每年的泛滥可以预知、起势平缓，多数时期都可以给埃及带来丰收。所以埃及人与苏美尔相反，普遍地持有自信而乐观的世界观。由于尼罗河的自然特点，使得埃及的水利灌溉工程远比美索不达米亚简单，埃及人在早期文明时期在农业生产上使用的工具比苏美尔人原始，花费在农业上的劳动量比苏美尔人要少，而获得的农业成果不比两河流域少，这既助长了埃及人的自信和乐观，也为埃及文明带来了稳定和繁荣。

与中国和美索不达米亚相比，古埃及从平等的农耕聚落形态发展到文明社会，再发展到统一王朝帝国的建立，其速度是超常的，是加速发展。例如埃及最早的农耕聚落文化为上埃及的塔萨巴达里文化和下埃及的法尤姆文化，其时间在公元前5000—前4000年之间。这段时间里相当于中国的仰韶文化半坡期、西亚的哈拉夫文化时期。然而，与埃及巴达里和法尤姆的农业生产技术水平相当，甚至还高于它的农耕文化，在中国早在前仰韶的老官台文化、磁山·裴李岗文化、河姆渡文化等时期就已出现，其时间为公元前6000—前5000年。前仰韶的中国农耕文化，不但在耕种技术水平上是一种"锄耕"即早期（铲）耕农业，而且在聚落的组织和粮食储藏的技术水平与规模上，也都高于埃及的巴达里文化和法尤姆文化。西亚的情况也是这样，早在公元前6000年左右开始，到公元前5000年无论是耶莫的第三层，还是梭万聚落，其聚落的规模，定居的程度和农业生产水平，都高于埃及的巴达里和法尤姆。

在埃及从巴达里文化到涅伽达文化Ⅰ即从内外平等的农耕聚落形态到中心聚落形态，历时不足1000年，而在中国从初步发展了内外平等的农耕聚落（公元前7000年）到中心聚落形态的确立（公元前3800年），历时达3000多年之久；在西亚从耶利哥之类的农耕聚落到埃利都之类的神庙聚落前后也经历了两三千年。在埃及，中心聚落形态的出现是人们利用尼罗河自然泛滥，自然灌溉的结果。由于气候愈来愈干燥，人们不得不很快就去利用尼罗河谷两岸肥沃的土壤，从而提高了农业的收获量，促进了手工业方面的社会分工。对尼罗河谷沃地的利用，必然要产生"领土"和所有权的概念。一个个农业中心亦即应运而生。在当时人的观念中，这种中心既是农业性的，也是宗教性的。

埃及的中心聚落期是非常短暂的，从涅伽达文化Ⅰ到涅伽达文化Ⅱ亦即从中心聚落到诺姆文明，前后只经历了 500 年的发展。而在中国从中心聚落到城邑文明的出现，历时达 1000 年之久；在美索不达米亚，从埃利都·欧贝德文化早期神庙（前 4900 年左右），到乌鲁克文化期，前后也经历了 1000 多年。中国的中心聚落期较长，是因为中国这一时期的农业并不依赖灌溉，农业生产水平和产量的提高，财富的积累，都是逐渐进行的。两河流域虽说在神庙聚落期已经开始了简单的水利灌溉，但两河流域的自然条件使这种灌溉工程和农业生产工具、耕作技术都必须有相当程度的提高，才能保证农业连年丰收，而这也是需要长期发展的。在尼罗河，每年河水泛滥后，土地进行了自行的灌溉施肥过程。希罗多德记载了他亲眼见到的古代埃及农民的生产过程。"他们要取得收获，并不要用锄头锄地，不需要用耨掘地，也不需要做其他人必须做的工作。那里的农夫只需要等河水自行泛滥出来，然后每个人把种子撒在自己的土地上，叫猪上去踏进这些种子，此后便只是等待收获了。他们是用猪来打谷的，然后把粮食收入谷仓"①。确实，当耕地只局限于临河的沃地时，靠这样一种维持生计的方法是十分简单的。

埃及的诺姆文明的形成过程，就是修建水渠，建立人工灌溉系统的过程，诺姆即"斯帕特"一词的象形就是生动的说明。在前王朝时期的末期即"诺姆文明"末期"蝎王权标头"上，画的那个高大的蝎王——就站在河岸上，手持一柄木锄，他身边一个人半躬着身子，双手拿着一个畚箕，反映了国王在为挖水渠举行奠基仪式。这种人工灌溉工程，在最初是简单的，因为当时人口压力不大，各个诺姆都可以沿着尼罗河谷两岸，居住在地方性的水利系统所能达到的地方。随着历史的发展，人口的增长，以及庞大的官僚——神职机构等对粮食需求的增大，用河水灌溉远离河流的土地愈来愈远，挖渠筑坝之类的灌溉系统才变得愈来愈纵横交错、复杂庞大。对此希罗多德也曾就尼罗河三角洲地区的情况作过非常形象的描绘。他说："在以前埃及是一个适于马和马车行走的地区，但从此以后，它变得对二者都完全不适应了，虽然这时它的全境是一片平原，现在它却不适于马车行走，因为它的全境布

---

① 希罗多德：《历史》，第 281 页，商务印书馆 1959 年版。

满了极多的,向四面八方流的河渠。国王这样做的目的是把尼罗河水供应给内地不是临河的城市居民。因为在先前,河水退下去以后,他们不得不饮用从井里汲取的发咸的水。"[1]

从古王国到新王国,近两千年时间里,埃及农业生产工具的改变并不大。古代埃及人世世代代用木锄、木犁、燧石镰刀进行耕作和收获。然而,这种简易的工具,却可获得高产。当时的埃及是最早的世界粮仓[2]。这种简易的生产工具的长期使用是因为尼罗河两岸的土地经过河水的灌溉后变得肥沃而易于耕种。所以,在古代埃及,农业上的丰歉不取决于工具的改进而取决于河水灌溉系统的修建。从很早起,古埃及人对尼罗河水位就极为关注,他们很早就通过测量每年尼罗河水位上涨的高度、河水泛滥的大小来预测这一年粮食的产量。至少从早期王朝起(公元前3100年),古埃及的政府就开始每年记录尼罗河水泛滥的高度。著名的《帕勒摩石碑》铭刻就是例证[3]。

古埃及的农业经济与尼罗河息息相关,古埃及的政治和宗教也有它的区域特征。古代埃及能于公元前3100年就实现统一,就在于尼罗河像一根天然的纽带,很容易把整个流域连接成一个稳定的、有效的整体,并使埃及人拥有一个可靠的交通运输和通信的手段。在统一之前,各地区各个诺姆的组织结构、观念体系,大体上都是类似和雷同的。所以,当通过战争与征服,将各地统一于一个王权之下时,并不感到有什么不便,反而为整个流域的水利灌溉系统的统一筹划、统一修建和统一管理带来了方便。因而,随着灌溉系统的发展,全埃及的统一也是一种经济上的需要。

在长期的历史发展中,埃及人一直有一种复活和来世的信仰观念。这种信仰观念也是尼罗河孕育的产物。源远流长的尼罗河,一年一次很规律的泛滥,给埃及人带来了生命,万物随着尼罗河水的泛滥而复苏、繁荣。这种周而复始使古埃及人相信世界是永恒的。是由无数的反复组成的永恒。因此,象征尼罗河和肥沃土地的奥西里斯神,就具有死后重生的能力,一如尼罗河从枯水期到洪水期,也如尼罗河谷地的植物从枯萎到茂盛。埃及特殊的地理环境,使古埃及人具有十分浓厚的死后复活的观念,进而也影响了他们的整

---

[1] 希罗多德:《历史》,第321页,商务印书馆1959年版。
[2] 金观涛、王军衔:《悲壮的衰落——古埃及社会的兴亡》,第52页,四川人民出版社1986年版。
[3] 同上书,第49页。

个宗教观念和宗教活动①。

在复活和永恒的观念信仰作用下,使埃及人从史前开始就很注重尸体的埋葬。史前墓中的随葬品,包括陶器、石制工具、武器和装饰品等,都是用来满足死者来世生活需要的。埃及人制作木乃伊,就是认为尸体是灵魂"巴"的依存,死者可以借助木乃伊而复活,继续在来世生活。死者在来世生活,需要有坚固的居住地,所以从"马斯塔巴"(Mastaba)② 墓到古王国时的金字塔和中王国、新王国时在山坡挖掘的陵墓,都是亡灵永久生活的住地。这些东西大量遗留至今,使得有人称埃及文化是"坟墓文化"③。

古埃及早期文明的另一个重要特点是它的神权政治色彩十分浓厚。从前王朝的诺姆文明到古王国时代都可以称为"神王国家"时期。埃及的法老,是神的儿子,也是活的人神。他既担当神与人之间的联系者的角色,又担负着在地上维持并更新神的秩序的任务。人的日常生活及一切行为,都掌握在法老手中。金字塔的出现可以视为神王权威的高度发展,而对于金字塔的修建,据研究"古埃及人承担这项工作是心悦诚服,因为他们认为这是在为代表地上的神——法老尽一项神圣的义务"④。

古埃及的神权政治还表现在全国主神的产生方式和神权的等次性与政权的等次性同构对应等方面。在埃及统一王朝建立前几百年中,随着各诺姆的互相作战和交往,那些经济上、军事上最强大的诺姆主神,例如第一王朝时所信奉的荷鲁斯鹰神,随着军事征服和全国统一而上升为全国主神,并造成各诺姆经济、政治以至于文化上的统一。正因为主神通常是由诺姆地方神中推到全国地位的,在它当地方主神时具有一种动物形象,而成为全国主神时,往往需要大家共同接受的一些形象——比如太阳。所以埃及的主神形象,往往发生转移和变化。

在全国实现统一后,神权与政权的等次性是这样对应的:全国至高无上的主神与法老相对应;法老之下的最高官职是宰相,作为国王的代理人,宰相握有行政、司法和宗教大权,而在神权上他常被比作图特神,即"太阳神

---

① 汉尼希、朱威烈等编著:《人类早期文明的"木乃伊"——古埃及文化求实》,第106页,浙江人民出版社1988年版。
② 马斯塔巴墓是一种长方形平顶砖墓。在第三王朝之前,仅作王陵,到了第三王朝后,一般官员和上层平民也可以修建马斯塔巴式的墓。已发现的最早的"马斯塔巴"是第一王朝国王阿赫的墓葬,位于萨卡拉。此后每位国王都有一两个马斯塔巴墓,一直延续到金字塔出现。
③ 伊东俊太郎:《文明的诞生》,第188页。
④ 尼·伊·阿拉姆:《中东艺术史·古代》,第56页,上海人民出版社1985年版。

拉的心脏和舌头"。在全国主神之下，是各个地区人们信奉的地方主神，它们和州一级组织对应。而在宰相之下，各州的州长同时也是各州神庙的最高祭司，被称为"神的仆人"。这种神与神之间的关系和地域组织同层同构，在其他文明古国是很少见到的。

三 中美洲文明的道路与特点

美洲新大陆的考古学正像美洲的历史一样，因其许多特殊性而同旧大陆相区别，例如在旧大陆考古学和人类文化发展图式中，每每将石器时代划分为旧石器时代、中石器时代和新石器时代三大段。这种划分，在新大陆考古学中有许多不适用之处。还有，旧大陆中依据金属工具的材料又进而划出了铜器时代和铁器时代。而这样的金属器时代在美洲是否存在，也是颇有疑问的。为此，在美洲考古学上，学者们提出了一套独立的时代划分及其术语，这就是"石期"（Lithic）、"古期"（Archaic）、"形成期"（又称"前古典期"）、"古典期"、"后古典期"。其中，石期的开始，大体相当于旧大陆旧石器文化；形成期在大部分地区开始于由狩猎采集和初期农耕向定居农耕的转变；而古典期则是其文明高度发展的黄金时代。

在美洲，中美洲地区不但是文明出现较早的地区，而且是几个大的文明圈相互影响，在一个相当长的时间内交互作用，呈现出许多共性的地区。也正因为如此，在这样小的一个篇幅中，不可能对其每一文明发生与发展的过程作出详细的叙述，而只能就其特征性的问题作一概观，以资同其他文明进行比较。

中美洲文明的道路

每个文明都有自己特定的活动舞台，中美洲的地形和生态呈现出惊人的多样性。在这里，有干燥的沙漠、寒冷的高地、灼热的热带丛林。即使仅就墨西哥高原地带一地而论，也因不同的河谷而各自形成独立的生态系，在动物、植物、蔬菜、矿物资源等方面都因地而异。在这样富有变化的自然和地理环境中，中美洲从相当古老的时代开始，就形成了各地分立的地方文化，但也正是在这样的环境下，从很早开始，这里的贸易组织就十分发达，相互间交换信息，维持着紧密的文化接触。

从文化发展的历程看，大约从公元前 2 万 2 千年起，在中美洲地区就已经有人类居住了。他们使用燧石、黑曜石和骨头制的箭镞等工具，过着原始的狩猎和采集生活①。依据墨西哥城西南特瓦坎谷地的发掘,这种原始的狩猎采集生活一直持续到公元前六七千年时才开始转入高级采集狩猎经济,这就是埃尔·里戈斯（El Riego Phase）,发现有杵臼、磨石、磨棒等高级采集经济中带有特征性的器物。

在中美洲,虽说从公元前 5000 年左右即考克斯卡兰期（Coxcatlan Phase,公元前 5200—前 3400 年）开始栽培玉米,但一直到公元前 2000 年之前,还没有完全进入定居生活。这是因为当时作为可以储藏的玉米还解决不了在非收获季节维持最低限度的食物供应的问题②。定居农耕聚落的姗姗来迟,使得中美洲的文明起源也远远地晚于旧大陆。

从公元前 2000—前 1000 年左右,在中美洲发现了第一批定居的农耕聚落,这一阶段属于农耕聚落期,也是考古学上的形成期前期。这时的人们建造了泥壁草顶的房屋,在种植玉米、豆类、南瓜、辣椒等作物的同时,也依赖狩猎和渔捞。这一时期一般都没有出现神庙。在墓葬中有较丰富的随葬品,也制作大量的泥人。这些泥人都采用写实主义的表现手法,可以看到当时的人们裸着身体,只系一条束带,有文身的习俗,头上戴着头巾一样的头饰,还佩有石和贝一类的装饰品。其中发现很多裸体的女性泥人,大概是在农耕礼仪中所祭祀的地母神信仰和丰殖观念的象征物或崇拜体。

这一时期由于人口密度小,聚落的规模也小,而且属于刚定居不久的农耕聚落,并处于热带林区,所以很可能采用的是刀耕火种的耕作方式。这种耕作方式现在尤卡坦半岛也还在实行,当地称为"米尔帕"（milpa）。所谓"刀耕"就是用石斧之类工具砍倒小树、藤蔓、灌木,让其晾干后放火烧之。烧荒通常在雨季前进行,以形成可充当肥料的一层灰烬。人们在覆盖着草木灰的土地上用尖木棒直接点播种子,无须去犁地。在两三个季节内,玉米、豆类、南瓜和其他农作物的产量都很高。此后,杂草开始从附近未经砍伐的森林中蔓延过来,在这块地中疯长成灾；与之同时,灰肥也被雨水冲走,土地的肥力递减得极快,人们就需要另找新地。据实验,在中美洲用"米尔帕"连续耕作三四年,其杂草就会蔓延到难以处理的地步。而两次烧荒的间隔越长即"米尔帕"地的放荒间隔越长,就会使树木灌丛重新长大,可供烧灰的树也越多,从而农业产量也就越高。如果耕种一二年后就放荒 10 来年,

---

① 狩野千秋:《玛雅与阿兹特克》,第 14 页,[日本]近藤出版社 1983 年版。
② 参见第一章"农耕的起源与社会组织的变化"。

则刀耕火种是收益颇高的农业形式。但它要求备有足够休耕林地以供轮换。这就使得人口必须分散，密度不能高。据估算，采用这种耕作方式每平方公里的耕地最高供养能力仅为 77 人[①]。

形成期前期是中美洲各地农耕聚落的确立期。进入了形成期中期即公元前 1000—前 400 年以后，各地人口急增，聚落规模逐渐扩大，其中有的部落文化已开始建造庙宇、金字塔、祭坛、石碑等，出现了宗教祭祀中心，如地处墨西哥湾的奥尔梅克文化（Olmec）、危地马拉的奥科斯（Ocos）、卡米纳尔祖尤（Kaminaljuyu）、危地马拉太平洋岸的伊萨帕（Izapa）[②] 等。特别是奥尔梅克人的文化，不但宗教色彩十分浓厚、祭祀规模颇大，而且对中美洲的玛雅文化、蒙特阿尔万文化等许多文化都产生过强烈的影响。其影响范围，西可达墨西哥西部米却肯和中央高原地带，东可达恰帕斯、危地马拉的太平洋沿岸。因此有人称奥尔梅克文化是古代中美洲的"母胎文化"。

奥尔梅克人生活于墨西哥湾沿海韦腊克鲁斯州和塔巴斯科州的潮湿低地和沿海平原上。碳 14 年代测定他们的活动时期为公元前 1200—前 300 年，其中公元前 800—前 400 年是奥尔梅克文化的全盛期。在这期间他们在拉文塔（La Venta）、圣洛伦索（San Lorenzo）、特雷斯（Tres Zapotes）等地的面积达两三英亩的人工土丘上建造了庙宇、雕凿了巨大石头像，形成了一个个宗教祭祀中心[③]。其中最著名的遗迹是塔巴斯科州建在沼泽地中一孤岛上的拉文塔宗教祭祀中心。在小岛中央南北 2 公里的范围内，以一个直径 140 米，高 30 米的圆锥形土堆金字塔为中心，在其北侧分布有围成广场的圆形、矩形的低矮基坛，另一地段由玄武岩的列柱相围。经调查发掘，发现有 4 个巨大的石雕头像、祭坛、石碑、石棺等很多的石雕（图Ⅺ—9）。

在拉文塔的地下还出土了用翡翠和蛇纹岩雕成的一群 16 人的小人像。这些小人像大约有 15—17 厘米高，排列成一个同心圆形，面向一个用红石头雕成的人像。恭恭敬敬地站立着，而他们的身边则立着用翡翠雕成的长方块斧形玉板，他们似乎在举行一种神秘的典礼。在拉文塔还发现过一些其他翡翠和玉石像，如小孩像、带有神秘气氛的尊严头像、怀抱虎神的雕像以及

[①] 科夫吉尔：《南部玛雅低地农业之研究》，《美洲人类学者》第 46 卷，第 273—296 页。（U. M. Cowgill: "An agricultural Study of the Southern Maya Low lands", *American Anthropologist* 1 2. LXIV. pp. 273—290.）

[②] 狩野千秋：《玛雅与阿兹特克》，第 36—38 页，[日本] 近藤出版社 1983 年版。

[③] Bernal, I. *The Olmec World*, Berkeley, 1969.

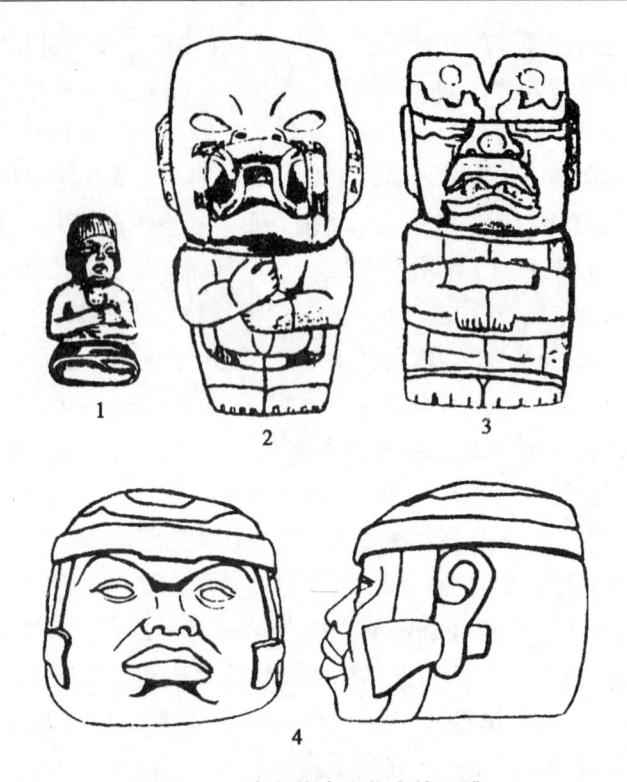

图Ⅺ—9 奥尔梅克文化中的石雕

盘腿坐立、胸部有用磁铁矿磨制而成的镜子、双手放在胸前的女巫师像等。

拉文塔的祭坛有的是用整块玄武岩雕琢而成，祭坛的台面，供陈放牺牲之用，祭坛下部每面雕刻着一个祭司。拉文塔的石碑在奥尔梅克文化中也很有代表性，其中一块较著名的二号碑，高2.75米，重50吨，上面有7个浅浮雕人像，当中一人是高级祭司兼权贵，他双手紧握着弯柄的杖形东西，他的周围站着6名向他致敬的臣仆。

奥尔梅克文化中的宗教色彩非常突出，在奥尔梅克文化雕像中，似乎都贯穿着对美洲虎的崇拜，他们把人的形象同美洲虎的特征结合到一起，构成一种半人半虎的"虎人"。有的雕像美洲虎的形状多些，有些则是人的特征多些。他们的婴儿雕像，都像咆哮的美洲虎，有的雕成怀抱"虎人"婴儿的形象（图Ⅺ—10）。在奥尔梅克文化的石雕和洞穴岩画中，还发现美洲虎与人类女性交媾的造型和图像。这大概对解释奥尔梅克人的诞生神话是很有作用的。奥尔梅克人的图腾可能是美洲虎，他们大概自认为是美洲虎与人相结合的后裔。此外据研究，这种美洲虎和蛇也被视为水神，这些住在多雨的热带雨林地带的动物，是具有掌管雨和水之功能的神。

进入形成期中期后另一个新现象就是灌溉和排水用的水渠、水路以及梯田、台田之类陆续出现，在中美洲高原、墨西哥河谷地带的奎奎尔科（Cuicuilco）、圣科拉拉哈罗斯托克（Santaclara Xalcstoc）、圣科拉拉科蒂特兰（Santa Clara Coatitlan）都发现了形成期中期的水渠，前者年代为公元前 750 年，后两者年代为公元前 920—前 650 年，在特奥蒂瓦坎

图 Ⅺ—10　怀抱半人半虎婴儿的石雕

附近也发现有公元前 300 年前的水渠。在墨西哥河谷的萨卡滕科（Zacatenco）、蒂科曼（Ticaman）、伊斯塔帕拉帕特科斯科科（Ixtapalapa Texcoco），都发现了形成期中期的梯田，前者约为公元前 1150—前 650 年，后两者约为公元前 650—前 300 年。

属于另一文明区的瓦哈卡（Oaxaca）河谷地带有与中墨西哥类似的半干旱气候，年降雨量为 500—700 毫米，周围山地达到 1000 毫米。河泛平原的水位深度在地表以下 3 米，由于水源不足使这里早在公元前 700 年就发明了浅井灌溉技术，即从深 1.5—3 米的井中取水浇灌作物，利用井灌一年可收获三次。后来在山地河边出现小规模的灌溉。有人指出这些小规模灌溉可能与公元前 1000—前 300 年间这一带聚落的扩大和礼仪中心的发展有关。

在玛雅低地佩腾和伯利兹北部的普尔特劳索，发现了一个复杂的水渠网和台田，台田有近 311 公顷，呈方格状；有的水渠大到足以航行独木舟。根据碳 14 测定和陶片断代，其修建和持续时间为形成期中期（公元前 1000—前 400 年）到古典时代后期（公元 600—850 年）。在地层中还发现可辨认的谷、苋和可能为棉花的花粉，以及玉米穗轴残断和几片可可树木块[①]。

水渠灌溉和排涝、井灌、梯田、台田之类，显然是对刀耕火种式的"米尔帕"耕作方式的替换，从而使中美洲开始踏上了集约农业和多种类型耕种

---

① R.T. 马瑟利等：《美洲大陆史前农业系统的变化》，《农业考古》1988 年第 1 期。

方式相互补充的农业道路。这当然对人口密度的加大、聚落规模的扩展、宗教礼仪中心的陆续出现提供了经济条件。但这一时期的宗教礼仪中心，除了奥尔梅克文化甚为突出外，其他文化，要么尚未发现礼仪中心，要么规模、程度都很有限，发展是很不平衡的。为此，笔者将形成期中期定为神庙聚落的早期阶段。

进入形成期后期，宗教礼仪中心即神庙聚落在中美洲已经十分普遍了。传统上一般是将公元300—900年划为古典期，这样从公元前400—公元300年都属于形成期后期。但也有学者独具慧眼，早在30年前就根据形成期后期一些礼仪祭礼中心的规模以及在特雷斯扎波特斯（Tres Zapotes）的石碑上发现早于古典玛雅而标有公元前31年的"玛雅式"的历法纪年提出了"原始古典期"或"过渡期"的概念[①]。根据近年来的考古学发现和研究，中美洲文明的出现期即古典期似有提前的趋势。笔者认为，为了不使原来的分期术语和以后的分期术语出现混乱，古典期的年代界限仍可以不变，而在古典期之前加一个"原始古典期"，即将公元前后或公元前100—公元300年这三四百年的时期命名为"原始古典期"，亦即中美洲古代文明普遍出现的时期，应该是可行的。这样，本书所说的形成期后期就只限定在公元前400—前100年或公元前、后之际，而将公元前、后之际或公元前100—公元300年视为原始古典期亦即文明的出现期。

作为形成期后期有两个特征是显著的，一是水渠灌溉等农业设施获得了进一步的发展，另一是祭祀礼仪中心林立，到处可见。因而笔者将这一时期称为神庙聚落的晚期阶段。

在特奥蒂瓦坎文化圈的特奥蒂瓦坎河谷的深壤平原，发现有大量水渠，年代约为前300—前100年或更早。这些水渠可浇灌近5000公顷的土地。在这里，由开挖沟渠而形成的台田面积超过100公顷。如果说在形成期中期偏后的一段时间，特奥蒂瓦坎的人们主要是在河谷底边缘海拔较低的地带建立了一些大村落，利用冲积土壤，进行原始的灌溉。那么，到了公元前300—前100年之间，其部落就直接建立在河谷底上，其中有的村落已有上千人口，后来演变成特奥蒂瓦坎都邑中心。在奎奎尔科发现的直径约100米、由四阶组成的截头圆锥形的金字塔（图Ⅺ—11）及其居住址，可以作为这一时期墨西哥中央高原一般的礼仪中心的代表。

[①] 《世界考古学大系》(15)，第54页，平凡社昭和34年。

在瓦哈卡地区，到了蒙特阿尔万（Monte Alban）二期亦即形成期后期，发现了一座被称为"有舞蹈人的神庙"，还发现许多刻有数字的石雕。这一遗址到了第三期即古典期后就建成了围绕中央广场而配有神庙、球戏场、天体观察所等许多大建筑物的都邑，从而形成了蒙特阿尔万文明。

图Ⅺ—11　形成期后期奎奎尔科的圆锥形金字塔复原图

瓦哈卡地区从神庙村落期到都邑的农业系统有四种：旱作农业、井灌、小渠灌溉和山麓粗放休闲地。这些系统综合利用，维持了相当数量人口的发展[1]。

在玛雅，无论是危地马拉的玛雅高地、太平洋沿岸，还是玛雅低地的中部、北部，都发现属于形成期后期的大量的宗教礼仪的公共建筑，如佩腾东北有33米高的大金字塔[2]。我们知道玛雅古典期文明的中心在玛雅低地，形成期后期，在玛雅低地的中部和北部兴起一种叫做奇卡纳尔式的文化（Chicanel），它以口沿向外翻的钵、腹部有檐的釜形钵、低矮的盆之类的陶器为特征。与此同时，在奇卡纳尔期的后半段，作为后来巨大都邑的蒂卡尔、瓦夏库图（Uaxacutun）等，已经建成了相当大的金字塔、神庙基坛、中庭之类的公共建筑，也许玛雅文明期的开始可以从奇卡纳尔期后段算起。在奇卡纳尔期前段和它之前的玛毛姆文化期（Mamom）的后段则属于玛雅低地的史前神庙聚落期，所以，以蒂卡尔为中心的低地玛雅文明的出现，很可能要提前到公元前200年左右，玛雅都市文明也是由它之前的祭祀礼仪中心发展而来的。

由于各地发展的不平衡，在中美洲有的地区于公元前2、3世纪已进入文明社会，有的于公元左右出现了文明，大体上说来，公元前后的时期是中美洲文明大开花的时期，而在文明时代之前，作为它的前身，各地都有一个或长或短的以祭祀礼仪为中心的神庙聚落期，原始古典期的都邑文明是史前礼仪中心的进一步发展。

总括中美洲文明起源的道路，大体上在公元前六七千年，开始出现高级

---

[1]　R. T. 马瑟利等：《美洲大陆史前农业系统的变化》，《农业考古》1988年第1期。
[2]　孔令平、王培英：《近十年来玛雅文化研究的新进展》，《世界历史》1985年第1期。

采集狩猎经济，到了公元前5000年左右，开始栽培玉米，一直到公元前2000年左右才开始进入定居的农耕。定居的农耕聚落的出现，是中美洲文明起源的起点。同旧大陆相比，这里的定居农耕聚落出现得是相当晚的，因而它的文明也出现得很晚。在定居农耕最初的1000多年里，中美洲主要采用的是被称为"米尔帕"的刀耕火种式的耕种方式，这是与它此时的人口密度较低、聚落规模较小相适应的。到了公元前1000年—前400年，在人口增大的压力之下，中美洲各地陆续出现水渠灌溉、井灌、梯田、台田之类，开始走上集约化农业的道路，使得聚落的规模逐渐扩大，礼仪中心也获得了不同程度的发展。由于各部落文化之间的相互影响和自身发展的需求，在公元前400—前100年期间，各地的宗教礼仪中心已十分普遍了，呈现出林立的局面。这种史前的宗教礼仪中心，在其公共建筑的外在形式上，它与中美洲都邑的格局一脉相承，简直难以划分出二者的界限；在其内在的社会组织结构、管理机制上，它为文明时代的都邑国家作了充分的准备。它是由史前内外平等的部落形态向文明社会阶级对立的都邑形态的过渡。它与中国史前的中心聚落（原始宗邑）形态和美索不达米亚欧贝德文化时期的神庙聚落形态的功能一样，都体现了在文明起源过程中社会发展的连续性。

中美洲文明的几个特点

在中美洲的古典文明中，无论是玛雅，还是特奥蒂瓦坎，或其他文明，都看不到使用铜器和冶铜，换言之，在中美洲是不存在铜器时代的。中美洲的黄金制品主要出现在10世纪以后的后古典时代，即使到这时也没有铜制的生产工具和容器。像旧大陆古典文明使用的铜制的工具，在中美洲很大程度上是由黑曜石代替的。在中美洲没有犁耕，也不存在像中国古代那样高度发达的耜耕，这是因为在中美洲种植玉米，不需要犁耕和耜耕即可播种。只需要用尖木棒每间隔1米掘一个深10—12厘米的小洞，点入几粒种子，再用土掩盖就可以了。特别是像玛雅文明所在的尤卡坦半岛，土壤很薄，稍微向下一挖立即可接触石灰岩的岩石，所以犁耕和耜耕完全没有必要。中美洲的文明是在没有大河的地方开始产生的，所以它也不是依赖大河灌溉的文明。然而作为古代文明共同的经济基础——集约农业，在中美洲还是存在的，只是实现集约的方法途径与旧大陆有所不同。

在中美洲为了提高农业生产力，实现高生产率的食物生产，主要是在对水的充分利用和对土地的改造两个方面下了工夫。

在中美洲的许多地方，由于缺乏永久性的河流或降雨不足、或年降雨总量和季降雨总量的波动变化很剧烈,使得水的问题,无论是在经济生活中,还是在宗教祭祀中,都占有突出的位置。

在特奥蒂瓦坎盆地,没有大的河流,它的水源是降雨形成的水流透过多孔的火山山坡渗入谷底,形成许多大泉流,构成特奥蒂瓦坎灌溉系统的基础。人们依靠这种泉流供水,修建河流般的水渠网络来浇灌近5000公顷的土地。但泉水的流量是依降雨多少而变化的,是不能乐观的。

瓦哈卡盆地,位于墨西哥南部高原地带,海拔约1500米,它是著名的蒙特阿尔万文明的中心,年降雨量为500—700毫米。由于水源不足,在河谷内无法进行大规模的灌溉,所以这里在提高农业生产上采用的井灌、小规模灌溉、旱作和山麓粗放休闲耕作。

在玛雅的尤卡坦半岛,由于基岩几乎完全由多孔的石灰岩构成,使得该地区只有很少的固定河流和湖泊,因为大多数降雨迅速渗透过石灰岩而完全消失,形不成任何表面径流。在旱季有的地方甚至连饮用水都出现短缺。佩腾地区的降雨模式也与众不同,由佩腾地区向北而行至尤卡坦半岛顶端,降雨呈减少之势,多刺灌木,仙人掌和其他耐旱植物取代了森林。在佩腾的中央森林区内,雨量也只有亚马逊—奥里诺科河流域雨量的一半。佩腾的旱季来得格外厉害,年降雨总量和季降雨总量的波动变化很剧烈。3月份和4月份可能滴雨不降,2月份和5月份也常常出现旱情。为此有人说:"这里的植物没有真正雨林的那种繁茂盎然之态,可称之为准雨林。"①

鉴于上述自然条件,中美洲古典文明中的许多大都市,或者是建在泉流汇集的盆地谷底平原,如特奥蒂瓦坎;或者是建在由湖泊和沼泽所包围的小丘陵的底部或中腹部,如玛雅文明佩腾地区的蒂卡尔等一群都市,为此,有人称佩腾地区的都市为"岛一样的都市";或者是建在河水流域,如在危地马拉与洪都拉斯接壤地区的摩特古阿河(Rio Motagua)流域形成了科潘(Copan)、基利古阿(Quirigua)等玛雅文明东南地域的都市,在乌苏马辛塔河及其流的中游建立了雅修奇兰(Yaxchilan)、彼埃得拉斯·纳古拉斯(Piedrass Negres),在下游建立了帕伦克(Palenque)、科玛尔卡尔科(Comalcalco)等玛雅文明的都市。

除都邑的选址考虑了自然地理条件外,中美洲的古代人更主要的是通过修建水渠和挖掘水井来解决饮用和浇灌用水。同时,因地制宜,用修筑梯田

---

① [美]马文·哈里斯:《文化的起源》,第83页,华夏出版社1988年版。

的办法来保持土壤和水分，解决水土流失的问题，又用修筑台田、条田之类的"齐那帕斯田"①来肥地和排灌。这样，古代中美洲的人们通过梯田、灌溉、齐那帕斯田、排水田、园田、树木栽培和性能良好的轮耕法等多方面途径，实现了集约化的农业生产，以确保高度的都市人口的粮食供应。

如第九章所述，在中美洲由于自然环境的多样性和资源分布在各地的显著差异性，使得各地分立的地方文化，从很早起就有发达的贸易和交换，维持着紧密的文化接触。这就很容易使各个文化圈内部诸地区之间相互作用、相互影响、走向同步发展的道路，这大概就是从公元前二三百年到公元后，中美洲高原的中部墨西哥、瓦哈卡、恰帕斯、玛雅高地、玛雅低地、墨西哥湾平原区等地相继都进入了文明的缘故（图Ⅺ—12）。在古代中美洲的古典文明中，贸易及文化上的相互影响占有较突出的地位，显然属于其文明的特点之一。

古代中美洲文明的形成，是否伴随有战争，在过去的研究中是不明确的。然而，制作于8世纪末的旁纳姆帕克（Bonampak）的壁画描绘有玛雅人对外作战以及虐待俘虏和庆祝胜利的场面。在贝坎的防御工事、在蒂卡尔的发掘中也可以看到曾和周围的都市哈克通存在过军事对抗，甚至在个别都邑中还发现有城墙卫墙的城防设施②。这些都说明中美洲的古典文明是伴随有战争和对外冲突的。然而与美索不达米亚和中国古代相比，战争的频繁和激烈的程度是有差别的。在中国和两河流域，攻击、掠夺和防御的意识要更甚一些，在文化中的表现亦更为强烈。

根据墓葬规模的大小、随葬品的多寡、墓室内的壁画，以及住宅的优劣、高级与低级、遗址中碑刻和壁画所反映的情况，在中美洲古典文明中存在着一种金字塔式的阶级阶层的结构。以玛雅为例，处于最高位的是王，他拥有最高的神权和行政之权，其职位由单一谱系的家族世袭。在王之下，有贵族、神官、平民、奴隶四个阶层。贵族主要是指各地方长官，在各个都邑国家中，各地方长官负责各地的司法、行政租税和宗教，在战时也负责军队的指挥。他从属于都邑，由都邑里的王任命而代代世袭。神官中高位的神官

---

① 台田、条田，都类似于阿兹特克文明中的齐那帕斯田。这种田地大都修筑在河岸、湖岸边和沼泽里。先是在耕地四周挖沟，再把沟里的泥土垒在耕地上，结果耕地被垒成长条或方格状的高台，故称台田或条田。每块台田四周的沟渠，既可以排掉耕地的地下水，又可以养鱼；沟里的淤泥还经常用来肥田。所以这是一种集约化的农业生产。

② 孔令平、王培英：《近十年来玛雅文化研究的新进展》，《世界历史》1985年第1期。

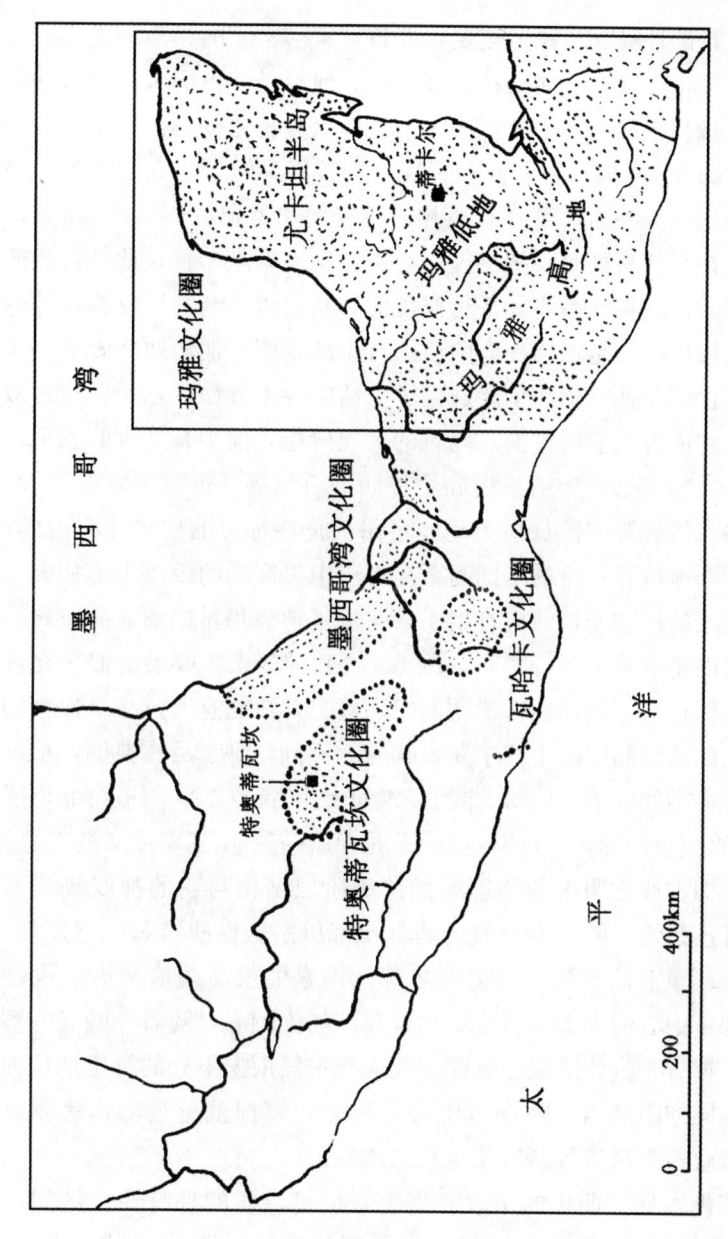

图 XI—12　中美洲各大文明圈分布图

被称为阿哈吾坎·玛依（Ahau Kan Mai），这是由阿哈吾坎（蛇王）和玛依（家族名）相结合组成的。这些高级神官远比一般的贵族和高官握有更大的权力，非常受尊敬。他们执掌着神庙的诸项活动，观察天文、星象，从事年、月、日的计算和历法的规定，并负责象形文字的读写、说明和文书的记载，还要进行占卜、疾病的诊断和治疗。他们是君王国家政务上的辅佐和顾问，属于最高统治阶层中的核心人物。高级神官之外，在玛雅还有一种被称作奇兰（Chilan）的神官，他们担任将神旨解释转告于人的角色，是一种巫师萨满。还有一种与军事官有着相同称号的拿考姆（nacom）神官，其终生之职就是在举行人牲时，把牺牲的心脏挖出来奉献于神，此外，他还参加成丁礼仪式、在新年开始之际举行祭仪时，负责点"新火"仪式，等等。神官即祭司阶层被认为是玛雅社会中最强有力的集团，他们通晓天文知识、预言日食、月食等。他们的活动渗透到了生活的各个方面，是一种与一般人不同的特殊人物而被人们所畏惧。玛雅的平民阶层，大半是贫穷的农夫，即从事粮食生产，向统治者交纳租税和给神庙的贡献品，也要为营造巨大的神庙、铺设道路、桥梁等劳役从事劳动。平民们住在都市的周边和附近的村落里，又因其社会地位和身份的不同而距离都市中央广场的距离也不相同。商人有自己的阶层的标志物，即持有扇子，北极星神被玛雅的商人所敬奉。作为社会最下层的是被称为彭特考布（Pentacob）的奴隶，奴隶制似乎在古典期和后古典期都存在。例如在古典期的纪念碑上，往往有通过战争抓来的奴隶俘虏，他们的脸形和图画中的主要人物完全不同，到了后古典期，根据文献记载有五种类型的奴隶：（一）作为奴隶而出生者；（二）因盗窃罪而成为奴隶者；（三）战争的俘虏；（四）成为孤儿者；（五）由买卖或交换来的奴隶[①]。

中美洲古典文明中金字塔式的阶级阶层结构与它的神奴政治不但不矛盾，而且还是统一的。中美洲的诸都市都以宗教性建筑和纪念广场为中心，突出了宗教至上的思想。中美洲各都邑国家的最高政治统治者也是最高祭司。以都市中心的大型宗教建筑物群和广场为圆心，随着一圈又一圈同心圆的扩散，神官、贵族阶层、工匠、商人和农民依据不同的身份地位而住在与中心不相同的距离内。距都市中心越近者，离神就越近，其社会地位也越高，神权政治在这里得到形象生动的体现。

中美洲古典文明中的宗教和观念系统也有它的独特性。例如，关于五个太阳的神话就很有特点。每一个太阳的运行周期是 52 年，每一个太阳的完结代表了一个宇宙的结束，也是人类一个新的转换的到来，每一次它都结束于一场大灾祸，所以世界总是走向毁灭。这种悲观宿命的思想的形

---

① 狩野千秋：《玛雅与阿兹特克》，第 77—84 页，[日本] 近藤出版社 1983 年版。

成，大概与中美洲的自然环境给古代先民提供的生活条件太严酷有关系。中美洲有活火山 100 多座；太平洋沿岸地区又是地震频繁的地带，大概火山的大爆发、地震的袭来、洪水的惨祸、旱魃的恐怖，等等，对中美洲古代人的心灵是不无影响的。这些自然灾害反映在他们的神话和传说之中，反映在他们的世界观和信仰之中，自然就会带有浓厚的悲观和宿命的色彩。

在中美洲文明中，天文观察和占星术都很发达，有些金字塔就是为了天文观察而修建的（见前图Ⅸ—35）。通过天文观察，他们制作出了正确的太阳历。在玛雅还制作了两套历法，一套是叫做哈阿布（Haap）的长历，一套是叫做刺奥尔肯（Tzolkin）的短历。前者是与农耕生活密切相关的日常用的太阳历，也可称作"农历"，它以一年分成 18 个月 360 天为基础，再加上 5 天，与太阳的周期相合。至于 365 天以外的零头，采用每过 104 年，再加 25 日的办法来纠正。这样，他们的长历的历法每年为 365.2403 日，比现在的历法每 500 年少一天，每天误差只有几分钟。短历的一年为 260 日，这是一种占卜、祭祀等宗教用的历法，可称作"祭祀历"。占星术的发达一方面与天文学的发展有关，另一方也与宗教神学的发达及宿命论思想密切相关。

中美洲的宗教体系以自然的多神崇拜为其特征，在诸神中有雨神、水神、玉米神、太阳神、月亮神、北极星神、风神、战神，等等。其中雨和水之神在前古典期和古典期，始终一贯地占有突出的地位。例如在特奥蒂瓦坎太阳金字塔下面，发现一个天然的洞穴和祭坛，据研究史前的这里是祭祀水神的礼仪中心。到了古典期，特奥蒂瓦坎都市中，有关雨神和水神的壁画、神庙都是十分突出的，如居住区中被称为台潘蒂特拉（Tepantitla）地段，就有著名的"雨神乐园"的大型而辉煌的壁画。再如特奥蒂瓦坎中被围在一个带有庭院的祭祀广场之中的大型六层台阶的金字塔就是羽蛇神和雨神相交的神庙。在蒂卡尔的Ⅱ号神庙中也描绘有特奥蒂瓦坎的雨神形象，蒂卡尔Ⅰ号神庙的入口处木雕的横楣上神官和蛇的形象，也是雨神水神的表达。在尤卡坦半岛北部玛雅人晚期的都邑奇琴伊察，就是一座显赫一时的"羽蛇"——雨神都邑。在奇琴伊察有两口直径 60 米的天然大水井，玛雅人把其中的一口水井作为饮用和灌溉农田之用，而把另一口水井奉为"圣井"，用来祭祀雨神。通过爱德华·汤普森主持的发掘，人们从"圣井"底部捞出了大量女性和儿童的头骨以及黄金和玉制品。据说，这里的玛雅人相信，雨神就住在这口"圣井"底下的宫殿里。相传，当年尤卡坦半岛上的玛雅人，每逢遇到干旱，就以为是雨神在生气了，为了安抚雨神，就要选一名美丽的姑娘投入"圣井"，去当雨神的新娘子，以少女的魅力去平息盛怒的雨神。所以每到祭典雨神那一天，玛雅人就会从各处聚集到这座"羽蛇"都邑来，为新娘子举行"婚礼"和送行。在这口"圣井"南面 300 米的地方，就是被称为"卡斯蒂洛"的羽蛇神金字塔。还有，汤普森在奇琴伊察还曾发掘了一座金字塔陵寝。当时汤普森在考察奇琴伊察的一座金字塔形神庙时发现，神庙顶部有一座圣殿。他察觉圣殿正中间有一块石板非常特别。他撬开石板，发现下面居然有一条 4 米多长的巨蛇盘绕在一个正方形的石室中间。汤普森打死了大蛇，又发现巨蛇下面还有两具被咬死的人尸残骸。骨骸下面地板中间，又有一块大石板。他撬开石板，发现底下又是一间石室。就这样，他一连掀开了五块石板，最后看到一条阶梯，一直通到另一间石屋，汤普森在这间石屋里又挪开了一块石板，终于发现底下是一间深达 15 米的石室。在石室的地板上摆着许多玉雕和石雕的器皿，以及宝珠项链等首饰。据判断，这座金字塔形神庙可能就是玛雅权贵阶层的一个大祭司的安葬之地，所以，人们把它叫做"伟大的祭司之墓"，有人认为，它可能就是那位以"羽蛇"自居的库库尔坎的陵寝[①]。

中美洲古典文明对雨神水神崇拜的高度重视，是与当地的自然环境分不开的。然颇有意思的是在中美洲将雨神水神的形象塑成羽蛇——能飞的大蛇，而在中国古代的龙神也是上能"飞龙在天"，下能"或跃在渊"（《周易》），中国古代的龙神的神性中也有司掌雨水的功能，这是耐人寻味的。

四　中国文明形成过程中的几个特点

中国文明是新旧大陆上第一批原生文明之一，由于孕育中国文明的自然环境和社会环境的独特性，致使中国文明在其形成过程中也有一些独自的特点。因在前十章中对中国文明发生的机制和形成的过程已作了系统的阐述，所以本节仅对其形成过程中的一些性格特征作一概括。对于中国文明个性的探究，有助于对中国古代文化传统的理解。

---

① 葛新编著：《古城踪迹探奇》，第 115 页，上海外语教育出版社 1988 年版。

中国文明的历史舞台

中国文明的活动舞台，与美索不达米亚和埃及相比，是相当广阔的，拥有960万平方公里的中国，位于亚欧大陆的东部、太平洋的西岸，地势西高东低，东西高低悬殊，形成巨大的三级阶梯。第一级阶梯是青藏高原，素有"世界屋脊"之称，平均海拔在4000—5000米。第二级阶梯由蒙新高原、黄土高原、云贵高原和盆地组成，海拔约在1000—2000米之间。第三级阶梯是广大的东部平原和丘陵地带，除少数山脉外，大部分海拔在500米以下。

除三级台地的特征外，中国的山脉的走向也是纵横繁复的。其中，既有东西走向的山脉，如展布在北纬40°—43°之间的天山—阴山—燕山，位于北纬32°—35°之间的昆仑山—秦岭—大别山，以及位于北纬24°—25°30′的南岭山脉等。也有北东—西南走向的山脉，如大兴安岭—太行山、吕梁山—巫山—雪峰山等为一系列，长白山—辽东的千山—山东的丘陵—东南的武夷山等为一系列。还有南北走向的山脉，如北方的贺兰山、六盘山和南方的横断山脉。此外祁连山、阿尔泰山、喜马拉雅山则为北西走向的山脉。

这些纵横交错的山脉，把全国分隔得像若干个网络，从而使得全国的河流水系也是纵横交错、星罗棋布。错综复杂的高原、盆地、平原、河谷川地即分布在这些山与水的网络之中。

在地理环境中，除地形地貌外，气候和资源也属于重要的因素。在气候方面，中国南北纬度跨度极大，从南到北占有热带、亚热带、温带、亚寒带等几个温度带。完备的气候带提供了农业经济多样发展的地理基础，如秦岭淮河以北在新石器时代为粟类谷物的旱作农业区，秦岭淮河以南为以稻米为主的水田农业区，北方草原为畜牧区。又由于中国位于全球最大的陆地与最大的海洋之间，具有大陆性季风气候的特征，年温差较大，降雨量主要集中在夏季，并呈现出东部充沛而西部稀少、自东南向西北递减的势态，形成了东部为农耕区，西部为畜牧区。

史前六大文明发祥区及其交互作用

如此复杂多变的地理环境，决定了中国史前文化与古典文明的多样性和各地文化发展的不平衡性。如第一章所述，中国农耕文化的出现本身就是多元分散式的。随着一万年前农业的起源而进入新石器时代，然后从距今七八千年前的仰韶时代，经六七千年前的仰韶时代，到四五千年前的龙山时代，中国新石器文化形成了十多个区域谱系，其中，作为旱地农业文化的有：中原文化区、山东文化区、甘青文化区、燕辽文化区；作为稻作农业文化的有：长江中游区、江浙文化区、闽台区、粤桂区、云贵区；作为狩猎采集经济文化的有：东北区、蒙新区、青藏区[①]。由于文化发展的不平衡，在中国早期文明形成过程中发挥过作用的主要是六个区域文化，即中原文化区、山东文化区、长江中游文化区、江浙文化区、甘青文化区和燕辽文化区。这六大区域实际上是中国文明的六个发祥区，用苏秉琦先生的话讲，中华文明的发源地有如满天星斗，熠熠发光。

中国复杂而独特的地理环境为中国农耕聚落文化的多系统提供了各自的条件。同时，中国河流水系纵横交错，星罗棋布，中国农耕聚落文化缘水而居的特点，又为不同区域、不同系统文化之间的交往提供了便利的交通条件。所以，中国新石器文化既是多元多中心发展的，又是相互影响、交互作用，大体上同步发展的。

考察这六大区域文化的形成过程我们将会发现，第一，凡是发掘资料比较丰富、研究比较深入的区域，各个时期都可以在同一考古学文化的名称下划分出不同的类型；第二，自仰韶时代起，同一系统文化的诸类型之间以及相邻的各区域文化之间都有广泛、持久连锁的相互影响、相互作用。例如在仰韶时代，中原地区的仰韶文化庙底沟类型，除对本区域内其他类型有直接的影响的交互作用外，对山东地区的大汶口文化、长江中游的大溪文化都有明显的影响。大汶口文化山东邹县野店、兖州王因、江苏邳县刘林、大墩子等遗址中出土典型的庙底沟式的彩陶，湖北黄冈螺蛳山、枝江关庙山、宜都红花套、四川巫山大溪等地的大溪文化，或者出土完整的庙底沟式的彩陶罐、双唇小口尖底瓶，或者出土由圆点、弧线三角、花瓣纹等组成的庙底沟式的彩陶片，都可作为显证。反之，同一时期，陕西关中至河南豫中出现的釜形鼎则是东部大汶口文化影响的结果，而河南淅川下王岗、郧县青龙泉下层等仰韶遗存中又都发现有大溪文化的因素。到了仰韶时代晚期，以郑州大河村遗址第三、四期为代表的大河类型文化，在大量吸收和融合东部的大汶口文化因素的同时，也吸取、融会了一些江汉流域的屈家岭文化的因素，其文化交融与濡化的现象是十分突出的[②]。此外，燕辽区域的红山文化中出土的"红顶碗"式的陶钵以及彩陶中的平行线纹、平行斜线组成的三角形纹，都反映出它在较早的阶段即与豫北冀南的仰韶文化（主要是后岗类型）有过

---

① 严文明：《中国史前文化的统一性与多样性》，《文物》1987年第3期。
② 王震中：《大河村类型与祝融部落》，《中原文物》1986年第2期。

接触和联系。长江下游自马家浜文化起，经崧泽文化再到良渚文化，始终同黄河下游的大汶口文化和山东龙山文化保持着紧密的接触和相互影响。长江下游良渚期带足鬶的出现，显然是大汶口—山东龙山文化影响的结果；在青浦福泉山良渚期墓中出土的大汶口文化特有的背壶，也是传入的结果[①]。淮水流域北方的大汶口—山东龙山文化与南方的崧泽—良渚文化相交错的情形也说明了二者的相互渗透与影响。近年来愈益增多的考古发现还表明，大汶口文化沿着泗水还走向了安徽。

中国史前各系统文化的交互作用，使得黄河、长江两大流域的诸文化每每呈现出同步发展的趋势。这种同步发展，不但体现在社会形态的演进历程上，而且还表现在文化风尚方面。最为明显的莫过于黄河流域都经历了以红陶、彩陶为特征的仰韶—大汶口时期和以灰陶、黑陶为特征的龙山时期。史前文化同步发展的归宿就是产生一批文明国家而非一个国家。所以，中国文明起源的多中心和邦国林立的格局是根植于中国史前文化的多系统和交互作用的基础上的。

强调了中国史前文化的交互作用和同步发展，并不等于说史前各地区的社会发展全都是齐头并进的。事实上，在前仰韶时期，河南的裴李岗文化就是同一时期诸文化系统中的龙头文化。在这里我们不但看到了"男耕女织"式的社会分工，而且还在舞阳贾湖出土的作为占卜用的龟甲上刻有"目"字。在仰韶文化的庙底沟期，庙底沟类型的人走在了历史舞台的前头。到了相当于大汶口文化中晚期的时期，大汶口人又成了新时期文化的带头人。在这一时期，在河南的郸城段寨、商水县章华台、平顶山市贾庄、偃师"滑城"等地，一再发现大汶口人的墓葬，在偃师二里头、信阳阳山和孟津寺等地的庙底沟二期文化时期的遗址中，发现有大汶口晚期的陶器，这些都说明了东夷人向西的扩展，在中原地区的进出。近年来安徽的考古发现还表明东夷人沿着泗水一直进入安徽地区，其中蒙城尉迟寺遗址即为大汶口文化在这里的代表性遗址。东夷人向西和西南方向的扩展，是其政治、军事向外扩张的表现，而大汶口和花厅墓地所呈现出的贵族与平民的分化，足以说明当时东夷人的社会形态的演进，要较中原地区快一些。到了龙山期，山西南部的临汾盆地、黄河下游和中游、长江下游和中游地区，又属于文明草创时期几

[①] 任式楠：《长江黄河中下游新石器文化的交流》，《庆祝苏秉琦考古五十五年论文集》，文物出版社1989年版。

个最先进的地区。

史前农业的稳步增长对社会发展的影响

中国文明形成过程中第二个特点是中国农业的稳定性。中国早期文明是多中心多系统的，其中若以南北划分，大致可分为以吃大米为特色的南方文明和以吃小米为特色的北方文明。然而，无论北方的旱作农业，还是南方的水稻农业，早在距今七八千年前的新石器时代中期，就形成了较稳定的农业经济。河北武安磁山遗址窖穴中同一时期储藏的粮食可达 9 万余斤，浙江余姚河姆渡遗址储存稻谷遗迹，若换算成新鲜稻谷，也在 10 万公斤以上，没有初步发展了的和稳定的农业经济，是不可能储藏这么多粮食的。所以，对于七八千年前的中国黄河、长江流域的史前农业是不可以用寻常所谓刀耕火种原始农业来理解的。而造成中国农业经济从很早起就处于具有一定水平的稳定的发展的根源，无非还在于中国南北的地理条件。

我国北方黄土自肥的特点和作物耐旱的特性，不但使它只依靠天然雨水即可生长，对灌溉的需求并不迫切；而且只要不是连年大旱，就可保证稳定的收获。而当时的降雨量比现在多，森林和树木远比现在繁茂很多，尚不存在水土流失的问题。所以，我们看到从七八千年前到公元前 2000 年以降，一方面北方的农业生产工具经历了由原始的耜耕（较粗制的石铲）到较高级的耜耕（磨制精致的扁平石铲），但另一方面又可以在主要使用石制农具、不依赖大河灌溉的情况下，发展出集约化农业。此外，即使在某些特定的水文地理环境下，通过修筑一些小的水渠来解决在北方种植水稻时，这种灌溉也不是大河灌溉。我国南方的水田农业，在河姆渡阶段已使用骨耜，到了良渚时期开始使用石犁。对于长江中、下游低洼平原水田来讲，灌溉不是主要的问题，而排水的沟洫系统是最迫切的。所以，无论是骨耜，还是后来的开沟犁，都是为了解决排涝而发明创造的。有了这些排涝挖沟的工具，南方的水田农业很快实现了集约化生产。不用大河灌溉的农业，当然不会像美索不达米亚那样，因每年周期性的洪水暴发的威胁，或因河流改道、土地盐碱化等，使社会的经济基础受到危害，产生动荡。中国在史前和早期文明时代，其农业走的是一条缓慢的、稳步的、积累式的发展道路。中国农业经济的稳定发展，必然给它的社会组织结构的演进和宗教观念系统的发展带来深远的影响。在中国文明形成过程中，其家族—宗族组织结构以及对于天地与祖先崇拜等一系列的连续性，都与中国农业的稳定性密不可分。与美索不达米亚和埃及相比，中国也有大河——黄河和长江，中国的早期文明也发生在黄河和长江这两大流域的中游和下游地区,但中国的早期文明不属于大河灌溉的文明。在中国大河灌溉的出现远在文明社会形成之后,那种用大河灌溉之类的水利工程来解释中国文明的形成及其政治特点,是不符合事实的,与事实相去甚远。

文明和国家起源的聚落三形态演进

从聚落形态亦即社会形态的演进看,中国也经历了内外平等的农耕聚落—中心聚落—都邑聚落三大阶段。这三大阶段与人类学中所谓的部落—酋邦—国家三大阶段相仿佛。在中国,公元前4000年以前即仰韶文化半坡期及其之前,聚落形态处于内外平等的发展阶段。在这一阶段,聚落内的男女两性、各个家族,无论在经济上还是社会地位上,都大体处于平等状态。半坡时期向心内聚式的聚落布局,体现了聚落内部的团结和高度统一,每一聚落即为一独立的共同体是它的显著特点。按照笔者的分析,这些特点的形成,一是与共产制的经济和社会制度相关联,另一方面又与各个聚落每每都是由若干大家族构成一个氏族共同体有一定关系。所以诸如姜寨那种由五组房屋群围起来的聚落很可能就是由五大家族组成的一个氏族组织。半坡时期是大家族获得充分发展的时期,但它同时也孕育着通过家族的衍生和分化而转向宗族的许多因素。

从公元前4000年开始向中心聚落形态过渡,在公元前3800—前3000年这一阶段,是中心聚落形态在许多地方获得确立的时期。中心聚落是与它周围的半从属聚落相互结合在一起的。在这一阶段,我们看到了处于中心的大型聚落在政治上、经济上、军事上和宗教上所具有的主导地位;我们也看到了在中心聚落中诸如西坡村F105、F106和大地湾F901那样的"大室""明堂"一类建筑物的存在;我们还看到了牛河梁、东山嘴那样的规模庞大的宗教圣地的建设;我们更看到了东山村、凌家滩、大汶口、花厅等地贫富悬殊、经济政治不平等的出现和贵族的存在。所以,这一阶段是由史前走向文明的重要的过渡阶段,它为文明的到来,在经济基础上和社会组织管理上以及阶层结构上,都作了充分的准备。

中心聚落或神庙聚落的出现是新旧大陆由史前走向文明时所呈现出的共同特征。然而,在中国,通过对刘林、崧泽、大汶口等墓地中血缘亲族组织结构的分析,可以得知这种中心聚落形态又是与宗族组织结构联系在一起的,它是宗庙的所在地,是最早的原始宗邑。在人类学上的酋邦或分层的史前社会中,处于尖锥体分层顶端的最高酋长每每被说成始祖神的直系后裔,人们常常以为这位最高酋长本人就是神的象征。我国夏商周秦四朝的王族，其血缘谱系也总是与氏族部落的始祖神直系相连。大概在历史上，正是这些经济、军事和人口规模上的强大宗族一直维持着同部落始祖神的渊源关系，被视为其直系后裔，从而在逐渐形成的主支与分支的宗族体系中被确立了大宗的地位。强宗一旦被视为是氏族部落始祖或神的直系后裔，也就握有本部落中的最高祭祀权和军事调动指挥权。这样，在其所在地建立宗庙社稷、主持祭祀大典，也是势所必然。这种宗庙所在地，就是宗邑。

文明起源的过程，也是阶级阶层和不平等产生的过程，大概没有哪个文明不是建立在阶级分化和不平等的基础之上的。家族—宗族组织和原始宗邑聚落形态在公元前3800—前3000年间的形成，使中国史前社会开始走向了不平等，这种不平等，一是表现于聚落与聚落之间，出现中心聚落与半从属聚落即原始宗邑与村邑之间的不平等；另一是表现于聚落内部，不但出现个人与个人之间的不平等，更主要的是家族与家族，甚至宗族与宗族之间已存在的政治、经济上的不平等。由于当时的个体家庭包含在家族乃至宗族之中，所以这种不平等产生的契机是父家长权和父权家族。对此，本书在第八章"阶级的产生与财富的积累"中作了充分的说明，认为在由"平等"走向"身份"的过程中，在中国古代，阶级阶层和奴役在开始出现时，并不依赖于商业和商品经济的发展，也没有脱出家族—宗族结构，这是中国文明形成过程中的又一显著特点。

家族—宗族组织与政治权力同层同构

家族—宗族组织和原始宗邑聚落形态在公元前3800—前3000年间的形成，还使中国的史前与文明社会获得了连续性的发展。这种连续性，是生产技术、社会组织结构和观念意识形态三位一体的连续性。其中，社会组织结构是最为关键的一环，它一经固定，就具有自己的稳定性。其间，尽管生产力和生产技术作为最活跃的因素而缓慢地在改进、在发展，但中国的家族—宗族组织却保持了几千年。过去侯外庐先生讲中国文明起源是维新的和早熟的。中国文明是正常发展的，所以很难说它是早熟不早熟，但中国文明在生产技术、社会组织结构以及观念意识形态三个方面突出的连续性，显然属于维新式发展的。

在三位一体的维新式发展中，生产技术缓慢而连续的发展是与农业的稳定性密切相关的，这一点，前面已作了交代。而社会组织结构的连续性则与其政治权力结构相关联。在世界上，有过宗族一级血亲组织的民族不乏其例，但罕见像中国早期文明社会中那样的家族—宗族组织与政治权力同层同构。这种同层同构其主要表现是：（一）宗族组织结构中的主支与分支关系即后来的大宗与小宗关系和政治权力上的隶属关系相一致，这种隶属关系亦表现为祭祖上的等次性，出现上级宗族的祖庙同时就是下级宗族的远祖庙的格局；二是君统与宗统相合，政治身份的世袭与宗主身份的传递相合。《大雅·公刘》"食之饮之，君之宗之"的诗句就表明，原始宗邑聚落期的公刘集君权与宗权于一身，是典型的宗君合一。西周时期，相对诸侯而言，周天子的统治中心及王国称宗周，周王族的天子君位系列与周氏宗主系列是合一的。天子·诸侯之卿称宗卿，宗主身份世袭者政治身份亦不变。一直到春秋时，如晋国范氏宗族世袭晋卿，宗、君合一者有士芳、范武子、范文子、范共子、范宣子、范献子、范昭子；鲁国季氏宗族世袭大夫职与宗主身份者为季文子、季武子、季悼子、季平子、季恒子、季康子。称"子"者，宗主之谓。据研究，春秋各国情况大体一致①。

宗族与政权连成一体，互相保证，休戚相关，这样的议论在《左传》中比比皆是。诸如"君其修德而固宗子"（僖公五年）；"宗邑无主，则民不威"（庄公二十八年）；"崔，宗邑也，必在宗主"（襄公二十七年）；"弃官则族无所庇"（文公十六年）；"保姓受氏，以守宗祊"（襄公二十四年）；"公室将卑，其宗族枝叶先落"（昭公三年）。为此，有人说："商周国家就是族组织的扩大，或者说是宗族组织的国家化。"② 家族—宗族组织与政治权力同层同构，是中国早期文明社会一个重要特点，这一现象在后人总结为周代的治国大纲大典《周礼》中亦有明确的反映，《周礼·小宗伯》"掌三族之别，以辨亲疏，其正室皆谓之门子，掌其政令"，即可窥其一斑。中国早期文明社会的这种政治体制，必然使得每一国家不论其规模大小，都是由一家一姓来治理，形成了在一个国家中，与王族或国君属于同一姓族或有过共同的远古始祖的家族宗族和国民，在社会的政治、经济、宗教和军事生活中，发挥着主导性的作用，联盟、迁徙和归附而来的异姓异族的家族—宗族和国民居于次要地位。《礼记·文王世子》说："公族朝于内朝，内亲也。虽有贵者以齿，明父子也。外朝以官，体异姓也。宗庙之中，以爵为位，崇德也。"公族是协助国君治国的主要力量，内朝、外朝、宗庙之中都以他们为主体，就是在

---

① 钱杭：《周代宗法制度史研究》，第77—78页，学林出版社1991年版。
② 王贵民：《商周制度考信》，第74页，台北明文书局1989年版。

族权强化的过程中，族权与政权联成一体的表现，其中所谓"外朝以官，体异姓也"，只是一种对异姓的照顾，这样做，既可以消除受歧视的感觉，又可以弥补异姓是无法用宗法血缘结构来治理的这一缺陷。

独特的宗教意识形态与族共同体和农业经济的三位一体

中国史前与文明时期的观念意识形态不但是连续向前发展的，而且与生业技术系统和社会组织系统有着紧密的对应关系。这里仅以观念意识形态中的宗教祭祀而论，先秦时期传统的宗教体系明显地可分为两大类：以天地为中心的自然崇拜和以祖先为中心的祖先崇拜。《礼记·郊特牲》言："万物本乎天，人本乎祖，此所以配上帝也。郊之祭也，大报本反始也。"《大戴礼记·礼三本》曰："礼有三本：天地者，性之本也；先祖者，类之本也；君师者，治之本也。无天地焉生，无先祖焉出，无君师焉治，三者偏亡，无安之人。故礼，上事天，下事地，宗事先祖而宠君师，是礼之三本也。"在这两大类宗教体系中，自然崇拜之所以以天地为中心，是因为作为农业民族的古代中国，其生产的丰歉要受制于天时和地利。《礼记·郊特牲》说："社，所以神地之道也。地载万物，天垂象。取财于地，取法于天，是以尊天而亲地也，故教民美报也。"孔颖达疏曰："取法于天者，人知四时早晚皆仿日月星辰以为耕作之候，是取法于天。"孔疏是对的，《郊特牲》说："郊之祭也，迎长日之至也，大报天而主日也。"在这里，是将天和日看成决定季节变化的主体来祭祀的。《礼记·礼运》也说："祭帝于郊，所以定天位也；祀社于国，所以列地利也。""故天生时而地生财，人其父生而师教之。"《荀子·天论》亦曰："天有其时，地有其财，人有其治，夫是之谓能参。"可见古代中国以天地为中心的自然崇拜的确立，完全本于农业。"农业之所致谨者为天时，其所用者则为地利；因天之时，尽地之利，而使万物各得其宜"[①]。对天地的祭祀是古代中国农耕礼仪之大宗，其根源即在于"民以食为天"。

祭天祀地隆重而备受重视是长期稳定的农业文化的缘故，祖先崇拜特别强烈则是以父权为基础的家族—宗族组织颇为发达所使然。《礼记·祭义》："圣人以是为未足也，筑为宫室，设为宗祧，以别亲疏远迩，教民反古复始，不忘其所由生也。"在这里，既要追溯族源，又有亲疏远近的区别，显然是家族—宗族组织中主支与分支结构的要求。由于对祖先崇拜之重视，王室之祖可以宾于或配于上帝，如《孝经》云："宗祀文王于明堂以配上帝。"当

[①] 吕思勉：《吕思勉读史札记》（上），第435页，上海古籍出版社1982年版。

然，在社会组织结构与政治权力结构休戚相关的情况下，祭祖之权也按照不同等级有着种种规定。《礼记·大传》说："礼，不王不禘。王者禘其祖所自出，以其祖配之。诸侯及其大祖。大夫、士有大事，省于其君，干祫及其高祖。"孙希旦解释说："得姓之祖，为之始祖，始封之君，为之大祖。诸侯不禘，唯得祭其大祖，而于大祖以上则不得祭矣。……祫本诸侯以上之礼，而大夫、士用之，故曰干祫。大夫三庙、士一庙，虽并得祭高祖以下，然每时但特祭一祖，而不得合祭，唯有为君所省录，命之大祫，然后得合祭高祖以下也。"《大传》所言，虽为西周、春秋时的情形，但这种祭祖神权的等级性和最高权威的垄断性，应当产生于西周分封制之前，是随着社会组织和政治权力结构的发展而发展的。

祭祀与战争在都邑国家和邦国文明形成中的机制作用

在中国早期文明生产技术、社会组织结构、观念形态三位一体、维新式起源中，都邑国家及其强制性的权力系统的出现是其焦点。它一方面以阶层和阶级分化为前提，同时还是借助于一系列社会公众性极强的事务发展起来的，这些事务包括兴建种种公共工程、举行全社会范围的庞大的祭祀活动和宗教礼仪、进行战争防御和扩张等。对此，中国古代曾用"国之大事，在祀与戎"形象地表达出早期国家政治生活中的这种性格特征。通过对古代世界各大文明形成道路的考察，我们发现所有早期国家在其形成过程中，祭祀与战争都发挥过直接的促进作用。早在作为国家前身的中心聚落即原始宗邑中，通过大型宗教祭祀活动，既可以使人们在精神上得到统合、形成一个神圣的核心；又可以把世俗要求变为神圣的要求，使服从变为一种宗教需要。所以祭祀的扩大与集中，就是权力上的上升与凝聚。史前大地湾以901号太室殿堂为中心的权力中心，也是当地的祭祀中心；牛河梁的宗教圣地与贵族墓地（大积石冢群）相结合，也表明世俗之权与祭祀之权是合而为一的。史前时期带有宗邑性质的中心聚落，是当时的权力与祭祀的中心，国家时期的都邑也是权力与祭祀的中心。国都只不过是宗邑的进一步发展，它起源于史前的中心聚落或祭祀中心。所以，如我们在第八章所述，中国西周以前至龙山时代的社会，是神权政治色彩很浓的阶级社会。

在中国的古史传说中，从炎帝与蚩尤之战，炎黄之战，到颛顼、帝喾与共工之战，再到尧、舜、禹对共工、驩兜、三苗等部落的作战，战争连绵不绝。所以，中国的文明和国家是与战争相伴随而产生的。在战争的环境中，有着特殊的政治经济利益的集团得到了发展。战争一方面可以打破或冲击原有的部落组织，同时战争又要求各个小生态系统即各地区原始社会组织的团聚力以新的形式进一步加强，战争还加剧了地区与地区、聚落与聚落间的不平等，使邦国部落间出现了臣服纳贡式的关系。如果说，祭祀使世俗强权神圣化，那么，战争则使世俗强权军事化。战争与祭祀都是古代国家和王权产生的重要媒介，它们在文明和国家形成过程中的重要作用是不可忽视的。

邦国文明的特质：都邑、铜器、文字、礼制

在龙山期，我们称之为文明的现象在黄河和长江的下游与中游地区都已出现了。在这些文明现象中，阶级、城邑、冶金、原始文字、通过礼器反映的礼制和身份，都与二里头和商周时期的文明一脉相承，只是后者比前者在发展程度上更加发达、趋于完善而已。所以龙山期可以视为中国古代文明的草创期。

在周代的文献中有国野的区别，尽管对国野之制有种种解释，但作为其雏形，国野中的国就是处于中心的城邑及其近邻，而野则是周围可统辖的乡村。国字的早期形体也是代表城邑的"方框"居中，代表周边乡村的"四条短划"围在四边。一城结合周围的村落即为一国，大概是中国早期文明中小国分立的实况。龙山期出现的城邑，尽管有从三四万平方米到100多万平方米的差别，但它作为一种统治和管理以及祭祀和文化的中心，作为手工业生产和技术的荟萃之地，作为强制性权力机构的所在地，都是无可非议的。至于城邑规模大小的差异，大概是因居住在城中的主体贵族宗族群体的数量多少的不同造成的，它固然反映了该国政治、经济、军事的实力和所统辖的范围，但它依然属于城邑国家的范畴。所以，与阶级分化一同出现的城邑，构成了文明国家的物化形式，中国的文明社会以城邑或都邑国家的出现为标志。

龙山期黄河流域的铜器冶炼尽管还属于早期的冶炼，但它较仰韶期已有一定的发展，已出现青铜，开始用合范浇铸，所以龙山期的北方似乎已进入铜器时代。在这一时期，在陶寺遗址发现的文字"文尧"（或"文易"），在王城岗三期的陶器上发现的"共"字，都比大汶口文化陶器上刻画的文字或符号大为进步；在良渚文化中发现四字连续刻画的文字等，经李学勤先生释读成句[①]；在邹平丁公村城邑内出土的陶片上刻有五行11个文字，所有这些都给我们提供了龙山期似乎是中国的"原始文字时期"的可靠信息。我们知

---

① 参见第七章。

道，成句文字的发现，其意义是重大的，它表明文字系统已与语言系统相结合了，而不再仅仅是一个个孤立的符号了。这样的文字阶段与美索不达米亚的"原始文字时期"的前期即乌鲁克期，大体上是相当的。

古代中国每每被称为"礼仪之邦"，商周时期的礼制是发达的，但它又是逐渐形成的。大体说来，龙山期在黄河流域和长江流域都可以看到作为礼器使用的一些器物，礼制已开始出现，但各地的表现形式却又是多样的。

在山西襄汾陶寺遗址中，占墓葬全体的1.3％的甲类大型墓，随葬品达一二百件，其中重要者有：龙盘、鼍鼓、特磬、异型陶器（土鼓？）、彩绘木案、俎匣、盘、豆、彩绘陶器、玉（石）钺、瑗、成套石斧、石锛、石镞、整架猪骨等。

在这些器物当中，龙盘，泥质褐陶，或者黑陶衣，以红彩或白彩在内壁绘画蟠龙图案。据说火候低，涂饰的彩绘极易剥落，可能是祭器或法器而非实用的水器或盛器。作为祭器或法器的龙盘，当然属于礼器的范畴，只不过它是一种特制品而非用于普通的祭祀与礼仪的活动中，也非普通的人所能使用罢了。

陶寺出土的玉石钺据发掘简报讲也是非实用器，这样它只有仪仗的作用。而在中国的传统文化中，钺一直被视为礼器。根据《尚书·牧誓》："王左仗黄钺，右秉白旄以麾"等文献，这种礼器象征着征伐之权。

陶寺出土的鼍鼓、特磬、土鼓，高炜、高天麟、张岱海等先生都作过一些研究，认为这些乐器都属于礼器的范畴，而且鼍鼓和特磬，在商周时期是王室或诸侯专用的重器[①]。

在陶寺大墓中，鼍鼓、特磬是配套出土的；在安阳殷墟西北冈1217号大墓西墓道一组未经扰毁的遗存中，石磬与鼍鼓也是配套使用的。这种配套使用大概属于高等级高水平的礼乐演奏所要求的。春秋晋器邽钟铭曰："大钟既显、玉鐣鼍鼓。"玉鐣，孙诒让释作特磬，诸家从之。可见一直到春秋时期，特磬鼍鼓相提并论。《诗·大雅·灵台》曰："于论鼓钟，于乐辟廱，鼍鼓逢逢，矇瞍奏公"。灵台是文王之乐，1217号大墓是殷王陵墓，鼍鼓和特磬所象征的身份和所反映的礼制是很清楚的。

黄河下游地区的山东龙山文化，其富有的大墓一般都随葬有陶胎薄如蛋壳的高柄杯，俗称"蛋壳陶"。这种高柄杯可作酒器，它烧制时火候高，制

[①] 高炜、高天麟、张岱海：《关于陶寺墓地的几个问题》，《考古》1983年第6期。

作精细，色泽乌黑光亮，不是明器。但其出土有限，而且多在富有的大墓中随葬，一般随葬品贫乏者罕见有蛋壳陶共出。因此山东地区的考古工作者一般认为随葬蛋壳陶高柄杯是其身份较高的表现。这样，在海岱地区，蛋壳陶高柄杯也就发挥着礼器的作用。这是一种较为特殊的礼器，并随着山东龙山文化的结束而消失。其实，在海岱地区，在日常生活中最普通的礼器是鼎和豆，只是由于它的身份意义大概主要是通过数量和形制上的配套和组合来体现，而不为人们所注意罢了。然而在夏商周三代的礼乐文化中鼎和豆的地位是始终一贯的，其渊源即在史前东方[①]。

在长江下游的良渚文化中，由于出土大量的玉器而使人们意识到这里大概是将玉器作为财富来看待的。其中也不乏作为礼器者，如制作精致、刻有神人兽面的玉琮和玉钺，而且数量可观。所以，作为江浙地区良渚文化的区域特征，大概首推玉器和玉礼器的发达。

总之，我们称作文明的一些现象或要素，在龙山期都已具备了雏形，并也具备了商周文明的基本性格，只是与夏商周的统一王朝文明相比，龙山期的文明更带有小国分立的地方特点而已，属于邦国阶段的文明。随着夏王朝的建立，中国的政治中心也随之形成，并形成夏商周三代中原与周边的文化辐射与聚会[②]的双向作用的发展格局。夏商周三代的文明属于复合制国家结构的王国文明。在进入文明时代的中国五千年的文明社会中，中国文明与国家的道路经历的是：单一制的邦国—复合制的王国—中央集权郡县制的帝国[③]。

[①] 王震中：《夏商周文化中的东方渊源》，《华夏文明》第二集，北京大学出版社1990年版。
[②] 宋新潮：《殷商文化区域研究》第六章"商文化的辐射与聚会"，陕西人民出版社1991年版。
[③] 参见王震中《邦国、王国与帝国》，《河南大学学报》2003年第4期，收入王震中《中国古代文明的探索》，云南人民出版社2005年版（题目改为《从邦国到王国再到帝国：先秦国家形态的演进》）；王震中《夏代"复合型"国家形态简论》，《文史哲》2010年第1期。

附录　参考文献与征引书目

国内外有关杂志和期刊上发表的发掘、调查报告和论文，不在此列出，对它们的参考和征引，皆见文中的注释。这里仅列出单独成书者。

一　考古学资料

1. 中国科学院考古研究所、半坡博物馆：《西安半坡》，文物出版社1963年版。
2. 中国科学院考古研究所：《庙底沟与三里桥》，科学出版社1959年版。
3. 中国科学院考古研究所：《沣西发掘报告》，文物出版社1963年版。
4. 中国科学院考古研究所：《京山屈家岭》，科学出版社1965年版。
5. 山东省文物管理处、济南市博物馆：《大汶口》，文物出版社1974年版。
6. 文物编辑委员会：《文物考古工作三十年（1949—1979）》，文物出版社1979年版。
7. 中国社会科学院考古研究所：《宝鸡北首岭》，文物出版社1983年版。
8. 中国社会科学院考古研究所：《新中国考古发现与研究》，文物出版社1984年版。
9. 青海省文物管理处考古队、中国社会科学院考古研究所：《青海柳湾》，文物出版社1984年版。
10. 上海文物保管委员会：《崧泽》，文物出版社1987年版。
11. 半坡博物馆、陕西省考古研究所等：《姜寨》，文物出版社1988年版。
12. 中国社会科学院考古研究所：《胶县三里河》，文物出版社1988年版。
13. 中国社会科学院考古研究所：《下夏东下冯》，文物出版社1988年版。
14. 河南省文物研究所：《淅川下王岗》，文物出版社1989年版。
15. 山东大学历史系考古专业教研室：《泗水尹家城》，文物出版社1990

年版。

16. 国家文物局考古领队培训班：《兖州西吴寺》，文物出版社 1990 年版。

17. 河南省文物考古研究所：《舞阳贾湖》，科学出版社 1999 年版。

18. 浙江省文物考古研究所、萧山博物馆：《跨湖桥》，文物出版社 2004 年版。

19. 湖南省文物考古研究所：《澧县城头山——新石器时代遗址发掘报告》，文物出版社 2007 年版。

20. 浙江省文物考古研究所：《河姆渡——新石器时代遗址考古发掘报告》，文物出版社 2003 年版。

21. 南京博物院：《花厅——新石器时代墓地发掘报告》，文物出版社 2003 年版。

22. 安徽省文物考古研究所：《凌家滩——田野考古发掘报告之一》，文物出版社 2006 年版。

23. 甘肃省文物考古研究所：《秦安大地湾——新石器时代遗址发掘报告》，文物出版社 2006 年版。

24. 浙江省文物考古研究所：《良渚遗址群》，文物出版社 2005 年版。

25. 河南省文物考古研究所：《辉县孟庄》，中州古籍出版社 2003 年版。

26. 河南省文物研究所、中国历史博物馆考古部：《登封王城岗与阳城》，文物出版社 1992 年版。

27. 北京大学考古文博学院、河南省文物考古研究所：《登封王城岗考古发现与研究》，大象出版社 2007 年版。

28. 青海省文物处考古队、中国社会科学院考古研究所：《青海柳湾》，文物出版社 1985 年版。

29. 浙江省文物考古研究所：《瑶山》，文物出版社 2003 年版。

二　历史文献

30. 阮元校刻：《十三经注疏》，中华书局 1980 年版。

31. 杨伯峻：《春秋左传注》，中华书局 1981 年版。

32. 《国语》，上海古籍出版社 1978 年版。

33. 《史记》，中华书局 1959 年版。

34. 《汉书》，中华书局 1962 年版。

35. 《战国策》，上海古籍出版社 1985 年版。
36. 《吕氏春秋》，北京中国书店 1985 年版。
37. 孙星衍：《尚书今古文注疏》，中华书局 1986 年版。
38. 陈奂：《诗毛氏传疏》，中国书店 1984 年版。
39. 高亨：《诗经今注》，上海古籍出版社 1980 年版。
40. 高亨：《周易古经今注》（重订本），中华书局 1984 年版。
41. 孙诒让：《周礼正义》，中华书局 1987 年版。
42. 洪兴祖：《楚辞补注》，中华书局 1983 年版。
43. 朱右曾：《逸周书集训校释》，商务印书馆 1940 年版。
44. 刘文典：《淮南鸿烈集解》，中华书局 1989 年版。
45. 范祥雍：《古本竹书纪年辑校订补》，新知识出版社 1956 年版。
46. 王聘珍：《大戴礼记解诂》，中华书局 1983 年版。

三　研究著作

47. 王国维：《观堂集林》，中华书局 1959 年版。
48. 顾颉刚编：《古史辨》，上海古籍出版社 1982 年版。
49. 徐旭生：《中国古史的传说时代》（增订本），科学出版社 1960 年版。
50. 侯外庐：《中国古代社会史论》，人民出版社 1955 年版。
51. 侯外庐主编：《中国思想通史》第 1 卷，人民出版社 1957 年版。
52. 田昌五：《古代社会形态研究》，天津人民出版社 1980 年版。
53. 田昌五：《古代社会断代新论》，人民出版社 1982 年版。
54. 田昌五：《古代社会形态析论》，学林出版社 1986 年版。
55. 田昌五主编：《华夏文明》第 1 集，北京大学出版社 1987 年版。
56. 田昌五主编：《华夏文明》第 2 集，北京大学出版社 1990 年版。
57. 田昌五、石兴邦主编：《中国原始文化论集》，文物出版社 1989 年版。
58. 田昌五：《中国历史体系新论》，山东大学出版社 1995 年版。
59. 田昌五、臧知非：《周秦社会结构研究》，西北大学出版社 1996 年版。
60. 张光直：《中国青铜时代》，生活·读书·新知三联书店 1983 年版。
61. 张光直：《中国青铜时代》（二集），生活·读书·新知三联书店 1990 年版。
62. 张光直：《考古学专题六讲》，文物出版社 1986 年版。

63. 夏鼐：《中国文明的起源》，文物出版社1985年版。
64. 严文明：《仰韶文化研究》，文物出版社1989年版。
65. 安志敏：《中国新石器时代论文集》，文物出版社1982年版。
66. 苏秉琦：《苏秉琦考古学论述选集》，文物出版社1984年版。
67. 《庆祝苏秉琦考古五十五年论文集》，文物出版社1989年版。
68. 俞伟超：《先秦两汉考古学论集》，文物出版社1985年版。
69. 俞伟超：《考古类型学的理论与实践》，文物出版社1989年版。
70. 陈梦家：《殷虚卜辞综述》，科学出版社1956年版。
71. 郭沫若：《两周金文辞大系》，科学出版社1957年版。
72. 唐兰：《西周青铜器铭文分代史征》，中华书局1986年版。
73. 李学勤：《比较考古学随笔》，香港中华书局1991年版。
74. 彭邦炯：《商史探微》，重庆出版社1988年版。
75. 王贵民：《商周制度考信》，台湾明文书局1989年版。
76. 赵伯雄：《周代国家形态研究》，湖南教育出版社1990年版。
77. 陈全方：《周原与周文化》，上海人民出版社1988年版。
78. 林耀华、庄孔韶：《父系家族公社形态研究》，青海人民出版社1984年版。
79. 宋兆麟、黎家芳、杜耀西：《中国原始社会史》，文物出版社1983年版。
80. 程德祺：《原始社会初探》，中央民族学院出版社1988年版。
81. 严汝娴、宋兆麟：《永宁纳西族的母系制》，云南人民出版社1983年版。
82. 周自强：《凉山彝族奴隶制研究》，人民出版社1983年版。
83. 傅筑夫：《中国经济史论丛》，生活·读书·新知三联书店1980年版。
84. 李根蟠、黄崇岳、卢勋：《中国原始社会经济研究》，中国社会科学出版社1987年版。
85. 史念海：《河山集》，生活·读书·新知三联书店1963年版。
86. 史念海：《河山集》（二集），生活·读书·新知三联书店1981年版。
87. 史念海：《河山集》（二集），生活·读书·新知三联书店1988年版。
88. 李璠等编著：《生物史》（第五分册），科学出版社1979年版。
89. 中国科学院：《中国自然地理》（总论），科学出版社1985年版。
90. 《世界上古史纲》编写组：《世界上古史纲》（上册），人民出版社

1979年版。

91. 金观涛、王军衔：《悲壮的衰落——古埃及社会的兴亡》，四川人民出版社1986年版。

92. 华党明等编译：《世界冶金发展史》，科学文献技术出版社1985年版。

93. 解希恭主编：《襄汾陶寺遗址研究》，科学出版社2007年版。

94. 林华东：《良渚文化研究》，浙江教育出版社1998年版。

95. 易建平：《部落联盟与酋邦——民主·专制·国家：起源问题比较研究》，社会科学文献出版社2004年版。

96. 陈淳：《文明与早期国家探源——中外理论、方法与研究之比较》，上海世纪出版集团上海书店2007年版。

97. ［美］马文·哈里斯：《文化人类学》，东方出版社1988年版。

98. ［美］马文·哈里斯：《文化的起源》，华夏出版社1988年版。

99. ［美］罗维：《初民社会》，商务印书馆1935年版。

100. ［美］摩尔根：《古代社会》，商务印书馆1977年版。

101. ［美］摩尔根：《美洲土著的房屋和家庭生活》，中国社会科学出版社1985年版。

102. ［英］詹·乔·弗雷泽：《金枝》，中国民间文艺出版社1987年版。

103. ［法］列维—布留尔：《原始思维》，商务印书馆1986年版。

104. ［英］梅因：《古代法》，商务印书馆1984年版。

105. ［美］乔纳森·哈斯：《史前国家的演进》，求实出版社1988年版。

106. ［美］斯塔夫里阿诺斯：《全球通史——1500年以前的世界》，上海社会科学院出版社1988年版。

107. ［英］塞顿·劳埃德：《美索不达米亚考古》，文物出版社1990年版。

108. 刘欣如：《印度古代社会史》，中国社会科学出版社1990年版。

109. 汉尼希、朱威烈等编著：《人类早期文明的"木乃伊"——古埃及文化求实》，浙江人民出版社1988年版。

110. 联合国教科文组织编写：《非洲通史》第一卷、第二卷，中国对外翻译出版公司1984年版。

111. ［英］柴尔德：《远古文化史》，群联出版社1954年版。

112. ［日］寺田和夫：《人类の创世记》，讲谈社学术文库昭和61年。

113. ［日］伊东俊太郎：《文明の诞生》，讲谈社学术文库1988年版。

114. 《岩波讲座·世界历史》(1)，岩波书店1969年版。

115. ［日］岩村　忍：《人类文化史》第 3 卷《西アジアとイソドの文明》，讲谈社昭和 48 年。

116. ［日］贝塚茂樹等：《世界の历史》（1）《古代文明の発见》见中央公论社昭和五十五年增补版。

117. 《世界考古学大系》，平凡社 1959 年。

118. 《世界考古学事典》，平凡社 1979 年。

119. ［日］石田英一郎，《マヤ文明》，中公新书 1989 年版。

120. ［日］狩野千秋：《マヤとアステカ》，近藤出版社 1983 年版。

121. ［日］伊藤道治：《中国古代王朝の形成》，创文社昭和五十年。

122. ［日］伊藤道治：《中国社会の成立》，讲谈社昭和五十二年。

123. ［日］伊藤道治：《中国古代国家の支配構造》，中央公论社 1987 年版。

124. ［日］伊藤道治：《古代殷王朝のなそ》，角川书店昭和四十二年。

125. ［日］松丸道雄：《殷墟卜辞中の田猎地について—殷代国家構造研究のためひ》东洋文化研究所纪要第三十一册，1963 年。

126. ［日］松丸道雄：《殷周国家の构造》（《岩波讲座·世界历史》4），1970 年。

127. ［日］松丸道雄编：《西周青铜器とその国家》，东京大学出版会 1980 年版。

128. ［日］东方书店编：《中国古文字と殷周文化》，东方书店 1989 年版。

129. ［日］人类学讲座编纂委员会：《人类学讲座第 12 卷·生态》，雄山阁昭和 52 年版。

130. ［日］大塚柳太郎编：《现代の人类学（1）·生态人类学》，至文堂昭和五十八年。

131. ［日］中村孚美编：《现代の人类学（2）·都市人类学》，至文堂昭和 58 年。

132. ［日］伊藤亚人等编：《现代の社会人类学（3）·国家文明の过程》，东京大学出版会 1987 年版。

133. 史密斯（Philip E. L. Smith）著，河合信和译：《农耕の起源と人类の历史》，有斐阁昭和 61 年。

134. 斯秋阿特·亨利主编：《世界の农耕起源》，雄山阁昭和 61 年。

135. Lawrence Krader 著，吉田祯吾等译：《国家の形成》，鹿岛研究所出版会昭和 47 年。

136. Lewis Mumford: *The City in History: Its Origins, Its Transformation, and Its Prospects*, New York 1961.

137. Colin Renfrew: *Before Civelization-The Radiocarbon Revolution and Prehistoric Europe*, First Published by Jonathan Cape 1973.

138. Mallowan, M. E. L: *Early Mesopotamia and Iran*, London 1965.

139. Elman R. Service, *Primitie Social Organization: An Evolutionary Perspective*, New: Random House, 1962.

140. E. R. Service, *Origins of the State and Civilization: The Process of Cultural Evolution*, New York: W. W. Norton, 1975.

跋

　　王震中博士的《中国文明起源的比较研究》一书就要出版了，对此，我表示衷心的祝贺。

　　一般而言，所谓"中国文明"，是指殷商以来的文化。然而，本书的意旨是在构成"中国文明"根基的新石器文化中，对国家母体的形成、权力究竟是如何构成而来的这一系列课题加以探究，以示中国文明的形成过程。

　　在30年前，我自己也以同样的意图，发表过有关新石器时代社会的小论。今天，与30年前相比，中国的新石器文化，无论是在地域性方面，还是在时间性方面，都大大地丰富而多样化了，从而对它们进行统一而系统的解明和探究，我以为是很不容易的。然而，一读本书的原稿，王震中克服了这一困难，在追溯时间的同时，明确地探讨了新石器时代的权力的确立过程，并对它向后来的殷商时代的发展作了说明，为此，颇令人钦佩，读后获益甚多。

　　特别值得指出的是，本书通过将中国新石器时代的研究成果同古埃及、两河流域、中南美洲等古代文明的形成过程的比较，阐述了中国文明生成中所具有的特色，而且在权力的形成过程上，强调了以宗教·祭祀为重要的契机之一，而这些正是以往的研究中被等闲视之、加以忽略的地方，本书以明确的形式向学界提出了自己的论点并加以讨论，是值得高度评价的。我相信，本书不仅对今后的新石器时代的文化·社会的研究，而且对殷商时代的研究都是一大贡献。

伊藤道治
1992年

增订版后记

今天写增订版后记，还不得不从初版说起。本书初版是在我的博士学位论文基础上修改完成的，现在出版增订版。在这里我还是要首先感谢我的博士学位论文的指导教授田昌五和伊藤道治两位先生，感谢他们在本书撰写过程中给予的殷切教诲和具体指导。同时还要感谢博士论文答辩委员会委员和外审专家严文明、宋兆麟、张政烺、李学勤、石兴邦、李仰松、陈连开、林甘泉诸先生对本书的审阅和指导。

在攻读博士学位期间，为了能进行比较研究，我曾东渡日本，在伊藤道治教授的指导下，留学一年。当时我住在日本关西外国语大学国际文化中心，时常受到该大学校长谷本贞人先生和其夫人谷本荣子常务理事的关怀和帮助。可以说，如果没有他们在学习和生活各方面所给予的帮助和所提供的条件，要从事有关的比较研究是困难的。为此，谨表衷心的感谢！

1989年至1990年在日本留学时，我的儿子刚3岁。我妻子王馥凝从事教学工作还要料理家务、抚育孩子，全力支持我留学和攻读博士学位。可以说，没有贤妻的这种默默奉献，本书的完成也是难以想象的。时过二十余年，我对妻子再次深表谢意！

本书初版书稿是1992年10月交给陕西人民出版社的，当时中国社会科学院科研局还向该出版社支付了5000元人民币的出版资助。在20世纪90年代初，出版业面临种种困境，尤其是史学著作的出版是很困难的。本书初版能够面世，首先要感谢陕西人民出版社的编辑吴秉辉先生，没有他和出版社总编的鼎力相助和不辞辛劳，本书初版是难以实现的。此外，还要感谢中国社会科学院科研局和该局当时具体经手这件事的王正同志以及中国社会科学院历史研究所师友们在本书初版过程中所给予的关心和帮助。

本书新出的这个增订版，中国社会科学出版社黄燕生编审给予的帮助是巨大的。没有她的提议和计划，也就没有本书的增订版。我对她细心编辑、高度的责任心和所付出的辛劳，表示衷心感谢！

王震中

2011 年 6 月 30 日